主编◎刘 基 王嘉毅 丁虎生

西北师范大学校史

（1902—2012）

教育科学出版社
·北京·

西北师范大学校史编写委员会

主　　任: 刘　基

副 主 任: 王嘉毅

委　　员: 于树青　朱卫国　刘志光　刘仲奎　万明钢　董光前

　　　　　丁虎生　王　璠　李迎新　雷　鸣　杨纳名　肖福赟

西北师范大学校史编写组

主　　编: 刘　基　王嘉毅　丁虎生

编写人员: 丁虎生　王　璠　李迎新　雷　鸣　杨纳名　肖福赟

　　　　　包正鞾　黄长军　巨生良　武华为

照片提供: 邵青山　李元春　岳　峰　来鑫华

June 1, 36 (1947).

知術欲圓，
行旨須直；
大漠孤烟，
長河落日。

畢業同學倏題詞，以國音字母書之，黍齡熙

目　录

第八章

1988—1999

循名责实　奋力攀登

从传统师范大学向综合性师范大学转型

第九章

2000—2012

科学发展　再创辉煌

21世纪以来西北师范大学的改革与发展

第十章
百花争妍　斯美其扬

学院及附属单位沿革与现状

附录

后记　（799）

西北师范大学的前身，是七七事变后西迁的北平师范大学，发端于一九〇二年（光绪二十八年）创立的京师大学堂师范馆。

十九世纪后期，帝国主义加强了对中国的侵略，民族矛盾进一步加深，中国人深切地感受到了教育落后所带来的屈辱。中日「甲午战争」后，以康有为、梁启超、谭嗣同为代表的维新派认为：中国衰弱的根本原因是教育不良、学术落后，所以「变法之本，在育人才；人才之兴，在开学校；学校之立，在变科举。」（梁启超：《论变法不知本源之害》）他们把教育作为变法之本，推动了中国教育制度的革新。一八九八年六月十一日，清朝光绪皇帝颁布《明定国是诏书》，宣布维新变法。在维新变法的过程中，颁布了一系列教育改革的法令，明令设立「京师大学堂」。同时，清朝军机大臣与总理衙门请梁启超代拟《京师大学堂章程》，梁启超认为：「师也者，学子之根核也。」而欲学术之能善，是犹种粮莠而求稻苗，未有能获者也……故欲革旧习，兴智学，必以立师范学堂为第一义。」（《论师范》）因此，在他代拟的《京师大学堂章程》中，提出了在京师大学堂下设「师范斋」的设想，但当时的管学大臣孙家鼐只在京师大学堂开设了一个「仕学院」。以慈禧太后为首的顽固派血腥镇压了维新运动，一切新政都停止办理，而「京师大学堂」却幸运地成为「百日维新」失败后唯一未被废除的新式学堂。梁启超所设想的「师范斋」尚未开办，一九〇〇年又发生了「庚子之乱」，八国联军侵占北京，京师大学堂被迫停办。

第一章 发端京师 克立师道

1902—1937

从京师大学堂师范馆到国立北平师范大学

第一节
京师大学堂师范馆的创立及发展

一、京师大学堂师范馆

1901 年，清政府和"瓜分大清帝国"的各入侵国签订了丧权辱国的《辛丑条约》。为挽救清王朝垂死的命运，清政府又恢复维新运动时昙花一现的"新政"。1902 年 1 月 10 日（光绪二十七年十二月初一日），清政府发布上谕："兴学育才，实为当今急务，京师首善之区，尤宜加意作养，以树风声，从前所建大学堂，应即切实举办。着派张百熙为管学大臣，将学堂一切事宜，责成经理，务期端正趋向，造就通才。"[①] 张百熙被正式任命为清朝管学大臣，筹办恢复京师大学堂。

张百熙（1847—1907），字埜秋，一作冶秋，号潜斋，室号退思轩，湖南长沙人。清末著名教育家，近代教育改革的先驱者。1874 年（同治十三年）进士，早年授翰林院编修侍讲、侍读，又任山东、四川乡试考官，山东、广东学政，后任文渊阁校理、国子监祭酒。历任工部、刑部、吏部、礼部、户部、邮传部尚书等职，曾任《清会典》总纂。对清朝内政外交方面提出诸多重要见解。积极主张变法自强，直言进谏。上书建议改官制、理财政、变革科举、兴办学堂、设立报

◎张百熙

[①] 着即开办大学堂并派张百熙经理谕旨［G］//北京大学，中国第一历史档案馆. 京师大学堂档案选编. 北京：北京大学出版社，2001：74.

馆。张百熙的政治主张和教育思想主要体现在他的奏折中，《清史稿·艺文志》有《张百熙奏议》四卷，另有《退思轩诗集》六卷、《补遗》一卷传世。

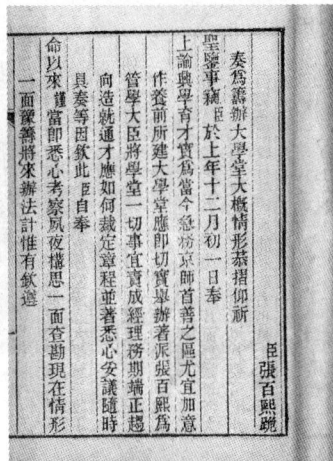

◎张百熙《筹办大学堂大概情形》奏折

1902年，在张百熙主持下，京师大学堂恢复开办。2月13日，张百熙上《筹办大学堂大概情形》折，建议先开预备、速成两科，预备科分政、艺两科，速成科分为仕学、师范两馆，同时添设讲舍，附设编译书局，广购书籍图器。8月，奏准所拟各级学堂章程六件：《京师大学堂章程》《考选入学章程》《高等学堂章程》《中学堂章程》《小学堂章程》《蒙学堂章程》，这些章程被清廷以《钦定学堂章程》的名义颁布，成为中国历史上第一个完整的具有近代意义的学制。

《钦定学堂章程》考虑到了当时人才匮乏、生源不足的现实，规定学堂分为三段七级。初等教育阶段分为蒙养学堂和小学堂、高等小学堂三级；中等教育阶段为中学堂一级；高等教育阶段（大学堂）分为大学院、大学专门分科及大学预备科三级。从蒙养学堂到大学堂共20年，形成一个直系普通教育系统。同时，还根据时代需要，在大学堂普通教育之外设立了师范学堂（大学堂师范馆）与高等实业学堂两个旁系。京师大学堂下设大学院、大学专门分科、大学预备科，附设仕学馆、师范馆作为速成科。根据当时大学堂的简陋条件，张百熙采取了"缓立大学专门，先办预备、速成二科"的办法。预备科之政科包括经史、政治、法律、通商、理财等，艺科包括声、光、电、化、农、工、医、算等。速成科则在原有的仕学馆基础上，学习日本师范教育的经验，另行设置了师范馆，以培养师资。

1902年12月17日（光绪二十八年十一月十八日），京师大学堂师范

◎清末京师大学堂校舍

馆在北京景山东马神庙（旧称四公主府）正式开学。京师大学堂师范馆的创立，使中国的师范教育从初级师范、中等师范到高等师范形成了完整的体系。12 月 17 日，成为后来的北京（北平）师范大学和西迁后的西北师范学院共同的建校纪念日。

京师大学堂师范馆首期学生开学时，共考录学生 79 名。当时对学生资格及出身给予"破格从优"的规定，"师范出身一项，系破格从优，以资鼓励"。"凡京员五品以下八品以上，以及外官候选暨因事留京者，道员以下，教职以上，皆准应考，入仕学馆。举贡生监等皆准应考，入师范馆。仕学馆三年卒业，学有成效者，请准由管学大臣择优保奖。师范馆三年卒业，学有成效者，由管学大臣考验后，择其优异，定为数额，带领引见。如原系生员者准作贡生，原系贡生者准作举人，原系举人者准作进士，均候旨定夺。准作进士者，给予准为中学堂教习文凭；准作举贡者，给予准为小学堂教习文凭。"①

清政府颁布的京师大学堂《速成师范馆考选入学章程》规定，师范馆学生学习期限为四年，入学考试的内容包括八门考课：修身伦理大义一篇，教育学大义一篇，中外史学十二问，中外地理学十二问，算学、比例、开方、代数六问，物理及化学六问，浅近英论一篇，日本文论一篇。以上八门考课分二日或三日试之。同时，对于师范生的录取，特别重视品德的考察，规定"师范生为中、小学堂表率之资，尤须取品学端正者选充，应由出结人员预为考察。""师范生入堂肄业，须俟学成卒业

---

① 张百熙. 奏办京师大学堂情形疏［G］//璩鑫圭，童富勇. 中国近代教育史资料汇编：教育思想. 上海：上海教育出版社，1997：414.

方准出堂，如半途辍学者，应议咎罚。"①

　　师范馆开设的课程，是在普通学科的基础上增加教育门类的课程，从一年级到四年级学习的教育类课程门目如下——伦理：中国名人言行、外国名人言行、历代学案、本朝圣训（以周知实践为主）、修身之次序方法；经学：主要是经学家家法；教育学：主要包括教育宗旨、教育之原理、学校管理法、教育实习；习字：学习楷书、行书、篆书、草书以及教授习字之次序方法；作文：作纪事文，作论理文，学章奏、传记、辞赋、诗歌，文体流别；算学：加减乘除、分数、比例、开方，账簿用法、算表成式、几何面积、比例，代数、方程、立体几何、级数、对数、教授算学及几何之次序方法；中外史学：本国史典章制度，外国上世史、中世史，外国近世史，史学教授次序方法；中外舆地：全球大势，本国各境，外国各境，地文地质学，仿绘地图，地理教授次序方法；博物：动植物之形状及构造，生理学，矿物学；物理：力学，声学，热学，电气，磁气，物理教授次序方法；化学：考质，求数，无机化学，有机化学；外国文：音义，句法，文法；图画：就实物模型授毛笔画，就实物模型、贴谱手本授毛笔画，用器画大要，图画教授次序方法；体操：器具操，兵式，体操教授次序方法。②

　　师范馆各项课程拟"均用译出课本书，由中

◎1903 年京师大学堂师生欢送出国留学同学合影

　　①　钦定学堂章程·考选入学章程［G］//璩鑫圭，唐良炎. 中国近代教育史资料汇编：学制演变. 上海：上海教育出版社，1997：263－264.
　　②　钦定京师大学堂章程［G］//璩鑫圭，童富勇，张守智. 中国近代教育史资料汇编：实业教育 师范教育. 上海：上海教育出版社，1997：583－585.

教习及日本教习讲授"，但当时各项课本尚未编译，所以仍以旧教材"择要节取"讲授。根据《钦定大学堂章程》的规定："学堂开设之初，欲求教员，最重师范。现于速成科特立专门之外，仍拟酌派数十人赴欧、美、日本诸邦学习教育之法，俟二三年后卒业回华，为各处学堂教习。"1903 年年底，京师大学堂首次派出 39 名学生出国留学，其中 31 人为师范馆学生。

二、京师大学堂优级师范科

1903 年，为监督控制张百熙，清政府先后命荣庆、张之洞"会同"管理大学堂事宜。6 月，令张之洞等人"将现办大学堂章程一切事宜，再行切实商订，并将各省学堂章程一律厘定"。1904 年由清政府颁行新的《奏定学堂章程》，这个章程包括《学务纲要》《大学堂章程》《通儒院章程》《高等学堂章程》《优级师范学堂章程》《高等农工商实业学堂章程》等共计 22 个章程，甚为详备，通称"癸卯学制"。《奏定学堂章程》把高等教育分为三级：高等学堂或大学预备科三年，大学堂三至四年，通儒院五年。与高等学堂平行且程度相当的旁系，有优级师范学堂、高等农工商实业学堂等。

1904 年 1 月，张百熙、荣庆、张之洞三人在上奏的《重订学堂章程折》说："办理学堂，首重师范。原订《师范馆章程》，系仅就京城情形试办，尚属简略。兹另拟《初级师范学堂章程》一册，《优级师范学堂章程》一册，并拟《任用教员章程》一册，将来京城师范馆，应即改照《优级师范学堂章程》办理。"[①] 因此，在《奏定大学堂章程》第七章"京师大学堂现在办法"中规定："原定大学堂章程有附设仕学馆、师范馆，现在大学预备科及分科大学尚未兴办，暂可由大学堂兼辖。将来大学堂开设预备科及分科大学，事务至为繁重，仕学、师范两馆均应另派

---

① 张百熙，荣庆，张之洞. 重订学堂章程折 [G] //璩鑫圭，唐良炎. 中国近代教育史资料汇编: 学制演变. 上海: 上海教育出版社，1997: 396.

监督，自为一学堂，径隶于学务大臣。其仕学馆课程应照进士馆章程办理，师范馆可作为优级师范学堂，照优级师范学堂章程办理。"① 当年，根据《奏定学堂章程》，京师大学堂师范馆改为京师大学堂优级师范科，向独立的优级师范学堂过渡。

因清政府腐败加连年内战外侵，学堂常常处于停顿状态，仅有两期学生毕业，第一期为师范馆在京通过自愿报考招录的79人，后来又从各省保送的学生中通过复试录取50余人，于1907年毕业；第二期为优级师范科所招学生于1908年毕业。两期学生人数总计300余人。清政府对这两批毕业生相当重视，为了"教成一人能得一人之用"，鼓励师范毕业生从事教育工作，1907年3月，奏准"师范奖励、义务两项章程"，规定优级师范学堂毕业生考列最优等、优等、中等者，均作为师范科举人，分别以内阁中书、中书科中书、各部司务补用，令充中学堂、初级师范学堂集成度相当之各项学堂正教员。同时，规定"师范生于义务年限内，各应尽心教育，不得营谋教育以外之事业，不得规避教育职事，充当京外各衙门别项差使"。②

三、京师优级师范学堂

1908年，京师大学堂优级师范科第二期学生毕业，学部上奏折建议筹建优级师范学堂并推荐负责人，奏折说："京师大学堂向附设师范一馆，以储养高等师范之才。现在分科大学将次开办，势难兼筹并顾，另行筹办优级师范学堂，以储师资。查现在五城中学堂地方房屋，于改设优级师范学堂最为相宜，拟就其基址酌添堂舍，改为优级师范学堂。其五城中学堂，即于附近地方另建。伏查优级师范为教育之根本，非深明教育、才识练达之员不足以资督率，且现在改建校舍、遴用职员、考录

---

① 奏定大学堂章程（附通儒院章程）[G] //璩鑫圭，唐良炎. 中国近代教育史资料汇编：学制演变. 上海：上海教育出版社，1997：396.

② 学部：奏详拟师范奖励、义务两项章程折（附章程）[G] //潘懋元，刘海峰. 中国近代教育史资料汇编：高等教育. 上海：上海教育出版社，1997：211–214.

学生、审议教科事件繁剧，臣等详加选择，查有臣部行走候选知县陈问咸，堪以派充京师优级师范学堂监督。"① 于是，在京师大学堂优级师范科基础上，设立"京师优级师范学堂"，派陈问咸为监督，在北京厂甸五城学堂校址（现和平门外南新华街）扩建校舍，而五城学堂则在附近另行修建，改称五城中学，这所中学后来成为北京高师的附属中学。

◎1909年张之洞及学部官员与京师优级师范学堂教师合影

京师优级师范学堂"以造就初级师范学堂及中学堂职教员、管理员为宗旨"。在管理上以学堂监督为最高行政首长，设"三长三级"行政组织机构，监督以下设教务长、斋务长、庶务长。教务长管图书、教员与副教员；斋务长管检察、监学、卫生检查；庶务长管会计、文案、杂务。1908年（光绪三十年）10月，京师优级师范学堂举行入学考试，录取学生80名（至年底有83名在校学生），11月14日正式开学。1909年、1910年（宣统元年、二年）又分别补录各省保送学生共150余人。由于国内中小学堂相对于过去有所发展，一些自然科学和社会科学知识引入了中小学堂的教学之中，因此，所招学生的知识结构和学业质量都有所提高。京师优级师范学堂独立设置，标志着我国师范教育体系的进一步完善，但同时也引发了师范教育是否应当自成体系、师范学校是否应当独立设置的长期争论。

根据《奏定学堂章程》之《优级师范学堂章程》规定，优级师范学堂课业应当分为"三节"，即公共科一年，分类科三年，加习科一年或两

① 学部奏设京师优级师范学堂并遴派监督折［G］//璩鑫圭，童富勇，张守智. 中国近代教育史资料汇编：实业教育 师范教育. 上海：上海教育出版社，1994：730.

年。公共科主要开设人伦道德、群经源流、中国文学、东语、英语、辨学、算术、体操等基础课程，相当于预科。分类科设四类学科：第一类以中国文学、外语为主，第二类以历史、地理为主，第三类以算学、物理、化学为主，第四类以植物、动物、矿物、生理学为主。分类科阶段，所有学生都要学习人伦道德、经学大义、教育学、心理学、体操等"通习"课程，"优级师范学堂分类科毕业生，有效力本省及全国教育职事之义务"。加习科即在完成分类课程的学习后，再用一年时间，选修包括人伦道德、教育学、教育制度、教育政令机关、美学、实验心理学、学校卫生、专科教育、儿童研究、教育演习等十科中的五科。[①] 由于当时师资缺乏，像教育学、心理学、辨学、外国文、图画及各种自然科学课程，大都得聘请日本等外籍教师担任，因此，京师优级师范学堂仅设立了公共科和分类科，没有开设加习科。

1908 年、1909 年京师优级师范学堂的基本情况表

年份	职员人数	教员人数		学生人数	岁入银数（两）	岁出银数（两）	资产银数（两）	学生每名占银（两）
		本国	外国					
1908 年	7	6	1	83	14669	13600	43665	154.219
1909 年	8	8	1	76	47755	36126	54495	422.711

其中学生每名占银数按经常费用平均计算，但因京师优级师范学堂特别费用过大，因此酌量从两年的营建费中分别划出 800 两和 4000 两。可以看出，这时学堂规模很小，教职员尚不足 20 人，学生数量也很少，而生均占银 1908 年在京师高等以上学堂中排名第四，1909 年则排名第二，比京师大学堂生均占银数 430.425 两略少。1911 年 10 月，辛亥革命爆发，京师优级师范学堂陷于停顿状态。

京师优级师范学堂兴办于辛亥革命前夕，当时资产阶级民族民主革

---

① 奏定优级师范学堂章程［G］//璩鑫圭，唐良炎.中国近代教育史资料汇编：学制演变.上海：上海教育出版社，2007：419－432.

命兴起，许多青年学生接受资产阶级革命的民主、自由、平等思想，积极参与推翻帝制、建立民国的政治活动。而清朝统治集团正处于崩溃的边缘，一方面顺应时代潮流进行改革，另一方面加强封建思想道德的灌输，严格控制学生的行为。在优级师范学堂开设"人伦道德"、"经学大义"两门课，就是加强封建意识形态的重要措施，学堂章程认为"人伦道德为各学科根本，须臾不可离"，因此有严格的规定。如讲授中不可对"古人动加訾议"，讲授"经学大义"时"断不可好新务奇，致启驳杂支离之弊"。① 学生"不准干预国家政治及本堂事务"；"不准离经叛道"；"不准私自购阅稗官小说、谬报逆书"；不准"藉端挟制、停课罢学"；不准"联盟纠众，立会演说"，加入"党会"；不准"犯有伤礼教之事"。② 但是，这些禁令并不能阻止学生与社会的联系，一些学生在就学期间参加了孙中山领导的同盟会等进步组织；1909 年入学、1913 年公费赴日留学的李达，成为共产主义者。

四、大学堂规条与学生管理

《钦定京师大学堂章程》确定的办学宗旨是："激发忠爱，开通智慧，振兴实业"。京师大学堂师范馆对师生的要求相当严格，规定学生中"有已至年限尚须补习者，有屡考下第必须斥退者，均由总理教习考验，分别去留，任严毋滥"。而学生的毕业成绩，倘若经过"复考"，"察有冒滥，即

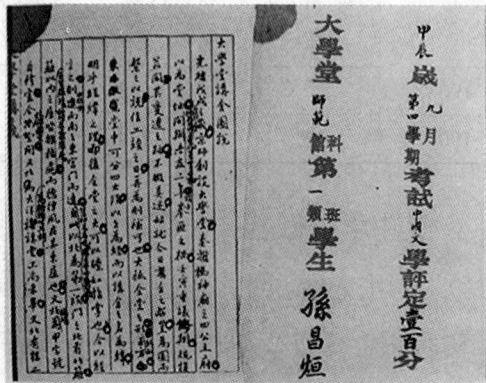

◎京师大学堂师范馆考试卷

① 奏定优级师范学堂章程［G］//璩鑫圭，唐良炎. 中国近代教育史资料汇编：学制演变. 上海：上海教育出版社，1991：424.

② 奏定各学堂管理通则［G］//璩鑫圭，唐良炎. 中国近代教育史资料汇编：学制演变. 上海：上海教育出版社，1991：482.

将原考验之总理及教习分别议处。轻者罚减薪资，重者分别黜革。如此，则总理及教习考验之时不敢含混，即教习授课之日亦不敢疏虞；实于防弊之中兼寓督课之意，庶为取士最公最严之法"。①

京师大学堂创办以后，虽然《奏定大学堂章程》对大学堂各方面都有比较详细的规定，但实际上大学堂在相当长的一段时间处于发育不良的状态。大学堂的管理者都是朝廷官吏，最高长官是总理学务大臣，但因其还要负责全国教育行政工作，大学堂总监督实际上是最高专职官员，总监督下设分科大学监督，管理分科大学内部一切事宜；各监督下设教务提调、庶务提调、斋务提调，分管各务事宜。教师队伍薄弱，特别是具有近代知识背景的中国教师极为缺乏，中外教师加在一起也形成不了一个良好的学者群体，学术气氛呆板滞缓。入学者大都是官绅子弟，虽然废除了科举，但学生出身依然掌握在朝廷手中。虽然规定大学堂师范馆的考生须是举人、贡生、廪生、监生，对大学堂师范馆的毕业生，考试"中等"以上者均给予师范科举人的出身待遇，但实际上并没有一个举人报考师范馆。相反，许多学生在师范馆学习期间，利用假期参加乡试，癸卯年就有十几人中了举人，还有一人中了甲辰年进士，转入了进士馆。这种奖励出身制度，表面上看似乎与西方的学位制度相似，但实质上是中国科举制度的延续，特别是中国士人阶层，包括在大学堂就学的许多学生，在思想观念上仍保持着浓厚的获取封建功名的意识。

京师大学堂的一些管理措施沿袭了封建时代国子监的管理方法，采取了大量强制、压服、禁锢的办法约束学生。《京师大学堂规条》规定，每逢春秋丁祭、每月朔望及开学之始，从管学大臣到学生都要行三跪九叩礼，每日到堂都要宣讲四书经书一段或宣讲资政要览、劝善要言、五种遗规。《京师大学堂禁约》规定，"学生不准沾染习气，吸吕宋烟、纸烟卷，外面衣服不得用异色镶滚，违者均记过"；"戒言语淆乱，凡同堂

---

① 舒新城. 中国近代教育史资料［G］. 北京：人民教育出版社，1981：544，557.

言语，必俟一人说话既毕、答者已尽，然后他人可接次问答……声音高下，亦当有节制……违者记过"；"行走坐立以长幼为序，不可抢先，违者记过"；"每饭后散步一二刻，同学者质疑辨难，但不准放言高论，致涉浮嚣。过此，各理功课，不准彼此往来，旷误废学，若有三五成群弹唱放纵者，记大过"等。这些规条禁约，显然充斥着封建时代旧教育的印迹，束缚着学生的自主性，制约着校园学术文化的形成与发展。

清末在京师大学堂开办师范馆属新生事物，政府也确实采取了一些"破格从优"的措施，以鼓励从事教育的人才培养。除资格身份方面的优惠外，对在校的师范馆学生也提供了优惠待遇。如由公家供给食宿，且伙食良好，宿舍、自修室相对宽裕，冬夏两季每人分发操衣、青衫、靴子等物，按照考试成绩发给奖学金，优秀学生毕业后选派到东洋、西洋官费留学深造等。校方也尽力聘请一些名流担任教习，在严格的管理之下，师生关系比较融洽，许多教习为弘扬师道、感化学生，对待学生既严格要求，又礼貌友善。在张鹤龄接任总教习时，他身穿礼服，拿着红色名片，到学生斋舍见面行"交拜礼"；京师大学堂首任监督张亨嘉就职时身穿礼服，礼数周全，而他的致词，仅十四字："诸生听训，诸生为国求学，努力自爱。"[1] 日本籍教习服部宇之吉在讲授教育学、心理学、伦理学等课程的同时，向学生介绍了"母校"，使"母校"一词成为表达学生与自己就学和毕业学校血肉联系的流行语。

五、拒俄运动

清朝末年，帝国主义进一步加紧了对中国的侵略和瓜分，美、日、英、法、俄、德等帝国主义国家除了极力控制中国的政治经济命脉外，都把侵略的黑手伸向了中国边疆地区，使中国边疆地区出现空前危机。虽然清政府对各学校加强了思想控制，但随着国内新式高等学堂的开办

---

① 王道元. 前京师大学堂师范馆优级师范概况［M］//北京师范大学校史编写组. 北京师范大学校史（1902—1982）. 北京：北京师范大学出版社，1982：6.

和留学教育的兴起，在清末高校校园里潜流着的新思潮，仍然对学生产生了深刻的影响，逐渐改变着校园文化的陈腐风气，促使学生从旧式文人追求功名、备战科举的窠臼中解放出来，许多人接受了维新变法运动的进步主张，汲取了戊戌变法失败的教训，他们依靠"明君"、"圣主"挽救国家的幻想破灭，怀疑旧学、欢迎新学的人在增加，人们的民主要求也在增长。面对清政府的腐败统治和帝国主义列强的侵略，京师大学堂师范馆的学生表现出了高涨的爱国主义热情。

1903 年，武装占据东北的俄国侵略军拒不如约按期撤兵，反而向清廷提出了七项无理要求，企图长期占据东北。日本与英国也结盟图谋我东北，日、俄两国酝酿在我国领土进行战争，而清朝政府不仅不加干涉，还准备宣布中立，并准备订立中俄密约接受俄方的无理要求。消息传出，激起中国人民的无比愤怒。1903 年 4 月 27 日，上海各界爱国人士一千多人在张园召开"拒俄大会"，坚决拒绝沙俄的无理要求，并通电各国，严正声明"即使政府承允，我全国国民万不承认"。[①] 29 日，在日本的中国留学生五百多人在东京集会，决定组织"拒俄义勇队"，准备奔赴战场。30 日，京师大学堂师生群情激奋，师范馆学生率先"鸣钟上堂"，举行全校抗议沙俄侵略大会。首先由助教范源廉（字静生）演讲，他揭露了沙俄在东北的侵略阴谋和罪行，并转述日本法律教习岩谷的话，"中国存亡在此一举，乃外而观士夫，歌舞升平，安然无恙；内而观学堂，学生出入讲堂，绝无忧色"，这样的学生，"我不肖教，当即回国矣"。这样的言论使京师大学堂的师生受到极大的震动，数十人依次登台演讲，听众"有太息者，有流涕者"，"齐声应许，震撼天地"。[②] 会议通过各项决议，强烈抗议沙俄侵略，坚决要求清政府拒绝沙俄无理要求。

会后，还起草了《京师大学堂师范、仕学两馆学生上书管学大臣请代奏拒俄书》《京师大学堂师范馆全班学生请政务处代奏书》《京师大学

---

① 冯自由. 中华民国开国前革命史 [M]. 上海：良友印刷公司，1928：129.
② 见《京师大学堂学生公致鄂垣各学堂书》，载《苏报》，1903 年 5 月 20 日。

堂学生公致鄂垣各学堂书》等，在这些文件中，京师大学堂学生深刻揭露了沙俄的侵略野心，分析了当时国内外形势，尖锐地指出导致帝国主义侵略的原因与清政府错误的对外政策有关，并警告清政府绝不能答应沙俄的无理要求，"生等以为此次若许俄约，大势遂去，牵以一发而动以全身，土崩瓦解，束手可待"。坚决主张"力拒俄约，以保全大局，一面乘时展布新政，以图自强"。① 同时，还呼吁外地广大同学"发大志愿，结大团体，为四万万人请命"，"东三省系我等四万万人之东三省，非政府私有之东三省"，"与其坐而亡，不如争而亡，庶海外各国见中国尚有士气也！"② 京师大学堂学生的呼吁书在湖北学生中激起强烈反响，湖北学生发出《上两湖兼督帅请电争俄约禀》，表达了抵制沙俄的强烈愿望，并将《京师大学堂学生公致鄂垣各学堂书》转发各地，进一步激发了安徽等地学生"共结大团体，与各省通声气、相联络，以御外侮，以保主权"的拒俄运动。1904 年，师范馆学生丁作霖还创立了"抗俄铁血会"，并散发檄文，欲集合"爱国英雄，热血壮士"奋力抗俄。

这次"拒俄运动"是中国学生爱国运动的开始，使清政府大为震惊，认为学生上书言国事是"风气浮嚣"，是学生和清政府分庭抗礼，以"此事非学生分内之事"为由，严禁学生集会，进行压制。由于担心学生与外界会党通气，对"所有外间致学生之书函，遇有各国及各报馆字样者，均须查阅，无关系字迹，方准送交学生。学生致各处之函，亦须查阅放行"③。并要求管学大臣张百熙"严加管束"，而张百熙却在学生上书管学大臣的信函中批示："该生等忠愤迫切，自与虚骄嚣张、妄思干预者有别。至于指陈利害，洞若观火，具征觇国之识，迥非无病呻吟。本大臣视诸生如子弟，方爱惜之不暇，何忍阻遏生气，责为罪言！"④ 张百熙肯定了学生

---

① 见《京师大学堂师范馆全班学生请政务处代奏书》，载《大公报》，1903 年 5 月 11 日，第 12 版。
② 见《京师大学堂学生公致鄂垣各学堂书》，载《苏报》，1903 年 5 月 2 日。
③ 《大公报》1903 年 5 月 17 日。转引自：杨天石，王学庄 . 中华民国史料丛稿：拒俄运动（1901—1905）[M]. 北京：中国社会科学出版社，1979：271.
④ 《大公报》1903 年 5 月 8 日。转引自：杨天石，王学庄 . 中华民国史料丛稿：拒俄运动（1901—1905）[M]. 北京：中国社会科学出版社，1979：269.

的爱国行为，赞扬了学生对时事的看法，保护了参加"拒俄运动"的学生。

1903 年 6 月 6 日，《苏报》发表了署名自然生的文章《祝北京大学堂学生》，文章欢呼京师大学堂学生的斗争，认为"以如此黑暗之地，如此奴隶之民，而发出此种光线，真世界莫大奇事。吾安得不以热血欢迎之"。他希望京师大学堂学生成为"中央革命的原动力"，指出"那拉氏不足畏，满洲人不足畏，清政府不足畏。毋因一时之威吓而敛其动作，毋惜诸君之自由血而失全国人之希望"。京师大学堂学生的拒俄运动和爱国斗争，开创了中国近代学生爱国运动的先河。在此之后，各地学堂学生爱国运动此起彼伏，接连不断地冲击着腐朽的清朝政权。同时，此起彼伏的学生爱国运动，也不断地改造着大学堂的文化，学以致用、以天下为己任、救国救民成为进步学生追求的理想，学生社团、学会等成为校园文化活动的组织者，创办刊物、集会、演讲等成为校园文化活动的重要方式。

第二节
北京高等师范学校及其向大学的发展

一、北京高等师范学校

1912 年中华民国南京临时政府成立，宣告封建帝制在中国的统治终结。1912 年 1 月，蔡元培被推选为中华民国南京临时政府教育总长，范源廉任教育次长。教育部二号令（1912 年 9 月 2 日）确定的教育宗旨是："注重道德教育，以实利教育、军国民教育辅之，更以美感教育完成其道德。"确立"大学以教授高深学术，养成硕学闳才，应国家需要为宗旨"[①]；

[①] 《教育部公布大学令》，《中华教育界》1913 年（民国二年）二月号，法令第 29—31 页。

取消了清代学制规定设立的经学科，将大学分为文、理、法、商、医、农、工七科，而以文、理两科为其他学科的基础学科；废除了毕业生奖励进士、举人等科举出身的制度，初步建立了现代学位制度。

1912 年 5 月 15 日，教育部明令改京师优级师范学堂为"国立北京高等师范学校"，任命陈宝泉先生为校长筹备开学事宜。7 月，首先将五城中学堂改为北京高等师范学校附属中学校，同时设立附属小学校，作为高师学生的实习场所。同时，蔡元培先生主持在北京召开"临时教育会议"，会议通过了一系列教育案，其中包括"学校系统案"、"大学令案"、"师范学校令案"。9 月，教育部公布《师范教育令》，规定：高等师范学校"以造就中学校、师范学校教员为目的"，"高等师范学校定为国立，由教育总长通计全国，规定地点及校数，分别设立"，经费"以国库金支给"，学生"免纳学费，并由本学校酌给校内必要费用"。

1912 年 8 月 20 日，北京高等师范学校举行开学典礼，教育总长蔡元培参加。"维时国事初定，经费艰绌，校舍设备，简陋如前，无附属中学校，惟小学教室，略备数椽而已。"[1] 据王桐龄《北京高等师范学校过去十二年间之回顾》一文记载，陈宝泉先生接办北京高师之初，"校内青草满地，荒芜没人"，陈宝泉校长与诸先生亲自"辟草莱，斩荆棘，筚路蓝缕，以启山林"。开辟校址，建筑校舍，增设系科，延聘教师，整章建制，使北京高等师范学校进入了一个稳定发展的良好阶段，为这所学校发展成为师范大学奠定了坚实的基础。

1912 年 8 月，北京高等师范学校将原优级师范学堂"公共科"改为"预科"；1913 年教育部公布的《高等师范学校规程》规定：高等师范学校分预科、本科、研究科。"高等师范学校之修业年限，预科一年，本科三年，研究科一年或二年，专修科二年或三年，选科二年以上三年以下。"北京高等师范学校据此制定了《立学规则》，提出"本校以养成师

---

① 见《国立北京师范大学毕业同学录·本校沿革大要》，1927 年。西北师范大学档案馆馆藏资料，档案编号：民国档案 33 号全宗 0598 卷。

◎国立北京高等师范学校校门

范学校、女子师范学校、中学校、女子中学校教员为宗旨"。将原"分类科"的各"类"改为"部",设英语部、物理化学部、博物部、历史地理部。1914 年 5 月 24 日,袁世凯召见陈宝泉先生,讨论师范教育问题,嘱咐"以师范教育为重"①,随后陈先生即上书建议师范教育办法。其中第一条"师范学校宜就注重之学校扩充,不宜多设",为袁世凯所采纳,并令其制订高师发展五年计划,上报预算。1914 年 12 月,《教育部整理教育方案草案》出台,提出"高等师范学校之设置采集中主义"的原则,即集中力量,在全国分区办好"国立"高等师范学校,并对师范生采取"严格训育主义"。1915 年 1 月,袁世凯发布《特定教育纲要》,将全国统筹定为六个"师范区",计划在每区内适宜地点各建一所国立高等师范学校,属高等教育,其经费由教育部款支出。陈宝泉先生因此主持制定《北京高师规程》《北京高师五年计划书》等。1915 年 2 月,教育部批准北京高师扩充规模,袁世凯为学校题写了"教育本源"的匾额,捐赠大洋 1 万元,并批由财政部筹拨 6 万元开办费,北京高师由此得以积极实施扩充计划,增设国文部、数理部和教育专攻科、国文专修科、手工图画

---

① 蔡振声,刘立德.陈宝泉教育论著选 [M].北京:人民教育出版社,1996:40.

专修科、单级教员讲习班；受东三省委托，附设东三省教员养成班；添聘教员、添招学生、添建校舍。1916 年，为提倡美育和职业教育，附设音乐练习班和职工科各一班。1917 年，增设了体育专修科。"计自民国三年至此，校舍展拓，设备渐增，规模与前悬殊，事业亦已大进，是为本校猛进时期。而筱庄（陈宝泉）先生及诸执事，经营缔造之功，足以垂诸不朽。"① 在陈宝泉校长的领导下，北京高等师范学校着眼于全国教育系统对各种师资的需要，以较快的速度完成了《高等师范学校规程》规定需要设置的全部部科，北京高师具备了国文、英语、史地、数理、理化、博物六部，以及手工图画专修科、国文专修科、体育专修科和教育专攻科四科，并附设附中、附小、音乐训练班和职工科。在硬件方面，添建了阅书室、乐室、教室、学生成绩陈列室、自习室、寝室、手工图书专修科阅览室、图书馆、实验室等，至 1920 年，学校在学人数达 800余人，为学校向师范大学的发展奠定了良好的基础。

◎北京高等师范学校图书馆

为提高北京高师的学术水平，陈宝泉先生聘请了一大批著名学者来高师任教，如王桐龄、邓萃英、许寿裳、马寅初、张耀翔、经亨颐、陈映璜、马叙伦、丁文江、翁文灏、何炳松、沈步洲、陶孟和、钱玄同、黎锦熙、毛邦伟等 40 余人，尽一时之选，从而使北京高师的师资力量一度十分雄厚。至 1918 年，北京高师有教员 88 人，其中专任教员 20 人，外国教员 6 人，兼任教员 62 人。"职教员之学业经

---

① 见《国立北京师范大学毕业同学录·本校沿革大要》，1927 年。西北师范大学档案馆馆藏资料，档案编号：民国档案 3 号全宗 0598 卷。

验，有优于国学，且历充教师久任学务者 13 人，曾在本国专门高等学校毕业者 18 人，在外国专门大学毕业者 47 人，在本国中等学校毕业者 17 人，曾办理中等学校及地方学务或他项职务者 15 人，艺术专家 2 人。"①陈宝泉特别重视聘请留学生任教，1919 年冬季，陈宝泉先生奉教育部派遣赴欧美考察教育，为延揽留学生到北京高师就职，他在考察途中与留学生座谈，发出真诚邀请，李建勋先生就是受邀到北京高师就职的。1920 年 5 月，陈宝泉校长结束欧美考察回国后，又由学校选派各部主任及教授之资格较深者，分赴欧美日本，研究调查。

根据 1913 年颁行的《高等师范学校规程》，北京高师本科六部学习的主要科目有：国文部开设国文及国文学、历史、哲学、美学、言语学；英语部开设英语及英文学、国文及国文学、历史、哲学、美学、言语学；历史地理部开设历史、地理、法制、经济、国文、考古学、人类学；数学物理部开设数学、物理学、化学、天文学、气象学、图画、手工；物理化学部开设物理学、化学、数学、天文学、气象学、图画、手工；博物部开设植物学、动物学、生理及卫生学、矿物及地质、农学、化学、图画。各部可加授世界语、德语，英语部可加授法语，乐歌为随意科。各部通习科目（公共必修科目）在预科开设伦理学、国文、英语、数学、论理学、图画、乐歌、体操；在本科开设伦理学、心理学、教育学、英语、体操。

陈宝泉校长十分重视学生品德陶冶和意志砥砺，以"诚勤勇爱"为校训。在教学内容上，取消了旧的"忠君"、"尊孔"的教育内容，新开设了实践伦理、伦理学等含有资产阶级伦理学说和道德观念的课程。在教学方法上，多采用"自学辅导主义"，以加强学生的自学研究，激发其主动性。设立"教育参考室"以陈列校内学术成果。强调"修学旅行"

① 陈宝泉．北京高等师范学校报告［G］//璩鑫圭，童富勇，张守智．中国近代教育史资料汇编：实业教育 师范教育．上海：上海教育出版社，1997：1029．

◎北京高等师范学校校园里的校钟。2002 年北京师范大学、西北师范大学共同举行百年校庆时，校友捐铸了两个同样的校钟，分别安置在两校校园内。

（远足）和"暑假修业"（社会调查），"以资博览，而供参考"。① 要求学生有广博的知识、高尚的品德、坚强的意志、整洁优雅的仪表。为此，在当时北京高等师范学校的门口，立有一面大镜子，上写"整容貌"三个大字，要求学生出入时做到：面必净，发必立，衣必整，钮必结，头必正，肩容平，胸容宽，背容直。由于当时北京高师的学生出校时衣着整洁、佩戴校徽，又言行持重，深得社会各界好评。②

1920 年冬，陈宝泉先生调任教育部普通教育司司长，教育部任命邓萃英先生代理北京高师校长。1921 年 10 月，邓萃英先生因奉命赴美参与华盛顿会议而辞职，教育部任命李建勋先生继任校长。

二、教育专攻科、教育研究科

1913 年教育部公布的《高等师范学校规程》规定：高等师范学校分预科、本科、研究科。"研究科就本科各部择二三科目研究之"，研究科学生的来源，一是由校长在本科及专修科毕业生中选取，二是从本国或外国专门学校毕业及从事教育有相当之学识、经验者中选取。高等师范学校设研究科的目的，就是要培养具有相当理论水平的教育专家。而"教育学"作为培养教师的关键课程，在师范学校有着重要地位，"自教育学发达，乃知即为人师者亦有其必须之学与术"③，因此，北京高师将

① 见《北京高等师范学校十周年纪念录》。
② 王淑芳，王晓明．北师大逸事 [M]．沈阳：辽海出版社，1998：11.
③ 教育部整理教育方案草案（1914 年 12 月）[G]//陈元晖．中国近代教育史资料汇编：学制演变．上海：上海教育出版社，2007：752.

研究的对象首先聚焦在教育学科，并设专科专攻，在国内开启将教育作为学科体系进行研究之先河。但是从课程设置看，涉及的教育类课程并不多。

1915 年 3 月，北京高师拟定教育专攻科规程，5 月招生。关于教育专攻科的培养目标和教授内容，陈宝泉先生 1918 年在《北京高等师范学校报告》中提及："此科之设在输入德国教育学说，以振起国人教育思想。故科目以德语及教育为主，聘德人梅约翰为教员。"《北京高等师范学校教育专攻科规程》规定：教育专攻科以养成师范学校教育教员为主旨，修业期定为四年，入学资格以师范学校毕业、中学校毕业或具有同等之学力者为合格，学习的主要科目有：伦理、论理、心理、教育（教育学、中国教育史、西洋教育史、世界教育制度、教育行政、教授法、保育法、学校管理法及学校卫生学）、德语及德文学、国文、言语学、哲学、美学、体操。

教育专攻科本来是要培养"教师之师"的，更加注重对教育学科、教育问题的深入探究，而正是这种"对全国教育学术上有特别之贡献"的期望，以及对教育学术的深入探究，形成了北京高师的特色与优势。当时，北京高师各科有"教员研究室"组织，由"各科主任或专任教员轮值主管，备学生之疑问及研究学术之趋势"。从 1917 年起，与当时高师的六部设置相应，以本学科的教学为中心，成立了国文学会、史地学会、英语学会、数理学会、理化学会、博物学会。11 月，由全校学生自行发起成立教育研究会。1919 年 12 月，出版《教育丛刊》，以发表本校员生关于教育研究之心得，首期《教育丛刊》发表了调查各地教育现状、批评本国教育劣点、介绍国外最新教育学说、建议本国教育的各种革新计划的文章。同时北京高师还出版《心理》（张耀翔主编）、《哲学》（傅铜主编）、《社会学》（余天休主编）等杂志。

1920 年前后，受杜威、孟禄两位在中国讲学的影响，不少人主张学习美国学制以改变中国的教育制度，实行"六三三"学制，对教师的质

◎北京高等师范学校教育研究科研究生合影

量要求进一步提高。1920年，北京高师开办教育研究科，李建勋先生任主任，教育研究科招收高师和专门学校毕业生及大学三年级学生，这是我国首次以教育为研究和学习对象，招收研究生，学习科目共24种，包括哲学、美学、社会学、道德哲学、生物学、心理学、教育学、教育史、教授法原理、教育卫生、教育统计、教育行政、心理测量、社会问题、实用心理、各国教育制度、教育调查法等。在教育研究科任教的有校内外的学者19人：蔡元培、胡适、陈大齐、陶履恭、邓萃英、陈映璜、王文培、杨荫庆、刘廷芳、余天休、萧友梅、傅铜、张耀翔、张敬虞、李建勋、费特、丁恩、杜威、杜威夫人。1922年4月毕业的首批研究生16人，被隆重授予"教育学士"学位，其中王卓然、康绍言、常道直、胡国钰、方永蒸、邵松如、薛鸿志、殷祖英、陈兆衡等都是这一期教育研究科毕业的。① 1923年，又举办了国文、英语、史地三部的研究科。"盖至是本校之目的，已不限于中等学科教师之培养，而兼以培养各种教育之专门人才矣。"②

三、陈宝泉及其师范教育思想

陈宝泉（1874—1937），字筱庄，中国近代教育家，天津人。1896年在维新思潮影响下参加康有为创办的强学会，1897年，考入京师同文馆算学就读，1901年，任天津开文书局编校，1902年，任天津民立第一小学堂教员，并协助严修创办天津师范讲习所。1903年留学日本，1904

---

① 见黄公觉：《中国第一次授教育学士学位典礼纪盛》，载《教育丛刊》第1卷第3集，1922年5月。
② 见汪懋祖、陈宝泉：《国立北京师范大学毕业同学录·本校沿革大要》，1927年。

年回国后，历任天津地区各小学教务长，并创设单级小学堂，筹备天津教育博物馆。旋入直隶学校司，任职期间，拟订劝学所、宣讲所等章程，均付诸实施。1905 年，任直隶学务公所图书课副课长，主编《直隶教育杂志》，并与高步瀛合编《国民必读》等读物，编著《国民镜》《家庭谈话》等教科类图书，在社会上产生了广泛的影响，成为新文化运动的先声。1905 年年底，随严修到清廷学部任职，历任主事、郎中、师范科员外郎。1910 年，擢升为学部实业司司长。

◎陈宝泉

1912 年 5 月，任国立北京高等师范学校校长。1917 年与黄炎培、郭秉文、蒋维乔等参观日本、菲律宾以及香港教育。1919 年与袁希涛等考察欧美教育，并邀请著名教育家孟禄访华；邀请张仲述、李建勋、张耀翔等留学生回国任教。在 1919 年全国教育会联合会年会上，他与邓萃英先生联名提出《设置师范大学案》。1920 年冬，调任教育部普通教育司司长。1921 年 4 月，北大、北京高师等八校教职员因索薪罢课，教育总长、次长相继辞职，部中月余无长官，陈先生和专门司司长任鸿隽共同维持部务，任疏解之责。参与组织实际教育调查社，邀集教育界人士与孟禄召开大型教育讨论会。1922 年，参与制定"壬戌学制"，并任中华教育文化基金委员会委员。1923 年任教育部教育次长兼普通教育司司长。8 月，参与发起中华平民教育促进总会，与陶行知等九人一起当选为执行董事。1924 年，被选为中华教育改进社九位董事之一，又任该社教育行政委员会副主任、义务教育委员会副主任。1929 年，任天津市政府参事、教育部名誉编审、天津贫民救济院院长，又在南开大学兼课。1930 年年底，任河北省政府委员兼教育厅厅长。1931 年"九一八"事变后，他致电蒋介石指责其不抵抗政策，在教育界引起很大反响。1937 年七七事变后，陈先生忧愤国事，于天津沦陷之日逝世，享年 63 岁。为纪念陈先生的光辉业绩，抗战期间由北平师范大学迁兰州更名的西北师范学院将一幢学生宿舍命名为"筱庄斋"；1948 年，北京师范大学复校后，将和平门外校园内的一幢整修后的文科教学大楼命名为"筱庄楼"。

陈宝泉先生著有《退思斋诗文集》《中国近代学制变迁史》及欧美、日本、菲律宾教育考察报告。与胡适、陶行知合编《孟禄中国教育讨论》（中华书局出版）。陈先生是我国师范教育的卓越先驱，一贯重视师范教育，尤其在北京高师校长任内提出的改革师范教育的意见、建议，产生了深远影响。陈先生关于师范教育的思想，概括起来，主要有以下几个方面。

第一，教育为国家命脉，师范为教育胚胎。他就任北京高师校长之初，就提出师范教育不仅负成己之责，更要负成人之责；师范教育不仅关系教育的发展，并且关系国家之生死存亡。"夫教育为国家命脉，师范为教育胚胎。故师范之责任直接以发达教育，即间接以巩冀国家"。因此他勉励学生，"持其贞固不渝之目的，奋其强毅不挠之精神，以教育事业为第二生命，以师范名誉为无上财产。默观世界文明之趋势，熟审吾国学术之缺点，以挹注而匡补之"。①

第二，学校与社会相通，教育与社会相应。陈宝泉先生主张"学校为社会而设置者也，学生则社会服务者之预备员也。故学校与社会联络，为社会指导，尤为本校所素抱之主旨"②。"夫学校用以改良社会者，是学校为社会设，非学校为学校设也。社会不良，故设学校，毕业生得以解决其生活问题，因而社会而国家俱得以解决其生活问题，故学校应与社会生关系。"③ 主张教育与社会良性互动，"盖教育事业是替社会作一种预备，假使教育与社会独立，不与社会联络，那是一种和尚教育。和尚教育只可用于寺院，用于社会是万不行的。教育家关门办教育如何能与社

---

① 沈云龙. 近代中国史料丛刊 [M]. 台北：文海出版社，1970：101.
② 陈宝泉. 北京高等师范学校报告 [G] //璩鑫圭，童富勇，张守智. 中国近代教育史资料汇编：实业教育 师范教育. 上海：上海教育出版社，1997：1028.
③ 蔡德生，刘立德. 陈宝泉教育论著选 [M]. 北京：人民教育出版社，1996.

会相应？必须采用那一般人的意见，供那一方面需要以研究之结果，再从学校方面实施。教育一定可以同社会是相应的"①。

第三，注重职教员游学，使经验与学问相调和。陈宝泉先生十分重视高师教师队伍建设，他认为，"世界各国之教育学说及科学研究日新月异"，高师"自应随时调查讨论，以谋进步"。因此提倡教师游学游历，吸取各地教育的长处，以丰富知识，增长才干，提高素质。他曾派出多批职教员，分别赴日本、菲律宾考察教育，赴美国研究教育，赴日本研究地理绘图、考察物理化学设备、考察图书馆组织及管理等。他认为资遣职教员游学、游历，一可使经验与学问相调和，避免偏重之弊；二可使教育者有所希冀，使热心从事师范教育之人日增；三可使教学相长，较之遣派学生，事半功倍；四是游学、游历之人日多，则内外知识可以互相交换；五可促进师范教育的进行，巩固国民教育之根本。

第四，使学生动静交养，变化气质，陶冶性情。陈宝泉先生尤其重视师范教育的德育问题，他认为"师范生在修业时仅负成己之责任，至毕业后则兼负成人之责任。故鄙人所深冀于诸生者，在具有责任心而已。而所以保持此责任心者，在有高尚之思想与坚韧之志操"。因此，北京高师对学生均"以成己成物为励学及服务之方针"。"关于精神之修养，则有德育演说、名人讲演、自治谈话、静坐法、雅乐组等以陶铸之，使学生动静交养，既变化其气质，复陶冶其性情，总期身心调和，以造成完全之人格"。②

四、新文化运动与五四运动

在五四运动爆发以前，北京高等师范学校师生的思想就已经非常活跃。公开出版的《新青年》《每周评论》以及秘密流行的《自由录》《民声》《进化》等杂志，带给青年学生强烈的思想解放的信息。在新文化运

---

① 沈云龙. 近代中国史料丛刊 [M]. 台北：文海出版社，1970：77.
② 陈宝泉. 北京高等师范学校报告 [G] //璩鑫圭，童富勇，张守智. 中国近代教育史资料汇编：实业教育　师范教育. 上海：上海教育出版社，1997：1028.

动中，北京高师是一个重要阵地。以钱玄同、黎锦熙、邓萃英、胡以鲁、常乃德、孙俍工、周祜、楚图南、周予同、魏野畴等为代表的北京高师师生，不仅接受了新文化的洗礼，而且积极参与其中。常乃德与陈独秀之间的思想论争，邓萃英、周祜等人在《新青年》上就"文学革命"与钱玄同的讨论，黎锦熙、陈宝泉两先生推动国语运动，校友会德育部开办平民学校，主张改造社会等，推动了新文化运动的向前发展。① 新文化运动使北京高师师生的思想面貌发生了极大的变化，学校的学术思想也进一步活跃起来，相继出版了《平民教育》《劳动文化》《教育丛刊》《数理杂志》《理化杂志》《博物杂志》《史地丛刊》《英文丛刊》《国文学会丛刊》《心理》《哲学》《社会学》等刊物。当时学校盛行辩论之风，各界名流的学术报告也很多。1921 年，开始招收女生，并实行男女同班上课。

1919 年 2 月，北京高师数理部学生匡日休（字互生）、国文部学生周蘧（字予同）、数理部学生刘家熔（字薰宇）等人发起组织了进步的学生团体"工学会"，在《工学会旨趣书》中提出："做工的人一定要读书，读书的人一定要做工。绝对反对做工的人可以目不识丁、蠢如鹿豕，读书的人可以高其身价、坐享福禄。"北京高师工学会"平时则互相研究各种学术，或建设教育事业。国有困难外交，则竭力以谋补救"。②

◎钱玄同

3 月 10 日，钱玄同先生在《北京高等师范学校周刊》第 62 号上发表"施行教育不可迎合旧社会"的主张，认为"教育是教人研求真理的，不是教人做古人的奴隶的；教育是教人高尚人格的，不是教人干禄的；教育是改良社会的，不是迎合社会的"。学生们热烈地讨论教育上的"自动主义"、"自律辅导主

---

① 杨彩丹. 北京高师对新文化运动的贡献［N］. 光明日报，2010 - 10 - 26.
② 见《工学》第一卷，第一号。1919 年北京高等师范学校工学会编辑发行。

义"、"劳动主义"、"工读主义"等，其中平民主义、工读主义教育思想最为流行。与此同时，在北京高师还有"同言社"等学生组织、"平民学校"等机构，都以爱国救国为目的。正是这种思想基础和政治抱负，使以"工学会"为核心的学生组织成员积极参加了五四运动的活动。

1918 年"中日军事协定"签订，北京各国立学校学生认为，这个协定允许日本军队在中国境内自由行动，是引狼入室、自惹祸害，于是相约同去新华门内见冯国璋，请求废止协定，但由于缺乏组织未实现目的。这使学生觉悟到建立组织的必要，"几个月内，各

◎五四运动的骨干，北京高等师范学校学生匡互生（左）、周予同（右）。

校学生独立自由组织和联合组织的小团体，相继成立的至少在 20 以上"。1919 年 4 月，这些团体已经有了"举行五七示威运动"，在国耻纪念日表示抗争的准备。不料自 5 月 1 日起，由巴黎和会传到北京的消息一天比一天险恶。5 月 3 日，北京高师学生在校内风雨操场集合，讨论巴黎和会上我国外交失败的对策。学生刘庆平当场咬破手指写血书，表示反帝反卖国贼的决心。有些学生赶制写着"打倒卖国贼"、"还我青岛"、"宁为玉碎，不为瓦全"等内容的标语，并派代表到各校联络。晚上，北京高师举行了一个秘密会议，参加会议的都是刚刚成立的北京高师工学会的成员，约几十人，会议讨论"对于中日的示威运动，本会应采取何种态度"，大家认为游行示威时间应当提前至 5 月 4 日，否则将遭压制。大多数会员"主张采用激烈的手段去对付那几个仰日本军阀的鼻息，做国内军阀的走狗，并且惯以构成南北战争以快私意的曹（曹汝霖）、陆（陆宗舆）、章（章宗祥），就决定次日联络各学校的激烈分子，伴大队游行至

曹、陆、章的住宅时候，实行大暴动，并一面派会员先将曹、陆、章等住宅的门牌号数调查明白，以便直接行动"。[①] 匡互生、周予同等"激烈分子"曾对亲密友人商托身后事，立好遗嘱，准备为追求"理想的社会和真正的自由"而牺牲。

1919 年 5 月 4 日，北京高校学生为反对日本帝国主义阴谋通过"巴黎和会"使其占领中国山东合法化，要求北洋政府严惩与日本政府勾结的卖国官僚，在天安门前举行大会，爆发了具有划时代意义的反帝、反封建的五四爱国运动。上午，北京高师成立学生会。各校派代表在堂子胡同法政专门学校参加联合会议，周予同作为北京高师代表之一参会。联合会议讨论了下午"游行示威"的具体计划，决定散发《北京学界全体宣言》，提出"外争主权，内除国贼"的政治口号。向来以管理严格著称的北京高师学生，最先到达天安门集合，打着一幅用丈二长的白布写的挽联，联语为："卖国求荣，早知曹瞒遗种碑无字；倾心媚外，不期章惇余孽死有头。"[②] 借作为奸臣象征的历史人物三国曹操、北宋章惇来嘲骂曹汝霖、张宗祥、陆宗舆等卖国贼。到下午二时左右，到达天安门广场的有 13 所学校的学生约 3000 余人，学生都手持小白旗，上书反对日本帝国主义、反对卖国贼的口号，各校学生代表站在天安门前的石狮子上发表演说，之后开始示威游行。

当时被推举担任天安门大会主席和游行总指挥的是北京大学新潮社等组织的成员段锡朋、傅斯年等人，他们并不知道高师工学会等组织的"激烈分子"，秘密准备采取"暴动手段"惩罚卖国贼。游行队伍经过前门楼向东交民巷外国使馆区进发受阻，有人高呼"到赵家楼曹汝霖家

---

① 匡互生. 五四运动纪实 [J]. 新文学史料，1979 (3).

② 据宋宪亭《长挽联与小斧头》一文回忆，"五四的前一天晚上，我到张润芝屋子里去串门，看见他的桌子上放着一块白布，笔墨俱全，说是要写挽联。我问写挽联送谁，他说你看看就知道了。上联：卖国求荣早知曹瞒遗种碑无字；下联：倾心媚外不期章惇余孽死有头。第二天出发时，张润芝用一根大竹竿将挽联挑着扛在肩上。他的身体较高，眼睛又近视，摇摇晃晃格外惹人注意。"张润芝是北京高等师范学校史地部四年级学生，与宋宪亭为山东老乡。见李曙新."五四"那天留下的十八个历史谜团（连载二）[J]. 文史精华，2010 (12).

去"，游行队伍于是改道直奔赵家楼。匡互生、陈宏勋等人参加了"火烧赵家楼"、"痛打章宗祥"的行动。当军警赶到时，大部分学生已疏散回校。而留在后面的学生被捕32人，其中陈宏勋、杨荃骏、初铭音、向大光、薛荣周、赵允则、唐英国、王德润8人为北京高师学生。据陈宏勋（后来为安全起见改名陈荩民）回忆："我在曹贼院内遭军警毒打时，眼镜被打掉，手表被打坏，胳臂被打得鲜血直流。我们被关进牢房后，被严加监视，不许交谈，不许走动，不给饭吃，不给水喝。直到当晚半夜，又把我们押解到警察厅……被捕的人分几间房间关押。我和高师同学向大光及其他学校学生共七人关在一间牢房内，共用一盆洗脸水，待遇虽十分恶劣，但大家精神抖擞，毫不畏惧。"①

5月5日，北京高师学生开会讨论营救被捕同学的办法时，匡互生认为是自己首先打进曹宅点火的，坚决要去"自首"以换出32位同学，以免大家专为营救同学着想，而放弃原来策动运动的目的。经工学会会员竭力劝阻，才阻止了他的行动。各学校代表在北京大学开会商议对策时，许多代表主张即日罢课，要求政府释放被捕学生。而北京高师代表主张不罢课，其理由是：（1）大家应该尊重被捕同学的牺牲精神，继续奋斗，不应该专从营救同学着想而放弃了原来所抱的目的；（2）就事实方面说起来，罢课以后，大家不容易集会，团结精神更加无法保持。但为营救被捕的同学，会议还是通过了"全体一致罢课营救同学"的议案，并议定由北京大学和北京高师代表起草"北京中等以上学校学生联合会"组织大纲，成立"北京中等以上学校学生联合会"。②

5月4日以后，为营救被捕同学，北京高师的学生罢课、游行、上街演讲。而此时感受痛苦最深者是各相关学校的校长，他们一方面受政府责备，一方面又受学生责备。他们连日大忙特忙，开会、写信、打电话、与教育总长谈话、向国务院警察厅监察厅疏通、对学生演说，经过多方

① 陈荩民. 回忆我在五四运动的战斗行列里 [N]. 北京师大，1979-05-08.
② 匡互生. 五四运动纪实 [J]. 新文学史料，1979（3）.

◎1919年5月7日，北京高师师生在校门口欢迎获释的8名同学回校。

抗争、交涉、营救，5月7日，由校长出面具保，被捕学生获释。当北京高师被捕的8名学生回到学校时，同学们在校门口列队欢迎，陈宝泉校长也到门口参加了欢迎队伍。他们一下汽车就被大家高高举在肩头，簇拥着抬进学校大门，在风雨操场开了一个盛大的欢迎会。[①] 被捕同学返校后，陈宝泉校长考虑到他们的安全，为防止再次被捕，也免于将来到社会上工作时遇到风险，亲自为他们改名，陈宏勋改名为陈荩民，杨荃骏改名为杨明轩，初铭音改名为初大告……

此后，各校附近密布军警，露天演讲、散发传单和发行《五七》《救国》一类的刊物等活动都被严厉禁止。北京学生联合会被迫经常改变开会地点，但还是屡次被政府探知而强行驱散。5月31日，在5月4日那天表现最为激烈的学生到各学校活动，促成北京学生联合会于6月1日作出决定：从6月2日起再行分队出外举行露天讲演，如果讲演同学被捕，次日就加倍再出，如果再次被捕，就全体齐出。北京高师学生被分配在前门大街一带和西城区一带的街头讲演工作。由于学校门口都有军警看守，所以学生不能整队齐出。因此演讲员把小旗子藏在袖口里，一个一个陆续溜出校门，到各热闹的街口抽出袖中所藏旗帜，立即演讲起来。军警当日抓捕47人，将北京大学法科变成临时监狱。但是第二天，北京市差不多所有胡同都是立地演讲的学生，到6月3日晚上，北大法科被看

---

① 陈荩民在《回忆我在五四运动的战斗行列里》一文中说："我们北京高师被捕的学生共有8人，5月7日由警察厅派两辆车子送我们回校。刚到校门口，就被欢迎的同学和邻近的居民围住。我们一下车，就给戴上大红花，把我们一个个抬起来，高高举起，并为我们拍摄了两张照片（这两张照片，我一直珍藏到现在）。"载《北京师大》，1929年5月8日。

守的学生达 800 多人，这些学生在看守所竟然组织起了评议部和干事部，其交际股、庶务股、会计股、纠察股、卫生股组织得秩序井然。6 月 4 日，学生自带行李，强行冲出校门上街讲演，军警无法全数拘捕，只好全力苦劝。而学生反而能够自由宣讲，并支援被捕同学。学生的讲演甚至赢得一些警察的同情和共鸣，有的警察"掩面而泣"，有的也大骂卖国贼。

北京学生的行动迅速传遍全国各地，出现了以罢工、罢市、罢课等形式声援北京学生爱国运动的浪潮。军阀政府被迫释放了被捕的学生，撤走了驻守各学校的军警。6 月 9 日，被迫宣布罢免了曹汝霖、张宗祥、陆宗舆三人的职务。28 日，总统徐世昌接见各界请愿代表后，北洋政府表示：学生要求的拒绝和约签字、赎回高徐和顺济两铁路、恢复南北和会三件事，政府竭力进行，并电告我国巴黎代表拒绝签字。北京高师学生杨明轩参与并组织了这次联合请愿活动。

五四运动中，北京高师师生表现了感人的爱国思想和爱国行动。在五四运动的影响下，1922 年 5 月 1 日，工学会召集北大马克思研究会及北京学联举行"五一"纪念大会，邀请李大钊作了题为《五一纪念日于现在中国劳动界的意义》的演讲。同年，成立了"北京高师社会主义青年团"，楚图南等人编辑了《劳动文化》刊物，提出马克思主义要和工人运动相结合，要走俄国工人阶级的路的观点，以及"劳工运动"的口号，以公开的形式宣传马克思主义。魏野畴等人组织了共进社，联合西北青年知识分子从事革命活动，并常在《共进》半月刊发表进步言论，传播革命思想。1923 年 2 月，教育革新社创办了劳动学校，学生每晚"自动地向劳动人民讲新形势、新文化、新思想"。

五、高等师范存废之争

1915 年 4 月，在全国教育联合会第一次会议上，湖南省教育会提出了《改革学校系统案》，关于高等师范教育，这个提案提出了"产出中等学校教员之圆满资格"，"取消高等师范学校，而设师范研究科于大学"

的设想。理由是"教授中等学校之技术，易于初等远矣，本无需专门养成至于三年之久，且教授中等学校之学识，原不在专门大学各科之外，更无独设一校之必要……兹将高师内原研究科移入大学，入学者以专门大学毕业生为限，则学问已高，专修教育一年，自无不足，经费、师资复两无困难"。① 这次会议因此案"事体重大"未曾开议，后分函各省征求意见。五四运动前后，各种教育思潮激荡，引发了学制改革运动。1920 年前后，由于杜威、孟禄在中国讲学的影响和留美学生回国者增加，美国教育模式和教育思想的影响日益增强，不少人主张在学制改革中仿效美国。北京高师附中于 1922 年秋季率先实行了"六三三制"。随着中学学习年限增加，学生程度增高，高师升格改大学已成定局。但高师升格后，是改为普通大学好还是改为师范大学好，在教育界乃至全社会引起了一场"争辩甚烈"的纷争。

主张废止师范教育的人认为：师范学校的设置"是为了一时的方便"，"另设师范教育系统实属无谓。若强而行之，徒深固其树蒂，反足为教育进步地障碍"。② 还有人认为，高等师范学校只是个"过渡的制度"，是大学的"赘疣"，主张将其并入中学或大学，以节省经费。"中学师资可由普通大学供给之，不必有独立设置之师范大学"。胡适主办的《独立评论》也常发表文章，主张取消师范大学制度。③ 1922 年 10 月，陈独秀在广东教育会提交第七届全国教育会联合会的意见中，提出"高等师范与大学并立，不但重复，设备不经济，而且学生资格及用途往往冲突"。因此高等师范"宜归大学，不另设立"。④在这种争辩和学制改革的过程中，其他高等师范学校纷纷"升格"为普通大学。南京高师校长

———————————

① 湖南省教育会提议：改革学校系统案 [G] //璩鑫圭，唐良炎．中国近代史资料汇编：学制演变．上海：上海教育出版社，2007：853，858．

② 见许崇清：《论第五届教育联合会改革师范教育诸案》，载《教育杂志》第 12 卷第 9 号，1920 年 9 月．

③ 李蒸．北京师范大学历史上的存废之事 [M] //李溪桥．李蒸纪念文集．北京：中国社会科学出版社，1996：59．

④ 见金曾澄：《广东提出学制系统草案之经过及其成立》，载《新教育》第 4 卷第 2 期．

郭秉文认为"中等以上的教师，应该是双料的学士、硕士和博士"①，因此"师范学院应办在大学之内，教师的来源不必局限于学院"②。

从"六三三制"提出开始，北京高师就为"高师升格"作准备了。首先，延长修业年限，在外在形式上与大学趋同。1919年，决定不设一年制的预科，学生修业年限一律为四年；1921年又把课程分为四年科和六年科两种，学生从三年级起可以任选一科，并准备在条件成熟时取消四年制，专办六年制。其次，开始注重学术研究，逐步孕育大学的内在精神。1920年开办教育研究科；1921年增设理化、博物、数理三部的研究科；1923年又续办国文、英语、史地三部的研究科。北京高师为升格为师范大学作着组织上的积极准备。同时，以北京高师校长李建勋先生为代表的许多专家学者，力主将高师改为师范大学，并不断著文宣传其主张，反驳"高师并入大学"的主张，认为"大学师范院或教育科之与师范大学，性质不同，目的攸殊，故可并行而不相悖者也"，"质言之，即一重在教育的理想，而一重在教授的实施也……夫师范大学与普通大学，非但无合并之必要，而且有合并之不利"。并提出"师范大学应分为教育心理科、中学教育科、师范教育科、职业教育科、社会教育科、美育艺术专科"，"凡属中学后之四年师范毕业生，一律授以学士学位"。③ 李建勋先生认为办理师范大学，"除设教育科外，宜兼设师范生毕业后应担任教授之各种学科"。师范教育必须适应发展需要，升格为"师范大学"，"现制所订修业标准，较之英、美、德、法各国，均形低下，势不能不极力提高，以符各国中学师资养成之标准"；

◎李建勋

① 刘正伟. 督抚与士绅——江苏教育近代化研究 [M]. 石家庄：河北教育出版社，2001：31.
② 朱一雄. 东南大学校史研究 [M]. 南京：东南大学出版社，1989：52.
③ 见云甫：《高等师范应改师范大学之理由及办法》，载《实际教育》，1920年。

"吾国高师制，仿自日本，日本近时升格运动，颇见激进……吾国更无墨守旧制，故步自封之理"；施行六三三学制后，高师毕业生比高中毕业生仅多三年学业，"高师程度，若不提高，则高师毕业生任中学教员，学力定属不逮"。他强调"现在高等师范亟宜提高程度，延长修业年限为六年，与其他六年之大学平等，改称为师范大学"。[①]

1922 年 10 月，北京高师同人以校长李建勋为代表组成"中华民国宪法草案修正请愿团"，拟具"请愿书"，向众议院请愿，请求在宪法中增加"教育及学校、美术品和古迹保管"等具体条款。同时，北京政府教育部召集"学制会议"，经过激烈的争辩，通过了李建勋先生提出的"请改全国国立高等师范为师范大学案"。1922 年 11 月，北京政府公布的《学制系统改革案》中规定："依旧制设立之高等师范学校，应于相当时期内提高程度。收受高级中学毕业生，修业年限四年，称为师范大学校。"教育部要求北京高等师范学校"先行推定教授组织筹备北京师范大学委员会"。李建勋先生奉派赴欧美考察师范教育，并在美国留学。

第三节
国立北平师范大学的合组与护校运动

一、范源廉与北京师范大学

1922 年 11 月，北京政府教育部给北京高师正式发出《训令》："改造师资宜有专设之师范大学。察该校开办较早，并有各种研究科之设置，亟应先就该校开始筹备，除由本部敦聘教育界耆宿范源廉、袁希涛、李

---

① 见李建勋：《请改全国国立高等师范为师范大学案》，载《教育丛刊》第 3 卷第 5 期，1922 年。

煜瀛等，及指派专员外，并由该校先行推定教授组织筹备北京师范大学委员会。"教育部指派的专员为邓萃英和陈宝泉两先生，北京高师推荐的教授是程时煃和张敬虞，由以上七人组成了北京师范大学筹备委员会，制定新预算，修订学系学程，议定添聘教授，扩充选修科目。当时李建勋先生赴欧美考察并拟在美留学，因此筹备委员会第一次会议议决呈部请聘范源廉先生为北京师范大学校长。但当时范先生正在美国考察，不知能否就职，而"部校函电劝驾不绝于道"，北京高师掀起了敦促并欢迎范校长归国就职的热潮。校务则由教授互选代表组成的"评议会"主持，评议会是辅佐校长规划行政工作的机构，维持校务经一年，而范校长始归国。①

　　范源廉（1874—1927），字静生，湖南湘乡人，民国时期著名教育家。1898 年进湖南长沙时务学堂学习，毕业后赴日本留学，先后入日本东京弘文学院速成师范科、法政大学法政科。1904 年回国，在长沙呼吁女子赴日本留学，并带领十余名湘籍女学生到东京留学。1905 年后任清廷学部主事、参事，对教育事务的划分，职责的规定，各省提学的任命，各级各类学校的规程，教学人员的考核，都作了细心规划，参与创办了清华学堂，并在京师大学堂任教。1912 年

◎范源廉

中华民国成立，任北京政府唐绍仪内阁教育次长，与蔡元培等制定颁布《学校系统》及各类学校法令，逐步形成新学校系统。是年 7 月教育总长蔡元培辞职，继任赵秉均内阁教育总长。次年 1 月辞职南下上海，任中华书局总编辑。1915 年冬，与梁启超等共同发起讨伐袁世凯运动，次年初任护国军务院驻沪委员。1916 年 7 月任段祺瑞内阁教育总长，曾召开

---

　　① 见《国立北京师范大学毕业同学录·本校沿革大要》，1927 年。

教育行政会议，撤销原《教育纲要》，重新制定、颁布大学章程，并按专业分科，举荐蔡元培出任北京大学校长。1917 年 1 月至 7 月兼代内务总长。与黄炎培、蔡元培等发起组织中华职业教育社。是年 11 月辞教育总长职赴美国考察教育，翌年回国。1919 年组织尚志学社，邀美国学者杜威等来华讲学。1920 年 8 月署靳云鹏内阁教育总长，公布招生资格，制定招生章程，公布国语注音字母，先后赴美、英交涉庚子退款问题，主张将这笔款项用于发展中国各种科学研究机构和留学生补助经费，并建议在外国大学开设中国学术讲座。次年 12 月辞职，再赴美国考察乡村教育。1923 年 7 月北京国立高等师范学校正式改为北京师范大学，出任首任校长。提倡人格教育，因无法摆脱经费积欠困境，次年 9 月辞职。后任中华教育文化基金委员会董事、董事长。1927 年 12 月在天津病逝。范源廉先生一生从事教育事业，走教育救国之路，在学界、政界都有很高的声望，为中国现代教育事业的创立作出了重大贡献。

◎1923 年 7 月北京师范大学校董事会成立时九大董事的合影

1923 年 7 月 1 日，北京高师正式改为"国立北京师范大学校"，并组织成立了"师大董事会"，有部聘董事六人：梁启超、熊希龄、袁希涛、李煜瀛、张伯苓、王仰先，为聘任董事；派参司二人：陈宝泉、邓萃英，为部委董事；校长范源廉为例任董事，共九人。按照《国立北京师范大学董事会简章》规定，董事会的职权共有八项：（1）推荐校长；（2）议定学校教育方针；（3）制定学校章程及组织大纲；（4）审定本校预算及决算；（5）审定教授之待遇；（6）审定学位之给予；（7）保管校产；（8）议决其他经校长提出之重要事宜。

1923 年 11 月 10 日，范源廉校长就任国立北京师范大学校长。1923 年 9 月 28 日，学校正式开学。"高师改大"的成功和教育界耆宿范源廉先生出任校长，使全体师生对学校的发展充满希望。在范先生就职集会的报道中，有人写了一首热情洋溢的诗，表达了这种感情。

◎国立北京师范大学校门

怎样发皇师大的生命？

怎样表现师大的意义？

我们新的光彩，从哪里放出？

我们新的改革，从何处做起？

这都看我们怎样奋斗，怎样努力。

时候到了，莫再迟疑！

起！起！起！

来了，春的消息，

来了，春的美丽。①

林砺儒先生在纪念这次开学的文章中说："本校历来为全国教育渊

---

① 见《范校长任职典礼志盛》，载《教育丛刊》第 4 卷第 8 集，1923 年 12 月。

源，今则成师范之最高学府，则学生之德操也，研究之精神也，学校之行政也，教职员之品位也，苟有一未足为全国法者，斯未可谓之大。盖循师范大学之名而核其实，则不徒大其规模，丰其设备，多其部门，必也其声大而宏，其化大而远，使全国任教育者皆有所矜式。"[1] "今日师范大学始业，愿我学友早树师范大学之标准，教育当局力图巩固师范大学之基础，国民文化由此日进，国家命脉由此益长。谨代我同胞，祈祝师范大学万岁！"[2]

北京师范大学的办学宗旨是："造就师范与中等学校教师及教育行政人员，并研究专门学术"。范源廉先生就任校长后，对学校进行了大力整顿，他提倡人格教育，主持修订师大组织大纲和各种规章制度，严格考查学生成绩，使学校出现了新气象。学校系科设置更为完备，本科分设教育系、国文系、英文系、史地系（1928 年分为历史和地理两系）、数学系、物理系、化学系、生物系，并设体育专修科（1930 年改为体育系）和手工图画专修科。教师队伍得到充实，学生学习采取学分制，并开设各科教学法课程。教育研究科及国文、英语、史地、博物、数理、理化等科研究科继续招生，1925 年 6 月毕业的第 13 届学生中，研究科毕业 79 名学生，其中教育研究所毕业 29 名，国文研究科毕业 7 名，英语研究科 10 名，史地研究科 9 名，数学研究科 7 名，化学研究科 10 名，博物研究科 7 名。[3] 学校形成了"沉毅朴实、不骛声华"的独特校风。范源廉先生特别强调"师道"对社会文化继往开来的重要作用。他提出了"以身作则"的校训，亲自撰写了校歌歌词。

◎范源廉校长题写的校训

① 见林砺儒：《祝师范大学》，载《北京师大周刊》，1923 年 9 月 28 日。
② 见金振华：《国立北京师范大学第一次始业祝词》，载《北京师大周刊》，1923 年 9 月 28 日。
③ 见《师范大学毕业纪念册·校史概略》，1934 年。

> 往者文化世所宗，
>
> 将来事业更无穷，
>
> 开来继往师道贯其中，
>
> 谁与立？责无旁贷在藐躬。
>
> 皇皇兮故都，
>
> 巍巍兮学府，
>
> 一堂相聚志相同，
>
> 朝研昔讨乐融融，
>
> 宏我教化，昌我民智，
>
> 共矢此愿务成功。

但是，在军阀混战、局势动荡不安的旧中国，范源廉先生的努力并没有使北京师范大学摆脱生存的困境。"其时经费竭蹶，债台高筑，以（民国）十三年度之师大计划，犹沿用（民国）八年度之高师预算，而又经年拖欠。范先生犹复多方筹款，稍偿宿欠，修理学舍，至今入师大之门，觉焕然一新，而师大之精神，亦同此焕然一新也。讵料内乱日亟，国事日非，区区学校经费积欠经年，而黩武乱国之资，则日出千百万不穷。范先生痛愤之余，拂然而去。"[1] 1924 年 9 月，范

◎国立北京师范大学校歌

---

[1] 见国立北京师范大学《民国十四年毕业同学录·本校沿革大要》。

源廉先生辞职。为纪念他，西迁兰州的西北师范学院曾将一处学生宿舍命名为"静生斋"。

此后，北京师范大学校长一职"日久虚悬"，1925 年 9 月 29 日，经董事会议推荐，数理系主任张贻惠为继任校长。学校获得中华教育文化基金董事会赠予科学教席 4 座，每座附设备费 2000 元，并支持附中、附小 2000 元经费，为广西教育厅办特别班而获得广西省政府经费支持。因学校经费积欠累年，现状颇难维持。随着北京政府、军阀政府与国民党政府的交替和时局的动荡，北京师大历经磨难，被多次合并重组更名。到 1929 年 6 月，方恢复为"北平师范大学"。

二、女师大风潮、"三一八"惨案

◎北京女子师范大学校门

1908 年（光绪三十四年）7 月，御史黄瑞麟奏请设立京师女子师范学堂。清学部在石驸马大街（今新文化街）斗公府旧址建筑校舍。1909 年建成由四座楼组成的校舍。民国成立后，京师女子师范学堂改称北京女子高等师范学校。1924 年 5 月，女高师改名"北京女子师范大学"，杨荫榆（1884—1938）任校长。

北京女师在学生管理上向来以保守严厉著称。关于"女师大风潮"的缘起，亲身经历学潮的许广平说："风潮最初发动，是因为去年江浙战后回南的同学受战事影响迟到，后来杨氏整顿校规，把迟到的从严处治，按章是改为特别旁听的，而杨氏连座位也不给她们设立，自然更不给她们补考，按法律、规则成立在事情之后，自然不能约束以前发生的事，而况同是迟回的人，而对于她的同乡，她的同乡的好友，就一点也不妨碍，别人就严格对待，这如何能服众？"① 1924 年 11 月，杨荫榆勒令国文系预科的三名学生退学，引起了学生的不满。

1925 年 3 月 12 日，孙中山在北京逝世，北京各界人士将在中央公园举行公祭。女师大学生自治会决定参加，但杨荫榆却进行阻挠。女师大学生不仅参加了公祭活动，而且公推学生自治会总干事许广平向杨荫榆提出"要求她立即去职"的决定，发起"驱杨运动"。临近"五七国耻"纪念日，北京警察厅请教育部通令禁止学生集会游行，教育总长章士钊乃于 5 月 4 日通知女师大："查学校有例定及校定假日，此外学校不得任意放假，学生亦不得任意要求。乃闻京师各校有于本日放假举行游行将研之事，殊属不合。为此训令该校仰即传谕本校学生遵照，一体照常在校上课，毋得故违，致干究诘。切切此令。"② 为此，校长杨荫榆以纪念国耻为名在女师大校内布置了一个演讲会，邀请校外的名人李煜瀛、吴稚晖、雷殷等人到会讲演。"该校学生齐集大礼堂听讲，见校长杨荫榆到会主席，学生以久不承认杨为校长，于是即派学生自治会职员，请杨退席。杨即拍案大怒，而全场学生，仍坚请其退席，杨复大呼警察入校，同时校中总务长吴某，亦摩拳擦掌，大有动武之势，双方坚持许久，杨乃自行退席。"③ 下午，杨荫榆在临时租用办公的西安饭店召集女师大评议会，决定开除学生自治会成员蒲振声、张平江、郑德音、刘和珍、许广平、姜伯谛等六名学生，并于 9 日挂牌公布，激起学生更强烈的反抗，学生轮流把守校门，坚决阻止杨荫榆入校。8 月 1 日杨率领军警入校，宣布解散四班学生，又锁住大门，截断电路，关闭伙房，隔绝校内外一切来往，逼迫学生离校。女师大学潮得到各地声援，北洋政府被迫撤去包围女师大的军警，恢复水电。之后，杨荫榆辞职。

8 月 17 日，章士钊主持教育部教务会议，决定将女师大改组成"国

---

① 许广平. 许广平文集：第一卷 [M]. 南京：江苏文艺出版社，1998：101.
② 葛涛. 章士钊在"女师大"风潮中的四则"佚文" [J]. 博览群书，2009（6）.
③ 《京报》，1925 年 5 月 8 日。

立女子大学"；8 月 22 日，教育部专门教育司司长刘百昭带领军警武力解散了女师大。被驱学生在宗帽胡同又另组了女师大。李煜瀛、易培基等人否定"国立女子大学"的合法性，扬言部令无效，并以"校务维持会"名义招考学生，鲁迅、许寿裳、马裕藻、郑奠、沈尹默、黎锦熙、傅种孙、徐炳昶等数十名教师义务授课不取报酬。1925 年 11 月，易培基代章士钊为教育总长，他支持女师大复校并兼校长，许寿裳任教务长。

1926 年 3 月，日本帝国主义为了援助奉系军阀，并压迫北京政府进一步屈从帝国主义，派军舰冲入大沽口，炮轰冯玉祥的国民军。接着日、英、美、法、意、荷、比、西八国公使向中国政府提出"最后通牒"，要求国民军放下武器。此举激起了人民极大义愤。3 月 17 日，部分学校学生及其他群众分别到外交部和国务院请愿，北京师范大学学生参加到国务院的请愿，与守卫发生冲突，五人受伤。3 月 18 日上午，北京高校及社会团体群众约 5000 人齐聚天安门开大会，会后举行游行示威，游行群众在国务院门前遭到武力镇压，段祺瑞政府悍然制造了"三一八"惨案。女子师范大学学生刘和珍、杨德群和北京师范大学学生范士荣在惨案中牺牲。鲁迅为惨案中遭到杀害的刘和珍等人写下了《纪念刘和珍君》一文。朱元松记录了"三一八"殉难同学灵柩回校时的情境："时已薄暮，天且阴沉飞雪，惨痛中衬着一幅悲景，全体同学鹄立校门心迎，一会遥见十几位同学且哭且行地拉着范君灵柩，踯踯躅躅地拉进校门，全体同学又绝无声色地随至风雨操场，灵柩甫定，同学急欲启棺一视，棺盖一开，只见范君脑浆迸裂地睡在血泊当中，一阵心酸，女同学首吹泣号，立刻全体号啕痛哭起来，风雨操场顿成悲惨世界。"①

在这样一个国运陡变、校运陡变的时代，北京师大学生这样描述自己的大学生活：我们肩负着"像骆驼似的使命"，"兢兢自励，来发扬光大我们的师大，拯救中华民族唯一的机关"，"我们自信，始终是挥着小

---

① 见朱元松：《四年生活中断片的追忆》，载《国立北平师范大学毕业同学录》，1929 年。

拳头勇迈前进的急先锋啊!"　"我们在校这几年，正值国家多难之秋，最使我们痛心的五卅惨案、'三一八'惨案以及最近的济南惨案各问题，都是中华民族永久的耻辱，我们的学生会，的确为我们生色不少，替我们表示出爱国高潮，决不后人，把

◎1926 年 3 月 18 日，反动派军队向到段祺瑞执政府门前递交抗议信的游行群众开枪，制造了"三一八"惨案。

我们奋斗牺牲的态度，表露于世界。我们还记得五卅惨案发生时，我们为上海被残杀的同胞募捐演剧筹款；'三一八'惨案，还牺牲了我们一位最亲爱的同学范君士荣。这都是我们过去的战绩和悲哀。"　"在亟紊乱的情形下，我们能保持严整的态度；在风雨飘摇之中，我们能坚守镇静的精神……我们这种沉毅朴实的学风，保持发扬，不能不归功于师生的团结和以前的学生自治会。"①

三、强行组并与大学区制

1926 年 12 月，奉系军阀张作霖在天津就任安国军总司令，随后进入北京"主政"。他变本加厉地镇压北方的革命斗争，几乎无日不逮捕学生。1927 年 4 月 6 日，逮捕了李大钊、范鸿劼、邓文辉等人，28 日将李大钊等 20 人杀害，其中有北京师范大学学生（共产党员）谢伯俞、吴平地和女师大学生张挹兰。1927 年 8 月，奉系军阀政府命令将北京的九所国立大学合并为"国立京师大学校"，教育部长刘哲兼任校长，北京师范大学改称为"京师大学校师范部"，校长张贻惠改任"京师大学校师范部学长"。同时，北京女子师范大学改称为"京师大学校女子第一部"，毛

---

①　见朱元松、杨新声：《六年来同学生活的回顾》，载《国立北平师范大学毕业同学录》，1929 年。

邦伟任"学长"。

1928 年 6 月，奉系军阀退回关外，国民党势力到达京津，推行大学区制，将全国分为若干大区，每一大区设大学一所，每个大学设校长一人，大学校长综理区内一切学术与教育行政事宜，每个大区设秘书处辅助校长办理行政事务，设评议会为立法机关，设研究院为研究专门学术之最高机关，设高等教育处、普通教育处及扩充教育处分掌教育事宜。高等教育处下设文、教、法、商、理、工、农、医等学院。北平 9 所国立大学合并为北平大学，李煜瀛任校长，李书华任副校长。原北京大学改为"国立北平大学北京大学院"，原北京师范大学改为"国立北平大学第一师范学院"，原北京女子师范大学改为"国立北平大学第二师范学院"。

这种大学区制及对高校的强行合并，遭到各高校的一致反对。这样的折腾，使学校受到严重伤害。到 1928 年，学校已是"校府如洗，挹注无从，教授无用品，办公无纸张，任职者无薪，执义者无饷"[①]，竟至依靠抵押校产拖欠借债度日。各学院院长、教务长均辞职，学生在罢课，学校处于无政府状态。大学区制造成学术机关与政治机关合一，使官僚学阀争夺权力的斗争加剧，反而耽误了学校的发展。"盖以现社会实情言之，则学术之空气未浓，而官僚之积习方深。以学术机关与政治机关相混，遂使清高学府，一变而为竞争逐鹿之场。组织愈大，纠纷愈多。把持垄断之风，操纵倾轧之习，一切兴风作浪，凡腐化官僚之伎俩，几于毕具毕肖。"[②] 这段分析，的确入木三分。

1928 年 11 月末，北京大学要求独立设置。随后北京师范大学师生要求独立设置、增加经费、恢复公费（高师改为大学后学生除不交学费外，其他费用改为自费），无结果。次年 2 月，又赴北海团城向大学委员会请愿，被欺骗。2 月 19 日、20 日，北京师范大学全体学生举行游行请愿。1929 年 6 月，国民党政府试行大学区制失败，教育部通令恢复原北京大

---

① 见林砺儒：《本校最近两年之变迁》，载《民国十八年师大毕业同学录》，1929。
② 《时事新报》，1928 年 7 月 2 日。

学，将"北平大学第一师范学院"恢复为"北平师范大学"。独立设置后的北平师范大学长时间没有校长，因此学生派代表到南京"索长"。1930年2月国民党政府选派的李煜瀛校长并未到任，后由李蒸先生代理校长，到年底二人均告辞职。

1929年12月，徐炳昶先生任国立北平大学第二师范学院院长，对学校进行了一些整顿。1930年6月4日，成立了研究所，自任所长，聘黎锦熙先生为副所长。据研究所第一次全体会议通过的《研究所分组研究细则》，决定依工具之学、语言文字学、史学、地学、哲学、教育学、文学、民俗学八组"进行研究事业"。其中教育学研究下分为教育目的及原理、学制、学校、课程、教学法、学生生活、关于儿童的研究、译述等。研究所在一年多的时间里，出版了6期《女师大学术季刊》，发表以文史研究为主的论文58篇。1931年7月，北平师范大学和被改名为"北平大学第二师范学院"的女师大合并，成立"国立北平师范大学"。大学下设教育学院、文学院、理学院。原二院的研究所改为研究院，内设历史科学门和教育科学门。由于时局动荡，研究院有名无实，无法从事研究工作。

黎锦熙先生在《研究所略史》的结束语中指出，教育学说的深研，教育方针及制度的酌定，教育状况的调查统计，教育书籍的出版发行，这些学术贡献，是教育发展和教师成长的必要条件。他感慨道："或曰：师大本不过造成教书匠而已。则应之曰：教育者，神圣之职业也。三十年而造成教书匠数万人，非师大之辱也；造成者而不尽为良匠，则已非师大之荣也。夫良匠亦谈何容易？盖必有待于上举种种之有其人、有其书，而后良匠乃有规矩绳墨之可循，此其唯一之途径则在研究而已。此两年半之研究所，其成绩虽有轶出教育研究范围之外者，要其在学术上之贡献，视两年半以前固已聊胜于无。此后果确定方针，充实内容，研究所而真不愧为师大之研究所，则师大固大有可为。师大而无如斯之研究所，以四年间之训练与知识之授予，造成教书之良匠与办理教育行政之干员，容或有余；而欲使上举种种之能有其人、有其书，则绝对的不足。若不能使上举种种之果有其人、有其书，则师大诚宜降格而仍为高师，不必勉强厕诸'大学'之林也。大学者，具有创造力之学府也；一面养成大多数之良匠与干员，一面必当使少数深造者之能实现上举种种之盛业。故师大而无研究所，终将不能称其为'大'；研究所而办理不善，则亦'大而无当'。有不了解研究所为师大之生命线者乎？请回思此三十年间之师范教育，其成绩果如何？而此后应取之途径又如何？古人有言：'天作孽，犹可违；自作孽，不可活'。尚慎旃哉！"

四、校务整理与护校运动

1930 年 2 月 17 日，国民政府教育部委任李煜瀛先生为北平师范大学校长，李蒸先生为代理校长。李煜瀛先生始终没有就职。李蒸先生在北平师大同学代表的催请下，于 2 月 26 日到校履行代理校长职责。李蒸先生在就职演说中表示，师大所抱的目的应当是"普及教育，阐扬文化"，而他来师大的"目标有二：一为学校谋发展；二为同学谋求学的便利"。他提出今后工作的方针有三：（1）事务方面要有效率，要节流，一切公开；（2）提倡学生学习的自动性；（3）整个师大全体同仁分工合作，共同促进校务之发展。他希望大家对他"不要客气，凡事都要公开商量，如合理的要求，一定努力去做"。① 3 月，李蒸先生赴南京、上海与李煜瀛先生及有关部门商议为学校争取经费的办法。这段时间，学校财务状况极端困难，学校由高师升格为师范大学以来，政府所拨经费不仅没有增加，还经常不能按时汇来，致学校不能按时发给教师薪水。对此，北平各学校会商后决定三项办法：急电催款，否则全体校长同时赴南京请愿；要求拨清以前所欠五个月的经费；要求平津各学校永久独立。但是，等到年底，学校只接到了一个月的经费，出现分配困难，李蒸先生为此协调解释，请求师生同舟共济的谅解。

在代理校长期间，李蒸先生对学校内部管理进行了整顿，主要做了

---

① 见《北平师大校务临时汇刊》第 1 期，1930 年。

以下几件事：（1）成立校务委员会，由教授中选出五人为委员，总务长、教务长及各系主任为当然委员，附中、附小主任均参加，定期召开会议，决定学校中一切重要事项；（2）成立总务处，建立对教职员工作的考察办法，建立工作日志；（3）成立由九人组成的预算整理委员会；（4）召开教务会议，组织课程标准改进委员会；（5）成立出版委员会，解决图书馆新书来源问题；（6）成立卫生委员会。对学生也提出了努力方向：修养方面，有充足之学识，有教人之能力，有为人师表的行为习惯；服务方面，灌输一切有用知识的技能，能启发人之思想，纠正人之错误；立身处世能以身作则，为人师表。①

1932 年 7 月，李蒸先生接到教育部第 5066 号令："派李蒸为国立北平师范大学校长，业经行政会议通过，仰即先行到校视事。"7 月 15 日，李蒸先生到校履职。

李蒸（1895—1975），字云亭，中国近代著名教育家。1895 年 5 月 22 日（光绪二十一年四月二十八日）生于河北省滦县王辇庄（今唐山市古冶区），幼年丧母。1910年，考入天津河北省高等工业学校附属中学；1914 年，升入天津省立高等工业学校，因家中无力供给学费而辍学；1915 年考入享有公费待遇的北京高等师范学校英语部；1919 年夏，以优异成绩毕业，留校任教，担任体育科新聘美国教师费特的翻译，并担任校长室英文文牍工作；1923 年 4 月获公费留学资格，赴美国进入哥伦比亚大学师范学院，主修乡村教育，获硕士学位；

◎1923 年，李蒸先生在美国哥伦比亚大学留学时留影。

① 见《北平师大校务临时汇刊》第 8 期，1931 年。

1925 年秋赴美国中南部 11 个州参观和考察乡村教育，撰写《美国一教师学校组织之研究》的博士论文，1927 年通过考试和论文答辩，获哲学博士学位；1927 年秋取道欧洲回国，先后在北京大学、北平大学、北平师范大学、南京中央大学任教。曾出任北平大学区扩充教育处处长、河北省教育厅科长等职；1929 年，又任南京大学区民众教育院主任、江苏无锡民众教育院教授暨实验部主任；1930 年 2 月 17 日，国民政府教育部委任李蒸先生为北平师范大学代理校长，年底辞职后，被任命为国民政府教育部社会教育司司长。1932 年 7 月，出任北平师范大学校长，精心整理校务，和全校师生一道开展护校运动，使北师大得以延续；1937 年，七七事变后，带领师生西迁陕西，组建西安临时大学；1938 年又组织南迁陕南城固，改组西北联合大学，任常委；1939 年西北联合大学师范学院独立设置，成立国立西北师范学院，任院长；1940 年起，教育部令学校再次西迁兰州，李蒸先生又带领师生奔走城固和兰州之间，勘选校址，艰苦建校，为西北文化教育事业的发展作出了杰出贡献；1945 年，李蒸先生由兰州赴重庆出任三民主义青年团副书记长；1946 年，为表彰李蒸先生对西北教育的贡献，兰州市政府将西北师院附近的一条公路命名为"李蒸路"；1946 年夏，李蒸先生随国民政府复原到南京，先后任三青团中央常务干事、国民党中央常委等职；1947 年在北平当选为立法委员；1949 年春，被任命为国民党政府和谈代表团成员，到北平参加国共和谈；他和代表团其他成员一道宣布脱离国民党，留在北平，参加了新中国的建立工作；新中国成立后，历任政务院参事室参事和文教组召

◎1949 年 4 月，李蒸先生作为国民政府和平代表团成员，离开南京赴北平举行国共和谈。图为代表团离开南京时在机场的留影。左起：李蒸、章士钊、邵力子、刘斐、黄绍雄、张治中。

集人，全国政协第二届、第三届、第四届委员兼文教组副组长，民革中央委员等职，并曾担任民革中央团结委员会副主任。1975 年 2 月 2 日，因心脏病发作，在北京去世，终年 80 岁。

　　李蒸先生到校履职的第一件事，就是拜访正在辞职的院长、主任，请他们复职。"各院长主任等因于师大有深切之历史关系，又因学校负责有人，遂一律勉允所请，于 7 月 18 日到校复职。"为使学校逐步走上轨道，恢复正常，且

◎1933 年北平师范大学校务委员会全体委员合影

突出特色，李蒸先生上任伊始便开展校务整理工作，成立了"校务整理委员会"，于 7 月 26 日召开成立会议，出席会议的委员有：李蒸、李顺卿、柯政和、袁敦礼、赵进义、刘拓、黎锦熙、张贻惠、陆懋德、李建勋、罗昌、刘玉峰、易价。会议讨论了学校组织、各系课程、学校预算、学校训育等方面的问题。规定校长担任校务整理委员会主席，校长缺席时，由教务长代理。规定设立分组委员会：教务委员会由李顺卿先生任主席，李建勋、黎锦熙、刘拓、钱玄同、赵进义、刘玉峰为委员；训育委员会以李蒸校长为主席，黎锦熙先生任代主席，李顺卿、李建勋、刘拓、马哲民、罗昌为委员；事务委员会由袁敦礼先生任主席，李顺卿、张贻惠、陆懋德、柯政和、易价为委员。

　　会议通过了《国立北平师范大学校务整理委员会简章》及校务整理方针。方针规定了校务整理的目的与原则，目的：造就中等学校良好师资；造就教育行政人才；造就教育学术专家。原则：师大之组织、课程、训育、教法，必须能表现师大之特性，包括与其他大学不同的特殊精神。在组织上，应具备自幼儿园至研究院各阶段之教育设施，并保持相互之密切联络（以附校作训练中心）。本科课程，在学术方面分自然科学、社会科学、文

学、实用艺术、教育科学五类；在专业方法方面分普通与特殊两类，普通类包括基本教育知识、教学法、实习教学，特殊类包括教育教师、教育行政人员。训育力求严格，以养成整肃勤朴之学风。教学法力求理论与实际联合，教学法教授应随时请附中附小优良教师补充实际教学经验；学科教员应注意该科在中等学校之教材与教法。① 随后校务整理委员会讨论通过了由李蒸校长负责拟订的《国立北平师范大学整理计划书》，呈报教育部备案后实施。

正当学校极力进行校务整理的时候，1932 年 7 月，国民党政府命令北平师大停止招生。据报载教育部长朱家骅的话："至于师范大学，约有学生一千人，本为造就中学师资之目的，然按诸现在内容，竟与普通大学无异，颇患名实不副之病。近有人主张师范大学，应专收大学毕业生之有志为中学教员者，修习教育一年，亦有主张仍存现制，惟其课程组织，均合于充任师资之目的，似此问题，都未可易以决定……该校近年迭起风潮，内容复杂，每令办学者深感困难"。此次政府决定暂停招生，"原为便于该校之易于整理与改善"。"师大原有学生，已属不少，且在社会上，此项人才，一时亦供过于求"。② "停止招生"实际上是国民政府教育部一些人蓄意取消师大的第一步，以后的事实证明了这一点。

师大停止招生的消息传来，在师生中引发恐慌，这也是李蒸先生就任北平师大校长不久所遭受的一个重大打击。李蒸先生当即给朱家骅发了一份电报：

南京教育部朱部长钧鉴：

属校自蒸遵令就职，学潮已息，现组校务整理委员会切实改进，拟恳钧部对于本年度停止招生一节酌于变通，以利进行，除另具呈文，并即日赴京面陈外，谨先电呈。

李蒸 叩

---

①② 李蒸. 北京师范大学历史上的存废之事 [M] //李溪桥. 李蒸纪念文集. 北京：中国社会科学出版社，1996：60 - 62.

随后又上一份呈文，学校的教授们也致教育部一份快邮代电，描述学校实际情况，反映当时教育界的纷扰现象，申述师范大学的特点。李蒸校长向教育部长的呈文，是我国教育史上捍卫高等师范教育的重要史料，特全文附录于此。

本校校长为本年停止招生事呈教育部文

呈为胪陈属校特别情形，恳请对于本年停止招生重加考虑，以重师范教育事。窃阅昨日北平各报载，行政院养日五十一次会议钧部提案："北平大学有七院三十一系，北平师范大学有三院十一系，近年来学潮迭起，内容复杂，每令办学者深感困难，均应从事整理。北平大学除农工医三院，应令照常招生外，其他各学院，以及北平师范大学本年拟令饬停止招生，以便整理工作之进行，请公决案，通过。"仰见钧部整顿教育之至意。属校前数月间，校长虚悬，学校主持无人，因此发生风潮，一时颇呈紊乱状态。惟自校长遵令就职以后，教务长及各院长主任等即日复职，各系主任教授照常任事，学生亦以学校负责有人，校务亟待进行，咸能化除意见，解释误会，一以爱护学校潜心学业为务。即前此少数滋事学生，亦能幡然悔悟，不事纠纷。学校风潮，已告平息。今钧部忽于本年停止招生，实于属校及全国师范教育影响甚钜，校务进行，深感困难，谨就管见所及，分理论与事实，为钧部缕细陈之。

属校为全国师范教育最高学府，与普通国立大学不同。教育学术之研讨，良好师资之培养，胥在于此，责任至为繁重。全国各省中等学校两千三百余校，师资数量，平时即感供不应求。进来各省学校，往往以未受专业训练之教员，滥竽充数。教授训练，均感困难。贻误青年，影响社会国家，殊非浅鲜。若属校一旦停止招生一年，必致学校进行发展，中途发生故障，即全国中等学校亦同受损害，是无异使师范教育之进行中断一年，此不可者一也。

属校教授，多系国内教育学术专家。与学校有悠久之历史，关系至切，若一旦停止招生一年，学级班次，不相衔接，教授势必纷纷他就。影响所及，将使各系教务无法进行。政府对于全国唯一之师大，至望曲予成全，此不可者二也。

今年以来，学校发生风潮，几于全国皆然。原因虽甚复杂，然一校之内，学生安分守己，专心向学者，究居大多数。滋事者不过最少数分子。属校亦因近年学风稍弛，亟拟从事整理，特于校长就职以后，召集教务会议，议决减少本年招收学生名额，使各系一年级新生人数不致过多，管教易于进行。若一律停招，于学校内部现状及社会实际需要，均有未安。属校风潮甫平，亟宜从容整理，若或急遽更张，窃虑转滋纷扰，此不可者三也。

属校本年招收新生，曾于五月十九日校务教务联席会议议决，除在北平招考外，分函各省教育厅，择优考送学生，大省四名，小省二名，以期训练良好师资之普及。各省多已举行初试，选送前来。若一旦停招，使全国各省选送及来平投考学生，远道跋涉，进退失据，感受失学之苦，必致群情怨怼，纷起责难，此不可者四也。

属校前此发生风潮，其主因在学校主持乏人。自校长尊令视事以来，学校情形渐复常态，内部不甚充实之处，已成立校务整理委员会，从事改进。正与钧部整饬学风，严格训练师资之旨，契合无间。校内情形，亦与其他学校之至今尚无校长主持者，迥然不同，似无停止招生之必要，此不可者五也。

当此国难期间，教育救国，为刻不容缓之图，培养师资，尤为教育根本，不可一日中断。属校秩序近亦渐入轨道，对于应行改进事宜，校务整理委员会，必能秉承钧部意旨，努力进行，办理不致感受困难。深恐京平遥隔，真相或有未明，爰于本日召集教务长及各院长主任等讨论，胪陈意见。并将属校内部近来情形及停止招生进行困难之处，披沥上陈，敬恳钧部俯赐察核！为属校进行发展计，为全国中等学校师资计，为师范教育计，酌予变通办法，于整理之中，仍寓维护之意，无任迫切待命之至！

　　谨呈教育部长朱

国立北平师范大学校长李蒸

　　李蒸校长的努力未奏效，教育部坚持"停招一年"。接着"停招"，国民党政府教育部提出"大学以农、工、医为主，将现行师资教育一律取消"，北平师范大学应即停办。[①] 并在 1932 年 12 月国民党四届三中全会上，以国民党"中央组织委员会"的名义提出了"停办师范大学"的提案。虽然经全校校友多方奔走呼吁，据理力争，"停办师范大学案"未能成立，但又一次在全社会引发了关于高等师范教育何去何从的争论。面对这种形势，李蒸校长及北平师大教授王桐龄、王仁辅、文元模、朱希亮、余景陶、李建勋、李顺卿、邱椿、范会国、柯政和、袁敦礼、高步瀛、马哲民、陆懋德、张贻惠、常道直、郭毓彬、傅种孙、曾仲鲁、杨立奎、董守义、赵学海、赵进义、刘拓、刘玉峰、蔡锺瀛、黎锦熙、钱玄同、谢似颜、罗昌等 35 人，联合各界校友进行了坚决的斗争。同时，学生和校友展开了"护校运动"，举行"护校讲演周"活动，讲演师大的特质、师大的历史、师大毕业生的服务状况、师范学校在中国的重要性等。

　　1932 年 8 月 20 日，北平师大全体教授致电南京教育部，对停办师大的种种理由进行了一针见血的批驳。（1）针对师大"与普通大学无异，颇患名实不副之病"的指责，说明"本校实与普通大学大异其趣"，"各系课程，皆务使系统化以植其根，又必使能教育化以广其用，提高而不

---

　　① 改革我国教育之倾向及办法［N］. 大公报，1932 – 10 – 16.

坠入偏枯，普及而不流于浅率"。（2）针对"师大原有学生，已属不少，且在社会上，此项人才，一时亦供过于求"的说法，根据教育部统计数据和调查结果，得出的结论是全国师资非常欠缺，且急需提高专业水准。事实上，据1930年的统计，当时中等学校教师中师范大学毕业者只占4.39%，高等师范学校毕业者只占11.42%，二者合计不及16%，其余80%以上的中学教师都没有受过教育专业的训练。[①]"大部而苟欲整顿全国中等教育，计唯有扩充师大，顾乃以供过于求之武断，反令其停止招生，背道而驰，窃所不解！"（3）针对所谓"风潮迭起，内容复杂"的指责，指出学风数变的原因："或以时代潮流，或以政治关系，或以生计窘迫，社会国家，悉应负责；而尤以历年教费无着，设备废弛，督励无方，为学风不饬之最大关键。大部所谓风潮迭起，内容复杂，由中央而边陲，自大学而中小，何校蔑有？何处不然？正本清源，自有其道；统筹兼顾，此正其时。"这份电文特别提及校长问题，认为"一年来所谓风潮者，校长问题而已。夫校长者，任免之权，操于政府；去就之机，断自个人；彼学生辈之或送或迎，或举或拒，在教授等视之，直同课余之暇，一场喧哄耳。何者？学校精神，悬于课业；教授与学生，惟当视课业为神圣……故本校去秋以还，校长坚辞，经费困急，而弦歌之声不辍，规随之局无伤。"（4）电文还反映除了师大教师高尚的师德，"去秋国难初起，罢课成潮，本校不忘读书，照常讲肆；隆冬严寒，煤炉断火，犹复披裘束领，忍冻上堂；经费不来，罢教议起，一旬缺课，本校亦于课外补授，俾不荒嬉"。在这份电文中，师大教授发出了爱校护校的坚定的呐喊："教授等服务斯校，历有所年，见闻较切，岂能无言？""教授等岂忍坐视斯校之罚非其罪，则对于破坏课业之学生，既曾表示不屑教诲于前；对于漠视教育之大部，亦自不肯隐忍依违于后。"[②] 这种敬业爱校的精神，是激励后学战胜一切困难，谋求学校发展的重要的精神动力。

---

① 教育部中国教育年鉴编审委员会. 第一次中国教育年鉴：丁编 [M]. 上海：开明书店，1934：90.
② 见《本校教授为停止招生事致教育部快邮代电》，载《北平师大校务汇报》，1932年8月20日。

11 月，又致电教育部，力陈师范大学担负的特殊任务，使其不同于一般大学。[1] 1932 年 12 月 17 日，北平师大教授在《独立评论》上发表文章，驳斥"反对师范大学独立设置"的观点。当日，李蒸校长在有千人参加的学校成立 28 周年纪念会上说："由本校的历史来看，本校是由附属而独立，由高师而大学，表面上虽成为大学，而实质仍如故，如经费设备等等，仍如高师时代。今天我们全校师生应共筹良策，发展本校，以期名副其实。"关于学校的定位，李蒸先生指出："本校是特殊的大学，与其他大学不同，其目标有二，一培植优良师资，特别是中等学校师资；二研究高深学术，特别是教育学术，及其他学术之教育方面。此为本校师生努力之标准。"[2] 由于北平师大领导、教师、学生、校友及教育界的强烈反对，加之国民党内部意见不一，取消师大的提案被否决。国民党四届三中全会只好提出"现有的师范大学应力求整理与改革，以别与普通大学"的决议。但是，国民党政府"停止招生"、"取消师大"、"整顿师大"的一系列行动和争论对学校产生了严重的消极作用。

五、整理后的北平师范大学

护校运动告一段落，北平师大当年依旧被停止招生。全校依《整理计划书》分教务、训育、事务三方面进行"整理"。

教务方面，认为中学是人成长过程中最重要的阶段，中学能否达到"端正其品性，锻炼其意志"的目的，关键在于"中学教师是否有充分而适当之专业训练"。"师大者，乃聚精会神，目无旁瞬，以施此专业训练之地也。"[3] 规定"师大之教学，在养成熟练教人技术，及确立对于教育上之主张与信仰。故师大及其附属中小学幼稚园，课程设施，当整个的为教育研究实验之工作，虽有院系之区分，同具专业之性质"；"各科教

---

[1] 见《本校教授为师范大学具有特别任务事呈教育部长文》，载《北平师大校务汇报》1932 年 11 月 12 日。

[2] 见《北平师大校务临时汇刊》第 11 期，1932 年。

[3] 《本校教授为师范大学具有特别任务事呈教育部长文》，载《北平师大校务汇报》第 24 期，1932 年 11 月 12 日。

材应以切合于中等学校教学之需要为主","务博而不限于专";各系学生,除主科外,须选习一副科;各系课程之设施,除专业训练外,应注意培养中等学校师资之人格、普通学识及高尚理想;增加参观和实习的时间。

训育方面,最重视"陶冶教育者人格"之"特殊环境"的营造,其最主要的要素有二,一是"学生的社会生活",普通大学的训练偏于理智方面,师范大学的训练则注重情感与意志的陶冶;二是"教育的空气",师大应当有训练师资、陶冶教育者人格的特殊的教育环境。[①] 因此,"必须以最适宜之科学教育及最严格之身心训练,养成一般国民道德上学术上最健全之师资"。具体办法是设立学生生活指导委员会,统一管理学生的思想行为和课外活动;整顿学校风纪,加强学生宿舍管理,注重军事训练等。

事务方面,以校务会议为最高行政机关,分设教务、院务、系务、事务各种会议,及预算、审计、出版、图书、仪器、卫生、学生生活指导、附校设计等各种委员会,分别议决各种事项;增进职员之工作效率,考核教职员之工作成绩。

1933 年 8 月,学校重新修订了《组织大纲》和《学则》,其中最突出之点是《组织大纲》中规定师范大学的总任务:"以造就中等学校与师范学校师资为主,并以造就教育行政人员及研究教育学术与适用于教育之专门学术为辅。"这是北师大建校以来,第一次把研究教育学术及适用于教育的专门学术定为学校的职能。也有人认为这是北平师大受到社会质疑和挤压后在学术上的收缩。实际上,李蒸校长在很多场合极力阐述研究"高深学术"的重要性,并采取了许多办法鼓励师生的学术研究活动,很有成效。他强调:"现代各国大学,有偏重高深学术之研究者,有注意专业之陶冶者,而吾校今日之主旨,实兼有上述二者之任务。故一

---

① 李蒸. 北京师范大学历史上的存废之事 [M] //李溪桥. 李蒸纪念文集. 北京:中国社会科学出版社,1996:60-62.

方面须培养中等学校优良之师资，而另一方面，又不敢懈于高深学术之研究。盖顾名思义，'师范大学'四字，对此两方面实应兼营并进，不容有所偏废也。"[①] 为了使学校同仁"研讨之心得、设施之计划与毕业同学在各地服务实验之报告，皆可藉此刊物为之披露"，学校创办《师大月刊》，分学院和各系专号轮流出版，未尝愆期，发表了一批研究成果，特别是文史、教育等方面的成果，具有很高的学术价值，而关于学校发展和各种管理规则的记载，成为宝贵的史料。北平师范大学在整理过程中，特别注意两方面的问题，一是扩充学科专业，提高层次，使其成为真正的大学；二是在课程中体现师范教育的特殊性。在继承民国初年科系体系的基础上，做了很多实质性的改进，按 1933 年学校《组织大纲》规定，取消了初级大学和高级大学，按大学院系模式设置学校的基本单位：成立了文学院、理学院、教育学院、研究所（以研究教育实际问题为宗旨），成为包含"三院一所"的大学（当时规定大学必须含三院以上）。文学院设国文系、外文系、外国语文系、历史系；理学院设数学系、物理系、化学系、生物学系、地理系；教育学院设教育系、体育系、实用艺术系。

◎黎锦熙、刘拓、李建勋三位院长分别为文学院、理学院、教育学院题写的院名

---

① 见李蒸：《北平师范大学三十二周年纪念日讲话》，载《师大月刊》三十二周年纪念专号，1934 年12 月。

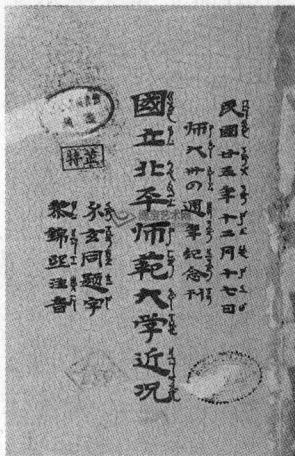

◎1936 年建校 34 周年纪念日出版的由钱玄同先生题字、黎锦熙先生注音的《国立北平师范大学近况》

按教育部的意见，把原来研究院改为"研究所"，其任务中也取消了"研究高深教育学术及有关教育之专门学术"和"为其他大学毕业有志教育事业者施以短期间训练"的条款，而确定为：（1）研究教育实际问题；（2）培养教育学术专家；（3）收集整理或编纂各科教材。李蒸校长在 1933 年 9 月举行的研究所开学典礼上说："大学有三个要素，第一，有一个学者的集团，此项学者的集团必须有授予他人以学位及学术上荣誉之权威；第二，进大学的学生必已受过充分的普通文学和科学的训练，有被指引研讨特殊的专门学术的能力；第三，应用图书馆、博物馆、实验室及出版物等得以保存知识、发展知识及散布知识。真正的大学必须具有这三种要素，否则不配称为大学。""大学的功用不只是研究学术，尚须同时顾到社会服务，真正的大学生必须一面研究学术，一面服务社会，研究学术的学生，不但应有研究能力，还应有服务的经验。研究所的任务，一方面研究教育学术，一方面造就教育专门人才，所以研究所才是真正的大学，研究生才是真正的大学生，师大之所以必须设立研究所，原因即在于此。"[1]

整理后，北平师范大学具体课程的设置更加科学规范。（1）实施主辅修制度，提高学生的教育素养和从师的实际技能。1933 年课程结构分公共必修课（50 学分，其中教育系 26 学分）、主科（到"抗战"前 50—70 学分）、副科（20—30 学分）、自由选修科（8—16 学分）。同时还规定文理学院的学生至少应修教育学课程 20 学分，教育学院的学生均需选择文学院或理学院一科为副科，学习 30 学分，又要求本校学生除习国文、

---

[1] 李蒸：《在北平师大研究所开学典礼上的讲演》，载《师大月刊》第 8 期，1933 年 9 月 28 日。

外国文、数学为主科者外，其余学系的学生必须在主科之外选其他一科为副科。①

（2）建立学分制和选修制，充分发挥学生的个性，开发学生的兴趣。《学则》规定本科学生选习学程须足 146 学分始得毕业。在采用学分制及学年制的同时，学校设有公共必修科、主科、副科、选修科，以备学生修习。通过这样的举措，北平师范大学学生的综合素质、适应能力和就业能力得到大大的提高。当时北平师范大学的课程分三大类，具体如下表。

1933 年北平师范大学课程分类表

课程类别	占全部课程比例	学分		科　目	
修养类	10%	16		党义、哲学概论、社会学概论、自然科学概论、卫生（含个人生活习惯）、体育	
教材类	66.7%	96	基础或补充的	研究本系主科所必修科以外的课目（此项课目与主科有密切关系，如物理系之数学，化学系之物理学）	
			实需的	教授中等学校教科所需要之教材	
			高深的	本系主科理论及问题研究，以充任中等学校教师之能力	
专业类	23.3%	34	普通的24学分	必修	教育概论、教育心理、普通教学法、教育统计及测验、中等教育
				选修	教育史、教育行政、儿童及青年心理、师范教育
			特殊的10学分	主科教学法（2 学分）、参观（2 学分）、实习（6 学分）	

（3）增加学生的参观实习，提高学生的教育实践能力。规定学生需在附属中小学作系统的长期参观——至少每周一次，持续至少一年，届毕业之一学期，需至本市各中小学参观，每次参观需有详细报告，并提

---

① 见《国立北平师范大学组织大纲》，载《国立北平师范大学一览》，1933 年。

出问题与本校教授及附校关系教师讨论；增加学生实习时间，自第三年起，至毕业时止，分参观、见习、试教三段工作；教授、附校主任及教师，共同组织参观实习指导委员会，规定参观实习办法，并负责切实指导；选择本市中小学校数处，为学生参观实验之所，有学校商定妥善办法后实施。

（4）加强教育实验研究，提高教育学术水平。要求研究所会同附属学校从事有系统的教育实验工作；并要求特别注意教育调查，分别调查本国及国外教育实况，并发现教育问题。出版委员会拟订编辑中小学教科书及教育丛书之计划，逐渐编纂。设毕业生通讯研究，讨论教育实际问题，并汇集毕业学生服务经验，为研究材料。添设乡村教育实验区，从事包括儿童教育、青年教育与成人教育的整个教育实验。①

截至 1937 年 4 月，北平师范大学自创建以来共毕业学生 4994 人，根据对调查的 3327 人的统计，其中任大学校院长者 7 人，专科以上学校教员 136 人、职员 96 人，中等学校校长 183 人、教职员 1389 人，小学校长、教员 79 人，教育部职员 7 人，教育厅局职员 93 人，县教育科局职员 16 人，社会教育职员 22 人，在党政机关服务者 200 人，国外留学 160 人。可以看出，北平师大毕业生 70% 以上在国内服务，其中 80% 以上在教育界服务。李蒸先生对此曾这样讲："师大对于国家的贡献是平庸的，而不是煊赫的。师大尚未能为国家培养出开疆拓土的领袖人物，尚未能为国家培养出有创造发明的学术专家，但师大已为国家培养了数千个青年导师，组成了国家的教育干部，这种力量是潜伏的、永久的，并且是踏实的社会基层。师大毕业同学担任国家教育的下层工作，为国家树人大计培植下优良种子。"②

---

① 见李蒸：《国立北平师范大学整理计划书》，载《师大月刊》创刊号，1932 年 11 月。
② 见李蒸：《我校对于国家之贡献——37 周年纪念日讲话》，载《师大 37 周年纪念增刊》，1939 年 12 月 17 日。

在校舍设备等办学条件方面，扩建了图书馆，至 1936 年，图书馆藏书达 11 万多册；经过逐步改建，拆除了原有的平房，建起了现代化的学生宿舍"丁字楼"，里面有暖气、浴室，外观为本国"宫殿式"屋顶，成为当时学校标志性建筑；增建了化学实验室和物理系电瓶实验室，并装置了无线电放送设备；后来又建了一座生物实验室，内设教授研究室、动物饲养室、植物温室等，可惜即将落成时发生七七事变，一天没用就沦陷了。

◎1936 年建成的北平师范大学"丁字楼"

日本为了消除我国的固有文化和人民的民族意识，采取了各种手段破坏文化教育机关，特别是七七事变后，更是「有意识地以大学等文化教育设施为破坏之目标」，对高等学校肆意摧残，铁蹄所至，庐舍为墟。「九一八」事变后，东北大学流亡至西安办学，七七事变后，北京许多大学的校园成为日军的马厩、兵营和指挥部，东部沿海地区的许多大学校园频遭日寇轰炸。在大学教育面临存亡绝续的危急关头，国民政府教育部认为：为自力更生抗战建国之计，原有教育必得维持，否则后果将更不堪。故决定以「战时需作平时看」为办理方针。为了避免敌人的进一步破坏，保障师生员工的生命安全和维持正常的教学秩序，国民政府不得不决定「尽全力于学校迁移」，采取联校集中办学的办法，到后方去重新发展。

一九三三年二月十八日，北平《世界日报》报道「师大迁校西安」的消息，李蒸校长就此接受该报记者采访时说：「外传教育部当局，以北平师范大学环境不适，改革多阻，拟迁校西安，彻底整理，养成高等教育人才，刻正详筹校址及改善办法，本人事前并未闻悉，敝校与教育部函电往来，教部亦无片语及此，想师大迁设西安之说系外间之误传，中央已将故宫古物南迁，或因迁移文化机关之故，误传为师范大学迁设西安。」并陈述了如果迁校存在的种种困难。但「师大迁校」一事并非空穴来风，当时的教育部部长朱家骅确实曾经向李蒸校长谈及此事，提出师大在北平不适宜，应当搬迁，地点在西安、洛阳或石家庄，可以选择。李蒸校长当即表示不能接受。因此，此事未进入政府决策层面。

第二章

筚路蓝缕 吾道西行

北平师大西迁到国立西北师范学院分立

第一节
从西安临时大学到西北联合大学

一、组建西安临时大学

在日本不断扩大对我国的侵略战争的严峻形势下，许多人对师大的前途感到担忧，时任校长李蒸先生的回答是："我可以告诉诸君，如若万一无办法时，在北平不能办大学，在别处仍可以办。到那时，组织规模或者不能与现在一样，而生命则无论如何是不会断的。"[①] 在帝国主义的铁蹄下，李蒸校长的话果然应验了。1937 年七七事变后不久，日本帝国主义占领了北平，国立北平师范大学数理学院和文学院分别成为日军的警备司令部和空军司令部。敌伪政权欲邀北平各界名流出面维持局面，李蒸先生也被列入其中，为摆脱敌伪控制，李蒸先生于 8 月 7 日脱险到达天津。1937 年 9 月 10 日，国民党政府教育部电令（《教育部第 16696 号训令》）："以北京大学、清华大学、南开大学和中央研究院的师资设备为基干，成立长沙临时大学；以北平大学、北平师大、北洋工学院和北平研究院等院校为基干，设立西安临时大学。"国立北平师范大学和北平大学、天津的北洋工学院三校师生历尽艰辛，撤离平津。在西安与同时前来的河北省立女子师范学院、焦作工学院

◎西安临时大学筹备委员会和西安临时大学公函样式

---

① 见《北平师大校务汇报》第 137 期。

等院校合组"西安临时大学",开始了西北办学的艰苦历程。

1937 年 10 月 11 日,教育部部长王世杰颁布《西安临时大学筹备委员会组织规程》(《教育部第 17728 号训令》),规定西安临时大学不设校长,以筹备委员会代行校长职权。"本委员会设主席一人,由教育部部长兼任,设委员七至十一人,由教育部聘任之。"据此,教育部决定聘任北平研究院院长李书华(未到任)、北平大学校长徐诵明、北平师范大学校长李蒸、北洋工学院院长李书田、教育部特派员陈剑脩、陕西省教育厅厅长周伯敏、国立东北大学(1936 年迁到西安办学)校长臧启芳、西北农林专科学校校长辛树帜等为筹备委员。随后,又指定徐诵明、李蒸、李书田和陈剑脩 4 人为筹备委员会常务委员,商决校务。校务主持"由常务会议商决,系共同负责之合议制度",下设秘书、教务、总务三处。全校设立文理、商法、教育、工、农、医 6 个学院,共 23 个系。后因河北省立女子师范学院的一部分并入,又增设了家政系。

在当时行营主任蒋鼎文、陕西省省长孙蔚如及省政府秘书长杜斌丞的协助下,学校筹备工作得以顺利展开。经多方努力,西安临时大学的办学场所得以落实,在西安城隍庙后街公字四号警备司令部旧址成立了办公处和第一院,第一院包括国文、外语、历史、家政四个系及第一、第三两院学生宿舍;在西安小南门外东北大学(今西北大学校园内)借用部分新建校舍成立了第二院,第二院包括工学院各系及数学、物理、化学、体育四个系;租用西安北大街通济坊大楼成立第三院,第三院包括法、商、农、医各学院及教育、地理、生物三个系。

虽然临大规定的开学日期为 1937 年 11 月 1 日,15 日正式上课,但由于学生赴陕颇费周折,最早报到的学生在临大上课不足一学期,晚到者仅一月有余。临大筹备伊始,教育部规定三校学生自愿前往报到。但由于华北陆路交通被日寇封锁断绝,他们不得不先向南、再向西向北绕道而行:冒着被日军搜捕的危险,先进入天津英、法租界,然后搭乘英国客轮经大沽入渤海,由山东的龙口或青岛上岸,绕一个大弯,再奔赴西安。西迁途中的学生，有的参军，有的奔赴延安，有的辍学另图他就。平津三校先后到达西安临大的学生共 1553 人，教师 159 人。[1] 许多从沦陷区流亡来的学生，没有衣服被褥，政府发给这些学生每人棉大衣一件、制服一套，每个月给战区学生伙食费代金法币六元，分三次发放，每十天发两元。学生们住的都是大通间的上下铺床，教师则自找民房分散居住在全市，有的教师暂时居住在招待所和饭店。不少教师往往要步行一二十里路去上课。学校缺少必要的教学设备，经费也极端困难，没有图书馆，更没有体育场，处于一种战时流亡教育状态。

◎西安临时大学、北平大学、北平师范大学、北洋工学院校徽

在具体管理上，西迁各校无论在名义上或实质上仍均存在，因此，开学之初，学校既发给入校学生西安临时大学的校徽，同时也发给原平津三校各自的校徽。原北平师范大学形式上已与其他学校联合，但实际管理和课程安排、教学仍由原校长负责。

在流亡迁转办学的过程中，每个学校的原任校长并没有被免职，他们都承担着维护学校生存的使命，因此，对于国民党教育当局"改组"学校的政策极为敏感。当时，教育部委派童贯贤到西安临时大学任筹委兼秘书，因为学校实行常务会议合议制领导方式，秘书的作用显得格外突出，为了在学校改组中更好地发挥筹委秘书的"作用"，教育部未经沟通，突然宣布童贯贤为西安临时大学筹委会"主任委员"，使其他常委感觉此项任命可能是要加大"改组"步伐，将危及原平津三校的生存，因

---

① 谷雪艳. 鲜为人知的西北联合大学 [J]. 文史精华，2007 (3).

此，李蒸、徐诵明、李书田、陈剑脩联名向教育部提出辞职，许寿裳教授同时致函时任中央研究院院长的蔡元培，陈述利害，认为在国难当头的严重关头，不应采取不利于原三校的轻率措施。结果童贯贤辞去西安临时大学的职务另谋他就。

1937 年 12 月 17 日，原北平师范大学的师生在西安举行北平师范大学建校 35 周年纪念活动。李蒸先生在《纪念专刊》的序言中说："在参加西安临时大学的阶段中，庆祝师大三十五周年纪念日，真是悲感交集……想不到故都沦陷，学校流亡……本校同人同学又聚集了数百人于西安，师大生命得以延续，又逢学校诞辰，亦不可不有所纪念。"但是，日本帝国主义的侵略给学校造成的灾难和损害，使师生心情格外沉重。据学校给世界学生会中国分会《抗战中的大学》刊物提交的中英文稿件记载，1937 年 8 月中旬，侵入北平的日军南城警备司令部占据和平门外北平师范大学数理学院，月末日军山之内航空部队占据石驸马大街北平师范大学文学院，"教职员学生校工纷纷逃避，校工有在校门外观望者，竟至触怒寇军，立加逮捕绑缚，欲予枪毙，几经交涉，始得释放。对于校中什物任意破坏，或升火为炊，或遗弃满地，并运走物理系无线电机，即学生私人书籍行李之存置学校库房者，亦横遭抢劫盗卖"。因此，继承母校的优良精神，恢复母校的意志在师生中表现得非常坚定。有人在纪念文章中写道："为着国土的沦亡，使我们原在北平的母校，迁到西安来了。今天又迫着我们不得不在西安来纪念北平母校的校庆。这一椿国破校散的悲痛事变，给予我们的刺激是太大了！我们如果还不能燃烧起火一般的热情，努力抗战工作，保卫祖国，恢复母校，那简直不配做时代的青年！那简直不配来纪念母校的校庆！"①

---

① 见薛贻源：《在西安纪念北平师大的校庆》，载《国立北平师范大学三十五周年纪念专刊》，1937年。

在艰苦的条件下，西安临时大学仍然坚持授课，而且为适应当时国内抗战形式的需要，除开设各专业课程外，还在课外举办政治、技术、军事、看护四种训练班，训练愿意接受这些训练项目的学生，颇著成绩。同时，西安临时大学经常有进步人士作报告，如1937年11月，周恩来在西安八路军办事处作有关团结抗日的报告，西安临时大学郭有义等进步学生参加了报告会；彭德怀和八路军政工人员路过西安时曾到西安临时大学作前线军事形势和敌后群众运动问题的报告；当时任西北战地服务团团长的女作家丁玲、历史学家侯外庐、陕西抗日大同盟主席杨明轩、民盟负责人梁漱溟等人都应邀到西安临时大学作报告，激发了学生们的爱国热忱，增强了抗日胜利的信心。学生们还组织歌咏队、漫画班、话剧团等，在西安及关中等地城乡进行抗战宣传活动。[①]

西安临时大学设立不久，太原沦陷，潼关告急，敌机不断轰炸西安西门外飞机场，人心浮动，致使师生不能安心上课。同时，组成西安临时大学的三校师生来自北平，大都经历过"一二·九"运动的洗礼，延安对西安的影响也与日俱增，部分学生为了抗战投奔延安。1937年11月9日太原失陷，日军沿同蒲线南下，迅速占领临汾、侯马，直逼潼关，西安告急。1938年3月，西安行营主任蒋鼎文出面，要求"为维持学生的学业起见，及为国家根本的教育事业起见"，西安临时大学再迁往汉中。[②]为避战乱，师生徒步翻越巍峨秦岭，穿度险峻褒斜古道，踏行汉中盆地，到达汉中城固。

二、南迁陕西城固

为了保存学校实力，组织好迁移工作，李蒸、徐诵明等西安临时大学的领导为这次南迁制定了周密的行军计划。首先是成立了西安临时大学迁移事务委员会，下设沿途布置委员会、运输委员会、膳食委员会等

---

① 陆润林.李蒸校长对西北地区教育所作的贡献［M］//李溪桥.李蒸纪念文集.北京：中国社会科学出版社，1996：282.
② 见《西北联大校刊·校闻》第1期，1938年。

机构，并由齐国梁先生等三人分别任主席，沿途各负其责。将全体师生整编为一个大队，推徐诵明先生为大队长，军事主任教官李在冰为大队副；设参谋团负责行军事宜，李蒸先生为参谋长。大队下设三个中队，每中队500—600人，每个中队配备安全员4人，多为体育系学生，他们荷枪实弹走在行军队伍的前面，保卫行军队伍并防猛兽袭击。中队下设区队，区队下设分队，组成了一个完整的行军系统（如下图）。

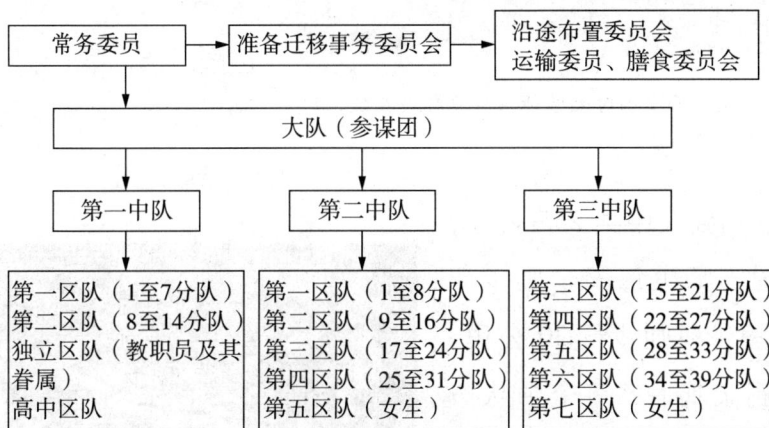

```
┌──────────┐      ┌──────────────┐      ┌────────────────────┐
│ 常务委员 │─────▶│ 准备迁移事务委员会 │─────▶│ 沿途布置委员会       │
└──────────┘      └──────────────┘      │ 运输委员、膳食委员会 │
                                         └────────────────────┘
              ┌────────────────────────────────┐
              │        大队（参谋团）           │
              └────────────────────────────────┘
        ┌──────────────┬──────────────┬──────────────┐
  ┌──────────┐   ┌──────────┐   ┌──────────┐
  │ 第一中队 │   │ 第二中队 │   │ 第三中队 │
  └──────────┘   └──────────┘   └──────────┘
```

第一中队	第二中队	第三中队
第一区队（1至7分队） 第二区队（8至14分队） 独立区队（教职员及其眷属） 高中区队	第一区队（1至8分队） 第二区队（9至16分队） 第三区队（17至24分队） 第四区队（25至31分队） 第五区队（女生）	第三区队（15至21分队） 第四区队（22至27分队） 第五区队（28至33分队） 第六区队（34至39分队） 第七区队（女生）

据当时公布的《国立西安临时大学全体学生由西安至汉中行军办法》规定，中队是行军单位，每个中队按照设营组——侦察班——中队全部——医务组——运输组——收容班的次序行军。大队、中队、区队、分队均各自制作一面白布角旗，各组制作一面白布方旗，写明番号，以便于识别和管理。

当时，体坛耆宿王耀东先生率领着200名师生，作为全校的先遣队，从宝鸡沿川陕公路进发，渡过渭河，进入秦岭山区，一路上翻山越岭，晓行夜宿，探索前行的道路；同时，董守义先生也作为总领队，率领一支宣传队在汉中乡间进行抗战宣传，当他们完成工作任务后，学校决定"暂留汉中，继续宣传"，并组织"有关之教员就地授课"，成为一支接应部队。

1938年3月16日晚，师生乘火车向宝鸡进发，临行前，由膳食委员

◎1938年3月，西安临时大学师生徒步翻越秦岭，迁校陕南汉中城固一带。

会购得锅饼8676斤，咸菜3000余斤。次日中午抵达宝鸡，在宝鸡火车站按每人每天1斤锅饼、一块咸菜进行了食物分配，开始步行翻越秦岭。第一日，第一中队行进至大湾铺，第二中队进驻隘门镇，第三中队暂住宝鸡，各中队拉开距离后，每日分站递进。

从宝鸡到汉中共255公里，分为十站，师生每天少则步行10余公里，多则步行30公里。原计划到宝鸡后，每个中队拨给胶皮大车15辆，作为运载行李之用。到宝鸡后，学校无法筹集到足够的胶皮大车，于是，除学校图书仪器及米粮伙夫雇用汽车和胶皮大车拉运外，其他随军行李均雇骡驮，然骡夫驴骡颇不习于有秩序地行进，乃由运输组将其编号排次加以

◎南迁途中的学生在秦岭溪流的小木桥上留影

管理。并再次规定各中队行军次序为警卫组——各分队——骡驮——警卫组——教职员。师生们沿着崎岖的褒斜古道，翻越秦岭、凤岭、酒奠梁、柴关岭，绕转峡谷，攀缘栈道，一路跋涉，不避风雨，极为艰辛。经过黄牛铺、草凉驿、古凤州、双石铺、南星镇、庙台子、留坝、马道、褒城，行军半个月。"过秦岭时适值雨后尚未放晴，道路泥泞，行步艰难，

同行者不取捷径，努力攀登，乃翻过一岭又一岭，层层重叠，无不叹秦岭之伟大。沿路翠峰斜坡冻雪，白石横枕急流，所有景致依山路盘旋而随时变换，云雾低迷，人如行于雾上，雾逐人移，前后行人稍远即时隐时现，旅行人至此攀登虽劳，然兴趣盎然。"酒奠梁到柴关岭一段，道路更为难行，汽车在公路上蜿蜒行走，尚不及人们步行之速，常常有人与经过的汽车争先，学生为节省精力，多有抄小道者，而教职员中颇有疲乏狼狈情形，但师生均精神振奋，兴致勃勃。在留坝柴关岭下师生参观张良庙，流连不忍离去。"各队行至褒城得见有名之鸡头关，高峰耸立，巨石嶙峋，远望之如鸡冠。山上有石门，内有石门铭，下有魏王所书'衮雪'钜石横枕中流。此地河水宽阔，土地空旷，经山谷行十余日，骤然抵此豁然开朗之处，心胸为之一快，且此地水浅且清，实为一天然浴场，本校员生以等候修理校址住于褒城，累日多浴于此。"①

南迁途中的住宿，按站借住民房，每人每日付五分钱的酬金，当地群众最初以支应普通军队过境的冷淡态度对待，后来知道是教授、学生，喜出望外，接待殷勤。但由于沿途各地穷困异常，是陕川栈道上著名的"穷八站"，破屋秃垣，人畜杂居，因此，教职员和学生不免有时也与畜杂居，民房不足时则住在"仰见星斗的破庙，三面敞开的戏楼"，或"周仓脚前，古墓河滩"。每个中队通讯组的同学则每晚在驻地收听收音机，将内容记录下来，次日晨书写在大纸上，沿途张贴，以便行军的师生了解时事。

沿途伙食极简单，每天早晨五点烧水、煮粥，中午在旅途中打尖，食用自带的锅饼咸菜，晚间食汤菜。每到一城镇，将青菜、豆芽、豆腐、粉条等物收购一空，但仍非常有限。由于师生长途劳累，饭量大增，沿途城镇食品短缺，"故每当开饭前，职教员学生多已持箸碗环立鹄候，迨伙夫一声报熟，启锅分盛，无不食之津津有味，有外籍沙博格、克顿二人亦厕入

---

① 见佟学海：《本校迁移行军沿途经过纪录》，载《西北联大校刊》第 3 期，1938 年 10 月。

◎1938 年师生沿褒斜古道向汉中迁移途中

分取，享受一日辛劳之酬报"。①

南迁过程中，有一支行军队伍在马道附近遭遇武装劫匪的抢劫。颠沛流离的迁校行军是艰苦的，艰苦的行军磨炼了师生的意志。李蒸校长和其他老师与学生同吃同宿、甘苦与共、出入相顾，关系非常亲密。行军路上，大家高唱抗战歌曲，行军的士气非常高涨。亲身经历了这段不平常长途跋涉的朱兰训，在《秦岭行军》的回忆文章中这样描写："当时虽然年轻，但心中却铭记一句名言：国家兴亡，匹夫有责。所以也就化眼泪为悲愤。抗战！抗战！直到胜利，决不罢休……我们开始行军，每人背上了锅饼，跟在那荷枪的领队后面走，边走边唱……山势陡峻，景色绝佳，白云从身边脚下飘过，仿佛到了神仙境界，路旁有万尺深的山涧，潺潺流水声，不知名的鸟儿婉转歌唱，数不尽的珍花异草，艳丽宜人，我们串成花环，围在草帽上……"每天行军群情振奋，战歌四起，《义勇军进行曲》这部主战歌，天天行军天天唱。蜿蜒的行军队伍，犹如雄赳赳、气昂昂的赴敌之兵，

◎城固县文庙，是西安临时大学教育学院（后改为师范学院）的办公地点，被当时的师生视为学校的象征。

① 见佟学海：《本校迁移行军沿途经过纪录》，载《西北联大校刊》第 3 期，1938 年 10 月。

震撼群山峡谷，趋退渺无人烟的寂静。①

1938 年 3 月底，师生到达褒城。由于校舍尚未安排妥当，学生暂住在褒城各乡村。后经与地方当局商洽，学校在城固、南郑、沔县三县的六个地方安置下来。校本部及文理学院设在城固县考院（黉学巷贡院旧址），教育学院设在文庙，法商学院设在小西关外原简易师范旧址，工学院及教育学院体育系、附中设在距城固县城 40 里

◎距城固县城 40 里的古路坝校区，借用当地一所天主教堂为校舍，西安临时大学工学院及教育学院体育系、附中在此办学。

的古路坝；医学院设在南郑县；农学院设在沔县。

1938 年 6 月，李蒸校长在为当年的《毕业同学录》所作的序中说：在全校师生徒步迁徙的过程中，大家"分工合作，共同负责，精神奋发，秩序井然。比及月余，黉舍重整，教学载赓，含辛茹苦，甘之如饴。此种勤苦耐劳之精神，殊足为诸君他日求学任事之助，望珍重爱惜，发扬而光大之，必有以动心忍性，增益其所不能者"。"古人言：'士不可以不弘毅，任重而道远。'教育救国，良师兴国，皆赖此弘毅之精神，以达到任重道远之目的，诸君宜服膺先哲名言，身体力行之。""寇深矣！时急矣！诸君毕业后个人对社会国

◎古路坝天主教堂院内情景：楼下教室，楼上宿舍。

① 赵慈庚. 西安临大南迁琐记［M］//李溪桥. 李蒸纪念文集. 北京：中国社会科学出版社，1996：61.

家民族之责任，日益艰巨，宜如何激励奋发，以负荷此艰巨之责任，完成此救国兴国之伟业，愿诸君力行何如耳！庄周有言：'不累于俗，不饰于物，不苟于人，不忮于众。'国难时期之教师，尤须有此艰苦卓绝之操守。"① 对于学校来说，这次艰苦卓绝的大迁徙所凝练出的精神财富，不仅留在了当时参与其中的师生心中，也是师大精神在抗战的特殊时期、在西北这样的特殊地域发扬光大的典范，值得后学永远记取和学习。

三、改组国立西北联合大学

1938 年 4 月，国民政府行政院第 350 次会议通过《平津沪地区专科以上学校整理方案》，教育部根据《方案》发出训令："国立北平大学、国立北平师范大学及国立北洋工学院，原联合组成西安临时大学，现为发展西北高等教育，提高边省文化起见，拟令该校院逐渐向西北陕甘一带移布，并改称国立西北联合大学。院系仍旧，经费自民国二十七年一月份起由国立北平大学、国立北平师范大学、国立北洋工学院各原校院经费各支四成为国立西北联大经费。"② 5 月 2 日，国立西北联合大学正式开学。西北联大仍为临时性的联合大学，实际上"联而不合"。联大本部设在城固县城内的考院和文庙，在考院的大影壁上白底黑字书有"国立西北联合大学"八个大字，在考院入门的门楼里高悬着国立北平大学、国立北平师范大学和国立北洋工学院三校的校牌。③

◎西北联合大学本部城固县城内考院的大影壁上书写的"国立西北联合大学"校名

西北联大仍不设校长，领导体制为校务委员会制，由徐诵

---

① 李溪桥. 李蒸纪念文集［M］. 北京：中国社会科学出版社，1996：151 - 152.
② 见《国民政府教育部给西安临时大学的训令》，1938 年 4 月 3 日。
③ 谷雪艳. 鲜为人知的西北联合大学［J］. 文史精华，2007（3）.

明、李蒸、李书田、陈剑脩等组成校常务委员会，负责管理校政。国立
西北联合大学设立文理学院、教育学院、工学院、法商学院、医学院、
农学院6个学院。原北平师范大学与河北省立女子师范学院部分师生联
合组成西北联合大学教育学院，在城固县城文庙、东门外校场坝和距县
城40里的古路坝一带办学。由于校址分散，为加强管理，规定："各学
院设在城固城内本部者，一切行政事务均由校常务会所属各处组办理。
其不设在大学本部之各处学院，由院长秉承常委会督率各院事务室人员
处理，遇有对外重要公共普遍性之事项，并须由院送请常委会统筹办
理。"① 西北联大云集了全国大批著名的学者教授，他们辗转于迁校之途，
授业于茅草之室，汉中地区一时学校林立，名师云集，成为抗日大后方
三大教育重地（昆明、重庆、汉中）之一。

　　1938年4月召开的国民党临时全国代表大会通过《战时各级教育实
施方案纲要》，指出"对师资之训练应特别重视，而急谋实施。各级学校
教师之资格审查与学术进修之办法，应从速规定。为养成中等学校德智
体三育所需要之师资，并应参酌从前高等师范之制而急谋设置"。教育部
根据这一纲要，拟定了《战时
各级教育实施方案》，规划了新
的高等师范制度，规定"中等
学校师资，设立师范学院，予
以培养"，"师范学院应独立设
置，或将大学教育学院改称"。
1938年7月，颁布《师范学院
规程》作为实施高等师范教育
的准则，令西北联合大学教育
学院改为西北联合大学师范学

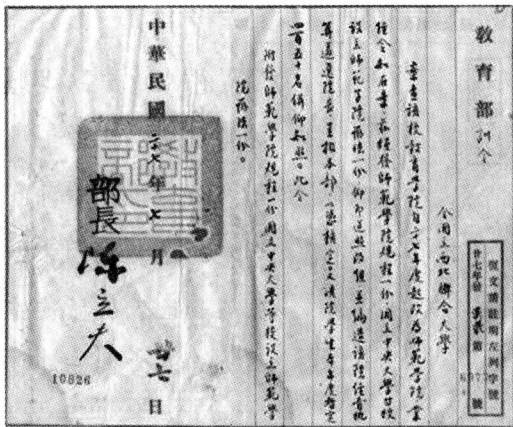

◎图为1938年7月教育部要求西北联合大学将
教育学院改为师范学院，并按《师范学院规
程》办理的训令。

---

　　① 西北大学校史编写组.西北大学校史稿［M］.西安：西北大学出版社，1987.

院，李蒸先生任院长。学院设国文、英语、史地、数学、理化、教育、体育、家政八个系及劳作专修科。同时，筹设师范研究所。

西北联大是由三所学校组合起来的庞杂的大学校，为强调三校的团结合作，经校常务委员会研究，确定以"公诚勤朴"四字为校训。时任国文系主任的黎锦熙先生这样理解：此时"公诚勤朴"主要彰显的是平津三校内迁陕西，三校联合正处战事危急、国难当头之际，学校各方必应摈弃门户之见，团结合作，勤以开源，朴以节流，公以去私，诚以去弱。合精神与物质，综古代与现代，提挈群伦，继往开来，研究科学，培育人才，唯在西北，必借教育学术之力，努力铸成"国族"以发扬之，增强抗战力量，复兴民族的时代特征。① 学校还请黎锦熙和许寿裳两教授撰写了校歌：

> 并序连黉，册载燕都迥。
>
> 联辉合耀，文化开秦陇。
>
> 汉江千里源蟠冢，天山万仞自卑隆。
>
> 文理导愚蒙；政法倡忠勇；
>
> 师资树人表；实业拯民穷；
>
> 健体明医弱者雄。
>
> 勤朴公诚校训崇。
>
> 华夏声威，神州文物，
>
> 原从西北，化被南东。
>
> 努力发扬我四千年国族之雄风。

这首校歌反映了西北联大组建的历史和各个学院的专业特征，但尚未谱曲，西北联大就改组分立了。

---

① 刘利民. 走出一片蓝蓝的天——西北联合大学记忆 [EB/OL]. [2011 – 09 – 06]. http://wenku. baidu.com/view/4f0ac6d226fff705cc170a2e.html.

1938 年 7 月，教育部指令北洋工学院、北平大学工学院、东北大学工学院、私立焦作工学院合组为西北工学院；农学院则被强令迁往陕西武功，与当地原西北农林专科学校合并，改组成立西北农学院。不久，师范学院和医学院又相继独立，称西北师范学院和西北医学院。文理、法商两个学院组成西北大学。1940 年，西北师范学院决定迁往兰州（搬迁过程长达 4 年），成为现今西北师范大学的前身。1946 年，西北大学迁往西安。西北工学院则在抗战胜利后迁至咸阳，即现在的西北工业大学。这样一来，在西北联大的基础上分别成立了西北大学、西北师范学院、西北工学院、西北医学院、西北农学院 5 个独立的、由教育部直接领导的国立院校，并由此奠定了西北地区高等教育的基本格局和在全国的重要地位。抗战胜利后，原平津地区的部分师生东返，重建了北平师范大学和北洋工学院，但北平大学并未复校。

四、西北联大的教学与生活

在战乱中成立的西北联大，首先面临的是教学条件的简陋。学校连续迁移，颠沛不堪。许多图书和教学仪器未能顺利内迁，或损坏散失，却又无力及时补充和添置。李蒸先生在 1939 年 1 月向学生报告自己出差事项时说："我们学校，请教授、购图书仪器，因为交通的关系，比其他大学格外困难，此次我在四川买五架显微镜，价值比在北平时候昂贵几倍。由香港购买图书仪器，最多能运到昆明，还不保险，要费很久的日期，才能到重庆，重庆运到学校，又要需时若干，这种困难情形，影响到学校一切的发展。"学校新聘的几位教授和 100 多名新生，也因交通阻滞，不能按期到校。[①] 西北联大图书馆刚开馆时，只有 2000 多册图书，师生平均每人只有一本书。当时在西北联大上学的陈宝琦这样回忆："书太贵了，每晚要到图书馆去抢看参考书，许多人在门口等着开门，门一开大家就拼命挤，人小力小的就这么被挤出挤进后才被人推了进去，一

---

① 见《西北联大校刊·校闻》第 9 期，1939 年 1 月。

进门又得眼快腿快地抢座位，放好书包又得挤到台前抢书。听课则人多座少，也得抢"。[①] 1938 年 12 月 16 日下午 3 点，西北联合大学师范学院举行第一次院务谈话会，会议由院长李蒸先生主持，参加会议者：李建勋、高鸿图、黎锦熙、黄国璋、汪如川、方永蒸、刘拓、何日章、佟学海、杨立奎、康绍言、赵进义、齐国梁、袁敦礼、易价、郭毓彬、黄敬思。议题中涉及财务，会议议决："学生膳费每人每月 8 元，全院每月预算 1000 元；本院职员薪俸及校工工资，每月以 600 元为限；本院办公费每月以 550 元为限；本院研究所经费，每月暂定 1000 元。"[②] 由这些数字，足见当时经费困难状况，与办公费相比，也可看出学院在研究所的投入上并不吝啬。

◎陕西城固县张骞墓。1939 年西北联大师生发掘墓道证实为张骞墓，左侧为西北联大所立增修汉博望侯张公墓道碑。

另外值得一提的是考古及文物保护工作。汉中地区文物古迹较多，但很多年久失修，破坏严重。对位于城固的张骞墓，许多人怀疑是衣冠冢或纪念墓。为了证实张骞墓的真伪，保护文物，同时为历史系学生提供考古实践的机会，1939 年 3 月，西北联大师生决定对张骞墓进行考古发掘。但在掘开墓道东耳室时，张氏后裔约集千余人，阻止发掘。为防事态扩大，学校停止了发掘，立碑纪念。在吴世昌撰稿、黎锦熙教授书丹的《增修汉博望侯张公墓道碑记》碑文中写道："二十七年春，吾校历史系同人以侯墓近在咫尺，足式仰止，而东侧土层扰动，墓道凌乱，陵前石兽长埋榛莽，若不加以修理，妥为保护，行见先贤名

---

① 西北大学校史编写组. 西北大学校史稿 [M]. 西安：西北大学出版社，1987.
② 见《本大学师范学院第一次院务谈话会记录》，载《西北联大校刊》第 10 期，1939 年 2 月。

迹日就陵夷，因即商准各级政府，会同张公后裔，将墓侧原有缺口稍加清除，所见墓道汉砖、破残马骨、五珠汉钱之属，即可断为汉墓，而散乱陶片中，间有博望汉隶，尤足证为张公原墓无异。"① 对张骞墓墓道的发掘，确证了该墓为张骞墓，出土汉代石虎两只，及灰陶片、带釉陶片、双耳瓦罐、汉砖等，"其较重要之品，有似印范者一方（亦似泥封），篆书'博望□铭（或造）'四字，当可为此墓系博望侯墓之一证，且与史汉所载张骞故里亦合。于是，乃由李季谷、何乐夫（士骥）、周节常、刘廷芳诸先生及同学阎应清、鲍廷忱、马寿山等，将该项古物分类编号，于本月十三、十四两日下午，在本系考古室陈列展览。届时到会参观者，有教育部颜次长毓琇及本校常务委员会李云亭（蒸）、徐轼游（诵明）、胡春藻（庶华）、秘书主任黎绍西（锦熙）与教授同学等数百人。"② 现在，城固县在张骞墓建立了"张骞纪念馆"，所有石碑及有关文物都得到很好的保护。而当年出土的"博望□铭"汉篆封泥，现藏于北京故宫博物院。

西北联大的办学及师生生活条件十分困难。当时，学生在旧庙宇、教堂和祠堂改建的教室里上课，没有床，只能睡地铺。学生上晚自习用油灯或土蜡烛照明。在西北联大，内迁高校学生着装的朴素程度竟成为当地人判断学生年级的标准："因为衣服愈破，就表示他年级愈高，小姐们也无复发旧日的高跟烫发的生活了，一件布大褂，必须维持到最后一秒钟，牺牲不到最后关头，是绝不轻言牺牲的，穿来穿去，真正确确实实做到了'以不变应万变'的原则，而袜子是只有冬天才穿，夏季完全是草鞋，刚来的人，似乎不惯，久而久之也就完全泰然了。冬天，大家却是一件大衣或棉袍，小姐们往往冻肿得像刺猬，然而，这并没有丝毫影响他们的朝气，看见他们的破破烂烂，而又蓬蓬勃勃的气象，便会感

---

① 笔者 2000 年 9 月 22 日参观张骞墓时从原碑上抄录。该碑以西北联大李蒸、徐诵明、胡庶华名义竖立，高 220 厘米，宽 88 厘米，厚 16 厘米，碑阴刻有许寿裳教授书《汉书·张骞传》全文。
② 见《博望侯墓道古物校内展览记》，载《西北联大校刊》第 10 期，1939 年。

◎1938 年至 1944 年，国立西北联合大学师范学院及独立设置的国立西北师范学院在城固县城租用的教室，门前院子被开垦为菜地。

觉到，这是真正代表中国民族的年轻一代。"① 伙食方面，有一段形象的描述："水煮的白菜连盐都没有！'有警报'（没有饭的术语）！'打游击'（乘机多盛一碗）！倒霉！吃一口沙子！……这是敌人送给我们的！这是磨炼我们的功课：水煮白菜和沙子……"②

教师的生活也十分拮据。1938 年国民政府教育部规定教师的工资按"抗战期间薪俸七折"发放，再加上抗战和通货膨胀的影响，教授只能靠微薄的薪金和"米贴"维持最低限度的生活。有的教师拖家带口，不得不同时到中学兼课或当家庭教师以增加收入。但很多教授表现出了不畏艰苦、不计报酬的爱国主义精神，仍坚持与学校在一起，尽心尽力搞好教学。据李蒸先生的女儿李溪桥回忆："我们随母亲于 1938 年秋季由天津辗转来到城固。我进了自强小学三年级……我们起先住在王史巷，后来住在盐店巷，我们的居室十分简陋，屋内没有什么家具，我们平日都穿草鞋，晚上点的是如豆的油

◎李蒸先生的女儿李溪桥和儿子李筱蒸 1938 年冬在城固的留影

① 卢苇.自城固迁西安的国立西北大学［N］.青年日报，1946－06－30.
② 摘录自华遵舜于 1939 年 3 月写的一篇作文《饭厅》。

灯……我的两个在城固出生的弟弟，一个长到一岁多，患了胃溃疡，一个只有几个月，患了肺炎，均因无药医治，眼睁睁地看着他们夭折了。这对我们全家来说，都是很痛心的事。"

为了充实学习研究和生活的内容，学校师生成立了各种戏剧组织，自创自演，话剧团、京剧团、秦腔剧团都有，人才济济，经常排练演出。1938 年西北联大青年大学生联合中学爱好话剧的学生，组织"陕南学生剧团"，排演了《这不过是春天》《春风秋雨》《古城的怒吼》等爱国话剧，对抗战动员和战时环境下活跃文化生活起了重要作用。正如胡庶华先生所说："我们西北联大，设立在城固这个偏僻的地方，没有电灯，没有自来水，一切物质的享受均谈不到。可是我们师生依然要共同努力，发扬我们的能吃苦、有朝气的精神，来领导西北的教育。"①

由于当时正值抗战最艰难的时期，西北联大师生积极参加社会各界抗日群众大会，举行抗日形势报告会、专题座谈会，宣传全民抗战的重要性，反对"亡国论"等妥协投降倾向。特别是自 1938 年下半年开始，国民党政府对日寇侵华逐渐采取消极抵抗政策，引起广大爱国师生的强烈不满和抗议。西北联大成立不久，国民政府教育部就派张北海担任法商学院院长。张北海在校秘密从事迫害进步学生和解聘进步教授的活动，还安排特务学生在课桌上放着手枪听有进步倾向的教师讲课，在自己的办公桌上放着手枪与进步师生谈话，对进步师生进行恐吓和威胁，使整个学校处在白色恐怖之中，破坏了正常的教学秩序，引起师生的强烈不满。1939 年春天，西北联大一批有进步倾向的教授被解聘。著名文学家和教育家许寿裳在七七事变后赴西安、入汉中，对教学工作始终孜孜不倦，在学生眼里，"许师是一座进步自由的灯塔，使在暗夜海上的船舶有所归往，不致沉没于风涛"。但由于他坚

---

① 见《西北联大校刊·会议记录》第 14 期，1939 年 4 月。

持宣传鲁迅的思想，积极参加救亡座谈会，因此深受排挤。本来，西北联大已任命其兼任法商学院院长，教育部部长陈立夫却密令"主法商院长须超然而接近中央者"，遂指定亲信担任。在西北联大教俄语的翻译家曹靖华，因为教育部的国民党人认为他不可靠而被解雇。教育部同时通令全国各院校一律不准聘用这些教授，引发了西北联大学生反对解聘进步教授的运动。国文系主任黎锦熙先生坚定地站在学生一边，公开支持学生的这一斗争。李建勋先生等一批进步教授也曾多次与特务分子作斗争，李建勋先生曾说："他们恶毒卑劣的手段只能禁锢人身，决不能禁锢人的思想！防民之口，甚于防川，将来是非自有分晓。"国民政府教育部在得到有关反映后，不仅不调走张北海，反而提升他为西北联大常务委员。为反对将学校置于国民党特务控制之下，同为西北联大常委的原北平大学校长徐诵明和原北平师范大学校长李蒸提出辞职，迫使张北海被调离西北联大。①

五、师范学院独立设置

1938 年夏，根据教育部令将西北联大工学院、农学院独立设校，农学院迁设陕西武功，工学院独立设在城固县城南古路坝。1939 年 2 月，第三次全国教育会议在重庆召开，西北联大李蒸、徐诵明、胡庶华三位常委参加会议。针对 1938 年 7 月国民政府教育部颁布的《师范学院规程》关于"师范学院单独设立，或于大学中设置之"的规定，中国教育学会西北分会向大会提交了"师范学院应一律单独设立案"②。提案陈述的理由是："一、师范学院训练办法、年限、课程与大学其他院系不同——如在同一学校之内勉强划出一部分学生，另外受一种训练，另外过一种生活，管理设备及纪律方面均感困难，而不能达到专业训练之目

---

① 相关史料见《李蒸纪念文集》（中国社会科学出版社，1996）中李蒸先生所写《北京师范大学历史上的存废之事》一文和《西北大学校史稿》（西北大学出版社，1987）。

② 见《中国教育学会西北分会向全国教育会议提案之一部》，载《西北联大校刊》第 14 期，1939 年 4 月。

的。二、以言教学方法——亦自不同于大学其他院系，盖以师范生将来所负之责任为教人，各科中应随时注意于选材与方法问题，故师资人选、教材均应不同，同一学程，师范生与非师范生，亦应分班上课，俾教学效率不同。三、以言行政——师范学院附设于大学之内，每易流于事权不一，责任不专，影响师资培养之品质。"办法有三："一、师范学院预算经费应完全与大学划分独立；二、师范学院院址宜有独立优美环境，俾易养成良善学风；三、师范学院用人行政应于独立，俾便于遴聘学验兼优之学术专家担任教学，藉以增进师范生实习之效能。"这项提案获得通过。

1939 年 8 月 14 日，教育部就西北联合大学结束移交事宜，给"国立西北师范学院院长李蒸"发来"渝 197 号训令"："案查国立西北联合大学改为国立西北大学、国立西北师范学院及国立西北医学院一案，业经本部奉行政院核准；国立西北师范学院院长一职，并经本部聘任该员（李蒸）充任，各

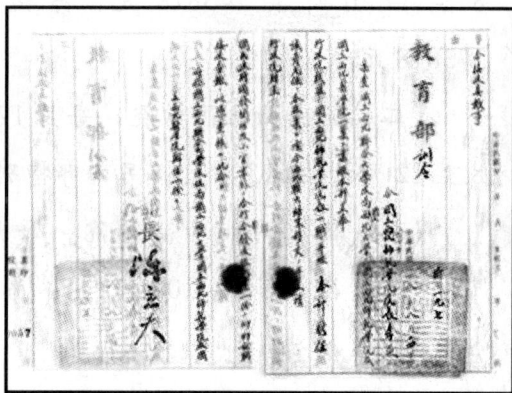

◎1939 年 8 月教育部就西北联合大学结束移交事宜给李蒸先生发来"渝 197 号训令"

在案。除令西北联大结束移交，并呈请行政院转呈国民政府颁发关防及小官章外，合行另发改组办法一份，仰即就职接收会报，以凭查核。"并附西北联大改组为三所高校的"改组办法"一份。

国立西北联合大学改组为国立西北大学
国立西北师范学院及国立西北医学院办法①

一、经费支配（自本年八月至十二月）

（甲）经常费

除依二十八年度预算数 735.164 元，按月分配于国立西北大学、国立西北师范学院及国立西北医学院外，本会计年度内并由部另拨 50050 元补充改组后不足之数，其分配如下：

（一）国立西北大学　每月 28763.67 元（依全年 345164 元计），8 至 12 月计共 143818 元，另由部特别补助 30000 元，合共 173818 元。

（二）国立西北医学院　每月 12500 元（依全年 150000 元计），8 至 12 月计共 62500 元，另由部特别补助 10000 元，合共 72500 元。

（三）国立西北师范学院　每月 20000 元（依全年 240000 元计），8 至 12 月计共 100000 元，另由部特别补助 15000 元，合共 115000 元。

（乙）建置费及各项补助费

西北联大原有之建置费及庚款补助费等，仍应依原定各学院分配办法，分配于各该校院。

二、院系编制

（一）国立西北大学

文学院：设中国文学、外国语文、历史三系，外国语文系设英国语文及俄国语文两组。

理学院：设数学、物理、化学、地质、地理五系。

---

① 见西北师范大学档案馆馆藏档案，档案编号：民国档案 33 号全宗 0005 卷。

法商学院：设法律、政治、经济、商学四系。

（二）国立西北医学院　不分系

（三）国立西北师范学院　仍照国立西北联合大学师范学院原有编制设国文、英语、史地、数学、理化、教育、体育、家政、博物、公民训育等十系及劳作专修科，并设师范科研究所。

三、教职员

原有西北联大之教职员由国立西北大学、国立西北医学院及国立西北师范学院尽量聘用，呈部核定。

四、学生

原有国立西北联大文理学院及法商学院学生，一律改为国立西北大学学生。原有国立西北联大医学院学生，一律改为国立西北医学院学生。原有国立西北联大师范学院学生，一律改为国立西北师范学院学生。

五、校产

原由国立西北联大文理、法商两学院应用之一切图书仪器设备，均由国立西北大学接收应用。原由国立西北联大医学院应用之一切图书仪器及其他设备，均由国立西北医学院接收应用。原由国立西北联大师范学院应用之一切图书仪器及其他设备，均由国立西北师范学院接收应用。其余由国立西北联大各学院公共应用之一切设备，应由各校院会商决定，分别接收应用。

六、校舍及校址

西北联大文理、法商两学院及医学院、师范学院现有院舍院址分别作为国立西北大学、国立西北医学院和国立西北师范学院校（院）舍校（院）址，其各院永久校院址由本部另行统筹决定之。

七、附则

本办法未经规定事项，由教育部随时决定之。

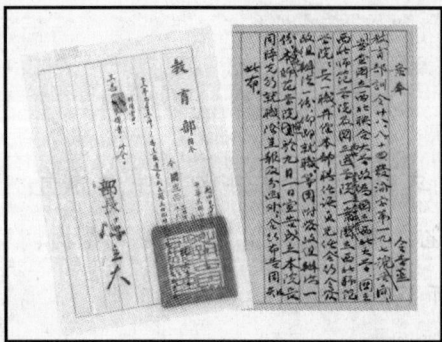

◎教育部关于独立设置"国立西北师范学院"的指令与西北联大师范学院于1939年9月1日独立设置为"国立西北师范学院"的布告

根据这个训令，1939年8月，西北联大再次改组，由文、理、法商三学院组建国立西北大学；医学院独立设置，称国立西北医学院；师范学院独立设置，称国立西北师范学院。李蒸先生任国立西北师范学院院长。1939年9月1日，西北联合大学和西北师范学院同时在《西京日报》及校内发布通告，西北联大的通告为："兹奉部令：国立西北联合大学改组为国立西北大学、国立西北师范学院及国立西北医学院等因，除遵照外，所有国立西北联合大学校务截至二十八年八月底结束，特此通告。"西北师范学院的通告为："本院奉令就国立西北联合大学师范学院独立设置，国立西北师范学院已于二十八年九月一日在城固正式成立，特此通告。"同时将相关情况报教育部鉴核备案。

第二节
城固时期的国立西北师范学院

一、"师大精神"吾道西行

1939年10月，教育部转发了行政院"吕字第12118号训令"，颁发"国立西北师范学院关防"铜章一枚、"国立西北师范学院院长"印章一枚。原"北平师范大学"的"校长免职"、"校印缴部"，教育部此举意味着终止了原"北平师范大学"的校名。

国立西北师范学院的独立设置，使师生感到亦喜亦忧，喜的是原北平师大的历史能以西北师范学院得到延续，忧的是西北师范学院独立设置以后，如何保持北平师范大学的传承。过去，在西安临大、西北联大，文科学生大多数是从北平师范大学迁来的，保留着北平师范大学的学籍，因此，无论在西安临时大学时期，还是西北联合大学时期，国民政府教育部都没有收缴原北平师范大学的校印，也没有免去原北平师大校长的

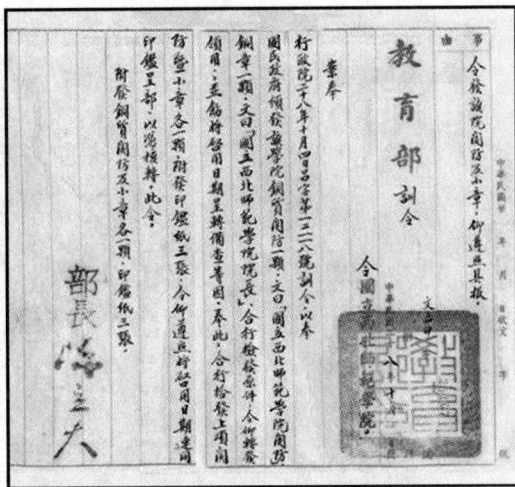

◎1939 年 10 月，教育部转发行政院颁发"国立西北师范学院"关防与印章的训令。

职务，并允许原北平师范大学学生及西北联合大学教育（师范）学院学生的毕业证上加盖"北平师范大学"的校印。国立西北师范学院分立后的 1940 年，在校学生为 521 人，其中男生 396 人，女生 125 人。当时的师生，除当年新生是以西北师院名义招来的之外，其余都是北平师大的旧人，且学校在颠沛流离的办学历程中，广大师生及校友始终强调弘扬师大精神，维护师大学风。因此，北平师大的传统和历史关系一直未断，北平师大与西北师院的传承关系，也是当时政府及社会各界的共识。①

　　1939 年 12 月 11 日的"总理纪念周"，李建勋先生向西北师范学院参加活动的 360 余名师生发表演讲说："礼拜日（12 月 17 日）为北平师范大学三十七周年纪念日，因为今年的纪念日不比往常，所以要盛大的举行，师范大学是本院的前身，本院是师范大学的继承者。在部令上，本院虽由师大教育学院改组，然就事实论，实为师大教、文、理三院组织而成。况李院长是师大的校长，教职员大部分是师大的先生，并有现在

---

① 李蒸.北京师范大学历史上的存废之事［M］//李溪桥.李蒸纪念文集.北京：中国社会科学出版社，1996：79.

◎1939 年西北联大师范学院部分老师与毕业生合影，但是他们却在照片上
特别注明"国立北平师范大学理学院毕业同学师生合影"。

西北大学文理学院各系三四年级的同学，将来毕业时，要领师大的文凭
乎？教育部中人谓师大仍然存在，但在停顿期间，似未切当。望本院同
学认清斯旨，全体出席来庆祝这个有意义的盛大纪念日。"① 并倡导低年
级同学学唱师大的校歌。1939 年 12 月，国立西北师范大学隆重纪念北平
师范大学、西北师范学院建校 37 周年，并出版了《纪念专刊》。此后，
李蒸院长将相关资料邮寄给教育部部长陈立夫，同时也表达了师生对独
立设置后"北平师范大学"存废问题的担忧。1940 年 2 月 28 日，陈立夫
致函李蒸先生，表明了他对北平师大精神如何在西北师院进一步弘扬的
意见和看法。陈立夫在信件中表明："师大在名义上虽告停顿，但平津收
复以后，该地当然必须恢复造就师资之学院"，"西北师范学院实为师大
之支衍，昔日师大之精神，将因此而永远扩展于西北，在师大同仁必有
吾道西行之感"，西北师范学院将"永留西北"。这份信件是学校历史上

---

① 见《国立西北师范学院第八次总理纪念周讲演》，载《国立西北师范学院校务汇报》第 7 期，
1940 年 2 月 16 日。

十分重要的史料，谨录于此。

云亭先生道鉴：

立自滇黔视察教育回渝，得读手书并师大纪念增刊，藉悉举行师大三十七周年纪念会之盛况，至为佩慰。

师大自创立以来，作育人才甚众，其服务于教育界者，均能以教育为终身事业，卓然有所建树，久已誉满士林。今虽以改制关系，师大在名义上虽告停顿，但平津收复以后，该地当然必须恢复造就师资之学院，且西北师范学院由西北联大之师范学院递嬗而成，而联大之师范学院则系由师大组成，是在事实上，西北师范学院实为师大之支衍，昔日师大之精神，将因此而永远扩展于西北，在师大同仁必有吾道西行之感，故此次之改组于师大精神之发展与事业之扩充，实有益而无损，当为明达所洞悉也。

至于名称问题，本部之意，既以现在之师范永留西北，则正名定称，自以现名为宜。如时而改称北平师大，时而复称西北师院，则名不正，则言不顺，徒示人以不广，在西北人士之观感与学校前途之发展上，均有未妥。师大同仁如再加熟思，当不致斤斤于名称之计较耳，还希妥加解释为幸。

立对于师院在西北之发展抱有无穷之希望，在教学及经费各方面均优予扶植，学校虽改组，但对于师大精神与事业之爱护，初无二致。所望执事领导诸同仁，继续努力，共图师范教育使命之完成，为民族复兴奠立精神之基础，则非徒为西北一隅，百年大计之建树，抑亦过去师大全体师生之光荣也。临颖神驰，不尽一一。并颂教安。

诸同仁均此

弟：陈立夫 手复

陈立夫在信件最后注明"诸同仁均此",说明这份信件是针对西北师院诸位教师的,因此,李蒸先生将此信件在校内抄录印发。李蒸先生曾这样描述当时师生的心情,国立西北师范学院的设立,使"北平师大在抗战期间又恢复独立设校,不过名义换了,规模小了。全校师生,虽然心里不很愉快,但仍能团结一致,安心教学,维护旧有学风,耐心等待抗战胜利,学校复原,再图恢复原有校名"。[①] 这一时期,作为院长的李蒸先生和各位教授,讲得最多的是继承和发扬师大精神,延续北平师大的传承。1939 年 12 月 17 日,李蒸先生在建校 37 周年纪念大会上说:"七七事变后,我校播迁西北,改变环境,适应抗战建国之需要,又值政府扩充高级师范教育,在学制上创设师范学院制度,实为一新生时期。我校此后之使命将益形重大,不但要继续发扬师大精神,并且要奠定西北高级师范教育基础,负起抗战建国的责任,所以今年这个纪念日更有特别重大的意义。"此后,从学校层面强调最多的就是西北师范学院与北平师范大学的传承关系,基本上每一级新生入学、每一年建校纪念日和一些重要场合,学校的历史传承和校风是必讲的内容,在师生中不断强化抗战胜利后"复校"的信念与决心。

◎1940 年国立西北师范学院文科部分师生在陕西城固合影

1940 年 12 月,李蒸先生曾说:"师大在名义上,自民国二十八年暑假后已暂不存在,须俟北平收复后再由教育部统筹恢复"。特别值得注意的是他对师范大学与师范学院进行的比较。因为当时中国历史上出现过的"师范大学"仅有北京(北平)师范大学一家,而"师

---

① 李蒸. 北京师范大学历史上的存废之事 [M] //李溪桥. 李蒸纪念文集. 北京: 中国社会科学出版社, 1996: 79.

范学院"有全国统一的规程，且实施的时间较短，甚至还没有培养出毕业生，所以，这个比较实际上就是北平师范大学和西北师范学院的比较。通过对"师大"和"师院"在政策与目的、组织、课程、训育、学生入学资格、修业期限、待遇、服务以及辅导地方教育等方面的规定的比较，得出两种师范模式的优点与不足，最后他认为，"站在教育学术立场，及为提高中等学校师资训练在高等教育阶段之地位计，师院以改称师大为宜"。他建议参照"师范学院规程"制定"师范大学组织法"。① 李蒸先生认为当时的"师范学院制度"在培养师资方面有优点，但在对高深学术研究的定位上偏低，因此他对师大的使命和精神始终强调有加。

1941 年，他对新生讲话时说：本院的前身为北平师范大学，"故本院的使命为继续师大尚未完成的使命，本院的校风系沿袭师大固有的校风。师大所负的使命是双重的，一是实施教育专业训练……二为钻研高深学术，探讨宇宙真理……师大自成立以来，三十余年间，培养毕业生五千余人，其中百分之八十以上均服务于教育界，且能以教育为终身事业，卓然有所建树，久已誉满士林。师大已为国家培养数千青年导师，组成国家的教育干部，筑成踏实的社会基层。本院继承师大的光荣历史，产生于抗战建国的伟大时代中，负起西北各省中等学校师资训练之重大使命，期有以付国家之重托，并能维持师大精神于不坠"。北平师大奉令迁陕以来，流离转徙，除大部分教授与一部分学生随校西来，其余学校一切图书设备、校舍校具均遗落故都，物质基础一扫而空。经过四年艰苦努力的经营，又在祖国西北粗具规模，因此，作为学校发展的引领者，不得不思考：师大的精神与校风究竟是什么？李蒸先生概括为"刻苦耐劳、诚笃朴实、埋头苦干、不尚宣传"②。

---

① 见李蒸：《师范学院与师范大学之比较》，载《北平师大西北师院三十八周年纪念专刊》，1940年 12 月 17 日。

② 李蒸. 本院的使命与校风 [M] //李溪桥. 李蒸纪念文集. 北京：中国社会科学出版社，1996：185 – 190.

二、机构设置与办学骨干

城固时期的国立西北师范学院，学生由 1939 年独立设置初的 521 人，增加到 1944 年的 1010 人（部分在兰州校址）。全院教职员 302 人，其中教员 159 人，专任教授 44 人，兼任教授 7 人，副教授 26 人，管理部门职员 66 人，附属单位职教员 77 人。[①] 学校实行院长负责制，院长以院务会议的方式进行决策，院长办公室负责日常事务工作。院长办公室设秘书一人，易价先生任秘书；办公室内设文书组、会计室，佟学海任文书组主任兼《校务汇报》编辑，袁剑雄任会计室主任。学校行政管理机构设教务处，教务处设主任一人，综理全院教务，黎锦熙先生任教务主任兼国文系主任；教务处内设注册组、图书组，康绍言任教育系副教授兼注册组主任，何日章任图书组主任，图书组后改为图书馆，又在教务

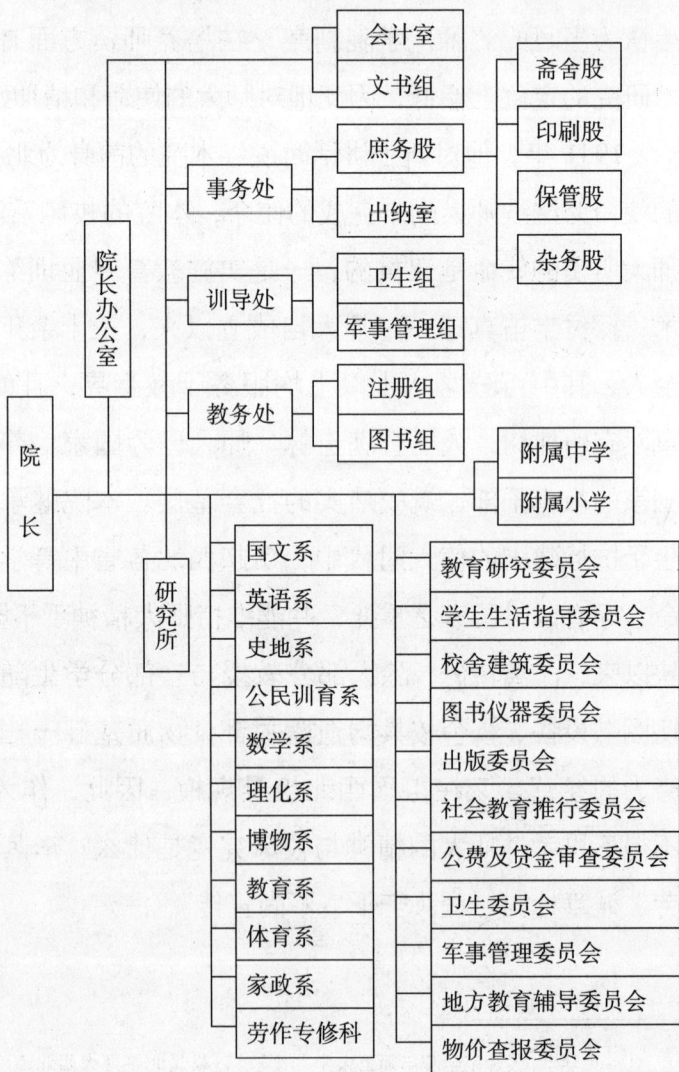

院长 — 院长办公室
- 会计室
- 文书组
- 事务处
  - 庶务股 — 斋舍股、印刷股、保管股、杂务股
  - 出纳室
- 训导处
  - 卫生组
  - 军事管理组
- 教务处
  - 注册组
  - 图书组
- 附属中学
- 附属小学

研究所
- 国文系
- 英语系
- 史地系
- 公民训育系
- 数学系
- 理化系
- 博物系
- 教育系
- 体育系
- 家政系
- 劳作专修科

- 教育研究委员会
- 学生生活指导委员会
- 校舍建筑委员会
- 图书仪器委员会
- 出版委员会
- 社会教育推行委员会
- 公费及贷金审查委员会
- 卫生委员会
- 军事管理委员会
- 地方教育辅导委员会
- 物价查报委员会

---

① 见《国立西北师范学院近况》，1944 年 12 月 17 日。

处增设出版组。设训导处，训导处设主任导师一人，综理全院训导事宜，袁敦礼先生任训导主任；训导处内设卫生组、军事管理组，李元復任卫生组主任兼校医，王佐强任主任教官兼军事管理组主任。设事务处，后改为总务处，设事务（总务）主任一人，综理全院事务，汪如川先生任事务主任；事务处内设庶务组、出纳室，胡铭佑任庶务组主任，高鸿图任出纳室主任，庶务组又下设斋舍股、印刷股、保管股、杂务股。同时设有附属中学（中学部、师范部），方永蒸任教育系教授兼附中主任。设有代用之附属小学。

为便于民主管理，学院还设有各种委员会，主要有：教育研究委员会、学生生活指导委员会、校舍建筑委员会、图书仪器委员会、出版委员会、社会教育推行委员会（小学教育通讯研究处）、公费及贷金审查委员会、卫生委员会、军事管理委员会、地方教育辅导委员会、物价查报委员会等。

| 教务主任兼国文系主任：黎锦熙 | 训导主任兼体育系主任：袁敦礼 | 事务处主任：汪如川 | 秘书：易价 |

学院由国文系、英语系、史地系、公民训育系、数学系、理化系、博物系、教育系、体育系、家政系、劳作专修科十系一专修科和研究所组成。各系设主任一人，必须由教授担任。当时西北师院各系主任分别是：黎锦熙教授兼任国文系主任，张舜琴教授任英语系主任，谌亚达教授任史地系主任，王凤岗教授任公民训育系主任，赵进义教授任数学系主任，刘拓教授任理化系主任，郭毓彬教授任博物系主任，李建勋教授任教育系主任，袁敦礼教授兼任体育系主任，齐国梁教授任家政系主任，

果淖初教授任劳作专修科主任。研究所主任由李建勋教授兼任。各系还有一批著名学者任教授，如国文系教授谭戒甫、易忠籙、李嘉言、刘朴、何士骥，副教授王如弼、张建侯；英语系教授叶意贤、包志立、孔柏德华、傅岩、易价、罗海澜、王新甫（还兼任理化系教授）；史地系教授邹豹君、陆懋德、殷祖英、张云波，副教授王心正、林占鳌；公民训育系教授李镜湖、卿汝揖；数学系教授傅种孙、刘亦珩、张世勋、张德鑫、李恩波、汪如川；理化系教授张贻侗、蔡钟瀛、杨立奎、朱有宣、刘世楷；博物系教授汪堃仁、孔宪武、吴仲贤；教育系教授金澍荣、程克敬、马师儒、郝耀东、鲁世英、高文源、方永蒸、胡国钰、唐得元、慈连炤、康绍言，副教授左学礼、郭鸣鹤；体育系教授董守义、徐英超，副教授郭俊卿、刘月林；家政系教授孙之淑、王非曼；劳作专修科孙一青、冒兴汉、贾慎修、龙文等。

当时在聘请全国知名教授方面有许多困难，"第一，西北交通不便，第二，生活较苦，生活程度又高，除非与本校有历史关系的，多不愿来"[①]。但在国立西北师院仍聚集着一批著名学者。他们大部分是随北平师范大学西迁而来的，当时在西北师院工作的先师，筚路蓝缕，历尽艰辛，对这所学校的发展作出了杰出贡献，他们为我们留下的不仅是一所大学的校园，还包括大量散发着人文光辉的思想和精神财富。

三、课程设置与教务管理

根据《国立西北师范学院课程纲要》[②] 规定，学校开设课程包括：共同必修科目、分系专门科目、专业训练科目和示范研究所科目。共同必修科目包括普通基本科目和教育基本科目；其中普通基本科目包括三民主义、国文、外国文、社会科学（政治学、经济学、社会学、法学通论任选两门）、自然科学（物理、化学、生物学、人类学任选一门）、哲学

---

① 见李蒸：《第三次总理纪念周上的讲话》，载《西北师范学院校务汇报》第 2 期，1939 年 11 月 6 日。

② 见《国立西北师范学院院务概况》，1941 年 6 月。

概论、本国文化史、西洋文化史、体育、军训、音乐、卫生概要、英文复习；教育基本科目包括教育概论、教育心理、中等教育、普通教学法。专业训练科目包括各科教材与教法研究、教育实习。分系专门科目分别如下。

国文系：国文（甲）（相当于现在的《大学语文》）、国文（乙）（国文发音学，相当于现在的《现代汉语》）、中国文学史、历代文选、各体文习作、各体文法实习、历代诗选、要籍目录、中国文学专书选读一（群经诸子）、中国文学专书选读二（四史，以史记、汉书为主）、文字学概要、中国文学批评、传记研究、小说戏剧选读、小说史、训诂学。

◎ 由黎锦熙先生题写刊名的《国立西北师范学院校务汇报》，是公开校务以及联络校友与社会人士的重要媒介，编印"校务汇报"也是从北京高师开始坚持不断的优秀传统，《国立西北联大校刊》和《国立西北师范学院校务汇报》是研究民国时期西部地区高等教育的重要文献资料。

英语系：英文、英文散文选读及作文、英语语音学、小说选读、戏剧选读、英文文法及修辞学、英语会话演说及辩论、法文。

史地学系：史学通论、中国上古史、中国中古史、西洋上古史、西洋中古史、自然地理、人生地理、中国地理、法国史、考古学、中国史学专书选读、地图阅读、地形学、气候学。

公民训育系：社会学、政治学、经济学、青年心理、法学通论。

数学系：数学复习、初等微积分、物理学、方程式论、微分方程、高等微积分、高等解析几何、近世代数、近世几何、级数论。

理化学系：微积分、物理学、化学、微分方程、物理学及实验、理论力学、热学及实验、电磁学、定性分析及实验、定量分析及实验。

博物系：生物学、化学、有机化学、比较解剖学。

教育学系：普通心理学、社会学、论理学、教育统计、实验心理、中国教育史、西洋教育史、中等教育、伦理学、心理及教育测验、发展心理学、教育行政、学科心理、社会心理、学校管理、公文程式、教育哲学、论文研究、动物心理、各国教育行政、学务调查、教育与职业指导、英文教育名著选读、统计应用数学、战时民众教育。

体育学系：普通化学、体育原理、人体解剖学、人体生理学、体育测验、童子军、竞赛指导及评判法、救急术与按摩术、游戏、机巧、竞技、球类、无数、体育统计、诊断学与健康检查、体育教学法。

家政学系：普通化学、家政学概论、伦理学、有机化学、生物学、生理学、织品与衣服、定性定量分析化学、营养学、食物选择与调制、服装学、儿童保育、家庭管理、家事教学实习、论文研究、家庭工艺。

劳作专修科：木工、农业概论、自在画（相当于素描基础）、图案画、用器画及木工制图、金工、金工制图、机构学、木样制造法、工艺图案、园艺学、造园学。

在教学方面，实行学分制。学校当时虽然实行学分制，但国民政府教育部颁布的《大学课程》规定：学生每年所修学分须有限制，不得提早毕业。因此，国立西北师范学院实质上实行的是"学年兼学分制"。1940 年 3 月 26 日，学校教务会议通过了《国立西北师范学院学则》[①]（以下简称《学则》）。《学则》规定，本院修业年限为 5 年，共开设普通基本科目（52 学分）、教育基本科目（22 学分）、分系专门科目（72 学分）、专业训练科目（24 学分）四大类课程，共计 170 个学分。

学生学业成绩评定分为甲、乙、丙、丁、戊五等，80—100 分为甲等，70—79 分为乙等，60—69 分为丙等，45—59 分为丁等，不及 45 分

---

① 见《国立西北师范学院院务概况》，1941 年 6 月。

为戊等。丙等以上为及格，丁等必修课要补考，补考仍不及格者要重修，选修课取消学分；戊等必修课要重修，选修课取消学分。全年考试成绩有 1/2 以上学分不及格者，无论丁等、戊等，均予退学；一年级新生第一学期成绩有 1/2 以上不及格者，退学；全年成绩有 1/2 以下 1/3 以上学分不及格者，留级。学生毕业成绩包括：学业成绩占 70%，毕业考试成绩占 15%，教学实习成绩占 5%，论文成绩占 5%，社会服务与实践占 5%。

◎1939 年，国立西北师范学院成为原北平师范大学的继承者，图为当年"北平师范大学"文学院毕业生与老师在陕西城固校园合影。

学生学习期间的考试分为平时、学期、毕业三种：平时考试由教员随时举行，考试可与学生平时的听讲笔记、读书札记、参观报告、练习、实习、实验等成绩合并核计成绩；学期考试由院长会同各系主任、教员在每学期末举行；毕业考试则由教育部派院长、校内教员及本区内教育行政长官、校外专门学者组成委员会举行，院长任主席，如必要时教育部派员监试，毕业考试分为笔试和口试两种，笔试综合测试学生五年内所学全部课目的内容，口试注重学生的思想、学力、态度、修养及说话技术，毕业考试笔试、口试都必须要有校外委员参与。

《学则》规定"本院学生于第五学年开始后，由主任教授及导师之指导拟作论文一篇，于毕业试验前呈交系务会议审查通过后方得毕业"；为了加强指导，提高学生研究问题、撰写论文的能力，规定在最后一学年设立"论文研究班"，"学生选定毕业论文题目后，除受该科教员及所属导师指导外，每星期在论文研究班讨论一次，轮流报告其研究结果，俾得其他教员和同学之批评订正"。同时，学校非常注重学生从事社会服务与实践工作，规定"本院学生须于暑假或寒假期内从事社会服务或劳动服务，如社会教育、义务教育、新生活运动等之服务，农业或工厂之实习，或社会调查等，服务时间至少应有四星期，无此项服务证明书者不得毕业"。

四、师范研究所及学术活动

城固时期，由于条件的限制，文科科研的气氛浓于理科。由于学校设有师范研究所，在李建勋先生的主持下，国立西北师范学院独立设置之初，教育研究工作开展得相对有成效。

◎李建勋

李建勋（1884—1976），字湘宸，直隶清丰县（今属河南省）人，著名教育家和社会活动家。清末秀才，1908 年毕业于北洋大学（今天津大学）师范班，民国初年留学日本，就读于广岛高师。1917 年赴美国留学，在哥伦比亚大学获教育学硕士学位后，回国任北京高师教育研究科主任。1921 年 10 月—1922 年 1 月任北京高师校长。1923 年再赴哥伦比亚大学进修，获博士学位，回国后一度任教于东南大学和清华大学，1929 年又回到北京师大，历任教育系主任、教育学院院长和教育研究所所长。抗日战争时期，随校西迁，任国立北平大学教育学院院长、国立西北联合大学师范学院教育系主任兼研究所主任、国立西北师范学院教育系主任兼研究所主任等职。新中国成立后，就任平原省文化委员，主管教育工作，并担任平原师范学院教授，随后任天津师范学院副院长、全国政治协商会议文史委员会委员。1976 年因病逝世。李建勋先生毕生致力于教育工作，是中国教育行政研究的拓荒者，他对我国高等师范教育制度的确立作过不懈的努力，他关于高等师范教育的办学理念具有重要的历史意义和现实意义。在民国时期，他与陶行知先生是大江南北两位齐名的大教育家，有"南陶北李"之称。

1938 年，国民政府教育部认为，在抗战建国工作迈进之际，高深学术研究，极其重要，但因政府控制外汇，限制学生出国留学，使一批具有研究兴趣的大学毕业生苦无研究场所，因此根据一些大学原有的人才、设备、经费情形，令有条件的高校设立研究院所，以应急需。7 月，西北联合大学决定成立机构筹备设立师范研究所，聘李建勋先生为师范研究所主任总理一切事宜，拟订《国立西北师范学院师范研究所章程》。章程确定师范研究所以"研究高深教育学术，训练教育学术专才，协助师范学院所划区内教育研究机关，研究教育问题，并改进其教育设施"为目的。设立研究委员会，以研究所主任、教授、师范学院各系主任为委员，集思广益，推进研究工作。研究所设教育原理、教育心理、教育行政、教材教法四个部。聘请金澍荣、程克敬（字述伊）、鲁世英（字岫轩）、郝耀东（字照初）、高文源（字味根）、王凤岗（字梧峯）、刘亦珩（字一塞）等先生为研究所教授，承担研究所的教学、研究教育问题、指导研究生的研究等工作任务。聘请助教五人协助教授从事研究工作，聘任事务员三人分账图书、文牍及庶务事宜；聘任书记三人分司图书管理、缮写及登记等事宜。

师范研究所筹备于西北联合大学时期，招生及培养在西北师范学院独立设置以后。1939 年 8 月，通过考试招收 3 名研究生，这是我国师范教育历史上首批授予硕士学位的研究生。同时根据教育部关于"师范学院各系助教得兼任研究生"的训令，招收 3 名助教为研究生。1940 年 9 月，招收 10 名研究生（内有 8 人为助教）。这些研究生是：刘泽（女）、胡玉升、郝鸣琴、许椿生、佘增寿、凌洪龄、张栢林、庄肃襟、韩温冬、郭士豪、杨少松、梁钟濬、苏竞存、刘培桐、赵兰庭。当时研究生的待遇是"除免纳学宿费外，每年发给津贴 600 元"。

◎1939 年国立西北师范学院教育系同学合影

师范研究所的课程分为必修科目和选修科目，必修科目包括：教育研究法、高等教育心理、高等教育统计、学务调查、论文研究；选修科目包括：课程论、教育实验法、教育哲学问题等。其教材要项及时间分配都计划周密，如教育研究法课程包括绪论（科学思考之性质、归纳方法之五种、教育之科学研究），4 小时；问题（问题的探求、抉择、构成、界说），6 小时；资料（资料的意义、性质和搜集），6 小时；假设之构成和试验（假设之性质、功能、搜求和优良假设之特质、假设之实验），4 小时；研究法（研究法之分类、各种方法之用次、古德等之分类、各重要研究方法之特质），6 小时；历史法（历史研究法之性质价值及范围、资料搜集、资料批评、事实建立、结果报告），6 小时；常模调查法（测验、问卷、文件分析、访问、观察估价），共 14 小时；实验法，6 小时；资料之分析统计法，4 小时；结论及通论之构成，4 小时；研究报告之述作，4 小时。

值得注意的是在 1941 年《国立西北师范学院师范研究所招生简章》里，"投考资格"的规定中有两条"师大优惠"条款，即"师范大学教育系毕业曾在教育界服务一年以上，其总平均成绩在七十五分以上，教育统计、教育心理、教育哲学、教育行政四科平均成绩在八十分以上者，免考"，而其他大学"教育系毕业曾在教育界服务二年以上者"才有报考资格；"师范大学他系毕业生在中等学校服务一年以上，志愿研究各科教材教法，其总平均及教育必修科之平均成绩均在七十五分以上，本系主课平均成绩在八十分以上者，免考"。而其他大学文理学院各系毕业学生"曾在中等学校服务二年以上者"，才有报考资格。①

师范研究所在李建勋先生的领导下，确立了一批研究项目，如李建勋、许椿生的"战时与战后教育"研究，金澍荣、尹赞钧的"中等学校英语教材及教法之研究"，程克敬、佘增寿的"师范学校之训育"研究，金澍荣、杨少松的"西北中等学校师资之改进"研究，鲁世英、佘增寿的"中等学校教师人格特质"研究，李建勋、韩温冬的"师范学校教育行政教材教法"研究，王镜铭的"战时民众组训"研究等课题，都有良好的进展和结果，并出版了金澍荣先生的《中等学校毕业生英语写作错误之分析》。唐得元先生1939年在《大公报》发表《教育领域图解》，出版《美国对我抗战之舆论》（合众书店，1940年出版）。王凤岗先生的《课程论》《教育与职业指导》《课程编制之理论》《导师制之研究》分别于1939年和1940年在武汉大学出版。

在其他学科，黎锦熙先生的研究成果最为显著，他完成了《方志今议》（商务印书馆，1939年出版）、《大学国文课程指导》（城固西北大学，1940年油印）、《中等学校国文教学法大纲》（国立西北师院，1941年油印）、《中国古今文法研究提纲》（城固西北

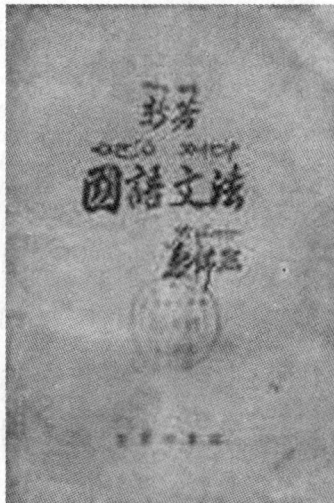

◎由商务印书馆出版的黎锦熙先生专著《新著国语文法》

---

① 见《本大学师范学院师范研究所章程》，载《西北联大校刊》，1939年第13期。

大学，1941 年油印）、《"天下为公"——礼记·礼运篇一章之图解及释白》（城固西北师院排印）等著作，由重庆中国文化服务社出版了《注音符号发音表》《国音字母拼音练习表》《扫除文盲注音符号合音例字表》《扫除文盲与注音符号》等推广国语的材料，修订了《新著国语教学法》。陆懋德先生的《史学方法大纲》和《上古史》，也是在城固期间完成的，并且获得国家学术奖励。

五、训育与学生管理

国民党统治时期，一些国民党要员认为，由于共产党影响日益扩大和民主力量的发展，"养成学生嚣张之气概，庞杂之思想，放荡之行为"，出于巩固政权的需要，决心"整顿全国学风"，在大学建立起一套较为完善的训育理论体系和严密的训育制度。民国时期的大学"训育"，以"德育"为核心，涵盖"智育"、"体育"、"美育"、"群育"中的精神陶冶，运用"显性训育"（主要指党义课、军事训练课、体育课等）和"隐性训育"（主要指校园活动、师生关系、校内的舆论导向等）手段，加强对学生思想、行为的引导与控制。

（一）训育与训导制

最早实行训育制度的是北京高师。由于高等师范学校培养的教师必须具备培养学生人格、指导学生生活的能力，因此，北京高师从提高师范生的从师技能的角度出发，首先进行了训育探索，成立了"学生自治委员会"，为指导学生自治又成立了"学生生活指导委员会"，教育、训练与管理并重，学生自治与导师指导结合，把学生的思想行为与课外活动以及日常生活等统筹起来，对学生开展训育工作。对学生的生活指导发展成为后来实施的"导师制"，即大学教师除教学外，均需兼任学生导师，各指导学生若干人。学生入学后，主任导师按学生的志愿、兴趣及学科，指定其导师。学生一律住校，集体生活，严格训练。导师全面负责学生的品德修养、学术研究及专业训练，对学生的品行、思想、学业、生活及健康状况，都要以规定的格式进行记录，每月汇总整理和分析情况，以便及时调整训导方法。

抗战期间，国民党政府在高校极力推行训导制，加强对学生的控制。城固时期的西北师院非常重视学生的训育工作，在总结学校训育状况时认为，"专科以上学校的训导，不但是在我国大学教育上最近推行的工作，并且可以说是大学教育上一个最大而最不易解决的问题，既无成规可法，又不易因时制宜，惟本院训导工作尚能克服困难接近成效"，并总结出开展训育工作较有成效的原因：（1）沿袭北平师大的学风。（2）有悠久的训导实践与传承，使学院具有良好的"领导青年的精神与能力，一面仍照旧贯，一面更树新模，尚能圆熟运用"。（3）富有专业精神，"每个学生必须反省到自己将来的终身事业，是要以身作则的，因此都有一种振奋向上的精神，负训导责任的稍加指导，即可养成纯良的性行。"（4）以"公"、"诚"二字为基础，以守法为依归。"训导的态度，不但对学生相见以诚毫无任何虚伪，并且处处出之于恳切与同情，以成全爱护为主，既不借题发挥，亦不感情用事。但是学校的规章必须遵守不渝，毫不通融，否则不独是学生的错误，而且是执行规章的教员的错误。惟其如此，方能从贯彻学校规章而提倡学生自动的能力，尊重共同制定的规约。"（5）利用科学的精神与方法。作为研究教育的最高学府，不但负训导责任者处处以研究的态度从事，并且大多数教授也富有研究的兴趣，"凡是一种训导措施，都力求其学术的根基，随时以研究的结果来改进"。①

为了使学校的训育工作有据可依，1940 年 12 月学校训导会议通过了《国立西北师范学院训导实施纲要》（以下简称《纲要》）。《纲要》立足于培养有健全人格的教育家，为青年树立楷模，为国家扶植正气，以培养具有崇高气节和良好生活习惯，对人类万物富有同情博爱精神，对职务具有责任心与义务心，对国家社会富有创造勇气与建设技能，对事具有明是非辨真伪的能力的教育工作者为目标，其训导实施方针是："养成

---

① 见《训导概述》，载《国立西北师范学院院务概况》，1941 年 6 月。

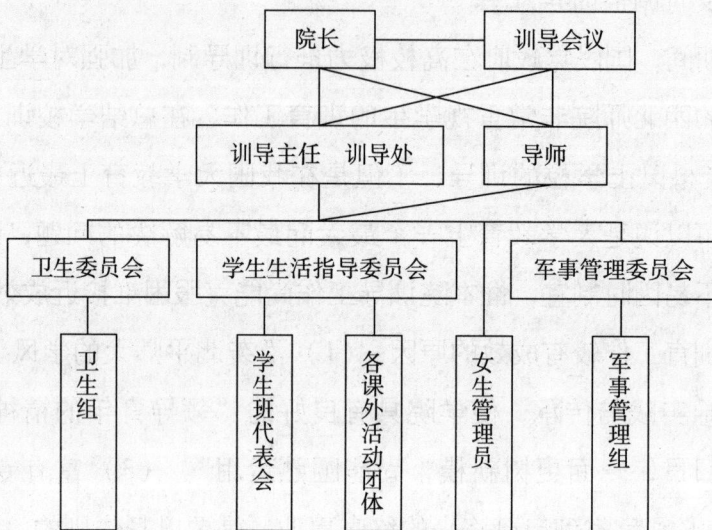

专一坚定之信仰与忠党爱国之精神，养成服务精神，养成合作精神，锻炼坚强体魄，养成良好卫生习惯，养成欣赏艺术之兴趣与高尚娱乐之习惯，养成教学不倦之精神与教育救国之信念，养成崇尚气节之精神，养成寻求真理之态度。"[①] 学校建立了一套训导组织系统。城固时期的西北师院训导制主要围绕着实施导师制、学生生活指导、军事训练与管理、学生服务管理等方面开展。

因为西北师院早就有开展"训育制"的优良传统，也有完善的训导制规章制度，因此绝大多数教师是从学术上、生活上严格要求学生的，并不控制他们的政治思想，相反，还有很多教授主动救助被国民党军警等机关逮捕的进步学生。当时西安临时大学、西北联大包括后来分离的各学院，在西安、汉中一带办学，离延安很近，学校内部也有地下党和进步学生组织活动，因为这些原因常有学生被国民党警官司令部抓捕和关押。一些老师就常常出面保释和营救学生。西北师大档案馆保存着著名的哲学教授王凤岗保释学生的两份文书，一份写道：教育系某某学生，"平素努力学业，思想正确，为凤岗所深知，不幸日前因案被拘，想系事

---

① 见《国立西北师范学院训导实施纲要》，载《国立西北师范学院院务概况》，1941 年 6 月。

出误会。现有本人出面担保，特请本院当局
转请鄂陕甘边区警备司令部，暂准返校考
试，以后再行讯办为荷！"担保成功后，他
又写了第二封保书："查该生品学兼优，思
想正确，为本人所深知，该生前因嫌疑被拘，
业经保释考试在案，惟该生体质素弱，又染
时疫，再经毕业考试之繁重工作后，必须较
长时间之休养，为此，本人本爱护优秀青年
之热忱，情愿保证该生在外取保候审，事后
若有传不到案时，本人愿负全责。"袁敦礼
等其他教师也有相似的担保文书。老师对学
生的爱护和照顾是毫不惜力，并且是细致入

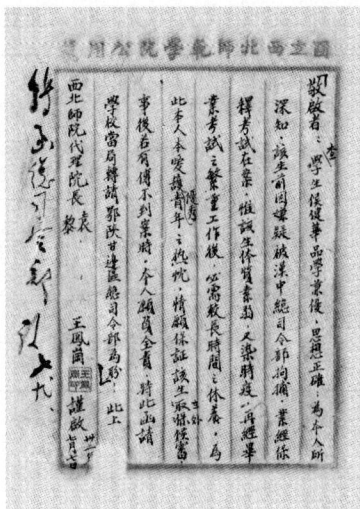

◎王凤岗教授担保学生的文书
手迹，上有训导主任袁敦礼先
生的批示。

微的，想方设法不让学生再被关押起来，这也反映了当时良好的师生关系。

（二）实施导师制

因为北平师大一直在实行导师制，所以西北师院继承师大遗风，实
施得比较顺畅。学校按照每一学级学生人数的多少，将学生分为数组，
每组设导师一人，导师由学校从本系专任教师中聘任；学校训导处设学
生生活指导委员会，委员从各导师中选举产生，每周召开会议研究处理
学生生活指导事宜；各组导师要对本组学生的思想、行为、学业及身心
摄卫随时严密考察，施以正确指导，使其正常发展；导师除随时接见本
组学生予以个别指导外，还要每学期召集全体学生举行谈话会或远足旅
行一到两次，借以明了学生个性，并作团体生活的训导。导师如遇学生
"不堪训导"，可向院长和训导主任报告，由训导处安排退训，另行指定
导师予以训导；学生如再遭导师退训，即由学校开除学籍。学生毕业时
由导师提出"训导证明书"（鉴定），对其思想行为及学业各项详加考
语。为加强各方面的联络，学校制作"学业思想身体状况及生活规律各
种报告表格"，要求导师按期填写，定期分析汇总。

国立西北师范学院个别谈话用表

学生姓名		性别		籍贯		学历		毕业学校	
家庭状况									
经　验									
有何困难									
将来志愿									
目前希望									
总　评									

_____ 系主任 _____ 填　　　　　　　民国二十九年　月　日

导　师

国立西北师范学院新生个性调查表

学生姓名	性别	年龄	籍贯	训练组别	志愿系列
家庭状况					
个人经济状况					
健康状况					
精神					
兴趣					
德行					
总评			评定等级		

_____ 指导员 _____ 填　　　　　　　　年　月　日

对于导师制的实施，李建勋先生曾提出需要解决的、切中要害的几个问题。1940 年 4 月，李建勋先生在一次学术报告中，在分析了当时推行的训导制所存在的种种问题后讲道："大学如需要管训，导师制比较可行，为其间之困难问题颇多，不谋彻底解决，恐难收预期效果"。一是人选问题，他指出"理想之导师，除专门学识外，应具有健全人格、职业道德、专业精神、科学头脑及领导能力。然遍观各大学教授中具备此项条件者，实不多见，人选之困难可知矣。欲解决此困难问题，除对教授严格选聘外，应一面崇高其地位，一面充实其能力。"二是钟点（时间）

问题，按照当时教育部关于高校"教员聘任待遇暂行规程"规定，教员以专人为原则，应于学校办公时间在校服务。教授、副教授、讲师授课时间，每周以 9 小时至 12 小时为准，不满 9 小时者，照兼任待遇；担任行政事务或实际上须以充分时间从事实验或研究者，经学校允许，得酌量减少授课时数。但实际上，当时大学教授的授课时数每周都在 10 小时以上，而且大多身兼数门课程，每日搜集资料、编辑讲义，有时还要参加会议，仅此已有无暇研究之感，再加导师职务，焉有余力顾及？因此建议命令担任导师职务的教员，应减去授课时数两小时。三是设备问题。"环境可以影响人生，教育在乎控制环境；所谓设备者，乃在布置适当之环境，使生活于其间者于潜移默化之中，达到教育目的"，而当时各校的情况是连年播迁，校舍校址，均为租借民房庙宇，稍有建筑者，也只顾眼前，并无永久计划，没有教员宿舍，也没有导师与学生的谈话室，其他更不堪一问。要增加学生与导师的见面机会，就要改善这些条件。四是经费问题。由于经费困难，许多活动不能举办。[①]

（三）学生生活指导

西北师院训导工作者认为，"学生之生活事项至为复杂，如何循循善诱使青年是学生之思想纯洁、意志坚定、行为正当、知识丰富、身体强壮、精神健全、娱乐习惯高尚、艺术兴趣培养成功等等，均无不归入生活指导之内"。而在抗战建国的特殊年代，学校更加强调"生活的秩序"，即对个人，养成勤劳、节俭、简单、朴实的生活习惯；对团体社会，注重集体生活的培养，使集体生活的环境整齐清洁，成员相互合作，事事能以身作则，感召他人，以达成群育之目的。

◎1939 年 9 月，国立西北师范学院设置后，在陕西城固办学时期的校徽。

---

① 见李建勋：《专科以上学校训育问题》，载《国立西北师范学院校务汇报》第 28 期，1941 年 6 月 15 日。

李蒸先生曾在 1940 年新生训练会上，特别强调"时间为生活组织的中心"，这一理念，"最重要的一点，一切行动，还在能争取时间，要使人人能合理地支配时间，充分地把握时间，尽量地利用时间，宝贵地爱惜时间，并明了时间是生活组织的中心，所以一切行动，要尽量发挥时间的使用效能，提高时间对于人生和事业的价值，以促进整个生活的充实、发展与向上"。①

国立西北师范学院一直坚持推广由黎锦熙先生倡导的一年级学生写作"修养日记"和"读书札记"的做法，效果良好。写"修养日记"，就是要求学生逐日在临睡前，"以对于自己生活之反省与认识为主旨"，以全日生活过程略记其起居行动、思想、言语、修己、治学、应事、待人等方面的情况，以随件反省，述其迷悟，对社会实际问题及时事等，亦可自由发表本日之感想。写作时，文言白话随便，但需养成使用标点之习惯，字体行书简体字不限，但须整洁不潦草。教师审阅学生修养日记时，要注意学生思想状况，并向导师汇送有关情况，以利训导。学生则要将"修养日记"每学期汇订一册，作为个人之历史资料保存。写"读书札记"，要求于每日读书有得或有疑时，随手写记。一事一条，下注年月日，所记长短多寡随意。但必须是以课外参考或浏览的书籍、报刊引其端绪，不可与听讲笔记重复，亦不可凭臆作空谈。教员在评阅学生"读书札记"时，对"有疑"各条，要随宜予以指导，其"有疑"之问题不属"国文"范畴者，要批令学生持"札记"向他科教员请予指导。要求学生在每条札记前，按照图书馆"图书十大部分类法"标注符号，待届满一学期或一学年，按标注符号分类检集，分标题目，积久即为各种专题研究论文之资料。"读书札记"每学期至少应写满两册（每册 15000 字）。

大学生活需要导师善为督导，但更需要学生本身具有自愿、自动、自觉、自律的精神、习惯和倾向。为养成上述各项德性，就必须在课外

---

① 见李蒸：《在新生训练典礼上的训词》，载《国立西北师范学院校务汇报》第 16 期，1940 年 12 月 15 日。

开展各种活动，这就需要成立开展这些活动的学生组织。学生班代表会在学生生活指导委员会的指导下，办理有关发扬全院精神及改进团体生活的各项事宜，具体包括迎新活动、本院成立周年纪念游艺会、欢送毕业同学会、新年同乐会、远足旅行等。另外还有各种社团组织，如三民

主义研究会、国剧社、话剧社、诗社、文会、歌咏队、书画会等。各系还有同乡会、同学会以及壁报社、读书会、演讲会、体育比赛会等社团。这些社团都聘请校内外专家指导，如三民主义研究会的指导教师为曹配言、唐得元、陈澄然等先生；国剧社的指导教师有殷祖英、

◎"汉上风文艺社"全体社友合影，1944 年夏摄于古路坝校南小河桥上。

陆懋德、张德馨、沈伯平、舒明斋、李德慈等先生；话剧社的指导教师是袁敦礼和易价等先生；诗社的指导教师是黎锦熙、王璡、谭戒甫等先生；文会的指导教师是谭戒甫、王如弼、张永宣等先生；书画会的指导教师是龙文、殷祖英、蔡锺瀛、孙一青、张万里等先生；歌咏队的指导教师是李世权先生。在诸位先生的指导下，这些社团开展活动十分踊跃。这些社团组织均由学生自动负责办理，学生自由参加一两项，而且实行民主管理，如国剧社"章程"规定其最高权力机关是"全体社员大会"，由全体社员大会选举组成理事会，下设总务部、剧务部、编导部、宣传部，机构相当健全，而参加国剧社的学生人数达 300 余人。学生生活指导委员会为促进学生认识和了解生活上的各种问题，还举办各种座谈会、演讲会和比赛会，聘请校内外专家指导研究。

（四）体育与劳动服务

西北师范学院继承北平师大"体育普及"精神，设有体育系，学校体育实施有确定的目标与计划，课程与课外活动都有完善的组织系统。

体育活动成为"全院有蓬勃振奋精神之一大原因"。"一般学生对体育颇能有正确之认识、理想、态度与习惯，普遍地获得体育的知识与各种运动的技能。其风气与精神之优良，于体育正课之努力学习，运动竞赛与表演之踊跃参加，以及课外自动运动之兴趣等，均足以表现之。"体育系除本系业务外，作为全院的体育行政机构，内设"课程委员会"和"竞赛委员会"，专门发动管理全院体育课程、课外运动及运动竞赛等一切体育的实施工作。系高年级学生组织的"校内比赛委员会"，在袁敦礼、董守义、徐英超等先生的指导下，办理全院的各类课外体育活动，不仅在校内，而且在社会上产生了极大的影响。学校有 7000 平方米的运动场所，有风雨操棚（茅草屋顶）、田径、足球、篮球、排球、小足球、垒球等运动场，有相应的体育器械，但仍感运动场地分配不敷需要，因此充分利用自然环境，例如游泳的教学和训练就利用汉水进行。学校每季度都有球类比赛计划，每年举行一次全院春季运动会，并举行体育表演会、体育同乐日、越野赛跑、远足旅行等活动。

◎由于教学设施不足，学校充分利用自然环境开展教学活动，图为数学系学生在汉江里上游泳课。

为树立"以劳动为一切生活之本"的观念，养成学生劳动习惯，学校规定学生在校期间，必须利用短假、星期日和寒暑假，参加若干星期的服务活动。主要有三种服务活动，一是劳动服务，主要是修筑道路、布置校景、清洁卫生、挖掘防空壕等工作；二是劳动生产服务，主要有农事方面的整地、栽培、饲畜、施肥、下种、除草、灌溉、除虫等工作；三是社会服务，由抗战兵役卫生宣传、抗属慰劳、办理民众教育、协助地方办理各种训练班、协助本院办理社会教育施教区施教工作。1940 年9 月，学校开始筹备举办农场，到 12 月，在城固县城东关外里许地名为

"界牌窑"（又名马庄梁）的地方，征得 50 余亩地，正式成立"劳动生产农场"。农场生产的主要作物是蔬菜，"尽先供给本校教职员学生采用"；农场还养了一批瑞士柴能纯种乳羊，廉价供应羊奶；栽种了 500 余株葡萄。农场接受相关学科学生的实习和学生劳动服务。

六、辅导地方与社会教育

1941 年，国民政府教育部按当时全国 7 所师范院校所在地划定了 7 个师范学院辅导区，河南、陕西、甘肃、青海、宁夏、绥远 6 省为国立西北师范学院辅导区。8 月，学校在城固组织召开了本辅导区中等教育辅导委员会第一次会议，提出了培养教师、指导现任教师进修和辅导各省改进中等教育的任务。同时，各省立中学给西北师院提供学生实习的便利，并由西北师院区中等教育辅导委员会聘请本校教授为辅导专员，或由各省教育厅聘任本校教授为督学，以便于到各省中学实施辅导。此后，学校多次举办体育及体育师资训练班、各科教员讲习班等活动。

学校设有"小学教育通讯研究处"，实际上是早期的函授教育。1936 年，北平师大教育学院奉令设立，后因学校西迁，经费困难停止工作。1938 年 12 月，在陕西城固再行成立。它以研究及解答小学教育的实际问题，辅导小学教员进修，借以改进小学教育为目的。小学教育通讯研究处的主要任务是：征集研究小学教育的实际问题；解答小学教员所提出的关于小学教育之疑难或问题；通信指导小学教员进修；通信指导小学教育实验。通讯研究处招收的"研究生"分为两种，一种是普通研究生，仅能提出问题由研究处予以解答；一种是特别研究生，除提出问题获得解答外，还须以通信方式修习研究处设立的儿童心理、教育心理、普通教学法、小学各科教材及教学法、民众教育等课程，每学期任选两门课程。研究处将学生通信提出的问题分为行政、管训、教学、社会活动四大类，行政类问题包括法规、学制、组织、经费、设备、人员、儿童、事务、调查、推广、学籍编制、卫生、统计、其他等方面；管训类问题包括训导、考查、奖惩、联络、环境、特殊儿童、其他等方面；教学类问题包括教材、教法、课程、成绩、级务、课外活动、特殊儿童、其他等方面；社会活动类问题包括学校、儿童、家庭、社会、其他等方面。所有问题都按照详细的《问题审查之标准及处理方法》经过认真审核登记后，分发给问题解答者。问题解答者需按照《解答问题应注意要点》函答提问人。小学教育通讯研究处的工作卓有成效，曾受到教育部嘉奖。

学校还在城固郊区开展了民众教育及社会教育工作。学校有社会教育推行委员会，院长任主席，每学年召开会议拟定实施计划，推定各项目负责人选，举办民众学校、初高级家事讲习班，组建乡村社会服务队，编辑民众小报，举行通俗讲演，进行社会调查等，扎实推进，成效显著。1941 年 1 月 19 日，在邸留乡成立了"乡村社会教育施教区"（后改为社会教育实验区），将本校学生组成工作组，开展社会教育、兵役法宣传、讲授卫生与科技知识等各种社会服务。在两年半的时间里，参加此项工作的学生约 300 人。由于师生态度和蔼、言语谦逊、工作扎实、贴近农民，取得较好的效果，在学校准备迁兰而结束实验区的工作时，当地民众依依不舍，加以挽留，并赠送了"善教民爱"的锦旗。①

七、校园与图书设备

城固时期的国立西北师范学院，校舍极为简陋分散。在西北师范学院独立设置时，从西北联大分得部分校舍，遂将学院本部设于城固县城文庙的旧县学遗址，计有办公处 43 间，教室四座 12 间，女生宿舍 22 间，杂项房屋 17 间。学校总办公处、教务处、训育处、总务处、系主任办公室及研究所、小学教育通讯研究处、图书馆办公室、教员休息室、女生宿舍、库房等设在此处。又在城固县新东门外校场坝租购萧何墓地祭田、县农会地及民地共 27 亩，添建茅顶土垣的简陋房屋计 189 间，作为教室和男生宿舍，另外劳作专修科办公室、劳作专修科木工实习工厂、体育

---

① 王镜铭. 国立西北师院城固社会教育实验区两年半工作介绍［N］. 甘肃民国日报，1943 – 11 – 08（3）.

系办公室、风雨操棚等也设于此处，并在乱草石间开辟了一个小型运动场。同时，把设在古路坝的附中迁入城固县城东关关帝庙，并购地20余亩，修建茅屋107间作为教室和学生宿舍。[①] 1941年开始筹备在甘肃兰州选址建设永久性校址。

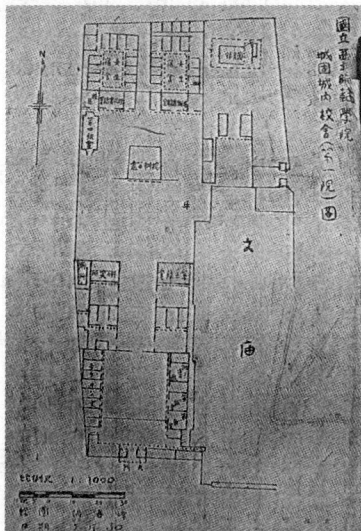

◎城固县文庙校区草图　　　　◎校场坝校区草图

由于学校在战乱中西迁，在北平时的20万册图书均未带出，至西北联大又多次分家，本来就不多的图书"迭经划分"，虽"时时增购，亦非昔比"。学校独立设置后，在教务处下设图书组，后改为图书馆，何日章先生任馆长。据何日章先生描述，当时的图书馆馆址设在城固县城东北隅，"旧为文庙尊经阁，位于大成殿后，自成院落。城固文庙尊经阁建于明朝万历六年（1578年），重修于乾隆二十二年（1757年），颇为壮丽。阁之上下，可容百人。楼上西部，划为研究

◎何日章

---

① 相关数据及两幅校园草图均出自《国立西北师范学院院务概况》，1941年6月。

所阅览处。楼下东端，作为书库，余为阅览处。高阁凭城，榆柳四合，碧影满窗，市声不闻；阁上游廊环绕，可眺汉江，颇似故都北海公园览翠轩。读倦凭栏，令人意远。诚学子潜修地也。"

◎城固县文庙尊经阁，是国立西北师范学院在城固时期的图书馆。

图书馆的管理十分专业。图书分类方面，西文书籍采取"杜威十进分类法"，中文图书采取"中国图书十进分类法"；书目编排力求阅览者方便，采取著者目录、书名目录、分类目录、期刊目录和日报论文目录五种，制作卡片，方便查阅；图书阅览室白天开放，夜间停阅；图书借阅期限学生一周，职员两周，教授一月，到期可以续借；图书馆每月要统计阅览人数、各系学生借书次数、各类图书借出次数。抗战时期，各方面都面临极度困难，图书馆也一样，"本馆向英美订购之书籍杂志，事已三载，尚未到馆。间有一二本寄到，而又为霖雨霉淫"[1]。截至1941年2月，学校共有西文书籍873种953册，中文书籍2971种7423册，另有地图表20余种；有中文杂志229种，西文杂志41种；中文报纸3种，西文报纸1种。

仪器设备极度贫乏，据记载，当时全校有物理仪器24种，化学仪器17种48套423件，博物仪器60余件，标本300余件，心理仪器40余种，体育器械22种144件，医疗器具52种722件，家政专业食物学实习用具物品30余种，木工工具20套，金工借用双石铺工合机器社设备，包括木样翻砂、铸造、锻工、钳工、机工及动力机等。[2]

---

① 见何日章：《谈谈本院图书馆》，载《国立西北师范学院校务汇报》第45、46、47期，1942年8—10月。

② 见《设备》，载《国立西北师范学院院务概况》，1941年6月。

一九四〇年，随着全国战局的不断恶化，长沙、武汉等地先后失守，前线撤退的大量人流物资涌向川陕之间的汉中地区。抗战时期，汉中接纳了来自全国各地的大中专学校达三十所之多，这些学校大多来自北平、天津、南京和西安等大城市。汉中本来就是一个北有秦岭、南有巴山，交通不便，信息不灵，地盘狭小的地方。突然进入这么多学校师生，加之迁入的其他机构和流亡难民，一时住房、生活等相当紧张，各方面条件都非常艰苦。一九四〇年初，物价比战前上涨两倍多，师生的生活更加艰苦，有的学校伙食供应只有渗水发霉的米和见不到油盐的白水煮菜，每天吃两顿饭。一些经济支绌、条件恶劣的学校，时有欠薪及教员饿肚子的情况。国立西北师范学院经费也极端困难，缺乏必要的教学设备，虽然租借土地建设校园，但都是茅草屋顶，极为临时，处于一种战时流亡应急的状态。因此，国民政府教育部决定进一步疏散集中在汉中一带的高等学校，再次向西北纵深移布。

第三章 植根西北 艰难缔造

建设兰州永久校址扎根西北再次创业时期

第一节
筹建兰州永久性校址

一、勘察确定兰州校址

1940 年 4 月，国民政府鉴于城固地处偏僻，高校太多，而甘肃高校太少，迫切需要培养中学师资以发展教育，令国立西北师范学院再次迁设兰州，教育部部长陈立夫签署的"渝字 1528 号训令"，要求国立西北师范学院迁往兰州后，将甘肃省立甘肃学院之文史、教育两系并入，并以甘肃学院院址作为西北师范学院院址。训令全文如下：

> 查本部前为奠定西北高等教育之基础，于二十七年、二十八年度先后将国立西北联合大学、西北农林专科学校及私立焦作工学院等校，分别改组为国立西北大学、西北工学院、西北农学院、西北师范学院及西北医学院在案，惟各该校改组以后，仍多集中于南郑、城固一带，不足以应西北广大社会之需要，而谋学校本身之发展。兹经本部通盘筹计，决定：西北大学迁设西安，西北工学院迁设宝鸡，西北农学院仍设武功，西北师范学院迁设兰州，西北医学院迁设平凉。西北大学与西北工学院本年暑假暂缓迁移。西北师范学院迁移兰州后，原有甘肃省立甘肃学院之文史、教育两系即并入办理，并以其院址作为该院之院址。西北医学院移设平凉，应另觅适当校址，并将甘肃学院之医学专修科并入办理。该两院迁移事项应于本年暑假内办理完竣。除令甘肃教育厅予以协助外，仰迳与协商，遵照办理。此令。①

---

① 见《规定西北各校院永久校址教育部训令》，载《国立西北师范学院校务汇报》第 11、12 期合刊，1940 年 5 月 1 日。

在国立西北师范学院前往兰州建立永久校址方面，甘肃省表现出了热忱欢迎和积极协助的态度。甘肃省教育厅厅长郑通和、省参议会议长张维以及甘肃学界和北平师大校友，对学校的迁建工作给予了积极的协助。5月，甘肃省教育厅致电教育部，表示"西北师范学院迁兰，省府及地方人士均热诚欢迎，祈电令该院派员来甘筹备"。在接到国民政府的命令后，李蒸院长亲自到教育部"陈明各教职员以及同学的意见，认为目前迁往兰州有诸多困难"，教育部采纳了意见，决定暂时缓迁。7月，甘肃省以临时

◎1940年7月，甘肃省临时参议会发出邀请国立西北师范学院迁移甘肃兰州的电文，图为电文文稿。

参议会名义发电表示邀请："贵院历史悠久，成绩卓著，海内飞声，比闻有奉令迁甘之议，将于西北整个文化推进贡献重大力量，本会代表全甘民众，至表欢迎并愿切实赞助，盼早来临。"

6月中旬，教育部部长陈立夫到城固视察，嘱李蒸院长同往兰州勘察校址。李蒸先生遂率团到兰州勘察教育部所定校址究竟是否适宜，最后发现有两大困难，"一是甘肃学院的校舍不能用，二是甘肃学院合并有问题"①。而西北师院方面普遍认为，学校由北平迁出，由西安而城固，这是临时性质的，校舍因陋就简，草率地住下去，也没有关系。但是，现在政府要求迁往兰州，规定是"永久校址"，是奠定西北最高的师资训练处所，校舍建筑就不能凑合，有重新建筑校舍的必要。如果再像城固时期因陋就简，仍然借用他人校舍，不甚适宜。陈立夫采纳了这个意见，

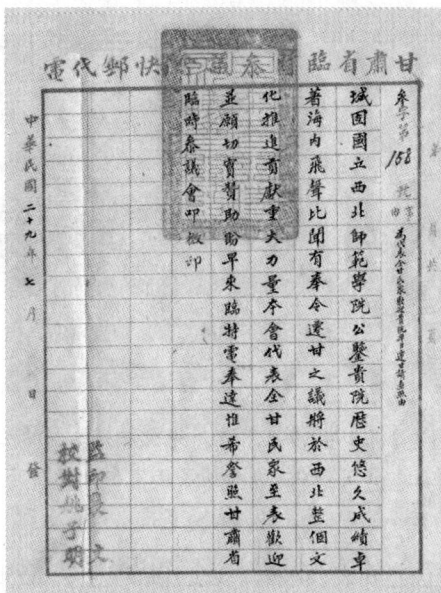

---

① 见李蒸：《二十九年度第二学期第六次纪念周讲演》，载《国立西北师范学院校务汇报》第27期，1941年5月31日。

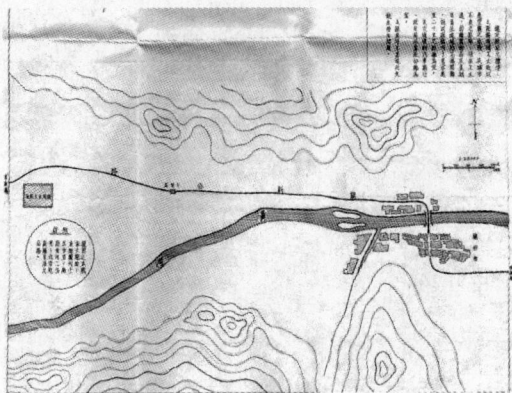

◎这是 1940 年 8 月李蒸先生一行绘制的兰州校址方位图。右上角标明了选定校址标准。

同意另择校址，建设校舍。于是，李蒸先生提出了在兰州选择永久校址的几个条件：第一，学校不能设在城内，在目前是为了防止敌人的空袭，而长远是为了避免城市的商业气氛对学生的负面影响；第二，不能离城太远，也不能离城太近，最好是仿照北平清华大学、燕京大学的方式，离城十至二十

里之间；第三，交通要方便，最低限度能通汽车和人力车；第四，必须见到黄河，一则为风景问题，二则为吃水问题，万一用水发生恐慌，还可以到黄河去取水。① 按照这样的条件，最初将校址选在现在兰州市的七里河区内，但是，选定的区域内有邑绅杨思（曾任甘肃省议会议长及代理省长）的几块土地，杨思坚决不肯价让。又到十里店找得农民的沙地数十亩作为建校基地，"选定一个地方，离兰州城约七公里，颇适合上述条件，虽然兰州城看不见，离黄河只有三公里，附近是一个平原，再向南则为丘陵地，远望之，则为大山，大概形式与此地（城固）相近"。即拟以此地作为西北最高师资训练的所在地。

8 月 31 日，学校在报给教育部的呈文②中强调："兰州当西北要冲，回汉相处，如以教育为政治军事建设之前驱，则本院将永为西北最大之文化堡垒。精神国防前线之所寄托，本院不敢厚于自任、重于作始。且欲为永久基础，自宜有远大计划，若沿用甘肃学院旧址，则因陋就简，现在既有轰炸之虞，将来亦多尘嚣之扰，实不足以实现应有之使命。"

---

① 见《国立西北师范学院校务汇报》第 27 期，1940 年。
② 见《国立西北师范学院民国二十九年八月三十一日呈教育部文》。西北师范大学档案馆馆藏档案，档案编号：民国档案 33 号全宗 0006 卷。

"故于兰州城郊不远，交通较便之处，购置地皮，建筑校舍为最适宜。兹查兰州西郊七八公里间，黄河岸北公路稍南之处，有地平旷清净，颇合于上述种种条件。""关于建筑校舍原则：（一）规模须朴实远大；（二）材料须就地取材；（三）设备须新颖充实；（四）作用须费小效宏；（五）房屋位置须联络与疏散兼筹并顾，以防意外。现在按照上述原则及法令规定，将本院在兰州购置土地、建设校舍、充实设备临时经费概算书、简要计划书、建筑校舍略图及择定校址位置图，详加说明，办理完竣，共计临时费98万元，备文呈赍。敬祈鉴核转呈核准拨款。"校址确定了，建设计划也有了，经费需求也提出来了。学校上下十分明了，其实最关键的一点，就是经费。如果经费到位，建一座新学校，当然皆大欢喜，但如果经费不到位，则需要分期建设，与此相应，学校搬迁也需要分期进行。因此呈文的最后提出，"尚请钧部力为扶持，本院自当黾勉以赴，如蒙一次拨给则全部建筑，举校迁往；若分批拨给，则择要分步建筑，每年迁往若干班，至迁完为止"。最后，国民政府选择了分期拨款建设、分批迁校的方案。

1941年3月19日，教育部向国立西北师院发出训令，要求学校按照教育部拟定的"筹备兰州分院办法"从速筹备迁建事项。训令说："现三十年度业已开始，转瞬即届暑假，关于迁建事项，应即从速筹备，兹订定办法如下：一、该院应于三十年暑假在兰州设立分院，先办一年级。二、该院三十年暑假招考新生，应在兰州举行，城固本院不再招收新生。三、

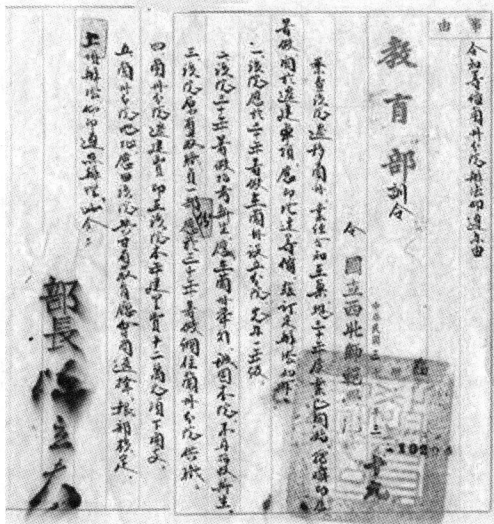

◎1941年3月，教育部要求国立西北师范学院筹备兰州分院的训令。

该院原有教职员一部分应于三十年暑假调往兰州分院供职。四、兰州分院迁建费即在该院本年建置费十二万元项下开支。五、兰州分院地址，应由该院与甘肃省教育厅会商选择，报部核定。上项办法仰即遵照办理。"1941 年 4 月，李蒸先生再次赴兰州谋划校址及兰州分院建设事宜。当时在甘肃学院和省参议会兼职的校友郭维屏极力帮助母校迁兰，首先为解决来兰师生的居住问题，他把一部分人安排在自己桥门街楼上的大书房内，另一部分人安排在自购的上西园防空院内居住，并策划建校问题。在兰期间，李蒸先生聘请组建了由甘肃省教育厅郑西谷厅长、甘肃省政府王漱芳秘书长、甘肃省建设厅张心一厅长、甘肃省财政厅陈冠杰厅长、甘肃省民政厅郑震宇厅长、甘肃省铨叙处水梓厅长、甘肃省参议会张维议长、科学教育馆袁翰青馆长、甘肃学院宋恪院长、甘肃省教育厅沈亦珍秘书、甘肃学院郭维屏主任以及银行、兄弟学校负责人等 29 位兰州各界知名人士组成的"兰州分院校舍建筑委员会"。1941 年 6 月，在兰州成立"国立西北师范学院兰州分院筹备处"，选派胡铭佑先生为筹备处主任，筹备建立兰州分院事宜。9 月初，李蒸先生宣布兰州分院筹备处至 9 月底结束，自 10 月 1 日起成立"兰州校舍建筑办事处"，任命胡铭佑先生为办事处主任。1941 年 10 月 1 日，国立西北师范学院兰州分院正式成立，齐国梁任兰州分院主任，启用兰州分院钤记，先在城固本院一间教师休息室正式办公，准备一切。

◎国立西北师范学院兰州分院的印章

齐国梁（1884—1968），字璧亭，河北省宁津县（今属山东省）人，自幼勤奋好学，清末中了秀才，中学离开家乡到省会保定师范求学，1915 年日本广岛高等师范毕业，获得学士学位。1916 年 1 月，经张伯苓推荐，就任位于天津的直隶第一女子师范学校校长。他坚持用男女平等的思想办学，要求政府与社会拿出与办男学同等的紧迫感来兴办女学，通过女子教育培养女性人才，促使国家兴旺发达。1917年，在女师设置家事专修科，把国外新兴的家政学科介绍到中国，与国内的女子师范教育结合起来。1921年，赴美深造，先入美国斯坦福大学教育系本科学习，后进入哥伦比亚大学师范学院研究生院学习，认真考察了美国学校中的家政学科，获硕士学位。1926年回国继续担任女师校长。1928年9月，河北省在女师校内设立

◎齐国梁

女子师范学院，齐国梁先生为校长兼任院长。女子师范学院内设家政系。1931年，女子师范学校与女子师范学院合并为河北省立女子师范学院，齐先生任院长。1937年七七事变爆发后，日军向女师学院掷下4枚炸弹，齐国梁先生被迫带领女师学院西迁，后参与组建西北联合大学师范学院，并亲任家政系主任。1946年，齐国梁先生回到天津，继续担任女师学院院长至解放后女师解散。新中国成立后，他曾任河北省政协副主席、河北省人大代表、国民党革命委员会河北省分部副主任、国务院参事室参事等职。"文化大革命"中遭到迫害，于1968年在天津逝世。

李蒸院长在当天的"国民月会"上对师生说："兰州分院的成立，是本院最大的变动……分院主任人选，很难得人，幸有本院家政系主任齐国梁先生肯为主持，很值得庆幸，齐先生任河北女子师范学校校长，及女子师范学院院长二十余年，可说经验丰富，此次出任分院主任，最恰当不过。"在兰州分院筹备谈话会上，李蒸院长说："本院迁兰，去年即已奉到命令，当时尚感困难，因对兰州情形不甚明了。本年奉令在兰设立分院，聘定齐璧亭（国梁）先生担任分院主任，深庆得人，又得赴兰诸位教职员热心前往，象征本校兰州分院前途光明，实堪欣慰。""兰州

分院为本院在兰州之一部分事业，如各系课程为本院各系之一部，各部分事务亦同，故一切规定及办法等均应一致。""本人曾于去年及今年暑假赴兰考察两次，兰州为西北师范学院校址最适宜之地点。""兰州分院位于兰州城西六公里公路近旁黄河之滨，地基二百七十五亩，购价每亩一百八十元，共约四万八九千元。"[①] 这次谈话会安排了城固本院与兰州分院的各项协作事宜，并对第一批赴兰同仁准备出发的相关事项进行了部署。

二、校舍建筑经费支绌

西北师院迁建兰州，是西北师院历史上的一件大事，其间艰难苦痛一言难尽。李蒸院长在 1941 年 9 月介绍兰州分院筹备情况时说："初拟建房百间，以部款困难未果。现共奉发十二万元，已汇到七万元，十一月二号二十四间教室可落成，分配十五间为教室，九间为办公室，另租建设厅疏建房若干间为教职员住宅及学生宿舍。又用水问题已据电告凿井见水，可供洗濯之用，饮水则驮运黄河之水"。[②]1941 年 11 月，兰州分院首届招收学生 150 人。学校面临的首要问题是校舍不足。为建筑校舍，学校频频催款，但总是不能满足需要，财力不济，使学校迁兰倍加艰难。经多方交涉，在郑通和、郭维屏、杨集瀛等人的协助下，将十里店公路旁政府为躲避日机轰炸所盖的房屋十余栋，暂借西北师院使用，以应当务之急。

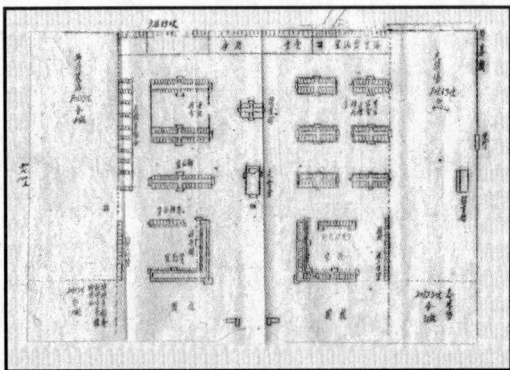

◎图为西北师范学院兰州永久校址的首份蓝图，大门对应的中轴线上计划建筑大会堂和图书馆，进门左侧为科学馆和实验室，右侧为教室和师范研究所。

当年西北师范学院兰州永久校址的缔造者们，殚精竭虑，

---

①② 见《兰州分院筹备谈话会记录》，载《国立西北师范学院校务汇报》第 32 期，1941 年 10 月 15 日。

描绘蓝图，在这片黄河之滨的荒滩上，白手起家，从无到有，艰难缔造。
他们克服了经费拮据的困难，一步一步完善着学校的设施和条件。当时，
学校计划在兰州建筑的校舍有：校钟亭、大会堂、图书馆、总办公厅、
教室及实验室、仪器及标本室、音乐教室、体育场、风雨操棚、体育器
械室、教职员宿舍、教职员食堂、教职员俱乐部、迎宾馆、学生宿舍、
学生接待室、研究所、校医室、学生食堂、学生课外活动区、洗衣室、
缝做室、博物系温室、马棚、库房及其他附属房屋。

　　具体设想是：总办公厅 48
间（包括院长室、各处室、会
议室等），普通教室 108 间，各
系科实验室、仪器及标本室 48
间，教职员宿舍 4 所 122 间，学
生宿舍男生 240 间、女生 60 间，
研究所研究室 30 间等。总共需
建房屋 1300 余间，还需平垫操

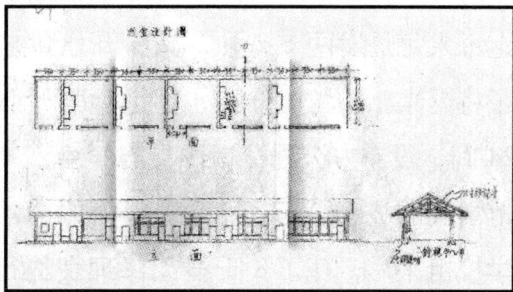

◎1941 年国立西北师范学院兰州校址的教室施
工设计图

场、修建道路及水沟等。李蒸院长在 1941 年 5 月向学生介绍兰州校舍建
设情况时说："这个草草的计划，将来完成之后，在西北仍然不失为最完
善的校舍，诸位当然在此地（城固）毕业了，将来校舍落成，另外建筑
校友楼以便诸位在那里举行校友会。"

　　关于兰州校舍建设的经费，李蒸院长说："这个计划共需款五十余
万，但今年物价高涨，当然不止此数，格外加上设备费等，共百万元，
骤然看起来，这个数目很大，其实只当战前十万元而已，因此并不惊
人。"① 但是，这"并不惊人"的经费却"非常折腾人"，由于物价飞涨，
国民政府教育部仅拨出第一期迁建费 30 万元，且很长时间没有到位。这
些经费除分配 5 万元为兰州分院经常费，4 万元为员生及公物迁移费，购

① 见《二十九年度第二学期第六次总理纪念周记录》，载《国立西北师范学院校务汇报》第 27 期，
1941 年 5 月 21 日。

置校址及设备各开支 5 万元外，实际用于建筑校舍的经费仅 11 万元。[①]
使用过程中虽竭力节省，但仍倍感拮据，使这个美好的计划落实得异常
艰苦。李蒸院长在 10 月 15 日城固的开学典礼上说："关于经费，本院异
常困难，直到现在为止，教部欠发各种经费，共计二十二万余元，其中
生活补助费、三成薪金、教职员的房膳津贴、员工学生的膳食补助费等
为主要。"这些费用和学校其他事业开支均由学校挪借垫款维持，"本院
向各方挪借应付，至现在为止已负债十三万九千元。"[②] 在城固李蒸院长
召集各系科主任，研究节约经费的办法，决定减少印刷讲义的费用，限
定每人每周发两支蜡烛，减少开水供应次数，减少伙食开支等。而筹备
了将近半年的兰州分院，算是勉强开张了。分院的校舍，当年只建成了
24 间，没有办公处，教职员与学生没有住处，因此，暂时租用了西北师
范学校的校舍，但不幸汽车兵团先租用过这里，房子几乎全部毁坏了，
学校租来后，花了 8 千多元修理费进行维修，另外在距教室有二里地的
地方，买了现成的小学教室 9 间作为男生宿舍。

　　1942 年 6 月 2 日，李蒸院长向教育部呈文[③]，陈述了兰州分院需要建
筑设备费的急迫情形，呈文内容如下。

　　　　查去岁本院奉令迁移兰州，因国家财政困难，建设费不能一次
拨给，乃规定逐年迁移计划，先发给购地、建房、设备、迁移等费
二十五万元（内有前师范大学存款七万元），结果免以五万元购地二
百七十余亩，而以十万元建房，仅建成教室七个，共分两排二十四
间，其余房舍如办公室、学生宿舍、食堂及其他公用室，或租借兰
州市疏建区房屋，或价买西北师校、省立某小学校舍（价款共三万五

　　① 见《为呈报建设计划说明迫切需要请早日拨发建筑费呈教育部文》，西北师范大学档案馆馆藏档
案，档案编号：民国档案 33 号全宗 0014 卷。
　　② 见《本院十月份国民月会记录》，载《国立西北师范学院校务汇报》第 32 期，1941 年 10 月 15 日。
　　③ 见《为陈述本院兰州分院需要建筑设备费迫切情形等由呈文》，西北师范大学档案馆馆藏档案，
档案编号：民国档案 33 号全宗 0014 卷。

千元，均当未付），暂时应用，零星散漫，距虽遥远，于行政上既多不便，于上课及管训上尤多困难。

　　至于设备，一、图书仪器购置极少，教学效率大为减低；二、学生宿舍桌凳短少，晚间须至教室自习，非仅道路坎坷难行，且往返需时二十分钟，于时间精力均浪费许多；三、课外活动之设备除体育外，几尽付阙如，致学生兴趣索然。

　　因上述情形，本院来兰师生对于前途均感失望，甘省人士对本院能否达成其任务亦多怀疑。窃以钧部前令本院迁兰，系依抗建并进之国策，本师院分区之方针使本院负培植西北师资，发展西北教育之重任，本院仰体钧旨，自当努力奋发，对学生时加鼓励，俾能克服环境上之困难，完成钧部所授予之使命。惟生活上之安适可以牺牲，而教学训导及行政上之便利不可久缺。去岁本院初移，建设简陋，当可勉强迁就。本岁年级增加，科目分化，倘建设仍不能改善，非但添聘教授、招收学生均成问题，而旧有在兰之员生，亦将发生动摇。如是本院迁兰之目的未能达到，而本院之生命先被摧毁，瞻念前途，不寒而栗！

　　查去岁本院移兰，全神建筑，原估计二百五十万元，本年因物价高涨，仅暑后两个年级应用之房舍即需此数，倘令暑后一部分教职员宿舍及一部分公用室仍占用疏散区房舍，亦需建筑费一百五十万元，此处再加设备费三十万元，共需一百八十万元。不过物价日涨，今年不尽量建筑，明年所费当又加价，且使本年种种不便情形，多延续一年，殊为失策。

　　故为今之计，如令本院完成迁移计划，无负迁移西北使命，将本院新校舍全部建筑费六百万元，迥予拨给，一边物价再涨，费用再增，实为上策。如不能一次拨此巨款，亦请照两个年级建筑计划，拨给二百五十万元，连同设备费共给二百八十万元。

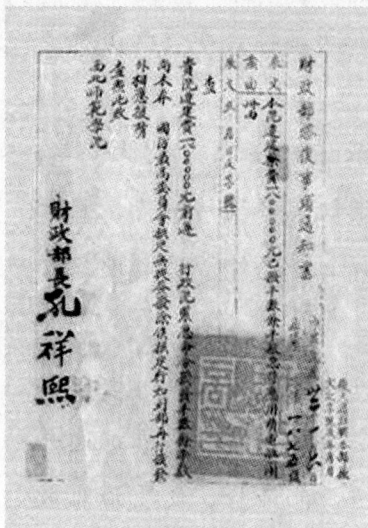

◎1943年1月，由财政部长孔祥熙签发的关于核拨国立西北师范学院迁建费有关事项的通知书。

8月，行政院批准迁建经费为180万元，教育部在给西北师院的电文中说："行政院核拨一百八十万元，系在国家战时财政困难情况之下，勉筹此数，务仰体念时艰，撙节开支。"① 并要求编制概算及使用计划书呈报。学校据理力争，得到的答复是"行政院主张全部迁兰一百八十万元之核定已不易"，并强调"城固原有仪器用具仍应尽量利用"。② 但实际上国民政府财政部只拨了半数。1943年1月6日，由财政部部长孔祥熙签发的"答复事项通知书"说："查贵院迁建费一百八十万元，前遵行政院紧急命令拨发半数，余半数尚未奉国防最高委员会核定，无从签拨。除俟核定行知到部，再行拨发外，相应复请查照。"③ 就在这段时间，兰州分院续建教室36间、学生宿舍60间、饭厅厨房等27间，以23万元购买兰州十里店市政府疏建区房屋35所。为保障兰州校址学生宿舍、食堂建设及相关设备配备，学校除财政部拨90万元外，向中央银行兰州分行透支了50万元，待财政部下拨另外90万元时，学校偿还透支款后，只能使用剩余的款项。

1943年5月3日，国民政府教育部致电西北师院④，就经费问题指出："该院上年亏欠，迭经饬知应自行弥补"；"本年度应行添建校舍建筑

---

① 见《教育部电饬讯编迁建费180万元概算及使用计划呈核》，西北师范大学档案馆馆藏档案，档案编号：民国档案33号全宗0015卷。

② 见《关于西北师范学院追加经费相关情况的函》，西北师范大学档案馆馆藏档案，档案编号：民国档案33号全宗0015卷。

③ 见《财政部答复事项通知书（库渝字第1875号）》，西北师范大学档案馆馆藏档案，档案编号：民国档案33号全宗0015卷。

④ 见《关于国立西北师范学院学生毕业及迁校各事项的代电（高字第21812号代电）》，西北师范大学档案馆馆藏档案，档案编号：民国档案33号全宗0015卷。

费用及设备购置费，暨校具迁移费，连同员生旅费川资、医药补助费，由部一并支拨四十五万元，候公库迳拨，应即分按三十万元及十五万元两数，编造预算分配表两套各十份，呈部核转"；"该院图书馆、礼堂均应缓建。至明年度内所需建设费用，应即详报现有校舍及本年可完工之校舍详图暨容量表，再行核办"。这份电报对学校来说，基本没有好消息，概括起来，就是：上年亏欠自行弥补，本年经费仍然不足，师生梦寐以求的图书馆、礼堂两大建筑缓建，下年度情况仍未可知。李蒸院长在阅完此电文后，附一便条，写下两句话："此处似应声明两点，一、近因物价续涨（兰州特别高涨），故所估计费用较三月前呈报预算数又高出一倍；二、汽车行比照邮费于七月加价一倍，则所估计费用于两月后又将高出一倍。"在文件呈报与审批的过程中，物价就翻出一倍，这就是学校缔造者们所面临的艰难现实。

1943 年 8 月 15 日，国民党中央委员、三民主义青年团中央团部书记长张治中将军到西北师院视察并作讲演，他说："这次本人到兰州，没有想到有这个最高的学府由城固迁到兰州来，所以在日程内未计划到贵院，与李院长见面后，本人很愿意到贵校来和各位见见面。今天，我见到各位的招待实在感谢，听到李院长报告的困难也很同情。当我的车子一到，进了院长办公室，对于你们的刻苦精神和困难情形，有一个印象，知道个轮廓。兰州为西北的都市，究竟还需要开发，贵校这样的校址，真是斩荆披棘的工作。回想在北平时，交通是那么便利，校舍是那么辉煌，真不禁有今昔之感，可是我们从这里可以看见大家苦干和创造的精神。西北的文化和教育的情形，大家都很知道，

◎20 世纪 40 年代，张治中将军曾两次到国立西北师范学院讲演。图为张治中将军在部队讲话的照片。

教育部迁贵校来此，实在是教育上一正确方针，至于李院长的希望（给学校最大之帮助），因本人身份地位不够，诚可谓'爱莫能助'，但就我能力所及，可以从侧面协助，贵院这种艰苦奋斗的情形，回去后我一定向总裁报告，教育部方面亦可以说话……今天我到这里来，本来是要看的，而拉杂的说了这许多，实际上也是来看看各位在此地的苦况，代表中央略致慰勉，同时把你们苦干的精神也带回中央！"[①] 随后，张治中将军以中央团部名义拨款 20 万元，在西北师院建筑"青年馆"。

◎蒋介石的题词

其实，在经费急缺，迭催不济的情况下，学校通过各种办法和途径，力求获得支持。李蒸院长利用到重庆向教育部汇报工作的机会，还晋谒蒋介石，并向他汇报了学校迁建方面的困难。1943 年 6 月 12 日西北师院呈报教育部的公文中说："院长前次在渝曾按当时物价呈请拨全部迁建费五百四十万元，并曾晋谒委座，面陈本院之迫切需要，奉谕允予设法，敬祈钧部再为向委座恳求，想邀早日核准。"[②] 1943 年 9 月 20 日，李蒸院长在兰州学年开学典礼上说："总裁特准之三百四十万元至今行政院尚未令发，若本月内尚不到，则在此物价日涨之际恐无形中损失不少"，"关于我们的计划，如果款项于最近来，第一步要先建筑一座合于需要的礼堂，否则，一切活动颇受影响"。[③] 这笔经费最后从西北建设专款中拨给学校，可见，李蒸院长晋谒蒋介石还真是颇有成效。

1943 年 9 月，随着兰州所招学生的增多，兰州分院改为本院，城固

---

① 见《张书记长在西北师院讲演记录》，载《国立西北师范学院校务汇报》第 57 期，1933 年 10 月 15 日。

② 《为抄送迁校文稿及预算表、附中学生册给教育部的呈文》。西北师范大学档案馆馆藏档案，档案编号：民国档案 33 号全宗 0016 卷。

③ 见《本院本学年开学典礼记录》，载《国立西北师范学院校务汇报》第 58 期，1943 年 10 月 31 日。

校区改为分院。而兰州的校舍，"两年来所建筑者，仅能容两个年级，约计学生四百余人教学、食宿之用。本年增加新生三百余人，原属无法容纳，幸赖多方努力收回甘肃社会处实验救济院所借十里店留充教职员居住之房屋，得以腾挪容纳"。收回救济院所借的房子，将总办公厅移入，原来办公厅的房舍作为新生宿舍，设上下铺，作为学生宿舍，解决了三百名新生的住宿问题。由于食堂不够，学生分两批开饭。当时学校以可容纳两级学生的校舍，容纳了三级学生，而来年将要增加的一级学生的食宿与学习场所尚无着落，"此后，非再添房屋不能调整及增加年级，而明年来兰之教职员亦无处居住，城固所留四年级生二百六十余人，以上述经费未奉核定原因，仍须留原处上课"。[①] 教学设备、图书仪器寥寥无几。从城固到兰州的迁建费共批准了 30 万元，而从城固到兰州运输学校迁兰物资的 7 辆汽车的运费就花了 42 万元。而从城固到兰州的车票在四年之间从每人 270 元涨到了 700 多元。为了摆脱困境，1944 年 2 月，学校向中央银行商借国币 200 万元，计划用其中 100 万元建筑礼堂，另外再建两排教室和两排宿舍。

　　同时，为争取社会各界对学校的支持，学校加强了与宁、青、新三省的联系，积极宣传学校在发展西北文化教育方面的作用，以便与地方政府密切联络、切实合作。1944 年冬，经第八战区司令长官朱绍良拍电介绍，李蒸校长率西北师院教授一行赴青海西宁，受到青海省主席马步芳的热情接待。在马步芳的安排下，他们考察了青海文化及教育现状，参加了在塔尔寺举行的第十世班禅额尔德尼确吉坚赞的坐床典礼，举办了朱春芳教授个人音乐会及讲座，并与青海省政府商定了教育联络办法，确定为青海省举办师资训练班，暑假派教授前往西宁讲学等。同时马步芳表示愿意帮助学校筹备木料，待开春黄河冰雪融化，即可办理。

　　建筑一座合于需要的礼堂，是学校迁兰之初就提出的设想，这个项

---

① 见《为呈报本年暑假以来迁校情形及急需经费请鉴核筹拨等由呈教育部文》。西北师范大学档案馆馆藏档案，档案编号：民国档案 33 号全宗 0016 卷。

目每年都列在学校的议事日程上，但因经费困难，一直没有动工。1944年，教育部垫拨经费400万元，行政院也答应下拨400万元，7月，学校开始修建大礼堂。预算最低造价需要460万元，按照建筑的合法手续，必须登报招标，但学校想省钱，因此与审计处商洽，生出"购料雇工自建"的办法。学校成立了由汪如川、胡国钰、李建勋、张德馨、赵擎寰任常委的建筑委员会，由劳作科讲师赵擎寰先生为本校工程师。由建筑委员会设计，赵擎寰绘图，并以9万元的报酬聘请了一位工程师协助学校从事监工、购料工作，并且制定了完善的购料施工等过程的经费开支监督管理和审计制度。整个工程造价仅340万元，比招标建筑节约了很多。大礼堂"中间接梁无柱，其大可容1200人，有戏台，合于演剧电影之用，附设青年馆及化妆室"。同时，还添建了一些教室、宿舍、实习室，城固方面的设备和物资也陆续运抵兰州，办学条件稍有改善。

◎1944年7月开始由师生自行设计修建的大礼堂，可容1200人。这座大礼堂一直使用到2002年才因消防设施不达标而被拆除。礼堂两边的平房为"青年馆"。

至1944年年底，经过师生艰苦奋斗，终于在兰州十里店建成了占地330亩，南面黄河，北跨公路，分为东西两区的完整校园。校园西区为本部，占地300亩，建房220间，有教室、实验室、图书馆、礼堂、办公室、学生宿舍、食堂、体育场、农业实习地、园艺实习地；校园东区为住宅区，占地30亩，建有小结构住宅房370间，为教职员住宅。因房屋不足，学校附属机关、实习场所、学生宿舍等仍无定所。

◎这是一张目前所见的能够呈现国立西北师范学院兰州永久校址最初时期的校园全貌的照片，照片的拍摄地点大约在今天的水塔山上，可以看见远处的黄河。

三、迁兰路途曲折艰辛

为了减轻投资压力，并保证教学不受影响，经教育部批准，国立西北师范学院的迁建采取逐年过渡办法。从 1941 年起，城固本院的旧生陆续毕业，不再招收新生；而兰州分院则每年招收新生。城固本院毕业一批学生，就腾出一批人员和设备，迁来兰州。1942 年，西北师院本院由城固迁到兰州，城固本院则改称分院；李蒸院长赴兰州本院主持工作，城固分院的工作则由黎锦熙和袁敦礼两先生会同主持。1944 年，城固分院学生全部毕业，城固分院宣布撤销，师生及全部设备物资都迁移兰州。当时，兰州与汉中之间相距 776 公里，沿途道路坎坷难行，学校师生及物资设备分批迁移，十分艰辛。

◎1941 年 12 月 17 日，国立西北师范学院举行建校 39 周年纪念暨国立西北师范学院兰州分院开学典礼，图为当天师生在新建的教室前合影。

1941 年 12 月，李蒸院长在兰州主持兰州分院首批 150 名学生的开学典礼，对兰州分院开学一事，中央社在《大公报》上发表了如下消息："国立西北师范学院兰州分院三日开学，该院院长李蒸特自陕南本部赶来，亲自主持一切。该院此次奉命在此设立分院，为抗战以来，国立大学迁甘之第一个，际此中央积极发展边疆教育声中，中等师资缺乏，为当前一大问题，该院今能感此种需要，迁入西北，就地植才，自为推行边教之一大助力，故此间各界诚表热烈欢迎云。"

◎图为师生迁校兰州时乘坐的以木炭为燃料的"木炭车"，当时，乘坐此车算是豪华旅行，大部分时间，师生是坐在敞篷卡车的车厢里迁往兰州的。

1941 年 10 月 24 日，梁荣庭先生等四位教师带领一男三女四名学生，师生乘坐由汉中发往兰州的木炭车，押运学校图书、文具 22 箱以及师生行李 40 余件。木炭车行至凤岭发生故障，司机往双石铺请派救济车，其他人则下车步行十余里往双石铺，途中登酒奠梁，天热爬山，有两女生生病，以八卦丹施救。因木炭车无法修好，在双石铺又换乘汽油车，在雨中屡屡停车修理，边走边修，行至距江洛镇 50 里处又出故障，修理多时，天黑时方能开行，但车灯全部损坏，全靠目力在黑夜行驶，为保安全，派一名男生坐在车前给司机指路。"行至一处河滩之上，前进无路，后退不能，四围高山，寂寞可怕"，司机终于冒险前进，渐渐进入正轨，到江洛镇时已至深夜，家家闭户，呼之不应，大家扛着行李，找到一家军事委员会招待所，碰巧这家招待所主任与带队老师为河北老乡，许为容纳，又商招待所主任"熬得大米稀饭一桶，炒白菜一盘，十余人围站而食，比鱼肉还要好吃，所谓'饿咽糙糠甜似蜜'，'先饥而后食则其食美'者也"。到娘娘坝附近时，天降雨雪，师生衣履皆湿透，寒冷侵来，瑟瑟发抖，恰又在夜间，汽油告罄，司机向天水请求救济车，师生在此等候，苦不堪言。从天水到兰州，夜宿通渭，买得毛衣毛裤毛背心，以御华家岭之寒冷。经定西时汽油又用完，请兰州发油，日复一日，竟等了四天。乘汽车从城固到兰州，竟用了 12 天时间，路途艰难，师生疲惫不堪，但大家都视图书、文具为学校的宝贵财物，时刻守护，惟恐受损。[①]

1941 年 11 月下旬，李蒸院长与王佐强教官、国文系讲师曹鳌先生及三名高年级学生赴兰州，参加 12 月 1 日举行的兰州首届学生开学典礼。从汉中乘班车出发，辗转到了天水，遇油矿局开往兰州的卡车，因王教官熟识其办事人，于是搭了便车。然而车子刚开到距离华家岭 12 公里的马营地方，没有汽油，于是中途停止，在那里住了 4 天，其中苦况，一言难尽。油矿局的车子，都载满油桶，李蒸院长一行高高地坐在油桶上面，这段路本是一天的路程，他们要赶路以半天开到，速度倍加，李蒸与曹鳌两先生年龄比较大，时时顾虑同行人的安全，相依为命，一路走得胆战心惊，还是未能按期赶到兰州。

1942 年夏，兰州分院改为本院，因已有两个年级的学生，再加校舍建筑事项繁杂，院务渐紧，李蒸院长决定举家迁往兰州，亲自主持院务。8 月中旬，李蒸院长携全家与部分教职员及眷属赴兰，同行者有公民训育系主任王凤岗先生、数学系主任张德馨先生、总务主任汪如川先生、公民训育系教授李镜湖先生、博物系讲师包桂浚先生，及文书、注册、会计、图书各组主任等教职员 16 人，连同眷属及 30 人，包汽车前往。[②] 当卡车行驶过天水后不久，便在一个山坡的拐弯处，突然翻倒，车上人和行李全被甩了出去。待大家稍有一点清醒时，挣脱出车外，相互察看伤情，幸好都是轻伤。对于这次车祸，李蒸先生的儿子李幼蒸后来回忆说：

---

①　见《迁兰旅途报告》，载《国立西北师范学院校务汇报》第 37 期，1941 年 12 月 31 日。

②　见《本年度起兰州分院改为本院城固部分改为分院》，载《国立西北师范学院校务汇报》第 45 期，1942 年 8 月 29 日。

"在我四五岁时，全家随学校迁移至兰州十里店时乘坐的敞篷卡车途中翻了车，所幸均未受重伤。后来我的嗅觉永远记住了那次卡车旅行中的汽油味道。多少年后，一闻到汽油味总会想到那次陕甘路上的初次嗅觉体验。我还模糊地记住了途中过夜的天水市。这个名字大概是我一生中除城固外记住的第二个地名。"① 1942 年 9 月，从城固前往兰州的一批教授，因缺乏车辆而延期，使兰州分院的开学时间推迟了 20 天。当时，大家心急如焚，遂乘坐敞篷卡车出发，途中遇雨，道路被冲毁，有的先生在车上长时间忍受雨淋，所有的东西也都被淋湿了，但大家仍一心随校迁移，毫无怨言。许椿生先生曾以"不是无痛苦，但不悲观"来描述迁校期间师院学人的心情。

1943 年 5 月 3 日，教育部发来电文②，再次核示迁校事宜，关于员生迁移，要求"一、该院五年级学生本年度夏季毕业，四年级学生可提前授毕三个月课程，即开始实习，不再迁移，其余城固分院全部员生应于下一学年度第一学期开学前，悉数迁兰上课，切勿再延。二、该院学生工役应比照西南联大学生由湘入滇办法，全体步行赴兰，由部酌给川资及医药费；教职员及其眷属旅费应由校担负，本部酌予补助"。按照这份文件的要求，学校加授四年级学生的课程，安排在暑假后开始实习，不再迁移。而关于其他学生的迁移，学校召集会议讨论迁移办法，呈文教育部："西南联大学生由湘入滇，当时办理情形，相距过远，无从调查参考。查前西安临时大学于二十七年由西安迁至城固，亦系原生编队步行，当时办理人员，仍多服务本院，自应用其经验妥慎筹备，步行北迁。惟城固至兰州，路跨两省，距离鸢远，行程中应行预筹事项有非本院力量所能办到者，仍待钧部续拨款补助，并分函沿途各机关切实协助。"③ 当年西安临时大学南迁步行是从宝鸡到南郑，全程 255 公里，行程 12 天。

① 李幼蒸. 忆往叙实 [M]. 重庆：重庆大学出版社，2009.
② 即《关于国立西北师范学院学生毕业及迁校各事项的代电》（高字第 21812 号代电）
③ 见《为遵令迁移兰州拟具办法并所需迁建费数目呈教育部文》。西北师范大学档案馆馆藏档案，档案编号：民国档案 33 号全宗 0015 卷。

而此次城固到兰州全程776公里，应迁学生及照料人员350余人，天水以南可编成一队行进，而天水以北因村镇稀少，宿站困难，须分三队行进，全程至少需30天时间。编队步行，首先要派人沿途设置宿站、午站及饮水站；员生北迁须携带行李书籍，每人平均50公斤，大小行李分开，大行李需用胶轮大车运行，且兽力运输归兰广线驿站统制，车马不能自由雇用；夏日长途步行，疾病在所难免，途中需备汽车以传递信息，收容救治病号；沿途所经陕西境内之留坝一段及甘肃境内之徽县北界、礼县东界、通渭榆中一段，安全堪忧，没有保卫。若用木炭车运送，如果顺利，则七日可达，且费用较步行节省。学校迁移，除行李外，还有书籍文件、仪器标本、家具机器，都需运往兰州，所用车辆较多，包租不无困难。关于教职员的迁移，当时学校共有教职员220人，眷属855人（其中62名儿童），为减轻运费计，学校规定家具不能携带，因此许多教师将家具贱价抛售，到兰州后又须高价添置，使平日本已清苦的教职员蒙受损失。因此，学校反复呈文教育部，详细核算各种迁移方案的成本，坚持城固学生逐年毕业，剩余少量必须迁移的学生，均以乘车方式赴兰州。

李蒸院长在1943年9月20日的开学典礼上说："我们的搬家实在困难、实在勉强，但是我们决不灰心，我以为越是在困难的环境中发展起来，越是有意思，假设别人一件件都办好了，让我们不劳而获，那是最落伍的表现！"西北师院的师生们呕心沥血，支撑着学校的发展。1943年10月18日，学校再次呈文教育部，反映迁校过程中重大事项和急需经费情况，除了经费严重不足外，因城固至天水一带大雨路坏，几批教职员由城固到兰州的行程一再延期，无法成行，导致学校上课日期延后至11月。12月17日，李蒸院长在学校成立41周年纪念会上的讲话中说："关于本院的现状，四年级有十一班，二百五十余位同学还在城固，到明年即可全部移此……附属中学大都在城固……本院全校师生约有两千五百人，教授有三分之二是师大的老教授，虽然生活困难，及外界的引诱，仍随学校迁移跋涉，历尽艰苦，仍不离此，此为本院可以自豪的一点。"[①]

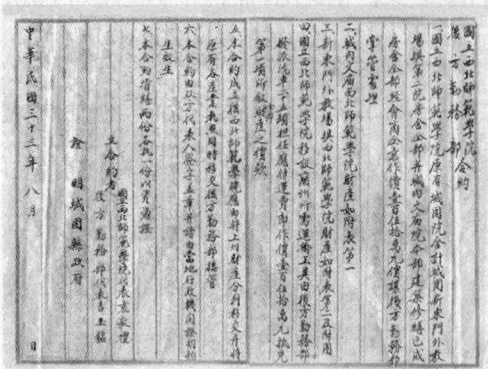

◎1944 年 8 月，国立西北师范学院与后方勤务部签署的关于处理学校城固校产的合约。

1944 年 6 月 14 日，学校召开校务谈话会，决定城固分院本年暑假迁兰，全部结束。为做好最后的迁移工作，从 7 月 1 日起在城固成立"迁移办事处"，推袁敦礼、易价两先生为正副主任，何日章、王伟烈两先生为正副总干事，分设文书、保管、杂务、运输、交际、会计、出纳七股，各股设干事若干人，指定地点，合室办公。当月，学校在城固举行了学院和附中两场毕业典礼，这是城固的最后一届毕业生，典礼仪式隆重简约。在此后的一次讲话中，李蒸院长说："关于结束事宜，分动产不动产，不动产的房舍、地基，原来借地方的仍还当地政府，校场坝的房产准备出售，现正在接洽中。动产方面还有很多，图书已运出六十箱，最近三五日内即可到汽车一部，除有几位教授先生乘来，并将图书仪器运到一部分，其他办公桌、床板，当年做时，工做得很好，我们准备由架子车运来，初级部三年级的同学还须来兰，此外农场还有一头大牛，在陕南是数一数二的，我们也准备赶来。"[②] 最后，经与后方勤务部会商，双方达成协议，将学校城固校舍包括城固县新东门外校场坝第二院的全部房舍和城内文庙院本部已建成的房舍，作价 150 万元价让对方；而后方勤务部则为学校迁移兰州提供运输工具，共拨派 25 吨载重量的汽车，担任运输，应付运费作价也为 150 万元，用以抵充全部校舍房产的价款。这为学校后期迁移的运输工作提供了保障。

---

① 见《本院成立四十一周年纪念典礼记录》，载《国立西北师范学院校务汇报》第 61 期，1943 年 12 月 17 日。

② 见《院长赴渝返校训话记录》，载《国立西北师范学院校务汇报》第 68—70 期合刊，1944 年 6 月 30 日。

在 9 月 25 日在兰州举行的开学典礼上，李蒸院长的兴奋之情溢于言表："今天举行开学典礼，感到很是高兴，因为现在全国有不少学校因战事关系恐怕都不能如期开学，有的还在流离，找不到一定的校址"，而"今年本校迁校成功……过去三年，学校分

◎国立西北师范学院迁移兰州之初的办公场所——位于北山下的国立西北师范学院总办公厅。

为两部，学校整个的精神也分散了，所幸是校风尚未破坏，而时间、人力、金钱，都有浪费，自今年起即可将此种缺点补偿起来"。[①] 在 1944 年 12 月 17 日举行的建校 42 周年纪念日讲演中，李蒸院长提出了"收复失校"的使命，他说："自二十九年起，本院奉令迁兰，历时四载，艰苦备尝，但幸能于本年暑后完成迁校大计，奠定西北高等教育基础，粗具规模。此后自当秉承教育部意旨，负起培养西北各省中等学校师资，促进文化建设之重大使命。抗战已临最后胜利阶段，国家收复失地之日，亦即本院收复失校之时，愿我全院同仁及全国校友共同努力，社会人士及教育界同工多予指导，至深感幸！"[②]

第二节
艰苦创业养成淳朴校风

一、机构设置与教授延聘

1944 年年底，西北师范学院全部完成了迁往兰州的工作。迁兰后的西

---

① 见《总理纪念周主席报告记录》，载《国立西北师范学院校务汇报》第 71 期，1944 年 11 月 30 日。
② 见《本院 42 周年纪念日讲演词》，载《国立西北师范学院校务汇报》第 72 期，1944 年 12 月 31 日。

北师院，除原有的国文、英语、公民训育、史地、数学、理化、教育、家政、博物、体育十系和劳作专修科、先修班外，还增设了国文、史地、理化、国语、体育五个专修科和劳作师资训练班与优良小学教师训练班。师范研究所也有了新的发展。1944 年，在校学生人数为 1010 人，教师 159 人，职工 66 人。西北师院附中于 1943 年在兰州十里店设立分校，1945 年全部迁到兰州。当时《西北学报（兰州版）》介绍西北师院"上至研究所，下至小学幼儿园，无不具备……从它的历史以及目前的规模看来，实在是西北的一个庞大而完整的最高学府"。① 学校行政管理按照《大学组织法》的规定，设院长 1 人，由教育部委任。院长以下设行政处室、学系和附属机构。1944 年，西北师院下设教务处、训导处、总务处，各处设处长 1 人，由院长聘任。处下分设若干组（室、馆），各设主任 1 人，学系、专修科、研究所各设主任 1 人，由院长聘任。当时国立西北师范学院的组织系统如下图所示。

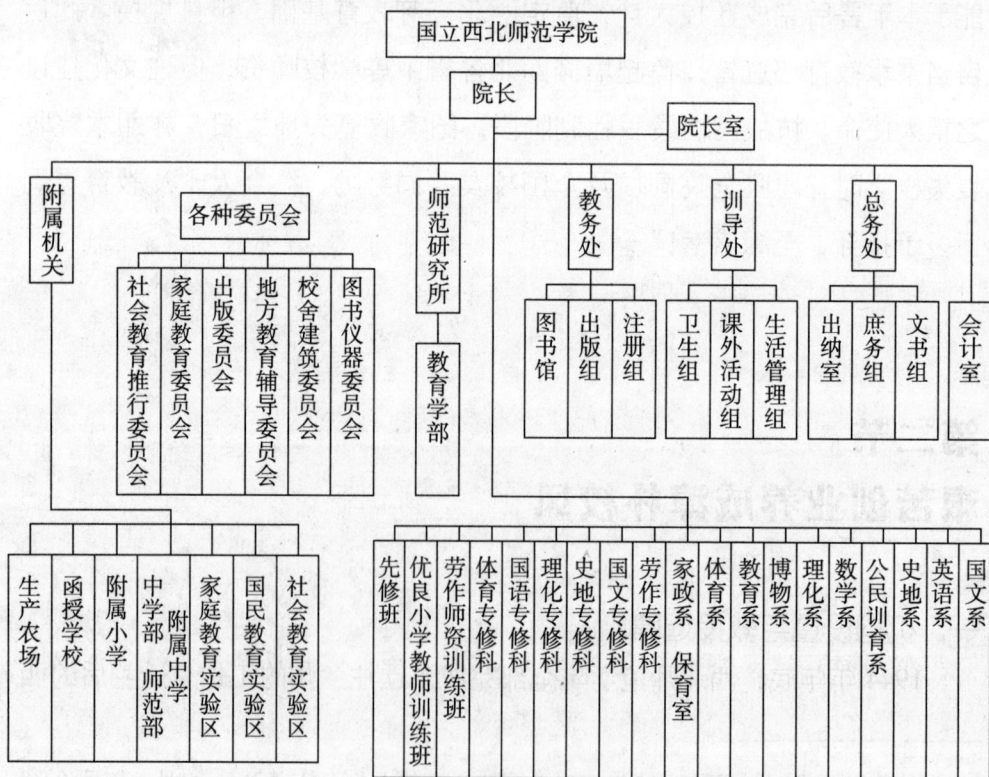

国立西北师范学院 — 院长 — 院长室

附属机关：生产农场、函授学校、附属小学、中学部（附属中学 师范部）、家庭教育实验区、国民教育实验区、社会教育实验区

各种委员会：社会教育推行委员会、家庭教育委员会、出版委员会、地方教育辅导委员会、校舍建筑委员会、图书仪器委员会

师范研究所：教育学部

教务处：图书馆、出版组、注册组

训导处：卫生组、课外活动组、生活管理组

总务处：出纳室、庶务组、文书组、会计室

学系、专修科、先修班：先修班、优良小学教师训练班、劳作师资训练班、体育专修科、国语专修科、理化专修科、史地专修科、国文专修科、劳作专修科、家政系（保育室）、体育系、教育系、博物系、理化系、数学系、公民训育系、史地系、英语系、国文系

① 见《西北学报（兰州版）》，1944 年 1 月 1 日。

处在不断的迁徙过程中，学校居无定所，校舍条件简陋，教师生活困难，再加上学校频繁地重组、分设，教授流失是必然的。1941 年以前，因为历史的原因和一些专业所招学生班次较少的原因，独立设置不久的西北师院，教授大都与西北大学合聘，但分校后其弊端就显现出来，主要是担任系务的教授不易兼顾两校，所以，从 1941 年年底起西北师院与西北大学实行各自专聘，彼此不受影响，但由于教授紧缺，两校规定教授聘请困难的课程，教授可以兼课。当时西北师院有专任教授、讲师等共计 97 人，兼任者 26 人，职员 59 人，书记（文书）31 人。人员增加了，但分在城固兰州两地。1942 年 5 月 19 日，教育部令师范学院学生修业年限缩短为四年，学生于第五学期分发校外中等学校充任实习教员，任实习教员工作考核合格，方可毕业。

　　1942 年 9 月，李蒸院长就感叹，"教授的聘请的困难是一般大学普遍的现象，但以师范学院特别是我们这个师范学院为甚，一来是因为师院与师大要略逊一筹，而不愿应聘；二来是因为本院将前往兰州，一般不明西北真相的人，认为西北气候酷寒，不愿前往。在这种困难情形下，经过不少的努力，竟能聘到若干位教授，使各系课程，能够照常进行，这也算是一件很幸运的事情"①。他如数家珍，向学生介绍新聘的教授，有国文系李嘉言、李相显先生，英语系傅岩、吴景荣先生，史地系张云波先生不久即可返校，另增

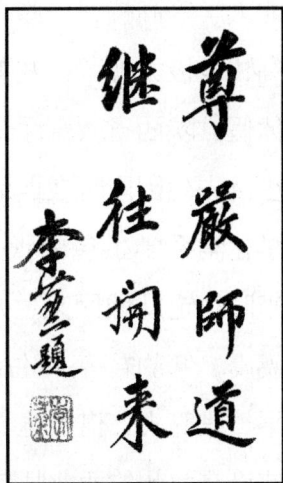

尊严师道
继往开来
李蒸题

◎李蒸先生题词

聘萧印堂先生任历史系教授，向中国地理研究所聘的王德基先生下学期方能北来，公民训育系新聘卿汝楫、李化方先生，数学系新聘李恩波先生，理化系增聘王新甫先生，博物系新聘孔宪武先生，家政系新聘张雪

---

① 见李蒸：《九月十四日总理纪念周讲词》，载《国立西北师范学院校务汇报》第 46 期，1942 年 9 月 30 日。

门先生，教育系新聘沈亦珍先生等。此外各系新聘兼任教授多位，如国文系杨慧修、易忠箓两先生，英语系张朵山、于赓虞、郝圣符三先生，特邀讲演闻在宥先生，史地系陈恭禄先生，公民训育系罗仲言先生，博物系刘汝强先生，理化系岳劼恒先生，劳作专修科陈干云先生等。1943年11月下旬，何士骥、高鸿图、徐英超、曹鳌、张建侯、万方祥、李恩波7位先生从城固迁往兰州，同时张振先、潘廉方两位先生分别从重庆和西安到兰州任教。1944年2月，李蒸院长面对全校师生说，一年之计在于春，但现在学校正在迁移之中，面临的困难与时俱增，就教授方面，"各系的必修科目尚有未开者，同学固然着急，学校更是焦灼，我们聘定的先生常有措辞不来者，实在没办法！不过学校要多方面去设法，以谋教授的充实"[①]。到9月份，城固分院的工作基本结束，但在城固还有西北大学等高校，一些老师不愿迁兰而重新选择服务学校，而其他地方和高校也极力挽留一些教授。如教育系教授郝耀东先生，本来回原籍西安休假，陕西省教育厅却乘机请郝先生筹划创办师范专科学校；理化系张小涵先生因同时在西北大学代课，西北大学校长极力挽留，同时西北大学化学系学生包围张先生，不让搬行李，只好约定明年春天再来兰州。当时约定从城固来兰州执教的有黎锦熙、袁敦礼、董守义、陆懋德、于赓虞、邹豹君等16位教授，学校也极力联系协调，从全国各地聘请洪北平、张简夫、谌亚达、吴澄华、蔡承云、张官廉、郝象吾等14位教授，使设在兰州的西北师院一次增加30位教授。至1944年11月，学校教授总数达51人，副教授26人，教师人数159人，职员66人，附属机关教职员77人。

学校十分重视基础课教师的延聘，完全迁兰后，又从全国各地增聘了一批知名教授任教，其中有焦菊隐、张振先、李庭荟、张世勋、李宇涵、刘耀藜、李嘉言、叶鼎彝（丁易）、程金造、顾学颉、张拱贵、陈

---

① 见《纪念周记录》，载《国立西北师范学院校务汇报》第63期，1944年2月15日。

侠、李化方、徐褐夫等先生。1941 年英国人李柏庆、美国人石德伦女士到校任教，加拿大人郝仪德先生在学校当校医，他们一直工作到 1949 年。在聘请教授极为困难的情况下，学校还辞退了几位因教学不好学生意见较大的教授。

在艰苦的环境和困难的条件下，西北师院不仅团结了以原北平师大教师为中心的基本师资队伍，还能不断地引来一些专家名流，这与学校领导层的重视、尊重、重用以及他们所营造的办事公允、同甘共苦的校园环境分不开。学校有一批德高望重的著名教授，他们的道德学识令人钦敬，这种人格魅力对学者具有极大的吸引力，院长也经常委派他们到全国各地去探访和延聘教授，效果极佳。同时，越是困难，越在营造尊师重道、尊重人才的氛围上下工夫。1940 年，学院曾以院长名义致函在校服务满 20 年的教职员，进行慰勉，发给特别贡献纪念品。1943 年 5 月 14 日及 23 日，分别是李建勋和齐国梁两位先生六十寿辰，学院为此于 5 月 16 日举行庆祝大会，由袁敦礼先生代表学校，陈述两位先生从事教育事业的经过及对于国家社会的贡献，称赞"两先生为国内名师宿儒，同在本院服务，是亦本院之荣，全体同仁、同学应示敬仰"。选留和引进年轻教职员，向以才学品行并重，十分重视老教师的推荐意见。在促进中青年教师的发展方面，不遗余力，凡遇进修机会，必然尽力争取；在学校十分困难的情况下，坚持选送年轻教师出国留学；积极推荐年轻教师的研究成果；关心教职员的物质和精神生活。

师大一九四一班毕业同学留念

师道无疆

袁敦礼

二、教学、研究与社会服务

兰州建校初期，学校分别在城固、兰州两地办学，城固方面的教务和训育由黎锦熙、袁敦礼先生负责，兰州方面的教务工作由胡国钰先生负责，训育由沈亦珍先生负责。胡国钰先生在师资缺乏、经费拮据、仪器设备几乎没有的情况下掌理教务，颇费心力。

胡国钰（1894—1984），字仲澜，湖北省江陵人，满族。1916年毕业于北京高等师范学校。1931年，任河北省立女子师范学院教育系教授兼主任，推行教学改革，采用讨论式及讲演式，由教员提示与所授教材有关系的问题，指定参考书，令学生自行预习，笔录要旨，以作课室内讨论的根据，倡导学生自动研究、教员指导的教学方法。1937年，随校西迁，任西北联合大学教育学院（师范学院）教授、国立西北师范学院教授，1941年与齐国梁等先生筹建西北师院兰州分院，1942年任西北师院教务处主任，1944年，参加国立西北师范学院兰州校区建设委员会，对学院新建筑进行规划设计，设法节约建筑资金，为西北师范学院从城固迁往兰州作出了努力。1946年，带头参加学院复校委员会，积极与国民党教育当局交涉复校事宜。1946年8月，北平师范大学、河北省立女子师范学院相继在平、津复校，胡国钰先生仍留在西北师范学院，在校期间多次代理院长主持院务。新中国成立后，胡国钰先生曾列席参加中国人民政治协商会议第二届全国委员会第二次全体会议，并于1956年2月13日在大会作《关于知识分子的问题》的发言。胡国钰先生著述颇丰，有《教育测量》（1922）、《教育哲学》（1923）、译著《心力》（1924）、《教育心理学》（1936）、《河北省女子师范学院教育学科丛书》等。

1943年10月18日，教育部派员对西北师院进行视察后，根据视察

◎胡国钰

报告反馈了有关情况，认为西北师院"学生颇知勤学，对于体育、礼貌亦能注意，师生情感融洽，教职员彼此合作，并能养成纯良学风。物理仪器多系自制，研究所研究成绩亦佳，注册组工作颇有头绪，对于学生出席缺席之考查尤为迅速正确。训导计划颇称周密，实施亦尚认真，均堪嘉许。"但同时也提出需要继续改进的方面，有以下几点[1]：（1）男生宿舍内务欠佳，厕所亦不清洁，且无浴室设备，应注意改善；（2）职员人数太多，应于裁减，各系重要教授及主任应设法补充；（3）各科图书除教育学科外，多不敷用，理化仪器、劳作工具及博物标本、史地挂图均应设法补充；（4）各系学生多未足额，应设法补充，兰州本院学生卧室，可改用双层以资节省；（5）各系学生除本系主要课业外，应注意中学青年之训导工作，此项学科该院设施尚欠周到，应注意改进；（6）除教育系外各系学生对于教育之专业研究，兴趣不浓，应设法提倡；（7）应多派教授、讲师参观附近中等学校教育实况，并搜集问题，藉作各系教学之研究资料；（8）附属中学教学尚称认真，唯对于学生之过度用功，应予劝导。又实验工作未有显著成绩，应予注意。

迁兰后的西北师院，各类在校学生为 1020 人，在学科设置上，除原有的十系一科并继续招收先修班外，又设立了国文、史地、理化、国语、体育五个专修科（国文、史地、理化三科初设时称"初级部"），另外还设有劳作师资训练班、优良小学教师训练班等，加上研究所的研究生班，全校共有 60 个班。根据国民政府教育部 1940 年制定的《师范学院规程》以及 1944 年 8 月召开的第二次大学课程会议精神，西北师院的课程设置在总体上执行了政府的规定，学校制定了详细的课程标准；开设了包括普通基本科目、分系专门科目、教育基本科目、专业训练科目四大类的课程。普通基本科目属公共必修课，有三民主义、国文、英语、体育等。分系专门科目课程的安排，根据不同学科的特点和需要，较为扎实。教

---

① 见《教育部对国立西北师范学院之嘉奖与指正的训令》（第 1231 号），1943 年 10 月 18 日。

育基本科目有教育概论、教育心理、中等教育、普通教学法等。专业训练科目以实习、实践和社会服务为主。

在执行国家规定的课程标准的同时，西北师院十分重视在课程设置上体现自己的特色，以满足培养优质师资的需要和发扬学校优良的校风。教务处注册组除遵守《学则》办理教务日常事务外，最注重对学生上课出席勤惰情况的考察。在课程设置上非常重视基础课，规定：任何系科的学生，除必修学校规定的教育类课程外，低年级学生还得选修中文、外语、中国文化史、西方文化史、哲学概论、政治学、社会学、经济学、法学通论等类课程。文科各系科的学生还必须修习一门自然科学的课程，当时开设的自然科学选修课程有物理、化学、生物学、人类学、卫生学。[①] 同时，学校特别重视体育和艺术教育，体育课的考试要求也格外严格，不及格者要补考，直至及格才可毕业。

为了使学生"思不出位"，防止学生"造反"，国民政府教育部对课程、教材以及教师的讲授都有严格的要求，要求其内容必须符合"一个党，一个主义"，[②] 但是，在当时的西北师院，经常有进步人士的演讲和学术报告，就是本校一些教师讲授的课程，也颇具新意和时代感。黎锦熙先生对当时国民党统治集团提倡的读经明确表示反对，1942 年，他从城固来到兰州，尽管担任诸多行政职务，又有大量的研究课题，工作很忙，但还是亲自讲授"读书指导"和"音韵学"课程，"读书指导"课是给一年级学生开设的，黎锦熙先生的讲授格外细致认真。国文系在黎锦熙先生的主持下，叶鼎彝先生开出了"中国现代

◎叶鼎彝

---

① 见 1941 年《西北师院院务概况·学则》及赵宝俊等《在汴同学缅怀李云亭院长》，载李溪桥主编《李蒸纪念文集》第 79 页，中国社会科学出版社，1996 年出版。

② 毛礼锐，沈灌群. 中国教育通史：第五卷 [M]. 济南：山东教育出版社，1988：296，299.

文学史"课程，他大量选讲鲁迅、郭沫若、茅盾等"五四"以来进步作家的作品。叶先生思想进步，又有较丰富的创作经验，在分析作品的时候，总是显得深刻、细致、生动，引人入胜，讲授中又能结合实际，针砭时弊，学生常常被其爱国热情所打动，听讲学生日增，在当时全院最大的第七教室里，本系和外系的同学总是坐得满满的。李化方先生则在主讲的"社会学"课上大力介绍唯物史观，而在他讲授的"经济学"课上，则直接讲授《资本论》，并常常批评时弊，要求政治民主、言论自由。

为增强学生的实践能力，学校尽其所能改善实验条件，建起了史地绘图室，购置了测量、绘图的仪器设备；建起了理化实验室，有化学、物理实验仪器设备百余种，多属自制；建起了博物实验室，有生理解剖等设备及1600种标本和模型切片；建立了烹调进餐、裁缝、技艺、洗染、家庭卫生及看护、家庭园艺及家畜饲养等6个家政实验室；建立了木工、锻工、翻砂、案工、土产工艺、家事化学工艺、农产制造、畜牧农业园艺等8个劳作实习室。学校附设的附中、小学、幼儿园、生产农场，都是学生实习的场所，所有学生在学习期间都得做一段时间的课堂教学和辅导，学习教育行政课的学生还要实习教育行政工作。同时，学生还要利用假期进行社会教育实践，学校要求学生到农村办学校，组织动员农民上学，为农民编写教材，并和农民一起活动。

学校在办好专修科上下了不少工夫，专修科学制二至三年，因此有些学生在毕业时希望转入相应的学系继续学习，而教育部规定，为解决西北中等学校的"师荒"问题，专修科学生毕业必须服务教育两年后，优秀者才可返校继续深造。1940年，为统一职业学校教学程度起见，教育部委托西北师院家政系编辑一套包括初级家事、缝纫、刺绣、烹任等科目的职业学校课程及设备标准；1941年，教育部大量修订初级、高级中学及师范学校、简易师范学校各科课程标准，西北师院积极承担了相应工作。

　　师范研究所和小学教育通讯研究处是西北师院不可忽视的研究力量。师范研究所自 1939 年起连续招生，至 1944 年，共录取研究生 33 名。1942 年研究期满经教育部审核批准授予硕士学位者 4 名，1943 年研究期满经教育部审核批准授予硕士学位者 3 名，中途有退学和休学者多人，至 1944 年，共有在读研究生 17 名。研究所训练的科目有教育研究法、教育实验法、高等教育心理、高等教育统计、学务调查、课程论、教育哲学问题和论文研究。至 1944 年 11 月，研究所共出版 9 种研究成果，都是导师指导研究生所做课题的成果。小学教育通讯研究处在研究解答小学教育实际问题，辅导小学教师进修，借以改进小学教育方面作出了突出成绩，受到国民政府教育部的明令嘉奖。

　　新中国成立前的西北师院重视科研活动，提倡"研究高深学术"，教师的学术活动和创造发明意识增强，但是由于条件的限制，科学研究以及取得的成果大多局限于文科方面。学校出版物有《国立西北师范学院学术季刊》、国立各师范学院联合刊物《中等教育季刊》、《师声》（半月刊）以及《校务汇报》和其他单行出版物。1941 年 10 月 20 日，黎锦熙先生主持出版委员会第一次会议，讨论出版《国立西北师范学院学术季刊》事宜，商定由出版组具体筹办，确定季刊每年出版四期，每期 10 万字，印行 500 份，内容须为学术性质的作品，主要以"西北区特殊文化"、"固有文化与近代科学"、"中学师资与专业训练"、"有关抗战之文学作品"为主，不分专号，请教员撰稿。《国立西北师范学院学术季刊》创刊号于 1942 年 3 月 15 日出版，由于物价高涨，印刷器材及费用高涨，以至于学校无法承

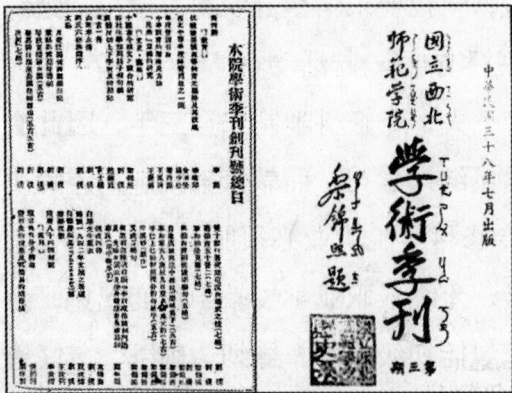

◎1942 年 3 月创刊的《国立西北师范学院学术季刊》，图为黎锦熙先生题写的第三期封面及创刊号目录。

受，因此到 1949 年七年多的时间，只出版了三期。但这三期《国立西北师范学院学术季刊》所发表的研究成果，却很有分量，多为大家手笔，如教育方面李建勋、金树荣、胡国钰、李蒸、徐椿生、唐得源、王凤岗等教授的文章，均是结合实际深入研究之作；黎锦熙教授的《中国古今语文综合的研究》《复合词构成简谱》《各级学校作文教学改革案》等，叶鼎彝的《境界论》，王汝弼的《左徒考》，顾学颉的《李后主传论》，李嘉言的《长江集考辨》等。《国立西北师范学院学术季刊》三期共发表文章 45 篇，由于经费困难，《国立西北师范学院学术季刊》难以维系，一些很有学术价值的稿件不得不转由《西北论坛》和《新光》杂志各出一期西北师院学术专辑。1942 年 12 月开始，西北师院编辑出版学术性的半月刊《师声》，每期发表学术文章和文学作品 7—8 篇，以文史教育等文科类文章为主，大都是名家之作，具

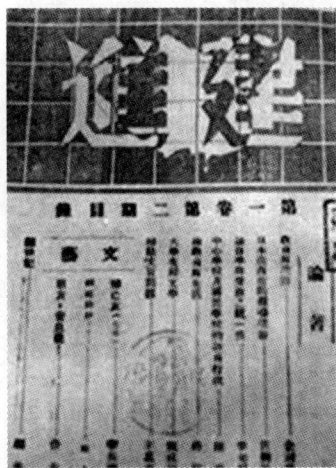

◎1943 年 1 月 1 日由国立西北师范学院编辑出版的学术性半月刊《师声》

有较高的学术价值。《师声》共出版了五期，因经费困难停刊。另外在 1941 年，国民党西北师院区党部为"阐述党义，发扬文化"，创办了《建进》月刊，但从现存的《建进》月刊第一卷的 10 期杂志内容看，绝大多数为文化教育、学术研究方面的，如黎锦熙的《为什么要推行国语》，袁敦礼的《生命与人生》等。还有多期学术专号，如"国文专号"、"教育名著译文专号"、"暑期乡村社会服务及兼办社会教育专号"、"小学教育实际问题专号"、"史地专号"、"国民训育专号"

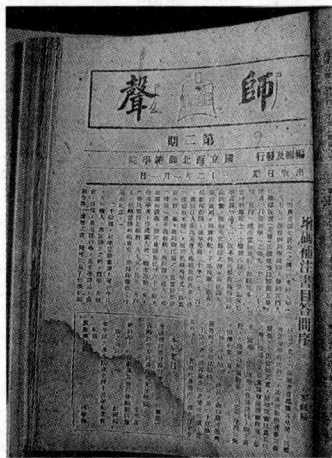

◎1941 年由国立西北师范学院国民党组织创办的《建进》

等①，可说是阐述党义者少，发扬文化者多。

这段时间，一些教师在学术研究方面取得了较好的成果，特别值得一提的是黎锦熙。黎锦熙（1890—1978），字劭西，湖南湘潭人，是我国杰出的语言学家、文字改革家、教育家。1911年于湖南优级师范学校史地部毕业后，从事教育工作；1915年应教育部之聘，到北京任教科书特约编纂员；1920年开始在高等学校任教，曾任北京高等师范学校、北京女子师范大学、北京大学、燕京大学国文系教授，首次开设"国语文学"课程，著就著名的《新著国语文法》，科学系统地揭示了白话文内在的语言规律；1926年公布的由黎锦熙、钱玄同、赵元任等制定的《国语罗马字拼音方式》，为现行《汉语拼音方案》奠定了基础；1934年10月，北平师范大学教育研究所成立，他出任研究所导师。1937年随北平师范大学西迁西安、城固、兰州等地，历任西安临时大学教授，西北联合大学国文系主任，西北师范学院教授兼教务主任、国文系主任、院长等职。1945年，与许德珩等倡导成立九三学社，兼任中国大辞典编纂处总主任，先后编辑出版了《国语词典》《增注国音常用字汇》《新部首国音字典》《增注中华新韵》等；1948年回北京，任北平师范大学文学院院长兼国文系主任。1949年，与吴玉章、马叙伦等组织中国文字改革协会，任理事会副主席。一生致力于语言文字的研究和语文教育事业，著述颇丰，涉及领域广泛，对语言学、文字学、词典学、语法学、修辞学、教育学、目录学、地理学、史学、佛学等，都有高深的造诣。黎锦熙先生在国立西北师范学院执教期间，完成了洛川、同官、黄陵、宜川县志，出版了《国语运动史纲》《钱玄同传》《方志今议》

◎黎锦熙

---

① 赵逵夫. 西北师院的学术之花［M］//刘基，丁虎生. 西北师大逸事. 沈阳：辽宁人民出版社，辽海出版社，2001.

《洛川方言谣谚志》《同官方言谣谚志》《中华新韵》《词类大系》《论文研究法示例》《中国文学之太极图辩证式进展》《汉字形义通典》《汉藏对照四行课本》《全国注音字母总表》等 12 种专著，其中《中华新韵》由国民政府教育部核定颁布推行，是民国时期审音正韵的官书。

另外，李建勋先生等人的《战时与战后教育》一书正式出版；孔宪武教授完成了专著《兰州植物志》，《中国北部植物图志》也接近完成。1943 年，劳作专修科教师冒兴汉、赵擎寰发明一种"速算机"，"颇便一般计算应用而速度加快，且便随携"，此项发明获得教育部奖励；劳作专修科发明了"国字四巧板"，体育系教师发明"板羽球"，有一些学校函索资料，拟进行推广；1943 年 12 月，在《国立西北师范学院校务汇报》开设"西北论集"栏目，发表罗家伦等著名学者途经兰州考察时受邀到本校所作的讲演记录。

◎孔宪武

为改变台湾在日本统治时期以日语为官话，民间以漳、泉、厦及客家话为通用语言的状况，1944 年，在黎锦熙先生的倡议下，以在台湾统一国语为目的，西北师院率先创办了国语专修科，黎先生亲任专修科主任。1946 年年初，国语专修科学生与国文系、教育系百余名学生前往台湾开展推行普及国语运动，为消除日本帝国主义在台湾殖民统治的文化影响，在台湾推广普及国语及增进台湾与大陆的联系，做了大量的工作，为在台湾推

◎1946 年，学校选派一批学生赴台湾推广国语，图为部分赴台普及国语师生的合影。

行普通话立下头功。

西北师院迁兰后，继承在城固举办社会教育的经验，十分重视在甘肃开展社会教育工作。1943 年 9 月，西北师院与兰州市政府合作，划定东至徐家湾、西至安宁堡为社会教育和国民教育实验区域，在学校附近的孔家崖中心学校设立实验区办事处，以十里店为中心，从事城镇社教方法实验；以孔家崖为中心，从事乡村教育实验。这个实验区由校、市双方聘任王镜铭先生为主任，主要任务是：弥补过去偏重学校教育、忽视社会教育，偏重城市教育、忽视乡村教育的欠缺，在实验区内实行平民教育、民众教育、社会教育，开展乡村建设运动，以努力唤起民众，提高文化水平。在实验区取得经验，再向全社会推广。学校组建了学生服务队，举办成人补习学校和家事、家教讲习班，开展各种宣传。

三、艰苦奋斗养成淳朴校风

西北师范学院独立设置以来，学校特别重视校风建设，特别是迁兰建设新的校址，而且学生也是在兰州从一年级招起，逐步过渡到各年级齐全，实际上容易造成校园文化特别是学生文化的断裂，因此，学校十分重视精神文化的继承和优良校风的传承。1941 年 9 月，李蒸先生重点阐述了学校的使命与校风，现将他的讲演词摘录如下。

> 本院的校风系沿袭师大固有的校风而来。所谓校风即一校的风气，其所自来，常于不知不觉之中形成一种力量，但居其中者自然受其支配，受其影响，而能感受到如与其相背而行必至举措不安。校风的形成，由于一般学生行为的表现。学生的行为，必须是合理的、道德的、公认的、自然的，然后方能成为一校的校风，所以既可称为校风，则学生的行为必是好的，学校的名誉也是好的。校风的形成有几个方面的关系。
>
> 第一，学校必须有悠久的历史，然后方能有确定的校风。较长的

时间方能有较多的改造经验的机会。学校成立愈久，学生团体生活的方式愈有标准，盖因新陈代谢作用，使过去好的经验保存下来，传流下去，不良的习惯亦受自然淘汰逐渐革除，所谓风俗习惯的养成，乃是日积月累的成果。英国的牛津、剑桥两大学，欧陆的巴黎、柏林、罗马各大学，与夫美国的哈佛、耶鲁、哥伦比亚等大学，无不有其特异之校风，皆因具有数百年之历史，自然形成一种学校风气也。今日而谈校风问题必须首先注意维持学校之长久历史，凡有历史的学校必能保有良好的校风，虽其中偶因一时的社会风气不良，时代思潮的影响，及临时发生事件，而遭受一时的破坏，但与校风之本体无关，纪律恢复，校风即依然存在。

第二，学校必须有正确的教育方针，使全校师生均有共同目标与共同认识，然后齐一意志，集中力量，共谋校务之发展，则学校为一纯洁的学术机关，学校生活自然养成优良的风气。所谓正确的教育方针，当以遵照国家建国理想、教育政策及学校特有精神而订定者为准，同时要绝对依照实行，不可因应付偶发问题而任意更改，此种类似学校之根本大法，实为形成校风之伟大力量。

第三，学校教职员必须能负责领导学生，举凡思想方面、课业方面、生活方面、精神方面，均能以身作则，以教育家态度教导学生，以最大热忱为学校服务，则学生未有不敦品厉行、服膺教诲者。学校当局之立身行事尤为重要，校务处理必须能以"公诚"二字出之，视学生如子弟，遇有过失，必须负责纠正，不可放任纵容，本爱护之热情，立严师之教范，果能如是，则校风自然培植起来。

第四，政府当局与社会人士必须尊师重道，为学生树立楷模。我国自古有尊师重道之风，而今日学风败坏至于不可收拾。挽救之道，端在政府当局视教育为神圣事业，慎选教师，尊重教师，信任教师，扶助教师，庶几表正影直，风气丕变。教育为国家之命脉，在复兴民族之大时代中更见其重要，政府不但不应以普通职工视教师，亦不应以普通公务员视教师，政府为民族子弟择师，虽不必如昔日学生家长之礼拜私塾先生，但必须尊崇其地位，保障其生活。社会人士都是学生家长，尤须在心理上及行动上尊重教师在社会上之地位，为子弟示范。今日之教师未尽健全，固系实情，但此为个别问题，不可失其影响一般教师之尊严地位。教师之人选标准与尊师重道之风当有连带关系，但终不可因少数教师之欠缺，影响整个教师地位所应得之尊崇。

第五，学校生活安定与教学内容充实亦为建立校风之重要条件。抗战以来，许多学校生活问题不得解决，教学设备简陋，课业荒废，不免时起波动，但此为一时特殊现象，抗战胜利之后学校恢复正常，只要政府及学校当局对此三方面加以注意，则问题解决自属易事。

师大校风之建立当然亦受上述各方面的影响。师大创设于前清光绪二十八年，四十年来虽经过数度名称与组织上之变更，但始终保持师资训练之目的、专业训练之精神，故有始终一贯之校风。民元至民八之间为北京高师时代，当时学校有蓬勃奋发之气象，良好校风即于此时建立基础。学生均已养成勤学之习惯，教师亦都有诲人不倦之精神。在此时期培养出来的学生，现在是全国中等教育界最健全之师资。五四学潮起后，师大学生有一部分负实际领导责任，故学校校风受时代影响亦不免有浮动情形，但并未动摇校风之根本。民十二高师改为师大，正值古都军阀扰攘时期，学生参加政治革命工作者不少，又兼教育经费时常欠发，教职员多不能安于职守，所以当时学校亦是不安定现象。迨民十六北伐完成全国统一，教育制度亦随政治之变迁不时更易，直至民二十以后学校情形始又安定下来，恢复以前高师之气象。师大历民二十一至七七事变五年之间为全国学风最优良时期，当时师大内部更趋稳定，内容更加充实，如无敌人入侵之事变，师大当可逐渐发展日臻上理。"七七"以后，师大奉令迁陕，与北平、北洋两校合组临时大学，继改联合大学，由西安而汉中，流离转徙，除大部分教授与一部分学生随校西来，其余学校之一切图书设备校舍校具均遗落古都，物质基础一扫而空，所幸全校师生本师大之传统精神，重新振奋，经过四年之努力经营，政府之切实援助，现在又规模粗具，而师大校风亦得由本院承袭，将见其有发扬光大之气象。

本院所承袭之师大校风为何？凡作师大学生者均能知之，但形诸文字则甚难述说完全，不得已下列诸形容词可以描写近似："刻苦耐劳"、"诚朴笃实"、"埋头苦干"、"不尚宣传"。师大学生之表现如此，本院之学生之表现亦如此，四十年来，此风不变。

兰州建校之初，师生生活十分艰苦。但师生精诚团结，"以有余之精神补物质之不足"，不仅在西北重镇兰州建起了初具规模的高等学府，还继承和发扬了北平师大的优良校风，使学校校风正、学风浓，工作有条不紊，面貌日新月异。时值

◎国立西北师范学院李蒸院长在兰州的办公室

抗战期间，学校几经播迁，条件简陋，而师生生活也极度困难。当时主持兰州分校教务的著名教授胡国钰先生曾这样描述自己的困难状况："我一年到头就这一身衣服，冬天是棉袍棉裤，春天去掉棉絮成夹袍夹裤，夏天去掉里子成长衫、单裤，秋天再加上里子，冬天再絮上棉絮。"教授之苦，可见一斑。① 当时兰州新校址的各种经费开销如流水，市场物价飞

---

① 刘志读. 伟哉李夫子——我所知道的李蒸先生［M］//李溪桥. 李蒸纪念文集. 北京：中国社会科学出版社，1996：314.

腾，"法币"贬值则若火烧眉毛。为给学校教职工办理平价日用必需品，减少生活困难，1943 年，学校成立了"教职员日用必需品购买分配委员会"，下设交际股、购买股、财务股、分配股，交际股委员为汪如川、王镜铭、佟学海、郝荫圃、赵擎寰，购买股委员为李端揆、李瑞徵、孙天泰、孔宪武，财务股委员为康叔仁、赵祥麟、邢鸿勋、杨少松，分配股委员为孙一青、万九河、李嘉言、张树贤。该委员会成立后为教职工购配食盐一次、麦粉一次，也曾接洽购买的棉花，都作为学校大事记载在《校务汇报》中。[①]

1944 年又成立了"改善员生生活协助委员会"，齐国梁先生任主席，黎锦熙、袁敦礼、汪如川、何士骥、张简夫、张云波、张德馨、王新甫、孔宪武、金溎荣、胡国钰、徐英超、孙一青、康绍言等人为委员。4 月，胡国钰先生主持召开教务谈话会，讨论的是印刷讲义的蜡纸、油墨及纸张费用的分配与节约问题，会议决定蜡纸按学分分配，纸张按学分乘学生数之积分配，蜡纸费加纸张油墨费即作为各系应得之讲义费。由于物价上涨，学校印发的讲义纸张质量越来越差，几种出版物不仅纸张越来越差，还经常不能按期出版，直至停刊、休刊。但辛勤耕耘在这里的先师们，蜗居在兰州十里店的小屋内，土墙纸窗，一张书桌，一盏煤油灯，经常工作到深夜，他们坚守着教育的精神与品德，李嘉言先生 1944 年元旦贴在住所门上的一副对联可作为这种精神品德的写照："门前拓展无穷路，面北欢迎有德人"。

当时的西北师院有骡车三辆、骡驴等牲畜十余头，承担

◎20 世纪 40 年代，国立西北师范学院最好的交通工具——胶轮马车，常年奔波在十里店到市区的土路上。

---

① 见《国立西北师范学院校务汇报》第 58 期，1943 年 10 月 31 日。

着学校的运输任务。这笔重要的校产数次记载在学校的概况中。有一辆极其普通的敞篷马车，是院长、教务长等学校负责人进城办公和拉运公杂用品的专车，数年间，这辆马车一直奔波在从十里店经徐家湾、黄河铁桥进入市区的土路上，李蒸院长等学校领导则常常跨辕而坐，有时还啃着大饼到兰州市里去公干。师生如

◎师生进入兰州市区经常乘坐羊皮筏子在黄河上漂流而下

果要进城，或坐羊皮筏子，或徒步行走。学校饮水全靠两辆铁轮车、几头小毛驴和从城固赶来的一头牛到二三里以外的黄河边去驮去拉。学校以自制的几个大木桶储水，因驮运拉运的水量有限，经常发生水荒。有时碰到汛期，河水混浊，加之运力不足，来不及沉淀，师生只好饮用浊水，冬天则常常以冰洗面。

在《国立西北师范学院校务汇报》中记载了一次西北师院历史上重要的会餐。1944年元旦，盟国开始反攻，抗战出现胜利曙光，而学校也完成了最后迁移，一批教授通过艰苦的旅程来到兰州任教，因此，学校决定"于三十三年元旦十二时举行聚餐团拜及欢迎远来同仁大会，座次推佟学海、孙钰先生排定，食品推高卓然先生提调，每桌准备酱牛肉、虎皮冻、芥末菜、豆腐干四凉四大碗，余丸子一大海碗，馒首枣粥。直接采购，自雇伙夫，较饭馆所省一倍而好吃实在不待言，预算每人分摊仅为五十元，以中兴国民值新年令旦，用少数钱财食圆满食品。直接消费合作之利可见"①。透过这顿当时视为相当豪华的 AA 制宴席，我们可以看到先师们的生活境况和精神状态。但是，抗战胜利后，物价大幅飞

---

①　见《国立西北师范学院校务汇报》第 62 期，1943 年 12 月 31 日。

涨，师生生活水平急剧下降，甚至到了连糊口都有困难的地步，"从事教育文化事业的人士，受尽了辛苦，遭尽了饥荒"①。

◎20世纪40年代国立西北师范学院的学生宿舍。为纪念学校发展历史上贡献突出的校长，西北师院的学生宿舍分别以陈宝泉、范源廉、徐炳旭三位校长的字命名，三个院落分别称为筱庄斋、静生斋、旭生斋。

学生生活也相当艰苦。抗战期间，国民政府教育部公布了《全国师范院校学生公费待遇实施办法》，规定免收学费、宿费和体育、医药卫生等杂费以及全部膳食费，并每三年发给每生单制服二套、棉制服一套。贫寒优秀学生还可领若干奖学金。② 但实际上许多规定都没有兑现。特别是抗战胜利后，国统区师生大多处于饥饿状态。

当时，学生的伙食完全公费，由学生自己管理，一般早餐为馒头、稀饭和咸菜；午、晚餐是一桌四菜一汤，学生自由组桌，但经常男女分明，"当男生桌上杯盘狼藉之时，便翘首环顾四周的女生桌是否有退席趋势，如有，则一拥而上，大享其剩余物资"③。而食堂之外还有人准备解决最后的残羹剩饭，"每顿饭前，大食堂的四周边围绕着二十个农民，白发鬓的老汉，不穿裤子的尕娃，摆动着尾巴似的辫梢子的小女孩，还有老太太……等我们吃完了，他们便进去抢桌上的饭屑、碗里的剩菜汤，一年四季都是如此。"④ 与这些食不果腹的贫民相比，当时西北师院的学生觉得学校的伙食非常好。由于学校房子不够用，缺少饭桌，1942年一年级学生在院子里用餐，有时馒头都冻成了冰疙瘩。

1943年12月，李蒸院长在一次报告中讲：最近伙食费超出教育部规

---

① 见《国立西北师范学院学术季刊》第3期卷首语，1949年7月出版。
② 毛礼锐，沈灌群. 中国教育通史：第五卷 [M]. 济南：山东教育出版社，1988：326.
③ 刘维崇. 兰泉弦歌 [M] //李溪桥. 李蒸纪念文集. 北京：中国社会科学出版社，1996.
④ 见《西北日报·学府风光·师院》，1944年1月19日。

定数太多，不能报销，形成严重问题。经组织膳食指导委员会研究，超支原因为煤砖太贵。教育部规定每人每月42斤面粉，事实上是吃不了的，但42斤面粉的钱中还包括菜油等副食和燃料等费用，当时物价上涨，煤砖价高就等于面粉减少，因此李蒸院长告诉大家要维持以前的膳食水平很困难，"因此我们只有节省"，并计划到永登去买麦子，以降低成本。① 当时学校没有电灯，晚上开会或有大的活动用汽灯照明，学生平时上晚自习，每人每周发给两到三支土蜡烛，学生大都不够用，因此，老师们总是教育学生要"日出而作"，充分利用好白昼。学校没有浴室，流行"干浴"，早晚用干毛巾搓擦身体，简便健身。学生都是互相理发，自己拆洗缝制被褥，自己装订笔记本，自买颜料冲制墨水，校园生活如此艰苦，节俭成风，虽苦尤乐。

西北师院有个很好的风气，就是十分重视体育。无论学校领导，还是一般教员，都很重视体育对学生的作用，不仅强调体育对个体人生的重要意义，更加强调体育对社会风尚的重要意义，在重视培养学生的体育兴趣的同时，激发作为师范生学习掌握体育运动技能的热情和对推广体育运动的责任。学校一直坚持学生每天做早操的制度，每次早操要点名，而且院长、训导长几乎每天都要从家里很远跑来参加早操。体育课开设四年，每学期开学有任课教师宣布教学计划及每项内容的具体要求，因季节安排，每学完一项，即进行测验。体育考试不及格者不予毕业。

由于学校设有体育系，有袁

◎国立西北师范学院学生篮球、排球爱好者组织的体育社团"虹之队"

---

① 见《国立西北师范学院校务汇报》第62期，1943年12月31日。

◎1944年国立西北师范学院滑翔训练班举行开班典礼，李蒸（机前站立者左）、徐英超（机前站立者右）两先生参加典礼。

敦礼、董守义、徐英超等一批体育教育专家的倡导和组织，学校的体育课外活动也极为活跃，各系科间的篮球、排球、足球、垒球比赛几乎天天都有，成为一道独特的风景。每年的春季田径运动会更是学校的盛会，事前均由体育系同学筹备，仿照奥林匹克大会的形态，参与者除各系科的正式选手外，还有五光十色的拉拉队、助威团，真正达到了全校动员，"无人无事，无事无人"。当时的《西北日报》开辟"学府风光"专栏，连续报道西北师院的文体活动和教学科研情况，记者曾这样描述学校体育活动："师院运动风气甚盛，每一同学对运动均感最大兴趣。不论春夏秋冬什么时候，操场上总是活跃着不少生气勃勃、身体健美的男女运动员，喊着笑着跑着奔着，周末虽然举行学期考试，而操场上仍不见寂寞"[1]。体育系学生经常公开表演单杠、双杠、跳跃及女子踢踏舞、男女西班牙舞，当地民众视为奇观，并有外籍宾客驾到，表演精彩，喝彩声不绝于耳。在1943年举行的兰州市田径运动会上，迁兰仅两年，只有一、二年级的在校学生，各项体育设施并不完善的西北师院，夺得全部项目的第一名。

西北师院在教育学生的过程中坚持"德智并重，五育（德智体美群）并举"，校园文化活动十分活跃。一年级学生每周都有一节音乐课。当时院长李蒸和训导主任袁敦礼对课外活动组织的

◎焦菊隐

---

① 见《西北日报》1944年1月19日。

态度，可以概括为"放手信任、鼓励推动、专业指导、解决困难"，校内课外活动组织层出不穷。学校也非常注重聘请有特长的教师对课外活动组织进行指导，1943 年秋季，学校调整各种社团指导教师，三民主义研究会由李瑞徵先生指导；诗词研究会由李嘉言先生指导；国乐团由张德馨、朱芳春先生指导；棋社围棋组由胡国钰先生指导，象棋组由佟学海先生指导；生活小报社由庄肃襟先生指导；书画研究会绘画组由孙一青先生指导，书法组由张子范先生指导；合唱团由吴樾荫先生指导，话剧团由叶鼎彝、焦菊隐两先生指导。焦菊隐先生当时在西北师院英语系任教，他除了指导话剧团排演话剧外，还开设戏剧课，对全校学生举办戏剧知识讲座。他知识渊博，学术造诣深厚，语言诙谐幽默，每次讲座总是吸引很多学生，

◎焦菊隐先生 1941 年至 1946 年在国立西北师范学院英语系任教授。图为 1946 年 4 月国立西北师范学院英语系师生欢送焦菊隐先生的合影。

过道、门外、窗台上都是学生，大家听得如痴如醉。学校每遇周末或节庆日，院内体育活动、文艺竞赛、音乐晚会、戏剧演出、诗歌朗诵、书画展览、墙报宣传等活动丰富多彩，各种演出异常活跃。话剧团、合唱团、国乐团、国剧团、秦腔剧团的演出极具专业水平，曾多次在兰州市内售票演出，很受欢迎。售票收入不仅为校内流亡学生提供了救济，还为演出团置办了布景片、道具等。[①] 据中央社报道，1944 年 3 月，为庆祝青年节而举办的活动有体育表演、辩论会；史地系、劳作专修科与书画研究会合办美术展览会，内有书画、金石、影片、刺绣、邮票、纸币等；学生剧团公演名剧《沉渊》，并连演两晚国剧、秦腔；许多系科出版纪念

---

① 李荣滏，李景超．想念十里店，怀念李院长［M］//李溪桥．李蒸纪念文集．北京：中国社会科学出版社，1996：329．

专号或学术专刊。6 月，西北师院合唱团在省党部礼堂举办音乐会，节目"有该院合唱团之男声合唱、女声三重唱及朱春芳之独奏"，朱春芳独奏曲目为《汉宫秋月》《春江花月夜》，并有"方夫人之女高音独唱，任光地、张振声之男高音独唱，李慧恩、史德伦钢琴二重奏"等。[①] 在叶鼎彝、焦菊隐先生的指导下，西北师院的话剧团达到了较高的水准，《西北日报》曾报道"话剧《沉渊》将由（西北师院）学生剧团演出，演员阵容除张洁沈、管家骅、关立信、周健实等外，并添新由北平来之十位米斯（女生），排演纯熟"[②]。话剧团曾排演过《沉渊》《原野》《蜕变》《桃花扇》《朱门怨》《北京人》《雷雨》等剧目，学生李景超是话剧团的积极分子。学生剧团演出的《雷雨》，被媒体评价为"该团历史悠久，演员个个俱为老练沉着，有令人意料不到之精彩表演"，"连口观众拥挤，颇获一般人士好评"。[③] 国剧团由白子祥、李玲善、李荣溢三名学生组办，有许多教师参加，活动有声有色，1943 年校庆，英语系讲师张振先将《坐宫》一折京剧移植成英语演出，博得喝彩。

西北师院师生不仅关心着母校精神的传承与弘扬，母校校址的建设与美化，他们更关心国家前途与民族命运。1945 年 2 月，美、英、苏三国首脑罗斯福、丘吉尔、斯大林在苏联克里米亚半岛雅尔塔举行会议，协调对日作战行动，为争取苏联对日宣战，会议以秘密方式作出了严重损害中国主权权益的决定。3 月 15 日，李建勋、易价、汪如川等先生随即以兰州各国立院校教职员联合会名义，致电美、英、苏政府提出强烈抗议，电文为："重庆外交部分转美国杜鲁门总统、英国阿特里首相、苏联史达林（斯大林）元帅阁下，雅尔达会议，运用秘密外交方式，处置我国权益，中国人民备极愤慨。此项不名誉之秘密协定，既未经我国政府参加与认可，自无拘束我国之能力。且上项秘密外交之行动，乃为旧

---

① 见《师院合唱团定期演奏》，载《西北日报》，1944 年 6 月 30 日。
② 见《西北日报》，1944 年 3 月 26 日。
③ 见《〈雷雨〉演出获佳评》，载《甘肃民国日报》，1937 年 1 月 29 日。

日帝国主义之惯伎，不意重演于民主热潮澎湃之今日，殊称骇异。除电请我国政府向贵国政府提出严重抗议外，本会特向阁下郑重声明，我国之土地与主权，应受各国之绝对尊重，非法之分割，誓难承认。"①

　　在校址频迁的过程中，动员师生利用课余时间参加建校劳动成为学校的传统。迁兰后的西北师院院址，是久荒的沙石土壤，干旱强碱。李蒸院长在勘定兰州十里店校址时，曾独自坐在黄河北岸，憧憬未来，在这片荒凉的土地上，将要兴建起一座高等学府，这是多么有意义的事啊！他也曾畅想，将在这里崛起的高等学府，绿树成荫，花木满园，师生学习生活的环境优美。但面对现实，他也曾感慨："我们的校景，实在是不大美观。"因此，学校经常动员师生参加平整校园、修筑道路和植树绿化等校园建设的劳动。1943 年秋天，西北师范学院以"树人树木贵在同时，文化绿化乃能并进"为主旨，大举植树，绿化美化校园。今天校园里仍有许多当时栽种的树木。劳作专修科从陕西城固迁到兰州，带来一批富有植树经验和专业知识的师生，由贾慎修、冒兴汉两位教授指导，学校制定了周密的植树计划，开始在兰州新校址的首次美化、绿化校园工作。为适应沙石土壤、干旱强碱、天寒疾风的环境，学校选择了能抗旱、抗强碱、耐严寒、不怕风沙、生命力强，且适于做风景的树木品种，并预先派人向各农业学校及农业机关交涉，最终由省立农业职业学校和农业改进所等处慨赠白榆 330 株、洋槐 250 株、黄金树 20—30 株、槭树 20—30 株、胡秃子 20 余株、玫瑰 300 株，树苗大都是三四年到六七年生的。西北师院师生承好友的馈赠，用心栽植，全院师生大都参加了义务植树，所用工具则是向附近的公路局和农民借的。经过两周时间，将洋槐、黄金树、槭树、胡秃子植于大门内至大礼堂（今艺苑广场）前的行道、各排教室前、教室东之行道、男女生宿舍各排房屋前，白榆植于院址的东面、南面、西南面及至教室的行道上，玫瑰植于大礼堂前青年园地、博

　　① 见 1945 年 3 月 15 日《致英美苏政府电》。西北师范大学档案馆馆藏档案，档案编号：民国档案 33 号全宗 0362 卷。

物系植物园（今体操馆）、劳作专修科实验农场等花坛内。这次大规模的植树，使荒凉的校园浓绿成荫，花香满园。

第三节
不懈斗争再次迎来新生

一、复校运动

在西北办学的历程中，无论校址怎样迁移，校名如何变更，西北师范学院师生始终继承北平师大的优良校风，恢复北平师大的期望一直未断。1942 年 12 月 17 日，西北师院在陕西城固和甘肃兰州两地，隆重召开"师大及本院四十周年纪念日"庆祝大会。李蒸院长在兰州庆典上回顾学校历史后说："今年幸逢本校四十周年大庆，忆学校过去，艰难缔造，及推想未来之使命重大，诚不禁百感交集，惟聆今年盟国开始反攻，胜利在望，本校校庆在城固和兰州两地同时举行，象征本校明年校庆将在兰州和北京两地同时举行。"当天，在城固庆祝大会上，教育系主任、校委会教授代表李建勋先生在讲话时说：师大作为一所有历史有成就之高等学府，竟以西北联大改组而取消，是教育史上的不幸事件，是抗战建国期间的一大损失。对教育具有崇高信仰的西北师范学院教职员及同学，应努力使其复活。[①]

1943 年 12 月 17 日，西北师院在兰州举行建校 41 周年纪念活动，在纪念典礼上，李蒸院长将学校的历史分为"草创时期"、"发展时期"、"多事时期"、"建设时期"、"流亡时期"，他说："……惜七七事变发生，北平失陷，学校奉令迁移，初在西安，二十七年潼关吃紧，三月奉令迁

---

① 相关报道及文章见《西北日报》，1942 年 12 月 17 日；《甘肃民国日报》，1942 年 12 月 18 日。

城固，三十年又奉令迁兰州，可谓本院的流亡时期，我们在此数年中，艰苦奋斗，在兰草成规模，也可以说是我们的新兴时期"。而参加典礼的国民党第八战区司令长官朱绍良紧接着讲道："在中国，养成师资的源泉还称贵校。以前本有将贵校移设西北之议，刚才李院长说学校是在流亡，我以为贵校是回家来"。① 两位的讲话中，隐含着恢复北平师范大学和永久设校西北的愿望与选择。

抗战接近胜利，学校师生的"复校"愿望也强烈起来，大家都希望北平师范大学能在北平复员，在兰州设"分校"或仍保持西北师范学院，分一部分教师在兰州继续办理。但是国民政府教育部主要领导主张西北师范学院作为师大的继承者，永久在西北办学，不存在北平师范大学的"复员"问题。因此，1943 年 4 月 6 日，袁敦礼先生主持召开了第四届校友会第一次谈话会，通过了"复校呈文"，由 17 位与会校友分摊旅费每人法币 500 元，推李建勋先生为复校代表赴渝交涉。1944 年 9 月，复校委员会展开复校宣传及请愿活动，"除向蒋主席、各院部首长及中央有关要人发出电文外，并于日前开始向各地寄发告社会人士书一万份，详述复校八大理由，其他宣传工作，亦积极展开，闻定期将在十里店及兰州市举办师大历史文物展览。师大校友总会为进行复校事，已选出李湘宸、易静正二校友为代表，返渝向当局请愿"②。9 月 14 日，国民参政会参政员马毅等 43 人联署提交的"提请教育部恢复国立北平师范大学案"获得参政会通过，并送请政府实施。③ 但政府仍坚持西北师院作为北平师大的继承者，永久留设西北的态度。在 12 月校庆活动中召开的校友会上，校友毛北屏提出：师大校友团结精神似仍有进一步讲求组织的必要。各方校友贺电也提出了复校的诉求，如"吾校师生秉至大至刚之正气，振不厌不倦之精神，流离播迁，艰辛备尝，钻研攻错，晋修罔替"，"胜利不远，复校可期"，"希全体校友加

---

　　① 见《师大及本院成立四十一周年纪念专号·纪念典礼记录》，载《国立西北师范学院校务汇报》第 61 期，1943 年 12 月 17 日。
　　② 见中央社：《师大展开复校运动》，载《甘肃民国日报》，1944 年 9 月 4 日。
　　③ 见中央社：《师院李院长谈师大复校意见》，载《西北日报》，1944 年 9 月 23 日。

强联络，互利互助，以教育精神改良政治，以政治力量发展教育"等。因此，在李建勋和康绍言两先生的主持下，校友会讨论了进行复校运动的方案，并形成决议：推李蒸、齐国梁、曹配言、易价为代表就恢复北平师范大学事宜向有关方面接洽；除重庆校友分会推荐的复校代表外，增推郑震宇、陶玄、张志广、王卓然、王毓琦、崔唯吾6位校友为复校代表；推康绍言先生负责与驻重庆联络员互通消息，以扩大复校运动的声势。①

李蒸院长在为1944年12月17日出版的《国立西北师范学院近况》所作的序文中说："自二十九年起，本院奉令迁兰，历时四载，艰苦备尝，但幸能于本年暑后完成迁校大计，奠定西北高等教育基础，粗具规模。此后自当秉承教育部意旨，负起培养西北各省中等学校师资，促进文化建设之重大使命。抗战已临最后胜利阶段，国家收复失地之日，亦即本院收复失校之时，愿我全院同人及全体校友共同努力，社会人士及教育界同仁多予指导，至深感幸！"深知教育部态度的李蒸院长对"复校"能否实现忧心忡忡，他曾这样表明当时的心情，"师大复员大有问题，当时负有校长责任的我不能不预谋应付。抗战胜利后，如果原来的各大学都能复员，唯独北平师大不能复员，我作为学校的校长，一定是交代不下去，学校一定会发生问题。我心里不断在焦虑，想不出好办法。"② 1945年2月，张治中将军发来电报，要求李蒸院长到重庆就任三民主义青年团副书记长。为了在政治上有力量影响教育部的复校政策，李蒸院长辞别学校教师和学生，赴重庆就任新职。

李蒸先生离开西北师院，离开兰州时，各界人士相聚送别，《西北日报》发表短评，认为"李氏主持师大十四年，桃李遍天下，而近数年来以拓荒者的精神，为西北师院惨淡经营，劳怨不辞，备历艰苦，卒有今天的规模……他这种苦干不懈，始终如一的精神，在今日这尚浮夸不务

---

① 见《师大及本院成立四十一周年纪念专号·校友总会第四届年会及理监事会议报告》，载《国立西北师范学院院务汇报》第61期，1943年12月17日。

② 李蒸. 北京师范大学历史上的存废之事 [M] //李溪桥. 李蒸纪念文集. 北京：中国社会科学出版社，1996：82.

实际的社会上，确实难能可贵"①。在1946 年 12 月 17 日学校 44 周年纪念会上，兰州市党部书记长李瑞徵宣布兰州市党团政联席会议决议：为纪念李蒸先生来兰创校之艰难以及他为西北文化教育发展所作的贡献，将兰州市十里店公路命名为"李蒸路"（以城内已有云亭路，故以姓名称）。当年这条"李蒸路"，就是现在金城关经徐家湾至十里店桥的公路。李瑞徵"言及李院长之斩荆棘、辟草莱，及

◎1946 年 12 月 31 日《国立西北师范学院校务汇报》关于"李蒸路"的记载

于沙碛上起楼台之困苦情形，以出乘胶轮大车，过金城关，于空无人处吃大饼之清苦生活，全场大为感怅，多有洒同情之泪者"。李蒸先生得此消息后复函西北师院全体师生，"兰州党团政联席会决议将十里店公路改用贱名，感激之余，曷胜惶愧！弟奉命迁校，幸赖全校师生同心协力，地方人士多方援助，始有今日之规模。但自胜利之后，校基复有动摇之虞，前途发展尚待努力，惟望我全体校友加倍奋勉，建设最高学府，树立百年大业，以不负各方人士之期待。弟虽远离，仍当竭尽绵力，续效微劳"②。

1945 年 8 月 7 日，李蒸先生乘飞机离开兰州赴重庆履新，西北师院院长职务由黎锦熙先生代理。1945 年 11 月 9 日，李蒸先生第五次向教育部呈文请辞，电文说："谨呈者，蒸奉命调任三民主义青年团中央团部副书记长，任事已及三月，期间曾经四次请辞本院院长职务，未获核准。蒸在渝供职，对于本院职务势难兼顾，亦未便长期委托教务主任代理。敬祈迅予照准派员接替，实为公便。"③ 1945 年 12 月 31 日，教育部发出

---

① 见《惜别李云亭院长》，载《西北日报》，1945 年 8 月 7 日。

② 见《校庆日记事》《校闻》，载《国立西北师范学院校务汇报》第 84 期，1946 年 12 月 31 日。

③ 见西北师范大学档案馆藏民国档案。档案编号：民国档案 33 号全宗 0170 卷。

第 66239 号训令，照准李蒸先生辞去院长职务，聘黎锦熙先生接任院长。由于设在北平的"中国大词典编纂处"在抗战期间一直无人负责，为推进此项工作，黎锦熙先生急需赴北平主持工作，因此给教育部部长朱家骅发电报拒聘，电文说："承聘敬悉，前已函复黄司长转陈不能应命之故，谨重申前请，乞即另派人负责。"后来学校以黎锦熙院长名义致教育部的电文表示："当时以学校多故，仅以代行院务名义维持院务迄今"，为了易于交接手续和划分责任期间，"略定三十五年一月起为就职日期，并自六月一日起行文改用黎锦熙名义"。实际上，从黎锦熙院长 1946 年的行踪看，自教育部聘任他为西北师院院长以来，基本上不在西北师院主持校务工作。据《黎院长行踪》的一则校闻报道："本院黎院长锦熙于四月十五日乘中航机飞渝，向教部报告校务，五月中转飞汉口（因教育部部长在汉口）。五月杪还湘省亲，七月初复返武汉，七月中乘江轮入京（南京），接洽校务并奉部令办理中国大辞典编纂处复原事宜。十月十四日，离京赴沪，二十八日由沪乘中航机飞抵北平。本学期向教育部请假，在平主持中国大辞典之整理及编纂工作，明年二月返校。"① 这段时间的院务工作由李建勋先生代理，胡国钰、康绍言两先生辅助，1946 年 6 月以后的院务由院长室秘书易价先生代理。

1945 年 8 月 6 日晚上，"日本鬼子投降了"的消息传来，整个校园沸腾了。人们燃放鞭炮，奔走相告，忘情地呼喊，大家唱呀、跳呀，热泪纷飞，为庆祝这久久期盼的胜利，狂欢到天亮。15 日，日本正式宣布无条件投降。抗日战争胜利的消息，给迁往内地的高校师生莫大的鼓舞，他们迫切希望立即复员回乡，迁回旧址，一些因战争而停办或合并的学校，也积极谋划复校。9 月，国民政府教育部召开了"全国教育善后复员会议"，出席会议的有各大学校长、各省教育厅厅长、教育专家和民意代表共 200 人。李蒸先生当时虽已离开学校，但尚未办理离任手续，因此

---

① 见《校闻·黎院长行踪》，载《国立西北师范学院校务汇报》第 83 期，1946 年 11 月 31 日。

受邀参会。蒋介石到会讲话，强调：说到教育复员问题，差不多人人都想回老家去，此亦人情，但"我要告诉各位，今后国家建设，西北和西南极为重要。在这广大地区教育文化必须发展提高，至少有三四个极充实的大学，且必须尽先充实。除确有历史关系应予迁回者外，我们必须注意西部的文化建设。战时已建设之文化基础，不能因战胜复员一概带走，而使此重要的地区复归于荒凉寂寞"[①]。朱家骅在会上也多次强调"教育上的复员并非就是还原"，"这次复员会议的重点，在奠立教育发展的基础。复员的意义，很多人以为是恢复战前的状态，若然，则中国将不堪设想。八年抗战，很多事情，已经演进到不可以道里计的程度，所以假若是把复员看作恢复战前的状态，是不应该的。我们应该求进步，所有的学校，哪些应该留在后方，哪些应该搬到什么地点，都应该有彻底的打算"。"要做到不但学校分布得相当合理，还要使其有发展的可能。"应"多多注意广大的西南和西北，有些学校能够留在这两个区域的，最好自动留下来"。[②] 会议制定了内迁教育机关的复员及收复区教育复员与整理的有关政策。会议认为，抗战期间，内地各省人民对教育的发展作出了巨大的贡献，迁入内地各省的学校也对当地教育文化起到很大的促进作用，一旦内迁各校均予复员，而内地新建学校所聘教员大多来自战区，亦纷纷作还乡之计，将影响内地教育的发展，为内地各省人民所不能接受。关于内迁教育机关复员问题，会议通过九项重要原则，与西北师院或北平师大关系最密切的，一是战后全国人力物力困难，各高校在复原期内应集中力量充实内容，提高素质，除因特殊需要外，暂不增设新校；二是依据各地人口、经济、交通、文化等条件，一面注重全国文化重心之建设，一面顾及地理上之平衡发展，酌予调整，作合理之分布；三是抗战期内凡已停办或归并而其历史悠久成绩卓著的高校，

---

① 余子侠，冉春. 中国近代西部教育开发史 [M]. 北京：人民教育出版社，2008：522.
② 王幸均，等. 朱家骅先生言论集 [M]. 台北：中央研究院近代史研究所，1977：178，184.

有恢复设置之必要者，得予恢复。① 这些原则对于西北师院以及北平师大来说是相当纠结的，按照朱家骅的说法，战后"要积极建设西安、成都、昆明、兰州四地之教育机关，俾五年内得树立为西南、西北之文化中心据点"②，据此，则西北师院自然属于应当合理分布在兰州这个"文化中心据点"的高校，但同时作为北平师大的继承者，或者说已经被"归并或停办"的北平师大是"历史悠久，成绩卓著"的，有必要恢复。

1945 年 8 月 16 日，《大公报》发表消息称："教育复员首为大学之迁回。据悉中央大学、武汉大学、浙江大学、复旦大学、金陵大学、大夏大学、光华大学、齐鲁大学、燕京大学、湘雅医学院、上海医学院均将迁回原址。西南联大仍将分清华大学、北京大学、南开大学分别迁回。"报道中唯独没提北平师范大学，引起西北师院师生的不满。8 月 29 日，西北师院全体学生发表《为拥护恢复国立北平师范大学敬告社会人士书》，提出"为了北平师大过去 43 年来的光荣成绩与历史，为了高级师资训练制度的确立与维护，以及为国家的教育前途，我们不能不说话了"③。据进一步了解，教育部以"教育合理分布能在这次复员中实现"、"北平师大撤销在案"为由未将北平师大列在复员学校之中。消息传来，全院师生群情激愤，师大校友总会召开紧急会议商讨对策，先以电呈教育部请求恢复师大，学生复校委员会同时发出电报宣言从旁策应。但是教育部置之不理。1945 年 9 月 1 日，兰州国立北平师范大学校友总会向各地校友发函，希望各地校友"联络当地同学以师大同学会分会名义径向有关方面呼吁，以期我具有辉煌悠久历史之师范大学得以永存"。函件内容如下。

> 母校自七七事变离平，辗转播迁，地已三易，时逾八载。在校同人劳瘁不辞，艰苦备尝；各地校友时赐精神鼓励及物质援助，凡

---

① 教育部教育年鉴编纂委员会. 第二次中国教育年鉴 [M]. 上海：商务印书馆，1948：13.

② 见朱家骅：《教育复员工作检讨》，载《教育通讯》（复刊）第 2 卷第 11 期，1947 年 2 月。

③ 李蒸. 北京师范大学历史上的存废之事 [M] //李溪桥. 李蒸纪念文集. 北京：中国社会科学出版社，1996：83.

此均冀恢复师大，重返故都，为国家训练高级师资，以担负建国之重任。兹值抗战胜利，内迁各校皆准备返回原址，母校之恢复亦正其时。本会已电请当局准予恢复北平师大，并推李湘宸、易静正二先生代表赴渝请愿，在渝同学会亦有复校委员会之组织就近进行。唯念兹事体大，必须全国校友共同努力，始底于成。因特函请。

　　9月11日、12日，复校代表李建勋、易价两先生先后乘飞机赴渝进行复校工作，奔走数十天，得李石曾、吴稚晖、于右任等先生赞助，"结果虽允复校，然名称为国立北平师范学院，嗣后改大，校址须迁石家庄，但复员问题，与西北师院员生无关"。得此消息，西北师院全院学生于10月17日晚召开大会，宣布18日起罢课，并发表宣言通电全国。10月23日，李建勋、易价两先生返校，说明情况，劝导学生复课。[①] 10月27日，甘肃省教育厅厅长郑通和到西北师院了解有关情况，劝说学生暂行复课，学校复校委员会提出了三项要求：（1）恢复师大名义；（2）原任校长复职；（3）本院学生志愿赴北平求学者，到北平复学。郑通和答应将这些要求转告教育部。罢课遂于10月29日结束。[②]

　　1945年11月30日，教育部部长朱家骅在重庆举行记者招待会，当记者问及北平师大复校一事时，朱家骅回答："因该校院迁陕西，为西北联合大学之一院，后西北联大改制，师范学院迁兰州，改为西北师范学院。该院将留于西北，然为求保持北平师大之历史传统起见，将另成立国立师范学院，暂在北平原址复校，将来该校如增设为三院，也可改称大学，其永久校址将设于石家庄。"[③] 进一步证实了所谓"复员"与西北师院无关的说法。

---

　　① 见《复校代表返兰》，载《国立西北师范学院校务汇报》第78、79、80期合刊，1945年10月31日。

　　② 见西北社：《师院学生正式复课》，载《西北日报》，1945年11月1日。

　　③ 见中央社：《西北师院永设兰州　北平师大将移设石家庄》，载《西北日报》，1945年12月3日。

1945年12月17日在学校中山堂举行43周年纪念会，易价先生以代理训导主任身份主持并发表讲演，他明确提出："我们复校工作根据'原名称、原地址、原任校长复职及本院师生全体返平'三原则进行，不达目的，决不终止。为发展西北教育起见，我们一面进行复校工作，同时应当协助建设西北师范学院，二者并行不悖，使师大还于旧都，发扬光大，在兰州成立永久的西北师范学院，共存共荣，奠定高级师范教育制度，促进国家文化建设。"齐国梁先生在代表教职员致辞时强调："抗战胜利，各校复员，我师大理当还于旧都，但吾人对于高级师范教育，宜双方尽力，西北师范学院现已有相当规模，为了继续发展西北教育，故不能弃西北师院而不顾也。"纪念会后，校友总会召开第七届大会，决议撰文呈教育部。12月27日，由校友总会、复校委员会和学生班代表会联合召开全院师生员工大会，一致主张再次罢课，组织请愿团，赴重庆请愿，并选出教授代表李建勋、易价、郭俊卿、张德馨、郭毓彬、康绍言、胡国钰等7人，学生代表王学奇、王益民、于用波、梁靖堂、于衡退、时广海、齐毅民、柴如璧等8人，组成国立北平师范大学复校运动联合会，简称"复联"，"复联"下设编组、总务、交际、宣传各股，分工合作，领导复校运动，执法团、大队部也相继成立，师生一致从事复校运动，"于是旬日之内，筹备旅费、交涉汽车、散发宣言、缮写标语、编排队伍、联系行军、招待记者、发表消息，紧张

◎1945年12月31日之《国立西北师范学院校务汇报》（第81期）载复校运动相关报道

情形，莫能言喻"①。29 日，请愿团在学校球场编队，举行赴渝请愿预习游行。②1 月 4 日，"复联"举行记者招待会，胡国钰先生在记者招待会上说："教部于二十八年曾确切表示西北师院即北平师大之后身，前陈（立夫）部长亦曾郑重声明，原有平津各校，俟平津收复后，仍当恢复。今抗战结束，各校纷纷计划复员，独北师大未予准可。师大校友同学为保存师大四十余年之历史与成绩，决争取复员。"③决定于 1946 年 1 月 6 日派先遣队 300 人分乘 7 辆汽车赴渝，全校师生列队出城欢送。国民党甘肃省军政当局鉴于情势严重，于 3 日早晚两次派郑通和前往劝慰，并答应 8 日派郑通和乘飞机赴渝，代表甘肃省政府向教育部说明"西北师院全体师生渴望恢复师大"的情况，"请其从速圆满答复"，并定下答复的最后期限为 1 月 15 日。学校复校委员会接受了劝慰，决定"候至本月十五日，如无圆满消息，再行派队赴渝"④。

特别值得一提的是 1945 年 12 月 31 日出版的《国立西北师范学院校务汇报》首页，刊登了北京师范大学原校长邓萃英的文章——《建国应注重师范教育》。这篇文章最引人瞩目的是，特别介绍了新兴国家苏联兴办师范教育的经验，并引用了列宁的话和斯大林的做法，尖锐地批评国民党当局反复无常的师范教育政策及其恶劣影响。文章说："列宁说过，技术人才不够，可以借才他国；国民程度不够，非自己培养不可。史达林（斯大林）遵守这个信条，继续努力，他们到了

◎邓萃英

---

① 见《校闻·复校运动之一段》，载《国立西北师范学院校务汇报》第 81 期，1945 年 12 月 31 日。

② 见中央社：《西北师院要求复校，将赴渝请愿》，载《西北日报》，1945 年 12 月 31 日。

③ 见中央社：《中央社：《师大渴望复校，全体师生分批赴渝请愿》，载《西北日报》，1946 年 1 月 5 日。

④ 见中央社：《师院师生赴渝请愿，接受劝慰暂缓出发，郑厅长明赴渝向教部请示》，载《甘肃民国日报》，1946 年 1 月 4 日。

普及教育大致就绪的时候，开始办五年计划，建设各种基本工业。"文章指出："我国师范教育的量、质和行政组织，不完全的地方太多，急起直追，赶紧大扩充、大改革，还恐怕来不及，不料十几年以来，国内不加研究，每每反其道而行之，例如民国十七年中央教育当局，把好好的师范教育制度推翻，实行中学师范合一办法"，待造成莫大的恶影响后，才觉得师范生所需要的训练，确与中学其他各科学生有别，又要求师范学校独立设置，恢复以前的制度。这样一翻一覆，不知牺牲了多少的物质和精神。"至于高等师范教育，也是这样。民初制度，全国设立六个高等师范学校，北京、南京、武昌、广州、成都、沈阳各设一校。民十一以后，行政当局，心血来潮，忽然倡导取消高等师范的议论，学校当局，也有随声附和的，于是不数年间，南京高师改为东南大学，沈阳高师改为东北大学，武昌高师改为武汉大学，广州高师改为广东大学，成都高师并入四川大学。其硕果仅存的，只有北平师范大学一校，年前又有并此而停办之说，简直是大笑话，后来听说，当局经各方劝告，颇有觉悟，决设六个师范学院，并已次第成立，这样一进一退，进而复退，退而又进的中间，不知枉费了多少心思，淆乱了多少视听，动摇了多少人心，阻碍了多少进化。以这样贫穷的中国，有这样颠倒的行政，真叫做又穷又闹鬼了。我们盼望行政当局，以后务必考察世界师范教育的潮流，详察国内师范教育的需要，对已设立的，极力保全，提高程度，未设立的，克期创办。最低限度，各省须有一个师范大学或师范学院，每县有一个师范学校或简易师范，然后才谈得到教育普及，教育普及然后才谈得到真正的民主统一。否则既无选民，何有民主？所谓全民，所谓普选，也不过是伪制、冒牌，掩耳盗铃而已！"[①]

1946 年 1 月 22 日，教育部电派督学沈亦珍自西安来西北师院协商复校事宜，随后，郑通和、沈亦珍先后赴渝报告有关情形，均无结果。师

---

① 见邓萃英：《建国应注重师范教育》，载《国立西北师范学院校务汇报》第 81 期，1945 年 12 月 31 日。

大校友总会驻重庆代表董守义又与国民政府教育部接洽。经多方努力，在西北师院复校运动的压力和社会各界支持呼吁下，教育部准许在北平原师大校址设立"北平师范学院"，任命西北师院体育系教授、系主任袁敦礼先生为院长。西北师院学生，不分地域，可无条件转入北平师院。袁敦礼先生因正在美国讲学，遂推选西北师院博物系主任郭毓彬先生代表他赴北平接收学校，同年 6 月，袁敦礼先生从美国讲学归来，即赴北平接管学校。复校运动后，西北师院部分教职员和300 多名学生随即转赴北平，进入北平师范学院工作和学习。北平师院从西北师院调聘教职员 40 余人，西北师院利用两周时间进行了改组，大部分教职员热心西北教育事业，继续留校服务，学校新聘教职员到校者 40 余人，弥补了北平师院调聘教职员造成的缺额。①

北平沦陷期间，敌伪于北平师大原址设有北京师范学院，另设北京女子师范学院于李阁老胡同，后两校合并称"北京师范大学"，抗战胜利后，被国民党政府改称"北平临时大学补习班第七分班"，"这叫做伪组织下的师大"。而"西迁的师大，叫做正统的师大"。这个"伪组织下的师大"随着"正统的师大"的复员而被合并。② 至此，复校运动结束。北平师院和西北师院两个"同气连枝"（常道直教授语）的高等师范院校并存，被当时社会各界誉为"姐妹学校"。

二、复大运动

1946 年，国民政府行政院决定将西北师院、甘肃学院和西北医专三校合并，成立国立兰州大学，任命辛树帜为国立兰州大学校长。得到此消息的西北师院，一方面通过正在进行的复校运动，要求恢复北平师范大学，西北师院继续独立设置，永久在西北办学；另一方面宣传学校师

---

① 见易价：《四十四周年校庆纪念会讲词》，载《国立西北师范学院校务汇报》第 84 期，1946 年12 月 31 日。

② 见白传心：《西北师院的孪生姊妹——北平师院动态》，载《西北日报》，1946 年 10 月 14 日、15日连载。

生维护师范教育制度，保持独立办学，反对并入兰州大学的决心。但同时也在校内进行着万不得已被合并的准备。辛树帜、郭维屏等有识之士坚决支持西北师院独立设置，并力陈西北师院不应合并到兰州大学的理由。时任兰州大学秘书长的郭维屏在 1946 年国父纪念周题为《兰州大学的过去现在与将来》的讲演中说："师院的一部分学生要求回到北平师院，同时一部分教职员和同学要求师院独立设置，不合并兰大。关于这个问题，兄弟个人及社会一部分有关的人士，对于西北师院独立设置表示赞同。我们认为独立设置的理由有几点：一、现在西北师院规模完备，有教育、文、理三学院，学生一千余人，可以独立。二、西北各地中学师资缺乏，需要继续为地方训练师资，虽然在兰大设有教育系，但是学生所学的偏重教育行政，不如师院所训练的文、理各科教员，因为师院文、理各科学生，除了本门主课之外，还要学教学法和教育心理学等课，是为中等学校训练的专门教育人才，而与普通大学的文、理科学生所学是有分别的，所以师院有自己的特点，有自己的使命与意义。而且师院合并兰大之后，兰大不能单独重偏教育学院，要各院平均发展，这样反于师院多年建立的基础动摇了，未免可惜。三、对于学生待遇，师院因为系造就教师，为的服务教育，所以学生都是完全公费，在大学其他各院的学生，不一定是全公费，若是师院合并兰大之后，文、理等院学生转入兰大各院，则照教部规定有 30% 无公费，这样许多贫寒学生，就要失学，这于苦寒的西北学生，是一个打击。因为这三点原因，我们为了缓解西北中等教育的师资缺乏，为了维护师范教育制度的独立，为地方减少麻烦，所以竭力主张西北师范学院独立，不必与兰大合并。而辛（树帜）

◎国立兰州大学校长辛树帜

校长也同意这个主张，他在汉口遇见师院黎院长锦熙谈及这个问题，黎院长也同意，后来经过辛校长与教育部力争，才将师院划出，允其单独设立。"[①] 1946 年 12 月 17 日，兰州大学校长辛树帜在西北师院 44 周年校庆纪念会上说："贵校四十四周年，在全国各大学中，为历史最悠久者；在师范学院中，尤为历史最悠久者。师范学院，负培养中学师资之责，在西北极为重要。所以这次我和教部争辩，经三日之久，教部始承认贵院在西北之重要，而仍独立设置。"[②] 在学校的努力和社会人士的支持下，1946 年 7 月 18 日，教育部电示，西北师院仍应继续独立设置，决定不并入兰州大学。

1947 年 2 月 20 日，西北师院收到黎锦熙先生的信函，黎先生要求自 3 月 1 日起，辞去西北师院院长职务。在致西北师院的函中，引用教育部有关训令的内容说："查教育工作，关系重大。为人师表者，务须专心一志、身无旁骛。如一身数役，势必顾此失彼，坐致竭蹶，匪徒有亏职守，抑且有违国家设教育才之本旨，公私立各级学校主管人不得兼任其他职

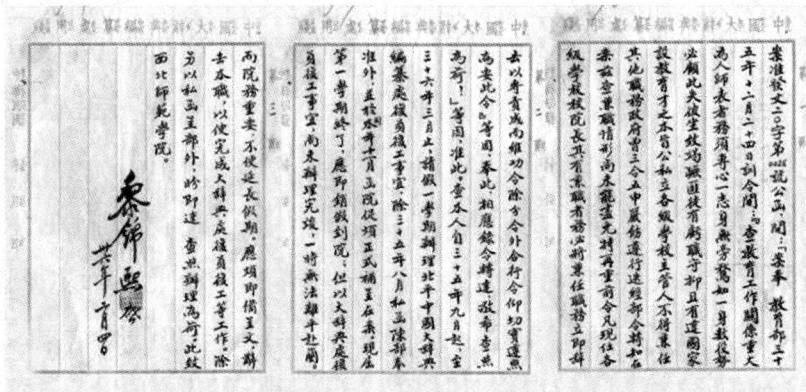

◎1947 年 2 月 4 日，黎锦熙先生因办理北平"中国大辞典编纂处"复原复工事宜未能按期完竣，为不致影响校务，致函国立西北师范学院请求辞去院长职务。

①　见郭维屏：《兰州大学的过去现在与将来》，载《甘行》第 188、189 期合刊，1947 年。
②　见《兰大校长辛树帜先生讲词》，载《国立西北师范学院校务汇报》第 84 期，1946 年 12 月 31 日。

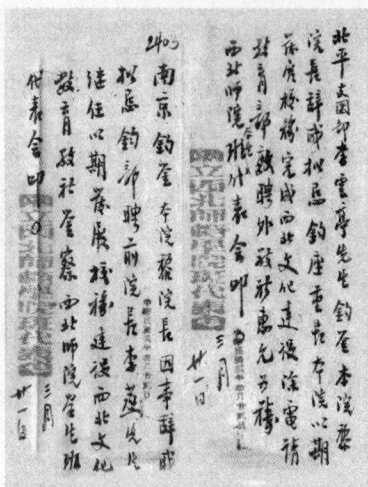

◎1947 年 3 月，西北师院学生班代表会敦请李蒸先生复掌院务的电文。

务……查本人自三十五年九月起，至三十六年三月止，请假一学期，办理北平中国大辞典编纂处复员复工事宜，除三十五年八月私函陈部奉准外，并于同年十一月函院促烦正式补呈在案。现届第一学期终了，应即销假到院；但以大辞典处复员复工事宜，尚未办理完竣，一时无法离平赴兰。而院务重要，不便延长假期。应烦即备呈文，辞去本职，以便完成大辞典处复员复工等工作。"得知黎锦熙先生辞职的消息后，西北师院学生班代表会曾致电教育部和李蒸先生，希望敦聘李蒸再次出掌院务。

1947 年 3 月 25 日，教育部发"人字第 16653 号训令"，照准黎锦熙先生辞去西北师院院长职务，聘易价先生代理院长职务。易价先生随即致电教育部部长朱家骅拒聘，表示"奉令代理本院院长，并蒙赐示慰勉，感愧交萦，自维体弱才轻，不胜繁剧，教授经费均正困难，敬祈收回成命，另聘贤能接替"。教育部坚持聘易价先生接任，为维持学校正常秩序，易价先生于 7 月 1 日正式就职视事。

1946 年 5 月，北平师院师生为恢复"北平师范大学"，向来北平的国民政府教育部部长朱家骅请愿，使教育部不得不明令北平师院分设三个学部，筹备一年后复大。但是，一年以后，复大问题仍无结果。于是，北平师院复大委员会决定到南京请愿，并发表《为恢复国立北平师范大学告社会人士书》，为要求复大，全体学生罢课，全体教授辞职。西北师院师生及各地校友坚决支持北平师院复大。随后北平师院院长及学生代表赴南京请愿。教育部见事态扩大，派人前往北平师院疏导，并答应了师生的请求，于 1948 年 11 月恢复了国立北平师范大学的名称。

在北平师院复大运动中，西北师院除极力声援外，也提出了"西北师院复大"要求。1948年10月30日，西北师院以胡国钰等全体教职员名义致电教育部，要求将学校定名为"西北师范大学"，以顺舆情而应需要。电文内容如下：

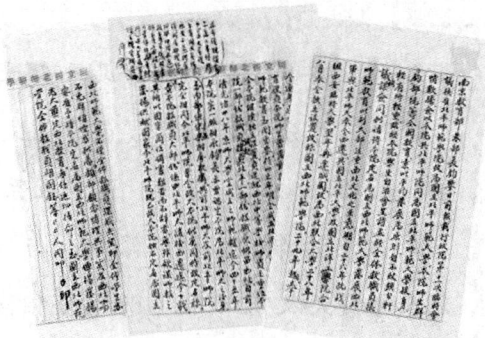

◎1948年10月30日，国立西北师范学院全体教职员呈文教育部，要求学校名称定为"西北师范大学"。图为呈文文稿。

南京教育部朱部长钧鉴：

日前报载，行政院第十一次临时会议核准北平师范学院改为北平师范大学，本院师生群情欢腾，金以本院与北平师院同为国立北平师范大学后身，钧部统筹全国教育，素以平均发展为原则，自不致强分轩轾，有所轻重。兹经本院学生自治会呈请并经全体教职员集议，询谋金同，拟请将本院定名为国立西北师范大学，发展西北师范教育，以副大部注重西北文化之至意。

溯自二十六年抗战军兴，北平师大奉令西迁，于国立北平大学及国立北洋工学院合组西安临时大学；翌年再迁城固，改为西北联合大学；二十八年八月奉令独立设置，改称国立西北师范学院；二十九年起，奉令逐年迁兰，至三十三年始迁移完竣。三十四年八月，抗战胜利，教育复原，本院师生曾发动复校运动，钧部以西北地区辽阔，师范教育至关重要，于三十五年明令成立北平师范学院外，仍令本院继续独立设置，负造就西北中等学校师资之重任。本院一部分教职员调赴复员北平，一部分教职员仍留西北，自前清光绪二十八年京师大学堂成立之师范馆迄今四十五年，本院实一脉相承。

钧长亦曾认定本院为北平师大之后身，且本院现设有十一系二专修科，可分为文学院（包有国文、英语、历史三系）、理学院（数学、物理、化学、博物、地理五系）、教育学院（教育、体育、家政三系）及劳作、体育专修科，与《大学法》第五条之规定相合，于前北平师大及前北平师院完全相同，今北平师院奉令改大，本院似应同时改定名称。

查本院教职员大部分系由北平师大随校西迁，迄今十载，其所以固守岗位，备尝艰苦而不辞者，无非欲谋教师之发扬，贡献国家。今北平师院已改大，本院如不定名为国立西北师范大学，不仅全体教职员深感失望，及全体学生亦不免群情惶惑。拟恳钧部顾念情理与事实及西北需要，准予将本院定名为国立西北师范大学，俾得发扬光大，奠定西北教育，无任迫切待命之至。

国立西北师范学院全体教职员：胡国钰等人同叩

据当时新闻媒体报道："国立西北师范学院，近为恢复师大问题，全校各处墙壁均张贴标语，并发动全校师生签名，向教部要求恢复'师大'……按此间师院，为北平师大后身，今北平师院恢复大学，西北师院即具有同等资格，自应享有同等待遇，故该院学生，对此问题，极为重视，已向教部力争，以求圆满结果云。"[1] 但是，西北师院的努力并没有获得圆满结果。

三、地下党组织的活动[2]

1939 年教育系招收的新生中有一名地下党员孙济，是西北师院的第一个党员。1940 年及以后发展了王伦（王志宏）等 4 人，便成立了西北师院

---

　① 见大河社讯：《师院要求恢复师大》，载《甘肃民国日报》，1948 年 10 月 24 日。
　② 本小节参考了王明汉、衡均编写的《西北师范大学校史》（青海人民出版社，1989）第 21 - 26 页的相关内容。

的第一个地下党小组，孙济任小组长。在地下党领导下，中华民族解放先锋队队员曾经办过《展望》和《行列》等进步壁报，但或被查禁，或被撕毁，都无法继续下去。还成立了读书会，组织政治经济学、哲学、文学等学习小组，阅读进步书籍，听取李达、侯外庐、曹靖华等进步人士的演讲。通过党组织，还能得到从延安送来的报纸、杂志，了解国内外局势发展的真实信息，如《新华日报》被查封、皖南事变真相等。党小组除在党内组织学习外，还积极纠正进步力量中的错误思想，揭露国民党的欺骗宣传。当时学校的反动组织和反动分子，对学校进步力量及其活动，经常进行破坏。双方吵闹、辩论、斗殴、撕壁报、贴标语的事时有发生。

1943 年，国民党顽固派掀起第三次反共高潮，各校的潜伏特务也纷纷出动，配合反动军警，不断逮捕共产党员和进步分子。在这种情况下，共产党员转入地下斗争，停止一切半公开活动。因估计到敌人要在学生毕业时捕人，党支部决定让党员提前分批疏散。结果仍有 5 名同志（西北师院 2 名）先后被捕，其中 1 名死于狱中。从此，城固地区学校党的组织被彻底破坏，直到迁校完毕，始终没有恢复起来。

1941 年西北师院兰州分院招收的第一批新生中，有两名地下党员：范山（刘生智）和李齐夷。1942 年招收的新生中又有 5 名地下党员。7 名党员成立了中共西北师院兰州分院党支部，范山任支部书记，江明贞（女）和王积忠分别任组织委员和宣传委员。1943 年因范山要离开学校，支部进行了改组，由江明贞任支部书记，王积忠和李齐夷分别任组织委员和宣传委员。这个党支部团结进步学生，在非常困难的环境中做了不少工作。但由于特务的侦察和告密，1942 年年初，进步学生齐益民和朱澄被甘肃省国民党调统室逮捕。[①]

1943 年，甘肃省中共早期领导人张一悟以数学系教师陆润林伯父的名义住在西北师院教师宿舍，指导地下党组织和进步青年的活动。1943

---

① 当时支部的领导都来自陕西，根据当时实行的异地领导原则，这个支部直接接受西安青委领导，未和兰州地下党发生关系，故无法营救两名被捕学生。两名被捕学生直到 1945 年 1 月才被释放出来。

年暑假，在地下党支部领导下，几名党员和 20 余名进步学生组织了一个秘密的"山阳读书会"，由地下党员李齐夷负责。这个组织以读书会的名义学习进步书刊，讨论国内外形势，团结进步同学，成了吸收党员的预备学校。经过山阳读书会的考察和教育，后来被吸收入党的有八九人。1944 年春天，还在兰园开办了"北辰书店"，由地下党员郭松茂、韩其昶、李齐夷主持。经费由参加者按当时有限公司组织法人股集资，每股500 元，共集资 400 股左右。入股者共 120 多人。1944 年暑假以后创办了进步杂志《新地》和《读书月刊》。两个刊物均由北辰书店经销。《新地》还得到郭沫若同志的支持，他曾写信鼓励并题写了刊头。两个刊物都出了两期，准备出第三期时，因为编辑负责人被逮捕或被迫出逃而停刊。① 北辰书店的工作也受到特务监视，于 1945 年被迫关门。1945 年 1月 16 日凌晨，国民党出动了军、警、宪、特，逮捕了地下党员郭松茂、李齐夷、袁方、韩其昶和国民党员薛天纲。被捕的五名学生被关押在兰州大沙沟中统特务的秘密监狱西北看守所，直至当年抗战胜利前后才先后被释放。② 同年 7 月，西北师院地下党员金滕、郝璘和进步学生王积印，因在《景泰通讯》刊物上发表《送穷鬼文》等文章，揭露国民党的腐败，宣扬民主进步思想，特别是揭露景泰县县长和其他官吏的贪污腐化，引起了当局的仇视，遂被逮捕，关押在大沙沟秘密监狱，后又转到甘肃省保安司令部看守所。因保安司令部医官王焕文（王和三位被捕者是老乡）借给副司令丁某及子女看病之便，说情具保，才得以释放复学。③ 这次逮捕之后，学校地下党支部遭到严重破坏。当年 5 月，江明贞

---

① 郭松茂等：《西北师范学院地下党概况》，范山《兰州西北师范学院地下党的组成和对敌斗争》，李景曜《一九四二年至一九四六年西北师院中共地下党开展工作简况》。转引自：王明汉，衡均. 西北师范大学校史 [M]. 西宁：青海人民出版社，1989：23 - 24.

② 郭松茂等：《西北师范学院地下党概况》。转引自：王明汉，衡均. 西北师范大学校史 [M]. 西宁：青海人民出版社，1989：23 - 24.

③ 《送穷鬼文》中有这样一段："夫今日何日耶？乃资本主义行将灭亡，社会主义行将兴起之日也。大势所趋，沛然莫之能御……"详见王焕文：《营救西北师院被难同学回忆录》。转引自：王明汉，衡均. 西北师范大学校史 [M]. 西宁：青海人民出版社，1989：23 - 24.

离校，支部工作交由李修成和李景曜负责。他们两人于 1945 年 5 月恢复
了山阳读书会活动，在发展会员、教育考察的基础上，吸收党员数名。
抗战胜利后，兰州市反动当局发动过一次"反苏游行"，学校停伙，要求
全体学生参加。地下党员动员同学们进行抵制，进步学生宁肯不吃饭，
也不去游行。闻一多、李公朴被害的消息传来，学生中曾开过小型座谈
会，出过一些壁报。但因国民党蒋介石撕毁"停战协定"和"政协协
议"，内战即将全面爆发，白色恐怖进一步笼罩学校，革命行动受到极大
限制。1946 年 5 月，李景曜等四名地下党员和进步学生又被中统特务逮
捕入狱。以后党员所剩无几，进步力量的活动暂时沉寂下来。[①] 直到 1948
年，在甘肃工委所属陇右工委领导下，才重新建立了西北师院地下党支部，
支部书记是教育系学生何荩臣，工作又有所开展。这个支部根据陇右工委
关于"宣传大好形势，宣传党的各项政策，物色对象，发展党员"的任
务，做了不少工作，发展党员 20 名左右。1949 年夏转由皋榆工委领导。[②]

　　在西北师院的进步力量受到严重打击的情况下，当时任西北行营主任的张治中将军，对西北师院师生深表关切。他 1946 年为毕业生题词："蔚此嘤鸣，时艰共济"。1948 年为毕业生题词："济济英才，邦国之桢；穷年兀兀，学以告成。菁莪造士，朴椷作人；杏坛施教，克展经纶。"1948 年春天，张治中将军来到西北师院大礼堂，向师生作"世界需要太平，中国需要和平"的演讲，表达他关于和平解决国内问题的主张。演讲会开始，张治中

◎张治中将军为国立西北师范学院题词

① 郭松茂等：《西北师范学院地下党概况》，李景曜：《一九四二年至一九四六年西北师院中共地下党开展工作简况》。转引自：王明汉，衡均. 西北师范大学校史 [M]. 西宁：青海人民出版社，1989：25.

② 牙含章：《关于西北师院地下党"所询问题的答复"》。转引自：王明汉，衡均. 西北师范大学校史 [M]. 西宁：青海人民出版社，1989：25.

将军健步走向讲台，他把军帽放到讲桌上，激动地说："我把'二尺五'放在这里，我今天不是作为国民党的高级军官在这里讲话，我是作为你们的临时教授、作为学者作演讲。"张治中严肃而幽默地警告特务说："你们写报道写报告的，请不要写了，如果你们要写，把我今天的讲话透露出去，说我在此呼吁和平，我张治中不承认。"当时西北师院大礼堂没有座位，大家都站着听讲，张治中一开口，会场上立即鸦雀无声。接着张治中将军从口袋里拿出几张纸晃了晃让大家看，上边只写着几个看不清的大字。张将军说："这是我的讲稿，也是我今天讲话的'夹带'。"张治中将军从他在欧美等国的旅游观感、世界人民的生活，讲到世界不能再打大战了，并痛批英国丘吉尔首相执行的狡猾外交政策，主张与苏联友好等。他讲到国内形势时，谈到报纸上，称共产党为"共匪"时，说"共"字后边的那个字，他不认识，三笔一个框框，里边是一个"非"字，经请教别人，他才知道："匪者匪之非也，非匪也。"他在报告中主张国共划江而治，两党和平竞争，看谁认真地执行了自己的政治纲领，看谁执行得好，让人民来判断。在评论国内战争形势时，他说，东北战场，已没什么可说了，黄河以北地区，大势已去，长江黄河之间，你进我退，我进你退，胜负难分，在长江以南，也有所谓的"土共"活动，在南京附近，也有了共产党的游击队在活动。谈到国、共两军战斗力的比较时说：国民党军队打八折后，再打八折，再打八折才可以和共产党军队的战斗力相比。他解释说：第一个八折是吃空。部队的编制是一万人，但实际人数，只有八千，这20%的军费被贪污了。第二个八折是克扣士兵粮饷。如士兵的粮饷是一元，只发给士兵八角，士兵的20%粮饷，进了长官的腰包。第三个八折是强拉壮丁。大家都看到，部队开往前线时，有不少士兵用绳子捆绑，串在一起，这样上战场的兵，还能有战斗力吗？所以还得再打八折。在讲到重庆的政治协商会议时说："重庆政治协商会议的破坏，责任不在共产党一方，这一点别人不敢说，我张治中敢说。"他还问在场的师生中"有没有和润之（毛泽东）有联系的，如有，请代我问好，我和润之是好朋友。有和陈赓他们通信的，也请代我问好。我不是不能通信，在兴隆山架起电台即可，但我不能这样做。"张治中将军的报告用了两个上午的时间，有五六个小时。他的演讲真诚生动、风趣幽默，赢得了全场师生的热烈掌声，也在师生中产生了巨大的影响。[①] 此后，西北师院关于时局的报告和演讲活动活跃起来，有一次李化方先生讲演，抱来一捆报纸，一条一条宣读中央社的"战报"，让数学系的学生加国民党宣布的"共军"参战人数和被"国军"歼灭的"共军"人数，结果"被国军歼灭的共军"人数超过"参战共军"人数20余万人，这就是说，"共军"已被全歼，且多歼灭了20余万人，但是战场形势却是"国军"节节败退，长江快守不住了。

四、"三二九"学生运动

从1941年10月起，西北师院每年都要调查一些日常用品的物价上涨指数情况汇总上报，据这些物价指数表记载，中等面粉1941年每市斤为2.50元，到1944年12月上涨为每市斤75.56元，到1946年5月涨至每市斤184.45元；大米由1941年10月的每市斤28.17元涨到1946年5月的每市斤2055.84元；猪肉由1941年10月的每市斤5元，到1946年5月涨至每市斤833.98元；鸡蛋由1941年10月的每个0.24元，到1946年5月涨至每个48.89元；白糖由1941年10月每市斤9.45元，涨至1946年5月每市斤1833.34元；同一种普通布匹，1941年10月每市尺1.6元，1946年5月每市尺1921.20元；一块肥皂由1941年的3.25元，涨至1946年的637.98元；一支牙膏由1941年的8.25元，涨至1946年的1355.55元。[②] 据当时在西北师院工作的教职员回忆，当时在院长办公室工作的孔先生是单身，平常生活不发愁，有一次他将当月发的工资放在箱子里忘了，到月底想起来取出，发现已经贬值到只够买一包香烟。

---

① 李哲芳. 张治中在西北师院的一次演讲 [J]. 纵横，2007 (4).
② 见1941年10月份和1946年5月份甘肃省政府统计室检送《兰州市公务员生活费指数报告表》数据。西北师范大学档案馆馆藏档案，档案编号：民国档案33号全宗0259卷。

而另一位老师因生活拮据，将自己一件未曾穿过的粗呢大衣托寄卖所出售，当时谈妥售价，待衣服售出取到钱时，已经贬值到只能买一副扣子![①] 1947 年起，甘肃实施"以国防思想为中心"的省政，导致甘肃经济崩溃。而整个国民党统治区的经济危机，又进一步使甘肃物价飞涨，工商业破产，农业歉收，人民生活极端贫困。从 1948 年 8 月 20 日到 1949 年 3 月 31 日，兰州的粮食价格上涨约 3000 倍，肉类价格上涨约 4000 倍，布匹价格上涨约 5000 倍，物价平均每月上涨 400 倍至 700 倍。[②] 失业者在死亡线上挣扎，公教人员则在饥饿线上挣扎。

1949 年，解放战争即将全面胜利，但国民党甘肃当局却仍然扩军备战，除扩充保安团等地方武装外，还组建了 2 个正规军和 1 个正规旅。由于国民党中央发行的纸币大幅度贬值，从 2 月起甘肃人民已经拒用纸币，使国民党中央以提供钞票的方式对甘肃的财政支持无济于事。3 月初，国民党甘肃省政府为了筹集解决军费、维持统治的资金，提出向甘肃人民发行 500 万银元的所谓"建设公债"的提案，经省参议会"修正通过"了发行 300 万银元建设公债的议案。3 月 22 日，省财政厅召开会议，决定 4 月间发行。同时，省政府通知各地专员、县长来兰州开会，准备布置建设公债的发行任务。[③]

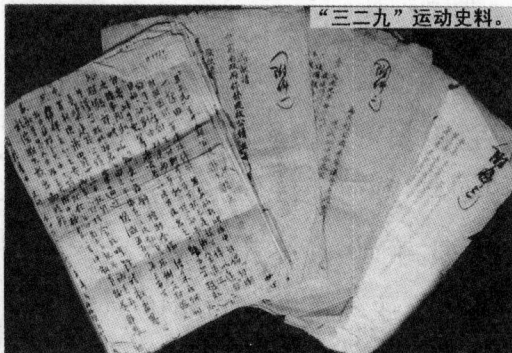

◎1949 年 3 月，西北师范学院甘肃籍学生发动反对国民党甘肃省政府发行 300 万银元建设公债的"三二九"运动，取得胜利。图为运动期间起草的请愿材料。

消息传到西北师院，在假期亲眼目睹了人民贫苦生活状况

---

① 华林之岳 1921. 初为人母（30）坑民的金圆券与丧子之痛[EB/OL]. 2006 – 07 – 20[2012 – 08 – 28]. http://blog. sina. com. cn/s/blog_499375990010004zc. html.

② 丁焕章. 甘肃近现代史 [M]. 兰州：兰州大学出版社，1989.

③ 丁焕章. 甘肃近现代史 [M]. 兰州：兰州大学出版社，1989.

的学生义愤填膺，一些共产党员和进步学生经过酝酿"串连"，用"快邮"、"代电"、"通告"等各种方式提出抗议，号召大家起来反对。曹希智、郑国祥、姜锐、胡荣先、梁启文、杨鸿儒、常彦秀等同学，贴出了由郑国祥起草的《请愿书》，发动学生签名。徐成年、韩跃南、王鸣和等人则贴出了由徐成年起草的《告全院甘肃同学书》。张世恒、俞存丙等贴出了《抗议书》。陇右工委师院支部委员会多次开会研究形势、布置工作，他们派何荩臣、史进奎、姬嗣发拜访进步教授李化方、冯国瑞等，听取他们对当前所开展斗争的意见，在多方征求意见的基础上决定通过甘肃同学会开展工作。3月27日下午，甘肃同学会在学院大礼堂召开大会，会上怒潮澎湃、群情激愤，一致决定于3月29日在兰州市举行反剥削示威大游行，并决定联络兰州各大专院校和中学学生一起行动。大会还选出领导人，组成"反剥削行动团"和它的工作机构——组织纠察股、联络股、宣传股等，分别进行游行的准备工作。

国民党甘肃省政府得知西北师院学生准备游行示威的消息，十分惊慌，急忙于3月28日下午派教育厅厅长宋恪、财政厅厅长李子欣来到西北师院作"说服"工作，遭到学生的围攻、质问与驳斥，被弄得理屈词穷，在极为狼狈的情况下被轰出师院。而他们乘坐的小车被愤怒的西北师院和附中师范部的学生砸毁在十里店宪兵队门口。

3月28日晚自习时间，在当时师院最大的第13号教室举行游行动员大会。郑国祥（组织纠察股负责人之一）等几个人在讲台上发表了言辞激烈的讲话。他们说：

◎西北师范大学编印的《"三·二九"学生运动简史》

"饱经抓壮丁、纳粮、苛捐杂税和各种徭役蹂躏而在极端贫困线上挣扎的甘肃人民，怎么能再经得起这种灾难性搜刮呢！人民已到了最危险的时候，我们这些热血青年们为了捍卫人民的利益，必须万众一心，勇敢地参加明天的反剥削示威大游行，彻底反掉三百万银元的'建设公债'，不达目的，誓不罢休！"① 会后，去各校联络的同学就连夜出发了。宣传股的同学连夜油印《告各界人士书》《我们的要求》等。高维天等给《义勇军进行曲》填写游行时唱的"新歌词"。

1949年3月29日早晨，国立西北师范学院的操场上集合了500多人的游行队伍，由张四维、赵敦生等同学领队，高举"国立西北师范学院反剥削大游行"的巨型横幅向城内进发。行至十里店时，附中、师范部和乡村师范的不少学生也加入队伍。队伍行至徐家湾，进行了修整，要求大家在百倍警惕中大胆前进。队伍通过黄河铁桥到了桥门街，与兰州大学、兰州女中、兰州助产学校等校的学生汇合后，向省参议会、省政府进发。

当队伍挺进到省参议会时，为了对这个通过"发行三百万银元建设公债"提案的所谓"民意"机构进行惩罚，愤怒的学生们一拥而上，一举捣毁了参议会前门上的匾额，然后冲进大院，砸了一些参议员宿舍的门和窗户玻璃。捣毁省参议会并留下传单、质询材料后，游行队伍涌向省政府广场（辕门广场），只见几十名荷枪实弹的宪兵肃立省政府门两旁，如临大敌。游行队伍除派代表进入省政府递交《抗议书》和《我们的要求》，限24小时内答复外，还围绕广场进行各种示威活动，"甘肃人民要活命"、"反对三百万公债的发行"、"打倒郭椭椭"（椭椭为甘肃人对银元的俗称，郭椭椭指当时甘肃省主席郭寄峤）、"打倒郭椭椭的走狗"等口号声此起彼伏，震耳欲聋。散发传单、书写标语等活动，也达到高潮，不少学生大声向周围群众发表演说，揭露省政府发行三百万"建设公债"，妄图进一步剥削、掠夺甘肃穷苦老百姓的罪行，并呼吁各界人士共同起来斗争。

---

① 张翔."三二九"学生爱国运动［M］//刘基，丁虎生.西北师大逸事.沈阳:辽宁人民出版社，辽海出版社，2001.

结束在省政府广场的示威活动后，队伍便沿酒泉路北上，直到南关什字，才兵分多路，其中一路去贤后街参议长张维公馆，张早已逃匿，队伍开始返校。另有部分代表赴兰州大学开会，商议下一步计划。当晚，成立了"兰州市甘肃同学联合会"，选举西北师院的李奋、安履泰和兰州大学的缑钧、龙家瑞等人为理事，提出"停止发行建设公债、停止征兵征粮、停止转嫁征收土地增值税、停滞砍伐莲花山木材及妥善处理陇东问题"等6项要求，并决定省政府如不答应，将于4月1日举行规模更大的游行。

3月30日，兰州各报都刊登了"三二九"学生示威游行的消息，并报道说："省参议会二十九日连夜举行会议，通过了撤销发行建设公债的决议"，"参议长张维提出辞职"。当天，国民党甘肃省政府函复西北师范学院："前日有贵院等甘籍部分学生，以兰州市甘肃同学会名义呈请停发建设公债前来，

◎ "三二九"运动期间，甘肃省政府对学生请愿事项的书面答复。

当经本府发言人在报端公开答复，本日又有贵院等甘籍学生十四人来府，提出六项请愿，兹分复如下，即希转达各生为荷。（一）建设公债，因事实上执行困难，业经决定停办。（二）征兵征粮，属全国性问题，立法院正在研拟办法，应候中央命令办理。（三）土地增值税，系根据国策、国父遗教及中央法令办理，限于少数大城市之地主负担，已规定严格防止转嫁，并与乡村农地无关。（四）（五）两项陇东问题，业经分别结束改善，详情已在代表请愿时面告。（六）莲花山伐木，系作文化会堂及助产学校、工业学校、兰州据点中学等用。"

31日下午，省政府派甘宁青考铨处处长水梓到西北师院答复：省政

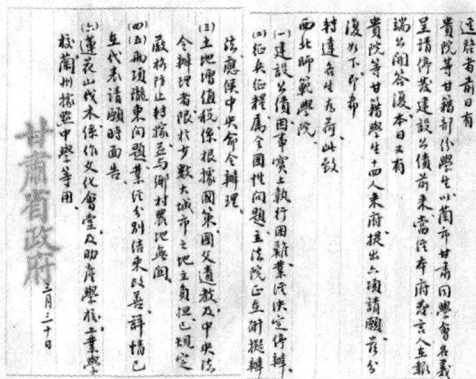

府接受停止发行建设公债的要求；其他六项要求，均可函咨办理。学生代表又提出：省政府要登报申明取消发行建设公债；对"六项要求"要具体答复；召集来兰州开会的全体专员和县长由学生代表训话，限当天晚上答复。4月1日凌晨，省政府派兰州市市长孙汝楠到西北师院答复：省政府接受全部补充条件，只有对专员、县长的"训话会"希望改为"专员、县长招待会"，名义上好听一些。学生代表同意了孙汝楠的提议。4月1日，兰州各报刊文，甘肃省主席郭寄峤以答记者问的形式接受学生要求，取消发行公债，并说"我个人才德不够，愿意让贤"。4月3日，在省参议会礼堂举行了专员、县长招待会，会议由西北师院学生李奋主持，先后有缑钧（兰大）、安履泰（师院）、陡剑民（师院）、李泽（西北农专）、李蔚英（师院）等八名学生发言，他们向专员县长宣布了这次学生运动的起因和目的，并警告他们认清时局，为自己留条后路。"三二九"学生示威游行取得了胜利。

在"三二九"运动的影响下，临洮、靖远、张掖、武威、民勤等地相继发生"抗粮、抗丁、抗捐"斗争。运动还波及青海，发生了王亚森

◎三二九学生运动纪念碑

等人组织的"反马（步芳）"斗争。当时群众用花儿形式唱道：兰州的学生们反了，老百姓跟上（着）来了，不当壮丁不纳粮，三百万公债（哈）免了。[1]

"三二九"运动的胜利，使甘肃穷苦人民免遭了一次掠夺性灾难，还直接打击了国民党在甘肃的反动统治，有力地配合了中国人民解放军进军西北、解放兰州行动，在甘肃学运史上写下了光辉的一页。为此，西北师大在文科楼前竖立了"三二九学生运动纪念碑"。

---

① 王明汉，衡均.西北师范大学校史［M］.西宁：青海人民出版社，1989：31.

五、新中国成立前夕艰辛维持

易价先生就任西北师院代理院长以来，面临着教职员和生生活无法保障的内战局面，学校办学困难加剧。国民政府教育部的权威日益衰微，学校向教育部的各种呈文，不是石沉大海，就是不允所请，偶尔出台相关政策回应基层呼吁，也是杯水车薪。1946 年 3 月，李建勋先生任理事长的兰州国立各院校馆教职员联合会呈文教育部，对教职员生活状况的表

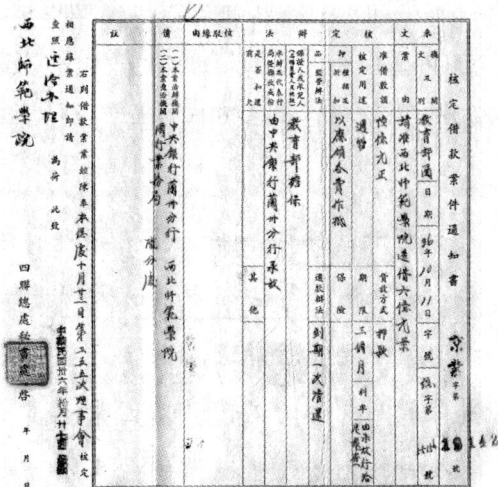

◎1947 年 10 月，为维持学校运行，西北师范学院向中央银行兰州分行透借贷款 6 亿元。图为银行借贷通知书。

述是："本年一月份，兰州物价指数即以食粮为例，已较战前增高近三千倍，公教人员待遇，最近虽经政院重加调整，仍不足三百倍，生活水准，即降至极低，亦无法维持。"因此请求按照物价指数调整生活待遇，"以期合理，而免冻馁"。在请求兑现"胜利奖金"的呈文中说："我教育人员，生活向极清苦，战时薪给所入，仰事俯畜，时虞不给，啼饥号寒者有之，举债度日者有之，典衣质物者有之。"[①] 1947 年 2 月，为维持生活，学校出现"寅吃卯粮"状况，已将本年度 3 月至 5 月的经费透支垫付。1947 年 10 月，为维持学校正常运转，经请示教育部同意担保，以学校应领各种费用作抵押，向中央银行兰州分行透借 6 亿元。1948 年 7 月，国立西北师院、兰州大学、西北农专、兽医学院、甘肃科学教育馆、兰州图书馆等 6 个国立院校馆，联合请求教育部支持向银行无息贷款 5000 亿元，作为

---

① 兰州各国立院校馆教职员联合会《请调整公教人员生活待遇给教育部的电文》和《请求拨发教育人员胜利奖金给教育部的呈文》，见西北师范大学档案馆馆藏档案，档案编号：民国档案 33 号全宗 0362 卷。

生活救济费，但"四行联合办事处"理事会议议决：所有以预算指抵之借款，应予停止。因此，学校再次通过贷款维持生活的途径也被堵死。

1949 年 4 月 8 日，易价先生呈文请辞，从这份充满忧愤的辞职书中，我们可以看出抗战胜利后学校办学的艰难与辛酸。

窃价以身体羸弱，精力疲惫，不堪胜任繁剧，曾于民国三十五年八月依照教育法令申请退休，旋奉大部指令，内闻："查易教授在校职务重要，所请退休一节，应暂从缓议，"迄今又将三年矣。本拟暑假期届，再请退休，乃因素患贫血，失眠加剧，衰弱亦甚，长此勉强支持，必致贻误学校。重以近来时局动荡，财政枯竭，政府迁移疏散，政务停滞，又因西北交通梗阻，汇兑迟延，本院应领经常费、员工薪津及学生公费等，往往稽延日久，员生工警生活无法维持，精神苦闷，情感刺激，少数学生行动，遂致逾越常轨，如催发各项公费，或部分本籍学生干涉地方行政，多有操之过急，不依正当手续，少数学生匿名揭帖、侮慢师长，经教授会议决罢教三日，以示惩戒在案。教职员方面，心情亦不安定，最近少数教授因薪津不能按时发足，不得已单独罢教，其余最大多数同仁，则茹苦含辛，勉强从公，痛苦亦甚。政府分配经临各费，对于西北常多偏枯，以为无足重轻。教职员待遇生活，固远不如京沪及东南各大都市，即啼饥号寒（去年煤炭费至今未发），亦充耳不闻，熟视无睹。

价日前分别晋谒李（宗仁）代总统、贾（景德）副院长及钧座（杭立武），陈述西北人民怀疑"中央究竟要不要西北"。教育界人士，亦同此感想，因之本院教授时常求去，职员时常请辞，工警亦请愿罢工。凡以上所举各情形，胥由价诚信未孚、材力绵薄、奉职无状、领导无方所致，抚躬自问，无以对学校，无以对地方政府及社会人士，更无以对国家培养西北优良师资建设西北文化教育之至意。应即引咎辞职，调养病躯，免致艰难缔造之西北高级师范教育学府纯朴勤谨之校风，因生活压迫精神苦闷之故毁于一旦。敬祈迅予核准，另聘贤能接替，以重校务，无任迫切待命之至。①

1949 年 4 月 20 日，国民政府教育部发出一份《勉励教育界同仁尽教育之责》的训令，说："政府已军情紧迫，预为疏散，本部奉令南移（广州），播迁转徙，公务不免延搁，经费划拨，未易及时办理，而物价波动，瞬息数变，遂令各校员生生活益感困难，加之时局动荡，人心浮动，致校务间有停顿，学风日趋败坏，其影响于教育前途，实深且钜。"这份勉励尽责的训令，要求各学校的管理者为教育学术及下一代青年前途计，体念时艰，坚守岗位；要求各校学生潜心攻读，严守纪律。实际上，国民政府教育部已无力维护教育局面，更无力维持正常的学校教学秩序。

1949 年 5 月 3 日，"四联总处"通知："查各院校向本行透支款业于四月三日到期，前经函请归还在案。"以后由教育部与总行签订借款合约，实行"统借分拨"，而以前所有借款的本息由银行从教育部分发的经费中"扣还"，要求各院校将以前透支款及垫借款项全部归还。但对学校来说，教育部以前拨付的各种款项，经银行提取总是稽延一至数月，在物价飞涨的情况下，使

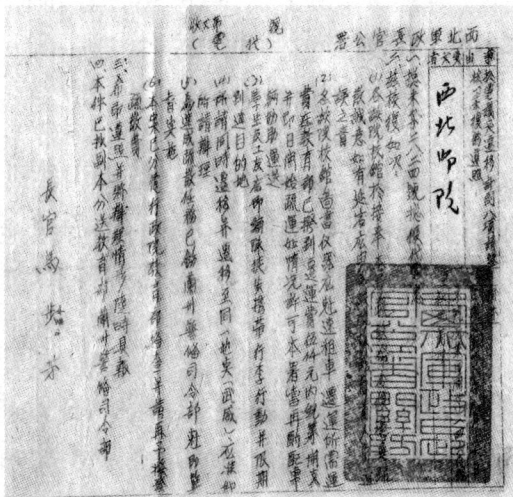

◎1949 年 8 月，马步芳为实行"兰州会战计划"，命令西北师院"完成疏散准备，开学日期听候指示"的通知。

---

① 《易价呈请辞职敬祈迅予核准另聘贤能接替由》，见西北师范大学档案馆馆藏档案，档案编号：民国档案 33 号全宗 0066 卷。

币值大幅减低；同时，教育部基本上不能保证足额拨付经费。这样，还款就是雪上加霜。西北师院 3 月份垫发 350 万元经费，而实际支出 6500 余万元，垫发数只合实支数的 1/19；4、5 两月垫发 2 亿零 7 百万，实际支出 27 亿 5 千余万元，垫发数只合实际支出数的 1/13。教育部"统借分拨"的办法使学校教职员生活费及学生公费等陷于无法补救的绝境。面对"本校院等点金乏术，员工不能枵腹从公，学生亦不能枵腹授课"的情况，西北师院院长易价、兰州大学校长辛树帜等在兰各国立院校长集体请求辞职。[①]1949 年 6 月 10 日，学校召开院务谈话会，几项议题均与生活相关，一是学校购储的 900 袋面粉的分配问题；二是由于经费奇绌，以致无法给从黄河驮水的牲口提供饲料，决定拍卖一部分，以减轻经费压力。

1949 年 5 月，中国人民解放军解放了西安，经过扶眉大战，逼近兰州。逃到广州的国民党政府紧急召开"西北联防会议"，制定"兰州会战计划"。马步芳连续颁布"严禁共匪活动"、"整顿学校风纪"、"户口联保"等法令，实行"破产保产，拼命保命，挽救危机，确保西北"的"三保"计划，命令重要机关向西宁和河西一带迁移。1949 年 8 月，教育部通知西北师院等在兰国立院校馆，"兰州军事紧急，各该院校馆疏散事宜已电请马（步芳）长官全权主持"。同时，马步芳命令西北师院提高录取新生标准，"重质不重量"，并"尅日完成一切疏散准备工作"，开学日期听候指示。紧接着命令西北师院迁往武威，并自行设法迁动。同时，西北军政长官公署通知各专科以上学校，要求学生以夏令营方式"集中受训"，不愿参训的学生不发主副食费，并须离校回籍。此举遭到西北师院学生的坚决反对，西北军政长官公署怕事情闹大，致函学校表示"贵院学生对此事发生误会，情绪不安，殊属有失原意"，特请学校向学生说明情况，使学生"安心就学"，原议"即可作为罢论也"。接着，又要求学校动员男女学生 150 名担任伤患看护工作，学生对此没有积极性，迟迟未能报够规

---

① 《为会衔电呈校务无法维持实况恳准辞职另派贤能接替以重教育由》，见西北师范大学档案馆馆藏档案，档案编号：民国档案 33 号全宗 0066 卷。

定的人数，而学校以"本院学生寄宿校外或城内者不少，以城郊交通困难，消息迟滞"为由，敷衍报名人数"未达到定额"的实际情况。

1949年8月7日，代院长严顺章主持召开院务谈话会，重点研究"时局动荡，本院员生眷属人口众多，应如何组织以达自卫目的"。讨论决定：（一）"本院师生以留居十里店绝不迁移为原则，其有自愿离校者，所有住房本院不予保留，各同仁应各守岗位，不得推诿责任"。（二）成立"合作委员会"，以院长和教务处、总务处、训导处主任为当然委员，将全院划分为十二个区，各区设区长一人，并请郭俊卿、马辑五、陈兆楠、孔宪武、董文朗、赵天梵、王本良、孙钰、张开运、史诚斋、梁荣庭、朱銮佐等先生为各区召集人，由各区同人推选区长，负责学校自卫工作。随着时局日益紧张，学校一面劝导教职员保持镇静，一面安排人员掘修防空壕以策安全。将重要图书、仪器、标本、文件等整装成箱，藏匿到水塔山下的地窖里保护起来，以防不测。从8月22日起，学校每日上午办公半天，实行签到，并奖励坚守岗位护校有功人员。

1949年8月26日，经过激烈的战斗，兰州解放了。中国人民解放军第一野战军司令员彭德怀、副司令员张宗逊、政治部主任甘泗淇和中共甘肃省委书记张德生等进驻兰州，随即宣布对兰州实行军事管制，正式成立兰州市军事管制委员会、兰州市人民政府、兰州警备区。兰州市军事管制委员会是接管政权的最高权力机关，主要任务是对兰州市的旧政权进行接管和改造。兰州市军事管制委员会下设财经、公安、公教人员处理、工资研究、公共房产管理、文教等6个委员会，分系统开展接管工作。兰州军事管制委员会下达接管西北师范学院的命令，特命辛安亭为军事代表，前来负责接管；要求西北师范学院所有人员各守原职，负责保护校内一切资材、图表、账册、档案，尽速恢复工作，并办理移交手续。8月30日，代院长严顺章主持召开院务谈话会，研究奉令移交事宜，并决定自9月1日起恢复全天上班办公，9月8日开学，15日正式上课。新中国成立后，西北师范学院迎来了新的发展机遇，进入了崭新的发展阶段。

一九四九年八月兰州解放后，国立西北师范学院投入人民的怀抱。中华人民共和国成立后，中国的社会制度发生了根本变革，中国高等教育迈入崭新的历史发展时期。西北师范学院在历经颠沛坎坷后也进入了一个稳定发展的新阶段。一九四九年九月国立西北师范学院由兰州军管会接管，一九五〇年三月，划归西北军政委员会教育部领导，一九五一年，经中央人民政府对各级学校名称核定后，更名为『西北师范学院』。一九五四年全国各大行政区裁撤后，西北师范学院直属中央教育部领导，为当时六个部属高等师范学校之一。一九五六年一月，中央教育部委托甘肃省人民委员会代管西北师范学院，一九五八年九月西北师范学院改名为『甘肃师范大学』，划归甘肃省领导，同年十一月七日正式使用『甘肃师范大学』校名。在这一时期，学校根据党和国家改造旧教育、发展新教育的要求，进行了一系列卓有成效的改造和整顿工作，使学校得到了较大的发展，办学实力明显增强。

第四章

改造整顿 实力增强

新中国成立初期的西北师范学院

第一节
改造整顿与学校发展

一、兰州军事管制委员会接管国立西北师范学院

1949 年 8 月 26 日，兰州军事管制委员会成立，辛安亭任该委员会文教处处长。[①] 8 月 30 日，兰州军事管制委员会向全市发布通告，宣布接管兰州地区各级公立学校，要求"迅速建立学校的新秩序，正式开学上课"。[②] 接到兰州军事管制委员会通告后，国立西北师范学院立即召开院务会商讨决议遵办清册事宜，9 月 1 日即向全院通知部署缮具清册工作，强调各注意事项。

> 1. 各单位移交清册一式三份，两份于九月十日前送文书组，一份自存；
>
> 2. 一切财产、文卷、仪器、标本、模型、图书等均截至八月三十一日止，内容应力求详实，必须与实际符合，不能稍有出入；
>
> 3. 在校学生名册亦照例填造（新旧学生分别造册）；
>
> 4. 清册一律用十行纸复写（铅笔一份自存），字迹务希整齐……

9 月 2 日，兰州军事管制委员会主任张宗逊和副主任张德生、吴鸿宾、韩练成、任谦联合签署军字第 54 号令，正式接管国立西北师范学院。命令如下。

---

① 甘肃省地方史志编纂委员会. 甘肃省志：教育志 [M]. 兰州：甘肃人民出版社，1991：511.
② 甘肃省地方史志编纂委员会. 甘肃省志：教育志 [M]. 兰州：甘肃人民出版社，1991：8.

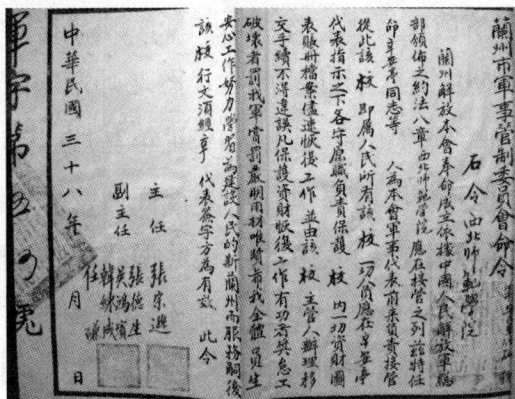

◎兰州军事管制委员会军字第 54 号令

　　兰州解放，本会奉命成立。依据中国人民解放军总部颁布之约法八章，西北师范学院应在接管之列。兹特任命辛安亭同志等人为本会军事代表，前来负责接管。从此该校即属人民所有。该校一切人员应在辛安亭代表指示之下各守原职，负责保护校内一切资财、图表、账册、档案，尽速恢复工作，并由该校主管人办理移交手续，不得违误。凡保护资财恢复工作有功者奖，怠工破坏者罚。我军赏罚严明，用材唯贤。希我全体员生，安心工作，努力学习，为建设人民的新兰州而服务。嗣后该校行文须经辛代表签字方为有效。此令！

　　辛安亭（1904—1988），山西离石人，著名教育家。1935 年毕业于北京大学历史系，曾在陕甘宁边区政府教育厅工作多年，新中国教材编写的开路人。1949 年 8 月兰州解放后，作为军事代表主持接管了国立西北师范学院等 4 所高校，后来担任甘肃省文教厅厅长、兰州大学教务长、人民出版社副社长、副总编，兰州大学党委副书记、副校长等职，还创办了甘肃教育学院。

　　兰州解放时，前国立西北师范学院院长易价

◎辛安亭

已于 1949 年 7 月离校前往广州，物理系主任严顺章教授代理院长。

严顺章，生于 1904 年，浙江镇海人，西北师范学院物理系教授兼系主任，光学专家。曾留学德国和瑞士，1934 年在瑞士苏黎世大学取得博士学位，和著名物理学家周培源系同学。曾任武汉大学物理系教授。在瑞士留学时完成"避免多普勒效应的水银共振线"的研究，发现光波波长变动的测定可到 10^{-7} A°，论文发表在瑞士物理杂志上。新中国成立前曾在军工厂任职，参与武器研制，解决了光波干涉仪测精和长度问题，长于光谱线精细结构分析。1947 年 3 月来校任教，曾代理院长一职 3 个月。

严顺章同全院师生一起，热烈拥护兰州军事管制委员会的接管命令。因为事先已有部署安排，经全院各部门共同努力按时完成了缮具清册工作。学院各部门的移交清册翔实齐全，共计四十一册，于 1949 年 9 月 13 日按命令要求向兰州军事管制委员会（以下简称"兰州军管会"）移交了国立西北师范学院的资财、图表、账册、档案等。

9 月 27 日，兰州军管会按照移交清册所列内容开始进行点验，接管国立西北师范学院。为协助清点工作顺利完成，学校专门成立了协助接管委员会，博物系系主任孔宪武教授任主任委员，段基宏为副主任委员。该会分为财经组、教具组、校产组、人事组和特种组等几个组，每组都包括一名组长和两至三名组员。参与清点工作的师生本着保护学校财产、不使破坏损失的原则，工作认真负责，发现错误及时报告改正。例如，庶务组部分的移交清册中列有地毯一条，此物原为附中所有，在造册时承办人员误列为学院的财产，重复出现，查明原因后及时上报文教会教育处说明情况，予以更正；图书馆馆员罗文瀋发现在清点中文图书工作中累计总数时遗漏了 113 部（共 206 册），立即上报学校，并据实向文教处补报。

国立西北师范学院附属中学也专门成立了协助接管委员会，该会由九名学生、三名工友、两名职员和三名教员组成。9 月 28 日单独向军管会呈交清册、教职员和学生名册等。

对于国立西北师范学院的接管工作，兰州军管会采取"迅速建立学校的新秩序，使教职员安心工作，学生安心学习"的方针，教师、职员和工警，除极少数反动分子外，一律继续工作。学校事业费包括工资在内照旧拨付，"维持原有学校"。学校较快地恢复了正常秩序，继续培养人才；教师也打消了疑虑，安心教学和研究。兰州军管会经过接管工作时的清点移交，摸清学校各项情况之后，立即开始了初步的整顿和改造。

1949年10月，代院长严顺章呈请辞职照准，兰州军管会委派李化方教授代理院长；胡国钰教授请辞教务主任一职照准，委任博物系系主任孔宪武教授代理教务主任。因总务主任汪如川教授计划外出进修一年，委任劳作专修科主任果沈初代理总务主任，同时成立了院务委员会。院务委员会由九人组成，除院长及教务、总务两处主任外，另选教授副教授共二人、讲师助教一人、职员一人、学生二人组成。新成立的院务委员会行使管理国立西北师范学院的权力。

李化方（1898—1978），河北涞水人。著名教育家和经济学家。1919年毕业于北平民国大学经济系，1932年留学日本文理科大学教育系。1935年回国任河北教育厅第三科科长。1942年任国立西北师范学院教授，曾担任西北师范学院代理院长、副院长。后曾任西北军政委员会文教委员会委员、甘肃省政协委员、民盟中央候补委员、甘肃省民盟副主任委员等职。著有《五卅惨案调查记》《欧美劳作教学思想史》《甘肃农村调查》等。[1]

◎李化方

在辛安亭的直接领导下，学校的初步整顿和改造工作有序顺利地展

① 刘基，丁虎生.西北师大逸事［M］.沈阳：辽宁人民出版社，辽海出版社，2001：249.

开：取缔了校内国民党、三青团等反动组织；取消了学校训导制度，撤销了训导处及其下设的生活管理组和课外活动组；废除了导师制，取消了"国民党党义"、"公民"、"军事训练"等课程，撤销了军训教官；撤销了社会教育实验区和国民教育实验区两个附属机构。为了集中力量搞好学校教学工作，学校暂时停止了函授学校教学工作。

同时，为了加强改造旧学校所需要的政治力量，1949年年底成立了中国新民主主义青年团西北师范学院支部。[①] 1950年4月，西北师范学院中共地下党组织和20多名党员公开工作，加强了党对旧学校改造的领导力量。

此外，在全体师生工警中分别成立了学习小组及读书会，进行思想政治学习。参加者非常踊跃，热情很高，共成立了23个学习小组，5个读书会，每周开会一次，研讨革命文献及马、恩、列、毛等著述。学校还专门针对文化程度不高的工警成立了学习班，每晚上课两小时，先进行基本识字教育，再讲授革命理论。经过学习，全院师生对革命认识的程度得到了全面提高。

二、徐劲与"校政改革"

◎1949年12月17日庆祝国立西北师范学院成立47周年暨迎新大会合影照，图中的背景建筑即为建于20世纪40年代的学校大礼堂。

新中国成立初期的西北师范学院，设施十分简陋，政治情况相当复杂，学校的改造任务十分艰巨。由于当时学校经历了国民党反动政府的腐朽统治、摧残和战乱，普遍存在着人心不稳、思想复杂、师生生活困难等问题。在兰州军管会接管初期，对学校和知识分子的改造由于缺乏经验，操之过急，

① 见西北师范大学团委团史编辑小组：《西北师大共青团史》第2页，1990年8月，内部印行。

又缺乏正确的工作方法，引起师生的不满。一些思想落后的人及心怀不轨者则乘机煽风点火，使学校领导和师生之间产生了对立情绪，以至于1949年年底校庆时发生了学生包围校庆宴会会场的事件。当时学生提出大量意见，并强烈要求代院长辞职。为此，兰州军管会曾派教育厅厅长辛安亭和省委宣传部部长赵守攻到学校亲自调处。事件虽然平息，但学生的不满情绪并未消除。一些心怀不轨者竟乘机操纵落后学生打击党团员和进步学生，提出要党团员退出学校；反对上政治课，反对参加政治学习，使学校秩序较长时间陷入混乱状况。为此，西北军政委员会教育部派徐劲同志以中共党员和教育部代表的身份来校协助工作。

　　徐劲（1894—1982），云南景东人，1934年10月加入中国共产党。1938年毕业于陕北公学。曾任陕甘宁边区政府教育厅代理秘书长、督学主任，陕甘宁边区行知中学校长，西北大学秘书长、文学院教授。1951—1958年在西北师范学院任职院长期间，在上级党委和政府的领导下，大幅度地进行系科调整和教学改革，全面建立和健全学校的各级领导机构以及各项规章制度等，对西北师范学院的改造和建设作出了积极贡献，深受全院师生的爱戴和敬仰。后历任中国科学院兰州分院副院长、中国科学院西北分院副院长等职。撰有《社会发展史讲授大纲》等著作。[①]

◎徐　劲

　　1950年7月，徐劲到西北师范学院工作，1951年4月，政务院正式任命徐劲为西北师范学院院长，同时任命李化方、徐褐夫为副院长。

　　徐劲刚到学校时，正是暑假，学校一片荒凉，而且很乱。许多教授已到其他学校任教，有些准备离开学校的教师正在十里店的街道上

---

　　① 刘基，丁虎生. 西北师范大学逸事［M］. 沈阳：辽宁人民出版社，辽海出版社，2001：176.

摆地摊，处理旧家具、书籍和衣服。李秉德先生晚年回忆他初到西北师范学院的情形时，这样写道："来到学校后，我首先看到的一种现象就是十里店马路两旁摆着几个地摊，出卖破旧家具，售主就是准备回内地的教师。"徐劲院长找到来校不久的李秉德，仔细询问了学校的有关情况。徐劲认为"学校存在的问题很多，一定要发动群众把问题的实质揭开，然后再研究如何处理和整顿"。于是，他在加强党的领导的同时，充分依靠广大师生，对学校秩序进行了大刀阔斧的整顿，开展了有名的"校政改革"。他集中一段时间，发动师生员工给学校领导和各个部门充分提意见，对正确的意见，尽可能给予解决；对不合理的意见或当时无法办到的事情，则加以说明和解释；对学校中层领导班子进行调整；对个别挑衅肇事分子进行了公开处理。他经常深入师生员工中和大家谈心，听取意见。他曾经说过："对群众的意见置之不理，是一种不尊重群众的高傲态度，真正的共产党人不能用这种态度对待群众。"这样，学校秩序很快得到恢复，党的威信得到了提高，为以后继续进行的行政机构和系科设置的整顿和改造创造了良好的条件。

◎徐劲院长在家里和学生谈话

随着学校的改造和发展，学校行政机构也进行了一系列较大调整。自1949年10月，裁撤人事室，其工作划归秘书室办理，设秘书室、总务处、教务处、教育研究所和附属机构；裁撤社会教育实验区、国民教育试验区和函授学校后，再经1950年5月整编，学校设办公室、教务处、行政处。教务处同图书馆、各系、附属学校委员会归教务长领导，行政处归院长直接领导。

徐劲院长到校领导校政改革后，于1950年10月撤销教务、行政两处，另设教务长、副教务长和总务长各一人，孔宪武教授代理教务长，李秉德教授代理副教务长，杨少松副教授代理总务长。当时各科室名称不规范，工作分工也不妥当，因此进行了重新调整：将教务科更名为注册科，生活指导科更名为教导科，事务科更名为庶务科，房舍校具管理科裁撤，所属工作移交庶务科，医务室更名为卫生科，文书、会计两科名称仍旧不变，新增了学生膳宿管理科，兼办教工膳宿。

1951年2月，代理总务长杨少松请辞，改聘教育系王明昭教授代理。6月，将原来设置的学生膳宿管理科裁撤，所属工作由庶务科办理，将注册科负责办理的出版工作划出，单独设置出版科。10月，孔宪武教授请辞代理教务长一职，经同意另聘教育系系主任胡国钰教授代理教务长；同时将各科改称为组，组设主任领导职务。教务处下设图书馆和教导、注册、出版三组，总务处下设会计、庶务和卫生三组；扩大秘书机构，10月9日秘书室正式成立，开始工作，下设人事、文书二组，原文书科隶属秘书室，改称文书组，聘李化方副院长兼秘书室秘书主任。

1953年，改秘书室为院长办公室，上级委派王军同志任院长办公室主任，另设有教务处和总务处。教务处有教务长和副教务长各一人，下设教导组、注册组、课业组和图书馆；总务处设总务长一人，下设会计组、庶务组、卫生组和生活管理组。

1954年3月，根据教学实习工作的需要，设立实习指导

◎按照"理论与实际相结合"的原则，学校非常注重实习环节，不管是平时的课业实习还是教育实习都很重视，因此，1954年专门成立了实习指导委员会。图为物理系的学生在实习现场学习内燃机的原理。

委员会，聘请李秉德、宋福僧、杨少松、吕方和王军同志等 5 人为委员，另聘景时春和胡德海为助理秘书。同时，电化教育室正式成立，开始办理电化教育各项工作，萧树滋为主任，马忠仁为副主任，电化教育室下设电影队。新成立的实习指导委员会和电化教育室两个机构均属教务处领导。6 月，文书组改称秘书组，仍隶属院长办公室。7 月，卫生组改为校医室。9 月，注册组改为教学行政组，将印刷室扩大为教材组。12 月，为了加强各系仪器的保管与检查，成立仪器管理委员会，专门负责有关仪器的一切工作，并聘请王明昭教授兼该会主任委员。

为了适应人事工作发展的需要，学校于 1955 年 7 月将院长办公室所属人事科划出，成立人事处。至此，作为学校行政机构中主要职能部门的一室三处即院长办公室、教务处、总务处和人事处均已成立，各处下属科室也逐步趋于健全。教务处下设教务行政科、教材科、图书馆、电化教育室及新增的教学设备科；人事处下设人事、学生两科，学生科即为原来的教务处所辖的教导科；总务处下设会计、基建、庶务、伙食管理四科及校医院。1955 年学校还成立了科学研究工作委员会和校刊编辑委员会。科学研究工作委员会设专人负责办理科学研究的有关事宜，由于科学研究任务日益增多，1956 年 7 月撤销科学研究工作委员会，成立了科学研究科，在主管副院长直接领导下专门负责办理科研工作事宜。1956 年学校成立了函授部。简明情况见 1956 年西北师范学院行政组织机构系统图。

1957 年院长办公室改为秘书室，1958 年又将院长秘书室改为院长办公室，为了统一管理全院教职工学生的文娱活动，成立了俱乐部，隶属院长办公室领导，校医院也改由办公室领导。人事处仍下设人事、学生两科；教务处下设教务行政科、教材教具科（将教材科与教学设备科合并）；总务处下设总务科（撤销庶务科和基建科）、财务科、伙食管理科和生产科（负责开展勤工俭学）；图书馆单独设置，不再隶属教务处，内设文科分馆、理科分馆和政治课阅览室等。

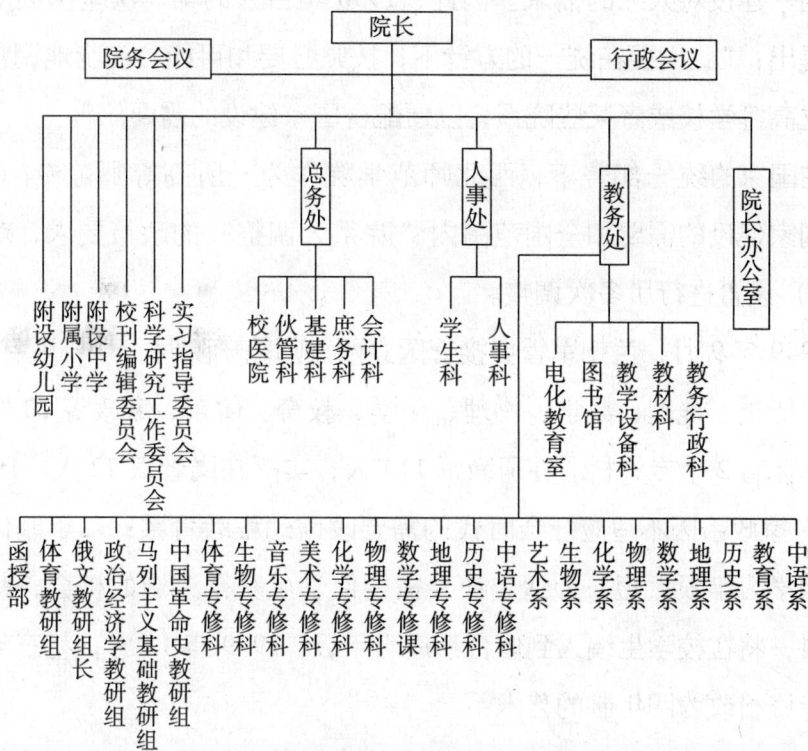

1956年西北师范学院行政组织机构系统图

三、系科（专业）设置与调整

中华人民共和国成立之初，面临着国民经济恢复和发展的巨大人才需求。正如周恩来总理在第一次全国高等教育讲话中指出的那样，"现在我们国家的经济正处在恢复的阶段，需要人'急'，需要'才'专"。民国时期，高等教育虽然有一定的基础，但是由于长期战争等原因，极大地破坏了高等教育赖以生存和发展的经济基础。高等教育科类结构不合理，理论与实际脱节，学校规模也偏小。据1947年统计，在全国207所高等学校中，规模在500人以下的占54.2%。[①] 1949年，国立西北师范学院在册学生规模仅为551人。无论是在数量上还是在培养质量上（主要指毕业生理论联系实际的能力），旧有的高等教育难以适应和满足大规

---

① 中国高等学校简介编审委员会. 中国高等学校简介 [M]. 北京: 教育科学出版社，1982.

模的国家建设对人才的需求。因此，1950 年召开的第一次全国高等教育会议提出："我们要在统一的方针下，按照必要和可能，初步地调整全国公私立高等学校或者某些院系，以便配合国家建设的需要。"①

在国家的统一部署下，西北师范学院作为一所高等师范专门学校，根据国家建设的需要和全国范围内"院系大调整"的政策要求，对系科（专业）设置进行了多次调整。

1949 年 9 月，兰州军管会接管国立西北师范学院时，学校设有国文、英文、历史、地理、数学、物理、化学、教育、体育、家政等 10 个系和劳作、体育 2 个专修科。在册教师 114 人，实际在岗者仅 72 人。1949 年 10 月，家政系因不适应社会时代的需要改为幼稚教育系；二年制体育专修科因学习年限太短，为适应社会需要使学生获得深造的机会，裁撤该专修科，将在校学生编入到体育系适当年级。1949 年 11 月，将三年制的劳作专修科改为四年制的艺术系。

1950 年春，在人员整编工作中学校参照教育部对改造北京师范大学的建议，合并成立了三个新系，即历史、地理两系合并为史地系，物理、化学两系合并为理化系，幼稚教育系合并到教育系。三系合并成立时，教员和学生都不愿意，勉强合系后，存在许多问题，教员有的因此而调离，学生对学校也不满意，情绪很大，影响学习。10 月，又将史地、理化二系分设为历史、地理、物理、化学四个系，合并于教育系的幼稚教育系仍独立设置。6 月，因为英文系增授俄文，名实不副，改为外国语言学系，分设英语和俄语两组。12 月，为了名称统一，仿照北京师范大学将国文系改称为中国语文系。

随着文教事业的发展，师资需求日益增多，缺少老师的现象越来越严重，尤其是中等学校的师资非常缺乏。根据西北军政委员会教育部决定，1951 年下半年增设两年制师范专修科，以培养初级中学师资。最初

---

① 马叙伦. 第一次全国高等教育会议开幕词 [M]. 人民教育，1950（3）.

增设理化、数学、博物和体育四个专修科，计划招收 250 人。西北各省中等学校音乐师资也非常短缺，1951 年在艺术系内增设音乐组。因为中等学校课程改革，不再设矿物类课程，博物系无再开设矿物类课程的必要，而博物包括动、植、矿一切自然物，为求名实相副，从 1951 年 10 月 10 日起博物系改称生物系。根据第一次全国师范教育会议关于高等师范教育的决定，1951 年 11 月 19 日起将幼稚教育系更名为幼儿教育系。

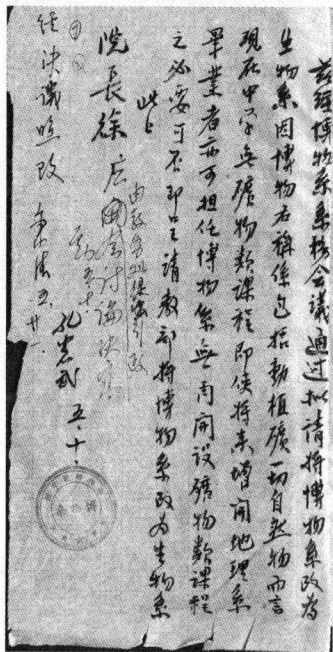

◎孔宪武教授亲自撰写的提议将博物系更名为生物系的报告，上有徐劲和李秉德的批示。

　　为了进一步适应新中国成立后中等教育迅速发展对师资的需求，1952 年上半年学校增设了史地、中国语文、美术音乐三个专修班。考虑当时中等学校对美术音乐师资的迫切需要，美术音乐专修科招收 100 人，学制为 1 年。下半年又增加了幼儿教育专修科。这种一至两年制的短期师资训练班，是解决当时师资匮乏、需求迫切的问题的有效办法，为西北地区中等学校输送了大量的教师。

　　1952 年 10 月，全国院系大调整开始在各个大的行政区内进行，根据《一九五二年西北区高等学校院系调整方案》的决定，"将兰州大学文学院的英语系和西北师范学院的英文系并入西北大学文学院外国语文系的英语组，改为英语系"。西北师范学院外国语文系系主任南秉方教授、梁居峰教授、韩博仁教授、廖可兑副教授、讲师贾成允，助教石民生及外语系学生翟宗淑、马秉琪、刘治汉等 9 人调往西北大学。经过这次调整，学校的实力受到较大的影响，原有的外语系撤销，仅保留了俄语组，直到 1958 年才开始恢复招收英语专业本科生。

　　1954 年 3 月，幼儿教育系再次并入教育系，教育系分设学前教育及学校教育两个专业，另设学前教育教研组负责领导学前教育专业有关课程的教学研究工作；1954 年 7 月，根据西北行政委员会的指示将西北师范学院体育系和体育专修科合并到西北体育学院（校址西安）。除袁敦礼教授等八位教师继续留在西北师范学院任教外，郭俊卿（系主任）、杨杏田、洪毅凡、董蕴玉、萧景龄、朱焕章、方德长等老师随同体育系和专修科的学生转到西北体育学院。体育系科被调出后，学校的实力进一步被削弱。

经过几年的调整，1955 年西北师范大学设有中国语文、教育、历史、地理、数学、物理、化学、生物、艺术 9 个系，及中国语文、历史、地理、数学、物理、化学、美术、音乐 8 个专修科。其中教育系包括学校教育和学前教育两个专业，艺术系设有美术、音乐两个专业，其余各系都只有一个专业。

为了解决中等学校体育教师缺乏的问题，1956 年西北师范大学恢复设置体育专修科，招收 120 人。同年设五年制的音乐和美术专修科，专门招收初中毕业生。[①] "根据中央教育部指示，高等师范学校培养中学教师来说，今后不再设置本科。因此，本院艺术系已在前两年停止招收本科，继续举办专修科，将来拟逐渐过渡到五年一贯制，专门招收初中毕业生。"经过几年的系科（专业）调整，到 1956 年时，学校设有中国语文、历史、地理、数学、物理、化学、生物、教育（设学校教育和学前教育专业）、艺术（设美术和音乐专业）等 9 个系 11 个专业，同时设有中国语文、历史、地理、数学、物理、化学、生物、美术、音乐、体育等 10 个专修科。各系修业年限为四年，各专修科修业年限为两年（美术、音乐五年制专修科和二年制专修科并存）。另外，设有中国革命史、马列主义基础、政治经济学、俄语、体育五个公共必修课的教研组，[②] 附设有一个教育行政干部训练班（抽调甘肃省承担教育工作的领导干部学

---

① 见《西北师范学院概况》，1956 年，第 11 页。
② 见《西北师范学院概况》，1956 年，第 5 页。

习），修业年限半年。①

　　此后，系科（专业）的调整工作仍继续进行。1957 年 6 月，甘肃师范专科学校（校址天水）裁撤，该校教职员工以及中文和数学专修科二年级的全部学生并入西北师范学院。1958 年，学校又增设了外语系和体育系。同年，在"大跃进"的形势下，将刚刚恢复设置的体育系独立设置为兰州体育学院；将艺术系分出，与兰州大学中文系部分合并，独立设置为兰州艺术学院；兰州大学中文系的汉语专业和历史系合并到西北师院中语系和历史系。

　　20 世纪 50 年代的院系调整，总体上来说，加强了师范学校的建设，使全国师范学生在校比例从 1949 年的 10.3% 增加到了 26%。② 西北师范学院除了部分系科被调出受到影响外，整体实力得到了增强，学校规模得到了扩大。

四、办学规模不断扩大

　　根据西北师范学院秘书室编制的报表数据显示，1949 年 12 月 16 日西北师范学院有专任教授 22 人，副教授 22 人，讲师 24 人，助教 31 人，专任教师共计 99 人；兼任教授 13 人，副教授 7 人，讲师 11 人，助教 1 人，兼任教师共计 32 人；职员 63 人，工警 89 人，附属小学和儿童保育室有教员及保育师 10 人；教职员工共计 293 人（包括兼职教师 32 人）；依据学生注册情况，1949 年 12 月 8 日共有学生 700 人，其中男生 614 人，女生 86 人。

　　1950 年 3 月，西北教育经费紧缩，为了贯彻精简节约的原则，西北师范学院 5 月份开始根据上级指示，按照与学生人数比为 1：3.5 的要求，整编教职员工警人数。整编前，共有学生 631 人，专任教师 110 人，其中教授 32 人，副教授 21 人，讲师 24，助教 33 人；兼任教师 33 人，其中

---

① 见《西北师范学院概况》，1956 年，第 1 页。
② 董宝良. 中国近现代高等教育史［M］. 武汉：华中科技大学出版社，2007.

教授 13 人，副教授 9 人，讲师 11 人；职员 61 人，工警 85 人；整编后留用专任教师 71 人，职员 41 人（包括新增职员 2 人），工警 39 人，共计 151 人。经过这次整编，1950 年的教职员工警人数有所下降，但这是"校政改革"所必经的步骤，是暂时的。

1951 年秋学校开始增设专修科，系科同时设置，学生人数迅速增加，教师和职员都严重缺乏，增加教师和专职干部以保证完成人才培养的任务成为当时最迫切的难题。由于办学的需要，学校教职员人数开始增加。截至 1951 年 10 月 20 日，有专职教师 116 人，职员 57 人，工警 66 人。全校教职工总数增加到 239 人。

到了 1953 年，学校教师仍然缺乏，不能满足教学基本需要，各系系主任和助教常因为事务工作太多影响教学。为了提高教学质量，完成教学任务，减轻各系系主任和助教的事务性工作，各系开始增设专职人员办理各系的事务工作。此外，随着行政机构的调整和增加，也需配备人员。如 1953 年按照政务院和教育部的号召，由学校行政负责办理学生的膳宿，新增加了生活管理组，并兼管教职工伙食，按照其职掌及分工，需要配备干部 6 人。而据赴京回来的教导组主任李洪林同志称：北京师范大学生活管理组共有工作干部 15 人。1953 年全校共增加职员 26 人。

这一时期，学院领导求贤若渴，发动全校举荐能教书的人员。当时全国各个高校都严重缺乏教师，西北师范学院位于偏远落后的西北地区，请调教师尤为艰难。时任兰州大学历史系教授的李天佑向西北师范学院历史系系主任萨师炯教授引荐在北京师范大学附属女子中学任历史教员的闫应清先生，萨师炯教授一边请中文系尤炳圻先生托该校友人了解情况，一边向徐劲院长报告情况。得知情形后，徐劲院长立即批示"呈中教部商调"。

萨师炯（1913—1973），福建闽侯人，1936 年毕业于北京大学政治学系，1947—1949 年在英国留学，就读于著名的伦敦政治经济学院和英国赫尔大学研究生院。他是行政学、西方近代史和中国制度史方面的专家，是多个研究领域的开拓者。新中国成立前曾任南京宪兵司令部英文翻译，南京中央大学行政研究室研究助理，重庆文艺研究会特约研究员，教育部教科用书编辑委员会编辑员，重庆中央训练委员会编审，交通事业设计考核委员会秘书兼考核组副组长，重庆国立中央大学研究员，中央大学讲师、中央政治学校副教授。1949 年回国后，在华北大学政治研究所和华北人民革命大学政治研究所学习。1951 年 2 月，调到兰州工作，长期任教于西北师范学院历史系，曾任历史系系主任、附中校长、教务长等职。著有《共产主义与法西

◎萨师炯

斯主义》《民国政治史》《清代内阁制度》《战时政治机构》《三民主义概论》，译有《国际现势》《宪政之原理及其应用》，未出版的有《中国的省治》《中国地方制度沿革》等。新中国成立后主要从事世界史的教学和研究工作，1959 年，在《甘肃师范大学学报》副刊《历史教学与研究》第五期发表《英国内阁制度的形成与发展》一文。该文是 1949 年后中国内地关于英国议会和内阁制度的首篇论文。1964 年在《甘肃师范大学学报》上发表《从一七八七年美国宪法及其发展论资产阶级民主制的实质》一文。

拟调入的闫应清于 1939 年 7 月毕业于国立西北师范学院（城固）历史系，在城固求学时期曾参与了张骞墓挖掘物整理工作，新中国成立前在四川省省立成都师范学院和国立中央大学（南京大学前身）任教。新中国成立后在华东人民革命大学研究生班学习，分配到北京师范大学附属女子中学任教，教授中国通史、中国近现代史、世界通史和教材教法等课程。经过多方努力，闫应清先生及家人同意到西北师范学院任教，但最终因对方学校不同意其调往西北师院工作，而未果。这只是当年四处调请教师来学院任教的一个例子，学校大多的努力都收获甚微，令人颇为沮丧。但让人感到欣慰的是，当年暑假大专毕业生分配，来西北师

范学院工作的有 31 人（其中 7 人为职员），毕业生来源广泛，如北京师范大学、东北师范大学、河北师范学院、湖南大学、哈尔滨俄语专科学校以及西北师范学院等。1952 年学年末，专任教师人数达到了 140 人，新增教师以助教为多。

根据 1954 年 7 月填报的"高等学校学年末报表（1953—1954 学年度）"的数据：本学年末学生总数达到了 1118 人，其中本科 812 人，专修科 306 人；教师总数达到 202 人，因有 17 人调离本院，整个学年共增加教师 79 人，新增助教 47 人，占大部分。从 1953 学年度起，学院决定用培养助教的办法来解决师资缺乏问题。

至 1956 年，全校有教职工 498 人，其中"有教学人员（包括教授、副教授、讲师、助教）206 人，本学年拟增至 394 人"。学校当时"有学生 2086 人，其中各系共计 1262 人，各科共计 732 人，教育行政干部训练班 101 人，本年度拟招收 2000 余人"，"约超过了 1955 年招生总任务的 20%"，"除去毕业生及干训班人数 605 人外，在校学生将达 3451 人"。[①] 学校在这一时期，面向全国招生，据 1956 年 2 月统计，在校学生中，来自"西北区占 47.5%，中南区占 33.24%，其余 19.26% 来自西南、华北和东北"。[②] 1949—1958 年，西北师院共毕业本、专科学生 3594 人。

◎1955 年全校毕业生合影，后面的建筑为翻修后的学校大礼堂。

---

① 见《西北师范学院概况》，1956 年，第 2 页。
② 见《西北师范学院概况》，1956 年，第 12 页。

五、办学条件逐步改善

西北师范学院 1949—1958 年毕业生人数统计表

年　　度	毕业生人数（人）		
	合计	本科	专修科
1949	96	71	25
1950	113	113	
1951	98	98	
1952	318	85	233
1953	367	73	294
1954	129	129	
1955	369	122	247
1956	532	214	318
1957	573	286	287
1958	999	273	726
总计	3594	1464	2130

1949—1958 年，西北师范学院的基本建设和图书资料、教学科研仪器设备的增长速度比较快，同整个学校教学科研的发展和学校规模的迅速扩大相适应，进入建校以来第一次大发展时期。

◎20 世纪 50 年代的校园局部。左面建筑为翻修后的大礼堂，右面是新建的水塔，水塔左前建筑为学院旧办公楼。

（一）基本建设

西北师范学院在抗战期间搬迁到兰州，经过 10 余年的建设，到 1951 年时已初具规模。新中国成立后，政府为建设西北，发展教育，培养中学教师，比较重视西北师范学院的建设，1950 年拨款 10 亿元（旧币）专作扩充自然学科各学系图书仪器设备之用，1951 年又拨 14 亿元（旧币），7 亿元（旧币）多用于建设教职员宿舍及教室，其余用于修建操场和扩建文科各系。经过两年的努力，学校气象一新。

◎建于 20 世纪 50 年代的自然科学大楼

　　根据西北教育部的指示，西北师范学院在 1951 年拟订了一个十年建设计划：从 1952—1961 年，计划修建理化大楼一座、社会科学大楼一座、艺术大楼一座、地理数学系大楼一座、图书馆大楼一座、女生体育馆一座、男生体育馆一座、小型音乐厅一座、生理解剖室一间、生物系标本实验室一间、地理系测候所一间、医疗所一个、教职员宿舍二百间（大部分为楼房）、学生宿舍改建为楼房、改建大礼堂、改建办公大楼、建筑教职员学生俱乐部等。规划中还明确要求，房舍面积与绿化面积要保持在 4：1 或 5：1。若十年建设计划能够完成，西北师范学院将成为背山面水、绿树成荫、芳草萋萋、环境优雅的学习场所。原占有的 200 余亩土地是不够的，在每年的基本建设预算中，都要包括征地这一块。1951 年年初，学校即报请兰州市新都市建设委员会和兰州市人民政府批准，增购学院西面和南面的土地约 500 亩，连同原有基地一起，学校占地面积达 700 多亩，这就为学校的扩充和发展打下了基础。

　　1951 年 12 月 11 日下午，学校举行了该年度最后一次扩大院务会议，出席者有徐劲、李化方、徐褐夫、胡国钰、李秉德、杨少松、郑文、吕斯百、郑鲞年、金宝祥、洪毅然、卢村禾、韩振武、孙钰、李文彬、赵天梵、李星平、李洪林等。会议主要决议两件事：其一，对工资调整数目做最终决议；其二，奖励工友李松茂。第二件事由徐褐夫副院长提议："本院工友李松茂于此次建筑校舍期间，收集零碎木材，价值一千万元（旧币值），请予以奖励。"参会人员经讨论决议："1. 在校

◎建于 20 世纪 50 年代的图书馆

刊上表扬；2. 工友工资平均数内剩余小米十六斤加给李松茂；3. 校庆日送以相当礼物。"这样一件"小事"竟在院务会议上"民主集中"讨论，足见当时学校建设之艰难。"一粥一饭，当思来之不易；半思半缕，恒念物力维艰。"

1953 年，学校增加建筑面积 18000 多平方米，其中包括 1953 年开工建设的理化大楼（后改为社会科学大楼）和图书馆，1954 年 6 月竣工。原有礼堂工程粗糙，地基下沉，面积较小，仅可容纳 800 人，经兰州市建设局检查，列为危险建筑物，因此，1953 年对旧礼堂重新翻修，容量扩大了近一倍，可容纳 1500 人，于 9 月竣工。

◎建于 20 世纪 50 年代的社会科学大楼

1954 年 2 月，兰州市建设委员会通知，西北师范学院十里店现址已规划为工业区，须迁往兰州市东郊，重新建校，按照重新建校规划进行全面筹备。因此，在 1954 年上半年内学校集中全部力量进行选址、地形测量、筹备地基、总体规划、编制计划等各项准备工作。但是 5 月中旬，

又接到西北教育局转来的中央教育部指示：西北师范学院仍在十里店原址不动，不再迁移。尽管如此，学校还是在 1954 年开工建设单身教职员工宿舍楼，建筑面积达 2245 平方米，为三层混合结构楼房；完成了自然科学大楼的规划，设计面积 13700 平方米，四层混合结构，第二年开工；另外还完成了练琴房和建筑围墙建设，征购建筑基地 100 亩。1949 年，校址面积为 191900 平方米，1955 年扩展到 517500 平方米，折合 770 多亩，建筑面积从 1949 年的 20344 平方米增加到 1955 年的 34659 平方米。经中央教育部批准，1955 年自然科学大楼和学生宿舍大楼以及水塔等的基建工程为 3 万平方米。

经过几年扩建，到 1956 年，校舍建筑面积达到 61938 平方米，其中新扩建的具有现代设备的新型楼房占 75% 以上。到 1957 年，仅楼房就建成 10 幢，共约 54200 平方米，其中图书馆楼 1 幢，2624 平方米；文理科教学楼各 1 幢，共 20830 平方米；学生宿舍楼 4 幢，共 22529 平方米；家属楼 2 幢，共 5900 平方米；员工单身宿舍楼 1 幢，2280 多平方米。理科教学大楼建筑面积 16615 平方米，是当时西北地区面积最大、设备较全的教学实验大楼；内有 32 间教室、116 间实验室、49 间研究室，还有天文台、幻灯室及防毒、通风、动力、化验等设备，可容纳 3000 人上课和实验之用。所有楼房建成后都装上了电灯和暖气设备。

◎左图为 1955—1957 年修建的学生宿舍楼，右图为单身教工宿舍楼。在这一时期，西北师范学院师生的住宿等生活条件改善非常大，新建的楼房都配备了水、暖、电、卫等设施，十分方便。

一直以来，西北师范学院用水都是用马车、汽车从黄河拉运，每天供不应求，学生吃用黄泥水影响健康，因此学院计划建设一座水塔。水塔建成后，可以解决全院师生员工饮用及教学用水问题，预计可供5000—7000人用水。整个工程包括水塔工程、管道工程和进水口工程，总投资额为117000元整，由国家教育部和西北教育局划拨工程款。1956年在现水塔山建成水塔一座，容量150吨，随后又完成了下水系统。

◎建于20世纪50年代的水塔

学校1958年建成简易体操房一座，面积1100平方米。与此同时，对校部（不包括十里店）原有土房陆续进行了翻修，将纸窗改为玻璃窗，土顶改为瓦顶，并装上了电灯。1958年6月房屋清查，学校实有建筑面积74251.87平方米。至此，照明、取暖和生活、实验用水及污水排放问题都已基本解决，大大改善了教学科研条件和生活环境。西北师院的面貌已焕然一新，昔日的陈迹已不多见。

1958年，西北师范学院更名为甘肃师范大学，修建了新的校门，一直沿用至今。

◎左图为原西北师范学院的校门，右图为1958年更名为甘肃师范大学后的校门。

当然，由于基建经费并不宽裕，当时已有计划的基建项目并未全部完成，如 1951 年就筹划呈报教育部的体育馆、艺术大楼等，都因经费问题，未能在该时期开工。

（二）图书资料

1949 年，兰州军事管制委员会文教会教育处接管清点时，西北师范学院图书的情况是：中文图书共有 8905 种，22320 册，外文图书 3882 种，4403 册，杂志 926 种，1163 册，新闻报纸 13 种，671 册，加上其余各类图表、拓片、小册子等共计 38788 册，房屋仅有 18 间。新中国成立后不到两年的时间，藏书增加到 55280 册，房屋增加至 22 间（1951 年 5 月统计）。1954 年新的图书馆大楼建成，馆藏图书迅速增加至 158000 余册，之后随着学校不断发展，图书数量继续快速增长。1955 年增至 24 万多册，1956 年馆藏图书达 33.4 万册，为 1949 年前的 8.7 倍。其中期刊 4.5 万册，报纸 3631 册（每月合订一本为一册）。由于师生数量逐年增加，图书流通量也逐年提高。据统计，1951 年平均每天借出图书 108 册，而 1954 年、1955 年、1956 年每天的借出量，分别为 274 册、266 册、375 册。

◎建于新中国成立前的图书馆，十分简陋，仅有十数间平房。

当时，图书馆紧密结合教学、科研开展工作，比较充分地发挥了供读者学习和参考研究的作用。第一，根据学校的学科门类、专业性质、师生人数和经费情况，本着"品种多复本少"的原则，进行图书补充。采用"图书请购单"、"图书介绍单"的办法与各系科取得联系，使购进图书尽量符合需要。凡与西北师范学院专业有关的中文期刊几乎全部预订。外文期刊，俄文的有 152 种（份），其他国家科技期刊有 134 种（份），成套影印俄、英、德文科技期刊 101 种。此外，大量补充了工具

书、参考书、中文古籍书、革
命文献、马列经典著作、地方
志等图书，还收集了比较齐全
的全国高等院校的学报、校刊、
专题资料等。之后随着各系专
业资料室陆续建立，图书馆和
各系资料室在购书计划上作了
适当分工。中央提出"向科学
进军"口号以后，又修订了借
阅办法，对师生借阅有关科研

◎为了方便查阅资料，20 世纪 50 年代已经允
许开架查找自己所需的图书。图为教师在库房
查找图书。

图书，尽量给予方便。此外，学院图书馆还与北京图书馆建立了馆际互
借关系。这样，基本上满足了师生教学和科研的资料需求。第二，开放
阅览室。1954 年暑假以前，图书馆一直在旧址平房内，只有两个小型阅
览室。1954 年暑假搬入新建图书馆以后，设有 6 个阅览室，616 个座位。
分为期刊、报纸、参考书阅览 3 种。1956 年春，开辟了"教员阅览室"，
陈列经典著作、工具书、成套期刊及书目、索引资料等，为学习和研究
提供了方便。第三，结合教学改革和学术批判，编辑了大量参考资料索
引。1954 年以后，曾先后开展了公布"新到书目"、举办各种图书展览、
编印各专业"主要参考书目"和"新书通报"等工作，为读者尽快提供
信息，同时编印了分专业的馆藏书目。

（三）教学仪器设备

20 世纪 50 年代，学校仪器采购数量增长相当快。新中国成立前，国
立西北师范学院贵重仪器、机器共有：显微镜 14 台，分析天平 7 台，比
重天平 1 台，英文打字机 5 台，印刷机 1 台。1951 年 3 月，全院各系仪
器增加至 1000 多件。除中文系以外，以物理、化学、生物、地理四系为
主，教育、数学、艺术、体育等系都购进了大量教学仪器、教具、模型、
乐器和器械。截至 1956 年 3 月，其价值总计 87.7 万元。仅物理系就有电

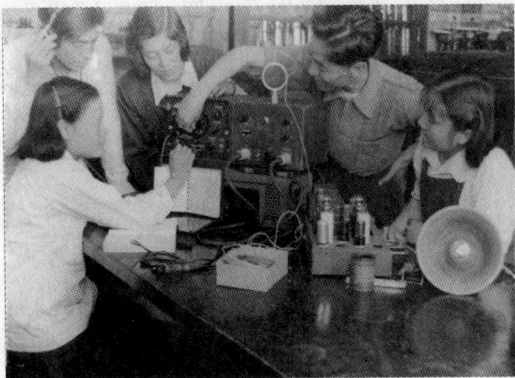

◎20世纪50年代，新增加了很多教学、实验仪器，此前无法开展的实验课程都可以进行了。图为物理系学生在老师的指导下做电学实验。

工无线电、光学、声学、力学、热学、机械、电学以及高等物理演示及实验仪器2万多件，价值29万元之多。在当时，贵重仪器有电光分析天平6台，偏光显微镜5台，经纬仪12台，大平板仪12台，小平板仪18台，水准仪9台，分析天平70台，生物显微镜130台。这些仪器基本上能够满足学校教学实验、实习和一般科学研究的需要。

由理科各系负责人及教务处、总务处负责人组成仪器管理委员会，审查仪器采购计划，调拨仪器的使用。1955年，学院成立教学设备科，主管仪器的计划、采购、管理事宜。

六、创办函授、业余学校及工农速成中学

1949年甘肃全省解放后，中等教育的发展比较迅速，教师缺额很大；同时，中等学校的在职教师一般都没有经过系统的教学理论学习和专业知识学习，不少人不能胜任新的教学工作。为了解决这一现实问题，1956年1月，甘肃省教育厅根据中央教育部的指示，提出要在3年内把现有中等学校教师不够师专毕业程度的提高到师专毕业程度。教师的业余进修可采取到教师进修学院学习和函授两种形式。函授形式就是让现有中等学校具有高级中学毕业程度的教师在不脱离工作岗位的条件下，通过函授方式系统地进修师范专修科的主要专业课程，使其达到师范专修科毕业的水平。为了响应上级指示，西北师范学院决定创办函授教育，专门负责中等学校教师的政治水平和业务知识的提高。1956年学院成立函授部，开设中文、数学两个专业，均为三年制的专科；7月进行招生工作，招收学生394人（青海学生48人），8月集中三周举行了第一学期课

程的讲习，参加讲习的学生仅有 290 人。1958 年，函授又增设了生物专业，甘、新、宁三省区共报考 830 人，正式录取 481 人，旁读生 192 人，至 1959 年时，全校共有函授学生 1472 人。

西北师范学院的函授教育，"主要招收具有高中毕业或中等师范毕业程度的中学教师，教学内容按照中央教育部颁布的高等师范函授教学计划进行，每学期教学时间 18 周，复习和考试 2 周。在函授生集中的城市设函授辅导站，同一单位设函授学习小组"①。教学方式以自学为主，同时教师加以辅导，辅导方式以集中面授和巡回辅导为主。此外，还进行行政视察。

根据 1949 年 12 月召开的第一次全国教育工作会议提出的"学校要为工农子女和工农青年开门，创办人民大学、工农速成中学，培养建设人才，大办工人补习教育"的精神，西北师范学院还先后开办了职工业余学校和工农速成中学（现兰州城市学院前身）。

西北师院的业余学校开办于 1950 年 10 月。开始由学校教育工会主办，名为"西北师范学院教育工会工警业余学校"，不久即改为"职工业余学校"。从 1955 年后半年起改由学校行政主办，工会协助。1958 年 6 月学院成立了业余大学。1959 年 1 月，职工业余学校和业余大学合并成立了"甘肃师范大学业余大学"，发展为包括小学部、中学部和大学部的业余教育体系。

1950 年，政务院就举办工农速成中学和工农干部文化补习学校作出了指示：工农干部是建设人民国家的重要骨干，但在过去长期战争环境中，他们很少有接受系统的文化教育的机会，为了提高他们的文化水平以适应建设事业的需要，人民政府必须给予他们专门受教育的机会，培养他们成为新的知识分子。为此，在全国范围内有计划、有步骤地举办了工农速成中学和工农干部文化补习学校，吸收不同程度的工农干部给

---

① 甘肃省地方史志编纂委员会. 甘肃省志：教育志［M］. 兰州：甘肃人民出版社，1991：399.

以适当时间的文化教育，尽可能地使全国工农干部的文化程度能在若干年内提高到相当于中学的水平。

1954 年夏，奉西北教育局指示，学院设立了"西北师范学院附设工农速成中学"，校址设于校内东苑区，正副校长分别由徐劲和宋福僧同志兼任，教学和日常行政工作由教务处负责办理。附设中学的人员编制问题，根据中央人民政府高等教育部（简称"中央高等教育部"）对工农速成中学工作人员编制的规定，配备教职员共 22 人（包括炊事员在内），因为学院用水不方便，增加拉水工人一人，共计 23 人。总务工作由学院总务处统一掌管，不再单独另设机构。后经中央人民政府高等教育部和教育部批准，按照教职工与学生的总比例为 1：6，人员编制可以增加到25 名，先增聘教学人员，以保证教学工作的需要。为了保证教学，兰州大学捐赠了一批物理仪器模型，有滑轮组、惯性实验器、急转台及速转器、离心轨道、电导实验器等。西北历史博物馆赠送了古物三箱，主要以陶器为主，并有少量青铜器。

工农速成中学设立的当年，招收学生 150 人，按不同的文化程度和培养任务的需要，采用两种教学计划：第一类预备升入高等学校文、史、财经、政法等科，以中国语文、历史、地理等学科为重点；第二类预备升入高等学校理科、工科各系者，以语文、数学、物理、化学等学科为重点。凡重点课程，一定要达到普通高中程度。第一类 50 人，编为一个班，第二类 100 人，编为两个班。

工农速成中学学生的管理和生活待遇，按照国家规定执行，即"为了奖励优秀的干部及产业工人入学，凡对离职学习的学生，在学习期间，其原有的军龄、工龄继续计算。供给制干部入学后，其政治和物质生活等待遇必须保持原来标准。工资制干部按其相当等级受供给制待遇……学生入学后其家属生活确实有困难者，得酌情予以补助"。"不论原来是供给制或工资制的学生，入学前所生子女的教养费，如果夫妇双方都在学习或者离异，学校可根据其具体情况在统一掌握之数额内予以补助。"①
学员本人享受人民助学金待遇。

1955 年暑假，奉西北教育局指示，西北师范学院附设工农速成中学合并到兰州工农速成中学（后发展成为兰州师范专科学校）。

1956 年，根据甘肃省教育厅的委托，西北师范学院举办了教育行政干部训练班，目的是把甘肃省现有中等教育行政干部的理论水平，从当时薄弱的基础上大大提高一步，以适应社会主义建设与改造事业的要求。第一期抽调甘肃省部分县教育科长、初级中学领导骨干、政治教员共 101人，进行短期培训，给予系统的马克思列宁主义理论及政策业务的教育，以达到提高干部工作能力从而提高教学质量的目的。学习的主要内容包括辩证唯物主义与历史唯物主义、马列主义基础、中国革命史、教育学、政策法令与专题报告。第一期训练班从 1956 年 4 月 2 日开学上课，8 月18 日结业，授课 18 周。训练班为了配合政治理论和教育理论的学习，举办专题报告 11 次，例如，请来甘肃日报社副总编辑黄文清同志作时事报告等。第一期训练班虽然时间紧，缺乏组织这种学习的经验，在整个工作过程中遇到了很多困难，但是学习效果不错，多数学员都有很大收获。1956 年 9 月 21 日—1957 年 1 月 23 日，举办了第二期教育行政干部训练班。共招学员 69 人，毕业 66 人（中途因病休学 3 人）。这期训练班的主要任务是轮训中等学校的领导干部及县教育科长，使之系统地学习政治理论和教育理论。关于学习内容，采纳了苏联专家的意见，以哲学和教育学两门为主，在教育学课程中讲授心理学中的重点内容。训练班学员共进行两次教育实习，在教学过程中穿插进行有关时事政策和配合教学的专题报告 13 次，并组织参观了兰州炼油厂、热电厂及小学和幼儿园等。第三期训练班从 1957 年 2.21—7.20 日结束，共 5 个月。该期学员仍为中等学校校长、教导主任及县教育科长，共 94 人。学习的内容为哲

---

① 政务院关于举办工农速成中学和工农干部文化补习学校的指示 [J]. 云南政报，1951（8）.

学、教育学和心理学三门课程，中间配合教学举办专题报告。原计划中的第四期训练班因为 1957 年下半年各地进行整风运动而停办。

1958 年，西北师范学院开办了夜大，开设中文、数学、物理、化学、外语等专业，均为四年制本科。

第二节
教学改革和科学研究

一、学习苏联教育经验与教学改革

新中国成立初期，为了加快社会主义建设的步伐，中央提出了向苏联学习的方针，在教育上也积极学习苏联的经验，将其作为建设新教育的方向。新中国成立前，东北解放区的高等学校已经开始学习苏联经验，进行教学改革。随后，全国范围内的高等学校都开始进行教学改革。这次教学改革的任务是："把半殖民地性质的、深受欧美资产阶级反动思想毒害的、完全不适应新中国建设需要的、旧的高等教育，彻底改变为社会主义性质的、由工人阶级思想领导的、完全适应正在逐步过渡到社会主义社会的国家建设需要的、新型的高等教育。"[1] 在 1949 年创办中国人民大学时中央就曾提出"苏联经验与中国情况相结合"的教学改革方针。1954 年，高等教育部强调"全面地、系统地、有计划地并

◎苏联专家听完历史系的一堂课堂讨论课，在徐劲院长的陪同下，一起走出教室。

---

① 稳步地推进高等工业学校的教学改革 [N]. 人民日报, 1953 – 08 – 16.

全心全意地学习苏联"。所谓"全面"、"系统"就是指"从教育思想、教育方针、教育内容、教学制度到教学方法的全面的系统的改革"。西北师范学院同全国其他各高校一样，在新中国成立初期就拉开了教学改革的序幕。

新中国成立初期，西北师范学院的教学体系比较混乱，进行教学改革，建立新的教学体系，是改造旧教育、旧学校的中心内容，既是国家教育方针的要求，也是当时客观形势的需要和广大进步师生的迫切希望。为了搞好教学改革工作，学校非常重视加强对此项工作的组织领导，建立了院长、教务长、系主任领导制度。通过"数年来学习苏联先进科学与教学经验，密切地结合中国实际，进行全面教学改革工作，使本院在教学组织、教材内容以及教学方法等方面都有了很大进步"①。具体的改革过程，可分为两个阶段：1949年9月至1952年为初步改革阶段；1953—1956年为深入改革阶段。

（一）进行初步教学改革，建立新的教学秩序

1949年，在接管和整顿的过程中，西北师范学院初步进行了课程改革。"取消反动课程，增加革命理论课程"。取消了三民主义、伦理学、社会学、法学概论和哲学概论等课程，增加了社会发展史、辩证唯物论和历史唯物论、新民主主义论及中国革命问题等课程；"删除繁冗的课程，增加必需的课程"，精简了一些课程，增设了新内容。例如，国文系停授了经、史、论、孟、春秋、昭明文选、目录学等，增设了民间文学、无产阶级文学史、戏曲研究等，学分和学时也予以适当调整。"改进教学观点，力求联系实际"，教师在结合政治学习的基础上，努力改进教学观点和教学内容，例如，教育系试用辩证唯物主义的观点去改造教育学和心理学等课程，带领学生参加实习，联系生产和教学实际进行学习。

接管整顿时期的课程改革是零碎的，缺乏全面和系统的改进。这一

---

① 见《西北师范学院概况》，1956年，第4页。

方面有客观上的原因，教师缺少，人才匮乏，新增课程缺少教员，教员对新的教育方针政策不熟悉，对旧课程如何改革感到无从下手；另一方面有主观的原因，一些教授坚持从欧美国家高等教育学来的那一套体系，认为"缺少了这门课程不行，缺少了那门课程也不行"，不愿意进行课程改革。

1950 年 6 月 1—6 日，中央教育部在北京召开了第一次全国高等教育会议。各大行政区教育部、全国各主要院校负责人、中央人民政府各部门代表和高等教育专家 300 余人出席会议。教育部部长马叙伦致开幕词，并做了关于高等教育方针任务的报告。会议讨论了高等教育的方针、任务、课程改革及学制、领导关系等问题。6 月 8 日，毛泽东主席、周恩来总理接见会议代表，周恩来总理就新民主主义教育方针、理论与实践一致、团结与改革等问题作了讲话。他指出，"新民主主义的教育是民族的、科学的、大众的教育，我们的教育首先就应该向工农开门，培养工农出身的新型知识分子"。西北地区共有 7 名代表参加了此次会议，李化方代院长代表西北师范学院参加了此次会议。

第一次全国高等教育会议确定了高等教育的方针任务：培养具有高度文化水平，掌握现代科学技术的成就，全心全意为人民服务的高级建设人才。为了贯彻这个教育方针，从学校具体实际出发，西北师范学院明确的方针任务是：培养新中国西北区文化建设人才。更详细地说，就是"根据新民主主义的教育方针，以理论与实际一致的教育方法，培养具有高度文化水平，掌握现代科学与技术的成就，并全心全意为人民服务的中等学校师资，以发展西北教育，促进新西北的建设"。明确了本校具体的教育任务，西北师范学院的教学改革也找到了奋斗目标和努力方向。

这次高等教育会议认为，新中国成立后，高等学校的教育内容都已经过或多或少的初步改革，并已收到了一定的成效，但现有高等学校的教学内容和教学方法还存在着理论与实际脱节的基本缺点，还不能符合新中国建设的需要，而且课程的门类太杂，分量太重，学生的负担过重，难于消化，甚至影响健康；课程的排列又缺乏重点，平均使用力量，各科都难以精通。因此，必须根据理论与实际一致和合理精简的精神，继续改革。改革的原则是：（1）有重点地设置和加强必需和重要的课程；（2）删除重复和不需要的课程；（3）注意科学的系统性和各种学科的联系和衔接。

1950 年下半年，西北师范学院开始全面贯彻落实全国高等教育会议所确定的教学改革的原则，在原有的基础上按照计划，有步骤地、谨慎地继续进行课程改革。（1）参照中央教育部会后颁布的《高等学校课程草案》的基本精神开设本学期各系的课程。因为具体情况不同，没有完全依照规定实行。（2）对各系的课程都加以精简，除国文系二年级外，其余每周讲演时数最多不超过 17 小时。连自习及实验在内每周学时数一般不超过 50 小时。精简课程一方面是贯彻全国高等教育会议的要求，另一方面也是不得已而为之，有些系因为缺少教员，课不能多开，特别是物理、化学等理科各系。部分学生对课程精简也有一些意见，他们认为，教员多上课，多开些课程，才能多学东西，认为"精简课程"在学习上学生是吃亏的。（3）遵行理论与实际一致的方法，避免教条式的学习，加强实习，注重实验课程，充分利用当时所拥有的设备条件尽量做实验。为了使实习能做得更好，学院将各系的实习教员组织起来，成立了当时全院最大的教学小组，专门负责处理关于实习的一切问题。除了平时实习之外，学生继续利用寒暑假到有关业务部门进行实习。（4）根据实际需要开设课程。以教育系为例，该系将课程重点放在了教育学、心理学、教育行政和教学法四门课程上。这四门课程的设立是根据师范学校的课程设立而定的，因为教育系毕业的学生大多数是在师范学校教这四门教育功课，所以就针对这种实际情况将课程加以调整。学生对这种做法十分满意，改革效果很好，甚至已毕业的学生听说有这种改革，亲自回学校或通过写信向在校的学生搜集改革后的教材。再以艺术系为例，艺术系根据民间年画需要设置了年画的课程。

因为教师太少，每位专任教师至少要讲授两三门课程，尽管如此，他们仍能完成教学任务，从不缺课。下面以历史系为例说明，其他各系情形大体相同。历史系在1950年下半年按照教育部所发布《关于实施高等学校课程改革的决定》，开设了历史唯物论和苏联史两门新课程。金宝祥先生讲授中国通史（每周5小时）、隋唐五代史（每周3小时）；金少英先生讲授秦汉史（每周2小时）、中国近代史（每周3小时）、中古思想史（每周2小时）和教学法（每周2小时）；李天佑先生讲授世界通史（每周4小时）；许重远先生讲授世界中古史（每周3小时）、苏联史（每周3小时）和法国史（每周3小时）；萨师炯先生讲授世界当代史（每周2小时，12月起加1小时）、世界近代史（每周2小时，12月起加1小时）和历史唯物论（每周3小时）；何乐夫先生讲授考古学（每周2小时）；席竹虚先生讲授中国近代史（每周6小时）等。

◎数学系老师给学生讲解难点问题

新中国成立之初，西北师院在教学上还存在着相当严重的自由主义现象。有的教师想讲什么就讲什么，讲到哪里算哪里，完不成教学进度。针对这种情况，学校采用苏联制订教学计划和教学大纲的经验，要求各系科根据各自的培养目标，制订教学计划，将每周教学总时数控制在50学时左右，最多不超过54学时（包括自学时间）；并要求制订各科目教学大纲，规定各科目的主要教学内容。尽管当时制订的教学计划还很粗糙，教学大纲也缺乏科学性、系统性，有的还过于简略，反映不出真实的教学内容，但是有了它，教学工作被初步纳入计划，使自由主义的教学风气开始得到纠正。

1951 年 8 月 27 日至 9 月 11 日，教育部召开了第一次全国师范教育会议。这次大会着重解决两个问题：一是拟订全国中等师范学校设置计划与高等师范学校调整设置的原则，关于高等师范学校的设置，每一大行政区必须设一由大行政区教育部直接领导的师范院校（西北师范学院被确定为西北区教育部直属的师范院校）；二是确定了各级各类师范学校的方针和任务，高等师范院校的任务是"培养普通中学、工农速成学校、师范学校的师资以及其他中等学校普通课程的师资"。这次会议上还对高等师范学校课程草案、师范学校教育学、心理学等课程的标准交换了意见。

1952 年 7 月，教育部颁发了《师范学校教学计划草案》，该教学计划草案系参考苏联 1951 年颁发的师范学校教学计划，结合中国实际情况，在苏联专家的帮助下，由北京师范大学经过讨论而制定的。教学计划草案十分详细，将各个专业的教学任务规定得非常明确。西北师范学院召开会议讨论研究后决定，从 1952 年秋季起，一年级完全遵照实行，其他各年级也参照该教学计划的精神将原定的教学计划予以适当的修订。该教学计划秉承了苏联高等教育"专业化"、培养"专门"人才的思想，与新中国成立前西北师范学院所奉行的欧美高等教育的"无计划通识教育"完全不同。

为了改进教学方法，学校于 1951 年就组织全体教师学习苏联专家波波夫关于《师范大学教学工作的种种形式》的报告。该报告中提出的教学形式有讲课、实习课业（主要是实验与练习）、课堂讨论、教育实习、学生独立工作、考试（又分为笔试和口试）、考查等，对当时学校的师生来说，除讲课和实习课业外，其余形式几乎全是新的。由于长期受传统教学形式的束缚和影响，习惯于"教师讲，学生听"，面对这些新的教学形式，开始时教师和学生都不大习惯，甚至不大欢迎。为此，教务处一方面大力组织教师学习、讨论新的教学形式，逐一研究、理解，另一方面举办各种观摩示范，逐步推广。经过不断的努力，课堂讨论在文科各科教学中被逐渐采用，辅导则在几乎所有的科目中被采用了。为了保证这两种形式的广泛运用，教务处和各系科还协商规定了讲授、课堂讨论及辅导时数的比例，以便于教师掌握和领导检查。至于口试，于1951—1952学年度第一学期末开始重点试行，第二学期和下一学年度才普遍推行。对传统的课堂讲授形式，也提出了讲授重点要明确突出的要求，使讲授质量有所提高。当时，各系科在各科教学中都组织讲课效果好的教师举行各种公开教学，以资观摩，相互学习。

西北师范学院在过去所实行的教学方法是"先生讲，学生听"的旧方法，这种教学方式亟须改革，特别是在课程改革的过程中，教员们都有介绍新教材和采用新的观念批评旧教材的愿望，同时感觉到个人搜集新教材不够广，批评的能力也不够，因而要求与担任相同科目或性质相近科目的教员共

◎对课堂讨论这些新的教学形式，开始教师和学生都不大习惯，有很多疑惑。图为苏联专家解答师生们的疑问。

同讨论研究。这样的期望很迫切。学校结合在教学改革中学习的苏联教育经验，决定试行这种新的教学方法，即教学研究指导小组（教研组）的教学方法，它是一种学生主动学习，教师集体指导的新的教学方法。为慎重起见，学院起初选择了条件比较成熟的学系及科目先行试办，在1950年下半年的新学期，教育系成立了四个教研小组，即教育学组、心理学组、教育行政学组和教材教法组，全校政治课也成立了一个教研小组，即政治课教学委员会，另外全校教学实习课也成立一个教研小组，总共成立了6个教研小组。当时越来越多的教师感到，要搞好教学，只靠个人单枪匹马去搞是不行的，需要组织起来，相互切磋。教育系先成立起来的几个教研组取得的初步效果也表明：通过教研组工作，可以提高教师的业务水平，从而提高教学质量。于是，其他各系凡具备条件的，都先后成立了教研组。

在试行了教研组的教学方法，积累了一些初步的经验后，教研组在1952年又有了很大的进步和提高，表现在两个方面：（1）教研组的设置和工作内容都在教务处的统一指导原则下进行，更加规范；（2）教育学、心理学、幼儿教育学、幼儿园教材教法及世界史五个组，成绩尤为显著。具体体现在：（1）集体讨论教学大纲及教材内容；（2）探讨课堂讨论的题目、结论和学生所提出的问题；（3）建立与中等学校的联系，如教育学、心理学教研组与兰州各师范学校建立了正式联系，世界史教研组请来西北各中等学校历史教员提出历史教学上的问题和经验；（4）互相听课改进教学方法，幼儿教育学和幼儿园教材教法两个组，几乎每课均互相听课，并在课后提出改进意见；（5）制订学习计划，如心理学教研组制订了全组学习"巴甫洛夫高等神经活动的学说"的学习计划。

1951年，西北师范学院组织进行了新中国成立后的第一次教育实习，在这次教育实习经验的基础上，1952年冬，又组织全校各系四年级学生进行了为期四周的教育实习。这次教育实习，在加深和巩固实习生的专业知识和专业思想方面起了很好的作用，也暴露了他们在教学方面存在的许多不容忽视的问题，诸如学生在讲课中不善于甚至不会联系实际，教学质量不高，讲课不得法，机械模仿或生搬硬套教学环节

◎20世纪50年代，兰州各中等学校对西北师范学院的实习工作非常支持，实习老师很受欢迎。除了西北师范学院附属中学、兰州女子师范学校之外，实习生常去的实习单位还有甘肃省兰州中学、兰州二中等。图为兰州女子师范学校的师生在校门口列队欢迎西北师院的学生前来实习。

等。这些情况说明，学校培养的学生还不能适应中学教学的要求，教学质量还有待于提高。为了扩大这次教育实习的影响，实习结束后举行了为期 3 天的展览和全面总结。在此基础上，教务处结合学习苏联专家普希金关于《北京师范大学的任务和教研室工作》的报告，要求检查和总结各系科的工作，引起广大教师对教育实习的普遍重视，进一步推动了教学改革。

此后，毕业生教育实习成为学校教学工作的必要环节，每年进行一次，而且实习质量逐年提高。如西北师范学院《一九五三至一九五四学年度第一学期各系四年级学生教育实习总结》[①] 中记述，"从这次实习的总的情况来看，实习生的教学质量比较上一届有显著的提高"，"如西北师院附中的报告中说：根据附中学生的反映，绝大多数的试教生讲解得很清楚，准备充分，教学环节运用得也还熟练，时间掌握得大致准确……90%以上都是合乎规格的"。据统计，从第二届到第七届教育实习，优良成绩分别占的百分比顺次为：48.6%，69.2%，79%，82.3%，87.3%，89.2%。

◎除了进行教育实习之外，西北师范学院也开展了野外实习课程。图为地理系师生在草原上实习时的合影。

通过逐年实习，西北师院总结出了一套比较系统的经验。这一经验在 1953 年西北区高教会议上报告后，得到好评，全文发表在当时的《群众日报》上。

1956 年，中央教育部委托西北师范学院召开了西北区教育实习座谈会，参会的单位有西安师范学院、陕西师范学院、

---

① 见《一九五三年西北区高等学校教学工作报告选辑》，西北行政委员会教育局 1954 年 7 月编印。

新疆师范学院、甘肃省教育厅、兰州市教育局、甘肃师专、青海师专、兰州一中、兰州师范等学校和单位，通过交流教育实习经验，着重讨论了师范学院教育实习举行一次还是两次、教育实习安排在哪一个学期合适、举行几周等问题。经过讨论，广泛征集了西北地区各高校对上述问题的意见。这次会议为全国教育实习座谈会的召开奠定了基础。

1956 年，在中央教育部召开的全国高师教育实习会议上，西北师范学院的经验受到重视。会上，以西北师范学院代表李秉德为首的小组起草了一个关于提高高师教育实习质量的文件，通过后印发全国高等师范学校参考，并指定李秉德写了一篇阐明其文件精神的文章，发表在《光明日报》上。为了帮助首次参加实习的工作人员熟悉和掌握这项工作，统一实习工作的要求，使得教育实习工作制度化和更有计划性，以逐步提高实习的质量，西北师范学院根据几年来教育实习的经验，并参照兄弟学校相关方面的经验，1956 年首次制定了《西北师范学院教育实习手册》，此后多次进行了修订完善。

西北师范学院的教师们在学习苏联教学经验和科学成就进行教学改革的过程中，因语言文字不通，不能够直接学习苏联经验。因此，学习俄文成为教师们迫切的要求。最初，部分教师在学校工会和中苏友好协会的帮助下，利用业余时间学习俄语，但效果不是很好。为此，学校在1952 年就开始考虑俄文速成学习班的工作。由于条件不具备，没有在当年开班，但做了一系列准备工作：搜集清华大学和北京大学等北京各高校举办俄文速成学习班的经验和有关材料；购买了大批俄文专业书籍和字典；1953 年 1 月，派出 7 名教师到北京师范大学参加俄文速成学习班，派出 5 名教师到西北工学院、西北医学院及西北农学院等西安各高校学习俄文；当年寒假举办了一个俄文补习班，效果比较好，为举办俄文速成学习班积累了经验。1953 年暑假期间学院正式举办俄文速成学习班，根据西北教育局的指示，组织形式定名为"西北师范学院俄文专业书籍阅读速成学习委员会"。西北教育局还从西北俄文专科学校调来教员和辅导员 14 人,以加强这次学习的教学和辅导力量。学员共分两个组,党史组 53 人,理科各专业组 42 人,共计 95 人,除了本院的教师外,还包括附中教员和西北畜牧兽医学院等外校的同志。党史组学习 29 天,理科各专业组学习 23 天。经过学习,绝大部分学员都掌握了俄文语法的基本规律并能借助字典初步阅读专业俄文书籍,有些学员还能够进行翻译。

(二)深入教学改革,提高教学质量

经过三年初步的教学改革,正常的教学秩序逐步建立起来了。从 1953 年开始,国家进入社会主义改造和建设时期,对培养人才的质量和数量提出了更高的要求。为了适应新的形势,学校以提高教育质量为中心任务,以改革教学内容为中心环节,进行了更深入、更系统的教学改革,并提出了"一切为了教学"、"一切为提高教学质量而服务"、"教学是学校压倒一切的中心任务"、"学习是学生更加特别突出的任务"等思想,强调教学的重要性。

在"以教学为中心"思想的指导下,学校工作能够按计划进行,教学秩序比较正常。每个学年开始,校系两级都能提出工作计划,并以教学为中心协调安排各方面的工作。每个学年结束时,对全年工作进行总结,提出总结报告。校级的计划和总结一般都要提交校务委员会讨论通过,并向全体师生传达,有较大的透明度。学校各级领导也把精力主要集中在教学工作上,能深入教学第一线,进行具体指导。院长和教务长更是集中力量抓教学改革工作。

1953 年 9 月 28 日至 10 月 13 日在北京召开了第一次全国高等师范教育会议。这次会议确定了高等师范教育在国家建设与整个教育事业中的地位和作用,并根据中等学校发展的要求和高等师范学校现有的基础详细讨论了高等师范教育在今后几年内的方针任务、教学改革、发展计划、领导关系以及亟待解决的许多重大问题,最后确立了"在整顿、巩固现有高等师范教育的基础上,根据需要与可能,有计划、有准备地予以大发展"的方针。徐劲院长等代表西北师范学院出席了会议。

这次会议指出，旧社会遗留下来的轻视师范教育的有害思想一直存在着，并且还在有些学生和教师中发生影响，这些消极的因素一直阻碍大家的积极性，使大家对执行新的任务没有信心。这次会议明确了高等师范教育在国家建设中的重要地位，高等师范教育关系国家建设事业"甚大"。高等师范学校办得好坏，数量多少，直接影响中等学校的质量和数量，间接影响着教育的发展和提高，也就是影响国家培养建设人才的计划。"它是办好和发展一切教育的关键。"① 这次会议对于纠正轻视师范教育的思想起了很大作用，国家和社会开始全面重视师范教育。

会议结束后，摆在全院师生面前最大的难点就是"如何结合西北师范学院的实际情况，贯彻这次会议的精神，并将大会的一切决定逐步地付诸实施"。12 月 21 日，徐院长向全院师生作了关于全国高等师范教育会议的传达报告。报告不仅传达了这次会议的情况以及高等师范教育的方针任务和培养师资、执行教学计划、教学改革和改善领导工作的方法等，还着重结合西北师院的实际情况，指出了学院今后的发展前途、具体任务与改进各级领导、提高教学质量的具体措施。这次报告会对鼓舞全校师生的工作与学习热情起到了巨大的作用。

◎徐劲院长在西北师范学院任职期间，经常给大家作各种报告。他的报告深入浅出，通俗易懂，深受广大师生的喜爱。图为徐劲院长作报告。

报告会后，西北师范学院按照实事求是的原则，总结四年来改革的经验和不足，采取多种措施贯彻高等师范教育会议的决议。（1）加强教学领导，改变领导方法，将思想政治领导和业务领导结合起来，行政

---

① 见《光明日报》1953 年 10 月 13 日社论。

领导深入了解各系及各教研组的情况。（2）提高教师的业务水平和教学质量，加强教研组内的业务学习与研究，帮助业务较弱、教学问题较多的教师。（3）把大力培养新的师资提升为学院工作重点之一，进一步重视此项工作。（4）通过多项举措加强学生工作。西北师范学院的学生重视学习，勤奋朴实，但有些学生专业思想不牢固，还有相当数量的学生只重视业务学习而忽视政治。加强学生工作主要是在改进政治课教学和加强对学生的思想教育两方面进行。（5）进一步加强教育实习工作。两年来的教育实习取得了一定的成绩，但是缺乏专门的领导机构。1954年3月，学院成立实习指导委员会，专门负责此项工作。

第一次全国高等师范教育会议后，1954年的《师范学院暂行教学计划》对师范院校的培养目标和要求作了明确的规定："师范学院的任务是根据国家过渡时期总路线的精神，以理论与实际相一致的方法，培养具有马克思列宁主义的基本知识与观点，共产主义的道德品质，高度的文化与科学水平及教育的专门知识与技能的全心全意为人民教育事业服务的中等学校师资。"这为培养中学师资规定了全面的质量标准，也为教学改革指明了总的方向。根据这一培养目标，西北师范学院各系教学计划的内容包括四个方面：（1）政治理论科目；（2）教育科目；（3）专业科目；（4）教育实习。

西北师范学院对教育部1953—1954年制订的各种本专科教学计划十分重视，先后三次组织教师认真学习，务求领会精神实质，并结合学校具体情况贯彻执行。全院的教学工作计划先由院长根据过去工作总结及当前情况在行政会议上提出几个要点原则，经过行政领导干部初步讨论，然后推定一人起草；草稿形成后再分送参加行政会议的各位成员提意见修正，形成初稿；然后将初稿印发各系各教研组，让大家就初稿提出意见；最后由院长根据大家所提出意见将初稿作第二次修正，形成定稿，向全体教职员工报告，深入展开讨论。经过这样复杂的程序，计划就不再是"一纸空文"，而是集体的思想，更容易被全校教职员工接受和执行。各系和教研组的计划也好做了，所有教职工的积极性都被调动起来了，教学计划也比以往更加具体和详细。从 1954—1955 学年度起，全校凡有部颁教学计划的各系本科一、二年级和专科一年级均按新计划执行；本科三、四年级和专科二年级则根据部颁计划结合已修科目另订过渡性教学计划。尚无部颁教学计划的，如教育系学前专业和艺术系科的美术、音乐等专业，则参照部颁其他系科的教学计划订出临时性教学计划。这样，全校所有系科的教学基本上都纳入了计划管理。学校按部颁教学计划应开设的必修科目，只有 9 门未开，所开科目达到应开科目的 95% 以上。那种任意开课和任意规定教学时数的现象基本上消除了，全校呈现出前所未有的良好的教学秩序。

在制订教学计划的同时，中央教育部从 1953 年起逐年分批制订各科教学大纲。从 1953—1956 年，西北师院每年都有一些教师参加有关科目教学大纲的制订工作，例如，袁敦礼教授负责起草了"学校卫生"的教学大纲，艺术系起草了"水彩画"和"油画"的教学大纲，同时兼写了有关中学班该科的教学大纲。到 1955—1956 学年度第一学期，学校共设 147 门课程，采用部颁教学大纲的有 60 种，参照苏联经验、结合学校实际自定教学大纲的有 85 种，尚无教学大纲的有 2 种。由于教学大纲对教学内容和要求规定得比较明确具体，使教学有所遵循，因而对于当时提高教学质量起了很大的保证作用。以郭晋稀先生编写的"中国文学（元明清）"教学大纲为例，它是经过中文系语言文学组集体讨论通过的，内容包括教学目的、参考书目、教学时数、教学内容（章节内容以及每个章节的讲授时数）、课堂讨论等，非

◎1958 年的教育方针提出"两个必须"，这一时期的教学计划更加重视与生产劳动相结合。图为生物系的学生在校植物园进行嫁接试验。

常全面，易于遵循。

1958 年，毛泽东主席在一次谈话中指出"教育必须为无产阶级服务，必须同生产劳动相结合"。同年 9 月，中共中央、国务院发布了《关于教育工作的指示》，把"两个必须"明确提为党的教育方针。西北师范学院为了在教学改革中贯彻该方针，采取党委、教师、学生"三结合"的办法，发动广大师生，群策群力，重新修订了教学计划和教学大纲，编写了 20 余套教学计划，85 种教学大纲，各系基本上都有了新的教学计划和教学大纲。这些教学计划和大纲增加了政治课的比重，把劳动生产列入了教学计划中，基本上改变了"厚古薄今"、"颂古非今"和"重外轻中"的情况。例如，历史系减少了中古史、中世纪史的课程，增加了近现代史课程，新开了中华人民共和国宪法、马列主义著作经典选读、毛泽东著作研究等课程。在教学计划中，各系都开设了更专门化的课程，例如，数学系开设了泛函分析、概率论、微分方程、微分几何、数论等课程，物理系增加了固体物理、基本粒子、光谱学等课程，供四年级的学生根据个人专长和兴趣来选修。

教材编写是贯彻教学计划和教学大纲的基本措施，也是教学工作的一项基本建设。1954—1955 学年度，西北师院共有 174 个科目，其中采用苏联教材的有 11 门，参考苏联先进科学理论、结合中国实际需要自编讲义的有 58 门，自编讲稿有 88 门，其余采用他校讲义。凡用讲稿讲课的，大都在教学中加重了师生的负担。例如，当时物理系讲师李纯愚在翻译苏联教材《中学物理教学方法》第一卷《物理学方法的一般问题》（中文名为《中学物理教学法》），同时承担物理系原子物理学每周 4 小时、光学每周 7 小时（讲授 4 小时，实验 3 小时）的授课任务，兼授兰州大学物理系光学课，每周 4 小时。由于没有合适的教材，必须由他本人编写《光学讲义》《光学实验讲义》及《原子物理学讲义》，所耗费时间、精力很多，十分辛苦。所以，在教学改革的后期，师生产生了一种共同的愿望，希望能有一套比较成熟的教材供师生使用，使教师能从自己编写教材中解脱出来，能有更多的时间用于科学研究和其他提高业务水平的工作，使学生也能有更多的时间独立思考，学习更多的东西。

教学形式和方法在前一阶段初步改革、积累经验的基础上，也在继续改进，谋求提高。在学生有了教材可以阅读钻研的情况下，就要求教师在已有教材的基础上讲清重点、难点，并结合实际，讲授更高层次或更广范围的知识。学校还提出了讲课要具有高度的思想性、科学性和系统性的要求。当时政治经济学教研组在这方面做得比较突出，其经验曾经在1956年全国高师会议上进行交流。

对课堂讨论和课堂作业（包括实验及习题课）两种形式，师生也在积累经验的基础上进行了新的尝试。当时学校便于学生在讨论课上有比较普遍的发言机会，使讨论进行得更深入一些，也为了使教师在实验课和习题课上对学生进行具体指导，从1955年起，普遍实行了"大班上课，分班讨论，小组实习、作业"的办法。这样，就在客观上为运用这些教学形式提高教学质量创造了必要的条件。

辅导的形式也越来越多样化，有个别的，也有集体的；有课堂的，也有课余的；有定时的，也有不定时的；有书面的，也有口头的。总之，凡能采用的辅导形式就尽量采用，这给教师授业解惑和学生质疑问难提供了很多方便。

检查学生成绩的办法分考试和考查两种，考试又分口试和笔试两种。考试成绩采用优秀、良好、及格、不及格四级制。考查采用及格和不及格两级制。1954年高教部颁发了《高等学校课程考试及考查规程》后，检查学生成绩的办法不断趋于科学和成熟。

教研组在这一阶段达到了普遍建立与逐步巩固的程度。1953年6月，高教部约请苏联专家多人在5个城市举行教学方法问题报告会。西北师范学院派人参加了在西安举行的高尔琴柯报告会，报告题目是《苏联高等学校教研组的基本任务及工作方法》，会后在教师中作了普遍的传达和学习，再次提高了广大教师对教研组的认识和成立教研组的积极性。从

1953—1954 学年度开始，除有特殊情况的个别科目外，全校各系科普遍成立了教研组。当时直属教务处领导的教研组有 5 个（中国革命史、马列主义基础、政治经济学、俄语、体育），属各系领导的教研组 17 个，教学小组 6 个。学校对教研组的工作非常重视，明确规定其任务是"讨论教材，搞好教学，开展科研，培养助教"。对选定的教研组长，学校发给聘函，以示郑重。院长、教务长经常参加教研组活动，随时给予指导和帮助。在教学中大部分教研组都实行了课前讨论教材、课中相互听课观摩、课后召开评议会的方法。教研组在提高教师业务水平、提高教学质量方面发挥了重要作用。在这个过程中，教研组本身也得到了巩固提高和发展。

通过学习苏联教育经验和上述两个阶段一系列教学改革工作，各系科、各科目的教学质量都在不断提高，学生的学习成绩显著上升。从 1953—1954 学年度的第一学期开始，到 1955—1956 学年度第一学期的 5 个学期中，"优等"成绩所占的百分比分别为 18.95%，29.34%，31.48%，34.06% 和 39.15%，呈现出 5 个学期连续上升的趋势。

用现在的眼光看，50 年代学习苏联教育经验是新中国成立后教育上的首次开放和改革。使外国教育经验与本国教育实际相结合，是一个不断探索和实践的过程，实际上是一个创新过程。当时，我国还没有在全国范围内建设社会主义完整教育体系的经验，也不可能向其他国家开放和学习，因而，将苏联建国多年已取得较大成效的一套比较先进的教育经验照搬过来，加快改造旧社会遗留下来的教育事业的步伐，是必要的。同时，苏联经验之所以值得我们学习，并不仅仅因为是政治上和社会制度上的原因，更主要的是因为苏联教育经验中有许多是符合教育规律的，是值得借鉴和学习的。西北师范学院在当时学习苏联教育经验中的过程同样受益匪浅，在改造旧学校、推进全面教学改革、完善教学组织管理，革新教材内容及改进教学方法等方面，都取得了很大成绩。当然，由于历史条件的限制，学习中也存在一些机械照搬和形式主义的偏向。

二、师资队伍建设与培养助教

西北师范学院独立设置初期，学校的教师队伍特别是教授阵容比较强大，许多教授来自原国立北平师范大学，声名远播，全国知名。1946年，随着北平师范大学复校，学校教师队伍开始严重流失。先是随北平师大西迁而来的一批教授回北京工作；到1952年，东北派招聘团来兰州招聘教师，一大批教授、讲师又去东北工作；1952年10月，西北师范学院外语系科合并到西北大学英语系，该系科教师大部分被调走；1954年7月，体育系及专修科合并到西北体育学院，该系科主要教师又全部调走。

面对当时的情况，为了适应教学和科研发展的需要，学校在徐劲院长的带领下，积极采取措施，招聘外地教师，壮大师资队伍，从华北革命大学和全国各地陆续调来李秉德、洪毅然、萨师炯、金宝祥、刘熊祥、彭铎、郭晋稀、许重远、金少英、吕斯百、赵荫棠、沈心芜、尤炳圻、南国农、萧树滋、朱肇轩、王明昭、吕方、刘钟瑜、焦北辰、郑鋆年、王文新、陈震东、荣书之、魏文泽、宁徹澄、韩天眷、唐学咏、杨树声、韩林申、高天康、杲景业等40多名教授、副教授来校任教。这些教授学者当时都已经在全国很有名气，有些在其研究领域堪称一流专家，特别是教育、文学、历史、地理、艺术方面，更是群星璀璨，人才济济。1949年10月，西北师范学院有教授22人、副教授22人。到1956年时，教授、副教授数量已位居全国同类高校前列。以全校师资最为强大的教育系为例，1949年年底仅有教授2人、副教授4人，到了1956年教授增至9人，副教授增至6人。据李秉德教授回忆：50年代，有一次他随院长徐劲同志去北京参加中央教育部召集的全国师范教育会议，想借此机会向中央诉诉苦，希望中央能在师资及财力上给予一些优惠，借此增强西北师院的办学实力，没料到在会议期间与各兄弟院校比较时，各兄弟院校都说"你校虽不能说是像北师大和上海师大那样的'大地主'，却已经是相当富足的'富农'了"！由此可见西北师院当时教师阵容之强大，他们为西北师范学院 20 世纪 50 年代及其以后的发展作出了重大的贡献。

但是，随着教学改革的深入和教育事业的发展，学校教师的数量和质量仍不能满足教学工作的需要，这一矛盾显得越来越突出，以致教学计划上规定开设的有些课程因无师资而不能开设。为了解决该问题，学校在总结新中国成立以后培养师资的初步经验的基础上，于 1953 年 9 月制定了《培养助教暂行办法》，报经当时西北教育局核准执行。师资培养工作从此便正式纳入学校工作计划，并作为学校和各系科的一项重要工作。

当时规定，系主任对于培养助教工作负有直接领导责任，并把这项工作作为系务工作的主要内容之一，进行通盘考虑。学校在以校内培养为主、校外进修为辅的原则下，凡西北师范学院有条件培养提高的就在本院培养，无条件培养的则派往外校进修。

在校内进修的，由系主任指定有丰富教学经验、较高理论修养的教授和副教授作为指导教师，用"师傅带徒弟"的办法指导助教的业务进修。指导教师责成助教订出具体的进修计划（包括达到培养目标的期限、进修内容、方法、进度等），经指导教师和系主任审查、教务处批准后执行。助教参加进修活动，除系统地听指导教师讲课外，还必须参加预定担任课程的辅导、课堂讨论、实验、实习，并适当参加科学研究、阅读指定参考书籍、搜集资料等。根据 1955 年 11 月的统计，当时在校进修的124 名助教，已确定培养目标和指导教师，或已确定进修期限的有 108人；已确定培养目标和指导教师，具体计划尚未拟定者仅 16 人。

派往外校进修的，也都必须确定进修科目、预计结业时间（一般一至二年），以期按时返校任课。据统计，1950—1956 年，学校先后派往中国人民大学、北京大学、北京师范大学、北京医学院、中国科学院土壤研究所、华东师范大学、复旦大学等 13 所院校和科研单位进修的教师有75 人，其中教授 4 人，副教授 4 人，讲师 12 人，助教 55 人。进修科目有政治理论课和教育学、心理学、经济地理、自然地理、生理解剖、文艺概论、理论力学、高等物理实验等 31 种。这一时期，学校还选送 9 位教师去苏联攻读副博士学位或进修。例如，1954 年全校选送教育系助教何玉崑、地理系助教王琪生及学生关希彭等三人赴苏联留学。1956 年，物理系李纯愚、化学系白光弼和地理系刘文生三人赴苏联进修。

到 1955 年年底，在 143 位助教中，已独立开课 1—2 年以上者 39 人，在指导教师指导下教学者 31 人。对于助教第一次上课，所属系科和教研组都十分重视，要求其认真备课，写出讲稿，首先在教研组会上试教，通过后才能正式上课，力求一开始教课就能取得较好的教学效果，以鼓励年轻教师授课的勇气和信心。对经过进修提高能胜任所教课程、符合升职条件的年轻教师，及时予以升职。从 1950 年到 1955 年年底，先后有 21 人由助教提升为讲师。

三、科学研究与《西北师范学院学报》创刊

西北师院有良好的科学研究传统，有些教师还能自发地开展相关的研究以促进教学。在 1953 年 10 月全国高等师范教育会议上，中央教育部作出所有的高等师范学校都应适当地开展科学研究工作的指示。1954 年 3 月，由副院长徐褐夫主持召开了学校科学研究工作座谈会，并作了《结合教学展开我们的科学研究工作》的报告，动员大家克服保守思想，提出科学研究的方向和方法，号召大家积极提出研究课题。由徐褐夫领导的科学研究工作委员会专门负责科学研究工作的有关事宜，制订全院科研工作计划，重点检查研究工作进展，召开全院科学讨论会等。这样，有领导、有计划的科研工作就在全院迅速开展起来。

徐褐夫（1903—1978），江西修水人，原名徐作圣，为党做地下工作时别名王立才、胡良材，笔名徐行，在苏联学习、工作时取名"徐褐夫"（俄文译音）。1923 年加入共青团，任南昌

◎徐褐夫

地方工作委员会团委书记。1926 年去苏联学习，毕业于莫斯科东方大学，毕业后在该校任政治课教员。1928.9—1930.11，任苏联中山大学政治课翻译，曾受到斯大林的接见，并被称赞为"中国人民的好儿子"。1931—1937 年，徐先生任上海外论编辑社翻译、上海新中公学教授，期间，以"徐行"为笔名发表文章，参加过"国防文学"口号的讨论。1937—1946 年，徐先生任西北联大教授。1947 年，任长春大学教授。1947—1951 年任兰州大学外语系教授及系主任。1951 年后任西北师范学院副院长、教授，兼中文系主任。著有《苏联哲学》《中国文学史》《实验主义是帝国主义的反动哲学》等书，译有《东方战祸》《德意日集团》《考古学》等。①

从 1954 年开始，参加科研的人数和提出的研究题目逐年有所增加。据统计，从 1954 年 4 月至 1955 年 4 月共提出题目 59 个，参加研究者 62 人，完成题目 6 个；1955 年 5 月至年底，共提出题目 84 个，参加研究者 88 人，完成题目 31 个；1956 年 1 月至 3 月中旬，共提出题目 63 个，参加研究者 53 人，完成题目 10 个。以上共提出研究题目 206 个，完成 47 个，因故停止研究者 10 个，尚有 104 人进行着 149 个题目的研究工作，其中，讲师职称以上的教师参加研究工作的占 50%。从 1955 年起，学生中也组织了科学研究小组，开展了一定的科研活动。到 1955 年年底，学校建立了 31 个科学研究小组，参加的学生有 159 人。1956 年党和国家提出"向科学进军"的口号之后，进一步促进了学生中科研活动的开展。到 1956 年年初，学校共成立 44 个科研小组，参加研究的学生 517 人，占全校学生总数的 26.6%，共提出题目 30 个，完成 6 个。学生提出的科学题目均与自己的学习专业和生产建设紧密结合，如生物系有"黄、南瓜杂交"、"播种番茄"和"田间杂草"等。

根据 1953 年年底全国高师会议提出的"结合教学开展科学研究"的

---

① 贺宏亮. 关于徐褐夫先生 [J]. 读书，2003（12）：91.

要求，科研内容主要有三个方面：（1）从提高教学质量着眼，研究有关教学的理论问题和实践问题；（2）密切联系实际（包括中学实际）研究教育科学；（3）结合思想改造和教学改革，批判资产阶级学术思想和教学观点。据统计，当时提出的研究题目中，结合教学问题的论文和讲义以及有关普通教育的论文占50%以上。当时完成教学研究论文32篇，编出高师适用的讲义11种，对解决"教材荒"，提高教师的业务水平和教学质量都起了很大作用。文科各系教师分别从哲学、历史、教育、文艺等方面写出批判资产阶级学术思想的论文21篇。此外，结合生产建设的选题27个，1956年承担国家计划选题42个。当时，地理系教师几次参加了中国科学院组织的"疏勒河上游植被"、"祁连山冰川"等调查工作以及治沙和南水北调考察工作；进行了为给国家制定自然区划和经济区划提供资料的陇东和陇南的地理考察。历史系教师和政治经济学教研组教师参加了中央组织的有关民族史的调查，历史系教师参加了中共甘肃省委组织的"甘肃百年大事志"和"甘肃革命运动志"的调查编写工作。中语系教师参加了甘肃省教育厅组织的甘肃方言普查工作，写出了《甘肃人学习普通话手册》。生物系教师参加了甘肃省农业厅组织的"武都专区农作物病虫害"的调查工作，并结合野外实习，调查了康县山区的野生经济植物。教育系编写了《农村幼儿园工作手册》。

在开展科学研究的基础上，学校于1955年6月和1956年2月，先后召开了两次全院性的科学讨论会，共选出10篇论文进行了报告和讨论。其中有艺术系系主任吕斯百教授的《学习列宾的技法》、中文系彭铎副教授的《高中语文古典教材注释商榷》、陈震东的《教育的起

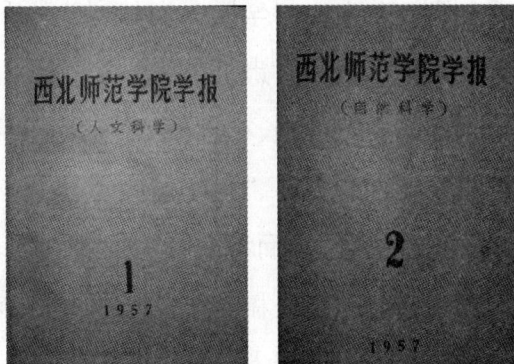

◎图为创刊于1957年6月的西北师范学院学报封面，第一期为人文科学版，第二期为自然科学版。

源》等。经过科学讨论会的讨论，全院提高了对科学研究的认识，认为科学研究是直接与教学改革紧密地联系着的，对我国社会建设事业是有贡献的。在各系、教研组每学期也都举行类似的科学讨论会一至二次。这种规模和数量的科学讨论会在西北师院的历史上尚属首次。尽管当时经验不足，科研成果的水平也有待提高，但对广大教师起到了一定的示范和动员作用。原来不少教师程度不同地存在着"科学研究高不可攀"、"科学研究与教学关系不大"等思想，通过几年开展科研活动和召开科学讨论会的实践，这些思想有了很大改变，推动了全校科学研究工作的进一步开展。如植物分类研究室于 1957 年由中国科学院建议报经教育部批准成立，在著名植物分类学家、生物系系主任孔宪武教授领导下于 1958 年开始工作，收集了大量植物标本，编写出版了《甘肃经济植物志》《兰州植物志》等专著。

1955 年 5 月和 7 月，学校分别编印了《胡适反动唯心主义思想批判特辑》和《科学研究文集》，收录了有较高水平的部分论文，比较集中地反映了当时西北师院科学研究的成果。为了满足教师发表科研成果的愿望，学校从 1956 年 11 月起出版了《争鸣》月刊，先后共出了 6 期。它是《西北师范学院学报》的前身。

为了适应科学研究发展的需要，《西北师范学院学报》于 1957 年 6 月创刊，分人文科学版、自然科学版和《历史教学与研究》副刊。1958 年学校更名为"甘肃师范大学"以后，学报也随之更名为《甘肃师范大学学报》。徐劲院长在学报第一期（创刊号）发刊词中强调了开展科学研究的重要性，指出"科学研究是提高教师的业务水平，从而提高教学质量的主要途径"，而学报则是供大家发表科研成果的重要园地，希望大家努力写作，踊跃投稿。学院教师积极响应，有了研究成果和心得，都愿意首先发表在学报上。例如，第一期就发表了金少英先生的《查伊璜著述考》、陈守忠先生的《北宋初年王小波、李顺所领导的川陕农民起义》、王文新先生的《思维的形成发展规律》、张官谦先生的译作《心理学与教育》、郑文先生的《王充的世界观初探》、宋福僧先生的《论价值规律在社会主义经济中的作用》、洪毅然先生的《论美》、郭晋稀先生的《试从诗、骚的创作方法谈中国古典文学中的现实主义与浪漫主义问题》、吴伟仁先生的译作《论赫尔岑的美学》等。

据科学研究科的统计：讲师以上的教师参加科研工作的，1956 年占 53.91%，1957 年占 57.45%，半数以上教师都积极参加科学研究工作。这一时期的科学研究工作将批判资产阶级观点和国家需要特别是教学的需要结合在一起。例如，"红楼梦研究" 及对胡适反动思想的批判属于前者，"教育的起源" 和 "学习列宾的技法" 则是结合教学实际的课题，"高中语文古典教材注释商榷" 联系中学实际，解决中学语文教材中的具体问题，数学系讲师王守义的 "计算机上的开方问题" 是非常具有前瞻性的研究。很多科学研究课题都是由教授、副教授和助教一起合作开展的，这对团结新老教师、传授经验、培养助教很有帮助。

第三节
党组织的建立与团结、 改造知识分子

一、党组织的建立及其发展壮大

兰州解放之际，西北师范学院地下党支部尚未正式公开，20 多名中共党员处于半公开状态。1949 年寒假，中共兰州市委举办了党员训练班，西北师院支部的全体党员前往参加学习（当时西北师院支部归兰州市委领导）。学习结束后，市委组织科重新调整了支部领导班子，决定由教育系学生阎中水担任支部书记。

西北师院属于当时规定的新解放区从国民党手中接管的旧学校，改造的任务十分艰巨，为此，必须加强党的领导。1950 年 4 月 26 日，中共西北师院党支部召开了有群众参加的座谈会。许多靠拢党组织的教授和学生热情发言，认为西北师院的党员公开是十分必要的。4月29日，党支部在大礼堂隆重召开了正式公开党员大会。参加大会的师生员工有六七百人。兰州军管会代表辛安亭、兰州市委书记强自修、代院长李化方出席大会并讲话。同年9月22日，党支部进行了改选，改选后的支部委员为：张翔、卢金洲、尉松明、樊修睦、曹怀玉，卢金洲任支部书记。此后，每年改选一次。到1953年4月，经兰州市委组织部批准，成立了以徐劲同志为书记的总支委员会，下设13个支部。

学校党总支成立以后，党员数量增长迅速。1953年3月—1954年2月，共发展了73名党员。当时共有党员114人，其中教员14人，占教师总数的6.8%，职员13人，占职员总数的16.7%，学生72人，占学生总数的6.2%，工警6人，占工警总数的6.3%，有4个支部，15个小组。1955年全年发展党员26人，党员人数增至159人，其中学生党员90人。1956年3月—1957年3月，一年的时间里发展新党员137人，其中高级知识分子12人（1956年3月之前仅接收1名高级知识分子加入），相当于1955同期发展党员的3.7倍。1957年3月初党员发展到422人（包括预备党员）。

党的基层组织也得到了发展，为了使党的工作能够更接近群众，充分发挥党在教学及行政工作中的领导作用，对学生党员尽可能按照系科单独成立支部，党员人数少的就按照专业性质相近的系科合并起来成立支部，在教师和职工党员中，也按照这个原则进行调整，调整后党支部增加到24个。

这一时期党在西北师院工作的主要内容是发展党员，建立党组织，响应党中央的号召，贯彻党的教育方针和政策，领导全院的政治理论和时事政策的学习，在"教学改革"和"科学研究"等中心工作中，党员同志也发挥了积极的带头作用。

学校党总支成立以后，党的组织有了很大发展。为了进一步加强党对学校的领导，经学校党总支请示甘肃省委文化教育部批准，于1957年

3月9日成立了以陈光同志为书记的西北师范学院第一届党委会（也称"临时党委"）。在成立大会上，上届党总支作了《总支委员会工作报告》，陈光同志就学校党组织的性质、任务及其与学校行政的关系以及当前的几项工作发表讲话。

关于"当前的几项工作"，陈光同志提出：（1）在现有基础上，继续提高教学质量，培养学生独立思考能力；（2）迅速、全面、深入地开展增产节约运动，贯彻勤俭办学方针；（3）大力加强师生员工的思想政治教育工作，继续团结、教育、改造知识分子，在全体学生中批判非政治倾向；（4）继续加强统一战线工作；（5）大力巩固党的组织，慎重地发展党员。

陈光，河北曲阳人，生于1925年，中共党员。1946年以后曾任中共区委书记、县委书记、地委宣传部长、地委副书记等职。1957年3月—1961年10月任西北师范学院、甘肃师范大学党委书记。

◎陈光同志是中国共产党西北师范学院委员会成立后的第一任党委书记。图为陈光书记在全院党员大会上讲话。

党委的成立标志着学校领导体制的重大变化。从此，学校由原来的院长负责制改变为党委领导下的院长负责制；由原来学校党总支对学校行政的监督保证关系，改变为党委对学校工作的领导与监督关系。在党委成立以后，各系和行政单位相继成立了8个党总支，4个直属支部，并逐渐配备了总支书记和其他工作人员。

1958年2月22日—3月1日，召开了中共西北师范学院党员大会。先由徐劲、陈光同志传达了甘肃省党代表大会报告精神，然后各总支及直属支部结合报告的精神对学院工作进行了讨论。大家一致肯定了新中

◎20世纪50年代中共西北师范学院委员会办公地点

国成立以来党对西北师院的领导所取得的成绩：从1950年暑假以来，进行了校政改革，大力改进教学和科研工作，党的力量加强了，各项工作也都走上了正轨；西北师范学院在党的领导下，克服了许多困难，进行了大规模的学校建设，无论是教师还是学生，人数都大大增加；党员队伍在不断壮大，无论是在政治思想上，还是在教学和科学研究上，都在蒸蒸日上。虽然成绩是主要的，但也存在一些问题，如"右倾保守思想严重滋长，暮气太重"，"党总支没有建立起对系的领导"。一些同志还在大会上作了自我检讨，由参会的同志提意见，进行分析批判。这次会议还确定了今后学院党的工作的原则：（1）必须提高马列主义的思想水平和业务水平，保证党的方针政策的正确贯彻；（2）严格遵守民主集中制和集体领导原则，坚决反对个人主义、自由主义、分散主义，不断增强党的领导。这次会议后，学校进一步加强了党委对学校教学的领导，以及党总支对系和教研组的领导。

学校行政领导成员也有变化。李化方和徐褐夫同志因被错划为"右派分子"而被撤销了副院长职务，毛定原和黄伯梁同志先后于1957年11月和1958年5月任副院长。1958年9月，徐劲同志奉调离任。10月，李之钦同志接任校长。

二、对知识分子的团结教育和改造

中国共产党和人民政府对知识分子十分珍惜和重视。1939年12月1日，毛泽东主席在为中共中央起草的《关于大量吸收知识分子的决定》中就指出："在长期的和残酷的民族解放战争中，在建立新中国的伟大斗争中，共产党必须善于吸收知识分子，才能组织伟大的抗战力量，组织千百万农民群众，发展革命的文化运动和发展革命的统一战线。没有知识分子的参加，革命的胜利是不可能的。"1948 年 7 月，中共中央在《关于争取改造知识分子及对新区学校教育的指示》中强调："争取和改造知识分子是我党重大的任务。"新中国成立后，中共中央认为，革命需要吸收知识分子，建设尤其需要知识分子。新中国成立前我国是一个文化落后、科学落后的国家，更应珍视和充分发挥旧社会遗留下来的这批知识分子的积极作用，使他们为新中国建设事业服务。毛泽东主席在中共七届三中全会上明确指出："要争取一切爱国知识分子为人民服务。"中国共产党对旧社会过来的知识分子采取全部"包下来"的方针，绝大多数给以适当的工作，其中一部分人还分配了负责的工作；对原来失业的知识分子也努力帮助他们就业，或先安排他们学习。同时，还给知识分子的代表人物以适当的社会政治地位，通过他们联系和团结知识分子，建设新国家。

从旧社会过来的知识分子由于长期生活和工作在半殖民地半封建社会，在他们身上不可避免地沾染了许多旧的东西。这些旧的东西，同新民主主义制度，同为人民服务以及国家的经济文化建设是格格不入的。如在从旧社会过来的知识分子中，有的人以清高超脱自居，存在着超阶级超政治的观点；有的人存在着为学术而学术、为研究而研究的倾向，脱离实际，脱离群众；有的人盲目崇拜西方，存在着浓厚的崇美、亲美、恐美思想；有的人还在敌我问题上存在着许多模糊认识；有的人存在着严重的个人主义，一切从个人利益和个人兴趣出发，患得患失；有的人还对中国共产党、人民政府存在偏见和疑虑；等等。显然，这不适合新社会的需要。"从总体上来看，从旧社会过来的知识分子在立场和世界观上基本上还是资产阶级的，对马克思列宁主义和为人民服务很不熟悉，对新的环境尚不适应。"①

---

① 林蕴晖. 凯歌行进的时期 [M]. 开封：河南人民出版社，1996.

很多知识分子也意识到自己的思想不能适应新社会的要求，纷纷提出改造自己旧思想的想法。如 1949 年 10 月 5 日，冯友兰就写信给毛泽东主席，表态说以前自己讲封建哲学，帮了国民党的忙，决心改造思想，学习马克思主义，准备于 5 年之内用马克思主义的立场、观点、方法，重新写一部中国哲学史。费孝通在 1950 年说："一个大千世界庄严地在我眼前展开，一切使我低头"；"我愿意低头了，但是究竟还是个旧时代的知识分子。一旦打击了自大的心理，立刻就惶惑起来，感觉到自己百无是处了，梦想着一种可称为'魔术性'的改造，点石成金似的，一下子变为一个新人。"① 因此，新中国成立初期的知识分子思想改造就在这样两股力量的交汇下，在全国特别是知识分子密集的高校中陆续开展起来。

1950 年 6 月 23 日，毛泽东主席在一届政协二次会议上，号召文化教育战线和知识分子开展一个自我教育和自我改造运动。但是在运动中出现了"左"的问题，一些地方对家庭出身不好或从旧社会过来的知识分子采取了简单粗暴的态度和做法，甚至进行孤立打击、强迫反省和单纯清洗。新中国成立初期，"我国绝大多数教师是爱国的，很多人是同情或倾向革命的。只因许多教师受过国民党和帝国主义长期的欺骗宣传，或受封建的、资产阶级思想的影响，对一些重大的政治问题认识不够清楚。但这些教师渴望进步"②。为此，教育部于 1950 年 10 月发出通知，提出了，即高校进行思想改造的规定"不采取思想总结、思想检查、整风、坦白反省、斗争大会的方式，欢迎教职工自愿参加，不要规定或勉强"。

在党的领导下，西北师范学院从新中国成立起，就积极开展对知识分子的改造工作，引导广大师生参加政治和时事学习，组织他们参加土地改革、抗美援朝、镇压反革命等政治运动，帮助他们开展批评与自我批评，逐步提高思想觉悟，树立革命的人生观和世界观。

---

① 张浩. 历史长廊——建国初期知识分子思想改造运动述评 [J]. 理论界，2010 (3).
② 毛礼锐，沈灌群. 中国教育通史：第六卷 [M]. 济南. 山东教育出版社，1989：45.

1949 年 8 月，兰州解放，西北师范学院被接管后，就按照军管会和西北军政委员会的布置，组织全院师生参加政治学习，成立学习小组和读书会，集体讨论学习革命文献和党的理论。还不定期请兰州军政干部人员来学校讲演革命理论和革命史等。

1951 年 8 月 22 日，周恩来总理在为全国 18 个专业会议代表和中央人民政府各部负责人所作的题为《目前形势和任务》报告中，提到了知识分子思想改造问题。10 月 23 日，毛泽东主席在全国政协一届三次会议的开幕词中，高度评价了知识分子思想改造运动："思想改造，首先是各种知识分子的思想改造，是我国在各方面彻底实现民主改革和逐步实行工业化的重要条件之一。因此，我们预祝这个自我教育和自我改造运动能够在稳步前进中获得更大的成就。"[1] 同日，《人民日报》发表题为《认真展开高等学校教师中的思想改造运动》的短评。毛泽东主席的讲话和《人民日报》短评的发表，是一个强大的推动力。12 月 5 日，教育部通报介绍京津高校教师的学习情况和初步经验。此后，全国各地大中学教师相继开展了思想改造运动。1952 年，思想改造运动与"三反"运动相结合，进入高潮。

西北师范学院于 1952 年 1 月成立了由徐劲等 15 人组成的领导这次运动的"西北区高等学校教职员自我改造学习委员会西北师院学习分会"。3 月底，思想改造运动开始。运动以肃清三种思想、批判资产阶级和小资产阶级思想为主要内容，采取"人人过关、群众把关、领导批准"的办法进行。运动中重点批判了少数教师坚持的地理环境决定论、全盘欧化论和政治课教学中的唯心主义观点。这一时期，徐劲院长领导全校知识分子思想改造工作，他在全校范围内组织了辩证唯物主义和历史唯物主义的学习，并亲自为全校师生作思想报告。他的报告通俗易懂，深入浅出，深受师生的欢迎。他还每周组织一次讨论，从不间断。在徐劲院长

---

① 毛泽东. 建国以来毛泽东文稿：第 2 册 [M]. 北京：中央文献出版社，1988.

的亲自带领下，全院师生的思想水平和觉悟大大提高，为学校知识分子的思想改造奠定了基础。

1952 年 6 月，在思想改造运动告一段落时，学校紧接着开展了"忠诚老实"运动。在思想改造运动的基础上，开展自觉自愿地对祖国忠诚老实的运动，目的是使大多数教职工和学生完全交待自己的历史问题，经组织上划清敌我界限，以解除精神上的负担，愉快地为祖国建设事业服务。运动的方针是"普遍交待，无一例外；不追不逼，启发自觉；认真审查，宽大处理；自作结论，小组通过，领导批准"，并制定了"严禁逼、供、信"、"不得打人骂人及侮辱人格"、"不得随便戴帽子"、"汇报总结问题不得缩小夸大"、"不得小广播"等五项纪律。运动的第一阶段为准备阶段，从 7 月 15 日开始，在继续深入进行思想改造运动结束工作的同时，组织学习《论革命人生观》《可爱的中国》和《论忠诚老实》等学习资料。通过学习，进一步提高政治觉悟，打消思想顾虑；建立组织机构，配合各级干部，召集会议讨论运动的目的、方针和任务，建立明确的领导思想；有针对性地训练积极分子，使其明确运动的方针和进行工作的具体方法，并提高对祖国忠诚老实的思想，交待自己的问题。第二个阶段为普遍交待阶段，从 7 月 21 日开始，先进行全面的思想动员，开始交待问题，用典型报告推动运动开展，然后小组交待问题。第三个阶段为补充交待阶段，从 8 月 2 日开始，以问题复杂严重、政治觉悟不高、不肯交待问题的少数人为工作重点，帮助这些人把问题交待清楚。第四个阶段为结束阶段，9 月上旬结束，此阶段主要深入研究尚未交待清楚的少数人的材料，布置学校保卫和党团发展工作，召集座谈会，总结这次运动的收获和经验教训。据当时记载，在运动中交待问题者 1028 人，占参加运动总人数的 92.5%；共计交待出重大政治问题 152 件，一般政治问题 1071 件，一般性问题 3060 件。运动后对两个历史上有问题的人进行了行政和刑事处分。

西北师范学院所开展的思想改造运动和"忠诚老实"运动是积极有

效的，为学校的进一步改造提供了思想上、组织上和政治上的保证。由于政策掌握准确全面，未出现"方式生硬粗暴、批判过火"的情况，大家的积极性都比较高。在"忠诚老实"运动中，也未出现"逼、供、信"的偏差。

1950 年 6 月，美国派出军队干涉朝鲜内政，扩大朝鲜战争，并以武力阻止中国人民解放台湾。抗美援朝战争爆发后，西北师范学院广大师生员工积极行动起来，纷纷投入到这一伟大的斗争实践之中。学院教育工会和学生会发出通电，表示坚决支持 11 月 4 日中国共产党和民主党派发表的联合宣言，立即投入抗美援朝、保家卫国的伟大爱国运动。学生纷纷走向街头和附近农村，用文艺形式进行宣传活动。全校师生踊跃捐款，以购买飞机大炮。不到一周时间，共捐献人民币（旧币）7500 多万元。不少学生积极响应号召，报名参军，有 25 名学生获得批准，以实际行动抗美援朝。

1951 年，根据西北教育部的指示和甘肃省文教厅的通知，结合西北师范学院所在地乡村的具体情况，师生进行了抗美援朝宣传和"五一"示威游行。4 月 23—26 日，全院教职员工进行了学习，做好宣传的准备工作。学习的文件有：世界和平理事会宣言及九项决议，中共兰州市委宣传部印发的抗美援朝农村宣传大纲及取缔"一贯道"反动组织宣传大纲，全国总工会为拥护政府镇压反革命条例告全国工人书及其他报刊上发表的有关抗美援朝的参考资料。学习完之后，全院还进行了测验与总结。4 月 27 日和 28 日，师生分组到指定村庄进行宣传，4 月 30 日进行了宣传工作总结，5 月 1 日举行纪念会及游行示威。5 月 4 日，西北师院团总支组织了全院学生的集会，并请省委宣传部部长来院作报告。这次宣传范围非常广泛，包括十里店附近的 12 个村子、安宁区 7 个村、费家营附近 5 个村，还过黄河到马滩及 30 里外的盐池沟去作了宣传，出动 700 多人，共宣传了 1970 户约 8000 人，完成了"消灭空白院子"的任务。

在抗美援朝期间，师生愤怒控诉美帝罪行，批判亲美、崇美、恐美思想，增强了民族自尊心和自信心，受到了一次生动的爱国主义和国际主义教育，对学校的改造起到了重要的作用。

在镇压反革命运动中，1951 年 3 月 12 日和 15 日，兰州地区先后镇压了两批反革命分子。西北师院师生参加了这次运动，组织学习了《中华人民共和国惩治反革命条例》。教导科刊出"镇压反革命剪报"，包括镇压反革命的文件、各地镇压反革命的情况和匪特罪行、人民群众对惩治反革命的反应等。这种剪报的形式，在西北师范学院还是初次，剪报一经贴出，很多师生前来阅读。艺术系还创作了以"坚决镇压反革命"为主题的大幅画报。3 月 22 日，学校特请兰州市委宣传部部长万良才同志来院作关于时事政治和镇压反革命的报告，全院以及附中全体教职工和学生共 1100 余人参加听讲。"万部长掌握的材料丰富，讲演生动，持续了近三个小时，听众聚精会神，中间都不愿意休息。"报告结束后，大家普遍反映"讲得好，真解决问题！"另外，各系还组织了座谈会，讨论：为什么要镇压反革命？在镇压反革命过程中，我们学校应持什么态度？具体应该做到哪些事情？经过一系列的学习活动，全院受了一次深刻的阶级斗争教育，"拥护惩治反革命条例，提高警惕，分析谣言，检举特务"。

1951 年冬至 1952 年春，学校根据西北教育部关于西北高等学校教员、学生参加西北地区土地改革的指示和甘肃省土地改革委员会的通知精神，组织各系师生先后分两批共 576 人次分赴甘肃各地参加土地改革运动。其中 30 名教师、100 名学生到武威、民勤、永昌、永登；40 名教师、70 名学生到天水和武都；24 名教师、44 名学生到临夏、临潭、永靖、康乐、东乡；168 名学生到皋兰县所属的定远区、果园区、阿干区和黄惠区。教育、历史两系在参加完第一次土改工作后，总结收获时谈到："看到了地主阶级的残酷，坚定了自己的阶级立场，体验到人民的力量和智慧的伟大，对农村干部的认识发生了转变，加深了对祖国和对毛主席的热爱，坚定了建设新中国的信心，增加了对于乡村文化教育的体验。"参加第二次土改工作的师生总结工作收获时，认为：（1）从与地主阶级的激烈斗争中坚定了自己的阶级立场；（2）加强了对农民的感情；（3）深切地认识到群众力量的伟大和智慧的丰富；（4）明确了统战工作的重要性；（5）加强了对共产党和毛主席的热爱与建设新中国的信心；（6）体会到了教育为工农服务的方针的正确。"

新中国成立初期进行的"抗美援朝"、"镇压反革命运动"和"土改运动"，巩固了新生的革命政权。西北师范学院所有的师生员工都参与到伟大的运动当中来，有力地促进了政治学习和思想改造。在支援"抗美援朝"运动中，批判了"崇美、媚美、恐美"的思想，帮助全院师生认识到了美帝国主义的本质，爱国主义的思想认识得到了空前提高。在镇压反革命运动中，组织全院师生学习有关的条例和参加一部分实际活动，提高了大家的阶级斗争意识和进行阶级分析的能力。在土改运动中，广泛地组织师生参与其中，亲身感受了地主阶级的罪恶与剥削本质，彻底地批判了残余的封建思想。所有这些运动，都触动了师生的思想深处，为学校教学改革、院系调整等各项工作奠定了思想基础。

1951年暑假，留在学校的师生还开展了批判《武训传》和"武训精神"的运动。

1952年1—4月，学校开展了"三反"、"五反"运动。在运动中查出积压浪费共16000多元（新币），贪污人员86人，贪污金额10万多元。由于群众对贪污盗窃行为深恶痛绝，有些干部对政策理解不深，在运动中出现了相当普遍的打人骂人和逼供现象，错整了一部分人。发生这种违反政策的事件后，甘肃省委和西北局非常重视，要求及时处理。徐劲院长向省委及西北教育部作了检讨，对应负主要责任的有关人员给予了党纪处分。处理之后，群众普遍满意。运动中党内个别高级干部因犯罪而伏法，使学校干部队伍受到了深刻的教育甚至强烈的震撼。经过这次运动，全院师生在思想上大大提高了一步，"廉洁朴素和爱护公共财产"的观念深入人心，运动中出现的违反政策的事件成为提高领导水平、教育干部的一堂重要政治课。

1953 年，随着党在过渡时期总路线的提出，我国进入了社会主义改造和建设时期，知识分子思想改造也进入新的历史时期。在指导思想上，由过去主要是转变阶级立场、解决"为谁服务"的问题转为进一步解决"如何服务"的问题。

1954 年 2 月，在全国教育战线学习和宣传过渡时期总路线的热潮中，西北师范学院全体师生员工也开展了认真学习，提高了大家对三大改造的认识，激起了大家对国家实现工业化美好前景的向往，调动了大家教学和科研工作的积极性。

1954 年 11 月和 12 月，文科各系相继展开了对俞平伯《红楼梦》研究思想的批判和对胡适唯心论的批判。11 月 25 日，中文系在系研究室进行了批判"红楼梦研究中的资产阶级思想"第·次座谈会，随后又举行了多次座谈会。12 月，学校在图书馆的阅览室举行了"批判红楼梦研究中的资产阶级唯心论观点"的大型座谈会两次。徐褐夫副院长主持，并鼓励大家自由辩论，多写文章，多发表自己的意见，算作科学研究的成果来看待，学院还要出版红楼梦研究思想的批判专辑。对胡适思想的批判是和文科各系教学内容的改革结合进行的。涉及哲学和哲学史、文学和文学史以及教育学等学科领域，而且持续时间比较长。

1955 年 6—7 月，学校又开展了对"胡风反革命集团"的批判。6 月 24 日召开党派联席会议正式动员开始，并抽调了专职干部 6 人成立学习办公室，具体负责学习布置、督促检查、收集材料和接待坦白、检举等工作，共有 1689 人参加了这次运动，分为 80 个学习小组，时间持续了 18 天（学生进行了一周）。

1955 年 7—9 月学校进行了肃反运动，全体师生员工都参加了这一运动。运动中查出几个"反革命分子"；查清了几十个人的政治历史问题，并作出了相应的结论。但因受"左"的思想影响，审查面较宽，也发生了误斗和自杀事件。

在进行政治运动和思想改造运动的同时，西北师范学院从 1952 年到

1956年，先后组织教职员工学习《社会发展史》《新民主主义论》《中国革命史》《辩证唯物主义和历史唯物主义》，以及苏联社会主义经济问题等。前一阶段是集体学习。后一阶段，特别是1955—1956年学习辩证唯物主义和历史唯物主义时，则根据不同情况，分别编班学习。全体教师和具有大学文化程度的大部分职员约280人为高级组，编为15个班，一部分职员约90人为中级组，编为5个班，用讲授、辅导、讨论的方式学习。各系还结合当时正在进行的教学改革和业务学习，分别学习了有关理论。如中语系教师学习了社会主义现实主义，历史系教师学习了历史唯物主义，教育系心理学教研组和生物系教师学习了巴甫洛夫学说等。

1955年后期到1956年，根据中央和教育部的有关指示精神，学校在改善教师的工作条件和生活条件方面作了不少工作。在工作上努力减少一部分教师兼职过多、社会活动过多的现象，尽量保证5/6的业务活动时间。在生活上对讲师以上教师在住房、乘车、吃饭、理发、洗澡、购物等方面优先照顾，给予方便。这对调动教师的积极性，让他们把精力用于教学改革、提高教学质量方面，起到了良好的作用。

◎图为建于1956—1957年的教工家属楼，这些新建的楼房，较大地改善了教师的住房等生活条件，调动了教师的积极性，使他们能够安心进行教学与研究工作。

三、开展整风运动与反右派斗争

1957年4月27日，中共中央发出了《关于整风运动的指示》，决定在全党重新进行一次以反对官僚主义、宗派主义、主观主义为内容的普遍的、深入的整风运动。根据党中央的指示精神，新成立不久的学校党委于5月11日和6月1日先后两次动员广大师生员工参加运动，向党委提意见，帮助党委整风。在经过多次动员及组织各种鸣放活动的基础上，从6月4日起，校园里出现了大字报，群众性的鸣放、辩论活动开始进入高潮。"从5月初到6月初，中共中央曾多次号召党内外群众帮助党整风，召开各种会议，听取党内外群众的意见。"① 在整风运动的过程中，西北师范学院创办了《整风简报》和《谈心》。1957年6月17日，学院党委材料小组刊出《整风简报》的第一期，每天出一期，一共办了50期，该刊是党委内部刊物，搜集各方言论、意见以及大字报内容等。由学委会主办的《谈心报》则是为了贯彻"鸣"、"放"的方针，以便进一步开展学习，揭露内部矛盾，促进和帮助党内整风。该报态度客观，对所有的稿件，保持原文，不作删改；1957年4月出版了第一期，1957年8月5日出版了最后一期，一共出刊30期。

◎1957年6月4日起，西北师范学院的校园里开始出现了大字报，群众性的鸣放、辩论活动开始进入高潮。图为整风运动中张贴、阅读大字报的场景。

在全国鸣放过程中，"确有极少数人，借着帮助党整风、鸣放，从根本上反对中国共产党的领导作用，攻击社会主义制度，一些地方发生了少数人闹事的事件"② 。由于对形势作了过于严重的估计，6月8日，中央发出了《关于组织力量准备反击右派分子进攻的指示》。同日，《人民日报》发表了题为《这是为什么?》的社论。于是，全国开展了大规模的反右派运动。6月25日，学校党委动员全校师生员工开展反右派斗争。这一斗争包括后期的"整改"一直延续到1958年2月，为时近8个月。由于受全国政治形势的影响，学校党委在领导反右

①② 毛礼锐，沈灌群. 中国教育通史：第六卷 [M]. 济南：山东教育出版社，1989：124.

派斗争的过程中，对知识分子问题的认识上出现了比较严重的失误，导致了反右派斗争的扩大化，一批知识分子包括教师、青年学生和干部被错划为"右派分子"。

1957 年 6 月 25 日—10 月 3 日，短短三个多月的时间，西北师范学院有 374 人被划成"右派分子"，其中教职员工 67 人，学生 307 人（全院学生总数为 2741 人），占学生总数的 11.2%。

在反右派斗争中，学校共有 392 人被错划为"右派分子"，其中教师 44 人，职工 17 人，学生 331 人。其中有不少是有真才实学的教授、学者和领导干部，如李化方、赵荫堂、徐褐夫、席尚谦、李秉德、王明昭、南国农、胡德海、尤炳圻、赵鸣九、郑文等。他们因此不能在教学科研岗位上发挥应有的作用，对学校教学、科研和管理工作的发展，都造成了较大的损失；对被错划为"右派分子"的师生本人及其家人，都带来不幸的后果。

第四节
民主党派和群众团体

一、民主党派组织在西北师范学院的建立

新中国成立初期，民主党派在西北师范学院的组织有中国民主同盟和九三学社。1949 年以前，有个别盟员配合地下党组织的活动。1949 年 12 月，甘肃省民盟组织进行总登记，当时一些同民盟有联系的人经过介绍，填表入盟。1950 年 4 月，西北师范学院民盟正式成立一个小组，开始过组织生活，有盟员七八人，到 1952 年增至 30 多人，遂成立中国民主同盟西北师院区分部，由李化方担任区分部主任。当时，组织生活比较正常，其成员能够积极投入各项政治运动和思想改造运动，取得了良好

的效果。他们大部分都担任教学工作，其中有 9 人担任学校系处级以上领导工作。根据中国民主同盟甘肃支部西北师范学院区分部盟员名册，到 1954 年 1 月，共有近 80 名盟员，包括副院长李化方、教务长胡国钰、物理系系主任严顺章、地理系系主任卢村禾，副系主任刘钟瑜、历史系系主任萨师炯、生物系系主任孔宪武、教育系系主任刘问岫，幼教系系主任杨少松等。

1956 年 10 月 23 日晚，民盟西北师范学院区分部举行了第八届第一次委员会议，会议推选了主任委员和副主任委员，并进行了委员分工。选举李化方为主任委员，刘钟瑜、李秉德为副主任委员，马增礼、黄锡三为组织委员，彭铎、唐尧尊为宣传委员，刘问岫、周毅成为文教委员，洪毅然、何佩纶为联络委员。其主要的工作为：领导盟员过好组织生活，密切结合盟员工作和思想实际开展批评与自我批评，互相监督，互相帮助，发展盟员，督促盟员积极参加学校的政治学习和时政学习，掌握政策，提高思想，改进工作，鼓励盟员多参加社会活动，多写稿子，发表自己的文艺创作和学术成果，贯彻国家文教政策，进行教学改革和学术研究经验交流等。

到 1958 年，西北师范学院民盟支部负责人有较大变化，刘熊祥、严顺章任主任委员，信逢仁、郭秀文任组织委员，刘问岫、杨少松、马增礼、陈继畴任宣传委员，李鼎文任秘书。全院下设 6 个小组。

1954 年年底，九三学社西北师范学院小组成立，共有社员 5 人。1956 年发展到 20 人，遂成立西北师范学院支社，选出金少英等 5 人组成第一届支社委员会。1958 年 12 月 27 日，选举了新一届支社委员会。在黄伯梁、金少英主任的指导下，当晚召开了本届第一次支委会，推选魏文泽、宋福僧分别担任正副主任委员，郑宪祖担任宣传委员，陈发源担任组织委员，张谷英担任文教委员。支社分为三个小组，每小组有社员 8—9 人，各小组的人员基本是按照各系的社员人数多少、思想情况及每一个小组能有分社及支社委员两人等原则所组成，这样便于了解情况，加强领导。第一组有郑宪祖、魏文泽，第二组有金少英、陈发源，第三组有宋福僧、张谷英。12月31日召开各小组会议，推选焦北辰、路瑷为第一小组组长，许重远为第二小组组长，王文新、王和合为第三小组组长。以小组为单位组织大家过组织生活，每周一次，每次3—4个小时，多利用星期六晚上、星期日的休息时间。1958年支社的主要工作是进行思想改造和每个社员的思想摸底。

据1959年2月统计，学校共有社员26人（其中包括下放社员1人及留在社内的"右派分子"2人），计教授8人，副教授9人，讲师6人，助教2人，无职称者1人。全校各系科及直属教研组，均发展有社员；其中地理系、历史系各有4人，数学系、教育系、化学系各有3人，生物系、中语系、外语系各2人，物理系、政治课教研组、体育教研组各1人。

在支社委员会领导下，九三学社成员积极参加了当时的教学改革和思想改造运动。

二、共青团和学生会

西北师范大学青年学生运动有着光荣的历史。新中国成立前在地下党组织和进步社团的组织和领导下爆发的反对国民党统治的"三二九学生运动"和"护校运动"，都在甘肃青年运动史上写下了光辉的篇章。新中国成立不久，西北师范学院就成立了共青团组织和学生会，在党的领导下，组织青年学生认真学习马列主义理论，努力提高青年学生的政治觉悟，积极配合学校党组织和行政开展学校的改造工作，对学校的发展作出了积极贡献。

（一）共青团组织的建立及壮大

兰州解放后，甘肃省团委为了配合兰州军管会搞好对西北师院的接管工作，派遣陈守谦等三人组成的工作小组进驻学校，开始筹建西北师范学院青年团组织。首先建立了由进步青年学生组成的群众性组织"新知读书会"，并创办了《新知日报》。1949年10月，工作组以"新知读书会"骨干成员为主，发展了十余名团员。1949 年 12 月，中国新民主主义青年团西北师范学院支部成立，支部书记由当时学校党支部的青年委员尉松明担任。团支部成立后，积极组织学生学习革命理论和党的政策，提高他们对共产党和青年团的认识，号召学生开展读书活动，大量吸收进步青年加入团组织，并组织团干部和优秀团员参加团省委举办的"青训班"的学习，以提高工作能力。1951 年年初，西北师院已有团员 85 人。抗美援朝战争开始后，团支部组织青年学生以实际行动支援抗美援朝，有 25 人参加了中国人民志愿军。随着团组织的进一步壮大，1951 年 2 月，经上级组织批准，成立了新民主主义青年团西北师范学院总支委员会，李洪林任书记。团总支下设文科、理科、职工、博物 4 个支部，并负责附中团支部的工作。1952 年，团总支改为团委建制，李洪林任团委书记。团委下设 3 个总支，11 个支部。

此后，学校团的组织不断壮大，在 1953—1958 年共召开了五次团代会，团的组织和领导工作不断得到加强。1953 年，西北师范学院召开了第一次团员代表大会，选举产生了第一届团委委员和常委，李洪林任书记。大会还选举产生了 6 名代表出席全省第一次团代会。1955 年 5 月 3—4 日，西北师院召开了第二次团员代表大会，选举产生了第二届团委委员和常委，李坤任书记。11 月 10 日，创办了团委机关刊物《师院青年》。1956 年，学校已有团员 1180 名。同年 10 月上旬，召开了第三次团代会，选举产生了 15 名团委委员、7 名团委常委，王军任团委书记。第三届团委成立后，在进一步做好学生思想教育方面做了大量卓有成效的工作。1957 年寒假期间，团委和校学生会组织召开了历时三天的学生代表大会。1957 年 5 月 5 日团中央三大召开前，根据形势需要，西北师院召开了第四次团员代表大会，选出了新一届团委委员和常务委员，王军连任书记。反右派运动以后，院团委根据院党委和团省委对青年工作的指示，于1958 年 1 月 31 日召开了中国共产主义青年团西北师范学院第五次代表大会，选举产生了新的一届团委委员和常委委员，杜甫功任书记。1958 年

2月，院党委任命刘振邦为团委书记。

（二）校学生会的成立

西北师范学院的学生会组织在1945年以前称为"在校同学会"，旨在"联络感情、砥砺学术，谋同学利益"。1945年由进步学生郭松茂等人发起成立了"学生自治会"，被当时校方根据国民政府教育部制定的《学生会自治规则》视之为非法，一直不予备案。后虽勉强成立，但在新中国成立前一直被学校当时的另一组织"青年军联谊会"所把持，成为他们利用的工具。

新中国成立后，随着兰州军管会对学校的接管，原"学生自治会"改组为"学生会"。西北师范学院学生会于1949年10月正式成立，是当时甘肃高校中最先成立的两个"学生会"之一。在党、团组织的领导下，学生会成为学校党政开展学生工作的得力助手。1949—1958年，历届学生会一般都设有宣传、生活、文娱、体育各部和秘书处。各系（科）成立分会，相应地设宣传、生活、文娱、体育各组。学生会和共青团一起，在动员组织学生完成学习任务、进行思想教育、开展文体活动、搞好学生生活福利等方面都做了积极工作。

（三）开展学生思想政治工作

1950—1958年，学校共青团组织和学生会是学校改造、整顿和改革发展中的一支重要力量，他们结合学生的具体情况，通过各种方式开展思想政治工作。特别是共青团组织在这方面比较好地发挥了党的助手作用和在青年学生中的模范带头作用，配合学校进行教学改革，进行学风和学习方法的教育，配合各项政治运动开展现实的思想教育和形势任务教育，协助学校党政做了大量有特色的工作，取得了显著的成绩，形成了良好的工作传统。

第一，新中国成立初期，倡导并组织学生学习革命理论和党的政策，提高对中国共产党和社会主义的认识。组织学生普遍阅读《新儿女英雄传》《钢铁是怎样炼成的》《绞索套在脖子上》《青年近卫军》《日日夜夜》《古丽亚的道路》《卓娅和舒拉的故事》等优秀文艺作品，这对学生树立革命理想、培养革命人生观、建立新的学习秩序等都起了重要作用。

第二，组织团员和青年学习党课和团课，提高他们对共产党和共青团的认识，发展团的组织，并输送优秀团员入党。仅 1956 年就推荐 355 名优秀团员作为党的培养对象，其中 83 人被批准入党。为了提高团干部的工作能力，先后组织学习"怎样做团小组长"、"怎样做支部书记"、"青年团组织工作方法"、"青年团问答"和共青团的其他业务文件，培养了一批比较得力的共青团干部。

第三，贯彻全面发展方针，解决学生学习负担过重问题。1953 年 6 月毛泽东主席提出"要使青年身体好，学习好，工作好"的号召。政务院和教育部也先后发出改善各级学校学生健康状况以及研究解决高等学校师生负担过重问题、贯彻全面发展教育方针、提高教育质量的指示。为了贯彻这些指示精神，当时将学生上课和自习时数尽量控制在每周 54 小时以内；要求学生加强学习的计划性；学生的社会活动一般控制在每周 3 小时以内；学生干部贯彻一人一职原则；将学生管理伙食改为由伙食科管理，伙食标准由每月 13 万元（旧币）改为 14 万元，以后提高到 16.5 元（新币）；对患病学生和女生中的产妇按其经济状况，给予营养补助；加强体育锻炼，动员 80% 以上的学生参加了体育锻炼小组，并举办各类体育比赛。当时教育系的女学生组织的"古丽亚锻炼小组"，坚持常年锻炼，风雨无阻，被评为先进，受到表彰。采取这些措施以后，学生的负担大为减轻，健康状况明显改善，教学质量相应提高。

第四，进行全面发展、因材施教的教育。1956 年上半年，由于国际形势的影响，在学生中强调因材施教、发展专长、发展个性、独立思考、思想解放、不要迷信，而忽视了全面发展和青年应该具有的组织性、纪律性和集体主义教育，结果，造成错觉，引起混乱。在学生中只要民主、不要集中，只要自由、不要纪律的情况一度相当严重，学校管理工作出现了困难。针对以上情况，校团委从两个方面开展了工作。首先，加强思想政治教育，将原来侧重由学生科对学生进行思想教育的模式改为由各系主要负责的模式，加强各系对学生思想教育工作的领导；增订报纸份数和种类，加强时事政策的学习和宣传；抓紧新生的思想教育工作。1956—1957 学年度寒假由院团委和院学生会组织召开了为时 3 天、有学生 531 人参加的学生代表会议，学校领导作了《目前我院学生中存在的几个主要问题及今后努力改进的方向》的报告，还请兰州军区负责同志结合红军长征作了《继承革命优良传统，发扬艰苦奋斗精神》的报告。会议进行了辩论、批判，并给学校领导提了很多意见和建议。会议一致通过了《给全院同学的一封信》，作为会议决议。会议起到了"沟通情况，端正态度，统一认识"的目的。通过宣传和讨论，全院学生受到了一次加强德、智、体全面发展的教育，混乱情况逐渐好转。其次，改进工作，关心学生生活。当时曾着力配合学校解决教室灯光不足和宿舍暖气不热问题；改进伙食，成立病号灶，扩大保健灶，提高伙食标准（由16.5 元提到 17 元），提高助学金和补助费。

第五，进行热爱师范专业，服从祖国需要的教育。在 1956 年上半年，以化名"粤丁"为代表的一些学生认为："教师是蜡烛，照亮别人，毁灭自己"，"教师是摆渡人，一批批地把别人摆渡过去，而自己仍留在对岸"。对这种思想问题能否通过引导、教育而得以正确解决，关系到学校的培养目标能否实现、教学质量能否提高。针对这一情况，院团委一是在新生入校及以后的一段时间，以"教师是人类灵魂的工程师"为主题，开展学习、座谈、参观、讨论，使同学们逐渐热爱自己的专业，并为将来从事教育事业而勤奋学习；二是在高年级学生特别是在毕业生中，结合教育实习和毕业鉴定，以"把青春献给伟大的教育事业"为中心，进行毕业分配的教育，力争把思想工作做到"党的需要就是我的志愿"这样的程度，使分配工作得以顺利进行。

第六，对同时期出现的不同问题，有针对性地进行共产主义品德教育。如开展的"谈礼貌"、"谈友谊"、"嫉妒与友谊"、"让友谊朝着正确方向发展"等专题讨论及组织参观"反浪费展览"、帮助烈军属等，都是针对相应的问题开展的品德教育活动。在广泛进行教育的基础上，1956年前半年进行了品德优良学生评选活动，444 位学生被评为品德优良生，得到了学校表扬和奖励。1955 年 11 月，学校团委还创办团刊《师院青年》，作为向青年进行思想教育的园地。

三、教育工会

西北师范学院教育工会是学校教职工的群众组织。1950 年 9 月 27 日，在甘肃省工会的直接领导下，成立了西北师院教育工会基层委员会。当时有会员 107 人，分布在 25 个小组内。其下设组织，开始为部，1952 年改为工作委员会，共有组织、学习、文教、女工、生活、财务、业务、统计等 8 个工作委员会。另外还成立了互助储金会。

在 1950—1958 年期间，教育工会的主要工作有以下几方面。（1）协助学校党政组织会员的理论学习，进行思想改造。（2）参与教学改革工作。1952 年暑假同中苏友协共同主办了第一次俄文突击学习班，同年寒假协助学校行政举办了第二次俄文突击学习班。1953 年组织会员学习北京师范大学、中国人民大学有关教学组织、讲授、课堂讨论等方面的经验。1955 年动员全体教职员参加教育学的报告会共计 9 次，参加听讲者 700 多人次。为了普及科学知识，从 1955 年起先后组织了"原子能"、"火箭"、"人造卫星"和"雷达"等科普报告会多次。1956 年年初，开始编印不定期刊物《师院教工》，以配合学校的教学改革，反映教学改革的情况。（3）积极谋求解决会员福利。互助储金会成立后，积极发展互助储金会员，解决了不少会员的经济急需。女工部还组织家属成立了洗衣组和缝纫组，让家属走向生产，增加收入。1954 年开始代会员赊购物品，代定夏冬季服装，为一部分确有困难的会员代偿债务等。（4）从1955 年起，协助学校行政举办职工业余学校，动员工人、家属及部分文化水平低的职员参加学习。此外，在设置无人售书亭、组织会员和职工开展文体活动、每年组织教职工到省内外风景区旅游、每逢节日组织慰问病号、对生活上有困难的会员进行补助等方面都做了不少工作。

新中国成立初期，学校还成立过中苏友好协会。当时有正副会长和 9 位理事，有会员 300 人，到 1952 年发展到 865 人。该会曾以出黑板报、墙报，举办图片展览、报告会、演讲会等形式宣传中苏友好。后因凡群众团体均为全国中苏友协的团体会员，基层友协的组织形式便于 1955 年宣告结束，其工作在各单位党政统一领导下进行。

星移斗转，岁月荏苒。历史进入二十世纪五十年代末，这是学校发展史上的一段特殊时期。

二十世纪五十年代，苏联的教育思想对我国高等教育产生了积极的影响，为高校工作更加符合教育规律、得以健康发展作出了可贵的贡献。但是，由于我们缺乏经验，加之形式主义、教条主义的影响，当时高等教育的教学工作曾出现过这样那样的问题。其中之一，就是对高等学校的管理强调集中统一，国内的重点高校主要由教育部和国务院各部委直接管理。西北师范学院当时属于国家教育部直属高校。随着形势的发展和变化，这种过多集中、统得过死的弊病逐渐暴露出来。针对存在的问题，二十世纪五十年代后期，围绕教育体制和办学体制的改革在全国范围内广泛开展起来。「在教育管理体制上，下放管理权限，加强地方对教育事业的领导管理」。这种做法在当时是正确的，起到了一定的积极作用。但到了『大跃进』期间，由于受『左倾』思想的影响，在没有系统研究的情况下，盲目地把教育事业的管理权统统下放，致使一些高校的发展受挫。在此形势下，一九五八年十一月，西北师范学院下放甘肃省管理，改名为『甘肃师范大学』。学校下放甘肃省管理以后，一方面，由于受自然条件和地方经济财力的制约，学校的办学条件、办学声誉和发展都受到很大限制，后来恢复隶属关系的时候，由于种种原因，学校也没有抓住机遇，这成为学校办学史上的一大遗憾。

从一九五八年到『文化大革命』前夕，党的全面发展的教育方针逐步形成，『调整、充实、巩固、提高』的八字方针和『高教六十条』进一步促进了教育事业的发展。在这一时期，学校努力贯彻和落实教育方针，办学规模有了扩大，办学条件进一步改善，培养了近八千名德才兼备的人民教师和社会主义建设人才。在当时『左倾』思潮的干扰和影响下，学校工作出现过偏差，有经验，有成绩，更有教训，学校教育事业几经起伏，曲折前进。

第五章 隶属变更 曲折前进

从『大跃进』开始到『文化大革命』发生

第一节
教育 "大跃进"

一、贯彻落实党的教育方针

1958 年，我国进入第二个"五年计划"发展的关键时期，党的教育方针基本形成。1958 年 1 月 31 日，毛泽东同志提出"教育必须为无产阶级服务，必须同生产劳动相结合。劳动人民要知识化，知识分子要劳动化"的教育思想。1958 年 9 月 19 日，中共中央、国务院发出了《关于教育工作的指示》，明确、系统地提出了党和国家的教育方针，即"党的教育方针，是教育为无产阶级的政治服务，教育与生产劳动相结合；为了实现这个方针，教育工作必须由党来领导"①。这一时期，学校的主要任务是学习和贯彻落实教育方针，"使受教育者在德育、智育、体育几方面都得到发展，成为有社会主义觉悟的有文化的劳动者"，具有鲜明的针对性和时代特点。全校师生通过学习这一理论，进一步从思想上明确了我国社会主义教育方针的基本内涵。

结合学校实际，学校组织教职员工进行了深入讨论，一致认为学校教育工作中存在着以下几方面的问题。一是强调学习文化科学知识的同时，在知识分子和青年学生中出现了忽视政治的倾向。在一些人中，马克思主义时兴了一阵，现在就不那么时兴了。针对这一现象，党的"全面发展"的教育方针及时为学校的教育工作指明了方向。这一思想符合马克思主义的基本原理，符合社会主义教育的特点，在整个社会主义建设时期也都是适用的。二是有些青年有一种不切合实际的想法，以为到了社会主义就应当什么都好了。他们没有看到社会主义制度的建立只是刚开辟了一条达到

---

① 毛礼锐，沈灌群. 中国教育通史：第六卷 [M]. 济南：山东教育出版社，1987：134.

理想的道路，而理想境界的实现还要靠我们的辛勤劳动。同时，一些学生对参加工农业生产劳动也觉得是大材小用，不愿意到生产第一线，不能与工农密切结合。三是学生课业负担过重，影响身心全面发展，进而影响了学习、影响了工作。针对存在的问题，学校组织师生进行了深入学习和讨论，并在此基础上，纠正了教学工作中一些当时认为不正确的做法。此后，学校积极组织学生开展勤工俭学和参加社会生产劳动等活动，并对取得的经验进行了总结。归纳起来，主要包括以下几方面的内容。

（一）强调教育与政治的关系，加强教育与社会的联系

为实现青年学生全面发展，学校将德育和政治方向放在学校教育的重要位置，要求青年学生提高社会主义觉悟，刻苦学习文化，树立为祖国为人民服务的思想，向现代化进军，努力成为合乎现代科学和技术水平的新生力量，用自己所掌握的科学文化知识为理想境界的实现而辛勤劳动。在宣传教育的基础上，学校积极与社会各界联合，在理论上

◎当时，学校倡导把理论学习与实践结合起来。图为当时学习的《毛泽东书信选集》和政治系教师撰写的心得体会文章汇编。

和实践上进行了诸多探索，为地方经济和社会的发展作出了应有的贡献。

（二）教育与生产劳动相结合，实践了"全面发展"的教育方针

学校注重劳动教育，组织学生参加生产劳动，从事勤工俭学和社会实践活动，以消除他们轻视劳动尤其是轻视体力劳动的观念，获得生产劳动的基本技能，成为有社会主义觉悟的有文化的劳动者。学校在各方面的努力下，培养了大量思想道德和文化科学素质较高的劳动后备军和大批德才兼备的建设人才，造就了许多活跃在国家经济、文化教育、科学技术等领域的骨干力量。

（三）解决了学校工作中的一些实际问题

在此之前，学校课程多，学生压力大，教师讲课和考试不甚得法的情况比较普遍。通过贯彻落实党的教育方针，师生克服了上述教学实践环节中的一些具体问题，保证了学校的办学方向，维护了青年学生身心的健康发展，为学校在"大跃进"期间减轻损失、取得较好成绩奠定了基础。

二、动员群众开展思想斗争

1958 年 2 月下旬，学校党委召开了为期 8 天的第一次党员大会，会议以"贯彻甘肃省党代会精神，反对右倾保守思想"为中心内容，提出了"彻底批判'右倾'保守思想，来一个思想'大跃进'，为培养又红又专的教育工作干部而斗争"的口号。会议从传达上级精神、安排发言到讨论，一致认定当时学校各方面的工作都存在着严重的右倾保守思想，这次会议也成为在学校掀起"左"的浪潮的动员大会。3—4 月，学校响应中央号召，开展了"反浪费、反保守"的"双反"运动，提出学校里最大的浪费是培养出来的人"不红不专"。针对这个问题，从 4 月到次年 1 月，学校制定了"红专规划"，开展了自觉革命、向党交心、拔白旗插红旗、红专辩论、教育方针大辩论、批判资产阶级教育思想和学术思想等一系列过火的"兴无灭资"思想斗争。红与专的问题实际上是政治与业务的关系问题，正确处理两者的关系，有利于指导社会主义教育实践。但是，在当时的政治气氛和"左"的思想指导下，辩论过程中不分是非曲直，大辩论往往演变成一场大批判，不适当地批判了一些教师和学生的所谓"白专"思想，实际上把潜心学术、认真读书、刻苦钻研的精神当做走"白专"道路批判掉了，挫伤了一批知识分子的积极性，引起了大家思想上的混乱，助长了思想政治工作简单化的错误倾向，影响了党的民主生活的正常进行，对学风造成了严重的破坏。

1958 年 5 月，中国共产党第八届全国代表大会第二次会议提出了"鼓足干劲，力争上游，多快好省地建设社会主义"的总路线。总路线及其基本点反映了广大人民群众迫切要求改变我国经济文化落后状况的普遍愿望，但它忽视或违背了社会经济、文化发展的客观规律。在错误思想的指导下，全国掀起了"大跃进"，学校也不可避免地卷入了教育"大跃进"的浪潮之中。

根据上级指示，从1958年7月开始，学校连续进行了三个月半的"教育大革命"运动。运动一开始，首先发动群众进行思想斗争，采用"三结合"（党、教师和学生相结合）的方法，用大字报、专刊、座谈会的形式，"全面地、系统地、深入地揭发"。揭发的具体办法是"七查"，即查讲义、查笔记、查论文、查日常言论、查教学大纲、查教学方法、查教学态度。前后贴出大字报8000多张，出专栏141期，查出大小问题近2万条，然后归类排队，确定重点，开展所谓对资产阶级教育思想和学术思想的辩论和批判。这一辩论和批判，在诸如理论与实际、古与今、中与外、政治理论课如何开设、改变学生成分等问题上，都提出了一些不适当的"左"的要求，因而许多理应澄清的问题，不但没有澄清，反而更加糊涂了。例如，对心理学专业的集中批判就是如此。当时，以心理学教学中的"资产阶级方向"为理由，强加给这一学科许多莫须有的罪状；甚至将"两点之间直线最短"的公理，也戏称为"连狗也知道"的东西，似乎完全没有证明的必要，如此等等，严重影响了学校的教学计划。

辩论批判的失误导致了整改工作的失误，在辩论批判的基础上，学校各单位都进行了整改。在新制订的教学计划和教学大纲中，大幅度减少了专业课的授课时数，增加了政治课授课时数；在强调理论联系实际的口号下，增加了大量的生产劳动和勤工俭学；教学方法也"采取走群众路线的办法，自学、讨论、辩论和总结报告，并充分利用大字报"，评分由"三结合"小组只评及格、不及格。

1958年年底，中央对此已经有所认识，相应开展了一些缓解矛盾的工作，但随着"反右倾"运动的开始，情况又向极其严重的方面发展。1959年7月2日—8月16日，党的八届八中全会即庐山会议召开。会议错误地发动了对彭德怀同志的批判，进而在全党开展了"反右倾"斗争。

学校在庐山会议结束的当天，即 8 月 16 日，就制定了《关于开展反右倾思想运动的计划》（以下简称《计划》）。《计划》在列举了大量所谓"右倾思想和松动情绪"之后认为，"必须在全校开展群众性的反对右倾思想的斗争"，并认定这是一场"保卫党的总路线、保卫党的教育方针"的斗争。在指导思想上，把上半年提出的"以提高教育质量为纲"改为"以反右倾思想为纲"。《计划》提出：所有的人员必须参加运动，又以科长以上干部为重点。这样，在学校校园里立即掀起一场所谓反对右倾斗争的群众运动。至此，群众运动此起彼伏，政治斗争连续不断。

一方面，"充分发动群众，大搞群众运动"，学校有 4146 人被动员参加"鸣放"；另一方面，中层干部在各单位群众中普遍检查自己的"右倾"思想。校党委也连续开会，重点检查执行知识分子政策的情况。在短时间内，全校共贴出大小字报 4300 多张，揭发各种问题 6380 条。接着，在领导层和群众中先后进行了重点批判和专题辩论。

党委还要求各党总支和直属党支部必须抓住本单位一两个关键性的重大问题，组织师生进行深入细致的大辩论，辩论的内容主要指教育革命中的右倾思想和观点。在群众揭发、"暴露"和党团员交心的基础上，学校"开展教育方针大辩论，大破'冲突论'"。在批判的过程中，把大家关于"劳动过多、运动过多、活动过多、学习时间过多"等方面的普遍反映，概括为"冲突论"；把专题辩论和批判性的专题报告上的一些具体意见，概括为"时间常数论"、"循序渐进论"、"业务实力论"，并将其作为"负隅顽抗"的几个"小碉堡"进行"摧毁"。学校还组织理论工作队伍，对大辩论和大批判中的一些成果进行总结和宣传，意在用"贯彻教育方针所取得的巨大成就的事实"说服大家，但因理论似是而非，"事实"也有浮夸的成分，难以掩饰大家正在经历的现实，因而未能达到"辩深、辩透"的目的。

为了进一步从理论上提高师生员工的认识，学校还根据上级规定，就如下五个问题讲大课：一是社会主义建设总路线与社会主义建设时期的阶级斗争；二是马克思主义者如何对待群众运动；三是不断革命论和革命发展的阶段论；四是阶级、政党和领袖的关系；五是辩证唯物主义世界观与唯心主义世界观的区别。讲课的任务分别由学校的几位党政负责人承担。学习的方法是讲文件、听报告、鸣放辩论。同时，学生的政治课一律改为学习八届八中全会及省委第二届十一次会议文件。政教系的教师大多数被派到各系具体指导反右倾的正面教育和鸣放辩论等工作。

揭发批判右倾思想的工作到1959年年底基本结束，加上第三阶段的"思想建设和组织建设"，最后到1960年4月才结束。在这种"左倾"思想的指导下，学校连续不断地停课，时起时伏的政治运动和情绪高涨的群众斗争严重影响了正常的教学科研工作，有时，频繁的政治运动几乎代替了正常的学校工作。

三、组织学生参加生产劳动

在"教育必须与生产劳动相结合"的方针的指导下，从1958年春季开始，学校动员和组织学生下厂下乡参加生产劳动，与工人、农民同住同吃，进行勤工俭学和生产劳动，教育"大跃进"从思想领域走向社会实践。

1958年2月7—12日，教育部召开了有部分省、市教育厅、局负责人和中学校长参加的勤工俭学座谈会，推动各级教育行政部门和学校积极开展勤工俭学、半工半读的活动。为了积极组织和领导这一活动，学校成立了勤工俭学办公室，负责全校的工农业生产。在当时提

◎大跃进期间，师生在农场劳动。

出的"超英赶美"的"大跃进"思想的宣传鼓舞下，广大师生热情高涨，在不到一年的时间里付出了大量的劳动。据统计，1958年，学校师生出工劳动的时间为平均每人3个月，相当于一学年中有一学期的时间在从事体力劳动。具体表现在以下几个方面。

（一）兴办农场工厂

学校在山丹、甘南办了两个农场，师生全年共计有48886个农场劳动日，以教职工学员4000人计算，平均每人12.22个劳动日。开地种菜153亩（不包括生物系农场种地40亩），深翻地135亩，积肥15万斤，共计12710个劳动日，平均每人3.18个。

（二）大炼钢铁

在校内外兴办了27个工厂，省委调派学校师生2400人分赴永登、皋兰、平凉、靖远、银川等五个地区炼钢（9月18日出发，11月8—14日陆续返校），炼钢劳动（包括校内小土炉炼钢）共计劳动日136796个，平均每人34.20个。

◎"大跃进"期间，学校组织师生开展大炼钢铁运动。图为师大师生正在修建冶炼钢铁的土炉。

（三）义务劳动

◎"大跃进"期间，学校经常组织师生深入农村劳动，图为师大师生参加义务劳动。

全校师生参加义务劳动，包括校内义务劳动（如到西固化肥厂劳动，冬季背雪上山，4月运水上山浇树，6月和8月上山修梯田、挖水平沟等）共计劳动日26567个，平均每人6.64个。

（四）开展爱国卫生劳动

根据市、区要求，学校师生前后突击9个昼夜（4月29日—5月4日、5月18—21日），参加全市爱国卫生劳动，以及集中捕鼠、捕雀、打蝇等，共计劳动日96000个，平均每人24个。

（五）参加校外包工劳动

1958年4月在1350、404和加工厂等地劳动，暑假期间在西固和七里河劳动，共计劳动日46158个，平均每人11.54个。以上合计劳动日367117个，平均每人91.78个。

1959年下半年，随着反右派运动的不断深入，勤工俭学活动刚刚结束，全校性的社会实践和生产劳动又开始了。中

◎"大跃进"期间，师生开展校外包工劳动，图为参加包工劳动的学校教师。

文、数学两系部分班级学生分别到山丹、甘南劳动9周和13周；1960年6月，数学、物理、化学、生物、地理、教育6个系13个班级的530多名学生停课，或参加校内外"技术革新和技术革命"，或下乡支援农业生产。教育系学前组四年级用两个月时间先后到雁滩公社和化工学校劳动、办学、调查；数学系三四年级用将近三个月的时间先后到兰州市交通部门和平凉、天水地区规划交通线路；物理系三年级学生用三周时间到工厂进行实践活动。直到1960年年底，还有很多师生冒着零下20多度的严寒，在甘南生产基地开荒。

上述勤工俭学、生产劳动和社会实践活动，加强了理论联系实际，

使广大学生的世界观和人生观得到了改造和锻炼。但由于受当时"左倾"思潮和政治运动的干扰，个别做法走向极端，比如在过分减少专业课的同时，不适当地增加了政治活动、劳动时间和社会实践活动。1960 年的教学计划规定，文科各系每学期劳动课时间增加到 60—70 天。理科比文科低，但也有所增加，如数学系由过去的 8 周增加为 9 周。社会实践课，规定中文系每年一个月，历史系每年 8 周，政教系 4 年内 11 个半月。这种片面理解教学同生产劳动相结合的做法，在一定程度上打乱了正常的教学秩序，违背了教育发展规律，挫伤了广大师生的工作积极性，严重地影响了教学进度和教学质量的提高。

四、实施"三结合"模式教学改革

"为了发展人民教育事业，以适应经济建设需要，满足人民日益增长的提高文化水平的需要，突破已有的框框，建立起符合中国实际的社会主义教育制度"①，1958—1960 年，全国范围内掀起了教学改革的热潮。

1960 年 4 月，根据中宣部负责人《教育必须改革》的讲话和甘肃省有关精神，学校成立了校系两级教学改革领导小组，教学改革工作在全校大规模地展开。教学改革的模式逐渐被确定为教学、科研和生产劳动三结合。校党委提出："彻底革新教学内容、教材体系，相应地改进教学方法，这是新时期教育计划确定必须遵循的首要原则。"根据这一原则，学校对教学计划、教学大纲和教材进行了全面的改革。1960 年年初，对144 门必修课的教学大纲修订了 129 门，6 月又重新制订教改方案、教学计划和教学大纲。各系先后修订教学计划四到五次。此举大大缩短了教学时数，减轻了学生负担，更新了专业课程，加强了外语课的学习，发挥了学生的学习主动性，培养了他们的自学能力，进一步树立了学校要为学生服务的思想。1965 年 8 月 8 日，毛泽东同志在接见外宾时说："学

---

① 毛礼锐，沈灌群. 中国教育通史：第六卷 [M]. 济南：山东教育出版社，1987：150.

校的校长、教员是为学生服务的，不是学生为校长、教员服务的。"① 当时的教学改革在开始的时候基本符合这一思想，学校在为社会经济建设的服务中作出了一定的成绩，应当予以肯定。

由于缺乏经验，又受到"左"的思想的影响，教学改革活动的后期，其具体做法逐渐走向偏激。新的教学计划过分减少了授课时数，尤其是专业课的授课时数。如中文系原教学计划总时数为 3049 学时，减少为 2449 学时，减少了近 20%；化学系原教学计划总时数为 3351 学时，减少为 2641 学时，减少了 21%。政治理论课则基本上被纳入思想教育的轨道。政治课教师下到各系，由系党总支领导，组成包括政治理论课教师、党团专职干部和部分教师组成的教研组，统一进行教学和思想教育工作。

教育内容上，一度用各种配合形势任务的学习内容取代了原四门政治理论课。教学方法上，"采用群众路线的办法，自学、讨论、辩论和总结报告，并充分利用大字报"。评分采取党总支、教师和学生小组评定三结合的办法，只评及格不及格。就这样，无论专业课还是政治理论课，其科学性和系统性都受到了影响。

◎自学、讨论成为这一时期课堂的常态，图为学生在上讨论课。

五、进行社会主义教育运动

党的八届十中全会以后，全国普遍开展了以传达贯彻会议精神为中心的社会主义教育运动。1963 年 2 月，中共中央工作会议决定在全国城

① 中央教育科学研究所. 中华人民共和国教育大事记：1949—1982 [M]. 北京：教育科学出版社，1984.

乡进行一场大规模的"五反"（即反贪污盗窃、反投机倒把、反铺张浪费、反分散主义、反官僚主义）运动和社会主义教育运动。

遵照这一精神，学校动员和组织师生积极参加了这一运动，学校的政治活动和政治运动也越来越多，阶级斗争逐渐成了压倒一切的任务，并要求把阶级斗争作为学生的一门"主课"来上，提出"要组织教职员工和学生积极参加农村的社会主义教育运动，在革命实践的锻炼中，改造自己，提高自己"。1963—1965 年，学校文理科 2118 人分期分批停课，分赴庆阳、张掖和酒泉等地区参加农村"五反"、"四清"等社教运动。这次下乡人数之多、时间之长是学校从未有过的。例如在参加"四清"运动的 1168 人中，有党政干部 52 人，教师 117 人，学生 999 人。在教职员中有高级干部 1 人，中级干部 7 人，科级干部 15 人，副教授 1 人，讲师 36 人。这批师生下乡以后，被分布在 15 个公社、215 个大队、近千个生产队工作。169 名教职员中有 2 人担任公社社教工作队副队长，13 人担任大队工作组组长，45 人担任生产队工作组组长，17 人担任大队工作组文书。担任上述职务的共 77 人，占下乡教职员人数的 45.6%。在学生中也有 23 人中途被提拔为生产队工作组组长，14 人被提拔为大队工作组文书，433 人在运动中转为正式生产队队员。[1]

社教运动的时间拉得过长，参加人数过多，严重影响了教学进度和正常的教学活动，一些学生课程根本没有学完就毕业了。学校工作因此又受到冲击，甚至出现了教师不敢认真教书，学生不敢认真学习的现象。社教运动也干扰了农村的正常生产秩序，并使阶级斗争进一步扩大化。

总的来看，1958 年开展的教育"大跃进"，"为改变教育脱离政治、脱离生产的倾向，培养德、智、体全面发展的无产阶级革命事业接班人，进行了有益的实践，为以后的教育改革提供了可资借鉴的经验"。[2] 广大师生在参加群众运动和社会生产的过程中，也学到了不少有用的东西，

---

① 见西北师范大学案卷 1109 第 20 页。
② 甘肃省地方史志编纂委员会. 甘肃省志：教育志 [M]. 兰州：甘肃人民出版社，1991：11.

完成了一些有价值的科研项目。但由于受"左"倾思想的影响，在反右派斗争扩大化和"批判学术权威"、"拔白旗"活动中，伤害了一批知识分子，使教师队伍受到损失；在教学改革中，忽视了基础知识教学，劳动过多，打乱了正常的教学秩序，教学质量有所下降；在科学研究中，缺乏经验，仅凭借一股热情开展工作，在具体实践中又急于求成，盲目冒进，使弄虚作假和虚夸之风到处盛行。据统计，从 1958 年 8 月—1959 年 5 月，全校共完成科研任务 448 项，等于 1954—1957 年 4 年总和的 4.8 倍；1959 年下半学期完成了 402 项，为原计划的 4.2 倍；1960 年 1—9 月又完成 268 项，为全年计划 380 项的 70%。按当时的说法，这一时期学校共有创造发明 727 种（包括创制、试制和仿制），其中质量赶上和超过国际水平的 29 种。将科研工作、创造发明和群众活动作为政治任务，难免存在忽视质量的倾向，是不可信的，也是不可能的。虚夸之风不仅表现在科研上，在其他工作方面也有所体现。1958 年 11 月 17 日开展的体育"突击"运动，经过"十天的勤学苦练，在校学生 2314 人（有病者除外）全部达到劳卫制一级、劳卫制二级、国际运动员和普通射手的'四红'标准"。文艺创作"大跃进"、文书档案工作"大跃进"、民兵工作"大跃进"等各条战线的"全面跃进"都是大搞人海战术，没有取得实际效果，却造成了工作作风上的浮夸和虚假。突击办学成为这一时期教育工作的一大特色，据统计，截至 1961 年甘肃省共创建高校 41 所（包括原来的 18 所）。显然，这种盲目的办学已经超出了国民经济的负担能力，特别是超出了教育事业本身的发展能力。不久，紧接着出现了生源不足，师资、基本建设、教学设备等条件跟不上发展需要等一系列问题。当时，"在甘肃的 41 所高校中有 7 所教师不足 10 人，有 18 所学生不足 100 人，其中有 6 所学生不到 30 人，个别学校学生不到 10 人"[①]。在开展教学改革、生产劳动、勤工俭学、创造发明、突击"四红"等"跃

---

① 见《中国教育通史》第六卷第 159 页。

进"活动中，广大师生日夜苦战，付出了艰辛的劳动，以至没有必要的休息和睡眠时间，身体过于疲劳，在上课、开会、听报告时打盹现象十分惊人。"大跃进"违背了教育规律，一定程度上阻碍了学校教育事业的发展。

第二节
贯彻"高教 60 条"

一、院校合并与专业调整

"大跃进"和"反右倾"的错误，加上自然灾害和苏联政府背信弃义撕毁合同，使我国国民经济从 1959 年开始发生了严重困难。为了克服经济困难和纠正"左"的错误，党中央和国务院对国民经济采取了"调整、巩固、充实、提高"的八字方针。1960 年 4 月，根据毛泽东同志的指示，邓小平同志在主持中央书记处讨论教育工作时作了重点发言，指出"我们的教育方针是，一要普及，二要提高，两者不能偏废。只普及不提高，科学文化不能很快进步；只提高不普及，也不能适应国家各方面的需要"，"我们任何时候都要坚持'两条腿走路'，做到在普及基础上的提高和在提高指导下的普及"。[①] 1961 年，教育部根据中央精神，草拟了《教育部直属高等院校暂行工作条例（草案)》（即"高教60条"）。

为了改变教育事业与国民经济水平不相适应的局面，决定大幅度裁并高等学校。1957 年 6 月，甘肃师专（校址天水）裁撤，该校中文和数学专修科二年级学生并入西北师范学院，并经省教育厅核定，学校增招中文和数学专修科学生各 100 名。1958 年和 1959 年学校相继增设了外语和政教两个系。1961 年 8 月，由兰州大学合并到甘肃师范大学的中语、

---

① 邓小平论教育 [M]. 北京：人民教育出版社，1995.

历史二系的教职工和有关图书仍调回兰州大学。同年 11 月，兰州体育学院奉命合并到本校，改设为体育系，原体院教职工 67 人、学生 100 多人即到体育系任教、上学。1962 年 8 月，兰州艺术学院音乐、美术两个系并入甘肃师范大学，恢复了音乐、美术两系的设置，原兰州艺术学院教职工 73 人，学生 170 人分别到两系任教、学习，文艺理论组的部分教师划归中

◎1961 年 8 月，由兰州大学合并到甘肃师范大学的中语、历史二系的教职工和有关图书仍调回兰州大学。图为甘肃师范大学中文系欢送原兰州大学教师的合影。

文系。院校合并后，学校根据实际情况，陆续对全校所有的专业课程进行了调整和重新设置。截至 1962 年年底，全校设有政教、教育、中文、外语、历史、地理、数学、物理、化学、生物、体育、音乐、美术等 13 个系 15 个专业，53 个教研组；开设课程 210 门，其中政教系 13 门，教育系 16 门，中文系 12 门，外语系 21 门，历史系 11 门，地理系 13 门，数学系 12 门，物理系 19 门，化学系 13 门，生物系 10 门，体育系 13 门，音乐系 17 门，美术系 29 门，公共课 11 门。

在以教学为主的原则的指导下，学校的教学、科研和其他工作都进行了比较全面的调整。从 1961 年下半年起逐渐撤销了"教育大革命"中办的多数工厂、农场和牧场，最后只保留了"五七厂"（即兰州助剂厂）和东升无线电厂。这两个工厂，产品适销对路，办得很有生气，曾经为社会和学校作出了应有的贡献。

通过调整，学校学科建设得到了加强，布局趋于合理，专业结构比较适应经济建设的需要，为学校在这一时期得到较快发展奠定了基础。

二、学校管理与师资培养

"高教60条"颁布后，受到了学校广大师生的欢迎和拥护，学校开始整顿各方面的工作，违反教育规律的"教育大革命"终于停了下来。在该正确方针的指导下，学校进一步重视和加强了日常管理工作，强调了学校工作要以教学为主的方针，提出了"劳逸结合"、关心群众生活等一些措施。

1961年10月，学校抽调了20名党团干部到学生食堂，加强伙食管理工作，改善伙食质量，以保证师生员工有足够的体力开展工作。这是当时采取的重要措施之一。该措施为学校师生顺利度过三年困难时期发挥了重要作用。同时，学校在总结经验的基础上，重新制订了教学计划，合理安排了教学时间，正确处理了教学与生产劳动、科学研究的关系。这些措施，使学校教育工作迅速摆脱了混乱局面，重新走上了健康发展的道路，教学质量和学术水平得到明显提高。这一时期，学校的办学规模进一步扩大。1961年暑假以后，在校人数达到4630人，四年中培养毕业生3257人，在一定程度上满足了教育事业发展对师资的需求。

随着办学规模的扩大和各项工作的发展，学校加强了教师队伍建设。1961—1965年，在历届毕业生中选留助教191人，加上外面调来的教师，共增加教师200人，占当时教师总数489人的40.9%。共选送研究生和进修生77人，占助教总数的27%。其中1960年和1961年两年，学校在应届毕业生中选留25名作为研究生分配到7个系的14个专业，在专任导师的指导下进行培养。学校师资力量得到保证，教学质量明显有所提高。

三、教学实践与教材改革

从1961年贯彻落实"高教60条"到"文化大革命"爆发前夕，学校在教学改革和实践等方面做了大量的探索，教学工作取得了一定的成就。

（一）修订教学计划

1962 年上半年，学校根据教育部《关于高等师范院校四年制本科教育计划若干规定（草案)》精神，制定了学校各专业教学计划（试行草案)。教学计划对学校的基本任务、培养目标、课程设置等都作出了规定，再一次明确了学校的基本任务和奋斗目标，即培养合格的中等学校的师资力量。在课程设置方面规定：公共政治课，文科占总学时的 16.31% 到 18.52%，理科占总学时的 11.3%；公共教育课，文科占总学时的 5.8%，理科占总学时的 4.48%；专业课，文科占总学时的 60.3% 到 65.85%，理科占总学时的 71.1% 到 71.5%。在专业课中，注意加强"三基"（基本理论、基本知识、基本技能）教学，规定专业课中的基础课（必修课）要占专业课总学时的 95%，选修课占 5%。有的系还根据需要增开了部分新课，如历史系增开了马克思主义经典作家论历史科学，教育系增开了中外教育论著选读等。进行基本技能训练的专业课也得到了重视，如文科各系增开了汉语和习作，物理系的普通物理实验改为单独开设。有的系还制订了各课程的"三基纲要"、"三基要点"等。试行草案还规定，全年的教学时间为 37 周（包括考试、科研），生产劳动 5 周，假期 9 周（寒假 4 周，暑假 5 周），机动时间 1 周。并要求切实保证教师有 5/6 的时间用于业务工作；兼任行政工作的教师如副系主任、教研室主任、年级主任等也要保证有 4/6 的时间用于业务工作，要保证学生的学习时间，学生的社会活动（包括党、团组织生活，班会活动，全校和全系的集会等）每周一般不超过 6 小时。

上述计划和安排在 1962 年和 1963 年的上半年基本上得到了贯彻，学校出现了良好的教学秩序，学生的学习风气进一步得到好转。

（二）加强教材建设

为适应教学计划的调整，学校加快了教材建设和教材供应工作。在"大跃进"期间，由于盲目编写和改变教材内容，学校教材建设工作受到极大破坏。面对困难，学校要求各系和教材科在一年之内使各门功课都有教材，并做到"人手一册，课前到手"。经过各方面的努力，一年以后即 1963 年，全校按照教学计划开设的 210 门课程中，97% 的教材得到了解决，8 门课程沿用苏联教材，17 门课程采用校际间的交流教材，89 门课程使用各系自编讲义，96 门课程尚无系统教材，但也编写了较为详细的讲授提纲，并于课前印发给学生。

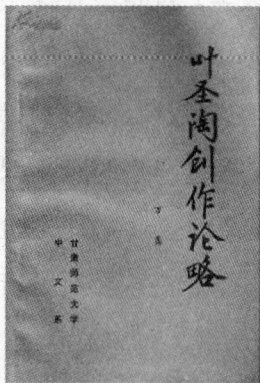

◎中文系教师编写的教材　　　　　◎中文系教师编写的《汉语成语词典》

（三）发挥教研组的作用

为保证教学质量的逐步提高，学校恢复并发挥了教研组的作用。学校于 1962 年召开了各系系主任会议，专门研究了教研组问题，恢复了每周一个下午为全校教研组统一活动时间的制度，并规定，凡教学、科研和学术活动等方面的事务一般都通过教研组集体讨论，在统一认识的基础上，解决存在的困难和问题，发挥了广大教师的民主决策作用。作为师范院校教学实践环节的教育实习也于 1962 年恢复。当年 3 月底，各系四年级的学生在附中和城区 11 个中学开始教育实习。

四、科学研究与学术活动

为了促进教学质量和学术水平的提高，学校在总结经验教训的基础上，积极开展了科学研究工作。1962—1964年，经学校审定，纳入全校科学研究计划的研究课题418个。其中1962年83个，1963年155个，1964年180个；结合教学的152个，专题研究145个，结合生产的48个，联系中小学实际的45个，其他28个。在执行过程中，除有些课题因人员变化或因经费和设备未能及时到位而推迟或停止研究外，一般都能按时完成，完成率占原计划的95%以上。1963年完成情况尤为良好，全年共完成研究课题150个，占原计划的96.77%。

在自然科学研究方面，著名植物学家孔宪武教授在植物分类方面取得的成果最为显著，引起了国内外同行的极大关注。

孔宪武（1897—1984），河北高邑人，我国著名植物分类学家。1917年考入北京高等师范学校博物系，曾在河北大学、北平研究院植物研究所、西北农学院从事研究和教学工作。1942年后，任西北师范学院博物系教授、系主任。新中国成

◎孔宪武教授和学生在一起

立后，任西北师范学院副校长、教务长、生物系主任、植物研究所所长、教授。孔先生的一生是从事植物分类学研究的一生，其成绩卓著，蜚声海内外。在他开展科学研究的生涯中曾留下许多脍炙人口的佳话。新中国成立前，孔先生经常深入东北原始森林采集标本。有一次，他在长白山采集标本时遇到土匪抢劫，许多珍贵的东西都被土匪抢走了，但三箱子植物标本紧紧地被孔先生护住，没有被抢走。新中国成立后，在安定的环境里孔先生更是经常深入野外采集标本。20世纪50年代，他发现了"忍冬"新种，按照国际植物分类命名法规的双名法命名已为世界植物界

所公认和共同使用，这种俗名为"金银花"的中国忍冬品种，和发现它的中国人一同被载入史册："孔氏忍冬"。1957年，由中国科学院建议报经教育部批准，学校成立了植物分类研究室，1958年，研究室在孔宪武教授的领导下开始工作，收集了大量植物标本，编写了《甘肃经济植物志》《兰州植物志》等专著。1961年，他还接受中国植物志编委会委托负责藜科、蓼科的编写工作。

生物系和地理系师生关于兰州市、河西地区、陇南山区农业区划的调查研究，关于天祝草原的调查研究，关于河西地区盐碱地的调查研究，以及关于微量元素对植物生长的试验等，都引起了有关方面的重视。

同一时期，文学研究和社会科学研究也取得了显著的成就。如彭铎、金少英、郭晋稀等人的文学和历史学研究。

◎彭 铎

彭铎（1913—1985），字灵乾，湖南韶山人，语言学家。1937年毕业于南京中央大学中文系。曾任湖南国立师范大学副教授。1952年后，任西北师范学院中文系教授、系主任、古籍整理研究所所长，中国语言学会理事，中国历史研究会副会长。主要著作有《潜夫论笺校注》《唐诗三百首词典》《群书序跋撰要》《古文校读》等。彭先生一生潜心读书，学贯中西，卓有成就。彭铎先生十分重视教师仪表，认为教师有"四个一"标准："一表人才、一口官话、一肚子学问、一笔好字"。

金少英（1899—1979），字公亮，浙江绍兴人。我国著名历史文献学家、教育家，1924年毕业于北京大学哲学系。新中国成立前历任四川大学女子师范学校、四川大学、湖北师范学院、重庆大学、南京临时大学等院校的教授。新中国成立后历任西北师范学院历史系教授、系主任。著有《汉简臆谈及其它》《汉书食货志集释》《历代名家笔记类选》《两汉诸帝年寿子嗣考》等。金少英先生学养深厚、考据缜密，在历史考证方面弥补了以前许多空白和不足。除了取得以上成就外，金先生还对《大金弔伐录》一书进行了考证。该书辑录了北宋末年金宋两国往来国书与金灭辽、破宋，建立楚、齐傀儡政权的文件，是一块"硬骨头"。金先生毫不犹豫地"啃"了下去，几年之后，终于完成了一部巨著《大金弔伐录校补》，字里行间透露出他渊博的学识水平和精深的文献考究功力，更透露出一代大师对学术的严谨风范和对事业的热爱精神。

郭晋稀（1916—1998），字君重，湖南株洲人。著名古汉语学家。1936 年毕业于湖南大学。曾任湖南国立师范学院副教授。1951 年春来到西北师范学院，历任中文系副教授、教授。著有《文心雕龙注译》《诗辨新探》《声类疏证》《诗经蠡测》等。郭晋稀先生学识涵养深厚，为人风趣博雅，他的博学精神和大爱情怀深深地影响着后来的师大人。一位毕业于

◎郭晋稀教授不仅学问做得好，他也十分关心学生的成长，一包红枣的故事留给师大学子美好的回忆。

20 世纪 50 年代末，名叫汪玉良的中文系学生这样回忆他的老师：那年秋天，两次大手术后，我已求生无望，悲伤极了，但郭晋稀先生总是守候在病床一旁，那深情的目光让我热泪盈眶，我在痛苦的挣扎中得到了巨大的精神慰藉……后来，先生又出人意料地来到 30 里之外的家中慰问，并带给我一份特殊的礼物，那是一包红枣。先生说："这是校园里捡的，你喜欢吃，这我知道。"[①] 从这一生动的画面可以想知郭先生对学生的拳

---

① 刘基，丁虎生．西北师大逸事［M］．沈阳：辽宁人民出版社，辽海出版社，2001：323.

拳之情。同时，透过那一包从校园里捡来的红枣，人们可以追溯当年师大人相互之间精神维系和人文关怀的某些特质，校园里的那片枣林，无疑给师大人留下了无限美好的记忆。

在开展科学研究的同时，学校还组织了大量的学术活动，并举行了科学讨论会。1961—1963 年的三年中，共组织各类学术活动 317 次，其中请外省的专家学者来校讲学或作学术报告 143 次。1963 年中文系请知名学者吴组湘教授来校作关于四部古典小说的系列学术报告，听众除学校和兰州地区其他高校的师生以外，社会上其他单位的人也越来越多。每次报告，礼堂内都聚满听众，可谓盛况空前。从 1963 年起，学校每年都要举行一次全校性科学讨论会，以检阅科研成绩，活跃学术气氛。1963 年的科学讨论会，参加报告和讨论的学术论文 95 篇，是历年来参加讨论论文最多的一次。这一时期，《甘肃师大学报》（包括文、理科两个版）在发表科研成果、交流学术信息方面发挥了重要的作用。据统计，1962—1964 年学术论文的近一半是通过学报发表的。

这一时期的科学研究和学术活动还有以下特点。

（1）把科学研究与生产实践结合起来。通过努力，学校同科学研究机关和生产部门建立了必要的联系，承担了有关研究课题，协助解决了某些科学技术问题，较好地贯彻落实了"一切服务于国家建设，特别是经济建设"、"我们的高等教育必须密切配合国家经济、政治、文化、国防建设的需要，而首先要为经济建设服务"① 的主导思想。

（2）把科学研究的年度计划、短期计划和长期规划结合起来。当时，为了有计划地长期以科学技术支援农业生产，根据全国农业科学技术会议和甘肃省农业科学技术会议精神，在制订年度计划的同时，学校还制订了《甘肃师范大学支援农业的科学技术十年规划》《甘肃师范大学1963—1965 年三年科学研究规划（草案）》等。规划包括 8 个项目 21 个

---

① 马叙伦. 第一次全国高等教育会议开幕词 [J]. 人民教育，1950 (3).

课题，涉及水利、化肥、山地利用、畜牧等几个方面。此外，学校还承担和参加了中央农业部农科院下达的全国农业科学技术十年发展规划中的 7 个专题的研究工作。理科的科研项目大部分纳入了国家规划。"十年内乱"开始后，长期规划被迫停止执行。上述科研成果对于丰富教学内容、改进教学方法、解决教学实际问题起到了积极作用，而且在一定程度上调动了全校教师从事科学研究和学术活动的积极性。

（3）把科学精神与人文精神较好地结合起来。这一时期，在许多师生身上较好地体现了科学精神和人文精神相结合的特点。除了前面介绍的彭铎等人外，这一时期还涌现出一些成绩突出的教授学者，在他们身上，体现了人文精神和科学精神的完美结合，体现了一种特有的精神气质。

洪毅然是我国著名的美术大师，20 世纪 60 年代到学校任教。洪先生一生中就美学问题与许多人进行过论战，个性极其鲜明。1957 年，他发表长篇论文《论美》，与朱光潜、蔡仪、黄药眠等人进行论辩。洪先生与朱光潜先生既是论战的对手，又是知心的朋友。朱光潜曾感慨道："看来你说服不了我，我也说服不了你，只能求同存异。"朱洪二人之争，成为美学史上的一段佳话。1986 年朱光潜逝世，洪毅然先生写了《悼朱老》一文，"以致哀悼"。后来，在甘肃工作的高尔泰在《论美》和《美感的绝对性》里提出"客观的美并不存在"、"美产生于美感"、"美即美感"等观点后，洪先生即刻写下了《"美是自由的象征"说质疑》，与高尔泰展开论战。洪先生的这种怀疑和论战精神深深地影响了一大批师大学子。洪毅然先生去世后，他的一位学生写下如此悼文："寻美探艺六十春，种草莳花趣异人。一尘不染三冬雪，两袖清风一书生。性本耿直还直去，身自零来复归零。喜看桃李满天下，远胜树碑兢浮名"。[①]

学校在长期的办学中逐渐形成了自己的风格和精神，其中的"大爱"

---

① 刘基，丁虎生．西北师大逸事［M］．沈阳：辽宁人民出版社，辽海出版社，2001：11.

精神便是其内涵之一。20 世纪 50 年代，学校在兴建文科楼（即现在的旧文科楼）时，考虑到要保护两棵历史悠久的核桃树，把本来设计的文科楼地基向南移动了十米，致使文科楼前的道路与东门口的道路成为"S"形，而不在一条直线上。这件事充分体现了师大精神的魅力，其"大爱"不仅关乎人类，也关乎自然界中的一草一木。至今，许多师大校友回忆母校的过去时，对核桃树、枣树林以及水塔山等景物都依然津津乐道、无法释怀。从以上点滴可以看出，师大人在长期的办学历史中，的的确确形成了一种自己的办学风格和治学精神，其无疑成为西北师范大学培养人才、研究学问、服务社会、传承文明的精神财富和不竭之源。

五、思想政治教育与学生工作

在开展教学和科学研究工作的同时，按照党的全面发展的教育方针，学校采取措施，认真抓学生日常管理和思想政治教育工作，学生的学习风气有了较大转变。

1960 年 10 月，根据当时的形势和要求，学校制定了《关于加强学生政治思想工作的计划》，对学生进行了"继承革命传统，发扬艰苦朴素精神"的宣传教育和专业思想教育，培养学生树立克勤克俭和刻苦学习的优良风气，养成艰苦朴素和爱护公物的良好习惯，提高社会主义觉悟，增强热爱师范专业的思想，安定学习情绪，提高学习成绩。通过开展活动，获得了良好的效果。

学校建立和健全了学生学籍管理、考勤、考绩和奖惩等方面的制度，保证了教学秩序的稳定。制定了《甘肃师大学生守则》六条，对新中国大学生提出了全面发展的要求，还针对高等师范学校培养"人民灵魂工程师"这一特殊任务，要求学生必须树立忠诚党的教育事业的坚定理想。与此同时，1961—1962 年全校掀起了学习《毛泽东选集》第四卷的热潮。1962 年传达学习了中央"七千人大会"精神。1963 年春开展了"向雷锋同志学习"的运动。1965 年又学习王杰"一不怕苦，二不怕死，一心一意为革命"的精神。这些教育活动在广大学生中产生了良好的效果，学校一度出现了政治空气和道德风尚较好的局面。

第三节
党组织建设与纠偏纠 "左"

一、落实知识分子政策

在频繁的政治运动中，学校党的组织建设和纠偏纠"左"工作在错综复杂的条件下交替进行。面对当时全国的形势，全校广大师生员工积极热情地参加了一系列政治活动，认真贯彻落实了党和国家的教育方针，力图通过努力，探索出我国社会主义教育事业发展的道路，在促进"教育必须为无产阶级服务"、"教育必须与生产劳动相结合"等方面，取得了一定的成绩。但是，有些工作是在反右斗争扩大化之后进行的，是在"左倾"错误思想指导下发动和开展的，它过分夸大了教育和教学中存在的问题，出现了许多违背教育规律的现象，破坏了正常的教学秩序和工作秩序，挫伤了广大师生的积极性，降低了教学质量。学校党组织就是在这种复杂的条件下开展工作的。

1958 年年底，党的八届六中全会召开以后，开始总结 1958 年"教育大革命"即"大跃进"期间的经验教训，纠正学校工作中的缺点和错误。为了贯彻这一精神，学校党委于 1959 年 5 月 16—17 日两天召开了第二次全校党员大会。会上，陈光同志作了题为《为继续贯彻党的教育方针全面提高教育质量》的工作报告，并通过了大会决议；产生了由 17 人组成的第二届党委会，陈光同志任党委书记，杜甫功同志任副书记。会议文件提出：必须"以教学为中心，围绕教学进行生产劳动和科学研究"，"全面提高教学、教育质量"，并提出了一系列相应的措施，诸如修改教学计划、教学大纲、教材，改进教学方法等。

会议专门研究了知识分子的问题。大会决议指出："党在知识分子中必须愈做愈细，必须全面规划，加强领导，具体分析区别对待，彻底克服过去工作中的某些急躁情绪。"之后，党委在《关于知识分子工作的汇报》中对 1958 年在知识分子工作中存在的问题，有了进一步的认识：（1）在知识分子思想改造和学术批判中存在着"宽、大、急、粗"的毛病，即批判面宽，帽子大，要求过急，方式生硬简单，造成党外高级知识分子的"余痛"和"余恨"；（2）在日常工作中，发挥系行政、教研组的作用很不够，事无巨细，一律找上党总支的门，党外人士产生了"有职无权"的疑虑。为此，在以后的工作中采取了以下措施。

（1）提出"以提高教学质量为纲"，调整各种关系。党委认为，以提高教学质量为纲，是统一对知识分子的认识，调整党群关系、师生关系、青老关系，妥善安排教学、科研和生产劳动，逐步建立新的教学秩序等问题的关键。只有抓住这个"轴心"，整个学校"机器"才能很好地运转起来。

（2）通过校委会、系委会、研究所的成立和教研组的调整，对90%以上的党外知识分子作了适当的安排。绝大多数系的系主任由党外知识分子担任，如袁敦礼（九三学社）和萨师炯（民盟）分别担任了副校长和教务长。另外，还有 26 人被安排到全国、省、市、区人大和政协任职。从而使他们各得其所，发挥专长。

（3）和党外人士交朋友，开展谈心活动。要求党员在谈心活动中"诚恳、直爽、虚心、好学"。同时，学校的一些重要工作，诸如当时成立党委统战部、精兵简政、教师的升职定级、制订工作计划等，都召开党外人士座谈会，征求他们的意见，以加强合作共事关系。

（4）在生活上，给予副教授以上高级知识分子适当照顾和优待。1962 年上半年学校买了 6 头奶牛，在饲料极其缺乏的情况下，从自由市场上购买五角钱一斤的萝卜作饲料，牛奶以三角钱一斤供应给副教授以上的老教师，每人每天半斤。还开了一个小灶，供副教授以上的老教师就餐，适当改善他们的伙食。对老年多病或缺乏劳力的高级知识分子，由总务处派人帮他们买煤、运煤等。

以上对1958年"教育大革命"中"左"的错误的初步认识和纠正，以及落实知识分子政策，是完全必要的，停止执行了一些明显违背教育规律的做法，教育秩序和工作秩序开始恢复，师生劳逸结合的情况大为好转。但在庐山会议以后，这种纠正"左"倾错误的努力被迫中断。

二、"反右倾、鼓干劲"运动

1959年10月6日—11月24日，学校党委召开了第二届全委扩大会议，根据庐山会议精神，错误地揭发、批判、斗争了副校长、党委委员毛定原同志，历史系党总支书记、党委委员陈守忠同志和中文系党总支书记、党委委员吴轲同志，并将他们分别定性为"右倾机会主义反党分子"、"右倾机会主义分子"和"严重个人主义者"。会议还错误地签发上报了《关于徐劲同志反党错误的材料》。此外，还有11位同志被错误地定为"重点批判对象"，分别在各自所在单位进行批判，有些还给了党纪处分。其中"严重右倾思想"5人，"严重个人主义"5人，"严重暮气"1人。

党委扩大会议结束以后，将会议精神特别是毛定原同志和陈守忠同志的问题分别向全体党团员作了传达，组织他们进行座谈，"肃清影响"，并再次在党内和团内掀起"交心运动"，要求"交真心、交实心、交深交透"。一些同志听了传达，"如梦初醒"，就自己和"右倾机会主义""相仿"的思想作了交待。

根据形势需要，学校党委在《关于开展反右倾鼓干劲运动的安排意见》中要求各单位"妥善安排本单位的反右倾斗争和教学工作"，"必须保证教好、学好，全面地提高教学质量，出色地完成本学期的教学任务，力争思想工作双丰收，必须以实际行动回击'右倾机会主义'分子、反党分子的污蔑和攻击，以事实教育中间派，说服观潮派、算账派"。在这一活动中，全校教职工围绕教学改革，以最大的努力搞好自己的本职工作。尽管当时已处于三年困难时期，物质生活十分匮乏，大家仍然以"为党分忧解愁"的思想自勉和互勉。广大师生表现出的克服困难的精神的确令人敬佩和赞叹。遗憾的是，由于党的指导思想上的失误，未能把这种精神引导到正确的方向上去。直到 1962 年，根据周恩来同志在广州会议上作的《政府工作报告》精神，学校在贯彻"高校 60 条"时，1959 年以前的纠偏及落实知识分子政策才再一次得到比较好的执行。

三、纠"左"整风运动

1961 年 4 月下旬，以王世泰同志为首的省委工作组来到学校，帮助贯彻"八字方针"和西北局兰州会议精神，在中级以上干部特别是在党委进行了一次以纠正"左"的错误为主要内容的较为扎实有效的整风运动。

这次整风运动从 1961 年 5 月开始到 11 月基本结束，持续半年时间。这次运动和以往运动的不同之处是，在当时"一切从实际出发，大兴调查研究之风"的号召下，始终重视调查研究的工作作风。运动一开始，就从非正常死人问题入手，组织专人协助省委工作组进行了深入调查，并向全体教职工学生作了检查报告。动员群众"鸣放"后，党委一方面连续召开扩大会议，就党内斗争问题总结经验教训，并讨论了徐劲、毛定原等同志的问题，摘除了错戴给他们的政治帽子；另一方面采取个别访问、接待来访、召集各种类型座谈会的方法进行调查，从各个方面、各个角度广泛听取群众意见。在这个基础上，又分为教育方针、知识分子政策、"双百方针"和干部政策等几个方面的问题，组成几个调查小组进行专题调查，写出专题调查报告，交党委讨论审定，最后向全校作了整风总结报告。

这次整风运动取得了积极的效果，为贯彻"高教 60 条"、从实践中纠正"左"的错误提供了依据，党的民主作风建设和组织生活逐渐步入正常轨道。此后，在党委的正确领导下，结合贯彻"高教 60 条"，学校的教学、科研、党的知识分子政策和其他工作也开始进一步调整和落实，取得了一定成绩。例如，1963年秋，学校对教学工作进行了一次全面检查。检查发现，由于课程门类偏多，教材分量过大，教学中超学时的现象普遍存在。加上有些教师讲课不甚得法，课堂考试比较频繁，致使学生负担过重，体质开始下降。对此，学校及时采取措施，限制各门课程考试、考查次数，制止在自习时间借辅导进行讲课等。教务处还提出了《劳逸结合规程》十条，使青年学生在三年困难时期，基本保持了身体的健康。

四、加强党组织建设

依据"高教60条"的规定，学校的领导制度和领导机构作了必要的调整。学校的领导制度由党委领导下的校务委员会负责制改为党委领导下以校长为首的校务委员会负责制。校长李之钦从1961年10月起同时兼代党委书记，1962年春正式被任命为党委书记，全面主持学校党政工作。原兰州艺术学院党委副书记刘竹溪和原兰州体育学院副院长袁敦礼，分别被任命为学校党委副书记和副校长。

李之钦（1907—1996），陕西延长县人，1927年7月加入中国共产党，是我党著名的职业教育家。青年时代先后在北京弘达学院、辅仁大学学习，后在中央马列学院学习革命理论。从1927年开始，李之钦同志就积极投身我党领导的学生运动，从事地下革命工作。1935年起，在陕西省延长县苏维埃政府、陕甘工委等部门任教育科长、教育部长、民政部长。1946年起在延安大学工作，任延安大学副校长、党总支书记。1957年7月起在中共中央西北局宣传部和教

◎李之钦

育局工作。1958年10日调甘肃工作，任原甘肃师范大学党委书记、校长。"文化大革命"期间身心受到无端折磨。1973年起在甘肃工业大学工作，先后任校党委副书记、革委会副主任、党委书记、校长。1982年

12 月当选为第四届甘肃省政协副主席。1984 年 4 月调西北师范大学工作，任名誉校长。一生从事党的教育事业，坚持理论联系实际，先后发表教育研究文章 40 余篇，出版《李之钦论教育》《徐特立教育思想研究》《简明通俗认识论》等专著。

学校党的领导权力集中在党委一级。各系党总支对系务委员会的工作由领导改为监督保证。1963 年年初，校务委员会进行了调整和补充。调整后的校务委员会由李之钦、孔宪武、傅恒书、刘问、刘熊祥、孙钰、荣书之、盛洪泽、冯镜、杨少松、樊占江、萨师炯、魏文泽、韩振武、袁敦礼、康雄世、朱彬、杨永洁、于耀、杨树声、刘文清、郑宪祖、刘竹溪、李家坤、彭铎等 29 人组成。其中党外人士占 50% 以上。各系也成立了系务委员会。为了能从根本上保证校务委员会和系务委员会作用的发挥，学校还根据"高校 60 条"的精神，制定了校系两级委员会试行章程。

为了适应新的形势，在党委的领导下，学校的中层机构也进行了调整和充实。原科研处改为科研科，隶属教务处；原生产处改为生产科，隶属总务处；原校医室改为校医院。为了加强对教学和生活管理的领导，教务方面恢复设正副教务长，总务方面恢复设正副总务长，协助主管校长分管学校教学、总务工作。与此同时，各系的领导班子也进行了调整和配备，加强了党对教学和科研工作的领导。

领导制度的改变和领导机构的调整，充分发挥了行政部门的积极作用，克服了党的组织包办代替行政事务的现象。

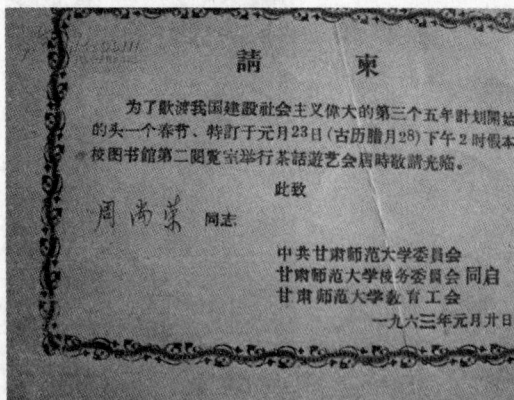

◎学校发挥党组织的作用，教学秩序逐渐好转。图为学校于 1963 年元旦召开联欢会时发出的请柬。

　　1964 年 3 月 28 日—30 日，学校召开了中共甘肃师范大学第三次党员代表大会。李之钦向大会作了工作报告。大会选举产生了由 13 人组成的第三届党委会，李之钦和刘竹溪分别担任党委书记和副书记。此后，党的组织不断完善，党在群众中的威信得到提高，在党委的领导下，学校各项工作走上正常轨道，党组织在尽量使学校避免"左"的错误的影响，及时开展纠偏纠"左"以及落实知识分子政策等方面发挥了应有的作用。

第四节
后勤管理与图书设备

一、后勤管理与服务

　　这一时期，学校的后勤管理工作也得到了相应发展，特别是"高教60 条"发表后，学校围绕"高等学校必须逐步改善物资条件，加强生活管理，为教学和科学研究服务，为师生员工的生活服务"的指示精神，在后勤管理等方面做了一定工作，为学校度过困难时期作出了贡献。总务后勤工作是当时学校的工作重心之一，特别是在生活极端困难时期，后勤工作显得更为重要。在强调为教学和科研服务、为师生员工服务的情况下，学校提出了"一手抓教学、一手抓生活"的口号，着重在伙食、物资供应、卫生保健等方面加强了管理，以保证师生员工能够增进健康，使教学和科研工作得以顺利进行。为办好伙食，在物资供应十分紧张的情况下，学校实行了统一管理、分系办灶的办法，按各系自愿结合的原则，将学生灶划分为 7 个，下放给各系，加强民主管理。各灶由伙食科统一领导，统一掌握成本核算和调拨主副食，统一安排炊事人员。与此同时，将学校统一管理的农业生产土地也下放给各系种植蔬菜，补充副食。各系还组织学生帮灶，教育学生遵守食堂秩序，改善学生与管理人员的关系。由于采取了上述措施和办法，在低标准的情况下，尽可能地改善了饭菜质量，稳定了学校教学秩序。

鉴于学校地处兰州西郊，进城就医不便，学校于 1959 年将校医室的建制改为校医院，并经申请批了 50 张病床，医护人员也相应增加，改善了师生员工的就医条件，提高了学校医院的医疗水平。学校除防治常见病、多发病外，对当时因生活水平较差引起的水肿、干瘦、闭经、肝炎等几种营养性疾病，加强了检查治疗，使一些患者逐渐恢复了健康。

二、图书资料与实验设备

◎图书委员会对学校图书资料的规范化建设发挥了积极作用，图书馆为教学科研服务的作用得到显著加强。

为了适应教学和科学研究的需要，1963 年 7 月，学校召开了图书委员会会议，在袁敦礼副校长的主持下，讨论了《甘肃师范大学图书委员会组织规程（草案）》等 9 种规章制度。这些规章制度是在总结多年图书馆工作经验的基础上制定的，对于加强图书管理、提高图书馆服务效率起到了推动作用。会议讨论了 1963 年的图书经费分配问题，决定教学用书占 40%，科研用书占 30%，一般用书占 23%，其他占 7%。明显增大了教学和科研用书的经费的比例。

这一时期，学校图书馆的图书增置较快，截至 1965 年，共有各类图书 616052 册，其中社科类 396053 册（包括报刊 62737 册），语言文学类 105758 册，科技类 114241 册。基本上满足了各科教学和科学研究的需要。

为了配合教学和科学研究，图书馆在原有的服务内容之外，又开展了馆际互借业务。据统计，1963年1月—1965年12月，图书馆共向北京、天津、上海、南京、武汉、山东、河北、河南、浙江、四川等省、市和当地有关大学的29个图书馆开展借书业务，深受广大师生的欢迎和称赞。

在大力加强图书馆工作的同时，学校还认真开展了各类实验室的日常管理工作。这几年，学校的实验设备和教学仪器虽然增加不多，但管理工作却有了较大提高，为学校教学和科学研究工作提供了较为优质的服务。

一九六六年五月——一九七六年十月，中国发生了史无前例的「文化大革命」，整个国家经历了一场浩劫。「文化大革命」中，教育领域作为「重灾区」，所遭受的损失在教育史上是罕见的。甘肃师范大学在这一时期基本处于混乱之中，「停课闹革命」、派军宣队和工宣队进驻学校、开展「教育大批判」、残酷迫害教师、「一打三反」、「反回潮」、「学朝农」等一系列政治运动，使各级组织普遍瘫痪，领导体制畸形，教育质量直线下降，教育管理、教学科研、师资力量、设备基建等各方面的工作惨遭破坏。这是学校工作倒退的十年。

第六章 十年动乱 学道受挫

『文化大革命』中的甘肃师范大学

第一节

"文化大革命" 爆发

一、频繁的政治运动

1965 年 11 月 10 日，姚文元《评新编历史剧〈海瑞罢官〉》一文在上海《文汇报》发表，成为发动"文化大革命"的导火线。由此，全国学术界纷纷展开对吴晗《海瑞罢官》的批判。甘肃师范大学紧跟全国政治形势，也开始了大批判活动，校园里陆续出现了充满火药味的大字报。1966 年 5 月 11 日，《解放日报》发表了姚文元的《评"三家村"》。听了宣传和广播后，全校师生立即掀起了揭露和批判以邓拓为首的"反党集团"的"反动言行"的斗争。学校各系以及各种组织接连开会、写文章、张贴大字报，对"三家村"进行一系列的口诛笔伐。一时间，校园里大字报铺天盖地，批判会此起彼伏。

1966 年 5 月 16 日，中共中央发表了《五一六通知》，以此为标志，"文化大革命"正式开始了。1966 年 5 月 25 日，聂元梓等 7 人在北京大学贴出了一张大字报，叫喊要"坚决、彻底、干净、全部地消灭一切牛鬼蛇神，一切赫鲁晓夫式的反革命的修正主义"。6 月 1 日，中央人民广播电台广播了聂元梓的这张大字报，6 月 2 日，《人民日报》予以全文发表，并发表评论员文章《欢呼北大的一张大字报》和社论《横扫一切牛鬼蛇

◎ "文化大革命"学生在写大字报

神》。甘肃师范大学师生群情激奋，紧随北京及全国的形势，张贴大字报，开展所谓"揪斗牛鬼蛇神"的革命运动。学校一部分教职员工被当做"牛鬼蛇神"遭到批判，教学科研受到冲击，正常工作无法进行。学校连续停课搞运动，大鸣大放、大字报、大辩论、大批判的"四大"在校园内铺开，到处是"革命无罪，造反有理"的标语。

1966年7月，根据中央的要求，甘肃省委向学校派进了工作组，协助学校开展工作。工作组提出要"内外有别"、"注意保密"、"大字报不要上街"、"不要示威游行"、"不要搞大规模的声讨会"等要求，使运动限制在一定的范围内。工作组还针对发生在校内的乱揪乱斗教师事件进行了制止。工作组一度稳定了学校的混乱局面。但随着批判资产阶级反动路线运动的开展，当年9月底，工作组被迫撤出了学校，其工作内容受到清算和批判。

1966年8月18日，毛泽东在天安门首次接见全国各地到北京进行"大串连"的造反派、红卫兵，之后，全国掀起了"串连"、"长征"热潮。9月5日，学校部分师生进京串连，随后又在全国各地进行"革命大串连"。几个月内，全校学生奔走于全国各地，校园一时冷落。后经中央多次指令停止

◎这张破旧的照片，反映的是1966年"文化大革命"开始后学校混乱的一面。

"串连"，学生才陆续返校，"就地闹革命"。这时，甘肃师范大学分属于兰州地区几派群众组织的基层组织相继成立。各造反派组织都以"革命"二字自我标榜，设高音广播，贴大字报，散发传单，自办报纸，相互攻讦，彼此谩骂，由文斗发展到武斗，并配合兰州市的派别之争，游行示威，派仗打得铺天盖地。

1966 年 12 月 9 日，《中共中央关于抓革命、促生产的十条规定（草案）》指出："学生可以有计划地到厂矿，在工人业余时间进行革命串连，交流革命经验，还可以有计划地和工人一起上班、一起劳动、一起讨论'文化革命'问题。工人也可以派代表到本市学校进行革命串连。"于是，全国各地的学生又潮水般涌入工厂、农村"串连"。甘肃师范大学部分学生也离开学校，同社会上各方面的造反派加强了联系，"团结在一起，战斗在一起"。

1967 年 1 月 22 日，《人民日报》发表了《无产阶级革命派大联合，夺走资本主义道路当权派的权！》的社论，月底《红旗》第三期发表了《论无产阶级革命派的夺权斗争》的社论。两个社论号召全国学习上海市"一月革命"的经验，号召解放军支援"夺权"斗争。于是，群众组织的夺权高潮在全国掀起，学校造反派学生不断冲击学校党政各级领导、干部和教师，搞"上层建筑领域的专政"，将学校领导打成"走资派"、"三反分子"、"叛徒"、"特务"，连续批斗，挂牌游行，要"将领导权夺回到无产阶级革命派手中"来。于是，学校各级党组织在"造反有理"、"踢开党委闹革命"的口号声中相继停止工作，学校党的组织陷入瘫痪状态，校、系两级的教学组织以及学校的各项规章制度遭到彻底破坏。在夺权斗争中，武斗日趋激烈，各派互不相让，正常的教学已无法进行，师生的生命安全也无保障。学校的各级领导权被掌握在各类造反派组织的手中，学校处于极端混乱中。

二、畸形的领导体制

从 1967 年 8 月起，学校党的工作处于停滞状态，党的各级组织名存实亡，学校在各造反派、军宣队、工宣队和革委会等组织的指挥下，盲目行进。

1967 年，在"一月革命"的夺权风暴中，全国各地的党政领导机构几乎被夺权改组。3 月 7 日中共中央发出的《关于大专院校当前无产阶级文化大革命的规定（草案）》指出："大专院校必须由革命学生、教职员工和革命干部组成临时权力机构，领导文化大革命，行使本校的权力。"学校领导一律靠边站，党的各级组织被各类造反派组成的临时机构所代替。

为了制止武斗，缓和各方面的矛盾，促进群众的联合，1967 年 8 月，中共中央关于解决甘肃问题的《八五文件》在全省传达后，解放军进驻学校，对学校实行军事管制，各派之间的斗争趋于缓和，并逐步实现了表面上的大联合。

1968 年 3 月 26 日，甘肃师范大学革命委员会（简称革委会）正式成立。革委会由 27 人组成，其中军代表 5 人，干部代表 5 人（实有 3 人），师生员工代表 17 人。革委会常委由 11 人组成，白慧刚（军代表）任主任，陈守良（军代表）、彭士奎（干部）、贺德贵（干部）、马振刚（学生）等 4 人任副主任。学校领导权由军方掌握。7 月 25 日，校革委会发出了《关于更加广泛深入地开展活学活用毛泽东思想伟大群众运动的决定》，并举办了一期"狠抓各级领导班子思想革命化"的学习班，召开了一次活学活用毛泽东著作积极分子代表大会，给全校师生每人赠送了一本"红宝书"，举办了一次"三忠于"作品展览会。

1968 年 8 月 25 日，中共中央发出了《关于派工人宣传队进驻学校的通知》。8 月 26 日，《人民日报》发表了姚文元的文章《工人阶级必须领导一切》，文章引述毛泽东的批示："实现无产阶级革命教育，必须由工人阶级领导，必须有工人群众参加，配合解放军战士，同学校的学员、教员、工人中决心把无产阶级教育革命进行到底的积极分子实行革命的三结合。"8 月 31 日，工人毛泽东思想宣传队（简称工宣队）在解放军的配合下开进了学校。学校的工作开始在军宣队、工宣队和革委会的共同领导下进行。

为了打掉知识分子的"气焰"，消除师生员工对军宣队和工宣队的抵触情绪，实现"无产阶级教育革命"的目的，校革委会组织师生、干部反复学习"最高指示"，举办各类学习班。据统计，仅 1968 年，就举办校级学习班 9 期，参加学习者 664 人次；各系、部、处、室举办学习班 627 期，参加者达 25400 多人次。

校革委会先后作了几次调整和补充。1968 年 12 月工宣队成员赵贞扶任革委会副主任。1969 年 9 月彭士奎任革委会主任。调整后的革委会下设机构由原来的一室四组改为二部二组，即政治部、后勤部、"教育革命"组、落实政策组。1970 年 5 月，甘肃教育学院并入学校后，校革委会机构又由二部二组改为三大部：政治部、训练部、校务部。

军宣队和工宣队进驻学校，领导一切，指挥一切，党的各级组织陷入瘫痪状态，导致学校各项工作陷入混乱无序。而军宣队和工宣队的主要任务和中心工作是把学校改造成无产阶级专政的坚强阵地，这不仅排挤了教学、科研作为学校中心工作的地位，且在总体舆论和实际举措上都把轻视知识、贬低知识分子的"左"的倾向推到了极端，严重违背了教育规律，破坏了教育事业，打击了广大知识分子忠诚党的教育事业的信念和为教育事业鞠躬尽瘁的精神。

第二节
"动乱"使学校惨遭破坏

一、师生身心遭到严重摧残

1968—1969 年，学校一直处于"大力开展活学活用毛泽东思想的群众运动"和"斗、批、改"的热潮中。这期间，学校大办各类型的毛泽东思想学习班，把学习班当做解决一切问题的"万能班"。工宣队进校后，学习班更是"遍地开花"，除了校、系办班外，还有班级班、宿舍班、院落班、家庭班、会前班、战地班等多种形式的学习班。此后，在林彪极"左"路线的影响下，校园里掀起了现代迷信的狂潮，"三忠于"、"四无限"成了广大师生员工的"共同"誓言；"早请示"、"晚汇报"、"天天读"成了广大师生员工的"自觉"制度；斗私批修、手不离"红宝书"、口不离"最高指示"成了广大师生员工的行为"准则"。在一片"心往忠字上想，劲往忠字上使，步往忠字上跳"的口号声中，学校还广泛开展了跳"忠字舞"的活动，一时出现了男女老少皆跳"忠字舞"、处处盛开"忠字花"的"奇观异景"。

在举办各类学习班的基础上，学校进一步加大了"斗、批、改"的力度，在军宣队和工宣队的领导下，先后开展了"革命大批判"和"清理阶级队伍"等方面的工作，对部分教师、干部错误地进行审查、批判和斗争，采取"逼、供、信"等手段，制造了许多冤假错案。

1968年3月以后，学校在军宣队、工宣队与革委会的领导下，掀起了"革命大批判"的高潮。5月，学校配合甘肃省"阶级斗争"的形势，开展了揭批所谓"二套班子"的运动；9月10日，集中批斗党委书记兼校长李之钦、副校长毛定原等"牛鬼蛇神"的所谓"修正主义路线"的罪行；11月初即党的八届十二中全会公报发表后，又掀起了批判刘少奇及其在师大"代理人"的高潮。据记载，自1968年3月至年底的9个月的时间里，全校共召开大中小型批斗会2463次，其中校级批斗大会两周一次，系级批斗会两三天一次，有的甚至一天数次。作为学校重要领导人的李之钦同志，这一年几乎天天挨批斗，有时一天被批斗四次。截至年底，全校有260人被揪斗，有些人被戴上了"叛徒"、"特务"、"走资派"、"反革命"等帽子，进行抄家、游斗，实行所谓无产阶级的专政。为了配合"革命大批判"，在一次全校性的批斗图书馆"牛鬼蛇神"的大会上，当场焚毁所谓"封资修"图书589册，其中有《曾国藩评传》和孙中山的有关论著。

在"清理阶级队伍"的运动中，校、系都成立了由军宣队、工宣队和学生组成的专案小组，对揪出的所谓阶级敌人进行定案审查。当时，全校共揭发出有各种问题的职工413人，其中属于政治问题的384人，属于经济问题的 29 人。许多教师被打成"反动学术权威"、"国民党残渣余孽"、"历史反革命"等，遭到残酷打击和迫害。一些多年从事教育，在学术上有很深造诣，教学科研上有很大贡献的著名教授被迫害致死。如著名教育家、体育理论家、原甘肃师范大学副校长袁敦礼先生，因不堪忍受无休止的惨无人道的刑讯逼供的折磨，含冤自尽。

袁敦礼（1895—1968），字子仁，河北徐水人。我国现代体育教育事业的奠基人。1917 年毕业于北京高等师范学校英语部，1923 年赴美国留学，获心理学硕士学位。1927 年回国，先后任北平师范大学体育系主任、教务长、教授，国立西北师范学院体育系主任、教务长、训导长，北京师范大学校长。1945 年赴美讲学，被聘为美国国务院客座教授。新中国成立后历任西北师范学院体育系主任、教授、副校长，是我国现代体育的主要创始人，著有《暑假卫生教育与讲习会讲演录》《体育原理》等。在具体的教学和管理中，袁敦礼先生给师生留下了深刻印象。

袁敦礼先生一家和周恩来总理一家的私交甚密。早在 1916 年，邓颖超在天津直隶第一女子师范学校读书时，袁敦礼先生的夫人赵玉琨女士正好在天津直隶第一女子师范学校任教，当时，赵玉琨是邓颖超的体育老师，教授舞蹈。赵玉琨和邓颖超的师生关系在那时就非常好。同时，袁敦礼先生同周恩来总理的私人关系也很好，国民党在新中国成立前逃奔台湾时，曾动员袁敦礼先生去台湾，后因周恩来总理辗转捎信劝导，他遂决定离开北平，避居杭州，等待解放。后来，受时任西北师范学院代院长的李化方先生的邀请，袁敦礼先生又回到了阔别已久的兰州，回到了西北师范学院任教。20 世纪 50 年代，他曾得到周恩来总理的亲切接见。

值得一提的是，曾为中国人民解放事业作出一定贡献的历史系教授张师亮，因在该系的学术讨论会上认为"阶级斗争，一些阶级胜利了，一些阶级消灭了，这就是历史，这就是几千年的文明史"的说法不妥当、不全面，并强调说"阶级斗争的学说，不能解决历史问题，不要光喊阶级斗争"等话，而被无限上纲打成反革命，又在法律程序极其混乱的情况下，被诬为现行反革命，于 1970 年 3 月 22 日清晨，在兰州被执行死刑。

这是"文化大革命"期间甘肃地区残酷迫害知识分子的几大冤案之一，枪毙教授在全国也属罕见。后经查证，全校在"文化大革命"中被迫害致死者竟达 28 人之多，全校冤假错案竟占全省文教系统冤假错案的 1/3，闻之令人惊心震耳。[①] 这种混淆了两类不同性质的矛盾，把阶级斗争绝对化、扩大化的做法，给广大教师、干部造成极大的精神压力和肉体摧残，使学校工作继续遭受严重损失。

这场清理阶级队伍的运动历时一年有余，到 1969 年下半年才基本结束。1969—1970 年，学校主要工作仍然是抓"革命大批判"，进行"上层建筑领域的社会主义革命"。当时要求各项工作都以大批判开路，结合"阶级斗争新动向"和"斗批改任务"，彻底批判刘少奇的"反

◎带头到农村安家落户的教师代表

革命修正主义路线"，批判资产阶级、批判"读书做官论"、"教师倒霉论"、"文化工作危险论"和无政府主义思潮，批判一切违背毛泽东思想的错误倾向。1969 年 4 月中共"九大"召开以后，"活学活用毛泽东思想"的群众运动又进入了一个新阶段。学校响应"全党要认真学习毛泽东的哲学著作"的号召，从校系到班组，从领导到群众，普遍建立了学习毛泽东哲学著作小组。当时的口号是：学哲学、用哲学，在斗争中学，在斗争中用；要自觉学、刻苦学、反复学、坚持学。而且建立了雷打不

---

① 王明汉，衡均. 西北师范大学校史 [M]. 西宁：青海人民出版社，1989.

动的"天天读"、"学习日"、"讲用会"等制度，对各级领导干部还提出了"三带头"即"带头学、带头用、带头讲"和"四首先"即"首先研究、首先布置、首先检查和首先总结"的要求。其目的是运用所谓无产阶级专政下继续革命的思想和阶级、阶级斗争、路线斗争的理论去破除"阶级斗争熄灭论"、"党内和平论"和"业务挂帅"、"智育第一"的思想。当年，在"我们也有两只手，不在城里吃闲饭"的口号声中，学校先后有108户家属被下放到农村"安家落户"。

二、正常教学秩序被彻底打乱

1967年3月7日，中共中央发出《关于大专院校当前无产阶级文化大革命的规定（草案)》，要求下厂下乡和外出"串连"的师生，必须于3月20日前返校，分期分批进行短期军训，在校内批判斗争所谓"走资派"和"反动学术权威"，着手研究改革旧的教育制度、教学方针和教学方法。学校随即开始了"教育革命"工作，这是"文化大革命"的一项"重要任务"。

在这种错误思想的指导下，学校军宣队和工宣队组织错误地认为，师大是刘少奇在甘肃的代理人长期苦心经营的"反革命据点"，是培养复辟资本主义苗子的重要基地；多年来，资产阶级反动学术权威、国民党残渣余孽大肆推销封、资、修"黑货"，反对无产阶级教育战线，把师大办成了一个修正主义的大染缸。于是，以《师大必须改造》为题，公开指出：甘肃师范大学"教育革命"的关键在于牢牢确立工人阶级对学校的绝对领导权；培养的目标是具备无产阶级革命事业接班人条件的，懂政治、懂理论、懂实践的毛泽东思想宣传员。此后，学校一直以"五七指示"为办学的根本方针，提出并开展了形形色色的"教育革命"运动。

（一）深入开展"三大革命"斗争实践，接受再教育、再学习

从1970年开始，学校不断组织学生走出校门，深入开展"三大革命"斗争实践，接受所谓政治上的再教育、业务上的再学习。据统计，

仅 1970 年，学校就和校外 30 多个厂、队、学校挂了钩；邀请了 50 名工人、农民、士兵作为专职或兼职教师登台讲课，以改变所谓资产阶级统治学校的现象；组织 957 名师生到镇原、临泽、靖远等地"接受贫下中农再教育"；派出 340 名干部、教师先后到"五七干校"劳动锻炼；派出 60 个"教育革命"小分队深入农村、工厂，进行"再学习"，接受"再教育"。

（二）招生制度"改革"，使教学质量直线下滑

1966 年 6 月 18 日，《人民日报》全文发布了中共中央《关于改革高等学校招生考试办法的通知》（以下简称《通知》），该《通知》认为，高等学校的招生考试办法"基本上没有跳出资产阶级考试制度的框框"，"必须彻底改革"。在该《通知》和各类政治运动的干扰下，学校停止招生达五六年之久。1970—1971 年，为了贯彻"要准备打仗"的指示精神，根据甘肃省革委会的决定，学校举办了俄语和蒙语"战备班"，招收工人和解放军 308 人。这种形式当时被认为是"为三大革命运动服务"、"促进教育革命发展"的一条途径。

1972 年年底，学校开始正式招生。从 1972—1976 年，学校实行从"有实践经验的工、农、兵"中通过"自愿报名，群众推荐，领导批准，学校复审"选拔学生的招生制度。由于实行的是推荐、保送的招生制度，所以新生入学的基础知识与文化程度参差不齐的现象十分严重，平均入学文化水平严重下降。各专业的教学计划均按照"以学为主，兼学别样，即不但学文，也要学工、学农、学军，也要批判资产阶级"的原则，安排课程。这种招生制度和办学方式，加上政治运动的不断干扰，使学校的教学质量降至新中国成立以来的最低点。

（三）"两个估计"挫伤了广大教职员工的感情

1971 年 4 月 15 日—7 月 31 日全国教育工作会议期间，张春桥、姚文元等人直接操纵、编造了一个《全国教育工作会议纪要》，对 17 年的教育工作作了"两个估计"，全盘否定了新中国成立以来教育战线和教育事

业所取得的成绩，荒谬地认为"文化大革命"前的 17 年教育战线是资产阶级专了无产阶级的政，是"黑线专政"；大多数的知识分子世界观基本上是资产阶级的，是资产阶级知识分子。学校许多人对此表示不理解，思想上难以接受，甚至有抵触情绪。"两个估计"的抛出，挫伤了广大忠诚于党的教育事业的教师和干部的积极性，使学校教育事业蒙上了一层阴影。

（四）学"朝农经验"，脱离了学校的教学实际

1974 年年底，国务院科教组、农林部和辽宁省联合召开了学习朝阳农学院"教育革命"经验现场会。会议宣传坚持在农村办学、分散办学，教学工作实行"三上三下"，学生实行"社来社去"和毕业当农民的朝阳经验。1975 年年初，学校停课宣传、学习朝阳农学院经验，并着手建设靖远分校，动员教职员工和学生上分校劳动。通过艰辛的劳动，最终平整土地 1200 亩，完成了上水铺设工程。此后两年，学校除招收普通班、进修班学员外，又增招了两届 580 名"社来社去"班学员，并试行分散办学，在靖远分校试办政史、农业机电和农业地理三个专业，学制一年，实行"社来社去"、"厂来厂去"制。1975 年 5 月，外语系 75 届 1 名学生给校、系组织写了大学毕业后回乡当农民的《决心书》，学校研究讨论了《决心书》，决定支持该学生的行动，并号召全校学生学习这一精神。接着化学、数学、物理、农机等系 7 名应届毕业生也提出回乡当农民的申请。6 月 25 日，学校举行了欢送大会。这 8 名学员的行动，当时在全省产生了很大影响，是高校学生学习无产阶级专政理论和"朝农经验"所取得的"丰硕成果"。

（五）"开门办学"，违背了教育发展规律

为了开展"开门办学"活动，当时提出了"文科要把整个社会作为自己的工厂"，"理科要厂社挂钩，实行教学、科研、生产三结合"，坚持面向社会、面向工农的办学方向。这种提法，用现在的眼光看并没有错，但在当时极"左"形势下，一些正确的提法和想法往往走向极端，甚至走向反面，颠倒了教学环节与实践环节的位置。从 1972 年起，学校陆续组织学生深入社会，在地、县、乡、厂矿和中学举办"教育革命"试点班、培训班、学习班。1973 年，个别专业赴省外办学，如蒙语专业到内蒙古，英语专业和政治专业到延安等。这一时期的开门办学，文科以搞社会调查、写厂史和村史为主，理科以现场教学为主。1974 年，文科以"批林批孔"、"评法批儒"为主要内容，并以此为中心选择教学内容组织教学，理科则搞厂校合一，半工半读，按生产过程组织教学。这样，阶级斗争成为学校的主课，教学计划经常变动，学生经常"出出进进"，"上上下下"，到"大课堂"进行革命教育，学校教学秩序非常混乱。仅 1976 年 2 月至 11 月，全校有 11 个专业的 2200 多名学生、246 名教师、29 名领导干部先后分赴全省 9 个地区和 3 个县（市）的社队、厂矿、部队、学校进行开门办学。

三、教学科研蒙受重大损失

"文化大革命"期间，由于学校工作"以阶级斗争为纲"开展了一系列所谓的"教育革命"、专业合并和教学改革等运动，学校的正常工作秩序被打乱，这场"动乱"使学校教学科研蒙受了重大损失，几乎陷于停顿状态。

"文化大革命"前，学校有 13 个系 15 个专业，"文化大革命"开始后，为适应"革命"的需要合并为 11 个系 13 个专业。1969 年 9 月，军宣队、工宣队和革委会为便于开展"四好连队"活动，进行连队建制，便以精简机构为名，将政教系和历史系、生物系和地理系、体育系和艺术系分别合并建立连队。1970 年 7 月，根据甘肃省《高等院校专业调整委员会调查初步方案》精神，经校革委会扩大会议讨论决定，将连队仍改为系，对部分专业进行了调整和合并：政教系与历史系合并为政史系，设政治历史专业，以培养中学毛泽东思想教育课和历史课教师；生物系与地理系合并为农业基础系，设农业基础专业，以培养中学农业基础课和地理课教师；体育系与艺术系合并为军事体育艺术系，设军事体育专业和艺术专业（包括音乐和美术），以培养中学体育教师和革命文艺课教师。其他 5 系（中文、外语、数学、物理和化学）不变。各专业的课程门类根据突出政治、理论联系实际和"少而精"的要求，都作了大量精简，最少的也精简了 5 门（如化学系），最多的精简达 38 门（如政史系）。这种盲目的专业合并产生了一系列问题。政史系专业根据培养要求，既要开设政治课，又要开设历史课，如果课程过于精简则学生毕业后很难胜任中学教学任务，不精简则负担过重。农业基础专业除自然地理中部分内容与农业基础有些联系外，其余都没有什么必然的联系。因此，组织教学、课程设置仍是与地理分家，但根据培养目标又得开设两方面的课程，结果给教与学都带来负担过重的问题。军事体育艺术系的问题更突出，军体、音乐、美术专业各有特点，都比较专，训练的方式也不相同，合并后组织教学、专业设置也不尽相同。要培养集体育、音乐、美术于一身的中学教师，只能是纸上谈兵。这是外行领导内行造成的恶果。

1972 年 7 月，周恩来同志再三强调指出，要"加强基础理论课的研究"，各大报刊作了宣传报道，形势有利于教育事业的发展。学校在这一新的转机下，于年底制定了《甘肃师范大学教育革命试行方案》，该方案从专业基础课设置、授课时数等方面作了积极可行的改革和调整，但实施不到一年，就在"反修正主义教育路线回潮"的声浪中夭亡。

"文化大革命"期间，各专业的教材基本上是自己编写的。当时，教材编写以"教育要革命"、"教材要彻底改革"为立足点，要求教材突出革命性、科学性、实践性，充分体现无产阶级政治方向，但实际上大多数只突出了"革命性"和"政治性"。尽管 1972 年的《甘肃师范大学教育革命试行方案》中对教材建设提出了"在基础理论、专业知识和基本技能训练等方面要适应社会主义革命和建设发展的需要，适应中学教育革命发展的需要"的设想，但在频繁的政治运动中，都未能实施。教材的改革也只能为当时的政治服务。1973—1976 年的教材改革仍然没有跳出这个框框。

这一时期，学校的教学工作彻底走向倒退，科学研究工作也遭到了严重的损失。1966—1971 年，学校科研工作无法进行，几乎处于停动状态。

第三节
在艰难中坚持工作

一、恢复学校秩序

1971 年 8 月 14—16 日，经甘肃省委批准，学校召开了中国共产党甘肃师范大学第二次代表大会，大会选出了曹世杰等 21 名委员，组成中共甘肃师范大学新一届委员会。瘫痪达六年之久的党组织重新开展工作了。

新党委成员体现了当时老、中、青三结合和军（工）、干、群三结合的原则。新党委第一次全体会议选出 8 名常委，由曹世杰（军宣队）任书记，赵贞扶（工宣队）、傅一夫（干部）任副书记。党委第一次全体会议还作出了《关于继承和发扬抗大革命传统的决议》。至此，学校工作在党委、革委的领导下进行。

新党委成立后，对在"清理阶级队伍"、整党、"一打三反"等运动中审查立案的 370 名教师、干部进行了复查，对绝大多数人作出了结论，恢复了工作、职务，恢复了组织生活，部分正副教授被安排为教研室的正副主任。全校教师和干部绝大多数做到了定职定位。学校各项工作比"文化大革命"初期有明显好转的趋势。

1972 年，中共甘肃省委先后任命王志匀同志和李克如同志为甘肃师范大学党委副书记、革委会副主任。此后，学校"两委"的领导班子成员是：曹世杰任党委书记、革委会主任；王志匀、傅一夫、李克如、赵贞扶任党委副书记、革委会副主任；于霖西为党委常委、革委会副主任；贺德贵为党委委员、革委会副主任。

不久，甘肃省委发出了关于"撤出高等院校工宣队"的决定，学校基层各组织的军宣队和工宣队很快相继撤走，个别的仍留校做一般工作。这使学校"教育革命"有了转机。之后，学校决定撤销系一级革命委员会，各基层党组织重新进行了选举，产生了以干部、教师为核心的领导班子，实行了党总支领导下的系主任负责制。然而，撤走军宣队和工宣队这一正确做法却在 1974 年的"批林批孔"运动中被认为是"错误地执行了省委的错误决定"，"是迎合阶级敌人反对工人阶级领导，妄图恢复资产阶级独霸的一统天下"而受到了批判，当时留校工作的十多名军宣队和工宣队队员被重新安排到各级领导岗位，担任各级领导副职。

二、反思深刻教训

军宣队和工宣队撤走后，傅一夫同志任党委书记、革委会主任。这一时期，党委在学校工作中发挥了重要作用。1972 年 7 月，为了进一步落实毛泽东关于"教育革命"的指示，学校党委举办了由党委委员、校革委会常委、各系一把手和主管"教育革命"的负责人、"教育革命"组组长、教学组组长、机关各部处室主要负责人参加的教育革命学习班。学习班以毛泽东《有关教育革命的部分论述》为指导，贯彻《全国教育工作会议纪要》精神，进行了"教育革命"大辩论。通过大辩论，大家对学校"教育革命"中的一些具体问题初步分清了是非，划清了界限，提高了认识。

第一，1970 年将政教系与历史系合并、生物系与地理系合并，主要是受了极"左"路线的影响；将体育系与艺术系合并主要是工作经验上的不足。

第二，1971 年开展的政治与业务关系的大辩论，不停课完全可以搞，停课开展活动严重冲击了教学业务工作。

第三，"清理阶级队伍"、整党、"一打三反"、清查"五一六"分子等政治运动，基本上可以概括为两种情形：一是形式主义，走过场，群众没有什么可揭发的，却非要坐够时间不可；二是不调查研究，盲目听信大字报和传言，冤枉无辜。

第四，教师大胆管理学员，这是责任，跟管、卡、压有本质区别。教师不敢管、学生不服管的主要原因，一是教师"臭"了；二是学员受"文化大革命"初期无政府主义思潮影响的流毒仍未肃清；三是学校、家庭、社会三方面没有很好地结合起来。

第五，"教师接受工农兵学员的再教育"这种提法不对。接受工农兵学员再教育，是就一个阶级而言的，工农兵学员并非一个阶级。教师接受工农兵学员再教育，不仅不利于学员的思想教育，而且也影响师生的团结。"腐蚀与反腐蚀"也是针对阶级而言，不能认为教师是腐蚀者，学员是被腐蚀者，教师接近学员就是腐蚀学员。如果这样，恐怕教师宁肯受"脱离群众"的批判，也不愿意去接触学员。

总之，这次大辩论不仅澄清了"教育革命"中一些具体问题的是与非，而且在教学思想上是一次大的转变，对学校整个教育工作也起了一定的促进作用。

此后，傅一夫同志在 1973 年与 1974 年的"批林整风"、"批林批孔"、"反复辟"、"反回潮"的政治激流中艰难地领导着学校的工作。他因对当时的一些错误做法有所抵制，受到严厉批判，最后被免去了职务。

1975 年春，甘肃省委以交换干部为名，从兰州炼油厂抽调 30 余名干部，安置在学校各级领导岗位。他们强调"工人阶级必须永远领导学校"，声称要对师大进行"大手术"，将师大办成一所名副其实的无产阶级专政的政治大学。紧接着又开展了"反击右倾翻案风"和"批判资产阶级法权"等运动。"手术队"的进校，使学校各项工作再次遭到很大冲击。这一时期，马春发任校党委书记兼革委会主任。

"文化大革命"十年是国家和民族倒退的十年，"文化大革命"的一些主要观点，既不符合马克思主义，也不符合中国的实际，从理论上和实践上都是错误的，必须予以否定。在"文化大革命"的十年中，学校党的组织虽然不断遭到冲击和破坏，但它在学校几个关键的转折时期，在维护学校工作的运行、保护知识分子等方面做了一定的工作。学校大多数党员、干部和广大师生员工，由于受党的培养教育，对"文化大革命""左倾"错误的做法无法理解，看不惯，自觉不自觉地开展了各种形式的抵制，一定程度上减少了学校在"文化大革命"期间的损失。

三、坚持追求科学真理

1972 年后，随着学校恢复招生，科学研究工作开始有所开展。不少领导和教师对科学研究在高等学校工作中所处的地位及其在提高教师教学水平方面的重要作用，认识十分清醒，也极为关注和焦急。因此，他们虽身处逆境，却仍顶着"两个估计"的压力，冒着打棍子、扣帽子的危险，结合社会生产，克服各种困难坚持开展科学研究工作。

"文化大革命"后期，邓小平同志主持中央的日常工作，对"文化大革命"以来所造成的严重混乱局面进行了大刀阔斧的整顿。1975 年 9 月 26 日，他在听取中国科学院工作汇报时指出："大学究竟起什么作用？培养什么人？……我们有个危机，可能发生在教育部门，把整个现代化水平拖住了。"[1] 在他的坚持下，教育部门进行了整顿。这次整顿时间虽然很短，但对学校工作起了积极的推进作用，学校教学科研工作得到了较好发展。

这一时期，学校也采取了相应措施，积极鼓励和动员科研人员投入工作实践，为社会生产作贡献，取得了比较显著的成绩。

化学系教师开展了丙烯氯化合成三氯丙烯的科研项目。他们立足本省，克服困难，以本省现有的石油气丙烯为原料，用液相催化氯化的方法，研制 1，2，3 - 三氯丙烯并获得初步成功。这种合成方法不用酒精，减少了设备，降低了成本，为甘肃省生产除草剂"燕麦敌 1 号"创造了有利条件。1975 年王进贤和孙钟瑛等同志先后完成了 2 - 氯丙烯釜式氯化法合成 1，2，3 - 三氯丙烷的中试和由 1，2，3 - 三氯丙烷合成 2，3 -

① 邓小平论教育 [M]. 北京：人民教育出版社，1995：25.

二氯丙烯（非离子型表面活性剂存在下液碱消除法）的小试，这两种实验在方法上有所创新。此外，化学系王云普等研制的引发剂 K，采用先醇后酸低压合成路线，在方法上有很大突破，引起当时来校参观的北京化工研究院和北京石化总厂同志的很大重视，他们提出希望与研制者合作搞中试。

植物分类学研究室在孔宪武教授的领导下，认真开展了"关于野生植物资源的调查和利用"科研项目的研究工作。他们跋山涉水，深入实地，采集标本，搜集资料，调查研究，分析化验，做了大量的工作，先后编写了《甘肃野生植物猪饲料介绍》《甘肃野生油料植物》《甘肃野生淀粉植物》等。在调查研究的过程中，韦璧瑜等人提出了 200 多种抗癌植物，经与兰州陆军总医院、兰州新医药研究所、酒钢医院等单位协作筛选，临床试验，发现高头乌对抗癌和镇痛有一定疗效，开辟了抗癌药物研究的新途径，为此后"高乌甲素"抗癌镇痛药的研制成功奠定了基础。

除以上科研成果外，农业基础系等单位的教师还结合甘肃省的农业生产，研制出了许多质量过关、社会效益比较显著的优良品种和其他产品，为甘肃的社会经济发展作出了一定贡献。

"文化大革命"期间，学校由于受"左"的思想的影响，社会科学方面鲜有成就，但一些有理想、有志向的学者在险恶的环境中，也有不屈的努力和抗争，如尤炳圻、焦北辰等，显示出师大人在逆境中的性格特征和学术风骨。

尤炳圻的"偷读敌书"。尤炳圻先生早年留学日本，通晓日语及英语，学贯中西，译著甚丰。"文化大革命"期间，尤炳圻先生放不下手中所从事的翻译工作，一个人利用别人开展阶级斗争的时间翻译了英国格莱亨的童话《杨柳风》、

◎尤炳圻

日本内山完造的《一个日本人的中国观》和夏目漱石的长篇小说《我的猫》等著作。为此，他被扣上了一个"偷读敌书"的帽子，因受迫害而瘫痪。后来，他坐在轮椅上仍然不忘翻译工作，竟将日本作家尚江的长篇小说《火柱》翻译了出来。

焦北辰的"一本书主义"。焦北辰先生是我国著名的地名、地图专家，主编有《中华人民共和国地名辞典·甘肃省》《中国自然地理图集》等，译著有《地图学》《西非经济地理》等。焦北辰先生在读书方面很有心得，他经常给学生介绍"读好一本书"的方法，他认为：在大学学好专业课相当重要，先要谨慎地选好一本经典著作，然后仔细阅读，要精要通，再扩展其他方面的知识；进行创新要有自己的见解，只有读通一本书，才能一通百通。他还经常帮助学生推荐好书。可是，他的这种使学生受益匪浅的读书方法，在"文化大革命"中被命为"一本书主义"而受到批判，多次被红卫兵揪斗。在一次批斗会上，当有人动手打他时，他请求道："不要把我打死了，我还要为党工作呢。"红卫兵叫嚣："工作？反革命还想为党工作？"焦北辰先生理直气壮地反驳道："既然我是反革命，为什么我把七个儿子培养成了共产党员？"对焦北辰先生一生，有人联云：

> 育才、识才、爱才、唯才是举，虚怀若谷，平易近人人益近；
> 读书、教书、著书、以书为乐，朴实无华，淡泊明志志更明。①

从中可见焦北辰先生为学为人的准则，这无疑是历史上师大人精神面貌的真实写照。

"文化大革命"期间，还有许多教师能够坚持真理，敢于说出实话，例如，针对当时流行的"一分为二"的哲学观点，政教系一位教师提出了"合二而一"的哲学观点。这一观点，实际上与孔子的"学而时习之"、王阳明的"知行合一"等哲学理念一样，都是在强调理论与实践的

---

① 刘基，丁虎生. 西北师大逸事 [M]. 沈阳：辽宁人民出版社，辽海出版社，2001：346.

高度统一，有一定的积极意义和合理性。但在当时那种政治背景下，该教师的这一观点无疑遭到了无情的批判。

"文化大革命"后期，在学校和广大师生的努力下，学校的教学环境逐渐得到改善，学术风气有所转变。1974 年 10 月，经国务院科教组批准，"文化大革命"前夕被迫停刊的《甘肃师大学报》（社会科学和自然科学两个版）复刊。同年 12 月，学校成立了由 29 人组成的"学报编辑委员会"，王志匀任编委会主任。

《甘肃师大学报》的复刊和编委会的成立，预示着学校从"文化大革命"的破坏和阴霾中逐渐走了出来，全校师生精神为之鼓舞。西北师范大学的历史，经过"文化大革命"十年的磨难和岁月蹉跎，终于迎来了新的一页，她以崭新的面貌呈现在全国高校之林。

◎学校在"文化大革命"快结束时出版的《甘肃师大学报》

一九七六年十月，党中央一举粉碎了「四人帮」反革命集团。结束了灾难深重的十年内乱，社会各个领域开始进行拨乱反正，在摸索中前进。一九七八年五月十一日《光明日报》发表了评论员文章《实践是检验真理的唯一标准》，在全国引起了巨大的反响。一九七八年十二月的十一届三中全会作出了把全党工作重点转移到社会主义现代化建设上来的战略决策，开创了社会主义建设的新时期，教育战线也重新迎来了春天，进入了一个新的发展时期，组织批判了「两个估计」，恢复了高考招生制度，着力在全社会营造「尊重知识、尊重人才、尊重教师」的氛围。师大跟全国高等教育战线其他学校一样，在新的征途中，面对内乱遗留的重重困难和累累伤痕，毅然拨乱反正，正本清源，清除「左」的错误影响，在此基础上恢复和建立健全各级党政领导班子，落实党的知识分子政策、干部政策和统战政策。与此同时，端正办学方针和教育思想，改变领导体制，健全组织机构，平反冤假错案，恢复教学秩序，开展科研工作，使学校的教学、科研诸项工作逐步走上正轨。

第七章 拨乱反正 恢复发展

1977—1988

从复名西北师范学院到更名西北师范大学

第一节
拨乱反正　学校工作步入正轨

一、揭批"四人帮"罪行，清除"左倾"影响

十年动乱给高等学校在思想上、组织上都造成了极大的混乱，粉碎"四人帮"后，针对当时出现的思想混乱、派性严重、队伍涣散的现实，学校党委在省委领导下，组织师生员工揭发批判"四人帮"篡党夺权的阴谋活动及其祸国殃民的罪恶事实，联系教育战线和学校实际，揭批"四人帮"篡改党的教育方针对我国教育事业造成的严重破坏，积极进行拨乱反正，端正思想和政治路线，落实知识分子政策，努力调动教职工的积极性。

1977年11月，《人民日报》发表了《教育战线上的一场大论战——批判"四人帮"炮制的"两个估计"》一文后，校党委组织全校师生员工以新中国成立17年中我国教育事业在造就无产阶级知识分子队伍和培养大批社会主义建设者方面取得的成就，在培养千百万青年学生树立社会主义世界观、人生观、价值观上积累的丰富经验，以及广大知识分子在国防建设和国民经济发展中作出的创造性贡献，结合学校知识分子在学校教学科研中的作用，深入批判了"四人帮"炮制的新中国成立后17年教育战线是"资产阶级专了无产阶级的政"和大多数教师"世界观基本上是资产阶级的"这"两个估计"的谬论，从而肯定了17年党的教育方针和教育战线的工作，肯定了知识分子在国民经济建设和文化教育事业中的地位和作用，逐步解除了"文化大革命"以来"四人帮"强加给广大知识分子的思想重负和精神枷锁，对广大教职工参与拨乱反正和恢复重建工作起到了鼓舞人心、动员群众、组织队伍的作用。

1978 年 5 月，学校召开了"甘肃师范大学教育大会"，会议贯彻全国五届人大和全国科学大会、全国教育工作会议的精神，批判了"四人帮"在教育思想方面的谬论，树立标兵、表彰先进、讨论规划，初步提出了三至八年的规划草案，学校工作初步步入正轨。由于长期以来"左"倾思想的泛滥，加上"文化大革命"刚刚结束，在党内外个人崇拜的风气还很浓厚的情况下，拨乱反正工作并非一帆风顺，其间还有犹豫、徘徊、矛盾、斗争。当时的中央负责人提出的"凡是毛主席作出的决策，我们都坚决拥护；凡是毛主席的指示，我们都始终不渝地遵循"的观点极大地束缚了人们的思想，使拨乱反正工作困难重重。

◎1978 年"甘肃师范大学教育大会"会场

1978 年 5 月，《光明日报》发表了特约评论员文章《实践是检验真理的唯一标准》，掀起了一场关于真理标准问题的大讨论。1978 年下半年，校党委根据党中央部署，组织全校师生员工，特别是中层领导干部，积极参加到"实践是检验真理的唯一标准"的学习讨论和对"两个凡是"的批判中来。讨论从哲学高度展开，起到了破除迷信、解放思想的作用，纠正了长期以来特别是"文化大革命"以来影响深远、危害严重的"左"倾错误，树立了完整、准确地理解毛泽东思想的观点，重新确定了实践权威和实事求是的思想路线，为广大教职工踊跃投身拨乱反正和学校恢复重建，参与实践探索和改革创新提供了思想理论武器。

1979 年，刘竹溪同志在庆祝建校四十周年①大会上的讲话中指出："粉碎'四人帮'三年多来，我校处于一个拨乱反正恢复整顿阶段。我

———————————

① 此处的建校四十周年指学校西迁兰州四十周年。

们开展了揭、批、查运动，查清了许多重大问题，清算了'两个估计'所造成的流毒，基本分清了路线是非。根据十一届三中全会精神，今年以来在全校师生中，主要是在校系两级领导班子中，开展了真理标准问题的讨论，即实践是检验真理的唯一标准，进一步明确了马克思主义的思想路线。""我们抓了教学秩序的恢复和整顿工作。今年（1979 年）9月中旬至 10 月中旬又集中开展了一次教学秩序整顿月。去年底的十一届三中全会发出了把全党的工作重点转移到社会主义现代化建设上来的伟大号召，据此，今年（1979 年）3 月，校党委作出了把学校的工作重点转移到教学科研上来的决定，这是适应新形势、完成总任务的一个重大的战略转变。"自此以后，学校工作逐步进入正轨。

◎20 世纪 80 年代初的学校鸟瞰图

到 1980 年年底，甘肃师范大学设 13 个系 16 个专业：（1）政治系（政治专业）；（2）教育系（幼儿教育专业，学校教育专业，心理学专业）；（3）中文系（汉语言文学专业）；（4）外语系（英语专业，俄语专业）；（5）历史系（历史专业）；（6）地理系（地理专业）；（7）数学系（数学专业）；（8）物理系（物理专业）；（9）化学系（化学专业）；（10）生物系（生物专业）；（11）体育系（体育专业）；（12）音乐系（音乐专业）；（13）美术系（美术专业）。系下全校共设 64 个教研室。共有学生 3591 人，其中本科生 3535 人，研究生 27 人，回炉进修生 29

人。共有教职工 1942 人，其中教学人员 648 人，包括教授 30 人，副教授 40 人，讲师 345 人，助教 60 人，其余为未定的职称青年教师。教学辅助人员 92 人，行政人员 337 人，其余为工人（主要在校办工厂）。学校土地面积 780 亩，校舍建筑面积 134073.22 平方米，其中教室 10923.05 平方米，实验室 4752.85 平方米，图书馆 2670.51 平方米，学生宿舍 25222.5 平方米，教职工宿舍 33574.97 平方米，工厂用房 15427.37 平方米，校系行政用房 9343.54 平方米，食堂用房 6721.16 平方米，其他用房 25437.25 平方米。

二、恢复党政机构，调整领导班子

在思想领域进行拨乱反正的同时，学校党政机构也先后多次进行了恢复、调整。1977 年 11 月，中共中央在教育部《关于工宣队问题的请示报告》中批示："现在从学校撤出工宣队，已经不影响无产阶级教育的发展。"根据这一精神，工宣队随即撤出学校。

1977 年 3 月，根据省委关于撤销民兵指挥部和民兵、治保、消防"三位一体"机构的精神，学校党委决定：撤销武保部及其所属人防科，恢复武装部；撤销各系各单位武装小组，恢复治保小组；撤销各系各单位民兵小分队，民兵工作在党委一元化领导下，仍由武装部代管。同年 11 月，党委决定农基系从靖远分校撤回兰州，恢复为生物系和地理系，并决定将"文化大革命"中合并的政史系恢复为政治系和历史系，军体艺术系恢复为体育系、美术系和音乐系。

1978 年 3 月，根据五届人大《政府工作报告》的精神，学校对党政机构进行了以下调整：撤销甘肃师范大学革命委员会，实行党委领导下的校长分工负责制。1979 年 6 月，省委批复实行党委领导下的校长分工负责制，甘肃师范大学革命委员会即行撤销，革委会正副主任、常委委员职务即行消除；撤销各系、馆、校革命委员会或革命领导小组，实行党总支或直属党支部领导下的系主任、馆长、校长分工负责制；撤销政治部，成立组织部、宣传部（兼统战工作）、武装部；撤销训练部、校务部，成立教务处、总务处，改两委办公室为党委、校长办公室，成立人事处；随着机构的变更，原各单位负责人称谓相应改变。

为了加强党的领导，充分发挥党政职能部门的作用，保证教学科研工作的顺利进行，院党委于 1981 年 9 月决定：在人事处原保卫科基础上成立保卫部，隶属于党委；将原来设立的党委、院（校）长办公室，分设为党委办公室和院长办公室；增设科研处；恢复函授部，开展函授教育。

1983 年 9—11 月，学校对党政机构再次调整，决定撤销保卫部，改设保卫处，增设统战部。调整后的党委机构设纪律检查委员会、党委办公室、组织部、宣传部、统战部；行政机构设院长办公室、教务处、人事处、科研处、总务处、保卫处等。在机构调整中，还增设了一些科级组织，如在党委组织部设老干部管理科，在人事处设师资科，在教务处设研究生科（后归属科研处），在总务处设房产科等。

十一届三中全会后，随着老干部、老同志的平反和起用，中央和省委对学校党政领导干部不断进行调整。1977 年 12 月，阮迪民同志调任校党委书记，孔真同志调任党委副书记。1978 年 9 月，黄伯梁同志任党委副书记。1979 年 6 月，省委通知阮迪民同志兼任校长，孔宪武同志任副校长，刘竹溪同志任党委副书记兼副校长，黄伯梁、马竞先、于霖西、樊大畏同志任副校长。

阮迪民，1916 年 1 月出生，浙江临安干洪乡杨洪村人。1938 年春秘密加入中国共产党。1939 年奔赴延安。1949 年 3 月任延安《群众日报》社委和副总编辑，主管编辑室工作。解放后历任《甘肃日报》社社长、总编辑，甘肃人民广播电台台长，甘肃省委宣传部部长，中共甘肃省委常委，中共陕西省委党校副校长、校长、党委书记等职。1977 年 12 月—1979 年 12 月任甘肃

◎阮迪民

师范大学党委书记，1979 年 6 月—12 月兼任校长。1985 年 12 月离休。中共甘肃省委一、二、三届委员，三届省委常委，中共八大代表。

1979 年年底，侯亢同志任甘肃师范大学党委书记兼校长。

1980 年 10 月，中共甘肃省委决定：宋福僧同志任甘肃师范大学第一副校长、党委委员，张昌言同志任副校长、党委委员。

侯亢（1916.12—2001.6），山东济南人，中共党员。1938 年参加八路军做战地记者，同年加入中国共产党。1950 年后曾任新疆政府办公厅主任、中共中央新疆分局调查研究室主任、副秘书长、农工部副部长，国务院专家局副局长，国务院直属机关党委书记。1961 年后曾任中共甘肃省委秘书长。1979 年 12 月—1983 年 12 月任甘肃师范大学（西北师范学院）党委书记，其间 1979 年 12 月至 1981 年 2 月兼任校长。后任中共甘肃省顾问委员会委员，1988 年 9 月离休。

◎侯　亢

1980 年 12 月，中组部、教育部党组联合发出《关于加强高等学校领导班子建设的意见》和《关于高等学校领导干部管理工作的通知》，要求高等学校根据中央对各级领导班子革命化、年轻化、知识化、专业化的要求和党政分工、加强行政指挥系统的精神，加强高校领导班子建设。根据这一要求，1981 年 2 月，中共中央组织部决定任命李秉德同志为甘肃师范大学校长。

李秉德（1912.7—2005.5），出生于河南洛阳。1928 年入河南大学学习英文和教育。1934 年大学毕业后受聘河南开封教育实验区，从事"廉方教学法"实验。1936 年入燕京大学，攻读乡村教育研究生。曾担任湖北教育厅督学，河南大学教育系副教授，河南大学图书馆馆长等。1947 年赴瑞士、法国留学，曾在日内瓦大学卢梭学院师从皮亚杰。1949 年回国。1950 年响应党的号召，到西北师范大学任教。一直致力于课程

◎李秉德

与教学论的研究，是新中国教学论、教育科学研究方法、小学语文教育等学科领域的开拓者和奠基人之一。1981 年被国务院学位委员会批准为全国第一批教育学科（教学论专业）博士生导师。曾任甘肃教育学会会长、中国语文教学研究会副会长，1981 年 2 月任甘肃师范大学校长（1981 年 7 月—1983 年 5 月任西北师范学院院长），第六、第七届全国政协委员。

1981 年 5 月，省委决定张一之同志任甘肃师范大学党委副书记；6 月，省委决定孔宪武同志任甘肃师范大学顾问。9 月，学校名称由甘肃师范大学正式恢复为西北师范学院。同月，甘肃省委批复杨敏政同志任西北师范学院副院长。

1983 年 3 月，根据中共中央整党试点精神，甘肃省委派 12 人整党工作组进驻学校，省委常委、宣传部部长吴坚任组长，王松山任副组长。5 月，学校重新配备了领导班子，王松山同志任院党委副书记，张昌言同志任院长，杨敏政同志任党委副书记、副院长，阎思圣、王福成同志任副院长。

◎张昌言（左二）陪同时任国家教委副主任的何东昌（左一）视察学校并与学生交谈

张昌言，1928 年 2 月生，四川乐山人，1951 年毕业于四川大学化学系。西北师范大学教授、硕士生导师，1983 年 5—7 月任西北师范学院院长，后任甘肃省教育厅厅长、国家督学等职。从事结构化学、激光化学等的教学和科研；获甘肃省科技进步三等奖，省高校科技进步一等奖；享受国务院政府特殊津贴。

这一时期，学校开始实行党委领导下的校长负责制。1983年7月，白光弼同志就任院长，卜建功同志任副院长，刘竹溪同志任顾问。

白光弼，1926年12月生，甘肃和政人，教授，硕士生导师。1949年毕业于国立西北师范学院化学系并留校任教，

◎白光弼（左三）陪同时任国家教委主任的朱开轩（左二）视察学校并与学生交谈

1956—1958年留学于苏联列宁格勒大学化学系从事稀土元素配位化学及分析化学研究，曾多次出访日本、美国、法国、葡萄牙等国进行学术交流。1983年7月—1988年12月任西北师范学院院长（西北师范大学校长），兼任甘肃化学会理事长等职，1978年获甘肃省先进科技工作者称号，1991年获国务院政府特殊津贴。

◎学校党委书记王松山（右一）、院长白光弼（左一）陪同时任甘肃省委书记的李子奇视察学校

1984年1月，李之钦同志任名誉院长，8月，王松山同志任党委书记。

王松山，1933年生，甘肃兰州人，1959年9月—1962年8月在中国人民大学贸易经济系研究班学习。1980年8月—1983年3月任兰州师专第一副校长，1984年8月—1988年5月任西北师范学院党委书记，

1988 年 5 月—1989 年 6 月任甘肃省教委主任。

1985 年 10 月，马麒麟同志任副院长。1988 年 5 月，党委书记王松山同志调任甘肃省教育委员会主任，原省教育厅副厅长（此时甘肃省设委撤厅）、高教局局长陶君廉同志调任西北师范大学党委书记。

陶君廉（1933.3—1996.12），四川云阳人。中共党员。1960 年毕业于甘肃师范大学。先后在共青团四川省万县市委、甘肃省礼县文教局、甘肃省高等教育局工作。1983 年后任甘肃教育厅党组副书记、副厅长兼高教局局长。1988 年 5 月—1991 年 5 月任西北师范大学党委书记。

为了适应工作重点的转移，加强对教学和科研工作的领导，1978—1979 年，学校对各系和部处级领导班子作了调整充实，贯彻老中青三结合原则，把有知识、党性强、干劲大、作风好的干部和教师任用到系、处领导班子中去。1981 年 11 月党委发出《关于民主推荐院级、机关各部、处、室领导干部的通知》，规定推荐能坚决执行党的三中、五中全会以来的路线、方针、政策，能联系群众、团结同志，具有大专文化水平和一定程度的专业知识，具有一定的基层领导经验和组织管理才能，有实干精神，年富力强、身体健康，能胜任本职工作的人选。院级领导年龄在 52 岁以下，部处级干部在 45 岁以下为宜。之后，学校进行了民主推荐院、部、处、室领导干部的工作，使一批有工作经验、能力较强的教师、干部走上了中层领导岗位。

三、平反冤假错案，落实党的政策

1977 年 8 月，邓小平同志在科学和教育工作座谈会上《关于科学和教育工作的几点意见》的讲话，充分肯定了我国知识分子的地位和作用，还特别提出了调动教育工作者积极性和尊重教师的问题。1978 年 3 月，在全国科学大会开幕式上的讲话中，邓小平同志又明确提出知识分子的"绝大多数是工人阶级和劳动人民自己的知识分子"，"是工人阶级自己的一部分"，"要在短短的二十多年中实现四个现代化，大力发展我们的生产力，当然就不能不大力发展科学研究事业，大力发扬科学技术工作者和教育工作者的革命积极性"。之后的十一届三中全会确立的思想、政治和组织路线，对落实知识分子政策更具有明确的指导意义。

1978 年 3 月，甘肃师范大学党委将贯彻执行党的知识分子政策作为学校面临的若干重大问题之一列入议事日程，同时成立了由党委副书记刘竹溪同志牵头负责的"落实政策办公室"。

自新中国成立以来，师大一直是省内政治运动的试点，因而造成了许多冤假错案。20 世纪 50 年代中期到"文化大革命"期间，甘肃师范专科学院（校址在天水）、兰州师范专科学院、兰州艺术学院、兰州体育学院、甘肃教育学院等院校的全部或部分人员先后并入甘肃师范大学，同时也带进了大量冤假错案。师大案件堆积，约占甘肃省文教系统案件的 1/3。彻底平反冤假错案，卸掉知识分子身上的政治重负，是一项非常艰苦的工作。

平反冤假错案工作一开始，由于极"左"思想的影响，进展缓慢。落实政策办公室成立后，结合批判极"左"思想，组成专案小组，在 1978 年 2 月—1983 年 9 月 5 年半的时间里，先后对"文化大革命"中的案件进行了查证平反，对"文化大革命"前错划的右派及"反右倾"时的错案分别进行了改正和纠正：平反了"文化大革命"中的 365 个案件（包括全国体育运动委员会副主任、著名体育家、甘肃师范大学副校长袁敦礼教授被迫害致死案和历史系张师亮教授被处决案）；对 1957 年"反右"斗争中错划的 413 个右派和 234 个"中右"（包括"12 名党内叛徒"案）进行了平反和改正；处理了 294 件历史遗留问题。几年中平反冤假错案 1297 件，清理档案 1950 份，销毁材料 27800 余份，退还本人材料 9600 份。在平反过程中，先后给 9 人补发了工资，给 136 人发了补助费，对分散在全国各地的 163 人和本院内无工作的 15 人联系安排了工作，给 9 名被迫害致死人员的子女解决了工作顶替问题。在平反冤假错案的过程中，对在十年动乱中和历次政治运动中受到错误批判的同志，都陆续恢复了名誉，并重新调整或安排了工作。叶萌先生在 1979 年的诗作《终得昭雪写呈诸故人》中写道："身如槁木命如悬，折戟沉沙二十年。吴祐何妨长放豕，刘晨岂料逢神仙。馀生扰攘归心切，半生蹉跎望眼穿。屈指光阴能有几？会当快马更加鞭。"①

在落实知识分子政策的工作中，学校还注重解决他们生活上的实际困难。在"文化大革命"期间被迫迁出兰州市到农村落户的108户人家中有63户迁回兰州；两地分居和身边无子女者有167户得到解决；1978年9月，成立了甘肃师范大学实验中学（后相继改称为西北师范学院职工子弟中学、西北师范大学第二附属中学），解决了部分教职工子女就学问题；在幼儿园增办托儿所，解决了青年职工独生子女入托问题；安排专车定时定点接送校外居住的教职工，解决了上下班乘车难问题；设立知青服务网点，解决了部分待业青年的工作问题；让有经验的医护人员上门巡诊，解决了少数年事已高、行动不便的副教授以上老年知识分子就诊难的问题。总之，这一阶段里，许多教师，尤其是中老年教师的生活条件和工作条件都不同程度地得到改善。

从1983年3月开始，根据中央和省委的要求，学校进行了历时两年的整党。在彻底否定"文化大革命"的基础上，统一了党员的思想，促进了各项工作的开展。引导党员联系学校和自己的思想实际，提高消除派性、增强党性的自觉性。十一届三中全会以来，学校累计平反冤假错案和复查历史旧案1218件，共复查处理老年知识分子历史遗留问题186件，同时报请甘肃省批准解决大、中、小学家属由农村户口迁兰15户；调整职工住房199户；两年共接收知识分子入党198人，组织专人两次清理教职工档案，先后清理7963人（次），清除材料63400份，210630页；为在历次政治运动中被勒令退学、错误批判和开除学籍的1037名学生，问题改正后补发了学历证明或毕业证书。1986年11月，经省宣教口检查，认为学校已基本完成了落实知识分子及干部政策的任务，符合规定

① 赵逵夫. 世纪足音——西北师范大学教师诗词选 [M]. 兰州：敦煌文艺出版社，2002：234.

要求，批准转入正常工作。1985 年 3 月 16 日，省委整党工作领导小组办公室检查验收并批复学校整党结束。①党的知识分子政策的全面落实，稳定了队伍，一个安定团结的局面在整党中逐步形成。

平反冤假错案，认真落实知识分子政策，使学校广大知识分子的精神状态发生了很大变化。他们丢掉了多年的政治包袱，轻松愉快、积极勤奋地投入到教学科研工作中，努力弥补前十年造成的损失。落实知识分子政策，使广大教师表现出极大的政治热忱，从十一届三中全会到1983 年年底，全校有 159 人向党组织递交了入党申请书，其中讲师以上有 96 人，占申请总数的 60%，截至 1987 年，全院吸收的新党员中，有正副教授 30 人，讲师 68 人，解决了知识分子入党难的问题。同时，有不少知识分子担任了校、系、所、部、处、室等级领导职务，在学校的恢复和建设中发挥了重要作用。知识分子入党并担任各级领导职务是这一时期师大知识分子的地位和作用发生重大变化的一个明显标志。匡扶先生在诗作《喜迎第二届教师节》中写道：神州风物近如何？旷代江山景气多。几见人才推事运，颇闻闾巷起弦歌。薪传敢负平生志，烛照终迎旭日和。垂老匡衡犹健饭，相期共奋鲁阳戈。"②

在落实知识分子政策的工作中，学校还注重解决他们生活上的实际困难。由于历史欠账较多，学校教师生活条件相当艰苦。到20 世纪80 年代初，学校大部分教师居住在多年失修的平房或危房中，许多教师一家数口或几代共住 10 多平方米到 20 多平方米的房间，给工作、学习、生活各方面带来不便。此外，还有夫妇长期两地分居、校外居住的教职工乘车难、职工子女就学难、老年教师身边无人照顾等一系列生活问题急需解决。针对这许多现实问题，学校积极创造条件，克服重重困难，逐步予以解决。到 1983 年年底，为讲师以上的教师和中年业务骨干 248 人调整了住房，到 1985 年年底，中年教职工基本上都调整了住房。老教师马

---

① 见《中共西北师范学院委员会关于全院整党工作总结》（西师党发［1987］17 号）。
② 赵逵夫. 世纪足音——西北师范大学教师诗词选［M］. 兰州：敦煌文艺出版社，2002：111.

骡程先生 1985 年的诗作《喜迁新居》表达了喜悦的心情："劫后蜗居二十秋，时来运转上新楼。全家五口天伦乐，三室一厅花木幽。画饼夕曾垂泪水，书空只为谪荒丘。于今盛世无饥溺，临老儒生何所忧?"①

第二节
恢复招生　积极拓展办学途径

1982 年 9 月，党的第十二次全国代表大会召开，会议决定将教育、科学列为今后经济发展的战略重点之一。学校连续举办了两期总支书记和系、处级以上领导干部参加的学习班，大家一致表示要积极进取、埋头苦干，为我国特别是甘肃的教育事业作出更大的贡献。同时，大家一致要求尽快按照十二大精神检查修改和补充学院的发展规划，确定更高的奋斗目标和更加切合实际的工作措施，初步制定了开创学校教学科研新局面的原则、奋斗目标和措施："从战略重点上着想，联系实际，解放思想，实事求是，全力以赴地为培养更多的有理想、有道德、有文化、守纪律的中学师资而努力。（1）以全面提高教育质量为主，在提高质量的前提下发展学生的数量，绝不能单纯追求数量。（2）以办好全日制本科为主，在此前提下开展多种形式办学。（3）充分发挥学院优势，扬长补短，办出特色来。（4）搞好三支队伍的建设，树立全院'一盘棋'的思想，上下团结一致，各方通力协作，共同为提高教学科研水平而努力。"②

一、恢复招生，规范教学

在教育战线的拨乱反正中，恢复高考制度是极为重要的环节。1977

---

① 赵逯夫. 世纪足音——西北师范大学教师诗词选 [M]. 兰州：敦煌文艺出版社，2002：188.
② 见《在党的十二大精神指引下，努力开创我院教学科研工作的新局面——李秉德同志在全院处级以上干部大会上的讲话》（西师发 [1982] 153 号）。

年 10 月 12 日，国务院批转了教育部《关于 1977 年高等学校招生工作的意见》，文件规定：凡是工人、农民、知识青年、复员军人、干部和应届毕业生，只要符合条件均可报考，坚持德智体全面衡量、择优录取的原则，实行志愿报名、统一考试。这项制度取代了 1970 年以来高校推荐招生的做法。1977 年全国共有 570 万青年报考，招收 27.3 万人。1978 年，从 610 万考生中招收 40.2 万人，高考制度的恢复，对于提高教育质量、恢复教学秩序起到了非常积极的作用。

学校同全国高校一样，在进行揭批查运动、落实知识分子政策的同时，切实调整、整顿教学，积极采取了许多措施，恢复稳定和健全了正常的教学秩序。在 1977 年年底，学校恢复了招生考试制度。1977 级共招收了 1002 名学生，其中政治系 111 人、中文系 121 人、历史系 64 人、外语系 60 人、体育系 117 人、美术系 56 人、音乐系 58 人、数学系 88 人、物理系 103 人、化学系 102 人、生物系 60 人、地理系 62 人。1978 年 3 月 8 日，"文化大革命"结束后的首届大学生入校。混乱沉寂了多年的校园焕发出新的生机，教职员工都以渴盼、欣喜的心情迎接新生的到来，校园内涌动着欢欣鼓舞的气息。

1978 年秋，学校招收新生 835 名。随着招生工作的正常化，学校积极恢复和健全各项工作制度，调整、整顿教学，积极采取了许多措施，恢复、稳定了正常的教学秩序，印发了《学生学籍管理办法》《学生学习生活管理暂行条例》《学生奖惩暂行办法》《大学生守则》等。为了提高高等师范院校生源的质量，1982 年教育部规定师范院校录取新生与重点院校同时进行，从这一年开始，学校的新生录取分数线逐年提高。

1983 年，学校根据 1982 年 12 月文化部在河南洛阳召开的艺术院校招生工作会议精神，决定在音乐、美术专业招生中提高文化课考试的比重与难度。音乐、美术专业新生的文化课考试一律参加全国高等院校文史类统一招生考试。

随着教育改革的不断深入，学校招生改革也逐步推进。1983 年，教育部要求在农、林、医、师高等院校实行定向招生。学校在 1983 年 3 月邀请各地、市文教局长举行了座谈会，调查了解了不同地区所需不同专业人才的基本情况，为以后的招生改革、人才预测和多渠道办学提供了依据。此后，学校开始实行"定向招生，定向分配"。1985 年起，学校从中等师范学校和应届高中生中招收免试保送生；1986 年起，学院采取保送与考核相结合、差额录取的办法，招收师专优秀毕业生；通过横向联系，在国家计划内进行对等代培。到 1988 年，给天津、河北、河南、内蒙古、宁夏、新疆等省、市、自治区培养紧缺人才本科生 168 人、专科生 55 人。

1979 年 9 月，学校教育系和教育研究室承办了全国教育学研究会暨甘肃省教育学会第一届年会。这是"文化大革命"以来第一次对思想政治教育、学制改革、教育体制、教学论、师范教育、民族教育等方面的理论和实践问题进行科学而严肃的探讨。

1979 年 11 月 17 日，学校举行了以学术讨论为主的西北师范学院独立设置（西迁兰州）40 周年庆祝活动，促进教学科研工作的进一步开展。

二、建立新的系科

党的十二大发出的"全面开创社会主义现代化建设的新局面，建设有中国特色的社会主义"的号召，以及世界范围内新技术革命浪潮、西方发达国家教育改革的迅猛发展，都对高等教育提出了新的更高的要求。1983 年，邓小平为景山学校题词：教育要面向现代化、面向世界、面向未来。"三个面向"成为新时期我国教育改革和发展的战略指导方针。学校适应形势发展，突破原师范院校专业设置的局限，开始增设社会急需的非师范专业。

增设经济系。20 世纪 80 年代初期，随着国民经济的恢复和发展，甘肃省经济管理干部在数量上和质量上都不能适应经济发展的需要。根据当时的财力、师资、设备条件，省内在短期内尚难以建立一所独立的经济学院，而西北师院在师资力量、教学设备、校园面积等方面都有一定潜力。于是甘肃省计划委员会与学校协商，并申报甘肃省人民政府，拟在西北师院增设经济系。① 1982 年 7 月，甘肃省政府行文上报国家计委和教育部。1983 年 4 月 22 日，甘政发（1983）131 号文批复，在西北师院正式增设经济系。批文指出：利用西北师院现有条件增设经济系，是"为了适应我省经济建设和中等教育结构改革的需要，大力培养经济管理方面的教师和干部"。1983 年 4 月，经济系成立。经济系的规模为在校学生 800 名；学制视需要设四年、三年、二年三种；学科设工业企业管理、价格学、计划统计三个专业。基建总投资为 400 万元。1984 年 9 月，经济系正式招收录取 100 名新生入校。

建立电子计算机中心。学校从 1958 年就装配了手摇计算机，在数学系设有计算数学教研室，开设"计算方法"课。20 世纪 70 年代初开发过台式计算机，开设"计算数学"课。1976 年由中科院无偿调拨一台国产第一代 103 型电子计算机，1978 年购买了一台国产 DJS—6 计算

◎1983 年，学校成立电子计算机中心，培训微型电子计算机教师。

机，并专为该机修建了一幢楼房。1979 年，在数学系成立了"计算机教研室"，在数、理、化三系开设"计算机应用"和"算法语言课"。1983 年，成立了"电子计算机中心"，同时购进数十台微型计算机。自此，电子计算机中心除了承担全校计算机课程教学外，还举办各种培训班，先后为社会培养了 200 多名微型机专门人才和中学微型机教师。1984 年秋，开办电算专修科，招生 45 名。1985 年 5 月，经教育部批准，正式成立计算机科学系，设计算机专业，学制四年。计算机系成立后，通过世界银行贷款，增添了一大批比较精密的电子计算设备。

---

① 见甘肃省计委：《关于在西北师范学院设立经济系的报告》（甘计［1982］169 号）。

◎1979 年 6 月全国电化教育讨论班开班合影

开办电化教育。1978 年 4 月，邓小平同志在全国教育工作会议上提出："要制订加速发展电视、广播等现代化教育手段的措施，这是多快好省发展教育事业的重要途径，必须引起充分重视。"此后，电化教育工作在全国陆续开展。学校先在教务处设立电教组，随即又

升格为电化教育馆，学校电化教育工作迅速开展起来。1979 年 4 月，电教馆举办"电化教育培训班"，为校内外培训电化教育工作人员。5 月，以南国农、萧树滋为骨干的电教馆受国家教育部委托，举办了"电化教育讨论班"，在校培训，从北京结业，为全国 36 所高等师范院校培训电化教育课师资。1981 年上半年，电教馆改设为电化教育中心。同年 7 月，电教中心以甘肃省师范院校、重点中小学和地区文教局电教人员为对象，举办了"甘肃省第一期电教人员培训班"。1982 年 9 月，电教中心再次

受教育部和中央电教馆委托，举办了为期半年的"全国高等师范院校电化教育课教师进修班"。1983 年 7 月，举办了"甘肃中等师范学院电化教育基础课教师培训班"。1983 年，学校与省电教馆联合举办了大型电化教育展览，展现了甘肃电化教育的现状和中国电化教育发展的史实以及世界电化教育的动态。甘肃省省委书记李子奇、

◎萧树滋教授为培训班学员上幻灯课

省长陈光毅为展览会剪了彩，中央电教馆馆长郭厚登，北京、上海、山东、湖南、四川等 20 多个省、市的电教馆负责人和代表都相继来兰州参观指导。

1984 年秋，电教中心开办电化教育专修科，学制二年，当年招收学生 45 人。1985 年 5 月，经国家教育部审批同意，正式成立电化教育系，增设电化教育专业，学制四年。

三、开展研究生教育和学位授予工作

1980 年 11 月，国务院学位委员会办公室转发了《中华人民共和国学位条例（草案）》和教育部部长蒋南翔在五届人大第十三次会议上关于《中华人民共和国学位条例（草案）》的说明。根据这些文件精神，学校开始了学位授予的筹备工作。1981 年 11 月，在国务院批准下达的首批 145 个博士学位授予单位和 351 个硕士学位授予单位及学科专业中，学校获得教学论专业博士学位授予权和教学论、中国古代文学、汉语史、中国古代史、植物学等 5 个专业硕士学位授予权。1982 年 1 月，国务院学位委员会和教育部审定下达的首批授予学士学位的 458 所高等学校中，西北师院是其中之一。从 1980 年起，学校开始招收硕士研究生，1981 年招硕士生 13 人。1984 年，第一个教学论博士研究生杨爱程入校。

1982 年 2 月，院级学位委员会和 14 个系级分委员会先后成立。学院学位评定委员会成员名单如下（参见西师发 ［1982］ 17 号文）。

> 主　席：李秉德
>
> 副主席：宋福僧　彭　铎　金宝祥
>
> 委　员：李秉德　宋福僧　张昌言　宋良智　吴文翰　彭　铎
>
> 　　　　俞　杰　金宝祥　刘熊祥　郭晋稀　吕　方　南国农
>
> 　　　　杨树声　陈兴华　金显珊　郑宪祖　李占荣　郑载兴
>
> 　　　　李家坤　王庆瑞　刘钟瑜

1984 年 3 月，两级委员会又作了调整补充。调整后的院学位委员会由白光弼教授任主任委员，李秉德、金宝祥教授为副主任委员。学位委员会成立后，结合学校具体情况，制定了《授予学位工作细则》。1982—1988 年，学校共毕业研究生 184 人，其中 108 人被授予硕士学位；毕业本科生 7894 人，其中 7860 余人被授予学士学位。

学位是反映高等教育各个阶段所达到的不同学术水平的称号，它是评价学术水平的一种尺度，也是衡量高等教育质量的一个标志。学位制度的建立使广大师生备受鼓舞。到 1988 年，学校除教学论有博士学位授予权外，教育科学研究法、教学论、外国教育史、教育心理学、中国古代文学、汉语史、中国古代史、分析化学、植物学、人文地理和自然地理等 11 个专业（31 个研究方向）拥有硕士学位授予权。

四、成人教育的恢复与发展

随着普通高等教育各项制度的恢复和各项工作的全面开展，学校的业余高等教育也先后恢复。1980 年 9 月，国务院批转下发了教育部《关于大力发展高等学校函授教育和夜大学的意见》。1981 年，学校积极筹备函授部的恢复工作，1982 年 7 月，停办 16 年之久的函授教育开始招生。

函授实行五年制本科、三年制本科（大专起点）、三年制专科三种学制。1982 年恢复招生以后至 1984 年，在中文、数学、物理、化学等 4 个专业共招本、专科函授生 1083 人。1984 年开始，函授招生纳入甘肃省成人高等教育统一招生计划，到 1987 年，中文、政治、历史、教育、数学、物理、化学等 7 个专业的在校函授生达 1950 人。

从 1987 年起，函授部与天水师专在中文、数学、物理、化学 4 个专业联合招收三年制大专生，1988 年起，函授部从参加全日制高等学校招生考试的应届高中毕业生中开始招收函授普通大专生，同时，与中国石化职工教育研究会西北分会联合举办职工教育管理干部专修班、财会专修班。专修班为大专层次，面向甘肃、新疆、青海、宁夏四省区招生。

函授教学按教育部制定的《中学在职教师进修理工高等师范专科、

本科各专业的教学计划》进行，采取自学为主、分散面授、信函辅导答疑、假期集中面授等多种形式教学，努力健全管理制度，稳定了教学秩序。1982 年，函授部颁发实施了《西北师范学院函授生学籍管理暂行规定》。

1984 年，函授部主编的内部刊物《函授通讯》创刊。

为了调查函授教育的质量是否合格，1986 年，函授部对 1986 年前毕业的 40 名函授大专毕业生进行了追踪调查，结果是：14 人担任高中老师，25 人担任初中老师，担任校长、教导主任的 5 人。其中被所在学校定为骨干教师的 19 人，被评为县、市、校优秀教师的 14 人，5 人被评为 1985 年兰州市优秀教师，白银市教育系统评选的"四大能人"中有 3 位是师院毕业的函授生。

学校夜大学自 1958 年成立到 1966 年，在校学生数发展到 1000 余人。"文化大革命"期间停办。学校在 1982 年招收函授生后，夜大教育也于 1983 年恢复招生，当年在中文专业招收 50 人。1984 年以后，又先后开设了数学、图书情报、电子技术、计算机应用、工业企业管理、政治理论、美术等专业。

夜大学招生对象为兰州市从业人员。学制为五年制本科和三年制专科两种。专业课程主要根据社会对紧缺专门人才的需要，结合本校实际情况来开设。1984 年开设图书情报专修科，1985 年开设电子技术专修科以及计算机应用、工业企业管理等专修科。夜大学的教学计划和教学大纲主要是根据成人教育的特点和各专业的培养目标来制订的。学校规定五年制本科开设 15 门左右课程，总授课时数为 1800—2500 学时，外加实验和毕业论文，共计 2000—3000 学时，这样，就保证了教学进度的统一性和教学内容的一致性，使学生达到了培养目标和要求。

为了保证正常的教学秩序，培养合格的专业人才，夜大学很重视学生的管理工作。1983 年 11 月，学校颁发了《夜大学学生守则》；1984 年以后，相继制定了《西北师范学院夜大学学生学籍管理暂行规定》《夜大学考场规则》《夜大学实验实习规则》《夜大学教室规则》《夜大学学生证、校徽暂行管理办法》《夜大学学生考勤暂行规定》等管理制度。由于制度健全，有章可循，夜大学秩序逐步稳定，学风日臻良好。据 1987 年调查统计，文科及格率达 99%，理科及格率达 97%，学生出勤率经常稳定在 95%，违反校纪校规率不足 1%。

第三节
成立机构　民族教育迅速发展

一、积极推进民族教育事业

西北是一个多民族地区，少数民族绝大部分居住在边远地区、广袤牧区和高寒山区，文化教育相对落后。从 20 世纪 70 年代起，学校很重视少数民族地区教育。1974—1975 年，学校利用寒暑假选派教师分别到甘肃临夏回族自治州和甘南藏族自治州举办教学短训班，培训中学教师 400 多人次；派出 15 名教师在上述两自治州举办巡回辅导班，辅导以中学教师为主的各类人员 620 余人次。1982 年和 1983 年，在甘南临潭县、临夏和政县分别举办了中文、外语、数学、物理、化学等多个专业的中学教师学习班。1981—1984 年，学校每年采取各种形式为青海、宁夏、新疆和甘肃省的甘南、临夏等地培养培训教师和干部。1981 年，学校在各专业为甘南藏族自治州代培本科生 40 人；1981—1984 年，通过高考，为青海师院代培本科生 17 人，为宁夏代培 45 人，为新疆代培 15 人。1982—1986 年，各专业接收民族地区进修教师 153 人，其中大学教师 23 人。此外，开办电化教育、高级英语、人体遗传与变异等专业培训班，为甘肃省民族地区培训大、中学教师 60 人，代培研究生 5 人。1983 年，数学、英语两专业为甘南藏族自治州增设 2 年制专修科，招收学员 50 人。1984 年，学校为甘肃省代培民族插班生 45 人；1986 年，为新疆代培本科生 31 人。根据国家教委"少数民族人口较多的省的一般高等院校，要积极办民族班"、"一般的师范院校应设民族师范班"的精神，学校从 1982 年开始，通过高考，在有关专业招收了少数民族班。其中，1982 年在中文专业招收民族班学生 40 人，1985 年在英语专业招收 20 人；1986 年在政治专业招收 34 人，1987 年在政治、地理专业各招收 20 人。

为了促进民族教育的发展，学校于 1982 年与新疆师大、伊犁师院、新疆教育学院、昌吉师专等院校建立了校际协作关系，互派教师进修或讲学。此外，还选派教师到边远民族地区如肃北蒙古自治县支援教学。1988 年，学校根据国家教委《内地四校对口支援西藏大学协商会议纪要》的精神，从音乐、外语、化学三个专业选派 6 名教师到西藏大学任教。

在民族教育中，学校十分重视民族教育方面的调查研究工作，从实践中总结经验，从理论上研讨民族教育的规律。民族教育研究所的胡德海教授等人深入民族地区实地考察研究，编写了《甘肃少数民族教育大事记》等著述和《关于民族地区普及九年制义务教育的几个问题》《少数民族教育问题初探》《略论民族高等教育的发展》等论文；教科所的同志深入甘肃东乡、保安等少数民族最集中的地区调查研究，撰写了《论跨文化心理学研究与民族教育理论》等文。这些论著从不同角度探索了民族教育的理论和规律，为民族教育研究打下了一定的基础。

同时，学校还重视民族文化的开发整理，如音乐系部分教师深入青海、宁夏、甘肃等地的少数民族地区搜集整理民歌，编著有"新花儿选"《手搭凉棚望北京》，并撰写了数篇民族音乐专论，受到学术界关注。

二、西北少数民族师资培训中心

加速和普及西北地区少数民族教育，尽快培养少数民族建设人才，对西北少数民族地区的经济发展、社会稳定、民族团结具有重大意义。培养人才要靠教育，尤其要把师范教育摆到重要地位。1985 年 3 月，国家教育部根据 1983 年 5 月 6 日《中共中央、国务院关于加强和改革农村学校教育

◎教育部关于筹建"西北少数民族师资培训中心"的通知文件

若干问题的通知》中关于"财政部要拨出一笔专款，为少数民族和边境地区建设一两所师资培训中心"的精神，并商得国家计委同意，决定在西北师范学院建立教育部"西北少数民族师资培训中心"，并于1985年3月7日发出了《关于筹建西北少数民族师资培训中心的通知》。1985年6月，教育部在兰州召开了"西北少数民族师资培训中心工作会议"，新疆、宁夏、青海、甘肃、陕西等省区的教育部门和国家民委、甘肃省民委及西北师范学院的有关负责人参加了会议。会议研究确定的事项以《教育部西北少数民族师资培训中心工作会议纪要》（以下简称《纪要》）的形式于1985年9月下发到西北五省区高教厅（局）及西北师范学院。

《纪要》指出，西北少数民族师资培训中心主要是为新疆、青海、宁夏、甘肃、陕西等五省区培养具有较高水平的普通高中、中等师范学校和大专院校部分学科的少数民族基础课教师，适当兼顾培养上述五省区教育比较落后的汉族地区紧缺专业的中学和中等职业技术学校的师资。使培养的学生具有社会主义觉悟，懂得党的民族政策，掌握较坚实的基础理论，具备较强的实践能力，热爱人民教师职业，具有愿为少数民族教育事业献身的崇高理想。办学分为预科、专科、本科、进修班、研究生等五个层次，发展规模定为2500人，实

◎1986年西北少数民族师资培训中心开学典礼

行定向招生，定向分配。新疆、甘肃学生各占25%；宁夏、青海学生各占20%；陕西学生占10%。具体人数由国家教委掌握，并根据各省的实际情况，逐年平衡下达。招生人数中，本科生和研究生占70%，专科生和进修生占30%。在专业上，文科和体育专业占60%，理科占40%。学生在校期间，除在职进修学员外，其余均享受跟民族学院学生同等的待遇。学生毕业后，回原省区工作。培训中心与西北师范学院实行"两块牌子，一套班子"的管理体制。培训中心的方针、任务、事业发展规划（包括招生和分配）、专业设置、人员编制、事业经费和基建投资等由国家教委负责制订和下达；行政管理、教学、人事和思想政治工作，由甘肃省和西北师范学院负责进行。西北五省区在支援师资和民族管理干部方面要给予必要而积极的支持。

从1985年起，西北少数民族师资培训中心在数学、英语两专业招收陕、甘、宁、青、新首届新生80人，到1988年9月，培训中心在中文、英语、化学、数学、政治、学前教育、地理、音乐、物理等专业招收了回、藏、满、土、壮、蒙、东乡、撒拉、锡伯、朝鲜、裕固、土家、维吾尔、哈萨克、达斡尔、俄罗斯、柯尔克孜、苗、瑶等19个民族的435名学生。

"培训中心"成立后，学校设立了"西北少数民族师资培训中心办公室"，配备了专职干部负责日常工作和组织协调工作；成立了预科部，负责开设有关语言基础课程；在各系和各主要职能部门指定了专门负责少数民族学生工作的处长、系主任、党团总支书记及其他干部；在院学生会增设了民族工作部，理顺了工作渠道。

◎1989年6月，西北少数民族师资培训中心首届少数民族毕业生毕业。

1985—1988 年几年中，预科部组织力量为新生积极开设现代汉语、文选写作、藏语、维吾尔语等课程；教务部门在认真调查研究的基础上，调整和制订了教学计划，组建了班主任队伍，按要求完成了招生工作和教学工作；人事部门积极从中央民族学院和西北民族学院等兄弟院校联系调配人员，组建和充实了师资队伍和管理干部队伍；总务后勤部门为民族学生粉刷宿舍、维修食堂、购置炊具等，为办学提供了良好的条件。

在教学实践中，学校针对民族学生大多来自边远地区，同级、同专业学生的实际水平和接受能力差距较大的情况，英语专业在保证同一培养规格的前提下，采取了分快慢班组织教学的办法，选派功底扎实、有丰富教学经验、工作认真负责的教师担任专业课的教学工作。同时，各系还通过座谈交流，帮助少数民族学生明确学习目的、端正学习态度、掌握学习方法，要求广大教师教书育人，全面关心少数民族学生的成长。

学校多方面关心民族学生的成长。在民族学生组成的民族班中，生活习惯、习俗、信仰各不相同，学校定期举行民族团结教育周活动，教育各民族的学生要相互尊重各民族的习俗、信仰，要平等相待，互学互帮，团结友爱，在民族问题上不能妄自菲薄，也不能妄自尊大。学校通过"法律咨询"、"法律信箱"和印发《法律常识手册》等法制教育活动，增强民族学生的法制观念和法律意识；通过先进事迹报告会，以激发他们的爱国热情，树立其热爱教师职业，愿为民族教育事业献身的崇高理想；通过反对资产阶级自由化及政治形势的教育活动，增强他们坚持四项基本原则的自觉性。在 1987 年、1988 年拉萨发生骚乱事件后，"培训中心"的学生思想稳定，认识明确，安定团结。

学校开展多种形式的文娱体育活动，举行新年联欢会、假期社会实践专家咨询、"体育之春"、"艺术月"等活动，既丰富了少数民族学生的业余生活，又陶冶了他们的情操，增进了友谊。每逢民族节日（如尔德节、古尔邦节等），学校都组织庆祝活动，校领导经常与民族生进行民主对话，任课教师、班主任和政工干部也经常深入宿舍、课堂，督促和检查学生的学习、生活情况，听取各种意见和建议，及时研究解决民族学生学习生活中的问题。

1988 年 3 月 24—26 日，国家教委在西北师范学院召开了"西北少数民族师资培训中心第二次工作会议"，国家教委、国家民委的有关负责人和西北五省区教委（教育厅）、民委及西北师范学院、西北少数民族师资培训中心的负责同志出席了会议。西北师范学院院长白光弼同志以《深化教育改革，办好培训中心，为发展西北民族教育做出新贡献》为题，作了培训中心三年来的工作总结报告。会议总结了培训中心三年来的工作，研究了在改革开放的新形势下，如何深化和加快教育改革，适应西北民族教育发展的需要，进一步办好培训中心的问题。

1988 年 6 月 7 日，国家教委将《西北少数民族师资培训中心第二次工作会议纪要》（以下简称《纪要》）印发至西北五省区教委（教育局、教育厅）、西北师范学院、西北少数民族师资培训中心参照执行。《纪要》认为：培训中心在各项工作中，坚持教育为社会主义建设服务的方向，认真贯彻德、智、体、美全面发展的教育方针，对民族学生实行"政治上关心、生活上照顾、学习上坚持标准、纪律上严格要求"的管理原则，体现了民族教育的特点，是探索民族教育管理科学化的有益尝试。在肯定培训中心的办学形式时，《纪要》认为，"西北少数民族师资培训中心和西北师范学院实行'两块牌子，一套班子'的管理体制，精简了办学机构，节省了办学的人力，财务和物力，有效地挖掘和利用了老校的潜力，在短期内成功地承担起了普通高师教育和民族高师教育的双重任务，这是国家教委在教育体制改革中，采取依托老校办民族教育的一项成功经验和主要成果"。

1987 年，受国家教育委员会委托，学校承担了编写西藏中小学教材、对口支援西藏大学、为西藏培训 200 名师资的任务。经过一年的筹备，于 1988 年 4 月正式成立了民族教育研究所。该所以藏族教育为主要研究方向，立足甘肃，面向全国，以甘南藏族自治州为主要研究基地，兼顾其他民族地区的教育研究工作，并具体承担国家教委下达的"智力援藏"任务。

为表彰学校为发展西北尤其是甘肃少数民族教育事业作出的贡献，1988 年 4 月，国务院授予西北师范学院"全国民族团结进步先进集体"的光荣称号。同年 11 月，甘肃省人民政府授予西北师范大学"甘肃省民族团结进步先进集体"称号。

第四节
注重质量　稳步推进教学工作

拨乱反正后，在教育事业的恢复和发展过程中，教学改革和保证质量的问题也提上了日程。1980 年 6 月，教育部召开了全国师范教育工作会议，要求广大教师一要努力学习和掌握比较渊博的知识；二要认真研究和掌握教育科学，懂得教育规律；三要有高尚的道德品质和崇高的精神境界，能为人师表。1984 年 6 月的全国高等学校思想政治工作会议指出：师范教育是整个教育的基础，师范教育办得好坏是能否提高我国教育质量和人才水平的关键。这两个会议精神传达之后，学校领导和广大教师更加明确了师范教育所承担的重要使命，进一步端正了办学指导思想。针对"文化大革命"十年对教学工作的破坏，学校教职工普遍感到亟须维护、恢复老师大严谨求实的校风，恢复注重教学质量、求是敬业的办学特色和传统。

学校开展教学秩序的恢复和整顿工作，集中开展了教学秩序整顿月活动，强调要"始终把不断提高教学质量摆在第一位。要大力加强基础课，鼓励有经验的教师首先上好基础课，使学生在基本的理论、知识、技能方面打好坚实基础，练好基本功；逐步实行学分制，与此同时增设选修课，力求扩大学生的知识面，并适应不同学生的特点与要求；必须在教学方法上有所突破——力求在传授知识、理论的同时，培养独立的工作能力，发展智力，养成浓厚的学习兴趣与良好的学习习惯；要重视并加强各系的教学教法课；要严格考试与评分制度，改进考试方法；要开展各种形式的课外学术活动"①。

《中共中央关于教育体制改革的决定》（1985 年 5 月）和《国家教委关于加强和发展师范教育的意见》（1986 年 3 月）发布后，学校根据新时期对高等教育特别是师范教育的要求，认真总结经验，紧抓本科教育工作，不断改革教材内容，改进教学方法，完善教学制度，提高教学质量，进行了一系列恢复、加强和改进教学的工作。1985 年突出以培养能力为主，把教学重点从知识的传授转向能力的培养，要求把修订教学计划、更新教学内容、改革教学方法作为教学改革的重点；1986 年突出教风、学风、校风建设，以加强教学管理、学生管理，进一步稳定教学秩序为重点；1987年，抓"三基教学"，搞好教学质量评估。学校制定下发了《关于加强本科教学工作，提高本科教学质量的意见》，要求学校每学年召开一两次教学工作会议，总结、交流和研讨本科生的教学工作。为加强学生的基本理论、基本知识、基本技能的训练，要安排并鼓励教授、副教授及有经验的教师到教学第一线上好基础课、主干课；要重视青年教师的培养工作，青年教师应以教学工作为主，其首要任务是通过教学关。本科毕业的青年助教，至少要承担两遍以上的辅导课（硕士研究生毕业后，至少要辅导过一遍），并要写出 2/3 的讲稿，经过试讲合格，方能独立开课。要设立"教学优秀奖"；加强教育科学研究；加强实践性教学环节，培养学生独立工作的能力；同时使教学及其管理得到进一步改进，并渐趋合理完善。②

一、修订教学计划

随着教学工作的迅速恢复，1978 年春，学校及时组织了对"文化大革"前使用的教学计划的修订完善工作，学校提出"重视必修课，加强基础课，突出主干课，适开选修课"的原则，强调基础理论、基本知识和基

---

① 见《在党的十二大精神指引下，努力开创我院教学科研工作的新局面——李秉德同志在全院处级以上干部大会上的讲话》（西师发［1982］153 号）。
② 见《关于加强本科教学工作提高本科生教学质量的意见》（西师发［1987］237 号）。

本技能的训练。各系按照教育方针和培养目标的要求，结合师范专业的实际，制定出各专业的四年制教学计划和教学大纲，课程设置除必修课外，增加了部分反映科学研究前沿的选修课，调整了公共课教学计划，加强了基础课教学和教育课程、教育实习，恢复、制定了教学管理工作的规章制度和考试考查制度，从制度上和程序上有效地保证了教学工作的健康运行。

1985 年《中共中央关于教育体制改革的决定》将制订教学计划和教学大纲、编写和选用教材的权限下放给学校。学校根据时代发展和知识更新的需要，组织各系各专业根据本校、本系的特点和改革的需要，对教学计划进行了较大幅度的调整、修订。一部分教学计划增加了较多内容，如电化教育系增开了教育技术概论、电教物理、电教器材维修、电教导论等专业课，将原选修课计算机语言和程序编制改为必修课；还有一部分是对原有的教学计划的调整，如地理系为了突出师范性和地理学科的特点，将65% 的专业必修课缩短了学时，使总学时由原计划的 1559 个减为 1370 个；同时，增开选修课，如历史系增设选修课并将选修课集中到三、四年级开设；体育系增设了第二课堂，准许选修其他系科的课程。

1987 年，学校对公共课的教学计划作了调整修订，特别强调通识课程的普遍开设，并分文理科予以区别。马列主义教研室将原开设的党史、政治经济学、科学社会主义、哲学等课程，逐步改设为中国革命史、马克思主义原理、中国社会主义建设问题，增开了选修课自然科学知识和技术革命。公共体育课向各系一、二、三年级开设，本科开设六学期，专科开设两学期。公共外语课在一、二年级为必修课，每周 4 学时，三年级为选修课。大学语文课（含普通话课）在各系一年级按每周 2 学时开设一年，教育学、心理学在各系三年级开设一年。现代汉语（包括普通话教学）和阅读与写作由预科部在民族班一年级开设。计算机语言在各系三、四年级开设，为选修课。高等数学、普通物理课在理科各系一、二年级开设，为必修课。在合理安排专业课和公共课的同时，学校把生产劳动课亦作为教学计划的组成部分，作了一定的安排。

为了拓宽学生的知识面，促进学生上好选修课，学校于 1986 年下发了《西北师范学院学生选修课暂行规定》（以下简称《规定》），要求各专业根据该《规定》要求，在开设好必修课的前提下开设选修课。选修课分必选和任选两种，"必选课"以少而精为原则，并与专业课紧密配合；"任选课"除开设与本专业相关的课程外，还适当开设跨学科课程，特别是文理交叉课程。1983 年，全校各专业开设选修课 40 门，到 1988 年年底，已增至 140 门。在选修课的开设中，也出现了一些因人设课的现象，随意性较大，课程较散、滥。

二、更新教学内容

教材是教学内容的载体。学校在"文化大革命"以后相当长一段时期运用统编教材，但由于有些统编教材比较陈旧，不适应知识进步、科技发展、社会变革的需要，部分系便自己组织人力编写教材，加上教学研究的需要，学校也新编和重新选定了一些教材。当时为了鼓励教师编写教材，学校规定：对优秀教材要"给以必要的奖励"，"凡经过教学使用，证明确实有较高质量的，应视为科研或教学成果。经有关专家评审，认为确属优秀教材者，作为评审任职资格和聘任职务的依据"。1987 年年初，学校重新制定了《西北师范学院教学各环节基本要求（试行稿)》，强调各专业所开课程"都必须精心选用或编写高质量的教材"。到 1988 年年初，学校教师共编写委属教材 4 套，自编、合编教材 38 套。其中《教育科学研究方法》被国家教委列为高等文科教材之一；《电化教育》、《数学分析》被评为甘肃省优秀教材；合编教材《物质结构》1983 年由高等教育出版社出版，连续再版 6 次，被全国各类高等院校使用，1987 年获国家教委优秀教材奖。音乐系自己编写了《中国音乐史》《外国音乐史》等 9 门教材，并向全国交流。政治系和兄弟院校合编了《政治经济学》《中国革命史》《法学概论》《社会主义建设历史问题》等 13 门教材。自编教材不仅充实了教材内容，而且更新了教材观点，促进了教材建设。应当指出的是，自编教材同时也产生了一些负面影响，部分教师在教材编写中不够认真，不考虑全局，开滥编之风。

三、加强实践教学，重视教育实习

在高等教育中，生产实习和社会实践作为必须进行的教学过程和环节被列入教学计划。"文化大革命"后学校逐渐恢复了正常的生产实习和社会实践等环节，引导学生在实践中提高从事教育教学工作的能力。

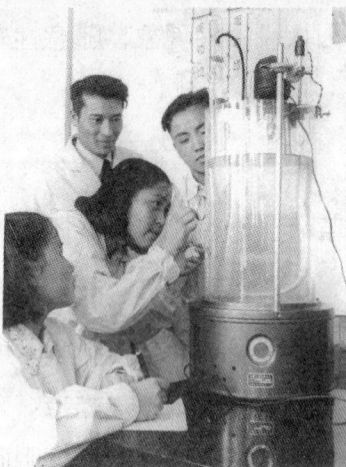

◎化学系学生上实验课

从 20 世纪 80 年代开始，学校逐步增设培养技术技能的实践性课程。理科各系普遍加强了实验课教学，一些系将专业基础课中的实验部分单独设置课程，系统培养学生理论联系实际的能力和技术技能。如化学系增设了"仪器分析"等 7 门实验课，物理系增设了"近代物理实验"等 3 门实验课。实验课教学的模式也由过去主要是教师"抱着走"的教学方式向充分调动学生积极性，教师先讲明原理和原则，学生自己提出实验步骤和操作方法、自己动手的方式转变。同时，增加了开放性实验、自选实验、综合性实验，使学生受到实验课教学方法和实验技术的良好训练。

在理科加强实验教学的同时，文科各系也增设了体现专业特点的实践性课程，如应用写作、工具书、文献检索、教育统计、教育评估等，同时普遍加强了结合教学内容的社会调查、教学见习和社会服务活动。如政治系结合政治经济学的讲授，坚持组织学生到工厂、农村调查改革

◎历史系学生上考古实践课

开放以来经济政策的实践效应；经济系结合经济理论的学习组织学生到省市有关经济管理部门调查；教育系学前教育专业经常组织学生到幼儿园增加感性知识，在"六一"期间组织了幼儿教育、幼儿心理咨询；教育行政管理课也常安排学生到中学和教育行政部门参与管理与学校运行过程；生物系组织了"种草种树"有关知识咨询；政治系组织了法律知识咨询和"模拟法庭"等，都获得了社会的好评。团委和学生会还利用暑假时间组织"大学生暑期智力开发服务队"，到少数民族和贫困地区的六县一市进行智力服务，让学生了解社会，增强了他们的社会责任感。

教育实习是师院教学计划的重要组成部分，是理论与实践相结合、全面检验教育质量、培养合格的中等学校师资的必要步骤和措施。"文化大革命"以后学校对教育实习作了许多规范、探索和尝试。

1981年3月，学校第21届教育实习是恢复高考制度以来的第1届教育实习。学校重新修订印制了《教育实习手册》，编印了《教育实习参考资料》，为教育实习作了思想、理论上的充分准备。1982—1987年，随着教育改革的发展和教育实习工作经验

◎实习生进行家访

的总结，学校先后制定了《教育实习暂行工作条例》等一系列关于教育实习的规定性文件，对教育实习的目的、任务、内容、方法、组织领导、指导方式、指导教师的职责、实习学生的要求、实习考核标准、实习经费等具体问题都作了较为详细的规定，同时对实习生教学的目的任务、教材内容、教学方法以及备课、试教、班主任工作都提出了具体要求和措施，使教育实习工作有章可循、有据可依，得以顺利进行。1986年以后，学校逐步采取回母校实习、回生源地实习、委托实习、固定基地实习、到职业技术中学实习等办法，使教育实习工作得到进一步加强和改进。从恢复高考

制度到 1988 年，8 届 7800 多名学生参加了教育实习。

教育实习的顺利开展，使学生从教能力得到了锻炼、巩固和提高。同时也将一些新的思想、新的方法、新的活动带到了基础教育第一线。实习学生和实习学校的师生建立了深厚的感情，许多实习生在实习结束以后都哭着告别实习学校。学校据此因势利导，开展了各种各样的实习总结汇报活动，一方面坚定了毕业生从教的决心，另一方面也给低年级同学进行了一次从教思想教育，通过他们的传播、感染，使大批优秀的学生走上了基层教学第一线。

◎实习生课后辅导学生

四、加强制度建设，强化教学管理与评估

为了保证教学秩序的稳定和教学工作的顺利进行，学校在多年实践的基础上，先后制定了几十种教学行政管理规章制度。如根据教育部制定的《全日制普通高等学校学生学籍管理办法》和学校实际情况，1987年 10 月制定了《西北师范学院、西北少数民族师资培训中心学生学籍管理细则》，对学生的"入学与注册"、"成绩考核与记载办法"、"升级与留（降）级"、"转专业与转学"、"休学、复学与退学"、"考勤与纪律"、"奖励与处分"、"毕业鉴定与毕业"等事项都作了详尽规定。1988年 6 月制定的《硕士学位研究生培养方案》，对研究生的培养目标、学制及时间安排、课程设置、学分分配、培养方式等事项都作了规定性说明。学校基于教学管理对保证本科教学质量的重要作用，在本科教学中更加强调制度建设。

学校要求正、副教授必须参与基础课教学；取消不论优劣的轮换上课制度，设立基础课教学津贴，对基础课教师予以适当奖励。学校还要求各系主干课"必须由学术水平高、教学效果好的有高、中级职称的教师担任主讲"，其中教授、副教授必须占60%以上，"助教不能担任主干课的讲授任务"。

1987年，学校恢复、整顿和改革了教研室工作，印发了《西北师范学院教学过程各环节基本要求（试行稿)》，提出各项具体要求。各系主任应负责组织编写审定各门课程的教学大纲，并负责检查实施情况，教学日历由主讲教师编制，经教研室主任或课程组长批准后执行。检查内容包括每节课的讲授内容、课堂讲授时间、课堂讨论时间、学生自学时间、实验安排等。任课教师在保证完成教学大纲要求的前提下，努力改革和更新教材内容，可以讲授自己的学术见解，以至修改，编出具有不同特色的教材。教学环节的组织管理应包括备课、课堂讲授、实验课教学、习题课、课堂讨论、课外作业、自学辅导、课外答疑等。应聘请教学经验丰富，教学效果好的教师担任主讲任务。原则上，讲师和讲师以上职称的教师，方可承担主讲任务。教授、副教授应担任主讲，特别是担任本系和外系基础课的主讲教师；助教和新承担教学工作的教师，应先负责一门课的辅导、实验、实习、批改作业等教学环节。这部分人若要开课，必须完成教学环节两遍，通过实践证明自己已具备讲课能力。开课前，应写出教案、讲稿，交教研室主任审查，还须在教研室或学科组试教，最后由系主任批准，方能开课。辅导教师应随班听课，并承担上习题课、批改作业、答疑，指导实验和课程设计等任务。

在教学管理规范化的同时，学校还努力研制并采用了一些现代化管理手段。1988年研制成功K3108课表编排系统，使工作效率提高近20倍，经鉴定达到国内外同类项目的先进水平。1988年12月，学校举行了"教学管理经验交流会"，肯定了这几年在教学管理方面取得的成绩，并指出制度化和科学化的管理手段是取得成绩的主要因素之一。

学校还根据自身的历史、办学条件，进行了学年制为主、试行学分制的尝试。1985年在全院各系调研论证的基础上，召开了全院"试行学分制研讨会"，确定历史系、地理系从86级新生开始试行。

为保证和促进教学质量的提高，使教学管理进一步科学化、规范化。1986 年后半年起，学校以教学态度、教学内容、教学方法、教学效果为考核内容，开始有组织、有计划地开展课程质量检查评估工作。到 1988 年年底，全校共开展评估活动 5 次，对 146 位教师讲授的 86 门课程进行了质量评估。参加评估活动并填写评估表格的学生达 7084 人次，同行教师 490 人次，管理干部 324 人次。根据授课教师的得分统计数表明：优（90 分以上）占 10.7%；良（80—89 分）占 57.1%；中（70—79 分）占 25.1%；及格（60—69 分）占 7.1%。其中良好和中等占 82.2%，优等和及格占 17.8%。评估促进了教师之间的相互了解，增强了教师的责任感，调动了教师和学生教与学的积极性。

在进行评估的同时，1985 年 4 月，院党委、院行政作出了《关于表彰优秀教师的决定》，对优秀教师进行了表彰。1986 年 9 月，国家教委和中国教育工会授予历史学家金宝祥教授"全国教育系统劳动模范"的光荣称号，并颁发了荣誉证书和人民教师奖章。为了使教学评奖活动制度化，从 1988 年起，学校设立了"教学优秀奖"，两年评奖一次。1988 年 9 月 10 日，学校召开了"西北师范大学首届'教学优秀奖'获奖者表彰大会"，表彰了 52 位优秀教师，并将获"优秀教师奖"教师的教学经验材料选编成册，在全校推广。

此间，学校还先后承办了"全国教育学研究会首届年会"（1979 年）、"全国电化教育培训班"（1979 年）、"全国高师电教师资培训班"（1982 年）、"全国高校人体解剖学讲习班"（1986 年）、"全国高师体育专业教学计划研讨会"（1986 年）、"全国高师声乐教学研讨会"（1986 年）、"西北五省区高师实验室建设与管理研讨会"（1988 年）和三次"国际化学学术研讨会"（1984—1988 年）等大规模的教学、学术研讨会和学习班，促进了学校教学及其管理的改革和科研事业的发展。

第五节
积极引导 科学研究蓬勃发展

学校素有良好的科研传统，无论在北京，还是在城固、兰州，许多传统学科在全国都有相当的地位和影响。"文化大革命"中大批特批"反动学术权威"，科研基本处于停滞荒废状态。随着"文化大革命"的结束和全国科学大会的召开，学校要求"提高科研水平，明确科研方向。必须加强应用科学的研究，重视基础科学的研究，并从我校实际出发，提倡结合教学开展科学研究；各研究机构、各教研室在科学研究方面都要有稳定的主攻方向，并且要作出长期规划。要把学术梯队建立起来，短期计划纳入长远规划中，使本单位主要科研项目有一定的连续性；提倡集体研究，加强各单位间的协作，提倡科学道德；除开好每年定期的科学讨论会外，要大力开展经常性学术活动。鼓励学生参加并自己组织一些科研活动。特别强调教学和科研是我校全体教师都要搞好的工作，对具体人来说，可能在一定时期内以某一方面为主，可是都不要单打一，可在本单位试行教学与科研工作定期轮换制度"①。在各方的努力下，学校科研工作迅速恢复。

一、恢复和新建科研机构

1977—1982 年，学校在恢复和充实原有植物研究所和教育科学研究所的同时，还建立了古籍整理、敦煌学、化学三个系级研究所；成立了中学语文教学、中国古典文学、西北历史、汉简、中国社会主义经济问题、中共党史人物、电子技术、脊椎动物、中学数学、西北地理、激光

---

① 见《在党的十二大精神指引下，努力开创我院教学科研工作的新局面——李秉德同志在全院处级以上干部大会上的讲话》（西师发［1982］153 号）。

等 11 个系属研究室。各所、室利用现有条件，有计划地开展科研工作。根据高等学校科研人员以兼职为主的方针，大部分中青年教师在保证完成教学任务的前提下，进行科学研究，或边搞教学边搞科研，或在一定时期专搞科研，从而逐渐形成了一支较强大的科学研究队伍。在科研队伍中，有的具有稳定的科研方向和课题，有的形成了由学术带头人领导的老中青结合的科研梯队或科研集体，如教育科学研究所的"教学论"、历史系的"甘肃史"、植物研究所的"植物分类"、化学系的"三元络合物"等研究方向都先后形成了科研集体。

1978 年 4 月，学校成立了由 30 人组成的甘肃师范大学学术委员会，孔宪武教授任主任委员，宋福僧、丁传松任副主任委员。学术委员会下设社会科学和自然科学两组。1980 年 12 月，校学术委员会进行了改选。改选后的学术委员会由 34 人组成，孔宪武教授任顾问，李秉德校长任主任委员，彭铎、白光弼任副主任委员。为了便于工作，校学术委员会成员按学科分别编为文科组和理科组。根据不同学科，校学术委员会下设 13 个系学术委员会和 2 个研究所学术委员会。1984 年，院学术委员会由孔宪武、李秉德任顾问，白光弼任主任委员，宋福僧、黄大焱任副主任委员，下设 13 个学术分委会和 5 个学术小组。院（校）学术委员会的主要任务是：在院（校）长领导与主持下指导全院（校）的学术研究活动，审议重大研究成果，对教学科研及其他有关工作的重大问题提出建议。这一时期的学术委员会，实际上还承担着职务评审委员会的职能。

为了适应科学研究发展的需要，学校根据教育部 1978 年《关于办好高等学校哲学社会科学学报的意见》中的有关精神，于 1978 年 4 月成立了甘肃师范大学学报委员会（1980 年撤销），马竞先任主任委员，郭晋稀、白光弼任副主任委员。社会科学版和自然科学版分设正副主编。学报委员会下设学报编辑室（1979 年改为编辑部），负责处理编辑业务和行政事务工作。

《甘肃师大学报》社会科学版从 1980 年起向国内外发行，自然科学版从 1980 年起向国内公开发行。1979 年，《电化教育研究》创刊，并在全国发行，该刊物由甘肃师范大学和中国电化教育学会共同主办，由甘肃师范大学担任主编。此外，结合中学教学的《数学教学研究》也出版发行，对指导中学数学的教学和研究工作起到了很好的作用。这些无疑都是学校在恢复发展阶段科研力量和学术水平不断提高的标志之一。

二、开展学术研究，健全管理制度

1977 年 11 月，为了迎接全国科学大会和甘肃省科学大会的召开，学校举办了甘肃师范大学科学讨论会。大会表扬了科研成绩比较突出的 9 个先进集体和 48 名先进科技工作者。大会期间展出了各系 28 年来部分比较优秀的科研成果 151 项。大

◎学校科学讨论会生物分会场

会上宣布了《甘肃师范大学 1978—1985 年科学发展规划（草案）》，提出了 7 个主攻方向和 27 个重点项目。7 个主攻方向是：最优化理论和应用的研究、高等数学在电子计算机上的应用、非标准分析的理论和应用的研究、辐射诱发作物变异遗传规律的研究、高效低毒低残毒新农药的研制、混合配位体络合物的研究、电子理论和技术自动化的应用问题研究。这次讨论会是响应国家号召的动员会，更重要的是部署了科研工作，确立了每年 11 月为师大的学术活动月。

在活动月期间，分院系两级进行了论文宣读、成果交流、总结表彰以及下年度科研工作的部署安排等活动，并汇集发布了每年科研成果一览表。如 1981 年科学讨论会于 12 月 10—20 日举行，当时媒体报道："这是该校近年来规模最大的一次科学讨论会，是对全院师生一年来科学研究成果的大检阅。讨论会收到的论文之多、质量之好、涉及的学科范围之广，是以前所没有的。这次科学讨论会的最大特点，是参加讨论会

的学生论文大大增加。向大会提交的近 230 篇学术论文和报告中，学生的就有八十一篇，达三分之一以上"①。

为了充分调动科研人员的积极性，保证科研项目的落实，提高科研工作的效益，学校决定从 1985 年 6 月起，科研项目一律实行合同制。1985 年 7 月，学校制定了《西北师范学院科研经费管理、使用及成果奖励办法》，对科研经费的来源、使用办法、开支范围以及科研成果转让收益的奖励、分配等问题都作了明确规定。

◎1983 年学校科学讨论会会场

三、科学研究成果

国家对科研工作的重视、社会氛围的感召（如李四光、陈景润等人事迹的广泛传扬）和学校科研制度的改革，大大激发了广大教学科研人员的积极性。虽然当时科研仍在传统专业框架内进行，但在学有造诣的老一辈学人的带动下，涌现出一批新人，他们坚持注重理论与实际结合、为社会服务、为提高教学质量服务的方向，将科学研究与学科建设结合起来，取得了较为突出的成果。其中有些项目达到了较高的学术水平，为国内外学术界所瞩目。

1978 年全校完成科研课题 124 项，1979 年完成 233 项，1980 年完成 320 项，1981 年完成 380 项，1982 年完成 660 项，1983 年完成 768 项，1984 年完成 463 项，1985 年完成 420 项，1986 年完成 324 项。在这些完成的科研项目中，有的达到了较高的水平。1979—1985 年，全校在自然科学的研究项目中，获得国家科技进步三等奖 1 项，部级二等奖 1 项；省

---

① 牛宪生. 西北师范学院举行科学讨论会 [N]. 甘肃日报，1981 - 12 - 18.

级一等奖 1 项，二等奖 1 项；厅局级奖 22 项。1985 年哲学、社会科学项目获西北五省区省级奖 11 项。中文系编写的《汉语成语词典》，由上海人民出版社出版，曾被评为 1978 年上海市优秀出版物，受到国内外学者的重视和欢迎；历史系与外单位合编的《沙俄侵略中国西北边疆史》，由人民出版社出版后在国内外享有一定声誉；化学系研制的"引发剂 K"和"相转移催化合成燕麦敌二号乳油"及植物研究所研制的"高乌甲素镇痛药"，转让给生产单位正式批量生产，获得了良好声誉。1984 年学校与日本签订了"高乌甲素镇痛药"的技术转让协议。化学系研制的"中学化学实验箱"还获得国家教委 1986 年教学实验二等奖。政治系关于甘肃党史人物的调查研究，生物系关于西北蓝藻植物的调查和甘肃动物情况的调查，地理系关于甘肃大骨节病地理因素的调查研究，音乐系关于西北民间音乐和民歌的调查研究，教育科学研究所关于甘肃民族教育的调查研究，敦煌学研究所关于敦煌学的研究，古籍整理研究所关于甘肃地方文献的整理研究等，都是结合地区特点进行的科研工作，充分体现出了学院正在形成的独特的科研特色。

同时，学院发挥教学科研的优势力量，已编写委属教材 4 套，完成专著 47 部，合编、自编教材 38 套。教学论专家李秉德同志主编的《教育科学研究方法》一书，为国家教委计划的高校文科教材，由人民教育出版社出版发行。电化教育专家南国农教授主编的《电化教育学》和《电化教育基础》出版发行后，受到国内电化教育界的广泛重视。

学校在人文社会科学领域的研究一直有较强的实力和良好的基础，成果比较丰富。中文专业在一大批学术造诣较深的专家教授的带领下，这一段时间出版专著和教材近 100 部，发表论文 500 余篇。语言学家彭铎教授的《唐诗三百首词典》《古籍校读与语法学》，郭晋稀教授的《曾韵乾声韵学论文集》，郑文教授的《汉诗研究》《王充哲学初探》，匡扶教授的《古诗词选读》《唐宋诗论文集》和李鼎文教授所著的《甘肃文史丛稿》以及校点的《续敦煌实录》等著作在学术界有广泛的影响。1984

年，中华书局将彭铎教授的《潜夫论笺校正》收入《新编诸子集成（第一辑）》，成为传世益人之作。中文系编写的《汉语成语词典》，由上海教育出版社出版，重印多次，深受国内外读者欢迎，1987 年先后被评为上海市优秀出版物、甘肃省社会科学优秀成果一等奖。此外，支克坚教授的《〈阿Q正传〉与新文学的现实主义问题》及对冯雪峰的研究在文学评论界颇有影响；孙克恒教授的《现代诗话》《谈诗和诗歌创作》等著述一问世即蜚声诗界论坛。万嵩副教授关于叶圣陶的研究，《中国文学研究年鉴》称其有"突破性进展"。他的《试评叶圣陶"第一个十年"的创作在中国现代文学史上的地位》等三篇论文，被收入中国社科院《叶圣陶研究专集》，为学术界所瞩目。学报编辑部副编审武世珍在神话理论研究中取得的成果先后被《中国百科年鉴》《中国文学研究年鉴》《新华文摘》《文史知识》等刊物转载，《中国大百科全书·文学卷》将其列为新时期我国神话研究的代表人物之一。赵逵夫副教授在《文史》《文学遗产》《文学评论》《中华文史论丛》等刊物发表的部分文章，被国内重要刊物收集、转载，有的被有关著述加以引证，作为立论的根据。其中《屈氏先世与句亶王熊伯庸——兼论三闾大夫的职掌》一文，在国际学术争论中维护了伟大诗人屈原的地位，被专家誉为"近代少有的文章"，是"发前人之未发的精审之作"。

教育学科博士生导师李秉德教授的《小学语文教学方法》《教育科学研究方法》等论著，受到社会的普遍好评，其中《教育科学研究方法》一书 1987 年被评为甘肃省社会科学优秀成果一等奖，并列为国家教委计划内高等文科教材。

南国农教授主编的《电化教育学》《电化教育基础》1985 年由高等教育出版社出版后，连年再版，发行 38 万册，为电化教育界翘足引领。

南国农，1920 年生，江西清江人。1943 年毕业于中山大学教育系，1948 年赴美国留学，在哥伦比亚大学学习比较教育与视听教育，获硕士学位，1950 年 7 月响应周总理的召唤，回国参加新中国建设。1953 年，被聘为西北师范学院教授，在西北师范大学工作至今。先后担任西北师范大学教育科学研究所所长、电化教育系主任、教育科学研究院名誉院长等职，兼任全国电化教育课程教材编审组（教育部教育技术学专业教学指导委员会前身）组长、中国电化教育协会（现中国教

◎南国农

育技术协会）副会长、甘肃省教育学会副会长、甘肃省政协常委等社会职务。为西北师范大学资深教授、教育技术学博士生导师，教育技术与传播学院、网络教育学院名誉院长，国家级学术刊物《电化教育研究》杂志社主编，并兼任全国十余所高校的客座教授。代表性成果有：《电化教育学》《信息化教育概论》等。1992 年，经国务院批准，享受政府特殊津贴。1998 年 12 月获教育部全国电化教育工作先进个人，2008 年获甘肃省高等学校教学名师奖，2011 年获得教育科研终身成就奖。

历史学科的研究中，金宝祥教授关于隋唐史的系列研究，见解独到，其中不少论文被《中国历史学年鉴》《史学情报》《中国史研究动态》《中国史研究文摘》《光明日报》等报刊转载介绍。特别是 1982 年出版的《唐史论文集》，曾先后参加了莫斯科、纽约、中国香港的国际书展，被史学界誉为"卓然自成一家之言"。

金宝祥（1914—2005），浙江萧山人。中共党员。1938 年毕业于北京大学史学系。1956 年加入中国共产党。曾任四川

◎金宝祥

大学讲师、英士大学副教授。新中国成立后，历任西北师范学院教授、历史系主任，甘肃省历史学会第三、第四届会长，中国敦煌吐鲁番学会顾问，唐史研究会理事，甘肃省五届人大代表。专于隋唐五代史研究，在学界有相当声誉。金宝祥教授提出人身依附关系乃是封建社会最一般的关系，人身依附关系由强化而减弱是唐代历史的基本内容，对均田制、两税法、隋唐中央集权的强化、安史之乱后商品货币关系的发展等一系列重大历史问题提出了新的论点和见解。

历史学家金少英教授的《汉书食货志集释》，1986 年由中华书局出版，并收入《二十四史研究资料丛刊》。陈守忠教授在宋史及西北史地方面的研究深受史学界关注，其中《公元八世纪后期至十一世纪前期河西历史述论》等文先后被《史学情报》《中国史研究动态》等七家刊物摘要介绍或全文转载，《甘肃境内秦长城遗迹调查及考证》一文被收入 1986 年《亚洲文明》论丛。路志霄副教授译注的《曹操》等书，出版后亦引起了史学界的重视。

在政治、经济、哲学等学科中，杨守业在 1979 年《论社会主义生产的基本特征是计划商品生产》一文中就提出"计划商品经济"的见解，否定了把计划经济与商品经济对立的"板块式"结合观点。他的《论社会主义商品生产的计划调节》一文，受到著名经济学家蒋学模的赞誉，称其"有深度、有创新"。张学军教授关于欧洲哲学史的研究成绩显著，其主要观点曾被《中国哲学年鉴》等刊转载。

美术学科的研究中，美学家洪毅然（1913—1989）教授力

◎洪毅然

主建立科学的"艺术教育学"，先后发表近百篇论文，并撰有《美术家修养论》《新美学纲要》《美学论辩》等著作，被美学界誉为"大众美学的开拓者"。陈兴华教授创作的大型浮雕《兰州战役》、壁画《丝绸之路》等作品曾先后在北京、兰州等地展出，为专家、同行所赞誉。1979 年 5 月 4 日，为纪念五四运动 60 周年和甘肃师范大学建校（西迁兰州）40 周年，学校美术系举办"百花美展"。兰州部队第一政委、中共甘肃省委书记肖华出席了开幕式并观看了展览。[①] "百花美展"是甘肃师范大学建校以来第一次举办的公开展览，展出 429 件美术作品（其中包括国画、油画、版画、素描、速写、水彩画、水粉画、书法、篆刻等），从各个不同角度描绘了社会主义祖国的新风貌，热情歌颂了为四个现代化而奋斗的人们。在展览的作品中，有曾被"四人帮"打成"黑画"、"毒草"现在又重新恢复名誉的作品，有曾在师大美术系任教的著名画家常书鸿、黄胄、刘文清等人的作品，有已逝世的长期在艺术系任教的吕斯百教授的作品，有 80 岁的退休老教授韩天眷从外地寄来的近作，还有在校学生的习作。

在自然科学方面，基础学科和应用学科相结合的研究有较快的发展。植物分类学是著名植物分类学家、中国植物分类学的奠基人之一孔宪武教授毕生致力研究的学科。他采集的忍冬科新种被科学界命名为"孔氏忍冬"；他编著的《中国

◎孔宪武教授带领学生在野外实习

黎科植物志》是有很高价值的专业参考书，《中国植物志》第 25 卷第 2 分册达到国际水平。植物化学研究室主任韦璧瑜副教授利用野生植物高

---

① 恩广智 . 甘肃师大美术系举办"百花美展"［N］. 甘肃日报，1979 – 05 – 10.

乌头提取研制的高乌甲素止痛药，经 1981 年国家级鉴定，确定为国内外首创的国家一级新药，被誉为"恶性肿瘤疼痛患者的福音"。1984 年度荣获国家经委优秀产品金龙奖、国家医药总局优秀产品奖、甘肃省优秀产品奖，1985 年获国家优秀产品奖，1987 年获国家科技进步三等奖。

化学学科的研究方面，白光弼教授领导并建立了镧系络合物化学研究室，形成了强有力的科研群体。他与高锦章教授等人在镧系元素三元络合物及其应用方面的研究，处于国内领先地位；在"4f – f 超灵敏跃迁现象以及低温荧光光谱"方面的研究，在国际上有一定的影响。几年中他在国内外重要学术刊物上发表近 50 篇学术论文，其中《稀土三元络合物的系列研究》三次获甘肃省高等学校科研技术成果一等奖。高锦章教授与日本筑波大学中井泉教授合作的《镧系—锑—硫化物的研究》系列论文，曾获 1981—1983 年日本科学振兴奖、1983 年日本化学会最佳论文奖及 1984 年甘肃省高校科技成果一等奖。王云普教授等人的"合成引发剂 K 的新方法"、"引发剂 OT 的合成"、"高分子羧基钴簇催化剂"等成果，达到国内同学科的先进水平。陈继畴和王进贤教授关于相转移催化的研究，取得了相应的成果，其中《相转移催化剂合成芳氧基乙酸芳酯》的研究通过了省级鉴定。由于化学各学科领域的研究近年来成就显著，备受国际学术界的关注和重视。1982—1988 年，西北师范学院从事化学研究的白光弼、王云普、高锦章、王进贤等专家教授，曾三次应邀参加了国际学术会议，此外，还有三次国际化学学术会议在西北师范学院举行。

地理学科焦北辰（1915—1987）教授对地图学的研究，刘仲瑜教授对自然地理的研究，都有较深的造诣。两位教授合著的《中国自然地理图集》被

◎焦北辰

评为全国优秀地图作品，深受大中学校师生欢迎，连续再版 3 次。由教育部委托甘肃师范大学地理系主办的全国高等师范院校及部分综合大学地理系教材《气象学与气候学》分析会议，1980 年 8 月 1—7 日在学校举行，来自全国 22 所高等师范院校和 4 所综合大学的代表，广泛交流了使用这部教材的经验和体会，并就进一步完善和修改这部教材的问题进行了深入讨论。①

在自然科学的其他方面，如物理学、基础数学、物理化学、植物化学、植物生理学、发育生物学、昆虫学、自然地理、经济地理等学科，学校都有一定的科研实力和较高的学术水平，并已形成各具特色的研究方向。在这些研究中，几年中有 50 多项成果获省内各种奖。如物理系王永昌教授的"激光等离子光谱学系列研究"获 1981—1984 年甘肃省高校科技成果一等奖，数学系丁传松教授的"非绝对积分的研究"获 1987 年甘肃省科技进步奖，郑宪祖教授等人编著的《数学分析》被评为甘肃省高校优秀教材。1981 年 9 月，甘肃省中小学数学教研会成立，学校数学系主任郑宪祖被选为研究会理事长。②

自然科学研究除注重结合专业教学的基础理论的研究外，为社会生产服务的应用性研究也取得了显著成效。植物研究所王庆瑞教授、生物系金芝兰教授和庆阳地区黄花菜研究所所长陈沛霖协作完成的"黄花菜花芽分化及其快速繁殖技术的研究"课题，创造性地使繁殖系数提高了25 倍以上，在大面积推广应用中效益非常显著，成果达到了国内先进水平，荣获国家商业部 1988 年科技进步二等奖。助剂厂研制的"引发剂CP—02"和"引发剂 A"分别被化工部和甘肃省石化厅评为优质产品；"引发剂 C"、"过氧化氢"和"BPO"等三个 QC 小组的质量攻关成果，分别获化工部、甘肃省、甘肃省石化厅的质量奖；1984 年研制成功并经甘肃省科委鉴定的"低温引发剂 PV"为国内自产"PV"打通了道路；

① 肖星. 全国高等师范院校地理系教材分析会在兰举行 [N]. 甘肃日报, 1980 – 08 – 19.
② 温玉蕴. 省中小学数学教研会成立 [N]. 甘肃日报, 1981 – 09 – 07.

东升无线电厂研制的油罐液面遥测仪等产品远销全国各地，受到用户好评。

在丰硕的科研成果中，有不少直接来源于教学，又应用于教学，对教学质量的提高至关重要。1980 年，教育部在《关于下达高等学校理科和工科基础课教材五年（1981—1985 年）编写规划的通知》中，指定学校参与编写《中国自然地理》《经济地理学导论》《中国经济地理》《世界经济地理》等高校地理基础课程教材。1981 年 3 月，学校将参加上述教材编写的刘仲瑜、董文朗教授等 8 人上报教育部，并抄送人民教育出版社。同时，景时春、周尚荣、王绍佐等人分别承担了《教育统计学》《形式逻辑》《人类遗传变异学》等教材的编写任务。上述 7 种教材在 5 年内都相继出版使用。

第六节
补充提高 师资队伍结构好转

一、"文化大革命"后的师资状况

师资队伍建设是高等学校的支柱之一，建立一支学术水平高、结构合理、教书育人的教师队伍是办好学校、培养合格人才的关键。

1982 年 8 月，西北师院专任教师为 699 人。由于受"文化大革命"极"左"路线的干扰破坏，这一时期的教师队伍从知识结构到年龄结构都有失衡现象，主要表现在：老年教师（主要指教授、副教授）教学经验丰富，学术造诣较深，外语水平较高，而且相当一部分人有专书论著，在省内、国内有一定的学术地位和名望，但他们人数甚少，年龄较大（1982 年教授平均 67 岁，副教授平均 62 岁），有一部分体弱多病，不能坚持工作。特别是十年浩劫使他们很少接触国内外现代知识、技术领域，业务水平的提高受到一定限制；中年教师（主要是讲师）占教师总数的一半，他们年富力强，基础扎实，有一定的教学经验和科研能力，但"文化大革命"延缓了他们学业上的提高，其学术水平与外语水平与现实要求尚有不同程度的距离，尽管有的在学术上取得了一定成绩，但冒尖者少，学科带头人少；青年教师占教师总数的 32%，他们大多数是 1966—1979 年毕业留校或外校分配来的，由于入校时水平参差不齐，而在校期间部分课程没有学，部分课程又没学完，因而基本功底总体薄弱，基本技能也缺乏严格训练。多数人通过刻苦自修和补习有所弥补，能够从事教学科研工作，但还有部分人尚不能独立开课。

为尽快改善师资队伍结构，学校及时成立了师资管理机构。1977—1980 年，学校的师资培训工作由教务处教学科兼管。1980 年 7 月，在人事处成立了师资科，专门负责全校师资的培训与管理工作。

二、培训师资，补充力量

"文化大革命"后的恢复过程中，学校从发展的长远目标出发，坚持自修和校内外培训、出国进修相结合的原则，制订了教师选拔、培训、提高、管理等方面的措施，使师资队伍的建设逐步走向正规化。

学校要求对全体教师有四级培养进修规划，即个人、教研组、系、全院的，其中系一级的关系尤大。对老教师要配备助手，使其在著书立说、培养中青年上作出贡献。对中年教师一方面要给予照顾，争取有较好的工作和生活条件，另一方面也要压担子，使其承担更多的任务如培养研究生、带青年教师等，逐步把他们培养成为学术带头人。青年教师培养计划要求严格，鼓励考在职研究生，报考外校研究生的一般也不限制，非研究生的也要有严格培养计划，力求达到硕士学位水平。以后教师的来源主要从毕业研究生中选取。①

---

① 见《在党的十二大精神指引下，努力开创我院教学科研工作的新局面——李秉德同志在全院处级以上干部大会上的讲话》（西师发［1982］153 号）。

同时，学校还认为要重视干部队伍建设，干部的地位和作用同样应该受到重视，要有计划地培训干部。还要重视工人队伍，办各种文化补习班提高工人文化水平。三支队伍只是分工的不同，在地位上并无高下之分，彼此之间要互相团结，加强协作。

为了改变十年动乱造成的教师队伍青黄不接的断层现象，1982 年以后，学校有计划地充实了师资力量。截至 1988 年 9 月，主要通过本校研究生、本科生毕业留校、国家分配和从外单位调进三种渠道，全校共增加专任教师 304 人，专职教师达到 957 人，其中正副教授 259 人，讲师313 人，教员、助教 385 人。

改革开放之初，学校师资队伍未能形成合理的梯队，学科力量薄弱，部分学科后继乏人，有些边缘学科和新兴学科无人问津，这对学校师资培训提出了迫切的任务。学校及时采取了一系列措施，对中、青年教师进行重点培训提高。1978 年年初，学校确定了"在职进修为主，脱产进修为辅，校内培养为主，外出进修为辅"的师资培训原则，同时制订了《教师出国进修八年计划》《1979 年至 1980 年文科教师外出进修计划》，1980 年 3 月又制订了《文、理科教师外出进修三年计划》。

学校针对具体情况，通过多种渠道为"文化大革命"中留校的青年教师补课。如中文、数学二系举办脱产一年的补课班，根据"自学为主，重点讲授，系统学习，定期考核"的原则，为青年教师系统补习了 3—4门主要课程；政治、物理、化学、生物等系以半脱产形式，把青年教师分到各教研室，分给他们一定工作，并配备指导教师边工作、边补课；历史、美术、音乐、外语等系有计划地送青年教师到外校进修学习。1978—1982 年，出外进修的有 38 人。这一时期，学校把中年教师作为重点培训的对象，让一部分基础理论宽厚、教学科研能力较强、有一定学术潜力、思想纯正、年纪较轻、身体健康的教师出国深造，培养学科带头人。1980—1982 年，就有物理、化学、数学等系的赵金保、高锦章等6 位教师先后到美国、日本、加拿大等国进修。1978—1980 年有 34 位讲师到外校进修。同时，教师有组织地外出观摩学习了解相关学科的新理论、新技术及其发展动向，以开阔视野，丰富知识。据统计，仅 1979—1981 年三年内，美术、体育、物理、化学等系外出观摩学习者就有 134 人次。学校支持教师参加各种教材编写会议和学术会议及各种讲习会、短训班，并邀请国内外专家来校讲学，以促进教师学术水平的提高。1978—1982 年，各专业参加全国教材编写会议者达 318 人次，参加各种学术会议者 140 余人次，参加各种讲习会、短训班 148 人次；邀请国内外专家来校讲学者 24 人。

学校以系为单位举办各种专题讨论班。如物理系举办了物理及物理实验讨论班，数学系举办了拓扑讨论班、现代分析讨论班、非标准分析讨论班、计算方法讨论班等。这些讨论班每周一次，各个教师轮流主讲，然后集体讨论。教师普遍反映，通过讨论班的学习，学业水平得到了提高。从 1977 年以后，学校统一组织，举办了各种基础外语学习班，以提高中青年教师的外语水平。历史、物理、数学、外语等系还先后举办了日语、英语、法语专业学习班。对于准备出国的教师，还分批集中举办脱产外语学习班等。由于学校注重师资队伍的培训提高，校内教师上研究生班、外出进修、在职进修等活动十分频繁。到 20 世纪 80 年代中期，在岗教师的学历补偿教育基本完成，教师的教学科研整体水平得到稳步提高。

1984 年以后，学校先后制定了《西北师范学院教师管理及培训方案》《七五期间教师培训规划》等师资管理培训制度，对各级教师的培养目标、方法、步骤和措施提出了新要求。

培训重点转向青年教师。1984—1988 年，青年教师一直占教师总数的 40% 左右。为了让青年教师尽快脱颖而出，承担教学科研任务，学校采取了多种渠道进行培训，要求本科毕业留校生在五年内达到硕士研究生的实际水平。为此，学校每年安排 3%—5% 的青年教师报考研究生，让 25% 的青年教师脱产进修或参加各种学习班。凡未达到硕士研究生水平的教师，由专业教研室按照研究生规格制定培养方案，并由副教授以上的教师为导师，指导他们修完研究生的主要课程。1985—1988 年，除选派了 300 多名中青年教师到全国重点院校进修和参加其他语种的业余学习班，20 多名教师到国外深造外，还举办了十多期脱产英语进修班和其他语种的业余学习班，先后有 500 多名中青年教师参加了学习。3 年间共委托代培硕士学位研究生 80 多名，博士学位研究生 2 名。

在青年教师培养过程中，共代培研究生 100 名，研究生班和助教进修班毕业 66 人，出国进修 30 人，国内有关高等院校进修 70 人，参加各类短训班 100 多人次。各种渠道的培训措施，为青年教师的成长及其学识水平的提高开辟了广阔途径。

这一阶段对中年教师的培养，学校侧重于教师科研能力的普遍提高和知识结构的不断更新，要求在本学科、本专业有较高的造诣。这项工作，主要是通过有计划地选派学科带头人和学术水平高、教学科研成绩突出的中年教师参加国际学术交流或出国深造来进行的。几年中，学校从中年教师中选派高级访问学者 12 人出国进修深造，进行学术交流活动。

对老年教师，学校主要采取派出考察研究、访问、讲学，指导研究生和中青年教师，参加各种学术活动和著书立说等形式，加强科研能力的训练，促使他们不断掌握新知识、新技术，拓宽视野，提高培养高层次人才的能力，以发挥其在教学、科研方面的潜力。

在重视教师队伍建设的同时，学校积极创造条件，提高实验队伍人员素质。学校派出多名同志参加国外、我国香港地区、内地的培训和校内岗位培训，同时开展了实验技术人员技术职务的评审工作，有效地促进了队伍的稳定和水平的提高。

三、建立评聘制度

1979 年 11 月，校考评升级委员会成立，党委副书记刘竹溪任主任委员，副校长樊大畏任副主任委员。1980 年学校成立了学术委员会，它实际上承担着职务评审委员会的职能，有权对各系推荐提升教授、副教授的材料进行审查、提出意见、写出评语，经主任委员会报党委审核通过。

1985 年 4 月，学校成立了院学衔委员会，学衔委员会由 25 人组成，白光弼为主任委员，李秉德、王福成、张翔为副主任委员。1986 年 4 月，根据中央职称改革工作领导小组转发国家教委关于《高等学校教师职务试行条例》的精神，将"西北师范学院学衔委员会"改为"西北师范学院教师职务评审委员会"，其成员未变，同时成立了"西北师范学院职务聘任领导小组"，白光弼任组长，王福成、李秉德任副组长。为了搞好实验、图书资料等其他系列技术职务的评审工作。1987 年 3 月，学校又成立了由 17 人组成的"实验、图书资料等系列技术职务评审委员会"，白光弼任主任委员，马麒麟、王福成任副主任委员。

在职务评审工作中，各级职务评审组织在党委统一领导下，贯彻执行国务院 1960 年 2 月《关于教师职称的暂行规定》和国务院 1978 年 3 月批转的教育部《关于高等学校恢复和提升教师职务问题的请示报告》以及 1978 年 9 月在全国高等学校职称确定提升工作座谈会上制定的原则，1979 年，学校制定了《关于确定和提升教师职称工作的若干规定》（以下简称《规定》），对教授、副教授、归队教师和青年教师职称的提升或确定作了具体规定。《规定》强调对正、副教授的确定和提升要"保质保量，宁缺毋滥"，全面掌握被评审者的条件，正确处理思想与业务、教学与科研、理论与实践的关系，对申请提升人员进行全面考核。政治方面，主要看思想道德和工作态度；业务方面，主要看教学科研工作的学术水平、业务能力及创新精神，教学除了完成任务外，还对教学效果进行评估和考核，科研成果聘请同行专家鉴定；成绩方面，主要看在教学科研工作中的实际贡献，对兼任党政工作的教师，还考核其在所担任的党政工作中掌握政策、联系群众和完成任务的情况。在全面考核的基础上，以政治表现、学术水平、业务能力、工作成就四个方面为主要依据，够什么条件就评定什么职称。

1978 年年底以后，学校对全院原来有职称的教师都恢复和提升了职称，对原来没有职称的其他系列人员都确定了职称。从恢复职称制度到 1983 年的 5 年内，学校确定和提升各级各类职称的人员共 740 名，占专业技术人员总数的 70.3%。其中确定和提升高级职称的 141 名，占确定和提升人员总数的 19.1%；确定和提升中级职称的 368 名，占确定和提升人员总数的 49.7%；确定和提升初级职称的 231 名，占确定和提升人员总数的 31.2%。被评职的包括教师、档案资料、工程技术、编辑、会计、卫生等六个职称系列。在教师系列，共确定和提升了 526 名人员，其中教授 20 名，副教授 127 名，讲师 264 名，助教 115 名；后经复查验收，在确定提升的教师中，教授合格率为 100%；副教授合格率为 97.5%；讲师合格率为 99.6%；助教合格率为 100%。这次复查验收工作中院系两级领导和师资管理职能部门对各级教师的素质和水平进行了全面的分析摸底，为以后建设结构合理的师资队伍打下了基础。

为了适应社会和高等教育发展的需要，1985 年以后的职务聘任工作更注重打破论资排辈的现象，重实际水平，重业绩，使一大批优秀中青年教师走上了教授、副教授的岗位。1986 年，有 3 名讲师越级晋升为教授，有 2 名助教越级晋升为副教授。自恢复职称评定工作以来，第一次评出了 30 多岁的副教授和 40 多岁的教授。进入岗位的正副教授中，51—55 岁的教授占教授总数的 30%；41—50 岁的副教授占副教授总数的 20%，这是学校教师年龄结构发生重大变化的一个良好开端。

为了正确评估教师的实际水平，学校以教师在教学科研工作中任务完成情况和质量为依据，建立健全了师资考核制度，设计了《师资考核鉴定表》《教师工作量登记表》，要求各专业教研室按期填报，如实反映教师工作情况，并作出客观的、实事求是的评价。外出培训和进修的教师，要求其成绩全部合格，各种考核表、学业登记表和鉴定表均装入本人档案，作为提职晋升的重要参考。

1986 年开始，学校根据国家有关文件精神，认真执行离退休制度。

在考虑了学科建设需要、本专业师资队伍状况、个人身体等情况后，对70 岁以上的教授和 65 岁以上的副教授办理了离退休手续。对 60—65 岁的正副教授，根据学校实际情况，分期分批办理离退休手续。对已办理离退休手续的教授、副教授，根据工作需要和本人健康状况实行返聘，使其继续为培养高层次人才服务。

几年的努力使教师年龄结构有了较大变化：1981 年，教授平均年龄为 66.1 岁，副教授为 60.6 岁；1984 年，教授平均年龄为 71 岁，副教授为 58.8 岁，讲师为 50.6 岁，助教为 33 岁；1986 年，教授平均年龄为 63 岁，副教授为 55 岁，讲师为 47 岁，助教为 27 岁；1988 年，教授平均年龄为 58.5 岁，副教授为 52 岁，讲师为 40.6 岁，助教为 26.6 岁。

教师年龄结构的变化，使教学科研第一线的力量有了明显的加强，并使师资队伍结构向合理化迈进了一步，学校初步形成了一支政治素质较好、业务水平较高、科研能力较强，能教书育人，相对稳定，学科专业齐全的师资队伍。

到 1988 年 10 月，学校共有专职教师 957 人，其中教授 48 人，副教授 210 人，讲师 313 人。1988 年 12 月，学校提出了到 1995 年教授达 100 人、副教授达 220 人、讲师达 420 人的目标。

学校为了纪念优秀学者，激励后学和青年，1987 年 10 月 16 日，学校为我国著名植物分类学家孔宪武教授立塑像，举行了隆重的揭幕仪式，李克如、葛士英、朱宣人以及西北师院师生代表和孔宪武教授生前友好、学生共 300 多人参加了揭幕仪式。另外，学校设立"孔宪武科学奖学基金"共 10 万元，其中 15000 元系孔宪武教授的遗产，85000 元由西北师院筹集，用以奖励西北师院品学兼优的学生和青年教师。①

---

① 西北师院为孔宪武教授立塑像［N］. 甘肃日报，1987 – 10 – 17.

第七节
对外开放　积极推进国际交流

开展和加强对外交流与合作是教育"三个面向"的必然趋势。学校在 20 世纪 40 年代便有外籍教师，1941 年英国人李柏庆（Liberth）、美国人石德伦女士（SutherLonae）在学校任教，还有加拿大人郝仪德先生在学校当校医，他们一直工作到 1949 年。到 50 年代中期，学校按照当时教育部、高等教育部的安排，派出了白光弼等多人到苏联去攻读学位。改革开放以来，学校结束了相当一段时期封闭式办学的历史，不仅与国内各高等院校和有关科研单位建立了协作关系，还同 14 个国家的有关高等院校和科研单位建立了校际关系和学术交流关系，并互派学者进行考察、访问、短期讲学或定期任教，有效地促进了学校教学科研的发展。

一、开展对外学术交流活动

1983 年以前，学校没有独立的外事工作机构，外事工作只在院委办公室的领导下由专人负责，并与外语系协同开展。随着我国对外政策的开放，来校参观、访问、讲学的外宾逐年增多，教育外事活动越来越频繁。学校于 1983 年年底在校长办公室设立了外事科，调派专职工作人员 4 人，1986 年又成立了接待科，隶属总务处领导。外事科专门负责前来讲学、任教、

◎1987 年 7 月，美国 18 所大学教育学院院长组成的教育考察团来校访问。

访问、参观和学习的外籍人员的日常事务管理工作，接待科主要负责食宿管理工作。1986 年 10 月专门用于接待外籍专家、教师的专家楼竣工，其规模和标准在当时省内首屈一指。从 1979 年以来，学校接待前来讲学、任教、参观、访问和学习的外籍人士逐年增多，到 1988 年，一年的接待量已达 152 人次。

邀请外籍专家短期讲学，聘请外籍教师定期任教，是学术交流的重要内容。1979—1988 年，学校先后邀请美国的加利福尼亚大学、宾夕法尼亚大学、加州大学、墨西哥大学、密西根州立大学、西北大学、新泽西州罗格斯医学院、康涅狄克州立中央大学、纽约大学、纽约市立学院、佛罗里达州立大学、休斯敦大学、摩尔黑大学、托森大学和日本的大阪大学、早稻田大学、筑波大学、山黎大学、明治大学、东京文教大学、东京家政大学、京都大学以及新加坡国立大学、香港中文大学、苏联第比利斯艺术学院等 25 所高等院校的 49 名专家、教授和学者作了专题讲座。1984—1988 年，学校先后聘请了新西兰、英国海外志愿服务社、美国大学语言服务中心的 29 名教师前来定期任教或短期讲学。1979 年，著名美籍生物学家牛满江教授作了《关于信息核糖核酸》的专题报告。1984—1985 年美国宾夕法尼亚大学杨忠道教授、新加坡国立大学李秉彝教授、美国纽约大学哲学博士沈善宏教授先后来校讲学。李秉彝教授和沈善宏教授均被学校聘为西北师院名誉教授，并颁发了名誉聘书。1987 年，国际著名敦煌学专家、日本大阪大学滕枝晃教授来院进行了学术交流。

◎美国康涅狄克州立中央大学校长詹姆斯与西北师范学院院长白光弼在友谊树前合影

互派学者考察访问，建立校际关系，是加强学术交流的又一内容。1979—1988

年，来自美国、英国、新西兰、日本、法国、意大利、加拿大、瑞典、丹麦、瑞士、澳大利亚、新加坡、朝鲜等十多个国家的 492 名学者、教授、官员及其他人士前来访问、参观、考察，进行文化交流活动。1983—1988 年以来，学校派出李秉德、白光弼、张昌言、赵金保、郑载兴、王云普、丁传松、陈仲全等 20 多位学者教授赴美国、加拿大、日本、葡萄牙、新加坡、澳大利亚、中国香港等地考察访问或讲学。1983年 6 月底，西北师院院长李秉德教授应美国康涅狄克州立中央大学校长詹姆斯教授的邀请赴美国访问，并代表西北师院与康涅狄克州立中央大学签订了两校《学术交流与合作协议书》，建立了校际关系。1985 年 10月，詹姆斯校长偕夫人前来访问，就两校如何进一步加强协作，进行人才、资料交流等事宜进行了洽谈，并在学校旧文科楼后亲手种下了象征两校友谊、合作的"友谊树"。到 1988 年年底，学校先后与德国特里尔大学、美国休斯敦社区大学理工学院、日本文教大学等院校签署了交流协议，建立了学术交流关系。

学校留学生教育工作也从 1985 年开始，当年历史系招收了日本留学生 2 名，在完成汉语学习以后入历史系学习甘肃古代史。

二、聘请外籍教师

为了提高本校中青年教师和学生的外语水平，促进教学科研工作的发展，提高外籍教师的聘用效益，学校在外籍教师的聘请使用上进行了积极的探索。

◎美国教师阿伦·布莱克·斯托克给外语系学生上课

1986 年年底以前，学校主要按照国务院颁发的《涉外人员守则》和国家教委制定的《在华外籍教师教学工作管理办法》的精神开展涉外工作。1987

年，学校结合几年来的实践，先后制定了《西北师范学院关于涉外人员的暂行规定》《西北师范学院关于聘请外籍教师专家来院短期讲学的规定》等外事规章制度，对聘请外籍专家讲学的条件作了明确规定：聘请对象必须是对某一学科有较深造诣，年富力强，直接从事教学和科研工作时间较长，有丰富经验的专家学者。要求外籍专家可以对某重点课题进行共同研究或专题讨论，并促进该课题迅速开展；建立新学科、新专业或帮助改造老学科、老专业；开设国内一时不能开设但又必须开设的新课题；帮助建设或改造重要实验室；对教学、科研机构的建设和研究生、师资培训有较大帮助等。为了达到上述规定要求，学校在聘请前始终坚持深入了解聘任对象的专长、经历、学位、学术成就、著述以及身体状况、政治态度等事项，审查合格者，方可按规定条件聘用。

在聘用外籍教师上，除了遵循有关规章制度外，主要从教学对象、内容和科研要求等实际出发，不单纯追求高学历高规格。1984 年学校聘用新西兰中学教师教英语听说课，比较生动活泼，效果较好。

学校把学习外国语言和先进科学技术，掌握现代教育方法，加强新学科、新专业的建设，提高学校教育质量和科学研究水平作为搞好外籍教师教学管理的目标。对外籍教师的教学采取了系统的管理办法，规定外籍教师的教学工作以提高高年级本科生、研究生的外语读、写、听、说能力和指导中青年教师教学科研为重点；每周授课时数一般不少于 12 学时；外籍教师要按照学校制订的教学计划和大纲组织教学，鼓励外籍教师引进国外先进的教材和视听辅助教材；鼓励外籍教师使用不同的方法进行教学。欢迎他们探讨教学问题，对教学提出意见和建议。凡有利于改进教学而又切实可行的意见和建议，都积极采纳并付诸实践。要求本校教师与外籍教师积极协作，友好相处，互相尊重，取长补短，共同搞好教学和科研工作。

为了使外籍教师安心工作，心情舒畅地完成教学任务，学校为他们改造住房，建立专家楼，成立专用食堂，使其享受教职工同等福利待遇，丰富他们的文娱生活，为他们提供社交方便。学校尊重外籍教师的宗教信仰和民族习俗，对他们的要求都从合同中尽量明确。

外籍教师的聘用有效地补充了学校师资特别是外语师资的不足，一定程度上对学校师生了解学术前沿、提升学术水平、更新教育观念、学习教育方法都起到了积极的作用。

第八节
加大投入　努力改善基础设施

一、基本建设迅速发展

新中国成立后到1978年的30年间，国家给学校的基建投资共724万元，建筑面积约88000平方米。其中，1960—1978年的18年中基建总投资不足150万元，竣工各项建筑面积将近14000平方米。党的十一届三中全会以后，学校基建开始迅速发展。1978—1982年，国家投资600余万元。1978年先后兴建了4500平方米的美术楼和音乐楼，改变了建校以来艺术系科没有独立教学楼的状况。1979年扩建了电子计算机房和锅炉房，并开始兴建5400平方米的新图书馆大楼。1980年兴建了9200平方米的教工住宅楼和学生宿舍楼，大面积改造了室外热力管网。1981年兴建了2500平方米的教学楼和4300平方米的住宅楼。1983年，国家拨600余万元专款，兴建了新文科楼。1978—1988年是学校基本建设投入较大、蓬勃发展的十年，十年内，国家拨给学校的基建投资累计达2432万元，完成建筑面积93000多平方米。基本建设的迅速发展，逐步缓解了学校教学、科研用房和住宅的紧张局面。

二、加快实验室建设，改善教学条件

截至1977年，学校教学科研仪器设备只有6000余台（件），且大多陈旧落后，年久失修，有的已不能使用，有的需要更新，因此，设备总量仍满足不了教学科研的实际需求。学校当时共有46门实验课程，至少应有46个实验室，应开958个实验，但实际上只有24个实验室，只能开721个实验。有些新开设的专业课程和选修课程因缺少设备

◎1983年建成的新文科楼

而无法进行实验教学，如教育系的心理学，体育系的运动生理学、运动医学，生物系的电生理学等。学校千方百计筹集资金，努力改善实验条件。1977—1983年，学校投资480万元购置了4800余台（件）新设备。1984—1988年，学校通过多种途径先后购置了800多万元的大、中型精密仪器，使教学科研设备条件得到了较大的改善。

1986年，学校被列入世界银行第四次贷款的"地方大学项目"的60所院校之一，贷款240万美元，执行期为五年（1986—1991年）。贷款具体用途主要是购置教学、科研仪器设备，提供专家讲学和出国人员费用，引进图书资料等。1986年，学校成立了由白光弼校长兼任贷款办公室主任的外资贷款办公室，负责世界银行贷款各项工作的实施。截至1988年年底，通过两次国际招标，引进项目85个，购置现代化仪器设备186台（件），总金额达231万美元；购进图书资料金额10.8万美元；确定聘请外国专家2人，出国进修教师8人，国外培训仪器专职人员8人，国内培训累计117人次。为了保证贷款的顺利执行，根据协定，甘肃省政府拨出672万元人民币的配套资金，其中340万元用于配套基建，332万元用于购置配套仪器设备和家具。新建实验室1676平方米，改造旧实验室1236平方米，使实验室总面积由5380平方米增加到7056平方米。兴建电教中心大楼5500平方米，配套仪器设备和家具1200余台（件），

极大地改善了物理、化学、生物、计算机科学、电化教育等系的实验条件。

学校根据形势的发展，及时进行了实验室管理体制改革，推行"主管院长统一领导下，以系为主，院、系、室三级管理体制"和"实验室主任负责制"，制定了《实验室工作条例》《仪器设备管理办法》等6种制度，建立了实验技术档案和大型精密贵重仪器设备使用技术档案，推进实验室及仪器设备管理规范化。

三、图书馆工作

◎1984年建成的新图书馆

1978年8月12日，教育部发出通知，要求加强高校图书资料工作，扩大图书馆借阅范围，调整开馆时间，提高服务质量，对队伍建设、设备更新等作了具体规范。改革开放以后，学校图书经费一直保持在学校办学经费的5%左右，如有特殊情况，还另拨专款，如复制《敦煌遗书》缩微胶卷，订购《中国地方志丛书》等，一次拨款几万元到几十万元不等。到1983年年底，馆藏中外文图书已达1162000余册，为新中国成立前藏书的30倍。

1984年以前，图书馆一直使用20世纪50年代建成的一座2600多平方米的楼，但随着学校规模的不断扩大，书库饱和，阅览室紧张，服务工作无法有效开展的矛盾日益突出。1984年7月，新建的5400平方米的图书馆落成开放，及时解决了这一矛盾。图书馆每天借出图书500多册，星期六借出数达1100余册；每天借出期刊220册；每天约复印图书资料460页；每天外借、内阅、参考、咨询、文献复印等达1800余人次。

1984年以后，图书馆还承担了教学任务，为文科部分专业开设了《工具书使用方法》《文献检索》等课程，并为夜大学和金城联大分别开办了图书馆学专修科和图书情报专修科。1986 年 6 月，为了强化图书情报工作，充分发挥图书馆的职能，学校成立了图书工作委员会，白光弼院长任主任委员。1987 年 10 月，与学校建立校际关系的美国康涅狄克州立中央大学向学校赠送了四套大型英文原版图书：《不列颠百科全书》（共 33 卷）、《韦氏第三版新国际英语词典及七种语言词典》（共 3 卷）、《康普顿百科全书及其事实索引》（共 26 卷）和《西方著名大系》（54 卷）。

1987 年全国高校图书馆工作会议以后，为了充分发挥图书资料在教学、科研中的教育职能和情报职能，学校在加强基础工作、提高管理水平、开拓新的服务领域、探索新技术的应用途径、开展学术研究和经验交流、加强横向联系与协作关系、完善组织机构、提高职工素质等方面，进行了系统的探索，使图书管理工作进一步得到改进。

四、加强后勤保障工作

在恢复建设和改革开放中，学校加强后勤工作的领导，总的指导思想是：以稳定学校局势为基本立足点和出发点，坚持"三服务"（为教学服务、为科研服务、为师生生活服务）、"两育人"（管理育人、服务育人）的宗旨，办好伙食为中心，加强后勤的基础设施建设，增加后勤的应急应变能力，重视后勤队伍建设，提高后勤职工的素质，以适应学校对后勤工作的需要。

1985 年以来，学校大力加强了后勤基础设施建设，先后完成了多项基础设施工程，新建了 3 个蓄水池，同时还改造和更新了部分水电管道、线路，基本保证了生活、教学、科研的用水用电；安装了 360 门自动电话，提高了学校的通信能力；购置了一批轿车、客车、卡车、救护车，保证了学校各类运输事务的需要。

随着改革开放的深入和学校事业的发展，旧的后勤工作管理体制和运转机制已不能适应，必须通过改革来增强后勤工作的适应性。学校在后勤部门实行了以扩大"经营管理权、人事使用权、分配自主权"为主要内容的"责、权、利"相结合的改革探索。1979 年总务处开始率先实行岗位责任制和经济承包责任制，先后三次进行了管理体制改革，使后勤管理工作逐步向企业化发展。

从 1983 年 1 月起，总务处伙食科全面实行人员定额、经济包干的三级（伙食科、食堂、作业组）经济承包责任制。伙食科以作业组为核算单位，责、权、利紧密结合，自负盈亏，内部实行记分评奖的办法，贯彻多劳多得、少劳少得、不劳不得的原则，提高了效率，打破了长久以来吃"大锅饭"的状况，使伙食管理工作有了明显的改进。在 1985 年 11 月北京召开的全国高等学校先进食堂、先进个人表彰大会上，学校总务处伙食科被评为全国高校食堂管理先进单位，并受到大会的表彰和奖励。到 1988 年，学校共建有 7 个食堂，其中学生食堂 3 个，教工食堂 2 个，清真食堂 1 个，外宾食堂 1 个，此外还有 1 个小炒部，1 个主食加工部。平均每天有 5100 余人就餐。

强化岗位责任制，实行量化管理。从总务处领导到各级各类人员，都制定了不同的岗位责任制和工作量化指标，把职工的劳动态度、劳动纪律、完成工作任务的情况直接同分配挂钩。

在改革开放的形势下，为有利于学校大批待业人员的就业，并把他们组织起来为学校的教学、科研和师生员工的生活服务，学校于 1981 年成立了劳动服务公司。劳动服务公司建立以来，通过各种渠道、多种形式先后培训了待业青年 332 人，开办各种服务部、商店，共安排待业人员 331 人，既解决了部分教职工的后顾之忧，又为学校的教学、科研和生活服务方面作出了贡献，成为学校后勤工作的一支重要补充力量。

第九节
加强党建 优化思想政治工作

一、加强党的建设

"文化大革命"十年，学校的思想政治工作遭到严重破坏。1978 年 4 月，邓小平同志在全国教育工作会议上的讲话中提出了"学校应该永远把坚定正确的政治方向放在第一位"的要求。随着全党工作重心的转移，思想战线上，否定了以阶级斗争为纲，确定了以经济建设为中心，确立了实践权威，明确了四化目标，倡导解放思想、实事求是，健全了党的各级组织和工作制度，加强了党对各方面工作的领导，学校党的思想政治工作的优良传统逐步恢复。

但学校党的建设当时仍存在许多问题，如组织上没有整顿、工作制度松弛，转型期的思想混乱在党内也多有体现。党委及时按照中央的要求开展整党、反对自由化、宣传社会主义初级阶段理论、进行生产力标准的讨论等活动，有效地加强了党的建设。

(一) 整党

1983 年 3 月以后，学校进行了历时两年的整党工作。除兰州助剂厂和附中外，25 个党总支和直属支部的 729 名党员参加了整党工作。这次整党，有 5 人缓期登记，2 人免去职务，14 人受党纪处分，其中 3 人开除党籍，2 人留党察看。这次整党从组织上进一步肃清了"左"的影响，纯洁了党的组织，加强了纪律教育和党性教育，提高了党员的政治素质。

1984 年 7 月，院党委举办了中层干部整党补课学习班，中心任务是学习和贯彻中央整党工作指导委员会第 9 号文件的精神，解决在思想认识上彻底否定"文化大革命"，消除派性残余的问题。参加学习班的干部认真学习了《关于建国以来党的若干历史问题的决议》等文件，联系本单位、本部门的历史和现状，分析了师院"文化大革命"的全过程及其恶果，列举了派性斗争在学校的种种表现，分清了是非，消除了派性，统一了认识，从思想上明确了彻底否定"文化大革命"的重大意义。

1985年11月以后的两个多月，学校利用每周星期四、五下午两个半天时间进行整党"回头看"工作。"回头看"主要是以端正党风为重点，联系实际看问题：院系领导班子中有无官僚主义；领导干部中有无以权谋私问题；各系各单位有无违反财经纪律，乱发奖金、财物和请客送礼问题；业务指导思想是否正确；各系有无擅自在外办班，招揽代培生、进修生的情况；各系对已查出的问题处理得怎样；在党员登记和组织处理中有无把关不严，失之过宽的情况；各级领导中有无各自为政、分散主义的问题；党员是如何对待名利问题和如何发挥模范带头作用的。"回头看"对当时纠正党内不正之风起到了积极作用。

（二）反对自由化，坚持四项基本原则

随着改革开放的不断深入，怀疑、否定四项基本原则，鼓吹西化和资产阶级自由化的思潮有所抬头，党员干部和青年教职工、学生中有些人的思想产生了一些迷惘和疑虑，信念、信仰出现真空。对党员进行形势政策教育成为这一时期学校党的思想建设的重要内容。1986年9月，《中共中央关于社会主义精神文明建设指导方针的决议》（以下简称《决议》）颁布以后，院党委及时举办科级以上干部学习《决议》讨论会、辅导报告会，并要求各总支、各直属支部及各系各单位制定措施，认真学习《决议》精神。全校兴起了一个学习《决议》的热潮。

1987年1月，党中央就坚持四项基本原则，反对资产阶级自由化发出重要文件，院党委及时作出了《关于认真学习贯彻党中央文件和邓小平同志讲话精神的安排意见》，要求党员和教职工把学习贯彻邓小平讲话和中央文件精神同贯彻落实《中共中央关于社会主义精神文明建设指导方针的决议》结合起来，通过学习有关文件和讲话，进一步严肃党的政治纪律，对于违反党章党纪的党员，各级党组织要区别具体情况，给予党纪处分；要加强学校的思想政治工作，提高教师教书育人的自觉性；要进一步加强和改善党的领导，提高各级党组织的战斗力。院党委召开扩大会议，学习传达中央一、二、三号文件和甘肃省委六届六次全委扩大会议精神，研究讨论了如何坚定不移地坚持四项基本原则、旗帜鲜明地反对资产阶级自由化等问题。3月，院党委举办了第一期政工党员干部学习骨干培训班，参加培训班的干部就如何坚持四项基本原则，反对资产阶级自由化，为什么既要坚持四项基本原则，又要坚持改革开放等问题进行了广泛讨论。5月，根据中宣部通知精神，院党委作出了认真学习《建设有中国特色的社会主义》和《坚持四项基本原则反对资产阶级自由化》两本书的安排。并将"两本书"定为当年干部政治理论学习的主要内容。

为了全面贯彻落实全国高校思想政治工作会议精神，加强和改进学校思想政治工作，根据党委的决定，为了调动广大教职工"教书育人、管理育人、服务育人"的积极性，开展了评选表彰"三育人"先进个人的活动，并制定了"教书育人、管理育人、服务育人"工作条例；为了发挥各级党组织和共产党员在学校各项工作中的战斗堡垒和先锋模范作用，在开展"争先创优"活动的基础上，先后两次开展了"先进党支部"和"优秀党员"表彰活动。1987年1月，学校评选出61名"教书育人、管理育人、服务育人"的先进个人，并在教师节前召开全院大会进行了表彰。

◎1987年召开的"三育人"经验交流会

（三）解放思想、转变观念

为了贯彻党的十三大精神，院党委于1987年11月初向各总支、直属支部发出了学习十三大文件的安排意见，并先后举办了两期处级干部十三大文件学习班。学习使大家比较深刻地理解了关于社会主义初级阶段的理论和党在这个阶段的基本路线以及深化经济体制改革，推动政治体制改革，建设有中国特色社会主义的重要意义。针对改革开放后部分同志仍受阶级斗争为纲思想的禁锢和对社会主要矛盾认识模糊的情况，党委及时组织了生产力标准的讨论。1988 年 3 月，院党委召开党总支书记（扩大）会议，讨论生产力标准问题。会议提出，当前要解决好几个问题：一是引导师生员工进一步解放思想，破除影响生产力发展的陈腐观念和"左"的积习；二是完善各项改革方案和措施，把改革引向深入；三是实行科学管理，开展有偿服务，端正办学思想，提高教学质量；四是进一步抓紧科技成果的转让，使更多的优秀成果打入国际市场；抓好科技扶贫，加强横向联系，拓宽办学路子，进一步搞好校内各类经济实体的承包，提高经济效益；挖掘潜力，发挥优势，面向社会，开展有偿服务。

　　1988 年 10 月下旬，校党委召开总支书记扩大会议，传达、贯彻党的十三届三中全会关于"治理经济环境、整顿经济秩序、全面深化改革"的方针政策。会议强调，在治理整顿工作中，要切实加强党的建设，振奋党员及党员干部的精神，充分发挥党组织的核心战斗作用和党员的模范带头作用，同一切腐败现象作坚决的斗争，以推进学校各项工作的配套改革，同时要求各总支、直属支部要本着从严治党的精神，认真抓好教育和处理不合格党员及清除腐败分子的工作。之后，学校开始了以治理环境、整顿秩序、增强办学活力、深化教育改革为中心内容的形势教育工作。

　　（四）发展党员

　　改革开放以来，为更好地培养社会主义的建设者和接班人，学校十分重视从知识分子和大学生中发展党员，壮大党的队伍，补充新鲜血液。仅1985 年 1 月—1986 年 6 月，就有 100 多名教工和 310 名大学生入党。随着党员队伍的不断壮大，院党委多次强调要健全党内民主生活制度，对党员普遍进行党性、党风、党纪教育，对新党员要加强党的基础理论和基本知识的教育，并决定将《党章》和《党内政治生活的若干准则》作为这一时期党员学习的重点。

在大学生中积极发展党员是这项工作的重中之重，1978—1982 年，在校学生党员人数仅占学生总数的 0.3% 左右，个别系甚至无学生党员，这一状况严重影响了学生思想工作的开展。1982 年以后，学校要求各系党总支从本系政治辅导员、党员班主任、党员任课教师中挑选党性强、表现好的同志，组成学生党支部，在学生中积极开展党的建设工作。学生党支部成立后，制订和落实了党员发展计划，全面考察，重点培养，改变了原来只在四年级发展党员的做法，从一年级开始就对申请入党的学生进行考察培养，对确实具备党员条件的在二年级即吸收入党。从 1982—1987 年年底，全校发展大学生党员 641 人。1987 年在校学生党员占在校学生总数的比例上升到 6.6%。从学生中积极发展党员，极大地鼓舞了学生的政治热情和刻苦学习、遵纪守法的积极性和自觉性。

1987 年年初，学校通过调查研究，针对大部分学生党员对党的基本知识了解不深不透、政治理论基础较差的状况，成立了西北师范学院业余党校，分期分批培训大学生党员和入党积极分子，组织他们系统地学习党的基本知识和马克思主义理论，并规定，大学生未经业余党校培训，不得接收入党。业余党校利用业余时间，带领党员学习《中国共产党章程》《关于党内政治生活的若干准则》《论共产党员修养》《共产党宣言》《邓小平文选》等文献著作，并结合时代特征进行了系列专题讲座。业余党校在教学中坚持自学与讲授相结合、理论与实践相结合的原则，采取启发疏导、平等讨论、课外辅导等方式，积极引导和启迪学生的内在思想变化。业余党校还建立了严格的考试考勤制度，并明确规定遵守制度、成绩合格者，才发给业余党校结业证书。业余党校为各系培养了一批思想好、作风正的学生骨干，也为党组织输送了一批新党员。业余党校的建立，提高了大学生党员的基本素质，调动了大学生要求入党的积极性，有效地强化了大学生的思想政治教育。

二、学生思想政治教育

高等院校的思想政治教育尤其是学生的思想政治教育，是高等教育的重要组成部分。它对于坚持社会主义办学方向，贯彻执行党的教育方针，保证教学、科研和管理任务的顺利完成以及学校秩序的正常稳定，都起着极为重要的作用。1980 年 4 月，教育部、团中央联合发出《关于加强高等学校思想政治工作的通知》，要求旗帜鲜明地对学生进行马列主义、毛泽东思想基本原理的教育，培养学生运用马克思主义的立场、观点、方法分析问题、解决问题的能力。十一届三中全会以后，学生的思维方式发生了很大变化。面对新形势下带来的新情况、新问题，学校从体制、格局、内容和方法诸方面对学生思想政治教育工作进行了探索、改进和加强，取得了一定的成效。

（一）马克思主义理论教育和思想政治教育

1982 年 9 月，学校成立了西北师范学院德育教研室，由院党委直接领导。该室配备专职教师 5 人，兼职教师 14 人，在全校一年级开设思想品德课。1983 年，教研室和电教馆合制了《人生的价值》等电视片，放映后收到了良好的效果。

1984 年 4 月，学校成立了马列主义教研室，并决定将德育教研室并入马列主义教研室，在各专业开设系统的马克思基础理论课程。

1988 年 3 月，学校根据国家教委《关于高等学校思想教育课程建设的意见》的精神，成立了"西北师范学院思想政治教育教研室"。1988 年 4—6 月，学校将 27 名政工干部聘任为思想政治教育教研室教师，其中副教授 2 人，讲师 10 人，助教 15 人。教研室的主要任务是负责全院大学生思想教育课程的教学工作，开展大学生思想政治状况的调查研究，培训思想教育课教师。思想教育教研室主要开设国家教委指定的形势与政策、法律基础两门必修课和大学生思想修养、人生哲理、职业道德三门选修课。思想教育课在教学过程中，除运用一般的教学方法外，还运用民主协商、平等探讨、双向对话等方法，充分调动学生学习的内在积极性。思想教育课教学和日常思想政治工作相配套，日渐向完整意义上的高校思想政治教育工作靠近。

（二）校园文化建设

1982 年起，学校响应中央号召，开展了以"五讲四美三热爱"为主要内容的"文明礼貌月"活动。

从 1985 年开始，学校把每年的 11 月定为"大学艺术月"。艺术月主要是通过举办各种类型的艺术讲座，让学生了解艺术的历史渊源，把握艺术的审美本质，提高艺术欣赏水平，陶冶自身的情操和品质。例如，举办"中外美术作品欣赏"讲座，以提高学生美的感悟能力和严谨的

◎1984 年某系在体操房举行"五讲四美三热爱"诗歌朗诵文艺晚会

理性分析能力；举办以反映西部风情和新时期大学生精神风貌为主题的书法、绘画、摄影展览，以激发学生热爱西北、建设西北、献身西北的理想和勇气；举办"新诗潮"、"当代诗歌"、"关于琼瑶热"、"当代文学改革趋势"等系列文学专题讲座，使学生把握时代的脉搏，感受时代的热点，寻求人生的真谛，开拓艺术的视野；举办"中外音乐欣赏"讲座和音乐欣赏专场晚会，使学生领略高雅艺术的美，激发他们热爱人生、热爱生活、热爱大自然的纯洁心灵；举办"教师的艺术"专题讲座，进行师德、师才、师风、师艺教育，让学生了解做一名合格的人民教师不仅要有渊博的知识，还必须具有一定的艺术素质，具有理论家的博识、艺术家的激情、演说家的口才和军事家的指挥才能，把知识和美同时给予学生。艺术月以全校文艺汇演为高潮，这是对学生舞台艺术才华的充分展示和检阅。截至 1988 年，在 4 次"艺术月"中共举办"中外音乐欣赏"讲座 16 期，音乐专场晚会 20 场，"中外美术作品欣赏"讲座 20 期，书法、绘画、摄影展览 8

期，"系列文学专题"讲座 32 期，"教师的艺术"专题讲座 12 期，文艺大型汇演 16 场。艺术月活动寓思想教育于文化娱乐之中，内容丰富，形式活泼，感染力强，使学生从中受到情感的陶冶和思想的启迪，起到了教育学生、鼓舞学生的作用。

◎学校灯光球场的篮球、武术比赛及旁边垒球场的垒球比赛，经常观众云集。

1986 年 3 月，学校举办了首届"体育之春"活动。"体育之春"是由校团委、学生会、体委、公共体育教研室联合创办的与"艺术月"相配套的大型校园文体活动之一。这项活动每年 3 月举行，有球类、棋类、体操类等十多个大型项目，还有放风筝、掰手腕、跳绳、拔河等十多个小型项目。每次参加比赛的运动员有 1500 多人，占全校学生总数的 1/3。"体育之春"活动期间，学校还邀请甘肃省体校、省体工队的运动员进行武术、球类表演，为"体育之春"活动增色。学校将拔河赛冠名为"团结就是力量"，风筝赛冠名为"张开理想的翅膀"，象棋、围棋赛冠名为"智慧、耐力、拼搏"等，对大学生的团结精神、进取精神、拼搏意识和竞争心理都具有潜移默化的作用。

学校从 20 世纪 80 年代中期开始每年举办以板书、演讲、最佳班组活动设计、百科知识竞赛、文艺表演等为内容的"未来园丁五项全能比赛"。通过比赛，不仅引导大学生加强了实践能力的锻炼，而且活跃了学生的文化生活，增强了他们热爱教育、从事教育事业的自信心，为大学生的职业道德教育增添了新内容，开辟了新途径。

随着思想的解放和政策的宽松，学生社团如雨后春笋般在校园各个角落破土而出。从 1978 年 9 月到 1984 年年底，就有"大学生诗歌协会"等 50 个学生社团先后成立。社团活动以自主、活跃、新颖为特点，由学生自己组织管理,自己规划设计,进行自我教育。开展社团活动,有效地培养了学生的组织管理能力、社交活动能力、创造能力以及自尊、自爱、自觉、自强的性情品质。

◎学生剧社演出话剧,老师与学生同台表演。

(三) 开展专家咨询活动

1985年10月,学校成立了"西北师范学院专家咨询服务中心"。专家咨询服务中心面向学生,不定期地开展形势与政策、教育改革与学校管理、大学生心理与成才、经济体制改革与企业管理、道德修养、文学艺术欣赏、当代文艺思潮、西方哲学思潮、治学方法、创作实践、书法绘画、集邮摄影、祖国风光、国外见闻、卫生保健等项咨询服务活动。1985年11月学校举办首届咨询活动时,咨询服务中心邀请了校内外30多位知名专家、教授学者就上述20多个项目与学生进行了对话。活动丰富的内容、新颖的形式对学生产生了很大的吸引力。

(四) 社会实践

社会实践是大学生成才的重要途径。学校利用寒假和实习机会,组织学生深入社会生活,进行社会考察、智力支边、技术服务、普法宣传等一系列社会实践活动,促使学生了解国事民情,增强了其社会责任感和历史使命感,使之在思想意识、道德观念、理想信念、文化知识各方面受到了实际而生动的教育。

1983—1987年,学校寒暑假期间参加社会实践的本科学生达6100多人次,他们到厂矿、农村、机关、学校、商店开展各种社会调查,尤其是了解经济体制改革以来农村的巨大变化及其带来新的问题,通过调查研究,几年中提出各种合理化建议600多条,撰写社会调查报告1750多篇。

1984 年，西北师院大学生组成的"燃起心灵之火"演讲团在甘肃省司法厅的大力支持和政治系法学教研室教师的组织帮助下，深入甘肃省第一监狱、平安台劳教所等单位进行调查，撰写了《母亲的泪》《择友》《知识就是力量》《莫做金钱的奴隶》《人的尊严》《出路》《振兴中华人人有责》等演讲稿。暑假期间，演讲团先后奔赴平凉、天水、定西、武威、临夏等地、市的 17 个劳改、劳教、少管单位，行程 2000 多公里，进行了 25 场演讲。演讲以真挚的感情、生动的事例和形象的语言，向失足者发出真诚的呼唤。"燃起心灵之火"演讲团的演讲，犹如一股强大的冲击波震动了失足者的心灵。1985 年 5 月，省劳改二支队组织大墙深处的 8 名罪犯，来西北师院进行首场演讲。大学生的演讲点燃了失足者的心灵之火，失足者的演讲为大学生敲响了法律的警钟。这种双向的思想教育方式，使教育者和被教育者同时受到教育，是一条通过社会实践进行法律教育的有效途径。政治系学生从 1982 年以来，结合法学课的学习，先后在本院"大学生之家"、兰州大学、兰州商学院、兰州助剂厂、兰州医学院等单位举办了模拟法庭，旁听人数达 7000 多人次。模拟法庭从形式到内容达到了以假乱真的程度，是法制教育形象化的有益尝试。

1985 年 7 月，学校 11 个系的 36 名学生和 7 位教师组成"大学生自行车长征考察团"，从兰州出发，沿着当年红军长征的路，考察红军长征的足迹，聆听老红军的讲述，从当年血与火的痕迹中寻找自己的理想、希望和位置。这次考察跨越陕西、甘肃、宁夏三省区的四市、九区、十八县和二十四个乡镇，行程 2500 多公里，考察人员写出法制、教育、文学艺术、工农业生产、科技应用等方面的论文和调查报告 36 篇。考察结束后，学校播放了电视纪录片，

◎学生军事训练

举办了考察成果展览。这次考察活动使大学生受到了一次具体生动的革命传统教育，使他们从历史与现实中进一步理解了人生的价值在于奉献的真谛，从而坚定了实现理想的信念。他们表示，毕业后，力争到教育第一线去工作，为振兴甘肃、开发西北献身于农村教育事业。

1986 年以来，学校针对大学生在职业选择上出现的一些问题，决定进行必要的专业思想教育，帮助他们全面了解教师职业的深层含义以及教师职业与人生、社会的关系，以巩固专业思想，增强师道意识。1986年 6 月，学校组织了 12 个系的 42 名应届毕业生代表赴临夏、甘南两州的 5 所学校进行社会实践活动。在实践活动中，他们通过当一天班主任、当一天校长助理、观摩教学、走访教师、开座谈会、参观考察等形式，与当地领导、师生进行了广泛的接触。通过毕业前的实践考察，许多五六十年代毕业的校友几十年来扎根民族地区、忠于职守的高风亮节，各民族团结向上的气氛和少数民族地区独特的风土人情，以及逐渐形成的重教育、重人才的社会风气，给他们留下了深刻印象，引起了他们深深的思考，使他们能够正确对待理想与现实的落差，从而稳固了专业思想。同时，院团委在各地、县的协助下，于 1986 年上半年搞了一次"动员中、小学生致函毕业生回家乡"的活动。毕业分配前夕，有 100 多封恳切要求"大哥哥、大姐姐们"到老、少、边区任教，改变家乡面貌的信件飞到毕业生手中，经过选播、传阅和讨论，毕业生深受震动。实践活动和致函活动是新时期思想政治教育的有效途径，在 86 届、87 届毕业生中，自愿报名到甘南、临夏自治州工作的学生有 30 人。

（五）思想政治教育的理论探索

随着改革开放的不断深入，学生思想政治工作的要求愈来愈高，难度愈来愈大，曾一度出现了"老办法不能用，新办法不会用，软办法不顶用，硬办法不敢用"的局面。因此，探索思想教育在新形势下的特点和规律，从理论和实践的结合上提出改进思想政治教育的新内容、新方法，成了思想政治工作者迫在眉睫的任务。学校思想政治教育工作者这一段时期撰写了多篇较有价值的思想教育研究论文。其中，有的以系统分析的方法就高等学校思想教育主体的系统结构及思想教育的同步性、一致性、层次性等问题提出了新的见解；有的对思想政治教育与成才教育、专业思想教育的内在关系作了有见地的分析，并提出了新的教育方法和途径；有的从传统思想教育的分析总结中，提出了思想教育在新形势下宜从政治运动式、单项灌输式、封闭式、应急式、理想化和人治化教育转向正面教育式、双向交流式、正规化和法治化教育的主张；有的从大学生的思维方式、心理需要入手，提出了思想教育的科学化方式；有的还从不同角度分析总结了学生思想政治工作的经验教训，指出了较为可行的措施和途径。

学校在思想政治教育工作中，始终以马克思主义理论教育为核心，对大学生进行了多层次、多渠道、全方位的形势政策教育、理想教育、法制教育、爱国主义教育、专业思想教育和社会公德教育。并在实践上和理论上都进行了努力探索，使思想政治教育工作不断向正规化、系统化、科学化趋进。

三、加强统战工作

"文化大革命"后，原先已停止活动的民主党派也恢复了组织生活。根据统战工作的需要，1983年党委设立了统战部，学校统战工作也在院党委和省委统战部的领导下，坚持"长期共存、互相监督、肝胆相照、荣辱与共"的原则，积极完善中国共产党领导下的多党合作的民主协商制度，并取得了相应的成效。

首先是认真落实政策，调动民主党派成员办学治校的积极性。学校民主党派知识分子，在"反右"斗争和"文化大革命"中，蒙冤受辱，深受其害。1978—1983年，学校根据党的知识分子政策和统战政策，先后对民盟、九三、民进、民革、农工等民主党派及侨联的85名知识分子进行了平反，落实了政策。1984年6月，又对他们的平反结论作了全面复查，彻底清除了遗留的"尾巴"，为他们恢复了政治名誉，卸掉了思想重负，从而调动了他们教学科研的积极性和办学治校的热情。

学校党委经常召开座谈会、协商会，向他们及时传达党在各个时期的重大决策和精神，通报学校有关教学、科研、人事等重大工作的情况，广泛听取他们的意见，使民主协商和民主监督制度得到恢复和加强。1986年10月，学校成立了由各民主党派人士、无党派人士和部分在职系总支书记等23人组成的"西北师范学院统战工作咨询指导委员会"，协助各民主党派开展工作，参与学校教育改革。在聘任制的实行、离退休制度的建立、办学自主权的扩大、教育改革的深化等一系列重大问题上广开言路，听取民主人士好的意见和建议，对学校各项工作的改进和提高起了积极作用。

1988年在各民主党派人士中，西北师院有20位学者教授分别担任中国民主同盟甘肃省委员会、九三学社甘肃省委员会、中国国民党革命委员会甘肃省委员会、中国民主促进会甘肃省委员会、中国农工民主党甘肃省委员会和甘肃省侨联的领导职务，有15位学者教授被选为甘肃省和兰州市人大、政协的委员或代表。他们履行职责，发挥了参政议政、民主监督的作用。

学校党委注重支持民主党派加强自身的思想建设和组织建设，支持他们独立自主地工作。党委和统战部门负责人不定期地参加民主党派的组织活动，积极协助他们搞好自身建设。如师院民盟支部由1976年的60多名盟员发展到1988年的108人，成为当时全省盟员最多、力量较强的一个支部。到1987年，有11名盟员加入了中国共产党，既为中共师院党组织增添了新鲜血液，又扩大了民盟组织的影响。1987年民盟支部扩建为民盟总支部时，院党委协助调查了解，组建新的领导班子，有力地促进了民盟工作的顺利开展。在院党委的支持下，西北师院"九三"学社1979年恢复组织，到1988年吸收新社员20余人。1984年学校还成立了中国民主促进会西北师院支部、中国国民党革命委员会西北师院小组（1987年改为支部），使西北师院民主党派组织不断得到充实壮大。1982

年和 1988 年，学校还先后成立了华侨联合会和台属联谊小组，从组织上保证了统战工作的开展。同时，学校还大力支持他们独立自主地开展工作。在"民主党派、著名人士与大学生对话会"、"教书育人"、"智力支边"、"精神文明建设"、"法制教育"等活动中，学校不仅优先提供较好的条件和活动场所，还给予宣传、组织方面的大力支持。1986 年，学校有 8 位同志出席了"甘肃省为统一祖国、振兴中华作贡献先进个人表彰大会"。

党委还重视统战政策理论的学习、宣传与研究，推动统战工作的深入发展。学校统战工作人员重视统战政策的学习，不断提高统战工作的政策业务水平，充分利用校报、广播、宣传栏等工具，宣传党的统战政策，报道学校统战工作动态。随着形势的发展和改革的深入，越来越显示出统战政策理论的研究对统战工作的重要性。学校从 1986 年起，逐渐加强了其工作。1987 年下半年，"西北师院统战理论研究小组"成立，小组由政治系、历史系、马列室的部分教师和有关统战干部组成。小组成立后，围绕新时期统战工作的中心任务，对"共产党领导下的多党合作制"及"一国两制"等重大问题进行了专题研究。1988 年上半年，学校召开了统战理论学术研讨会，下半年召开了统战工作经验交流会，交流了工作经验和近年来统战理论研究的成果。

四、充分发挥工会和共青团、学生会的作用

学校共青团和工会是党委联系师生员工的桥梁和纽带，是加强学校民主管理和民主监督的重要渠道。党的十一届三中全会以来，党委十分重视对群团组织的政治领导，特别注意帮助群团组织搞好自身建设，充分发挥它们的积极性。

1978 年 12 月，甘肃师范大学第十一次团代会召开，时任共青团甘肃省委书记的胡锦涛同志到会祝贺并致辞。会议结束了"文化大革命"以来团组织涣散的情况。之后到 1988 年，又相继召开了第十二、十三次团代会。共青团在党委领导下，结合团员和青年实际，积极开展了"学雷

锋、树新风"、"创三好、学英
雄、争先进"、"五讲四美三热
爱"等教育活动，组织广大团
员青年认真学习了党的十一届
三中全会和十二大的精神，加
强了各级团组织、学生会的自
身建设，引导团员、青年坚持
正确的政治方向，坚持抓落实
的工作方针，把工作重点放在

◎党委书记王松山参加学校运动会接力比赛

基层，健全了团总支和团支部的组织机构，扩大了基层组织的职权，增
强了基层组织的活力。团委还同学生会一起配合学校举办了丰富多彩的
校园文化活动。为全校的青年、学生提供了展示才华、锻炼自我的空间
和机会。1986 年 10 月，西北师大学生会召开了第十五届学代会。师大研
究生会也于 1985 年正式成立。

　　1979 年，学校教育工会组织得以恢复发展，到 1984 年，工会会员已
占全校教职工总数的 93%。校工会在党委领导下与有关部门密切合作，
围绕党的中心工作和学校的任务，针对教职工的特点，开展了各种有教
育意义的活动，加强教职工的思想政治工作。1982 年，在全校教职工中
广泛开展"五讲四美三热爱"、"为人师表"的活动，使学校出现了许多
新的气象。组织歌咏比赛，举办了"双补"学习班，协同体委定期组织
各项体育赛事。学校还根据教职工特点开展文娱、体育活动，搞好文明
建设，如举办迎春游艺联欢晚会，提倡文明办婚事，举办集体婚礼；组
织好"三八"妇女节，"五一"劳动节等节庆日的放电影、跳舞晚会活
动，举办书法、绘画、花卉展览，召开座谈会等庆祝活动；举办教职工
运动会和各类体育比赛活动，办好俱乐部。学校继续坚持统一和分散相
结合、多样、灵活，以部门工会为单位的原则，创造条件办好教职工福
利。1984 年 11 月 29 日，学院召开了首届教职工代表大会，听取了白光

弼院长的工作报告，讨论了改革振兴学院的奋斗目标，讨论通过了《西北师范学院教职工代表大会试行条例》，选举了第一届教职工代表大会常设机构，杨敏政为首届教代会执委会主任委员。1987年12月24日，学校召开了第二届教职工代表大会。教代会的召开，进一步发挥了教职工在学校民主管理、民主监督中的作用，调动了他们当家做主的积极性，从而体现了党的知识分子政策的充分落实，是学院管理制度的改革和完善。

◎左图为西北师范学院时期的校门；右图为更名西北师范大学后的校门。

1988年5月26日，经国家教育委员会批准，西北师范学院更名为西北师范大学。新校名从1988年9月1日起正式启用。学校黄席群先生赋诗《贺西北师范学院更名西北师范大学兼以书怀五首》中写道："艰难鸠庀溯源头，城固风光几度秋。一事今朝宜记取，门庭虽易慧根留。讲肆储材五十年，鹰扬北国誉空前。循名督实翻新样，驰骋神州以外天。变革雄风亦快哉！艰危须仗出群才。兰滋九畹园丁颂，是处芳菲着意栽。"①

---

① 赵逵夫. 世纪足音——西北师范大学教师诗词选 [M]. 兰州：敦煌文艺出版社，2002：298.

一九八八年五月二十六日，国家教委批准西北师范学院改名为西北师范大学。校名的更改引起了学校领导和教师『循名责实』的思考，究竟把西北师范大学办成什么样的大学，如何适应社会需要，发挥优势，突出特色，成为全校上下议论的主要话题。由于长期在计划经济体制下办学，学校在相当一段历史时期内依然存在着办学思想观念陈旧、专业老化、师资队伍断层、办学投入不足、办学效益不高等许多问题，这些问题严重制约着学校的发展。

一九九二年，邓小平发表了南行讲话，党的十四大胜利召开，一九九三年二月，中共中央、国务院颁布了《中国教育改革和发展纲要》，进一步明确了新时期我国教育改革与发展的目标、战略、方针和思路。这一时期是中国高等教育大发展、大变革的关键时期，西北师大在总结过去办学经验与教训的基础上，在教育观念、办学理念上经历了重大的变革，并紧紧把握住时代的脉搏，解放思想，抢抓机遇，在学校内部管理体制改革、教学及招生就业制度改革、后勤社会化改革等方面迈出了较大的步伐；同时采取切实可行的措施，坚持对传统专业的调整与改造，加大对基础设施的建设和改造，使学校的各项事业人才工作的力度，面向社会，加强联合办学，多渠道筹措资金，加大培养和引进得到了前所未有的发展。截至一九九九年，学校的办学规模实现了历史性的突破，在校学生的数量达到一万五千人；在专业设置上，本科专业比改革开放初期增加了一倍多，博士、硕士学位点增加了五倍多；学校教学建筑总面积增加了三倍多，教学设备及图书资料净增三千多万元，教职工住宅增加了近十倍。同时，学校的教学科研水平也得到了显著提高，树立了良好的社会声誉。这一时期一度成为西北师大办学史上变革最大、发展最快的时期。

第八章

循名责实 奋力攀登

从传统师范大学向综合性师范大学转型

1988—1999

第一节
为振兴师大争取新的起点

一、申请将"师范学院"改名为"师范大学"

改革开放后,学校的发展规模逐步扩大,截止到 1987 年,已设有中文、政治、教育、历史、外语、数学、物理、化学、生物、地理、音乐、体育、美术、电化教育、计算机科学、经济共十六个系二十一个专业以及夜大、函授等成人教育机构;有学士、硕士、博士三级学位授予权。在校各类学生达到 6900 多人,其中研究生、本科生 4900 多人,夜大、函授生2000 余人。此外,还设有三个附属中学、一个附属小学、一个实验幼儿园和两个校办工厂。教职员工 1800 多人(不包括两个独立核算的第一附中和助剂厂。如包括两个附设单位的职工,全校共有教职员工 2600 多人),其中专任教师 924 人,教授、副教授 255 人,讲师 315 人,教员 20 人,助教、见习助教 334 人(不包括专职研究人员)。从学校的学科门类、系科设置、教学研究力量、发展规模等来看,已具备改称大学的各项条件。

改革开放初期,学校在同国内各高等院校、科研单位建立协作关系的同时,对外学术交流也开始活跃起来,相继同加拿大、美国、英国、法国、日本、瑞士、丹麦、意大利、瑞典、澳大利亚等 10 个国家的科研单位和高等院校建立了学术、资料交流关系,与日本筑波大学建立了长期学术交流关系,并派出学者进行互访活动;与美国康涅狄克州立中央大学签订了长期的学术、人员交流与合作协议书。日益广泛的国内外交流活动扩大了学校的办学影响,但由于学校属"学院"建制,在对外交往中往往与二级学院混淆,造成了诸多不便。因此,一些来校访问、讲学和参观的学者也多次建议学校更名,以便名实相符。

随着办学规模的扩大和对外交流的增加，学校师生有着将"西北师范学院"更名为"西北师范大学"的强烈愿望。国务院1986年12月15日发布了《普通高等学校设置暂行条例》（国发〔1986〕108号），其中第十二条对大学名称需要具备的资格做了明确规定，具体条件是：（1）主要培养本科及本科以上专门人才；（2）在文科（含文学、历史、哲学、艺术）、政法、财经、教育（含体育）、理科、工科、农林、医药等8个学科门类中，以三个以上不同学科为主要学科；（3）具有较强的教学、科学研究力量和较高的教学、科学研究水平；（4）全日制在校学生计划规模在5000人以上，但边远地区或有特殊需要，经国家教育委员会批准，可以不受此限。学校认为西北师范学院符合以上各项条件，更名时机已经成熟，遂于1987年年初呈文报甘肃省教委和国家教委，请求将"西北师范学院"更名为"西北师范大学"，并于同年7月向国家教委报呈了"补充报告"。报告从学校的历史沿革、地位影响、学科设置、发展规模、对外交流、招生就业等方面据实详陈，说明如能批准更名为"师范大学"，既可做到名实相符，又有利于西北地区高等师范教育事业的发展，是适应西北地区经济和社会发展需要的。

二、学校更名引发的讨论

1988年5月26日，经国家教育委员会的批准，同意将"西北师范学院"更名为"西北师范大学"。喜讯传来，学校广大师生深受鼓舞，多年以来的夙愿终于得以实现。学校更名为大学之后怎么办？这既是师生员工十分关心的一件大事，也引发了全校上下对于如何办好"大学"的深入思考和讨论。

如何看待学校名称的变更？如何清醒认识学校更名之后面临的形势和任务？如何激励全校师生为建设高水平"师范大学"而努力？学校以校名变更为契机，引导广大师生要有忧患意识，时刻保持清醒的头脑，号召全校上下自觉行动起来，积极为振兴师大努力奋斗。党委书记陶君廉面向全校教职工语重心长地讲道：

"对学校的这次改名，可以说是一则以喜，一则以惧。喜的是，我校的这次改名，不仅实现了我校师生员工多年来的一个心愿，更重要的是体现了各级主管部门，特别是国家教委，对我校各个时期，即无论是西北师范学院还是甘肃师范大学时期的工作给予了肯定；相信我们的学校还可以厕身'师范大学'之林，并不致辱没祖国'西北'这一地望。惧的是，循名责实，事理之常。从严格意义上讲，'大学'毕竟有别于'学院'；以区域为名也总不同于以地区为名。如果我们仅以改名为满足，甚或夜郎自大，而不在学校的人才培养、科学研究以及学校的改革和管理等方面，尽快做出新的成绩，以致名不副实，则不仅有负党和人民的厚望，最终恐亦将难以自立于'师范大学'之林。当前学校改名的目的已达，各方面对我们只会责之更高，全校上下，更应该苦干求实，不务虚名，努力以我们各项工作的实绩争取社会各方面对我们的承认。所有这一切目的只有一个，就是趁全面改革之年，以学校改名为契机，努力把我们西北师范大学办好。所以当此我校改名之际，我以为，发扬成绩，锐意改革，团结实干，振兴改名后的西北师大就是我们面临的紧迫任务。希望全校师生员工，都能为此共同奋斗；全校党的各级组织和全体共产党员，更应该为此做出表率！"[1]

他鼓励全校师生继续发扬西北师大的优良传统，既不妄自菲薄，也不妄自尊大，努力为新改名的西北师大找准一个进一步前进的出发点。

学校更名为"师范大学"后，广大教师也在为如何办好师大积极思考、献计献策，同心协力，加快改革，提高教育质量，振兴西北师大，成为全校上下的共识。1988 年 9 月，李秉德先生在谈到学校更名后如何使"名实相符"时说：

---

[1] 陶君廉. 发扬成绩 锐意改革 团结实干 振兴师大 [N]. 西北师大报, 1988 - 09 - 01 (1).

"有了名，就要循名求实，务使名实相符。以质量求生存，这是我们在西北师大工作和学习的人都必须为之努力的一个极为重要的问题。我们要从甘肃的实际需要和我校的实际出发，分析各专业学科上的优势和劣势，使我们的优势尽可能得以发挥，这叫做扬长。对于我们的劣势，分析起来基本上有两类情况，一类是要采取坚决措施加以克服或补救的，而对另一类则不妨采取避让的态度。前者叫补短，后者叫避短。避短不是消极或偷懒，而是从我们这个学校的具体情况出发考虑问题，不能贪大求全，好高骛远。我们能把我校的职能充分发挥出来，潜力充分挖掘出来，办出特色，办出成绩，是别的学校所不能代替的，就无愧于我们的职守了。要扬长避短，取长补短，然后据以制订规划，使大家有一定的奋斗目标，并且知道如何共同前进。这样的办学效果就会大不一样。"①

李秉德先生的话，正是学校上下在更名之后对学校前途共同思考的问题。

三、争取进入"211 工程"，制订并实施"攀登计划"

（一）积极申报"211 工程"

1990 年 6 月，国家教委在制定全国教育事业十年规划和"八五"计划时，即研究了在"八五"期间集中力量办好一批重点高校的问题。1991 年 4 月，重点办好一批大学和一批重点学科点被列入七届人大四次会议批准的《国民经济和社会发展十年规划和第八个五年计划纲要》中。

1991 年 6 月，甘肃省委任命王福成担任西北师范大学校长。王福成，1936 年 11 月生，陕西省宝鸡市人，汉族，教授。1961 毕业于甘肃师范大学中文系，历任西北师范大学副校长、校长、党委书记。在 1992 年底

———————————

① 李秉德. 明确方向，抓住重点，加紧努力 [N]. 西北师大报，1988 - 09 - 01 (2).

召开的学校教代会上，王福成在报告中指出，学校已经成为一所文理并重，学科门类比较齐全，培养能力较高的高等师范院校，具有师范性、西部性和民族性的办学特色正在逐步形成。当前，学校需要进一步突破单一的师范教育办学模式，继续采取多种形式、多种层次、多种渠道办学，为跻身全国地方师范大学先进行列而努力奋斗。

1993 年 2 月 13 日，党中央、国务院正式发布《中国教育改革和发展纲要》，其中明确指出："要集中中央和地方等各方面的力量办好 100 所左右重点大学和一批重点学科、专业。"1993 年 7 月，国家教委发布《关于重点建设一批高等学校和重点学科点的若干意见》，决定设置"211 工程"重点建设项目，即面向 21 世纪，重点建设 100 所左右高等学校和一批重点学科点，并于 1994 年 5 月开始启动部门预审。"211 工程"为学校的发展提供了新的机遇，全校师生员工对此高度关注，振奋精神，扎实工作，加快发展，力争进入"211 工程"成为全校上下的一致愿望。在这种形势下，学校审时度势，分析了学校当时的情况，认为学校处于进入"211 工程"的边缘，如果能够争取到甘肃省的大力支持，经过全校师生的共同努力，就有可能进入国家重点建设的 100 所大学；同时，争进'211 工程'的过程，也有利于按照国家"211 工程"的标准和要求，加强学校各方面的建设，争取政府和社会各界对学校的支持，提高学校的总体办学实力。1993 年 9 月，学校向国家教委报呈了"关于将我校列入'211 工程'建设计划的报告"，提出了力争进入"211 工程"的奋斗目标和"解放思想，深化改革，苦练内功，争进'211 工程'的工作思路。同年 12 月，甘肃省人民政府也向国家教委递呈了《关于将西北师范大学列入国家"211 工程"的报告》（甘政发［1993］216 号）。1994 年 4 月，学校成立了"211 工程"办公室，具体负责我校争取进入"211 工程"的有关工作。

1996 年 4 月，基于国家教委在年内即将结束"211 工程"申请院校部门预审工作的迫切现实，学校在积极准备做好部门预审自评工作和制定"'211 工程'整体建设规划"的同时，向省委、省政府呈文，请求省政府进一步采取得力措施，支持学校向国家教委申请"211 工程"预审。在学校的争取和努力下，1997 年 1 月，甘肃省政府向国家教委递呈了《甘肃省人民政府关于申请西北师范大学列入国家"211 工程"部门预审的报告》（甘政发〔1997〕6 号），希望按照"一省一校"的原则，将西北师范大学列入"211 工程"部门预审学校。1997 年 1 月 21 日下午，孙英省长在西北师范大学主持召开了省政府现场办公会议，专题研究了甘肃省政府支持西北师范大学进入"211 工程"的有关问题，会议进一步明确了省重点支持的经费承诺。

◎时任甘肃省省长孙英莅临学校现场办公

（二）"攀登计划"

面临世纪之交，西北师大将以怎样的形象迈入 21 世纪，为学校在 21 世纪腾飞打好基础，以崭新的形象迎接新世纪的到来？为了促进学校"九五"发展规划的全面实现，努力争创全国一流高师，争取进入"211 工程"，学校于 1996 年制订并实施了"攀登计划"，计划实施期限为 1996—2000 年，该工程由"学科特色工程"、"教改二期工程"、"计算机校园网建设工程"、"校园文化建设工程"、"基础设施建设工程"和"保障措施"等六个部分组成，各"工程"建设项目以目标管理的方式协调推进。"攀登计划"的实施使学科建设、教学改革、师资队伍、校园文化建设登上了一个新的台阶。

赵金保校长在总结"攀登计划"时，深有感触地说："计划的论证与制定由党委主持、教代会讨论，是党委集体决策和广大教职工集体智慧的成果。要高度重视管理工作，注重目标管理和过程管理两个方面的有机结合。我们要引导广大领导干部高度重视对管理理论的学习、研究和应用，推进我校管理工作的现代化、科学化。我们需要学术上的大师，同样也需要管理上的'大师'。"①

西北师范大学自20世纪40年代初期迁校至甘肃兰州，开创了西北高等师范教育的先河，广大师生扎根西部，不畏艰辛，艰苦创业。新中国成立后，曾为国家教育部直属高校的西北师范大学在高等院校调整过程中划归地方，学校发展建设所依赖的政策和经费支撑比较有限，也因此失去了很多重大的发展机遇。怀着这样的"心结"，希望学校能够重新进入国家教育部直属的高等院校序列成为历代师大学人的夙愿。由于多方面的原因，西北师范大学与"211工程"擦肩而过，但是，学校为争取进入"211工程"在学科建设、师资队伍建设、校园基础建设和公共服务体系建设方面付出的不懈努力没有付诸东流，"攀登计划"的实施使学校各项事业取得了跨越式发展。虽然学校争取进入"211工程"的奋斗目标最终没有得以实现，但是，师大人并未因此而气馁，高举"爱国进步、诚信质朴、艰苦奋斗、自强不息"的精神旗帜，坚持不懈，奋发图强，团结一致，努力向全国一流高等师范大学目标攀登的信心和决心没有动摇！

第二节
从转变教育观念到确立新的办学理念

一、坚持高举师范教育大旗

20世纪80年代末，我国经济体制和科技体制的改革，使建立在计划经济基础上的教育体制的弊端显现出来。对高等师范院校来说，由于国家实施九年制义务教育，各地对基础教育师资的需求急剧增加，但许多

---

① 见赵金保：《学思录——十年来的实践与思考》（内部资料），第145—147页。

师范院校由于经费不足以及师范生的专业思想不稳定，更多地在思考和探索如何适应经济建设的需要进行专业改造。在这种背景下，西北师大适时地增设了经济、电化教育和计算机科学3个系5个专业。由于当时全国范围的中等教育师资紧缺和师范生专业思想普遍不稳定的矛盾比较突出，一些师范院校出现了向综合大学看齐的动向。国家教委反复强调"师范院校要高举师范教育的大旗"，1988年，为了提高师范人才培养质量，学校提出要"进一步端正办学思想"，即"在指导思想上把培养合格的中等教育师资作为我院一切工作的出发点和落脚点"。① "在系科、课程设置、专业结构的调整、教学计划的制订和教学内容的安排上也必须符合培养目标的要求，切不可盲目拔高层次，追求大而全"。② 1989年12月，根据中等教育的发展状况，校长白光弼在校庆报告中又提出："我校原定的任务，主要是培养普通中等教育的师资。随着教育体制改革和教育结构的调整，中等职业技术教育和各类成人教育正在蓬勃发展，并需要大量的师资。在今后的办学中，我们一定要努力创造条件，适当增设职业技术教育专业……进一步发展各类成人教育。"在教学上，学校坚持"加强基础课，突出主干课，开好选修课，建立合理的具有鲜明师范特点的课程体系"的指导思想。③

二、关于高师培养模式的讨论

进入20世纪90年代，学校传统的培养单一型人才的办学模式缺乏弹性和柔性的弊端日益显现，主要表现在学校的专业设置局限在与中学课程相对应的范围之内，不利于提高学科专业的学术水平，也不利于建设新的学科专业，缺乏发展后劲；教学过程中过分强调专业理论知识的传授，而对实践训练、基本技能和全面素质的提高注意不够，对新教学手

① 见《西北师范学院1988年工作要点》。
② 见白光弼：《在西北师院第二届教职工代表大会上的工作报告》，1987年12月24日。
③ 白光弼. 努力办好西北师范大学，为发展社会主义教育事业作出更大贡献［N］. 西北师大报，1990－02－28（1）.

段的推广使用不够，不利于提高人才培养质量。这种状况越来越不适应经济建设和基础教育发展的需要。

1991 年年底，学校组成"教学改革专题调研小组"，分赴东南沿海各兄弟院校和省内各地州市中等学校，进行以"面向未来改革高师培养模式"为专题的调查研究，撰写了一系列调研报告。1992 年，学校将"90 年代高等师范学生培养模式大讨论"列入工作要点，推动了全校性的讨论。经过讨论，师生对高师培养模式有了新的认识。（1）在拓宽"师范性"外延的基础上坚守师范教育阵地。明确了高等师范大学的"师范性"表现在培养"教育工作者"上，从而纠正了以下几个传统的观念：一是纠正了把培养中等教育师资作为高师的唯一目标的观念，明确了高师除了培养中等教育师资以外，还要培养教育管理人员、企事业单位的教育培训人员和社会教育工作者；二是纠正了认为高师只能培养基础教育的文化课师资的观念，明确了高师还要培养职业技术师资和就业指导人员甚至高等院校的师资；三是明确了高师院校不是中学课程的备课场所，而是培养在素质上有更高的境界和更全面发展的专门人才的场所。（2）师范院校必须全面适应经济建设和教育发展的需要，进行改革以提高办学效率和教育质量，为社会培养多方面的人才。[①]

"高师培养模式的大讨论"在当时突破了传统的"小师范"观念，拓宽了全体师生的视野，把大家的思想统一到了办"大师范"的思路上来，并形成了"强化师范基础，突出现代特点，拓宽专业范围，提高教育质量，增强适应能力"的教学改革指导思想；形成了"发挥老校办学潜力，走高效内涵发展道路，促学校再上新台阶"的办学思路，为学校制定和实施《五年教改工程》做好了思想准备；使学校摒弃了以往过窄的专业划分，拓宽了专业口径，突出了对学生的思维方式、实践技能、创新能力和道德品质的综合培养，提高了教育质量，增强了学生的适应能力，促进了学校的发展。

---

① 杨爱程. 面向未来改革高师培养模式 [J]. 西北师范大学学报：社会科学版，1992（3）.

1992年6月11—13日，学校召开了中共西北师范大学第四次代表大会。省委副书记卢克俭，省纪委副书记李德奎，省委组织部副部长陆浩，省委宣传部副部长罗祖孝，省教委党组书记、主任王松山，省教委党组副书记、主任陶君廉以及省委组织部、宣传部有关处的负责同志出席了大会。参加

◎1992年6月，中国共产党西北师范大学第四次代表大会召开，首次明确了办学的师范特色、西部特色和民族特色。

大会的正式代表128名，特邀代表25名。代表们肩负着全校1200多名党员的重托，齐聚一堂，共商党的建设和学校改革大计。校党委书记阎思圣受第三届党委委托，向大会作了题为《加强党的领导，加快改革步伐，为进一步办好西北师范大学而奋斗》的党委工作报告，纪委书记白守忠作了《坚持从严治党，加强党风党纪建设，努力开创我校纪检工作新局面》的纪委工作报告，校长王福成作了《关于进一步解放思想，加快管理体制改革的意见》的报告。大会还讨论了《中共西北师范大学系总支部委员会工作条例》和《中共西北师范大学基层支部工作条例》。大会选举产生了19名党委委员和13名纪委委员。阎思圣当选为党委书记，白守忠当选为纪委书记。省教委主任王松山在发言中指出："希望通过这次会议，学校进一步将立足点放在为经济建设服务上。师范院校的基本任务是培养师资，随着经济建设的发展，专业结构要进行相应的调整。"①

◎阎思圣

阎思圣，1938年8月生，河南省鹿邑市人，

① 中国共产党西北师范大学第四次代表大会隆重召开［N］. 西北师大报，1992－06－30（1）.

汉族，研究员。历任西北民族学院院长，西北师范大学党委书记、甘肃省教委主任、甘肃省人大科教文卫处副主任。

三、对学校特色的定位

1989 年 12 月，校党委书记陶君廉在校庆纪念文章中提出"一定要从我校的性质和任务出发，紧紧把握和发挥综合性、师范性、民族性这三个特点和优势，不仅在培养人才方面，而且在更直接地为社会经济、科学文化的发展服务方面，努力为国家、为民族多作贡献，同时也从中形成自己的办学特色"[1]。综合性、师范性、民族性，这是学校首次对办学特色的概括。

在 1991 年 12 月召开的全校师资工作会议上，学校的办学特色问题成为讨论的主要话题之一。党委书记阎思圣在会议闭幕式的总结讲话中，专门谈了几点对学校特色的认识：（1）既然是师大，它的特色就要突出师范性；（2）既然是一所大学，就要突出教育、教学和科研，把教学放在中心地位，教学科研相结合，以科研带动教学，以教学促进科研；（3）既然我校地处大西北，就要立足西北、面向全国，学科建设要有西北的精神风貌、西北的风格，要研究西北的政治、经济、文化和教育特点，要为西北的建设服务；（4）还要考虑老校的特点，研究老专业、老学校的影响和优势。1992 年 6 月 12 日，在中共西北师大第四次代表大会上，阎思圣代表党委概括了学校的办学特色，提出要"努力把学校办成具有师范特色、西部特色、民族特色的高等师范大学，在本世纪末跻身全国地方师范大学的先进行列"[2]。在 1992 年年底的教职工代表大会上，校长王福成分析学校"已成为一所文理并重、学科门类比较齐全、培养能力较高的高师院校，具有师范性、西部性和民族性的办学特色逐步形

---

[1] 陶君廉. 坚持社会主义的办学方向，自觉为社会主义建设服务 [N]. 西北师大报，1989 – 12 – 17（1）.

[2] 见阎思圣：《加强党的领导，加快改革步伐，为进一步办好西北师范大学而奋斗》，1992 年 6 月 12 日。

成"，提出要进一步"突破单一的师范教育办学模式，继续采取多种形式、多种层次、多种渠道的办学"。①

1992年11月，第四次全国普通高等教育工作会议召开，会议决定积极发展高等教育并加快高等教育的改革。1993年，《中国教育改革与发展纲要》颁布，进一步明确了新时期高等教育改革和发展的目标、战略、方针和思路。1994年，国家教委全面推进高等教育体制的改革，开始实施"211工程"，并制订和启动了《高等教育面向21世纪教学内容和课程体系改革计划》，高等教育的改革与发展进入了一个新阶段。面对高等教育发展的新形势，1994年9月，学校召开了学科建设及教学科研工作会议，与会代表表现出对学校发展的高度关注，提出了学校在办学特色和办学水平上思路不够开阔的意见。1996年，学校组织编制了"攀登计划"，在"攀登计划"的论证过程中，大家认识到办学特色不仅仅是学校的办学历史与现状的反映，而且是发展目标的反映，学校的特色应该体现在学科建设与科学研究上，而且应该是学校不断追求的目标。因此，在"攀登计划"中，把"学科特色工程"放在了首位。

自1992年以来，学校以改革统揽全局，抢抓机遇，加快发展，着力解决了影响和制约学校发展的一系列重大问题，逐步明确了学校的办学方向和指导思想，形成了一批有影响、有特色的学科方向，取得了一批标志性的研究成果，具有师范特色、民族特色、区域特色的学科体系基本形成。经过多年对学校办学特色的探索和实践，西北师大人对自己的办学特色和奋斗方向越来越明确。1999年，党委书记姚克敏在中共西北师范大学第五次党代会的工作报告中，提出了要抢抓国家实施科教兴国战略、加快西部开发的有利机遇，把学校建成全国一流的新型社会主义师范大学的奋斗目标，同时对奋斗目标的内涵做了具体阐释。姚克敏书记指出，所谓"一流"，就是要使西北师大在人才培养质量、科学研究水

---

① 见王福成：《在西北师范大学第三届教职工代表大会上的讲话》，1992年11月5日。

平、服务社会能力和科学管理水平等内容上，跻身于全国高等师范大学前列，并在一些领域达到全国领先；所谓"新型"，就是要按照发展知识经济的特点，遵循现代高等教育的规律，使学校沿着"教学、科研、开发"三位一体、产学研相结合的现代化方向发展，成为具有现代化特点的高等学校。

学校党委认识到，特色与质量是高校在竞争中取胜的法宝，在新的形势下，需要进一步准确地把握学校的办学指导思想。"突出师范特色、民族特色、西部特色是我们今后办学的基本方向。强调突出师范特色，就是要在教育战略地位凸显的形势下，进一步巩固我们在师范教育中业已形成的优势，更加有效地发挥学校在甘肃基础教育中的支柱作用；强调突出民族特色，就是要在民族教育越来越成为影响和制约西北地区经济建设和社会发展的最重要因素的形势下，进一步把我们的师范教育优势引入西北民族教育之中，更加有效地发挥学校在西北民族教育中的中心辐射作用；强调突出西部特色，就是要在国家经济发展战略重点向西部转移的形势下，把学校的发展与西部特点结合起来，拓宽和强化学校为西北特别是甘肃经济建设和社会发展服务的领域，更加有效地发挥学校在甘肃经济建设与社会发展中的生力军作用。"① 这是学校党委对办学特色问题的一次最全面的阐释，党委的这些认识，得到了广大教职工的认同，并在1999年11月印发的《西北师范大学改革与发展五年行动计划》中得到了充分的体现。

四、确立综合化发展理念

1996年2月，甘肃省委任命赵金保担任校长。赵金保，汉族，1939年12月生，宁夏回族自治区吴忠市人，教授。历任西北师范大学物理系系主任、副校长、校长，第九届全国人大代表。1996年，赵金保校长组织编制"攀登计划"，在"攀登计划"的论证过程中，大家认识到办学

---

① 见姚克敏：《在中共西北师范大学第五次代表大会上的报告》，1999年10月28日。

特色不仅仅是学校的办学历史与现状的反映，而且是发展目标的反映，学校的特色应该体现在学科建设与科学研究上，而且应该是学校不断追求的目标。因此，在"攀登计划"中，把"学科特色工程"放在了首位。1999 年 1 月 14 日，校长赵金保在四届二次教代会上提出："从现在起，要高度重视知识经济条件下的办学问题，动员和组织力量制订新的发展规划，为我们掌握发展的主动权提供思想上、理论上、对策上的准备。"

1999 年 1 月 1 日起正式实施的《高等教育法》以法律的形式明确了高校作为法人事业单位享有一系列办学自主权。1 月 13 日，国务院转发了教育部制定的《面向 21 世纪教育振兴行动计划》，进一步明确了高等教育的改革方向。同时，随着知识经济时代的来临，高校从经济建设的边缘走向了社会经济发展的中心。这一系列重大而深刻的变革，使学校党委深深地感受到我们在办学观念、办学方法、办学模式等方面仍然比较浓厚地保留着计划经济时代的色彩，因此，进一步转变观念，深入研究知识经济和市场经济条件下如何充分发挥好办学自主权、努力提高自主办学的能力成为全校教职员工的重要任务。

1999 年 10 月 28—29 日，中共西北师范大学第五次代表大会在全体教职员工的热切期盼下隆重召开。全校 28 个党总支（直属党支部）的 118 名正式代表和 23 名列席代表参加会议，省委常委、宣传部长马西林、省纪委副书记王润康、省委组织部副部长王通智、省教委主

◎中国共产党西北师范大学第五次代表大会现场

任罗鸿福等同志出席了大会。第五次党代会的主题是：高举邓小平理论伟大旗帜，全面贯彻第三次全国教育工作会议的精神，加快学校改革与

发展步伐，为把学校建设成为全国新型一流高等师范学校而奋斗。校党委书记姚克敏在开幕式上作了《高举伟大旗帜，弘扬西部精神，加快改革步伐，为把我校建设成为全国新型一流高等师范学校而奋斗》的党委工作报告，校党委副书记、纪委书记何昌明作了《加强党风廉政建设，净化校内育人环境，为保证健康有序地推进我校改革与发展做贡献》的纪委工作报告，校长赵金保作了《〈西北师范大学改革与发展5年行动计划〉的说明》的报告。姚克敏在报告中提出努力把西北师范大学建设成全国一流的新型社会主义师范大学的奋斗目标。大会选举产生了中共西北师范大学第五届委员会，选出党委委员19人，纪委委员13人。姚克敏当选党委书记，刘基、何昌明当选党委副书记，何昌明同时兼任纪委书记。姚克敏，1942年5月生，甘肃省灵台县人，汉族，研究员，曾任西北师范大学副校长。

◎姚克敏

姚克敏在第五次党代会的报告中，从学校的实际出发，从四个方面提出要进一步转变教育观念：一是要更加牢固地树立为经济建设服务的思想，进一步强化市场意识，不能游离于经济建设之外，就教育论教育，必须直面经济建设主战场，在经济建设的实践中找课题、找位置、求发展，使学校努力成为经济建设和社会发展服务的生力军；二是要进一步提高对现代教育规律的认识，自觉树立起争一流的质量观念，在突出特色上做文章，在完善职能上下工夫，提高学校的竞争力；三是要树立素质教育观念，一切教育活动都应为学生的全面成长服务，要着重培养学生的创新精神和实践创新的能力，着重提高学生的文化素质和科学素质，实现知识与能力的最终融合和完美人格的形成；四是要树立超常规建设与发展的观念，创新办学思想，大胆探索和尝试一些超常规的建设途径，力争在较短的时间内，使办学条件有大的改善，办学力量有大的提高，使学校的发展前景更为广阔。

学校的第五次党代会报告指出，具有近百年办学历史的西北师范大学有着自己的光荣传统和历史，凝结为今天的西部精神，就是崇尚学习、广采博取、追求真知的勤学精神，脚踏实地、严肃认真、即行即知的求实精神，艰苦奋斗、热爱祖国、重于奉献的敬业精神，不甘落后、知难而进、自强不息的创新精神。

这个总结是客观的，百年来西北师大人在克服地理位置偏远、资源短缺、环境艰苦、经济落后等困难的过程中，要和其他具有很强竞争优势的大学同步发展是非常艰难的，学校、老师和学生要和发达城市以及东部地区的大学取得同样的成绩，必须多付出十倍乃至几十倍的努力。近百年的办学历史凭借的就是"克服困难之勇气，负责尽职之决心"的奋斗精神和"夜不能寐，食不甘味"的奉献精神。报告认为，西部精神是我校先师们的科学精神与西北深厚的历史文化积淀融合的产物，是在艰苦岁月里、艰苦环境下成长起来的精神，是传统精神在现时代的发扬光大，是我们宝贵的精神财富。一所近百年的学府，从艰难环境中奋起，在西部精神的支撑下，克服了东西部差距拉大引起的人才流动困难，克服了失去全国重点院校而难以与其他重点院校同步发展的困难，克服了因地处落后地区发展环境不利的困难，在探索中前进，使得学校激扬奋发地驶入改革发展的快车道。经过对师范教育发展历史的认真总结和对高等教育发展趋势的研究，学校认识到：西北师范大学正处在由传统师范大学（小师范）向现代师范大学（大师范）转型的时期，而现代师范大学将进一步向综合大学发展。西北师大面临着改革开放不断深化、西部大开发战略全面实施、高等教育发生着深刻变革、西北地区的历史文化与传统再次为世人关注、西北地区经济建设与社会发展不断前进的大环境，这个大环境体现着对 21 世纪大学的特殊要求；西北师大自身在百年办学历史中，积淀了丰厚的文化传统，形成了一定的学科布局，具有较强的办学实力和影响力，在这些因素中体现出了西北师大的个性。确立了崇尚学术，追求卓越的办学理念，着眼未来，致力于造福本地区的人民；特色鲜明地在个别领域有所作为，实现超越。[①]

学校制定的"十五"发展规划提出的发展的目标，就是要把西北师范大学建成以教师教育为主的、特色鲜明的、在西部有较高水平、在全国有较大影响的综合性大学。

第三节
九十年代校内体制改革

一、高校内部管理体制改革的时代背景

改革开放以来，我国经济体制改革逐步深化，但我国高等院校的管理机构设置基本上参照了政府的行政管理模式，并实行与政府相同或相似的运行机制。高校内部的行政管理架构存在机构重叠庞杂、职能不清、权责不明、人浮于事、协调不畅等严重弊端，教学科研的中心地位不够突出。不少教育工作者意识到内部管理体制对高校自身发展的严重束缚和阻碍，提出高校内部管理体制要改革，要给高校一点自主权。1979 年12 月 6 日，《人民日报》发表了复旦大学校长苏步青等几位著名大学校长、书记撰写的《给高等学校一点自主权》的文章，在高教界引起了强烈共鸣。这场由《人民日报》发起的讨论对推动我国高教管理体制的改革起了重要作用，集中体现在高校机构、人事和分配制度的改革上，并成为此后我国高校内部管理改革的重点。从 1980 年开始，国家在个别省区的高校进行了小范围的改革试点，进行以人事制度、分配制度为主要

---

① 见赵金保：《学思录——十年来的实践与思考》（内部资料），第 244 – 245 页。

内容的单项改革，为政府制定高校改革政策提供了实践与理论依据。
1985 年《中共中央关于教育体制改革的决定》中提出扩大高等学校办学
自主权、调整教育结构、改革劳动人事制度、实行高校后勤社会化等主
要改革内容，高校内部管理体制改革逐步展开。

　　1992 年邓小平发表了南行讲话，党的十四大提出我国经济体制改革
的目标是建设社会主义市场经济体制，为我国高等教育事业的发展迎来
了春天。从 1993 年开始，在国家政治体制、经济体制改革的推动下，我
国高等教育进行了重大体制改革和结构调整，高等教育体制改革目标进
一步明确。1993 年，国家教委《关于普通高校内部管理体制改革的意
见》下发后，高等学校内部管理体制改革进一步扩大试点范围，由单项
改革逐步转向整体综合配套改革，全国高校掀起了内部管理体制改革的
热潮。1993 年，中共中央和国务院在《中国教育改革和发展纲要》中把
扩大高校办学自主权和学校面向社会自主办学放到高等教育体制改革的
核心位置。1997 年，党的"十五大"作出了"科教兴国"的战略部署，
以 1998 年 8 月《中华人民共和国高等教育法》的颁布为标志，以前期改
革探索的实践经验为基础，高校在学校机关改革、学术单位调整、人事
分配和后勤改革等方面开始了新一轮内部管理体制改革。1999 年 1 月，
国务院通过的《面向 21 世纪教育振兴行动计划》将教育摆在优先发展的
战略地位，高等教育迎来了一个大发展、大变革的新时期。

二、"放水养鱼"的改革试点

　　1988 年，学校就将领导体制改革问题提上了议事日程，将有关改革
的设想和思路列入了 1988 年学校工作要点，主要内容包括精简领导机
构、调整人员编制、理顺党政关系、加强党的领导、发挥学校行政组织
的职能作用等方面。学校着手考虑创造条件，向系放权，扩大系级单位
的自主权，实行责、权、利相结合的院系两级管理；以经济承包责任制
作为后勤管理体制改革的重要内容，重视经济杠杆的作用，实行多种多
级经营承包（包括租赁）和多种多级分配形式。

1989年，学校行政工作要点提出以"以服务四化建设、增强办学活力、改善办学条件、提高办学效益为目的，深化改革"为指导思想，在学校管理体制方面，制订好西北师大的战略或总体规划；成立决策审议学校工作的机构——校务委员会；选择一两个系进行"工资总额包干"试点工作；加强民主监督和管理，实行民主办学。总务后勤要加强内部管理，提高服务质量和经济效益，不断完善和继续推行定额承包经济责任制，扩大服务范围和增加服务项目，引进竞争机制，更好地为教学科研和广大师生服务。

1979年以前，学校后勤部门隶属校务部，设有生产科、总务科、财务科、伙食科、校医院和幼儿园等科级单位。70年代末，校务部更名为总务处，以上的部分科技单位也先后成为独立的处级单位，改变了隶属关系。1985年后，学校借鉴当时农村和企业实行的承包制的特点，以所有权和经营权相分离为改革思路，首先从伙食工作开始，在总务处进行改革试点，将"包"字引进了后勤部门，经济承包责任制成为后勤管理体制改革的核心内容。房产科、水电科、总务科、修建科等采用了定岗、定责、定工作量的承包办法，开始打破"大锅饭"，把职工的劳动与报酬联系起来。与此同时，将自立经营、自负盈亏、超收多留，歉收自补，责、权、利结合的经营体制引入校办农场，通过公开招标进一步搞活经营，提高经济效益。1988年5月，西北师范学院青年干部雷远鸣、青年教师王建忠、徐兆亮、史建国在9个竞标承包小组中夺标，承包了靖远分校农场，靖远分校农场更名为"西北师院靖远农业、科技实验中心"。同时，助剂厂也实行承包制，经过公开答辩和投标答辩，原助剂厂副厂长丛子晶夺标成为第一个承包助剂厂的厂长。承包制的改革思路在教职工中引起了很大的反响。

1992年之前，学校有关机构设置、人事、科研、后勤管理等方面的系统改革虽未全面推行，但在小范围内展开的改革探索和实践促使更多的干部和教师开始对校内改革有了进一步的深入思考，以改革求活力、谋发展的愿望更加迫切起来。

三、1992 年启动校内综合改革

1992 年邓小平南行讲话和党的十四大提出的建立社会主义市场经济体制的改革目标，在全校上下引起了高度关注。广大师生议改革、盼改革、求改革的热情空前高涨，走改革之路已经在全校达成共识，校内管理体制改革的思想基础基本成熟。1992 年 6 月 11—13 日，学校召开了中共西北师范大学第四次代表大会，王福成作了《关于进一步解放思想，加快管理体制改革的意见》的报告，提出从内部管理体制的改革入手，以人事和分配制度改革为突破口，建立起具有活力的校内管理运行机制。《西北师范大学综合改革纲要》《西北师范大学校内管理体制改革方案》和 17 个配套改革实施办法在 1992 年下半年相继下发执行。学校首先在"三系一处"（数学系、政治系、教育系和生活服务中心）进行了改革试点，总结经验，逐步推开。在改革试点的基础上，1993 年，党委批复了48 个系处级单位的内部管理体制改革方案。1994 年，改革在全校各单位全面展开，并逐步向纵深发展。

（一）人事分配制度改革

人事分配制度改革是学校综合配套改革的突破口，目标是调动教职员工的工作积极性和增强学校的办学活力，重点是定编、定岗、定责。在省编委、省教委下达的编制的基础上，本着"保证需要、紧缩编制、突出重点、提高效益"的原则，学校相继出台了《西北师范大学人员编制办法》《西北师范大学教学、科研岗位设置办法》《教学人员、教辅人员、科研人员的岗位职责》以及《西北师范大学机关各部门职责范围》。1992 年下半年至 1993 年年底对全校各单位分教学、科研、教学辅助、党政管理人员和工人不同系列进行核编，设立了流动编制和浮动编制，将单一的编制管理模式改革为事业编制与企业编制相结合、固定编制与流动编制相结合的管理模式，增强了广大教职工的编制意识，超编进人现象得到了进一步的遏制。

实行专业技术人员聘任制。1992 年 10 月，学校制定了《西北师范大学各类人员聘任制实施办法》和《西北师范大学专业技术职务聘任暂行规定》，进一步严格了专业技术人员的聘任制度，试行了低职高聘和高职低聘制度，制定了《西北师范大学各类人员考核办法》，从"德、能、勤、绩"四个方面对各类人员进行全面考核和评定。同时，学校也实行了党政管理干部任期目标责任制，并逐步实行逐级聘任制，使党政管理干部管理制度主动适应教学、科研改革的需要。学校还严格执行离退休制度。从 1992 年开始严格实行了到龄即退，对部分专家、教授按照条件进行了缓（延）退。1993 年 6 月，学校成立了人才开发交流中心，制定下发了《西北师范大学人才开发交流中心上交待岗人员管理暂行条例》，主要通过停薪留职、提前办理退休手续、辞退等渠道来缓解因机构改革、聘任产生的富余人员压力。这些措施保证了教学、科研的顺利进行，推动了师资队伍建设。

实行工资总额包干制和校内结构工资制。1992 年年初，学校制定下发了《西北师范大学工资总额包干及校内结构工资制实施办法》，改革工资、奖金分配办法，将过去"大锅饭"性质的奖酬金改为校内津贴，按岗位责任和工作实绩由各单位重新确定分配，实行以系为主，校、系共同负担的校内津贴筹措办法。这些措施弥补了学校办学经费的不足，调动了各单位办学的积极性，体现了按劳分配和奖勤罚懒的原则，提高了教职工待遇，但同时也出现了自考生过度膨胀、管理混乱等问题。1993 年 10 月，国家对机关事业单位工资制度进行了改革，将实行多年的结构工资制改为职务等级工资制，在工资中首次引入了津贴的概念，即工资中 30% 为津贴部分，而且要求津贴部分必须搞活，按劳分配。学校在贯彻国家和甘肃省政策、搞活 30% 部分的同时，首次出台了《西北师范大学校内津贴发放办法》（西师发［1994］39 号）。该《办法》的实施调动了各类人员的工作积极性，为建立更加合理的校内分配制度打下了坚实的基础。

（二）校内机构改革

1992 年学校成立了机关改革领导小组，按照"精简、统一、高效"的原则，作出了《关于机关机构改革的决定》，调整合并了机构，精减了工作人员，使机关向小机构、大服务方向转变。当时经过调整的单位有 25 个，机关人员精减接近一半，处级机构设置减少接近一半，机关机构变得高效、精干。在此基础上，1993 年学校又下发了《关于深化机关机构改革的意见》《机关职工综合考核细则》，进一步明确了各部门的职责范围和各类人员的岗位职责，加强了对机关工作人员的考核。同年，根据甘肃省的要求，学校结合改革的实际，对校内机构设置和副科级以上干部职数进行了审核，核定后的处级、副处级单位 71 个，直属科级单位 4 个，正副处级干部 246 人，正副科级干部 284 人。在机关机构改革的基础上，遵照资源共享、优势互补、人才合理配置的原则，教学单位的改革同步推进。

成人学历教育扩大了办学规模，拓宽了办学形式，职后继续教育和职业技术教育也有了快速发展。1992 年，学校在函授部、夜大学的基础上，经甘肃省教委批准，成立了成人教育学院，1997 年 4 月，成立了自学考试中心。此后 5 年，学校先后组建了教育科学研究院、成人教育学院、乡镇企业学院、化学化工学院、经济法律学院、艺术学院等 6 个二级学院，撤并了一些教学部、所。

（三）后勤社会化改革

1993 年，《中国教育改革与发展纲要》指出："高等学校的后勤工作，应通过改革实现社会化。"改革的重点主要集中在高校学生宿舍公寓化和教师住房社会化、商品化改革方面。从 1999 年开始，我国高校后勤社会化进入全面攻坚阶段，改革所要解决的问题主要是：打破高校包办后勤的局面，改变高校自办后勤的模式；沟通高校利用社会资源的渠道，建立多渠道筹集资金的机制，提高后勤的规模效益；改革高校后勤事业型和福利化的运行机制，引入现代企业的管理方式、竞争机制和管理理念，更好地为教学科研和师生服务。

1997 年 12 月，学校出台了《西北师范大学校办产业经济目标责任奖励办法（试行）》，同时，还制定了住房制度改革方案和公费医疗制度改革意见、细则等，积极推进住房和医疗制度改革。在后勤社会化改革中，学校对校办农场靖远分校进行了剥离和转让。靖远分校是 1956 年经过办理征地手续后建立的，占地 1200 亩，其中有 1000 亩可供灌溉的耕地，截至 1992 年有职工 15 人，家属 23 人。靖远分校作为学校实施教育与生产劳动相结合的教学劳动基地，大批青年学生在参与劳动实践的过程中得到了锻炼和成长，劳动经历成为他们人生成长宝贵的记忆。但是随着办学规模的扩大和学校经费的紧张，分校效益低，给学校造成了很大负担。1989 年，靖远县人民政府根据省政府甘政发（1989）113 号文件精神，1990 年决定收回学校靖远分校部分土地。1991 年 11 月 1 日，靖远县人民政府在未与学校协商和向上级部门请示的情况下派十余人到分校丈量土地，要立即收回部分土地。1992 年，为了妥善处理靖远分校土地问题，减轻学校财政负担，西北师大决定将分校的全部土地和大部分固定资产转让给甘肃省"两西"农业建设指挥部，用于安置移民及进行农业生产的开发建设，双方于 1992 年 3 月 28 日签订了转让协议书。靖远分校从西北师大剥离后，学生教学生产劳动基地变为兰州市分配给学校的北山九州台 800 亩绿化地。

住房问题一直是全校教职工关注的热点问题，供需矛盾历来非常突出。1996 年年初，学校安居工程 6 栋楼房破土动工，其中学校自筹经费建造 3 栋，甘肃省列入大专院校安居工程 3 栋。1997 年 7 月，工程全部完工，新增住宅面积 2.9 万平方米，住宅 312 套。随着安居工程住宅楼竣工和腾空住房出售分配工作的进行，1997 年近千名教职工喜迁新居。这是建校以来学校一次性住宅建房最多的时期。讲师以上的业务人员和科级以上干部基本都住上了成套房。安居工程的实施有效缓解了职工住宅不足的突出矛盾，改善了教职工的住房条件，稳定了教师队伍。

从 1999 年开始，我国高等教育有了跨越式发展，开始进入大众化阶段，高等学校的办学规模和在校生人数迅速扩大。西北师大原有的 8 栋学生公寓大多较为陈旧，已经不能满足学校扩招后的招生需要。在学校办学空间不足、办学经费紧张的情形下，用后勤社会化的思

◎兰天学生公寓

路选择在校外建设新的学生公寓迫在眉睫。学校与兰州兰天物资调剂总公司签署协议，引入社会资金，依靠企业投资在紧邻学校西边的水挂庄桥旁兴建了全省第一个完全社会化运行的兰天学生公寓。公寓占地 30 亩，2000 年秋季第一批学生入住，由原来的 8 人一间调整为 4 人一间，改善了学生的学习生活环境。2000 年 10 月，学校成立了西北师范大学兰天公寓学生工作站，负责后勤社会化后入住兰天公寓学生的思想政治教育和管理工作，隶属学生工作部领导。

本轮综合改革贯彻了 1992 年全国高校党建会议精神，在充分发挥党组织政治核心作用的前提下，采用整体设计、分步实施、逐步到位的方式进行，涉及了机构设置、人事编制、工资津贴和后勤服务等方面。内部管理体制改革在吸引人才、稳定队伍、建立津贴制度等方面取得了一些阶段性成果，调动了广大干部教师和各个单位的工作积极性，促使学校管理机制向民主化和法制化不断迈进。改革意识、竞争意识、市场意识、效益意识为人们普遍接受和认同。

任何综合性改革一方面需要在实践中得到检验，另一方面，也必然会与旧的观念和体制发生激烈碰撞，期望通过一次性改革解决所有问题是不现实的。本次改革除津贴制度得以执行外，由于外部制度不配套等原因，工资总额包干被迫中断，职务聘任仅在专业技术人员中进行。分

流人员采用了停薪留职的方式，虽然人事关系进入学校人才交流中心，但最终大多又回到了学校，没有达到人事改革的预期目的，能进不能出的现象依然存在。校企分开和后勤社会化也没有迈开实质性步伐，"一校一户办后勤、高校后勤办社会"的原有格局没有从根本上得到突破。但是，西北师大本轮综合改革迈出了内部管理体制改革的可喜步伐，为今后学校全面深入开展系统改革积累了宝贵的经验。

进入 20 世纪 90 年代末，随着社会主义市场经济步伐的加快，全国高校开始了新一轮内部管理体制改革，1999 年成为进一步推进和深化高校内部管理体制改革的改革年。建立适应社会主义市场经济、具有中国特色的现代大学制度成为高等教育改革发展的主要趋势。从西北师范大学内部来讲，在新一轮内部管理体制改革中如何解决计划经济体制遗留的弊端和问题，引入竞争机制，重点提高优秀拔尖人才和中青年教职工的待遇，充分调动教职工的工作积极性，克服校内管理体制依然存在的行政化倾向，建立面向社会、面向市场的高校后勤社会化体系，突破制约学校事业跨越式发展的"瓶颈"，成为学校党政在改革中思考的重点问题。

1999 年 10 月 28—29 日，中共西北师范大学第五次代表大会在全体教职员工的热切期盼下隆重召开。校党委书记姚克敏和校党委副书记、纪委书记何昌明分别作了题为《高举伟大旗帜，弘扬西部精神，加快改革步伐，为把我校建设成为全国新型一流高等师范学校而奋斗》和《加强党风廉政建设，净化校内育人环境，为保证健康有序地推进我校改革与发展做贡献》的工作报告，校长赵金保作了《〈西北师范大学改革与发展 5 年行动计划〉的说明》的报告。大会选举产生了学校新一届领导班子，确定了学校改革的总体方案，通过转变教育观念大讨论，形成了"以体制改革为关键，以教学改革为核心，以教育思想、教育观念的改革为先导"的改革思路。第五次党代会召开之后，经过反复调研、酝酿，充分论证完善，20 世纪 50 年代以来学校历史上规模最大、涉及面最广的一次管理体制改革在世纪之交全面展开。

（四）积极发展民办高等教育，成立西北师范大学知行学院

1993 年，《中国教育改革和发展纲要》提出要深化高等教育体制改革，改革办学体制，逐步建立以政府办学为主体、社会各界共同办学的体制。1997 年 10 月 1 日实施的《社会力量办学条例》，确立了国家对社会办学"积极鼓励、正确引导、大力支持、加强管理"的十六字方针。为适应高等教育发展和甘肃省经济社会发展特别是教育文化事业发展的需求，大力发展民办教育，形成公办高校和民办高校共同发展的路子，也是大势所趋。成立西北师范大学知行学院正是顺应时代要求的产物。1999 年 10 月 16 日，甘肃省第一所民办普通高校——西北师范大学知行学院隆重成立，副省长李重庵代表省委、省政府在成立仪式上讲了话。知行学院是由原西北师范大学育才专修学校改制而成，主要举办高等学历教育，学院具有独立法人资格，依法独立自主办学，西北师范大学按照"一校两制"的方式对学院办学进行宏观管理和指导。当时知行学院以普通专科学历教育为主，本专科结合，学生自主择业，国家不包分配。知行学院的成立是西北师大贯彻落实第三次全国教育工作会议精神，积极发展民办高等教育的重要举措，填补了甘肃省高等教育史上民办高校的空白，标志着甘肃省民办教育改革开始起步，是甘肃省高等教育发展上的里程碑。

（五）校园面貌展现新姿，公共服务能力显著提升

改革开放之前，西北师大校园建筑风格古朴，环境优美，绿树成荫，但由于办学经费紧张，建设经费来源单一，校园环境面貌未曾有过大的改观。改革开放之后，特别是进入 20 世纪 90 年代中后期以来，学校多渠道争取和筹集建设经费，各项工程全面开工建设，公共服务能力显著提升，极大地改善了广大师生的学习、工作和生活条件。短短几年间，一幢幢现代化建筑拔地而起，校园面貌发生了翻天覆地的变化，奠定了如今学校校园建筑的基本格局。

有线电视、计算机和通信三大现代教育网络开始形成，"三网"的形成为学校教学手段现代化提供了强有力的支持。1994年7月学校设立了有线电视台。1995年9月2日，有线电视自办节目正式开播，除"一周要闻"外，还开办了专题采访、专题报道、大学生风景线、青年学者风采、记者视线、电视沙龙等6个专题节目。1996年6月有线电视网全面改造，由原来只能同时转播20套节目发展为可同时转播58套节目，转播能力大大增强。1997年12月，学校公寓有线电视系统正式开工并于1998年年底通过验收，同学们可以在自己的宿舍收看到丰富多彩的电视节目，丰富了学生的业余文化生活。在学校"攀登计划"和"教改二期工程"实施过程中，学校多渠道筹集经费，建成了图书情报管理网，实现了与互联网的联网；建成了24个教学局域网，基本覆盖了各教学单位；建成了一批多媒体教室和微格教室，投入近1000万元对实验室进行了升级改造。1997年学校建成了数字化程控交换机。1997年8月，学校争取甘肃省拨款100万元，自筹160多万元，启动了校园通信网改造工程，1997年12月底基本完工，可以拨打国际国内长途电话的1468门程控电话一次性开通使用。1999年5月，1100部201电话陆续在学校开通。

基础设施建设全面展开，西北师大旧貌换新颜。1996年3月29日，学校"风雨操场"举行开工奠基仪式，"风雨操场"由综合球类馆、篮排球训练馆、武术和体操训练馆、体育系实验办公楼四部分组成。王福成校长在奠基仪式上说，建"风雨操场"是师大人几十年来的一个梦想，从建校初就已提出，几十年来，师大人为此做着不懈的努力，

◎1999年11月落成的体育馆

如今"风雨操场"破土动工，可以说为师大几代人圆了一个梦，是一件大喜事。1998年暑期新建的生化楼全面投入使用。1999年11月10日，总投资1800余万元的西北师大体育馆举行了落成仪式，成为当时甘肃省高校中规模最大、功能最全、配套设施最先进的现代化体育馆。

　　1998年11月10日，学校举行逸夫图书馆奠基典礼，这座图书馆总投资1400万元人民币，其中香港著名爱国人士邵逸夫先生捐资400万港元。该馆建成后，设文献检索室、社会科学类图书借阅室和自然科学类图书借阅室、多媒体阅览室、电子视听室等现代化设备，新增藏书30万册，座位1000个。2000年7月28日，由香港著名实业家田家炳先生捐资500万元兴建的田家炳书院奠基开工，该工程预算总投资1800万元，总建筑面积1600平方米，可同时容纳3600名学生上课。这栋外形端庄朴实、平面布局合理

◎逸夫图书馆

◎田家炳书院

的现代化教学建筑是当时西北师大历史上最大的单体建筑项目，有效缓解了扩招后学校教学用房不足的问题。2000年11月5日，预算总投资1500万元，建筑总面积8500平方米的敦煌艺术学院教学楼正式开工，从根本上缓解了音乐、美术两个专业长期以来存在的教学用房紧张、设施落后陈旧的矛盾。这栋建筑紧邻学校水塔山，坐落在音乐楼和美术楼之间，完工后在绿树叠翠、蓝天塔影和楼前宽阔的广场、草坪的烘托下，

◎艺术广场

成为学校最有魅力的建筑景观。2000 年 9 月 30 日，学校大学生活动中心工程破土动工，该工程的完成彻底改善了学生校园活动设施长期落后紧缺的状况，为学生开展校园文化活动和实施素质教育提供了理想场所。1997 年 3 月，学校成立了校园环境建设领导小组，制订了校园环境建设规划，开工建设了图书馆景区、学思园景区、百花园景区、桃李园景区和学校正门两侧景区。经过两年多的建设，校园环境发生了很大的变化。这些景区成为师大学子晨读学习和思想交流的常去之处。每到春天，校园绿叶成荫，迎春花和丁香花交相盛开，吸引了广大师生纷纷驻足欣赏、拍照合影。美丽的师大校园为青年学生提供了良好的成长环境。

学校建设筹资渠道进一步多元化。1999 年 12 月 4 日，西北师大与中国建设银行甘肃省分行签署了合作协议，贷款 1 亿元用于学校建设，主要投入到重点实验室升级改造、高科技引用开发研究和敦煌艺术学院扩建、田家炳教育书院配套设施、留学生研究生公寓和大学生科技文化中心等基本建设项目。党委书记姚克敏在签字仪式上说，我们要进一步解放思想，转变观念，抓住机遇，迎接挑战，走超常规发展的路子，努力建立以政府为主体、学校为主导、社会各界共同参与的办学格局。

第四节
确立学科建设的龙头地位

一、加强学科建设成为共识

学科建设是一个学校办学水平、办学特色和学术水准的重要标志。建国以来，我国借鉴了苏联师范教育的经验，并在此基础上形成了封闭式的师范教育体制。为基础教育服务，培养合格的中等教育师资在相当长的一段历史时期内成为师范大学一切工作的落脚点。在学术研究上长期存在的"师范性"与"学术性"的对立和争论也深深禁锢和困扰着人们的思想，影响和限制了教师从事科研工作的积极性。西北师大赵金保校长在分析传统师范大学学科发展的局限性时说："学科被主观地画上'师范'与'非师范'的界限，科学研究基本围绕中等学校课程教学中的一些基本理论进行，标准低、范围窄，学科建设脱离了自身发展规律，教师的科研动力不足，学术研究始终处于低水平徘徊状态。"①

1993 年，学校召开了"重点学科建设及教学科研工作会议"。会议客观全面地总结了建校以来科学研究取得的主要成绩，实事求是地分析了学校学科工作建设存在的差距和不足，主要表现在：在相当长一段时间里，科研工作受不到应有的重视，科研经费投入总体不足；缺乏重点学科建设的战略眼光、自觉意识和积极能动性；国家级重点学科处于空白，博士点、硕士点偏少，研究生招生规模有限，在读本科生与研究生人数之比仅为 1∶0.017；学术带头人、导师梯队"断层问题"较为严重；在科学研究成果上从总体来说数量还比较少，水平还不算高；科研活动

---

① 赵金保，张俊宗. 论传统师范大学的现代转型 [J]. 西北师范大学学报：社会科学版，2000 (3).

缺乏必要的组织引导，管理水平有待提高。校、系两级在一段时间内没有中长期的科研规划，致使科研工作自发、个体的多，有计划、有组织的集体攻关不够，不少科研人员长期没有形成固定的研究方向，科研梯队建设也缺乏计划性，没有形成具有明显科研实力和结构合理的科研梯队，缺乏学术合作，形不成拳头优势。

20 世纪中后期以来，在我国社会主义现代化建设全面推进的过程中，政府与社会对大学的要求也日益多样化，大学的职能由单一的人才培养向集人才培养、科学研究与社会服务为一体的多种职能转变。要实现从传统师范大学向现代大学的转型，以高学术性促进和实现强师范性，必须加强学科建设和科学研究逐渐成为共识。1999 年 11 月，党委书记姚克敏在西北师范大学第五次党代会报告中强调，"大学的办学水平、综合实力和发展特色，最终体现在学科上，学科在高等学校的发展中具有龙头作用，处于核心地位。我们要转变教学与科研相对立的认识，也要摆脱教学、科研双中心的认识误区，充分认识学科建设在学校发展中的重要性，充分发挥学科的龙头作用，带动学校各项事业的发展"①。

二、制定实施学科建设规划

在向高水平现代师范大学迈进的过程中，学校有计划、有步骤、有层次、有重点地进行学科建设的自觉意识不断增强，并对凝练学科方向、形成学科特色和优势有了进一步的思考和实践。1991 年，学校成立了"西北师范大学学科建设委员会"，出台了《关于加强学科建设的意见》。1992 年，学校工作要点提出"以学科建设为龙头，分系、分专业抓好学科建设，确定一批重点学科"。1994 年 9 月，学校召开了"学科建设暨教学科研工作会议"，同年 11 月，学校《五年教改工程纲要》《重点学科建设五年规划》《科研工作五年规划》和《研究生教育与学位工作规划》下发执行，提出到 1996 年要大力建设教学论、分析化学等 7 个一级重点

---

① 见姚克敏：《在中共西北师范大学第五次代表大会上的报告》，1999 年 10 月 28 日。

学科，基础数学、教育技术学等10个二级重点学科和12个三级重点学科的具体任务和奋斗目标。1995年9月，学校对1994年颁布的重点学科规划进行了修订，总体设想是"经过努力，到2000年基本形成一批能为国家国民基础教育服务和社会发展服务，集'基础、应用、特色'三位一体，结构布局合理，水平较高，具有特色的重点学科群。力争至少具有3个博士学位授予学科、专业；至少具有25个硕士学位授予学科、专业；争取具有1—2个国家级重点学科，11—13个省级重点学科，有3—5个学科在全国处于先进水平，在国际上有一定影响。所有校级以上重点学科均须在西北处于先进地位，在国内有一定影响"。1997年，学校在"攀登计划"中将"学科特色工程"列为五个子工程之首，提出"加强学科建设，形成教育科学、西北文化、西北区域经济三个学科群，建立'西北少数民族教育实验中心'，使教育学科，包括西北少数民族教育的研究水平达到全国一流。努力使学校成为我国西北文化研究的重要基地，积极争取和承担有关甘肃及西北地区经济和社会发展的重大科研课题及任务。增建1—2个博士点，3—5个硕士点，使学校的学科建设水平迈上一个新的台阶"。进入1999年后，面向21世纪，学校在《改革与发展五年行动计划》中把实施"学科建设与科技创新工程"作为进一步提高学校办学水平的重要举措，提出"以博士点为龙头、省级重点学科为骨干、校级重点学科为基础，加强团队协作，凝聚学术力量，巩固提高基础学科，大力发展特色学科，着力加强应用学科，促进各学科间的融合与渗透，基本形成体现西北地区特别是甘肃经济建设与社会发展、教育发展战略，具有我校特色的学科布局"。

为了将学科发展规划纳入制度化、规范化的管理轨道，学校相继出台了《学术带动人评选和管理办法》《科研项目管理办法》《科学研究项目、成果分类办法》《科研经费管理办法》《重点学科建设实施意见（试行）》等管理文件。学校不断加大资金投入力度，加快学科建设步伐。1992年，正式建立学科建设基金，每年有计划地安排一定的资金重点支持建设具有一定优势和特色的学科。"八五"期间，甘肃省教育厅和学校共投入重点学科经费110多万元，到"九五"期间已增加到500多万元。2000年，学校实施了"西北师范大学知识与科技创新工程"，先后从贷款资金中拿出830多万元用于学科建设，为重点学科建设提供了有力的财力支持和物质保障，促使各个重点学科整体研究水平有了一定提高，购置了一批国际领先的大型精密仪器，如高效毛细管电泳仪（HPCE）、电化学扫描显微镜（SECM）、扫描探针显微镜（STM/AFM）、流动注射化学发光分析仪、液相色谱装柱机、超纯水器、平板电泳仪等，初步建成了分子生物学实验室和3个民族教育实验基地。

三、解决师资队伍断层问题

1991年年底，为了加强教师队伍的思想政治工作，进一步优化学术梯队结构，改善师资队伍断层的现象，学校召开了首届师资工作会议。会议提出"八五"期间师资建设的指导思想是"坚持方向，稳定规模，优化结构，提高素质"，提出了"八五"期间的奋斗目标、任务、措施等。会议出台了《关于促进中青年教师迅速成长的决定》，重点解决教师队伍断层问题。20世纪90年代中期，学校开展了"教学科研双骨干"和"学术带头人"的评选工作，制定并出台了《西北师范大学科学研究奖励办法》，对教师发表高水平论文和出版学术专著进行奖励。通过设立"中青年教师学术专著出版基金"、"孔宪武青年教学、科研基金"、"皇台学术著作出版基金"等，对中青年教师科研工作进行资助，同时，在学校"安居工程"、校内津贴分配等方面也均向中青年骨干教师倾斜。这些措施有效地引导和激励了中青年教师开展学术科研的积极性，改善了他们的生活待遇，在稳定人才、吸引人才、促进学科梯队建设方面发挥了积极的作用，培养和造就了一批跨世纪的中青年学术骨干和学科带头人。

进入21世纪，面对高等教育快速发展、办学规模不断扩大、学历层次不断提高的新形势，2001年6月，学校召开了第二届师资工作会议。会议确定了"十五"期间学校师资队伍建设的指导思想为"以培养高层次人才为重点；以优化结构，提高整体素质为主线；以开拓创新，深化改革为动力，建设一支适应学校发展需要的相对稳定的高水平、高质量教师队伍"。根据会议提出的奋斗目标，学校出台了《西北师范大学"十五"教师队伍建设规划》《西北师范大学关于加强师资队伍建设的若干规定》《西北师范大学教师职业道德规范（试行）》等文件。主要措施有：投入 1000 万元，设立引进高层次人才专项经费、教师在职攻读研究生学位专项经费和教师进修培训专项经费，努力培养和引进高层次人才；对在学科建设、学位点建设和教学科研工作中作出突出贡献的学术带头人，在住房、科研经费和校内津贴方面给予适当的政策倾斜；每年有计划地选派 50 名骨干教师作为访问学者，到国内外一流高校和科研院所进行交流，扩大学术视野，提高教学科研水平；聘请一批国内外著名的学者做兼职或客座教授，参与并指导学校的教学科研工作；深化师资队伍管理制度改革，提高教师素质，优化教师队伍的学历、职务、专业和学缘结构。

20 世纪 90 年代以来，学校努力为学术队伍成长积极创造有利条件，扶持了一大批优秀拔尖人才脱颖而出。高锦章、王云普、赵逵夫、刘仲奎 4 人被评为"国家有突出贡献的中青年专家"，丁传松、王进贤、赵逵夫、廉永善、张学军、刘仲奎、董晨钟、任遂虎、马如云、高峰 10 人被评为"甘肃省优秀专家"，刘仲奎、李并成 2 人被列为国家"百千万人才培养工程"第一层次、第二层次人选，刘仲奎、李并成、雷自强、杨武、伏俊琏、董晨钟、万明钢、王嘉毅、刘金保、马如云、侯经国、魏太保、段文山、王荣民、张兵、杨晓霭、肖群忠、陈晓龙、田澍、胡雨来、王宗礼 21 人入选甘肃省"333 科技人才工程"，王建疆、肖星、周爱保等24 人被评为"省属高校跨世纪学科带头人"。

四、学科建设和科学研究成果

经过十年左右不断的建设和发展，进入 21 世纪，西北师大已形成了集师范性、民族性、区域性为一体的结构较为合理、水平较高的学科群。

截至 2001 年，学校有省级重点学科 6 个，分别是教育学（包含课程与教学论、教育技术学两个专业）、中国古代文学、分析化学、基础数学、中国古代文献学（包含中国古典文献学、敦煌学两个专业）和应用有机化学，省级重点扶持学科 1 个：社会学。英语语言文学、自然地理学、植物学曾作为省级重点学科获得经费资助。敦煌学、简牍学、民族教育、西北地方文史、民族政治、体育与艺术教育等特色学科基本形成。学科整体水平有了较大提高，重点学科实力明显增强，发挥了其在人才培养、知识创新和成果转化等方面的带动作用。

学校基础研究的优势得到巩固和加强，获得的课题数量不断增加，渠道不断拓宽，承担了一批国家级、省部级科研项目和横向联合项目。1992 年，学校共承担省部级以上课题 14 项，总经费 19.3 万元。2001 年，课题数增加到 50 项，总经费达 182.9 万元。十年来，西北师大共承担省部级以上课题 300 多项，总经费达 1000 多万元。横向联合项目研究课题由"八五"期间的 3 项增加到"九五"以来的 35 项，研究经费由"八五"期间不足 2 万元增加到"九五"以来的 580 万元。仅"九五"以来，获国家自然科学基金 26 项，国家社科规划项目 21 项。1992—2002 年共获科研经费 2100 余万元。

学校主办并面向国内外公开发行的主要学术期刊有：《西北师大学报（社会科学版）》《西北师大学报（自然科学版）》《电化教育研究》《西北成人教育学报》《丝绸之路》等。其中，《西北师范大学学报（社会科学版）》具有明显的学术性、师范性和地域性特色，1996 年被列入国家"综合性人文、社会科学类核心期刊"，1999 年被评为"首届全国社科双十佳学报"，2000 年入编 CSSCI—1998 来源期刊，2001 年入选"中国期刊方阵"。由中国电化教育研究会和西北师大主办，全国著名电化教育专家、西北师大电化教育系南国农教授主编的《电化教育研究》是我国教育技术研究的权威刊物，荣获"中国电化教育理论研究基地"的赞誉，读者遍及国内外。1996 年，北京大学图书馆、北京高校图书馆期刊工作研究会在《中文核心期刊要目总览（第二版）》中，将全国 624 种教育学类刊物中选出的 23 种核心期刊进行了排名，《电化教育研究》入选并排名第 10 位。2000 年起《电化教育研究》由双月刊改为月刊，同年被中国社会科学研究评价中心列为"CSSCI"来源期刊。

　　良好的学术环境调动和激发了西北师大广大教师和科研人员的工作热情，学术研究成果的数量和质量都有了明显提升，部分高水平的学术专著和研究成果也在国内外学术界产生了较为广泛的影响。20 世纪 90 年代以来的十年间，在 A 类刊物上发表论文 500 多篇，在国家级出版社出版专著 40 多部。在"国际 3300 种杂志"上发表并被 SCI 检索论文数更是由 1992 年的 8 篇增长到 2002 年的 62 篇，在全国高校的排名不断提前。1997 年，西北师大发表在 SCI 上的科技论文 29 篇，居全国高校第 44 位、全国高师院校第 6 位，提前 3 年实现了进入全国高校前 50 名、高师院校前 10 名的奋斗目标。

　　李秉德先生主编的《教育科学研究方法》一书 1986 年由人民教育出版社出版，全国各高等师范院校大都采用此书做教材，多次付梓重印。1991 年，在他即将 80 岁之际，由他主编的《教学论》一书由人民教育出版社出版。该书提出了一种新的教学论体系，标志着以李秉德教授为首的西北流派的诞生，在国内外教学论界产生了较大影响，获全国普通高校优秀教学成果二等奖，短短几年内，已重印十多次。赵逵夫教授在中国古代文学尤其是先秦两汉文学、古典文献学等研究领域造诣深远，影响巨大，被盛赞为"开显中国古代文学之秘的大师"。他的论文《屈氏先世与句亶王熊伯庸——兼论三闾大夫的职掌》一文，严密论证了《离骚》中的伯庸就是《史记·楚世家》中的句亶王熊伯庸，从而论定屈原同《离骚》的关系。《战国策·张仪相秦章发微》一文第一次发现有关屈原政治活动与政治思想的佚文，日本学者、著名楚辞学家竹治贞夫盛赞此文"发微阐幽，开显千古之秘，令人佩服"。赵逵夫教授的学术成果以确凿的事实对民国初期以来国内外部分学者所持的"屈原否定论"予以了批驳，肯定和维护了中华民族的爱国主义传统。敦煌学研究所副研究员李并成在敦煌学重要领域之一——瓜州、河西史地等方面的前沿研究贡献甚著，他关于敦煌地理文书的考证、河西历史开发的探讨、古城址古关塞古道路古水系古地名的调查研究、历史时期绿洲变迁和土地沙漠化过程的研究等，解决了该学科重要的理论和实践问题，填补了研究领域的空白，开拓了新的研究方向。1992 年，副研究员刘进宝所著《敦煌学述论》一书出版后，引起了海内外学者的高度关注，季羡林先生致信说："大作是极有功力的，甚佩，甚感！"1996 年，博士生导师李定仁教授，在职博士生蔡宝来、李瑾瑜、王鉴等合著发表的《西北少数民族基础教育发展对策研究》荣获中共中央宣传部组织实施的"五个一工程奖"。政法学院青年教师王宗礼、刘建兰、丁志刚、贾应生等完成的"中国西北地区农牧民政治行为研究"、"中国西北民族地区政治稳定研究"、"中国西北地区社会现代化的困惑与出路"、"西部开发与我国地缘经济安全战略研究"等研究成果，引起了国家有关部门的高度重视，国家社科规划办公室《成果要报》编呈江泽民、朱镕基等党和国家领导人参阅。

学校科学研究紧紧抓住西部大开发的良好机遇，面向经济建设主战场和实现科技成果产业化，积极为地方经济建设和社会发展服务，广泛开展产、学、研合作，成立了"软科学研究中心"、"成果转化中心"等机构，科技开发也取得了新的突破。1992—2002 年，西北师大共鉴定应用科技成果 59 项，其中 7 项国际先进，34 项国内领先，18 项国内先进；推广和转让成果 6 项，已转化和用于生产的近

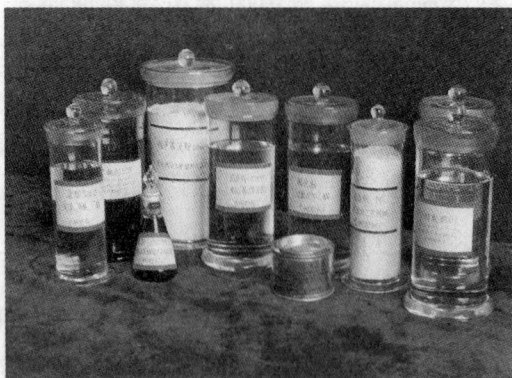

◎ "利用低浓度废弃烟气和 30% 烧碱原液生产亚硫酸钠和硫代硫酸钠的工艺技术"，年产 5 万吨，累计产值超过 1 亿元，利润达到 2000 多万元。

10 项。早在 1987 年西北师大与金川公司就在促进产学研结合、加强科技合作方面进行了尝试，"电解精炼镍添加剂"、"氧化钴生产新工艺"等合作成果在很大程度上解决了金川公司废气、废水、废渣的污染和再利用问题。1996 年由化学系张昌言、蔺恩惠、胡中爱、王雪峰等人研制的"利用低浓度废弃烟气和 30% 烧碱原液生产亚硫酸钠和硫代硫酸钠的工艺技术"和"高黏度羧甲基淀粉固相合成技术"分别转让到金川公司化工厂和兰州新化工贸有限责任公司并成功应用投产，产生了良好的社会效益和经济效益。兰州助剂厂"引发剂'OT'"自 1985 年研制成功后，1993 年在兰州助剂厂进行放大、中试，1998 年被列为"甘肃省重大科技成果转化项目"，产品销往国内外市场。王云普教授主持研究的"高分子植物生长调节剂"通过多种农作物的大田实验和在固沙种草方面的实验，成效显著，他主持研制的"高分子改性沥青"也取得了突破性进展。还有一些研究成果获国家专利，主要有"柔韧性人体测量仪"、"半音大提琴"、"大学英语四、六级考试答题板"、"自动定时曝光测控仪"、"封闭式磁性锁"、"无匙孔全密封磁力传动锁"、"金相假彩色转换装置"、"多功能高分子植物生长调节剂"、"体视假彩色光学显微镜装置"等。

学科建设的发展、科学研究水平的提高和学科梯队的成长，有力地促进和带动了学位点建设和研究生教育。1993 年，西北师大在原有一个博士点，12 个硕士学位点的基础上获准 5 个硕士学位点，1996—2001 年间，学校新增硕士点 29 个，博士点 2 个。其中，2000 年取得了学校历次申报学位点的最好成绩，获得 15 个硕士点授予权，哲学、经济学、计算机科学与技术等一级学科内首次有了硕士点，特别是高分子化学与物理专业经审批获得博士学位授予权，这标志着西北师大在理学这一学科门类博士点实现了"零"的突破，至此，学校硕士点总数达到 42 个，博士点 3 个。这些新增的学位点绝大部分由重点学科催化派生。研究生教育也得到了长足发展，培养类型和层次不断扩展。学校积极创新高层次人才培养模式，与浙江大学、南开大学、中国科学院兰州化学物理研究所等单位联合培养博士研究生，为国家输送了大批高级人才。2001 年，在校研究生总数达 1100 余人。1995 年，经国家教委批准，作为全国 10 余所试点院校之一，学校开始举办"以毕业研究生同等学力申请硕士学位教师进修班"；1996 年，开展了教育硕士专业学位试点，开始面向基础教育和管理工作培养高层次人才；同年，获准开展在职人员申请硕士学位工作。

五、学术交流与国际合作蓬勃开展

促进学校教学科研和学科建设的发展是学校对外交流与合作的重点。1990 年以来，学校先后举办了"兰州国际功能高分子及精细化学学术会议"、"中日第四届有机化学学术会议"、"国际高技术高分子和高分子金属络合物学术讨论会（英文缩写 HPPC）"、"第四届国际有机金属、金属络合物、金属络合物和催化学术讨论会"、"第一届世界华人高科技化学研讨会"、"妇女与少数民族问题国际学术研讨会"等国际学术会议 10 多次，在国内外学术界产生了良好的影响；组织承办了"国家自然科学基金 95 化学基金暨杰出青年基金"评审会、"97 全国化学奥赛暨第 29 届国际奥林匹克竞赛选手选拔赛"、"南国农先生教育思想与实践研讨会"等全国性学术会议 20 多次。

英国剑桥大学数学系科尔察教授，德国多彩多夫大学威斯鲍尔教授，新加坡国立大学李秉彝教授，加拿大多伦多安大略教育研究院教授、香港教育学院院长许美德，日本关西大学文学部教授、博士生导师大庭修，美国内华达州拉斯维加斯大学博士、著名钢琴家卡尔·斯蒂芬和詹姆斯·斯蒂芬夫妇，国际著名生物学家牛满江教授，诺贝尔奖国际学术评委本特·兰比博士，生物学家张先光先生、詹姆斯博士，台湾地区前"行政院"副院长、中国"清华大学"刘兆玄博士，新西兰驻华大使华德先生，马来西亚财政部副部长陈广财先生，欧盟驻华大使安高胜先生，国务院学位委员会哲学学科评议组召集人、中国人民大学博士生导师罗国杰教授，中国音乐学院前院长、著名音乐理论家于润洋教授，中央美术学院院长靳尚谊教授等国内外著名专家先后受邀来到学校作学术报告或讲学。同时，学校还选送了一批在科学研究方面有一定造诣的学者赴海外开展学术交流，并与美国、加拿大、日本等国外的学术机构开展合作研究。这些学术交流活动的开展，在学校师生开阔学术视野、更新知识观念、了解前沿动态、追踪学科走向等方面发挥了积极作用，扩大了学校在国内外的影响和知名度。

西北师大于 1993 年设立对外汉语教育中心。来自土耳其、澳大利亚、美国、日本、韩国、也门、马里、加拿大、巴林和贝宁等国的留学生共 77 人来校接受学历和非学历教育，他们除学习汉语外，分别在中文系、政法系、历史系、体育系、音乐系学习。学校积极寻求与国外高等院校和科研机构开展全面合作，拓宽交流渠道，先后与美国康涅狄克州立中央大学、美国布鲁姆斯堡大学、德国特里尔大学、加拿大多伦多大学、日本文教大学、美国西南巴普蒂斯特大学、休斯敦社区大学、葛拉斯堡罗州立学院、东施图劳斯堡大学、加利福尼亚大学、奥地利海顿音乐学院、英国国王中学及美国西北华美环保学会等 13 所院校和研究机构签署了文化和学术交流协议，建立了校际交流关系，增进了彼此的了解，建立了深厚的友谊。

国际文化交流是传播友谊、开阔视野的窗口。1994 年西北师大与美国大学联谊会签署协议，商定每年双方各安排 20 名在校大学生在西北师大以"一对一"同吃、同住、同学习的形式进行为期一个月的文化交流活动。至 2001 年，已成功举办七届，中美双方参加交流师生累计超过 300 人次。2000 年 3 月，西北师大体育学院学生赵海军、李柱宏等参加在德国举办的第十二届世界大学生公路接力赛，获团体第 11 名。也门留学生王利德在 2001 年南宁全国第四届大学生武术比赛上获得了两个第七名的好成绩。

第五节
狠抓教学质量 实施教改工程

一、抓好教学管理，注重课程质量

学校围绕为国家培养合格的人民教师这一人才培养目标，从严格教学管理入手，按照"加强基础课，突出主干课，开好选修课，建立合理的具有鲜明特点的课程体系"的指导思想，不断加强教学计划的管理，提高课堂教学质量。

加强教研室工作，坚持开展教学效果检查和课堂教学质量评估。1991年秋，学校制定了《关于调整和加强教研室工作的通知》，"对全校90多个教研室进行了结构调整，调整后的教研室最少编制在7人以上；提出了教研室必须具备的五个基本功能，要求尽可能在教研室建立党支部，并制定下发了《教研室工作职责》"。[①] 1990年4月，学校在甘肃省高校中率先成立了教学督导委员会，分设文科、理科2个督导组，经常对全校教学工作进行督促检查和咨询指导，1991年，增设了公共外语督导组。1990年，学校推行了考教分离制度，首先在《马克思主义原理》《高等数学》等课程中进行了考教分离的试点工作，随后将这一制度推广到全校公共必修课中。1992年，在总结之前考教分离经验的基础上，学校制定了《关于实行考教分离制度暂行规定》，要求专业主干课也实行考教分离，各系要建立专业主干课试题库。同年，学校还实行了淘汰制度，采取了学生留级试读、退学试读等措施，促进了学风的不断好转。

为了促进教学质量的进一步提高，逐步实现教学质量管理科学化、规范化，学校在开展课堂教学质量评估的基础上，于1990年下发了《关

---

① 甘肃省教委. 甘肃教育年鉴 1992—1993 [M]. 兰州：甘肃文化出版社，1995：348.

于开展课程建设质量评估工作的意见》，1991 年 4 月制定了《西北师范
大学课程教学质量评估方案》，把教学态度、教学内容、教学方法、教学
效果等四个影响课程教学质量的基本要素作为评估的主要项目，有计划
地在全校开展了课程建设质量评估工作。通过评估，促进了教学质量的
进一步提高，逐步实现了教学质量管理的科学化和规范化。为了进一步
优化课程，突出现代教育特色，加强从师技能培养，1990 年，《大学英
语》课实行分级教学，提出了分类指导、全面提高的要求。1992 年在文
理科各系开设了《计算机基础及应用》课程。1992 年 5 月，学校成立了
"西北师范大学艺术教育委员会"，同年 9 月学校正式开设了《美术鉴赏》
《书法》《基础集邮学》等五门艺术素养类课程，并将"艺术素养类"课
程列入教学计划，在 92 级师范本科生中首次开设。1989 年学校进行了首
次优秀教学成果奖的评选，并实行了公开展评制度，促进了教学成果的
推广和交流工作。

　　学校认识到实践教育在人才培养中的重要性，在文科教学中增加了
社会实践，在理科教学中增加了技术技能和实验方面的课程，既加强了
基础知识的学习，也培养了学生的动手能力。物理系青年教师董晨钟
"为了充分发挥学生在实验中的主动性和创造性，培养学生实验设计思想
以及用实验研究物理问题的方法，他和其他教师一起又增设了一些能运
用已学过的仪器和方法进行具有钻研性和设计性的实验的题目，让学生
结合兴趣自己选择，查找资料，推证公式，确定实验研究方法，组合配
套仪器，拟订实验方案，进行试验。事实表明，通过这些训练，学生学
习的主动性、积极性以及创造性能得到更好的发挥。在 1990 年全校实验
课综合评比中，他所承担的电磁学实验课教学水平、教学效果等指标均
达到优良水平，名列全校第一"①。

---

① 诲人不倦，开拓创新——记全国优秀教师董晨钟［N］．西北师大报，1991 - 10 - 31（2）．

二、实施"五年教改工程"

（一）"五年教改工程"的实施背景

实施《五年教改工程》
全面提高教学质量
——《五年教改工程》实施成果系列材料汇编

◎ "五年教改工程"实施成果系列材料汇编

在计划经济体制时期，高等教育培养目标的基本定位是培养"专门人才"。在科技现代化和计划经济向市场经济转轨过程中，专才教育人才培养模式的缺陷逐渐暴露出来。1992 年 11 月，国家教委在北京召开了全国普通高等教育工作会议，此次会议明确了教学改革的思路，即确立教学工作和教学改革的核心地位，提出了建立与社会主义市场经济体制相适应、符合学生成长规律、具有竞争活力的教学制度，建立和完善适应社会主义现代化建设和现代科技、文化发展趋势的教学内容和课程结构。从 1995 年起，一场以"加强素质教育，增强质量意识"为核心内容的教育思想和观念的讨论在高等教育界展开。面向 21 世纪，培养什么样的人才和怎样培养人才成为大家最为关心、讨论最为热烈的话题。实施素质教育、开展创新型人才培养成为大家的普遍共识。培养目标的调整使高校课程与教学改革发展的动力和指向进一步明确，高等教育教学改革需要建立起融传授知识、培养能力和提高素质为一体的人才培养模式。在此背景下，西北师范大学领导和广大教师充分认识到只有深化改革，增强学校办学实力，提高办学质量和效益，才能更好地适应社会主义市场经济体制的需要。

学校于 1992 年开展了"九十年代高师学生培养模式"的讨论，多次召开教学改革研讨会。主动适应社会主义市场经济体制的需要，积极有效地推进教学改革，使学校从适应计划经济体制的办学轨道转变到适应社会主义市场经济体制的办学轨道上来，从培养普通中学师资的单一模式转变到培养普通中学、职业中学师资以及经济建设急需的其他应用型专业人才的复合型模式上来。学校提出了"强化师范基础、突出现代特点、拓宽专业范围、提高教育质量、增强适应能力"的教学改革指导思想。1992 年年底学校制定了《五年教改工程纲要（1993—1997）》，为以后的教学改革工作确定了具体目标和任务，经过 1993 年的试点，1994 年经"西北师范大学学科建设及教学科研工作会议"正式通过，全面实施。"工程"计划于 1997 年完成。

"工程"的主要目标有以下几方面：主动适应社会主义建设和社会发展的需要，进行学科、专业建设；建设好一批新专业；修订教学计划、教学大纲，调整课程体系；深化教学内容、方法和手段的改革；建立一支高水平的教师队伍；建立良好的教学管理运行机制；深化民族教育改革，加快民族教育师资培养。"工程"分学科专业建设、专业改造、教师队伍建设、课程建设、实验室建设、教学科学研究、提高外语水平、计算机教育、教材建设、教学管理建设、民族教育等 11 个子项目，旨在进行全方位的改革与建设。通过采用目标管理方式，将项目任务分解到各系各单位，学校对项目执行情况分初期、中期和完成三个阶段进行检查。

（二）"五年教改工程"实施的主要成效

"工程"的实施有力地促进了学科专业建设。至 1997 年 7 月，学校本科专业达到 34 个，其中非师范本科专业 14 个。在教学内容和课程改革方面，拓宽了专业口径，通过主辅修教育、第二学历教育、职业技术教育等形式增强了教学计划的柔性和弹性，外语、计算机基础课以及艺术素养类课程得到加强，学生的实践能力得到提高。师资队伍结构明显改善，教学管理、教研室和实验室工作也迈上了新的台阶。"五年教改工程"作为一项教学成果，获 1997 年甘肃省教学成果省级一等奖。

教学研究和教材建设取得了可喜成绩。《西北少数民族高等师范教育模式的理论与实践》获国家一等奖，西北师大是 1997 年国家教学成果奖评选中获一等奖的三所师范院校之一，也是甘肃省高校中唯一获国家级一等奖的学校。《教育科学研究方法新编》等 24 部教材被列入甘肃省普通高校"九五"教材建设规划,《电化教育学》等 6 部教材被甘肃省推荐为国家教委"九五"国家级重点教材立项项目。

"五年教改工程"实施以来,学校办学规模不断扩大、办学效益明显提高。"工程"实施前,学校每年招生 1000 人左右,至 1996 年,学校年招生人数达到 1800 人,其中本科生占 90% 以上,师范本科生占 65% 以上,函授本科生招生人数比 1991 年增加了两倍多。1996 年年底,学校在校普通本、专科学生 6000 余人,研究生 284 人。

"五年教改工程"的实施"大大推进了西北师大的教学工作,学生的学习积极性空前高涨,教学质量明显提高,教风、学风不断好转"①。"初步形成了多层次、多形式办学,多渠道筹措资金、增加教学投入的格局,教学工作上了一个新台阶,教学管理水平明显提高,教学条件得到改善,教学环境进一步优化,为今后继续深化教学改革创造了良好的条件。在此基础上,学校及时制定了《西北师范大学、西北少数民族师资培训中心"九五"发展规划》《西北师范大学攀登计划》,提出了更高的目标要求。"②

三、继续深化教学改革,实施"本科教改二期工程"

(一) 转变思想观念,深化教学改革

"五年教改"实施过程中,全国高等师范教育正在积极进入以提高教育教学改革质量、优化学科结构、提高办学效益为核心的改革发展新阶段。20 世纪 90 年代末,各个高校都在按照素质教育的要求,全面分析探索教学改革,确立符合教育规律和时代要求的人才培养体系,培养适应 21 世纪需要的社会主义现代化建设者和接班人。

教学是学校的中心工作,教学改革是学校综合改革的核心,对于为

---

① 吴庸,等. 西北师大:整体推进教学改革 [N]. 中国教育报,1996–06–27 (3).
② 甘肃省教委. 甘肃教育年鉴 1997 [M]. 兰州:甘肃文化出版社,1997:257.

什么要实施"本科教改二期工程",赵金保校长分析说,"90 年代初,在国家开始建立社会主义市场经济体制的过程中,许多人产生了糊涂的认识,对教学投入不足,引起许多高校教学质量的下滑,投入不足不只是物力、财力投入不足,还包括领导、教师、学生的精力投入不足","五年教改工程"的实施"在一定程度上遏制了教学滑坡现象,但还存在不少问题。总的看,改革在管理上搞得多,教学内容上还未深入进行下去。对教学的投入仍然不足,不容乐观"。① 特别是在课程体系、教学内容和教学方法上,改革尚未深入进行下去,专业建设、师资队伍和教学实践环节都需要进一步改进。为把学校教学改革工作进一步引向深入,建立面向 21 世纪具有现代教育特色的教学内容和课程体系,强化素质教育和促进学生全面发展,学校于 1997 年 10 月举办了"转变教育思想观念"研讨班。讨论围绕素质教育观念、全面育人观念、开放式办学观念和终身教育等现代教育思想观念深入展开,重点思考了师范教育在"培养适应素质教育的新师资"方面的问题和对策。大讨论活动为学校"本科教改二期工程"奠定了思想基础,素质教育的理念贯穿"本科教改二期工程"始终。"教改二期工程"既是"五年教改工程"的延续和深化,也是学校实施"攀登计划"的重要组成部分,该工程于 1997 年 10 月正式启动,计划于 2000 年 7 月完成。

"本科教改二期工程"的指导原则是:强化基础培养,拓宽专业口径,增强适应能力;科学教育与人文教育并重,提高整体素质,注重个性发展;加强实践环节,突出师范特点。总目标是:进一步加强学科、专业建设、专业改造,增强办学活力;根据现代科技文化发展的趋势、基础教育改革发展的需要和国家教委有关"高等师范教育面向 21 世纪教学内容和课程体系改革计划"的总要求,调整课程结构,深化教学内容、课程体系、教学方法和手段的改革,提高师范教育专业化水平;初步建立适应

---

① 参见赵金保:《学思录——十年来的实践与思考》(内部资料),第 108 页。

甘肃省人才需求和学校实际的课程方案和课程标准；建设一支跨世纪的、高水平的教师队伍。该工程分专业建设、课程建设、试行学分制、教师队伍建设、实践教学、教学研究、民族教育和教学管理等 8 个子项目。

（二）"本科教改二期工程"实施的主要成效

构建了普通（公共）教育类课、教育理论与技能类课、专业课程和特设课四大模块，核心和必修、选修两大系列的矩阵结构课程体系，增加了人文、科学素质以及教育理论与技能的培养内容，突出了师范特色。加大了选修课比例，鼓励学生跨学科、跨专业选修课程，并为实行学分制探索路径。至 2000 年，跨系选修课已建成人文社科类、自然科学类、艺术素养类 3 个系列 84 门选修课程，辅修专业总数达到 7 个。

加大了专业的融合渗透，加强了院系之间的专业共建，对全校原有的专业设置进行了调整归并，1998 年重新命名和调整后的本科专业为 34 个，新增生物技术等 6 个非师范本科专业，使学校本科专业总数达到 40 个，其中非师范本科专业 20 个，非师范类本科专业数和师范类本科专业数持平。学校积极调整招生结构，扩大招生数量，扩大本科生的招生比例，扶持和发展高职教育，逐年缩减普通专科学生的招生，至 2000 年停止了普通专科的招生。

"本科教改二期工程"的实施促进了教学管理规范化，改善了师资队伍结构，教师队伍的学历、学缘、年龄结构趋于合理，专任教师比例明显提高，优秀青年教师脱颖而出，迅速成长；教育实习和专业实习质量得到了巩固和提高，通过整合学校实验资源，扩展了实验室的服务功能；在教学研究项目方面，注重优秀教学研究成果的培育和扶持，"三级"立项遴选制度的建立，极大地调动了广大教师开展教学研究的积极性和主动性，带动了教学改革向纵深发展，出现了一大批教学研究成果；强化教学监控机制，严格教学管理过程，完善、规范和强调了教学的监督检查和评估评价，建立了校院系三级教学督导和学生评教制度，有力地保证了教学质量的不断提高。

"本科教改二期工程"各项工作历时五年，于 2000 年 12 月全部完成。通过这项工程，科学合理的人才培养方案、课程体系和教学内容相继建立，一些现代教育技术手段初步得以应用，一支思想政治素质好、业务精良、结构比较合理的教师队伍初步形成，为学校培养高质量高素质的新世纪人才奠定了良好的基础。

第六节
凸显民族教育办学特色

西北少数民资师资培训中心（以下简称"民培中心"）成立后，在它的建设和发展中，国家教委一直强调两个问题：一是办出民族教育特色，二是发挥"中心"的辐射作用。学校按照国家教委的要求，针对西北民族地区的实际，在改进教学内容和教学方法、优化教学结构、提升社会服务能力等方面进行了积极探索，形成了集人才培养、教育实验、办学示范和民族教育研究为一体的办学模式，取得了显著成绩。

◎ "西北少数民族高等师范教育办学模式的理论与实践"获国家级教学成果一等奖。

一、少数民族教育人才培养

自 1985 年 6 月以来，学校坚持多渠道、多形式、多层次办学并举的指导思想，积极为西北少数民族地区培养急需的各类人才，在中文、教育、计算机科学、音乐等 14 个学院（系）学习的 5000 余名民族学生涵盖了回、藏、土、满、壮、蒙古、东乡、撒拉、锡伯等民族类别。据调查，95% 的毕业生工作在西北各省区及西藏自治区少数民族基础教育第一线，其中有相当一部分毕业生在西北地区国列 41 个贫困县的乡级中学任教。同时，民培中心还招收和培养了一批回、藏、裕固等少数民族高层次人才，其中包括我国第一位藏族教育学博士巴登尼玛和第一位裕固族女博士安雪慧。

◎我国第一位教育学藏族博士巴登尼玛

1992 年，巴登尼玛以优异成绩考入西北师范大学，师从我国著名教育学家李秉德教授攻读教学论博士学位。在攻读博士期间，巴登尼玛曾多次到青海、西藏、甘南等地开展藏族教育的社会调查，在《民族教育研究》《西藏研究》等刊物上发表了若干论文，对藏族文化和藏族教育的诸多根本性问题做了认真研究和探讨。由于在民族教育方面的出色研究，他受邀参加了在加拿大举办的"语言、性别与民族教育的挑战"学术会议。他认为，在尊重各民族文化本质的基础上建立各民族共享的文化精神，是民族团结与稳定乃至世界和平的根本出路。

"民培中心"不断探索符合民族地区实际的师资培养和培训方式，依托青海师范大学、新疆师范大学、宁夏回族自治区固原师专、甘肃省临夏州教育学院等单位建立了函授站，每年在西北民族地区招收一定数量的在职教师，通过函授教育提高其文化素养和从教能力。从 1992 年以来，学校在西北少数民族地区招收在职中小学教师、教育管理干部及其他在职人员本、专科函授生 2000 多人，通过举办民族师资短训班、专业讲习班和辅导班，接受各层次的民族进修生和代培生，先后为西北少数民族地区培养研究生、本科生、专科生及大学、中学在职教师 1000 余人，改善了西北少数民族地区中学教师接受继续教育难的实际情况。从 1996 年起，"民培中心"面向新疆维吾尔自治区整班招收少数民族学生。

为了使培养方式和培养目标更加符合西部少数民族地区政治、经济、文化的需求，针对少数民族学生的特点，学校在教育教学管理上进行了一系列的改革。（1）针对民族班的实际情况单独编写教材，通过提高少数民族学生的专业基础水平和汉语听、说、读、写能力，全面提高学生的从师技能和适应社会的能力。（2）采用了"结合专业特点，融预科教育于本科教育之中"的办学思路，实施了 1.5∶2.5 的学制划分方法，根据学生入学时汉语文化基础参差不齐的实际情况和民族地区基层工作的需要，确定培养专业，实施教学管理。对西藏、新疆的学生单独划班，入学后，前三学期强化现代汉语、写作及有关中学基础科目的学习，同时开设专业基础课，在循序渐进的基础上加大专业课的深度与难度，到毕业时达到本（专）科标准要求。（3）在普通教育和成人继续教育专业中增设了计算机应用科学、经济管理等适应民族地区经济社会建设要求的新的应用型专业。（4）实施了招生制度改革，扩大了新疆南疆地区、宁夏西海固地区、青海玉树、果洛、黄南和甘肃甘南藏族自治州等地少数民族定向生的招生比例。（5）通过单独增列少数民族研究生名额以及开设硕士、助教进修班等形式，培养了一定数量的高层次少数民族人才。（6）加强了民族班班级管理，选拔了一批懂政策、有爱心的教师和干部从事班主任工作。

学校高度重视民族团结教育工作，注重各民族间学生的思想交流和文化融合，经常开展具有少数民族特色的校园文化活动，每逢古尔邦节、肉孜节、藏历新年等民族节日，学校都组织慰问和庆祝活动，形成了各民族相互尊重、团结互助的良好氛围。西北师大和西北少数民族师资培训中心的一大批干部和教师为少数民族学生的培养默默作出了奉献。

1990 年，学校专门面向西藏招收了物理专业 40 名本科学生。藏族学生入校后由于气候不适、水土不服，先后有 11 人住院。班主任余天培不仅带头看望，而且主动了解学生的生活习惯、生活经历、家庭条件和知识结构。每逢遇到藏历年等重要节日，有的老师给学生送去食品，陪学生过年；有的老师给学生照相，帮助学生把照片寄到家里，让学生感到家庭般的温暖，让家长放心。由于当时交通、通信条件不好，学生生活和经济条件有限，很多班主任老师都主动和学生家长保持书信联系，在学生经济困难时伸出援助之手，解决学生的燃眉之急。

二、藏族聚居区紧缺师资培养

1987 年，根据国务院第二次援藏会议的精神，教育部依托学校成立了"藏族师资培训中心"，承担了为西藏地区培训 350 名师资的任务。1988 年，根据国家教委《内地四校对口支援西藏大学协商会议纪要》的精神，西北师大被确定为对口支援西藏大学的四所院校之一，同时，又被甘肃省确定为对口支援甘肃省合作民族师专。截至 1990 年，学校已在外语、音乐、电教等 11 个专业选派 42 名优秀教师到西藏大学任教。1991 年学校招收了西藏大学 18 名插班生，1992 年，又分别在化学、生物两个专业各招收了 140 名西藏籍的农牧民子弟进行专科层次的培养。1994 年 7 月，从西藏地区招收的 138 名学生全部毕业返回原籍工作，是全国内地师范院校为西藏培养中学师资一次性毕业人数最多的一次。

1994 年起，"民培中心"和青海省教委、青海师范大学联合建立了"藏汉双语师资培训基地"，培养少数民族地区急需的藏汉双语理科师资。1994—1996 年，学校每年在青海的玉树、果洛、黄南等 6 个少数民族自治地区和甘肃天祝、甘南地区定向招收优秀青年教师或中师、民族学校优秀毕业生 20 名，由青海师范大学进行藏汉双语专科层次的理科师资培养。考生不参加全国统一考试，由各地（县）教育管理部门保送推荐，青海省教育厅审核，由青海师范大学组织考试，经西北师范大学考核后择优录取。学生在校期间的教育教学管理工作由青海师范大学具体负责，

◎西北师范大学西藏藏族师资培训中心首届学生毕业合影

毕业时经西北师范大学审查合格后发给文凭。1997 年开始，又在原有基础上上升为每年 25 人的本科层次培养。2000 年开始，培养规模再一次扩大为每年 35 名。迄今为止，已在这些地区招收藏汉双语理科师资 200 余名。如今，在原有成功联合培养藏汉双语本、专科师资的基础上，正进一步扩大培养力度，开展双语硕士研究生的联合培养工作。

同时，学校还开展了与地方联合培养民族师资的工作。自 1994 年起，学校和甘肃省甘南藏族自治州达成协议，经原甘肃省教委同意，连续 3 年为该州培训了 60 余名专科教师，使其达到本科水平，毕业后发给了地方承认的本科文凭；2001 年起，每年又为甘南藏族自治州培养各类在职专升本骨干人员 30 名，以适应西部大开发中民族地区对人才的需求。到 2000 年，学校培养了 860 多名西北五省区及西藏自治区的藏族学生。

三、民族教育实验基地建设

随着对少数民族教育的探索和研究，学校发现，光靠培养中学教师是远远不够的。何况，由于条件限制，西北师大给民族地区培养双语教学人才的能力与民族地区的需要还有一定距离。经过一番论证和多方考察，学校考虑建立民族教育实验研究基地，派专人深入民族地区教育第一线，直接帮助他们搞民族地区基础教育。1991年，学校首先在地处安多藏区文化、经济和宗教中心的甘肃省夏河县建立了民族教育综合改革实施基地，从"三教"统筹的角度出发研究探索民族教育内部结构的改革调整和"以牧养学"的民族教育新路子。学校以夏河藏中为基地，开展对藏族教育特别是藏族牧区教育的研究工作，夏河藏中为此提供教改实验、教育实习和其他教育研究场所。至1994年，学校共为夏河藏中免费培训教师23名，这些教师返校后大多成为教学骨干，使夏河藏中的教育质量大幅度提高，1994年，这所学校初中毕业的159名学生中，有61人考入中等专业学校，71人考入普通高中，升学率达83%；高中毕业生60名，其中43名被省内外大专院校录取，升学率达72%，首次有4名文科学生以500分以上的高考成绩被中央民族大学录取，其中2名学生获1994年甘肃省文科考生前10名奖。1997年，该校高考升学率达到了88%，这在甘南藏族自治州的民族教育史上是前所未有的。夏河藏中在改革中取得的经验已在甘南全州推广。

1992年3月，学校与夏河县人民政府达成共识，签订了在夏河县进行民族教育综合改革实验的协议书，分别提出了民族基础教育、民族职业技术教育、民族成人教育在综合改革中要达到的具体目标。学校在加强民族教育实验基地建设的同时，组织力量协助夏河县在对该县的自然资源、社会经济、政治文化、民族宗教、教育发展等进行综合考察的基础上提出了发展规划，通过发展民族地区教育，促进经济社会的发展。2000年4月，西北师大在原有的夏河藏中"少数民族远程教育实验基地"的基础上，和甘肃省民族事务委员会联合开展了"西北少数民族地区现代远程教育工程"，首先在夏河县藏族中学建立了交互式远程教育网站，填补了甘肃省民族教育上现代远程教育的空白。

1997年5月，西北师大针对西北少数民族地区女童上学难的现象，在甘肃省临夏回族自治州积石山撒拉东乡保安族自治县甘藏沟小学成立了"少数民族地区女童教育研究基地",由有关专家学者牵头进行研究。该基地实行博士生、硕士生蹲点实验研究的方式,取得了良好成绩,得到了国际国内有关方面的关注。2000 年 1 月,教育部在学校建立了"西北师范大学基础教育课程研究中心",通过在新疆维吾尔自治区天山实验区、沙伊巴克实验区和宁夏回族自治区灵武市实验区等 6 个实验区跟踪课程改革的实施情况,在每个实验区确立 2 个实验学校进行专题研究,推动了新课程改革在西北少数民族地区的顺利实施。

通过几年的努力,学校已经建成了包括少数民族地区高等教育、少数民族地区基础教育、少数民族地区远程教育、少数民族地区女童教育以及散杂居地区少数民族教育在内的实验研究基地近 20 个,为西部少数民族地区教育的发展开展实验与行动研究。这是学校从理论和实践的结合上深入系统地探索民族教育的方法和规律,也是在西北民族教育方面探索出的宝贵经验,更是学校开放办学思路的重要实践。

四、民族教育研究成果

西北少数民族教育的丰富实践带动了重点学科基地建设和科研队伍建设,民族教育研究特色更加突出,并在此基础上形成了一大批重要研究成果。基于区域政治稳定和促进民族地区教育经济社会发展的需要以及西北师范大学的办学实力和学校在民族教育方面所作的积极贡献和取得的卓越成就,1999 年教育部在学校成立了"西北少数民族教育发展研究中心",2000 年 10 月,教育部组织专家组对该中心进行考察评审,专家组一致同意该中心入选省级重点研究基地。民族教育研究集中在西北少数民族地区基础教育研究、双语教学问题研究、民族教育理论研究、民族教育史和民族教育综合改革式样研究、少数民族教育心理的测试与研究和对藏族及其他少数民族数学教育的跨文化研究等领域。景时春教授的《民族教育学》、胡德海教授的《民族心理学概论》《走向二十一世纪的民族高等师范教育》以及《西北少数民族高等师范教育研究》等 10 余部专著出版。300 多篇论文在省部级和国家级刊物上发表。《西北少数民族高等师范教育办学模式的理论与实践》一书获国家级教学成果一等奖，引起了全国民族教育界的重视。"西北少数民族地区课程改革"被列入"八五"期间国家重点课题，该课题成果《西北多民族杂居地区课程改革初探》一文在 1993 年 3 月 8 日于上海师范大学举行的中英双边课程研讨会上进行了宣读和交流，引起了国内外专家的重视。论文《藏汉儿童数学思维能力发展水平》在 1992 年在加拿大召开的少数民族教育会议上进行交流。课题"甘肃特有少数民族儿童发展与教育问题的研究"获国家教委"八五"青年专项基金资助。张汝珍副教授参编的《中国少数民族教育史》被列入"八五"期间国家重点课题，庾国斌研究员、丁虎生编写的《近现代民族教育研究资料选编》成为民族教育史研究翔实宝贵的资料。这些成果不仅填补了国内空白，而且引起了国际上的高度重视，受到广泛肯定。1995 年，《国家教委简报》第 22 期编发了题为《西北少数民族师资培训中心办公室办学十年成绩显著》的文章，呈报党和国家领导人及国家有关部门。

学校坚持为少数民族基础教育服务，不断深化改革，充分体现了"民族性"的办学特色，发挥了学校在西北民族教育中的中心辐射作用，探索和形成了集"培养、研究、实验、示范"于一体的适应民族地区需要和达到国内领先水平的少数民族高等师范教育办学的新模式，促进了西北少数民族地区基础教育和经济建设的发展，得到了各级领导部门和民族地区的广泛肯定，走出了一条为民族地区教育事业和经济社会发展服务的坚实道路。国务院、中组部、中宣部、国家教委、国家民委、甘肃省人民政府等上级领导部门多次授予学校"全国民族团结进步先进集体"、"全国民族教育先进集体"等荣誉称号。

第七节
党的建设和思想政治工作

进入 20 世纪 80 年代中后期，国际形势风云突变，东欧剧变，苏联解体，不可避免地对我国高校党建和思想政治工作带来了巨大的冲击和影响。在一些高校，党的领导和思想政治工作被削弱，党组织的吸引力、凝聚力和战斗力下降，教育教学秩序和师生思想一度出现了不同程度的混乱。在国家大气候和国内小气候的影响下，终于酿成了 1989 年春夏之交的政治风波。邓小平在总结政治风波的深刻教训时指出，改革开放十年最大的失误是教育，是放松了对青年的思想政治教育。1992 年，以邓小平南行讲话和党的十四大为标志，我国改革开放和现代化建设进入了以建立社会主义市场经济体制为目标的新时期，市场经济活动存在的弱点和消极影响也逐渐暴露出来，加强高校党的建设和思想政治工作成为一项迫切的任务。1990 年 4 月，第一次全国高校党建工作会议在北京召开，会议认真总结和反思了 1989 年春夏之交的政治风波，强调了坚持党对高校领导的重要性。此后，每年召开的高校党建工作会议对高校领导体制、党组织的设置和职责、党员的教育和管理等做了进一步的规定。

西北师范大学党组织坚持把思想建设放在首位，以马列主义、毛泽东思想、邓小平理论和"三个代表"重要思想为指导，围绕中心抓党建，抓好党建促发展。学校党的领导和核心地位进一步得到树立和强化，大学生思想政治教育工作取得了显著成效，改革步伐加快，党的建设和各项事业取得了长足的发展。1993 年 7 月，学校被中组部、中宣部、国家教委评为"全国党的建设和思想政治工作先进普通高等学校"，1995 年、1999 年学校两次被中共甘肃省委评为"党的建设和思想政治工作先进集体"。

一、党建与民主治校

（一）"双学"和"三讲"教育活动

1990 年以来，学校坚持校院（系）两级中心学习组学习制度，对党团组织生活和教职工理论学习时间给予保证，每年初对全校政治理论学习列出重点，提出要求，作出安排，广大师生员工的理论学习自觉性得到不断提高。1996 年 4 月—1997 年 6 月，根据党的十四届四中全会精神，学校在全体党员中开展了为期一年多的"双学"（学习建设有中国特色社会主义理论和学习党章）活动。为了促进"双学"深入下去，《西北师范大学学报（社会科学版）》开辟专栏，及时刊登"双学"理论研究成果。同时，学校党委邀请部分教授、副教授于 1996 年 9 月 10 日成立了"双学"活动理论辅导小组，围绕"正确划分七个理论界限"、"全面准确地把握和坚持十个必须"等问题对学员进行辅导，帮助学员全面准确地把握邓小平建设有中国特色社会主义理论的精神精髓。为了对活动进行验收总结，校党委下发了《关于认真做好"双学"活动总结验收工作的通知》，巩固了教学成果，加强了党风建设。

根据中央和省委部署，学校党委 2000 年 3 月 20 日下文《关于印发〈西北师范大学校级领导班子和处级以上领导干部开展"三讲"教育实施方案〉的通知》，在全校副处以上党员干部中开展了以"讲学习、讲政治、讲正气"为主要内容的"三讲"教育活动，历经思想发动、学习提高，自我剖析、听取意见，交流思想、开展批评，认真整改、巩固成果四个阶段，广大干部受到了一次深刻的马克思主义理论教育、党性党风教育和群众路线教育，基本达到了中央提出的"思想上有明显提高，政治上有明显进步，作风上有明显转变，纪律上有明显增强"的目的。

学校把深入学习宣传、贯彻落实邓小平理论和江泽民"三个代表"的重要思想作为党的思想建设的头等大事，结合《关于深化改革，全面推进素质教育的决定》《关于教育问题的谈话》以及"科教兴国"、"以德治国"思想的学习，在全校范围内广泛开展了转变教育思想观念的大讨论。根据不同时期学校工作的需要，举办了不同层次的读书班、学习班、辅导班。针对法轮功事件，学校党委多次安排专人做好法轮功练习者的解脱转化工作，召开座谈会，深入揭批法轮功的邪教本质，组织全校师生认真学习中央文件精神，使广大师生认清法轮功反科学、反人类、反社会、反政府的本质。

（二）基层党组织建设和党员教育管理

1990年，中共中央颁发了《关于加强高等学校党的建设的通知》，明确高等学校实行党委领导下的校长负责制，学校党委坚持议大事、抓大局、管方向的基本工作思路，进一步加强了对全校工作的统一领导。通过制定实施《党委常委会议议事规则》《党委会议议事规则》《行政会议议事规则》《校长办公会议议事规则》《校党政领导碰头会规定》等制度，进一步规范了党委决策的制度和程序。1996年学校制定实施《中共西北师范大学基层组织工作条例》，明确了院系党总支和基层党支部的设置、主要职责和工作制度。2000年，针对新一轮校内管理体制改革后基层党支部的设置和作用发挥问题，学校又制定了《基层党支部工作条例》。1999年，学校成立了"自查自评工作领导小组"，坚持对全校党的建设和思想政治工作情况进行一次全面的评估，达到"以评促建"，2001年建党80周年之际，又对全校154个基层党支部进行了全面的工作检查和评估。

学校高度重视教师和学生党员的发展和教育管理工作。1986年，学校成立了业余党校，1991年11月14日，在业余党校的基础上成立了西北师范大学党校，制定了《"八五"期间教师政治培训规划》。1992年学校以党校为基础举办了"高级知识分子马克思主义理论研讨班"和"中青年知识分子马列读书班"，并加强对党员和入党积极分子的培训。这个时期，党校共举办各类培训班44期，累计培训5000余人。通过制订党员发展规划、实行"推优"制度，建立发展党员公示制和责任追究制度、校院两级党政领导联系党外中青年知识分子制度，逐步加大了在高学历、

高职称中青年教师和大学生中发展党员的力度。1988 年，学校学生党员
605 人，教师党员 181 人，到 2002 年，学生党员增加到 831 人，教师党
员增加到 988 人。

（三）领导班子和干部队伍建设

1996 年，学校制定下发了《关于加强校系领导班子和领导干部队伍
建设的意见》，之后陆续出台了《校管领导干部选拔任用工作暂行办法》
《干部谈话制度》《干部诫勉制度》《干部述职制度》《干部年终考核制
度》《干部任前公示制办法》等制度，干部选拔任用工作形成立体网络，
逐步走上制度化、规范化、公开化、民主化轨道。2000 年，学校推行了
干部聘任制、任期制，使得干部能上能下，迈出了实质性步伐。为提高
干部素质和工作水平，学校先后 4 次组织 40 多名领导干部赴省外高校学
习考察，2001 年筹办了首期党政管理干部研究生课程进修班，选拔了 35
名优秀管理干部参加学习。2001 年年底，结合党的十五届六中全会《关
于进一步加强党的作风建设的若干意见》的贯彻落实，学校对全校 26 个
中层领导班子和 207 名中层领导干部进行了届中考核。

（四）党风廉政建设

学校建立了党委联系点和下系听课制度，要求领导要深入基层听课，
检查教学情况。从 1991 年起，学校实行领导干部述职制度，学校领导和
职能部门主要领导坚持年终述职。2000 年 3 月起，学校建立了校领导接
待日，并开通了"校长热线"电话，规定每双周五下午为校领导接待日，
届时全校师生可根据情况到相关校领导办公室进行当面交谈。校长热线
电话面向广大师生及学生家长实行 24 小时值班服务，由工作人员负责向
有关领导汇报并协助处理。校长接待日和校长热线方便了广大师生和家
长及时反映问题和困难，加强了师生、家长和学校的沟通。在这些制度
的作用下，领导干部接收群众监督，听取群众意见，密切了干群关系，
推动了领导干部作风建设。

1991 年，经学校党委批准、省纪委同意，学校正式成立了纪律检查

委员会，1996 年成立监察处。十多年来，学校纪检监察部门工作有方，成绩卓著。一是以《党章》《行政监察法》《中国共产党纪律处分条例（试行）》《廉政准则》等制度为主要教育内容，坚持对党员特别是党员领导干部进行党性、党风、党纪教育。1999 年 6 月学校推行了"党风廉政建设责任制"。2001 年 3 月，根据中央和省委精神，在全体党员干部中开展了以胡长清、成克杰等重大典型案件为主要内容的党内警示教育活动。二是建立健全了《校领导班子及班子成员保持廉洁自律的若干规定》《领导干部收入申报制度》《领导干部个人重大事项报告制度》《党政工作人员纪律规范》等制度，对领导干部廉洁自律状况实行民主测评，加强了干部离任审计和廉政档案建立工作。三是重点查处违纪违法案件，先后对"小金库"问题、公房分配、领导干部挥霍浪费、违反规定配备通信设备、用公款出国出境观光旅游等问题以及招生考试、毕业分配、干部任免、人事调动、财务管理、工程招标、物资采购、配偶子女的监管以及生活社交等方面进行监督检查，对于个别单位和个人私设"小金库"、挪用公款等违纪行为，纪委监察部门予以了严肃查处。

（五）统战和群众团体工作

统战工作是学校党建和思想政治工作的重要组成部分，为贯彻落实中央和甘肃省关于统战工作的政策精神，学校制定实施了《统一战线工作条例》。十多年来，学校统战工作有了长足的进展，坚持和完善民主协商和民主监督制度，发挥民主党派成员参政议政的作用。学校经常召开座谈会、协商会、情况通报会，向各民主党派及时通报学校工作情况，广泛听取他们的意见，积极支持人大、政协委员为全省各项工作建言献策，积极协助民主党派加强自身建设。1988 年民革西北师范学院支部成立。1992 年 11 月 28 日，中国农工民主党西北师范大学支部成立（1996年改建为基层委员会）。1989 年民盟总支部改建为基层委员会。1993 年，学校有民盟、九三学社、民革、民进、农工、民建等 6 个民主党派基层组织，成员 300 余人，到 2002 年有成员 420 人。学校在管理工作中重视发挥民主党派、党外人士的作用，在学校学术委员会、职称评审委员会、工作领导小组、教学督导委员会、房改委员会等组织中注重吸收民主党派、党外人士参加，安排部分能力突出的民主党派和无党派人士在教学科研单位任正、副职，积极推荐民主党派、无党派人士在各级民主党派领导班子和人大、政协、政府部门任职。学校依靠"西北师大归侨、侨眷联合会"和"台联小组"，积极开展侨务工作。

为了发挥教职工代表大会在学校民主管理、民主监督方面的作用，1992 年学校制定实施了《教职工代表大会条例》，坚持每年召开一次教职工代表大会，校长代表校党委、行政机构报告过去一年的工作。大会对新一年的工作安排进行审议，并对诸如校内管理体制改革、住房和公费医疗改革方案、津贴发放办法、公房管理条例、伙食改革实施方案、水电管理改革实施方案等重大问题进行讨论审议，大大提高了教职工参与民主管理、民主监督的主动性和积极性。

党委始终重视和加强群众团体工作，1992 年制定下发了《关于进一步加强对工会、共青团、妇女委员会等群众团体领导的意见》，定期召开专题会议听取群众团体的工作汇报，有针对性地进行工作研究和部署，大力鼓励和支持各群众团体按照各自的章程独立自主地开展工作。1992年 4 月和 1997 年 12 月，学校分别召开了第十八次、第十九次工会会员代表大会。1992 年学校党委批准成立业余团校，1993 年 12 月、1997年 12 月、2001 年 10 月先后召开了共青团西北师范大学委员会第十五次、第十六次、第十七次代表大会和西北师范大学第十七次、第十八次、第十九次学生代表大会。校工会在 1996 年和 2000 年先后两次荣获"全国教育工会先进集体"称号。校团委连续 13 年被团省委评为"先进团委"和"五四红旗团委"，1999 年被团中央确定为"五四红旗团委创建单位"。

二、大学生思想政治教育

（一）资产阶级自由化思潮后的教训和反思

改革开放初期，我国在农村经济体制改革取得成功的基础上，从1984年开始进行了以城市为重点的经济体制改革，改革的重点从农村转移到城市，从经济领域扩展到政治领域和其他社会生活领域。中共中央在1986年正式提出政治体制改革后，一些人打着拥护改革的旗号，利用国家在经济改革中出现的失误和遇到的困难，极力丑化党的形象，否定社会主义制度，否定马克思主义的指导作用，出现了主张"全盘西化"、鼓吹资产阶级自由化的思潮，直接造成了1986年下半年部分城市高校学生请愿、游行活动，最终酿成了1989年春夏之交的政治风波。同全国许多高校一样，西北师大也有一少部分不明真相的学生卷入了这场政治风波，学校正常的教学工作秩序受到了严重干扰。

1989年5月4日上午，西北师大700余名学生走出校门，经过火车西站、西关什字，到达省政府门口，与兰州大学学生会合请愿。5月9日上午，又有700余名学生与兰州铁道学院部分学生集合到省政府门口呼喊口号，组织静坐。5月10日下午，甘肃省委副书记卢克俭、阎海旺，副省长张吾乐等人来到西北师大与56名学生代表围绕干部作风、廉政建设、惩治"官倒"、民主法治、社会治安、振兴教育等方面进行了长达三个小时的对话，表达了不提倡青年学生用游行、静坐、请愿的方式表达爱国热情和良好愿望的意见。5月17日，又有数千名学生在学校理科楼前集合发表演说，随后900余名学生上街游行。[①] 1989年6月初，在党和政府的坚强领导下，这场政治风波最终得到平息，全国高校陆续恢复了正常的教学秩序。

在这场政治风波中，全校绝大多数教职工审时度势，明辨是非，始终与党中央保持一致，旗帜鲜明地反对"动乱"。许多领导干部和教师从

---

① 我校部分学生上街游行 [N]. 西北师大报，1989－05－31（1）.

关心学生、爱护学生的角度出发，放弃了大量个人休息时间，主动坚守在工作第一线，贴近学生做了大量出色的教育和引导工作。几乎所有任课教师只要轮到上课，都会提前赶到教室做好上课准备，引导学生不要出校，专心学习，自觉维护学校教学秩序。历史系刘熊祥教授语重心长地对来到自己家的学生说："中国有自己的国情，应当有适合自己国情的政治制度，不能简单地照搬西方的一套。青年学生的主要任务是学好本领，将来报效祖国，长时间罢课、游行怎么能行？"他让学生将自己反对游行的谈话录音传给学生，希望能教育学生、稳定学生情绪。很多老师和干部一起跟在学生游行队伍中间，苦口婆心地做规劝疏导工作，防止学生队伍被社会闲散人员冲击，制造出更大的事端。一位学生问历史系系主任水天长副教授："老师，你就不累吗？"他说："我不累，我要求你们回学校去！"听了他的劝说，有几个学生悄悄地退出了游行队伍，立即返回了学校。宋仲福副教授亲自找到几个有过激言行的学生，情理备至地指出：学生用任意罢课、游行、静坐、绝食的方法要挟政府是完全错误的，是违反校纪和宪法的，应立即停止这些活动。①

　　这场春夏之交的政治风波平息后，全校师生停课两周，集中时间进行总结和反思，进一步总结教训，认真学习了四中全会以来的重要文献、邓小平讲话和江泽民在庆祝新中国成立 40 周年上的讲话。党委宣传部组织师生员工学习了《五十天的回顾与反思》一书。有同学在反思中写道，"在谣言中，我们走向了善良愿望的反面"，"这次学潮，对广大同学来说，最初的愿望是想促进党和政府的发展，加强党和政府的廉政建设，但从整体上看却是粗暴地践踏民主和法制的行为，并使一些本来能在民主与法制轨道上妥善解决的问题也失去了途径"，"由于我们过于自信，所以盲目地高喊爱国、民主，而不知道什么是真正的爱国、民主，狂热地争取人权和自由而不知人权、自由的真正含义是什么！偏听偏信充分

---

① 　在学潮动乱的日子里［N］. 西北师大报，1989 – 09 – 20（3）.

暴露了我们单纯、幼稚、缺乏分析能力和判断能力的思想弱点"。① 总结反思使得广大师生提高了认识，逐步从迷茫和困惑中走了出来。大家一致认识到，坚持社会主义办学方向必须要切实加强和改进思想政治工作。白光弼校长说："只有加强和不断改进思想政治教育工作，坚持对学生进行马克思主义和党的路线、方针、政策教育，爱国主义、国际主义和革命传统教育，理想、道德和纪律教育，社会主义民主和法制教育，才能保证学校的社会主义办学方向，办好学校，使得学生德智体全面发展。在学校的历史上，每当思想政治工作受到重视、得到加强时，学校就稳定，就发展；每当思想政治工作被忽视、削弱时，学校就不太稳定，工作就受到干扰。"②

（二）探索构建"大德育"工作体系

1995 年学校召开党建与思想政治工作专题会议。1996 年 1 月学校制定了《关于贯彻落实〈中国普通高等学校德育大纲〉的若干意见》，提出构建"大德育"的思路，就是通过构建"大德育"体系，逐步使得大学德育工作与中学德育工作相衔接，各种途径和环节的德育功能相协调，各个部门和各种层次的德育工作相统一。"大德育"体系主要包括大内容、多途径、大系统和大队伍。"大德育"思路为学校思想政治教育工作真正走向系统化、长远化、制度化奠定了基础，这个时期的思想政治工作围绕着这一思路全面展开。2000 年，学校制定下发了《关于加强和改进思想政治工作的若干意见》，明确教师的思想政治工作由党委宣传部牵头，各院系、各单位书记具体负责，工会、教协等群众团体配合进行；普通学生的思想政治工作由党委学生工作部牵头，各院系分党委（党总支）副书记具体负责，由分团委书记、学生党支部书记、学生辅导员和班主任组织实施；研究生思想政治工作由党委学生工作部牵头，研究生

---

① 学潮动乱后的反思——部分学生学习总结摘编 [N]. 西北师大报，1989-09-20 (2).

② 努力办好西北师范大学，为发展社会主义教育事业做出更大的贡献 [N]. 西北师大报，1990-02-28 (2，3)

处协助，研究生培养单位全面负责并会同研究生导师共同具体实施。通过全校上下的共同努力，学校逐步建立和完善了由党委统一领导部署、党政密切配合、群众团体积极协助、全员做思想政治工作的新机制。

（三）加强和改进"两课"教学

1987 年 10 月，国家教委《关于高等学校思想教育课程建设的意见》规定形势与政策、法律基础两门课程为思想教育课必修课程。1988 年 3 月，西北师范学院召开了政治理论与大学生思想教育学术讨论会，与会者就大学生思想教育体制、大学生思想状况、大学生人生观、价值观、恋爱观、大学生的文艺欣赏心理及西方思潮对大学生的影响等方面进行了深入的讨论，并提出了许多加强大学生思想教育的具体意见。同年 3 月，学校决定"形势与政策"课程开始在教育系和生物系试点。随着高校思想政治教学的不断深入，教学内容不断清晰且成体系，并基本稳定下来。根据国家教育部的有关要求，在甘肃省"两课"改革领导小组的领导下，学校作为"两课"教学改革试点单位，从 1996 年开始把"两课"作为学校的重点学科进行建设，并从五个方面加强理论和实践的结合：一是突破单一的课堂教学形式，将"两课"教学分为讲授、讨论和实践三个环节；二是突破单一的讲授形式，改为以电视教学为手段、以宿舍为阵地的教学形式；三是突破书本的课程结构，联系大学生思想实际，有选择、有重点、有针对地进行讲授；四是建立了调查学生思想、研究教学内容、安排教学活动的三步骤教学法；五是加强了和其他德育活动的衔接。1999 年，学校全面启动了"形式与政策"课的新教学方案，提出了以电视教学为主渠道、学生公寓为主阵地，以电视专题辅导和收看电视新闻为基本教学形式进行教学的总体思路。为了进一步规范"两课"教育，理顺"两课"的管理体制，合理配置教学资源，提高"两课"教学的科学性，1998 年学校将思想政治教研室并入马列主义教学部，2000 年将马列主义教学部整体并入政法学院，学校思想政治教育的稳定性得到了进一步加强。

1999 年，学校为了进一步加强学生工作，根据学生综合事务不断拓展的需要，在学生工作处的基础上建立了党委学生工作部，先后成立了学生就业指导服务中心、大学生勤工助学指导服务中心、大学生心理健康指导服务中心。为了适应大学生公寓社会化的要求，学校成立了兰天学生公寓管理委员会，建立了学生宿舍团支部、社团团支部，组建了大学生自律管理委员会、伙食管理委员会、"红帽子"护校队等学生组织。按照中央提出的要建设一支政治强、业务精、作风正的思想工作队伍的要求，学校设立了学生辅导员、学生信息员，2000 年在各学院配备了主管学生思想政治工作和管理工作的分党委（党总支）副书记。学校电视台、校园局域网和大学生活动中心的建成有效地改善了大学生思想政治工作的条件。

（四）校园文化和社会实践活动

20 世纪 90 年代初期，学校校园文化活动得到了迅速发展，开展了丰富多彩的文化体育活动。1996 年以来，学校实施了校园文化建设工程，从校风建设、活动建设、环境建设三个方面加强校园文化建设，重点开展了"加强养成教育，树立良好风尚"的大学生基础文明建设行动，校园不文明现象和不文明行为得到了有效遏制。这个时期校园内开展的科技文化活动主要有"挑战杯"大学生课外科技作品竞赛、"双百"学术报告、跨世纪专家学者论坛、跨世纪大学生论坛、科技学术月、大学生读书节、优秀论文报告会等。1996 年学校在全省大学生"挑战杯"上以团体总分第一的成绩捧回挑战杯金奖。教师技能大赛、大学生从业技能培训、"乐园杯"宿舍文体组合大奖赛、社团巡礼月等活动

◎在学校大学生读书节启动仪式上，台湾著名作家刘墉在学校体育馆作报告。

也受到了同学们的普遍欢迎。学生组建了邓小平理论研究会、文学联合会、青年史学社、时事论坛社等学术性社团，校园文化的学术氛围和科技含量进一步提高。在大学生艺术教育方面，组建了大学生艺术团、大学生管乐团、大学生合唱团，各类文艺晚会、音乐会、迎新及毕业生联欢、节庆纪念演出异彩纷呈，博物馆、敦煌艺术学院展厅的师生专题作品、个人作品、毕业作品展览长年不断。从 1984 年起到 2000 年，大学生艺术月活动已经连续举办了 15 届。此外，1997 年 7 月，学校还组织了"海峡两岸师生'共赴未来'夏令营"活动和"第四届中美师生'一对一'文化交流"活动，开阔了学生的文化视野。丰富多彩的校园文化活动为大学生展示特长能力提供了舞台，发挥了润物无声的育人作用，提升了青年学生的道德情操和审美情趣。很多校园文化活动的场景深深地留在了师大师生的记忆之中。

2000 年 4 月 3 日，中央电视台《同一首歌》节目组来西北师大慰问演出，著名歌唱家李光曦、张暴默，青年歌手火风、韩红等为广大教师演唱了《祝酒歌》《鼓浪屿之波》《大花轿》《风雨中的美丽》等大家熟悉的歌曲。演出现场人山人海，大学生们以火一样的热情将演员们包围，鲜花、彩球、红旗、彩门将现场装扮成欢乐的海洋，歌声、掌声、笑声、欢呼声交汇在一起，一曲曲熟悉而动听的旋律，给地处祖国大西北的百年老校带来了欢乐和激情。

2000 年 10 月 11 日下午，从学校大门口到体育馆，鲜花簇簇，掌声雷动，几千名师生欢迎"奥运健儿祖国西部行"赴甘肃报告团来校。当国家体育总局副局长段世杰和报告团团长冯建中带着射击总教练孙盛伟，射击金牌获得者杨凌、蔡亚林，跳水金牌获得者桑雪，射击银牌、铜牌获得者王义夫、高静，以及摔跤运动员赵海林、自行车运动员马艳萍进入校门时，欢呼声此起彼伏，响彻校园。随后，在体育馆举行了报告会和联谊活动。当奥运健儿和师大师生手拉手共同歌唱、共同舞蹈时，现场气氛沸腾起来，感动和激情让气氛达到了高潮。奥运健儿的到来和他们所表现出来的拼搏精神再次点燃了师大学子的爱国主义激情。

1987 年 6 月 27 日，国家教委、团中央联合下发了《关于广泛开展高等学校学生参加社会实践活动的意见》，在团中央和全国学联的倡导下，大学生参与社会实践作为高校的一种思想教育形式和促进大学生健康成长的重要举措迅速在全国推广。社会实践以"受教育、长才干、作贡献"为宗旨，以"科技、文化、卫生"三下乡为主要内容。西北师大学生社会实践活动在原来的社会调查、支教扫盲基础上，增添了科技咨询、计算机培训、外语辅导、扶贫帮困、法律援助、环境保护、文艺演出、青年志愿者服务等多种形式，日益靠近专业学习和专业实践，参与学生占全体学生总数的 95% 以上，为社会提供了良好的知识和智力服务。从 1994 年开始，学校连续被中宣部、教育部、团中央评为全国大学生社会实践先进集体。

在社会实践中，共青团组织引导广大青年学生以实际行动积极参与社会公益服务活动。1994 年起，校团委开始实施以"帮助特困生上完学"为行动宗旨和行动口号的"共青团万人助学行动"，活动引起了社会广泛关注。共青团助学行动不仅得到了校内师生的关注和支持，而且得到了沈阳飞龙公司、甘肃科技实业公司、连成铝厂、甘肃电力局等单位和各界群众的积极支持和参与。我国电化教育专家、西北师大著名教授南国农老师根据夫人范春晖女士的遗愿，将其 7 万元捐献给学校，分别设立了"西北师大春晖研究生奖励基金"和"春晖电教助学基金"，奖励全校成绩优秀的研究生，帮助经济困难学生完成学业。"共青团万人助学行动"先后筹款 50 多万元，解决了近 500 名特困生的生活困难。1998 年我国长江流域和嫩江、松花江流域部分地区发生的特大洪涝灾害深深牵动了全校师生的心，全校 1980 名教职工共捐款 75125 元，捐物 241 件，团员青年也积极缴纳特别团费 20491.88 元。

曾被评为"全国高校优秀学生社团"的西北师大"大学生阳光服务

社"以"同在一片蓝天下，共享一份太阳光"为行动口号，自成立初就开展照顾孤寡老人、环境保护、爱心募捐等活动。史海荣同学一进校就加入了"阳光服务社"，他怀着一份责任和一份执著乐此不疲地参加青年志愿活动，同学们戏称他和同伴为"新时代的雷锋"、"当代高级清洁工"。1998 年 2 月，阳光服务社第二任社长史海荣同学被共青团中央、中国青年志愿者协会授予"中国青年志愿者十大杰出个人"称号。广大青年志愿者用满腔的热诚，火红的爱心谱写了一曲曲奉献之歌。

（五）抗议美国霸权主义暴行的爱国行动

1999 年 5 月 8 日凌晨，以美国为首的北约悍然使用导弹袭击了我国驻南斯拉夫联盟共和国大使馆，造成了人员伤亡，馆舍严重破坏。5 月 8 下午，当学生从宿舍电视里收看到这一事件的报道后，群情激愤。晚上 8 点，部分学生在宿舍楼、宣传栏、学生区门口贴出了"反对霸权，维护和平"、"打倒新法西斯，还我同胞"、"捍卫主权，还我尊严"等抗议标语，痛斥北约暴行。晚 9 时许，愤怒的学生在学生区集会，高唱《国歌》《团歌》《团结就是力量》，高喊口号，强烈抗议北约的暴行。晚 11 时许，在学校的组织下，经学校研究同意，近 2000 名学生在办公楼前举行了神圣庄严的升国旗仪式。5 月 8 日夜，学生区整夜灯火通明，愤怒的学生在

◎1999 年 5 月 9 日，学生走出校门，参加抗议美国霸权主义暴行的爱国游行。

为第二天的抗议游行示威活动做准备，学校也同时按照《中华人民共和国集会游行示威法》的要求向上级机关及时做了请示。

5 月 9 日，在学校的组织下，近 5000 名学生排着整齐的队伍，从理科楼前出发，按照游行路线，沿着兰州市滨河路向东方红广场浩浩荡荡行进。

学生们高举标语牌、小红旗，打着"痛斥美国暴行，支持中国政府"，"铲除强权政治，维护世界和平"等内容的横幅，一路高呼抗议口号，高唱国歌、团歌，愤怒地声讨北约的野蛮行为。学生们的爱国行为感染了周边的市民，许多市民们纷纷加入到游行队伍中来。沿途一些群众还拿出饮料和食品分递给学生，表达他们对正义行动的支持。历时四个多小时，游行队伍到达东方红广场后，与兰州大学、兰州商学院的学生会合，学生们不顾疲劳，热情高涨，抗议之声震耳欲聋。义愤填膺的学生们还组织了演讲，强烈谴责了以美国为首的北约的霸权主义行径，充分表达了他们维护民族尊严、捍卫国家主权的决心和努力学习、强我国力、扬我国威的爱国热情。5月9日下午，全校师生收看了国家副主席胡锦涛代表党中央、国务院和中国人民就以美国为首的北约悍然袭击我驻南联盟大使馆事件发表的讲话，纷纷表示：要紧紧团结在党中央周围，共同维护社会稳定和来之不易的改革成果，增强民族凝聚力，努力工作，勤奋学习，以自己实际的行动为中华民族的强盛努力而奋斗。

5月10—13日，学校召集了民主党派人士座谈会、教师代表座谈会，强烈谴责以美国为首的北约暴行。教师张昌言赋诗："惊愕'五七'烈火燃，强梁暴虐罪滔天。英雄杳虎遗绝笔，朱颖青春丧九泉。亿众挥拳责盗寇，千山洒泪吊云环。同仇敌忾长城固，碰壁豺狼必自歼。"5月12日晚，1000余名学生在校园内沉痛哀悼烈士，学生社团文学联合会举行露天诗歌朗诵会缅怀死难同胞。悼念活动自始至终井然有序，至凌晨过后才结束。

学校将此次事件作为对全校师生进行思想政治教育的典型教材，进行了深入的爱国主义教育和国防教育，让广大师生认清了美国的霸权主义行径，认清了西方敌对势力所言的"人道主义"的虚伪性，树立了为国家富强而努力奋斗的人生观和价值观。①

---

① 为和平正义为祖国，我们不辱使命［N］. 西北师大报，1999－05－15（1）.

二十一世纪是知识经济的时代，知识创新、科技创新已经成为时代的主旋律。大学已经从社会的边缘走向社会的中心，高等教育从来没有像今天这样受到政府和全社会的广泛关注。大学作为知识库、成果库、人才库、思想库，它比以往任何时代更显示出其在社会经济发展各方面的重要性，甚至是决定性因素。与此相适应，我国高等教育改革和发展的水平与实力，已经成为二十一世纪综合国力竞争的重要因素，高等教育改革和发展的步伐进一步加快，高等教育管理体制转变为政府宏观管理、学校面向社会自主办学的体制，现代信息技术广泛应用于高等教育领域并引起了教育思想观念、教育手段方式和人才培养模式的深刻变化，高等教育在普及程度更高的基础上更加注重于提高质量和效益。在这样的历史背景下，学校顺应时代要求，把握发展机遇，突出办学特色，全面深化改革，以充满生机与活力的形象谱写了二十一世纪的辉煌。

二十一世纪以来的十二年是学校历史上又好又快发展的重要时期之一。这十二年中每一年都有标志性事件（活动），昭示着西北师大人的奋斗历程，展现着百年学府的发展成就。二○○○年，启动了四年一届的机构改革和干部聘任工作，学校内部管理的规范化、民主化、科学化水平不断提高；二○○一年，甘肃经济管理干部学院整体并入西北师范大学，学校的整体办学实力进一步增强；二○○二年，成功举办庆祝建校一百周年系列活动，学校办学声誉和内部凝聚力进一步提升；二○○三年，接受教育部本科教学水平评估，获得了评估优秀的结果；二○○四年，实施第二轮机构改革和干部聘任工作，进一步明晰了校院系的管理权限，切实突出了学院的办学主体地位和管理职能；二○○五年，组织开展保持共产党员先进性教育活动，全校师生员工「葆先进品格、创一流业绩、促学校发展」的意识和能力进一步增强；二○○六年，成功召开第六次党代会，全面启动了第四期本科教改工程，学校的办学质量全面提升；二○○七年，学校党委被中央组织部授予「全国先进基层党组织」荣誉称号；二○○八年，组织实施了第三轮机构改革和干部聘任工作，进一步深化学校内部管理体制改革，受到中央和甘肃省委的充分肯定；同年学校作为甘肃高校试点单位在全校组织开展了学习实践科学发展观活动；二○○九年，甘肃省人民政府和教育部签署共建西北师范大学协议，开启了百年师大历史发展的新阶段；二○一○年，全面启动了以实施质量立校、人才强校、特色兴校三大战略为主要内容的省部共建规划，学校向「以教师教育为主，特色鲜明、西部一流、全国高水平综合性师范大学」的发展目标迈出了坚实的步伐；二○一一年，启动第五期本科教改工程，全面推进教育教学改革，同时组织实施了国家教育体制改革西北师范大学试点项目；二○一二年，组织实施了第四轮机构改革和干部聘任工作，深化学校内部管理体制和干部人事制度改革，不断提升办学治校水平、提高学校发展质量。

第九章 科学发展 再创辉煌

科学发展 再创辉煌

21世纪以来西北师范大学的改革与发展

第一节
把握历史机遇　谋划学校发展

一、世纪之初，更新教育观念

1999 年 1 月，国务院批转了教育部《面向 21 世纪教育振兴行动计划》。同年 6 月，党中央、国务院召开了改革开放以来的第三次全国教育工作会议，提出了进一步深化教育改革，全面推进素质教育，构建面向 21 世纪经济社会发展需要的高质量教育体系的宏伟目标。面对新形势、新任务，西北师范大学在全面总结改革开放 20 多年来办学经验的基础上充分认识到："推进学校的改革与发展，必须重视转变观念的先导作用，没有观念上的突破，就不可能有发展上的突破。西北师大以怎样的形象进入 21 世纪，关键是我们把什么样的教育观念带入 21 世纪"①。

在 1999 年 10 月 28—29 日召开的中共西北师范大学第五次代表大会上，党委书记姚克敏作了题为《高举伟大旗帜　弘扬西部精神　加快改革发展　为把我校建设成为全国新型的一流高等师范学校而奋斗》的工作报告。报告强调指出，突出师范特色、民族特色和西部特色是我们今后办学的基本方向，努力把学校建设成为全国一流的新型社会主义师范大学是我们的奋斗目标。用学校既定的办学指导思想统一广大师生的思想认识，需要一系列新的教育思想和观念的支撑。当时，报告重点强调了四个方面的思想观念问题：第一，要更加牢固地树立为经济建设服务的思想，进一步强化市场意识；第二，进一步提高对现代高等教育规律的认识；第三，要树立素质教育观念；第四，要树立超常建设和发展的观念。学校党委在《关于 2000 年中心学习小组理论学习安排的通知》中

---

① 见姚克敏：《在中共西北师范大学第五次代表大会上的报告》，1999 年 10 月 28 日。

进一步强调，2000 年学校各级中心学习小组要继续深入学习邓小平理论，特别是要联系实际学习邓小平理论，探索高等教育改革与发展的新思路；要继续认真学习《面向 21 世纪教育振兴行动计划》和党中央、国务院《关于深化教育改革全面推进素质教育的决定》，结合学校和西北地区的实际和开发大西北的历史要求，加深对 21 世纪高等教育发展规律的认识，推动教育观念的转变。

经过系统的学习研究和对我国师范教育发展历史的认真总结，学校师生充分认识到：《面向 21 世纪教育振兴行动计划》提出的"跨世纪园丁工程"为师范教育发展提供了很好机遇和从未有过的严峻挑战。社会对教师质量的要求越来越高，对优质教育的需求空前强烈，高等师范院校必须瞄准以创新精神和实践能力的培养为重点的素质教育，培养 21 世纪需要的新型师资。而师资培养体系正在由封闭走向开放，师资来源出现由单一走向多元化的趋势，由此引发了高校之间新的教育资源竞争。在这样的背景下，学校发展正处在由传统师范大学（小师范）向现代师范大学（大师范）转型的时期，而现代师范大学必将进一步向综合大学发展。一方面，学校面临着改革开放不断深化、西部大开发战略全面实施、高等教育发生着深刻变革、西北地区的历史文化与传统再次为世人关注、西北地区经济建设与社会发展不断前进的大环境，这个大环境体现着21 世纪大学的发展趋势和21 世纪西部区域的特点；另一方面，学校自身在近百年办学历史中，积淀了丰厚的文化传统，形成了一定的学科布局，具有较强的办学实力和影响力，这些因素中体现出了西北师大的个性。在这两个基础上确立西北师大的办学理念为"崇尚学术、追求卓越"，即在坚持"学术是大学的生命线"的同时，把学校努力的方向定位在高远的基点上，致力于一切推动本地区社会发展与经济建设的事业，特色鲜明地实现有限超越，作出重要贡献。①

---

① 见赵金保：《学思录——十年来的实践与思考》（内部资料），第 217 页、第 244—245 页。

2000 年 1 月，校长赵金保在学校四届三次教职工代表大会的工作报告中这样描绘了综合化的西北师范大学的办学理想。

> 未来的西北师范大学应当是这样一所学校：这里，学科门类比较齐全，办学规模较大，人才培养以研究生和本科学生为主，培养的学生品德修养良好、知识构成宽博、创新意识和实践能力很强，受社会广泛欢迎，学生为到这样的学校接受教育而自豪；这里，拥有一批拔尖人才，在许多方面有问鼎国际前沿科技问题和承担重大科学研究课题的学术实力，在知识创新和推动高科技成果向现实生产力转化方面为社会所倚重；这里，师范特色、民族特色和西部特色鲜明，是国家基础教育改革和发展在西北地区的重要基地，是西北地区民族问题特别是民族教育问题的研究中心，是西部经济、文化和社会问题研究的重要力量；工作在这里的人们，高扬西部精神，艰苦奋斗、甘于奉献、追求卓越，始终具有昂然奋发的精神状态。总之，注重质量，注重学术，注重特色，注重服务，是我们师大人实现这一理想的必由之路。

二、兼并整合，扩大办学规模

2001 年 2 月 12 日，甘肃省人民政府办公厅转发了省教育厅《关于调整部门所属高校管理体制的实施意见》，要求凡厅局管理的、由省财政全额拨款的高等学校（含成人高校），从 2001 年 1 月起统一划归甘肃省教育厅管理。2001 年 3 月 28 日，甘肃省人民政府印发《关于将甘肃省经济管理干部学院并入西北师范大学的通知》（甘政发〔2001〕39 号），决定撤销甘肃省经济管理干部学院建制，将其并入西北师范大学，学院的人员编制、校产资源、财政拨款及债权、债务等整体划转到西北师范大学；在甘肃经济管理干部学院设置的各类培训中心同时并入西北师范大学。2002 年 3 月 6 日，甘肃省教育厅、甘肃省发展计划委员会、甘肃省财政厅、甘肃省人事厅、甘肃省机构编制委员会办公室联合下发《关于甘肃省经济管理干部学院并入西北师范大学的实施意见》。该《实施意见》提出了六条规定：（1）甘肃省经济管理干部学院的建制撤销后，原甘肃省经济管理干部学院的 277 名人员（其中在职 228 人，离退休 49 人）纳入西北师范大学管理，原核定甘肃省经济管理干部学院的 259 名编制列入西北师范大学人员编制数中；（2）原甘肃省经济管理干部学院的学生由西北师范大学培养至毕业，这些学生仍按成人类对待，财政不另核拨学生经费；（3）原甘肃省经济管理干部学院的校产数额，依据甘肃省教育厅《关于甘肃省经济管理干部学院财政收支情况的审计意见》（甘教审发[2001] 4 号）确定，包括占地、校舍建筑和教学仪器、设备、家具等国有资产总额为 2947.62 万元（不含土地估价），全部并入西北师范大学；（4）原甘肃省经济管理干部学院的财政拨款，按 2001 年原预算数确定基数为 379.28 万元，由省财政厅统一划拨省教育厅拨付西北师范大学，2001 年决算统一由西北师范大学编制；（5）并校工作自 2001 年 8 月全面展开，9 月底基本完成并按新的体制运转；（6）并校后，西北师范大学要统一规划校区建设，不断改善办学条件，加快学校发展。2001 年 7 月，甘肃省人民政府决定，将原甘肃教育学院的职能划归西北师范大学。

甘肃省经济管理干部学院整体并入西北师范大学后，学校的办学规模进一步扩大、学科和专业体系进一步完善、基础设施和办学基本条件有了较大的改善、与社会各界的联系更为广泛。但是，从社会发展形势和学校办学现状分析，学校的发展还面临着一系列困难和挑战：一是现有的办学条件不能持续满足社会日益增长的接受高等教育的需要；二是专业结构不尽合理，科学研究特别是应用开发研究的能力与水平，还不能充分适应区域经济建设与社会发展的多方面需要和特殊要求；三是由于长期以来受计划经济体制和传统师范教育观念的影响，干部教师的办学思想、教育观念和校内管理制度尚不能充分适应学校未来发展的要求；四是教师队伍数量不足，吸引和稳定高层次人才任务艰巨，为适应现代高等教育要求，教职工整体素质亟待提高。为此，《西北师范大学"十五"发展规划及 2001 年奋斗目标》明确提出：要坚持以邓小平理论为指导，抓住西部大开发的良好机遇，紧紧围绕甘肃经济建设和社会发展的需要，遵循高等学校发展规律，大力推进素质教育，以转变观念为先导，以加快发展为主题，以结构调整为主线，以制度创新为动力，以服务社会主义现代化建设为根本宗旨，努力把学校建设成为以教师教育为主的、特色鲜明的、在西部有较高水平、在全国有较大影响的综合性大学。

2001 年 8 月，甘肃省委、省政府对学校领导班子作了调整。因到龄退休免去赵金保西北师范大学党委常委、校长职务，任命王利民为西北师范大学党委常委、校长，同时增补杨新科、王嘉毅为西北师范大学党委常委、副校长。调整后学校领导班子由姚克敏、王利民、刘基、何昌明、邓华陵、刘曼元、刘志光、杨新科、王嘉毅等 9 人组成。

◎王利民

王利民，男，汉族，1950 年 4 月生，陕西子洲人，大学学历，教授，博士生导师。曾任张掖师范高等专科学校副校长、校长；1996 年 4 月任西北师范大学党委常委、副校长，第十届全国人大代表。

新的学校领导班子继续坚持以"三个代表"重要思想为指导，以改革统揽全局，以转变观念为先导，以结构调整为主线，大力加强学科建设，努力提高教育教学质量，加强教师队伍建设，加快基础设施和教学设施建设，推动学校事业全面发展。在 2002 年 1 月 8—9 日召开的西北师范大学四届五次教代会上，校长王利民在工作报告中把学校的工作思路概括为：确立"一个目标"，即要把西北师大建成以教师教育为主的、特色鲜明的、在西部有较高水平的、在全国有较大影响的综合性大学；坚持"两个面向"，即一是要坚定不移地面向甘肃经济建设主战场，为甘肃经济和社会发展服务，二是要坚定不移地面向西北地区的基础教育和民族教育，为西部大开发作出应有的贡献；突出"三个特色"，即要继续突出"师范性、民族性、区域性"三个特色；狠抓"四个提高"，即一是要提高学科建设水平，二是要提高办学层次，三是要提高人才培养质量，四是要提高学校对社会的贡献率；实施"五项工程"，即抓好学科建设工程、基础教育综合服务工程、三期教改工程、现代远程教育工程、知识与科技创新工程。党委书记姚克敏在西北师范大学四届五次教代会上的总结讲话中进一步强调，全校师生要进一步转变教育观念，在以下五个方面取得共识：坚持以学科建设为龙头的地位绝不能动摇；在加强基础研究的同时，要向应用研究倾斜；从学校规模扩张上转移到质量的提高上；在基础设施投入上要加大力度；要正确处理好"一要吃饭，二要建设"的关系。

2001年12月9日，原国家教育部部长陈至立在甘肃省委副书记、省长陆浩和副省长李重庵的陪同下到西北师范大学视察。陈至立部长一行参观了学生食堂、新近落成的田家炳教育书院和逸夫图书馆、博物馆，对学校的办学定位和发展成绩给予了充分肯定。

◎2001年12月9日，原国家教育部部长陈至立（左四）在甘肃省委副书记、省长陆浩（左三）和副省长李重庵的陪同下视察西北师范大学，党委书记姚克敏（右二）、校长王利民（左二）陪同领导参观校园。

三、百年校庆，凝聚发展共识

2002年3月20日，党委副书记刘基带领校庆办、宣传部等有关单位负责人，前往北京师范大学就两校百年华诞有关事宜进行商谈，并向北京师范大学赠送了非常珍贵的校史资料。向北京师范大学赠送校史资料活动标志着西北师范大学百年校庆进入倒计时。此次赠送的校史资料包括原始资料 4 套（《国立西北师范学院纪念专刊》《国立西北师范学院校务汇报》《国立西北师范学院院务概况》《国立西北师范学院学术季刊》）、复印资料 13 册（《国立北平师范学院纪念专刊》《西北联大校刊》《国立北平师范大学三十五周年纪念专刊》《国立北平师范大学一九四零班毕业同学录》《国立西北师范学院校史概况资料》《国立西北师范学院职教员录》《中等教育季刊》《建进》等）和照片资料近百幅。

2002 年 7 月 13 日—10 月 20 日，西北师范大学举办了 30 多项以"检阅办学成就、弘扬西部精神、加快学校发展、再创辉煌业绩"为主题的百年校庆系列庆典活动。这些活动主要包括：百年校庆庆典大会，"奔向

◎庆祝百年华诞"奔向太阳"主题文艺演出现场

太阳"庆祝百年华诞文艺演出，"金秋畅想"师生音乐会，"九月放歌"庆祝教师节、喜迎百年校庆师生联欢晚会，西北师大校友总会成立大会，西北师大和北京师大百年校庆书画联展，校友返校联谊活动，"我与西北师大"征文，李蒸塑像揭幕仪式，艺术广场及常书鸿塑像落成典礼，《西北师大校史》和《西北师大画册》以及《媒体眼中的西北师大》等首发式，21 世纪教师教育论坛，世界数学家大会卫星会议，第八届全国电分析化学学术会议，文学遗产论坛，第十二届国际精细化工与功能高分子学术会议，中国体育文化西部论坛，中国西部生态建设研讨会，第二届心理学西部论坛，校内外专家学者系列学术报告会，西北师大百年校史展，西北师大珍藏文物展，西北师大矿物标本展，西北师大动植物标本

展，西北师大教职工研究成果及珍藏图书展，百年校庆书画作品展，师生摄影作品展，西北师大黄河奇石展，精品集邮展。西北师范大学百年校庆活动受到了《人民日报》、每日甘肃网等多家新闻媒体的广泛宣传和报道。百年校庆系列庆典活动的成功举办，充分展示了学校100年来的办学成就，进一步明晰了"崇尚学术、追求卓越"的办学理念和"爱国进步、诚信质朴、艰苦奋斗、自强不息"的西北师大精神，进一步增强了学校师生的凝聚力和发展共识，进一步提升了学校的办学声誉和社会影响力。

2002年10月15日上午，西北师范大学建校100周年庆祝大会在学校东操场隆重举行。原中共中央政治局常委宋平同志，甘肃省省委书记宋照肃，诺贝尔物理奖获得者、甘肃省首席科技顾问李政道先生，甘肃省人大常委会主任卢克俭，省委副书记、省长陆浩，国家教育部副部长袁贵仁，省委副书记、省纪委书记韩忠信，省委副书记陈学亨，老同志李子奇，省委常委、兰州市委书记王军，省委常委、宣传部部长陈宝生，省人大常委会副主任陈绮玲，副省长李重庵出席了庆祝大会。庆祝大会由校党委书记姚克敏主持。

在庆祝大会上，校长王利民在回顾了学校100年的辉煌历程后说："我们作为继往开来的一代，决心继承和发扬百年师大的优良传统和校风，认真贯彻江泽民同志在北师大百年校庆上的讲话精神，积极推进教育思想、教学体制、教育内容、教育方法、教育手段的不断创新，为把西北师大早日建设成以教师教育为主、综合性、有特色、教学研究性的西部高水平大学而努力奋斗。"教育部副部长袁贵仁代表教育部，向我校百年校庆表示热烈祝贺。他在盛赞了西北师大对国家教育事业及甘肃经济建设和社会发展所作出的重要贡献后，向学校提出了三点希望：一是要进一步发扬百年老校的优良传统，并以新的眼光认识和理解学校的特色，认真研究和分析学校的实力，找准发展的立足点和突破口，在保持自己风格的基础上，寻求更为广阔的生存条件和发展空间；二是要进一步深化教育改革，加速学校转型。在目前已经进行的教育结构调整的基础上，进一步做好学科结构，专业设置和人才培养体制的转型工作，理顺内部管理体制，处理好规模和效益、软件和硬件以及自身发展与社会环境等方面的关系；三是要把师德建设放在首位，努力培养高素质人才。教师的人格力量是素质教育的重要保证，它来自教师学术水平与道德情操的完美统一，广大教师要"志存高远、爱国敬业、为人师表、教书育人、严谨笃学、与时俱进"，做时代的楷模。甘肃省委副书记韩忠信代表省委、省人大、省政府、省政协向西北师大百年校庆表示热烈的祝贺，他希望西北师大以百年校庆为契机，认真贯彻"三个代表"重要思想，坚持面向基础教育和民族教育，努力建设以教师教育为主、综合性、有特色、教学研究型的西部一流大学，为甘肃实施西部大开发作出新的贡献。李政道先生在向大会致辞时说，当今世界是科技创新的时代，是人才竞争的时代，要有高素质的青年、优秀的教师、良好的环境、正确的方向、珍惜时间的精神。西北师大已经具备了这些条件，也正在承担着这样的重任，相信一定能够成功。

◎李政道先生在西北师范大学百年校庆庆典上致辞

北京师范大学党委书记陈文博代表与会国内各高等院校在大会上发表了热情洋溢的祝词。他说，在教育部的关怀下，在甘肃省委省政府的领导下，西北师大已发展成为具有重要影响的甘肃省重点院校，是西北地区的一颗教育明珠；西北师大与北师大不仅是孪生的兄弟，也是对口支援与交流的院校，希望两校以百年校庆为契机，进一步加强合作，增进友谊，携手共进，在新的世纪再创新的辉煌。美国康州州立中央大学特使王守三先生代表西北师大国外友好合作交流学校向西北师大百年校庆致辞祝贺。兰州一中校长、特级教师白春永作为校友代表、西北师范大学教育科学学院博士生导师万明钢教授作为教师代表、西北师范大学文学院2000级学生金婕云作为学生代表分别在大会上作了发言。庆祝大会后，学校举行了主题为"奔向太阳"的大型精彩文艺演出。

2002年10月19日上午，甘肃省委副书记、省长陆浩和副省长李重庵一行来西北师范大学调研，先后参观了兰天学生公寓、田家炳教育书院、化学化工学院、逸夫图书馆、博物馆、艺术广场和敦煌艺术学院、学生食堂等。在随后召开的座谈会上，党委书记姚克敏详细汇报了学校近年来改革和发展的基本情况。省长陆浩对西北师范大学取得的办学成就

◎2002年10月19日上午，甘肃省委副书记、省长陆浩（左三）和副省长李重庵（左二）来西北师范大学调研，党委书记姚克敏（右二）、校长王利民（左一）向领导介绍学校逸夫图书馆有关情况。

给予了充分肯定，他说"西北师大是甘肃教育事业的基石、教育创新的母机和师资培养的摇篮"，并要求省有关部门要积极主动地关心西北师大的改革和发展，尽可能给予扶持，多为师大办实事、解难题，努力实现把西北师大建成以教师教育为主的综合性、有特色、教学研究型的西部高水平大学的目标，不断为甘肃经济社会发展作出新贡献。校长王利民在座谈会上的讲话中表示，学校非常感谢省委省政府长期以来对师大的关心和支持，学校一定认真学习贯彻陆浩省长的讲话精神，不断改革、不断创新、不断进取，主动适应西部社会和经济发展的需要，努力把西北师大建成以教师教育为特色，以教育科学、人文艺术和基础科学为优势的西部高水平的综合性大学。

四、与时俱进，明晰办学思路

2003年3月上旬，"非典"疫情蔓延，波及全国。非典型肺炎疫情不

仅对人民群众的身体健康和生命安全构成严重威胁，也给我国经济和社会发展带来严重冲击。面对突如其来的"非典"疫情，西北师范大学一方面采取强有力的措施做好"非典"防治工作，全力保障师生的身体健康和生命安全，维护学校政治稳定；另一方面广泛动员全校师生，全力做好迎接教育部本科教学水平评估工作。在 2003 年 12 月 6 日召开的西北师范大学本科教学工作水平评估专家组欢迎仪式上，甘肃省委常委、常务副省长徐守盛讲话指出，西北师范大学"始终坚持为基础教育服务、为民族教育服务、为地方经济建设和社会发展服务，立足甘肃，面向西部，形成了符合甘肃乃至西部地区经济社会发展和学校实际的办学指导思想和办学思路。学校不断转变教育观念，实施了三期教改工程，在省内率先推行了学校内部管理体制改革、后勤社会化改革等一系列改革措施，取得了突破性进展。已初步成为一所学科门类比较齐全、教学质量和水平较高、科研实力比较强的综合性大学"。12 月 12 日，教育部专家组召开对西北师范大学本科教学工作水平评估意见反馈会，专家组认为西北师大发展定位准确，办学指导思想明确，教学工作中心地位不断加强，教育教学质量稳步提升。同时认为，西北师大办学特色鲜明，构建了"培养、研究、实践、示范"一体化的少数民族师资培养体系，促进了西部教育的创新发展。

2003 年 12 月 29 日，甘肃省委任命刘基为西北师范大学党委书记，因到龄退休免去姚克敏的西北师范大学党委书记职务。在 2004 年 2 月 20 日召开的全校干部大会上，党委书记刘基强调，"当前，学校正处在由传统的师范大学向以教师教育为主的教学研究型综合大学转变的战略转型期，在这个关键时期，我们必须紧紧围绕新的办学定位，始终坚持发展为第一要务，坚持以改革求发展，以创新求发展，建立适应现代大学管理要求的体制和机制"，特别是要坚持以人为本，实施人才强校战略，"为把西北师大全面建设成高水平的综合性大学、为使西北师大真正成为我省高素质人才的摇篮、科技创新的源泉和政府决策的智力库打下坚实的人才基础"。①

◎ 刘 基

刘基，男，汉族，1954年3月生，甘肃兰州人，大学本科学历，教授，博士生导师。第十一届全国人大代表。

2004年9月3—5日，学校举办了"西北师大发展战略与规划理论研讨班"，全体校领导和各单位主要负责人共90余人参加了研讨班。经过学习和研讨，与会同志在事关学校今后发展的重大问题上达成了共识，进一步统一了思想，明确了下一步的目标和任务，更新了教育教学观念，增强了加快发展的责任感和使命感。大家认识到，学校下一步要强调的"高水平"、"综合性"、"有特色"就是要提高学科建设水平、加快综合性步伐、强化教师教育特色，这应该成为我们的共识和坚定不移的办学指导思想。

2004年9月28日，甘肃省委任命张卫锴同志为西北师范大学党委常委、副书记，任命陈晓龙同志为西北师范大学党委常委。2004年10月22日，甘肃省人民政府任命陈晓龙为西北师范大学副校长。调整后的学校领导班子坚持把发展作为第一要务，主动寻找发展机遇，精心营造有利于发展的内外环境；坚持以改革统领全局，推进体制机制创新，优化资源配置，用有限的办学力量创造出最大的办学效益；坚持弘扬百年师大精神，艰苦奋斗，自强不息，克服因东西部差距拉大而引起的人才流动的困难，克服落后地区发展环境不利的困难，始终保持昂扬奋进的发展势头，从而使学校发展始终处于快车道。在2004年12月29日召开的西北师范大学第五届教代会暨第二十次工代会上，校长王利民作了题为

---

① 见刘基：《在西北师范大学干部大会上的讲话》，2004年2月20日。

《把握校情、坚持方向、深化改革、加快发展、开创学校事业新局面》的工作报告。报告指出，学校今后的奋斗目标是：完成传统师范大学的转型，把学校建设成为以教师教育为主，教育、艺术、文理基础学科优势突出，特色鲜明的西部一流、全国高水平的教学研究型综合大学。党委书记刘基在闭幕式上的讲话中指出，全校上下要围绕实现学校的奋斗目标，狠抓落实，要形成科学规范的大学管理制度和行为准则，形成有利于繁荣学术、鼓励创新的良好氛围，形成有利于拔尖创新人才脱颖而出的宽松环境，形成张弛有序、充满生机活力的工作环境，形成以人为本、充满人文关怀精神、有利于出人才、出成果的良好软环境。

2006 年 3 月 30—31 日，中国共产党西北师范大学第六次代表大会在学校大学生活动中心隆重举行。甘肃省委副书记陈学亨，甘肃省纪委副书记杨育荣，甘肃省委宣传部副部长张瑞民，甘肃省高校工委副书记、省教育厅副厅长孙杰，甘肃省委先进性教育活动第七巡回检查组组长、兰州大学党委副书记阎孟辉以及甘肃省委组织部、省委宣传部有关处室负责人参加了开幕式。会上，甘肃省委副书记陈学亨在开幕式上代表省委向学校第六次党代会的召开表示热烈祝贺，并作了讲话。陈学亨指出，"十一五"时期是全面建设小康社会的关键时期，西北师大要进一步增强机遇意识和发展的紧迫感，认清形势，寻找差距，抢抓机遇，紧密结合国家特别是甘肃省经济社会发展的实际需求，统筹人才培养、知识创新和社会服务三大任务，进一步明确发展方向，制定发展战略，拓展发展空间，实现学校发展的新跨越，在全面落实科学发展观和建设小康社会中，在推进教师

◎西北师范大学第六次党代会选举产生新一届党委领导班子，从左向右依次为王嘉毅、刘志光、邓华陵、何昌明、刘基、王利民、张卫锴、刘曼元、杨新科、陈晓龙。

教育改革进程中有更大的作为，为甘肃省经济和社会发展作出新的贡献。刘基同志代表中共西北师范大学第五届委员会向大会作了题为《科学发展　质量立校　为建设高水平综合性大学而努力奋斗》的党委工作报告；何昌明同志代表中共西北师范大学纪律检查委员会作了题为《深入开展党风廉政建设　构建民主和谐的校园环境》的纪委工作报告；王利民同志受学校党委委托，作了关于《西北师范大学"十一五"发展规划纲要（审议稿）》的说明。大会选举产生了学校新一届党委和纪委班子，刘基、王利民、何昌明、张卫锴、邓华陵、刘曼元、刘志光、杨新科、王嘉毅、陈晓龙当选为党委常委，刘基当选为党委书记，何昌明当选为党委副书记、纪委书记，张卫锴当选为党委副书记。第六次党代会召开之前，甘肃省人民政府任命刘仲奎为西北师范大学副校长。同年10月，因工作职务调整，甘肃省委、省政府免去杨新科的西北师范大学党委常委、副校长职务。

　　学校第六次党代会审议通过的《西北师范大学"十一五"发展规划纲要》全面分析了"十一五"期间学校改革发展面临的形势和挑战：一是学校发展将在规模适度扩大的同时，更加注重质量提高，适应建设社会主义新农村、构建和谐社会对人才的需求，深化教学改革，提高培养质量的任务更加紧迫；二是在积极投身创新型国家、资源节约型和环境友好型社会建设的进程中，提升自主创新能力，提高教师国际化水平，提高学校核心竞争力的任务很重，在推动区域经济又快又好发展中发挥地方重点大学作用的要求更高、其所受的压力也更大；三是学科建设取得突破性进展之后，学科结构问题、高水平师资队伍和创新团队的建设问题、研究生培养质量问题更加凸显；四是"十一五"期间，适应教学科研新发展的基本建设和创新平台建设缺口大、任务重，办学经费总体需求将大幅度增长，多渠道筹措经费、扩展办学空间的任务十分艰巨。为此，《西北师范大学"十一五"发展规划纲要》提出，"十一五"时期学校发展的指导思想是：抓住和用好21世纪前20年高等教育发展的战略机遇期，以邓小平理论和"三个代表"重要思想为指导，用科学发展观统领学校改革发展全局，以"改革、发展、提高"为主题，始终贯穿质量建设一条主线，统筹"规模、结构、质量、效益"的全面协调可持续发展。"十一五"时期学校发展应坚持的基本原则是：必须坚持教学中心地位，深化教学改革，完善教学保障体系，切实提高人才培养质量；必须坚持以学科建设为龙头，科学定位，突出特色，提高办学层次，提高学术水平；必须坚持为区域经济和社会发展服务的宗旨，加快知识与科技创新体系建设，提高学校对社会的贡献率；必须坚持"以人为本、人才强校"战略，通过机制和体制创新，创造更加良好的尊重知识、尊重人才、有利于优秀人才成长和创新团队建设的制度环境，切实形成团结、和谐、竞争、合作的学术氛围；必须坚持走综合性、国际化、有特色的发展道路，努力把学校建设成为以教师教育为主，教育、艺术、文理基础学科优势突出，特色鲜明的西部一流、全国高水平教学研究型综合性大学。

2007 年 10 月 15 日，举世瞩目的中国共产党第十七次全国代表大会在北京隆重开幕，胡锦涛总书记在所作的十七大报告中就提高高等教育质量、更新教育观念、加强教师队伍建设、提高农村教师队伍素质等一系列涉及教育领域的重大问题提出了新的更高的要求。作为以教师教育为主要任务的西北师大，必将在这些领域担负起重要的使命和职责。2007 年 11 月 9 日，甘肃省委副书记、徐守盛专程到西北师范大学，为广大师生作了题为《深入贯彻落实科学发展观，大力推进全面建设小康社会进程》的学习十七大精神专题辅导报告。徐守盛对西北师范大学长期以来的建设发展和对人才培养的贡献给予了充分肯定。他指出：西北师大是一所历史悠久、人才荟萃的大学，建校 100 多年来，始终发扬"爱国进步、诚信质朴、艰苦奋斗、自强不息"的西北师大精神，为国家培养了大批优秀人才。党委书记刘基代表学校向徐守盛省长表示感谢，并表示学校将不辜负省委、省政府的厚望，坚持以十七大精神为指引，以科学发展观为指导，以甘肃人才资源开发需求和教师培养为使命，努力办好让人民满意的西北师范大学，为甘肃经济社会更好更快发展和甘肃美好的明天作出应有的贡献。

2007 年 12 月 19 日，西北师范大学召开以"回顾办学历史、总结办学经验、展望未来发展、提升办学质量"为主题的庆祝建校 105 周年座谈会。座谈会上，教育学院胡德海教授说，在学校建校 105 周年之际，最好的纪念应该是回顾百年发展历史，总结经验、梳理得失，把"以人为本、和谐发展"作为永恒理念，在学校宣传和弘扬。文学院李并成教授说，学校的定位是科学的、明确的、符合实际的，突出了教师教育特色和文理基础学科特色，建议进一步凝练办学理念，将校训改为黎锦熙先生的题词"知术欲圆、行旨须直"。校长王利民在座谈会上的讲话中说，在新的历史时期，学校将树立战略全局的观念，科学定位，精心谋划，以"改革、发展、提高"为主题，坚持不懈地提高学校办学质量，把师大办成人民满意的现代大学。党委书记刘基在座谈会上的总结讲话中，希望学校各级干部进一步解放思想，拓宽视野，深刻理解"师大精神"的内涵，不断加强理论学习，树立以人为本、创新为魂、科学发展、和谐发展的理念，为把学校早日建设成为以教师教育为主，文理基础学科优势突出，特色鲜明，西部一流、全国高水平教学研究型综合大学而努力奋斗。

2008 年 9 月，学校被确定为甘肃省高校开展深入学习实践科学发展观活动试点单位。学校党委认为这既是省委交给的一项光荣的任务，也是全面总结学校改革开放 30 年的办学经验、提高领导干部素质、理清发展思路、制定发展规划的良好机遇。通过深入学习实践，学校领导班子形成了"五个坚持"的基本共识，即：坚持发展是第一要务，在解放思想中增强推进科学发展观的责任感和使命感；坚持质量是"立校之本"，在创新体制机制中推动全面协调可持续发展；坚持特色是"兴校之基"，在突出优势中实现西部一流、全国高水平综合性大学的发展目标；坚持人才是"强校之源"，在统筹协调中提升综合实力和核心竞争力；坚持育人为中心工作，在构建和谐校园中促进师生全面发展。学校坚持以学习实践活动为契机，认真研究如何破解发展中的"瓶颈"和难题，积极谋划推进学校科学发展的战略。一是着眼于建设全国高水平综合性大学的目标，重新认识和确立学校的目标定位，着手制定学校中长期发展规划。通过统筹好"规模、结构、质量、效益"、"改革、发展、稳定"、"重点突破和整体协调发展"、"立足当前和着眼长远"四个关系，实现综合性、国际化、有特色三大战略目标，努力把学校建设成为中西部高等教育资源协调发展的基地、引领地方高等教育发展的重要基地、推动区域经济社会协调发展的重要基地。二是着眼于创建"西部一流"大学，积极优化学科总体布局和学科结构，凝练学科方向，进一步突出办学特色和风格。统筹教师教育、教育学科和文理基础学科的协调发展，深化教师教育改革，在学科教学高水平、教师职业能力培养专业化、教育学科大发展上进一步突出优势，努力使学校成为甘肃及西北地区基础教育、职业教育、民族教育、农村教育高水平师资培养和科学研究的重要基地。三是着眼于"内涵发展"实施三大战略。为了实现从规模扩张到质量提升的重大转变，明确提出通过实施"质量立校、人才强校、特色兴校"战略，积极走内涵发展之路。学校在连续实施五年为一期的四期教改工程的基础上，制定出台了《西北师范大学教师教育改革行动计划》，整合教师教育资源，构建符合专业化教师教育发展趋势、适应基础教育改革和发展需要的新型教师教育体系，积极为西部地区培养"招得来、下得去、留得住、用得上"的高质量教育人才。坚持发现、引进、培养、使用、稳定、凝聚的人才工作理念，采取有力措施，落实师资队伍建设工程，实施创新团队建设计划、青年教师培养计划和教师国际化水平培训计划，努力建设一支与学校发展目标相适应的高水平师资队伍。

2008 年 5 月 8 日，甘肃省委任命于树青同志为西北师范大学党委常委、副书记（正厅级）。学校省部共建以来，甘肃省委省政府对学校的领导班子又做了一些调整。2009 年 12 月，甘肃省委省政府任命万明钢为西北师范大学党委常委、副校长。

五、省部共建，谋划新的发展

为进一步落实科学发展观，全面实施科教兴国战略、人才强国战略和西部大开发战略，促进甘肃高等教育发展和人力资源开发，推动区域经济社会科学发展，甘肃省人民政府、教育部决定共建西北师范大学。共建签约仪式于 2009 年 3 月 16 日在西北师范大学举行。时任甘肃省委副书记、省长徐守盛

◎时任甘肃省省长徐守盛（左）与时任教育部部长周济（右）在省部共建西北师范大学签约仪式上

和时任教育部部长周济分别代表甘肃省、教育部在共建协议上签字并讲话。甘肃省委书记、省人大主任陆浩，省政协主席陈学亨，省委常委、常务副省长冯健身，省委常委、兰州市委书记陆武成，省政协副主席、兰州市市长张津梁，北京师范大学党委书记刘川生，兰州大学党委书记王寒松、校长周绪红，中科院院士、中科院兰州分院院长程国栋，中科院院士薛群基和教育部办公厅、师范教育司、直属高校司，甘肃省委办公厅、甘肃省政府办公厅、省教育厅、省科技厅、省人事厅、省财政厅以及甘肃部分高校领导出席了签约仪式。甘肃省副省长郝远主持仪式。

在签约仪式上，甘肃省人民政府省长徐守盛讲话指出，省部共建西北师范大学是甘肃高等教育工作中的一件大事，是西北师范大学发展史上的一个重要里程碑，希望西北师范大学紧紧抓住省部共建的重大机遇，以科教兴省为己任，继续保持和发扬"爱国进步，诚信质朴，艰苦奋斗，自强不息"的精神，认真学习和实践科学发展观，切实制订好学校战略发展、师资队伍建设和学科建设规划，不断提升核心竞争力和可持续发展水平，培养造就高素质人才，为甘肃经济社会发展提供强大的智力支

持和人才保障，为我国高等教育事业协调发展作出应有的贡献。教育部部长周济在讲话中说，西北师范大学作为与北京师范大学同根同源的高等学府，已历经百年沧桑，在长期的办学历史中，学校与人民同呼吸、与祖国共命运，立足甘肃、服务西部，始终坚持"师范性、民族性、地域性"的办学方向，发扬"爱国进步、诚信质朴、艰苦奋斗、自强不息"的师大精神，兢兢业业，无私奉献，励精图治，拼搏进取，克服了办学中常人难以想象的许多困难，培养了大批高素质人才，取得了众多高水平成果，为促进甘肃和西部地区教育事业的发展提供了强有力的支持，为加快西部地区人力资源开发和跨文化融合、维护边疆和少数民族地区繁荣稳定作出了积极贡献。西北师大的发展历程艰难而曲折，西北师大的发展信念坚定而执著。经过历代西北师大人的不懈奋斗，如今的西北师大已发展成为特色鲜明、西北一流、在全国有一定影响的师范大学。希望西北师范大学抓住省部共建的大好机遇，深入贯彻落实科学发展观，全面贯彻党的教育方针，结合《国家中长期教育改革和发展规划纲要》，认真谋划学校的发展，进一步思考"办一所什么样的大学"、"怎样办好这样的大学"两个根本性问题，制订和完善学校发展战略规划、学科建设与队伍建设规划、基础能力建设规划，进一步强化办学特色，深入教育改革，提高办学质量，实现学校发展目标。周济部长同时对西北师范大学今后的发展提出了要求：一是要坚持"以服务为宗旨，在贡献中发展"，进一步增强为甘肃和西北地区教育事业及经济社会发展服务的意识和能力；二是要进一步发挥优势，突出特色，坚定不移地坚持教师教育办学方向；三是要坚定不移地实施"人才强校"战略，积极为人才提供干事创业的良好平台。他相信西北师范大学一定能够办出特色、办出水平、办出成绩，一定能够为加快甘肃和西部人力资源开发，为逐步缩小城乡区域教育发展差距和促进教育公平、为中华民族的伟大复兴作出新的更大的贡献。校长王利民在发言中说，省部共建西北师范大学协议的签订，把西北师范大学推向了一个新的历史起点，它必将为西北师范大学的改革和发展带来广阔空间和无限机遇。西北师范大学将以省部共建为新的起点，充分利用教育部和甘肃省委、省政府为学校提供的新机遇和新平台，全面贯彻国家发展战略，认真落实国家教育意志，凝聚全校师生员工的智慧和力量，不断强化人才培养、科学研究和社会服务三大功能，不断提升教学质量、科研水平和办学效益，努力做到以服务求支持、以贡献求发展，在为区域经济社会发展的服务中，找准结合点，发挥自身优势，办出学校特色。更加有效地发挥西北师大在甘肃基础教育中的支柱作用，在西北民族教育中的中心辐射作用，在甘肃经济与社会发展中的智力支持和成果转化作用，进一步凸显师范特色、民族特色和西部地域特色，努力把西北师大建设成为促进中西部高等教育资源均衡发展、引领示范地方高等教育健康发展、推动区域经济社会协调发展的重要基地，为缩小教育差距、促进教育公平、维护边疆稳定、推动经济社会发展和民族团结进步、实现国家西部大开发战略和甘肃全面建设小康社会作出新的更大贡献。

3月16日晚，学校在西操场隆重举行庆祝省部共建"薪火相传 继往开来"火炬接力暨烟火晚会，学校领导、各部门负责人和近2万名师生参加了晚会。党委书记刘基在晚会致辞中说，甘肃省人民政府和教育部共同建设西北师范大学，这是西北师范大学建设和发展史上的一个重要里程碑，意味着学校在建设西部一流、全国高水平综合性大学的进程中迈上了更高层次的发展平台，开始了新的飞跃。他号召全校师生要谨记"知术欲圆、行旨须直"的校训，秉承"爱国进步，诚信质朴，艰苦奋斗，自强不息"的师大精神，以省部共建为契机，乘势而上，锐意进取，坚定信心和勇气，勇敢担当起师大发展的历史重任，在各自的岗位上做出无愧于国家、无愧于人民的光荣业绩。

2009年6月9—10日，学校召开省部共建规划专题研讨会。8月25—26日，教育部省部共建西北师范大学规划咨询专家组专程到西北师范大学开展了省部共建规划评估咨询。经过评估，专家组一致认为，西北师范大学作为一所百年老校，具有优良的办学传统和深厚的文化学术积淀，为甘肃乃至西部经济社会发展特别是教师教育作了突出贡献。西北师范大学纳入省部共建高校后，学校进一步明确了发展目标，紧紧瞄准国家发展战略的重大课题和西北、甘肃经济社会发展的新要求，坚持师范性、区域性和民族性，把学校建设成为以教师教育为主要特色、学科综合、西部一流的高水平师范大学。教育部专家组认为，西北师范大学深入学习实践科学发展观，遵循高等教育规律，深入思考"建设什么样的大学"和"怎样建设这样的大学"两个根本性问题，从战略高度提出的 2009—2015 年发展规划思路清晰、定位准确、措施具体，有利于鼓舞全校师生积极奋进的信念，对进一步促进西北师范大学改革创新必将发挥强有力的推动作用。专家组在充分肯定学校发展规划的基础上，就如何进一步修订和完善提出以下几点建议：（1）以科学发展观为统领，坚持内涵发展，主动适应国家和区域经济社会发展需要，在教育创新和体制机制改革上下工夫，着力提升办学实力和服务水平，在师范性、区域性和民族性上办出学校特色，形成标志性的成果，实现学校的发展战略目标；（2）全面实施人才强国战略，进一步加大师资队伍建设力度，充分发挥现有教师队伍的作用，将人才引进与人才培养有机结合起来，建设优秀创新团队，不断增强人才集聚能力，为实现学校发展目标提供坚实的人才保障；（3）鉴于西北师范大学在为西部地区培养"下得去、留得住、用得上"的师资中发挥的独特作用，建议甘肃省人民政府商请教育部，将西北师范大学纳入国家师范生免费教育实施高校的行列，扩大西北少数民族师资培训中心、藏族师资培训中心的办学规模，为西部地区尤其是少数民族地区培养优秀师资提供政策支持；（4）西北师范大学发展所需资金缺口比较大，建议甘肃省人民政府和教育部建立协调机制，切实落实省部共建协议，充分利用西部大开发战略和国家对中西部高等教育发展实施的重点建设工程的机遇，在政策、资金等方面给予学校更多的倾斜支持；（5）希望学校认真研究专家组的建议，继续广泛听取师生意见，进一步修订和完善 2009—2015 年发展规划，使之真正成为推动学校快速持续发展的行动纲领。

根据教育部省部共建西北师范大学规划咨询专家组的反馈意见，学校组织力量对 2009—2015 年发展规划进行了进一步修订和完善。2009 年 11 月 12 日召开的学校第五届五次教职工代表大会，审议通过了《西北师范大学 2009—2015 年发展战略规划纲要》及《西北师范大学 2009—2015 年学科建设与发展规划》《西北师范大学 2009—2015 年师资队伍建设规划》《西北师范大学 2009—2015 年本科教育发展规划》《西北师范大学 2009—2015 年公共服务体系建设规划》四个子规划。《西北师范大学 2009—2015 年发展战略规划纲要》围绕对"建设什么样的西北师范大学"和"怎样建设西北师范大学"两个根本性问题的阐释，明确提出要把学校建成"教师教育为主，特色鲜明、西部一流、全国高水平综合性师范大学"，建设成为促进中西部高等教育资源均衡发展、引领示范地方高等教育健康发展、推动区域经济社会协调发展的重要基地。2009 年 12 月 1 日，学校党委常委会议研究成立了学校省部共建工作办公室，为学校直属行政序列正处级建制工作机构，副校长万明钢兼任办公室主任。学校省部共建办公室代表学校进一步加强与教育部、财政部、国家自然科学基金委、甘肃省政府的联系，积极为学校的发展争取政策、项目和资金等方面的支持，配合甘肃省、教育部等有关部门做好对西北师大共建项目的立项、申报、评估、检查、总结和验收等工作，并督促、检查学校《2009—2015 年发展战略规划纲要》及子规划的贯彻落实情况。2010 年 4 月 28 日，学校在专家楼会议厅召开了实施省部共建发展规划启动大会。

2010 年 5 月，甘肃省委、省政府任命朱卫国为西北师范大学党委常委、副校长。2011 年 4 月 27 日，甘肃省委、省政府任命王嘉毅为西北师范大学党委副书记、校长。2011 年 6 月 8 日，甘肃省委、省政府任命董光前为西北师范大学党委常委、副校长。至此，学校领导班子由以下 8

人组成：党委书记刘基，党委副书记、校长王嘉毅，党委副书记于树青，党委常委、副校长朱卫国、刘志光，副校长刘仲奎，党委常委、副校长万明钢、董光前。新的学校领导班子立足学校省部共建的新平台，进一步加强自身引领科学发展的能力建设，系统谋划学校的改革发展。

◎王嘉毅

王嘉毅，男，汉族，1965年12月生，宁夏青铜峡人，博士研究生学历，教授，博士生导师。2001年8月—2011年4月担任西北师范大学党委常委、副校长；2011年4月以来担任西北师范大学党委副书记、校长。

在2011年6月28日召开的西北师范大学庆祝建党90周年大会上，学校党委书记刘基强调，学校各级党组织和广大师生要坚持把进一步解放思想、更新观念作为加快发展的前提，紧紧抓住"省部共建"的战略机遇，继续发扬"爱国进步、诚信质朴、艰苦奋斗、自强不息"的师大精神，努力克服在加快发展上的思想桎梏，在解放思想中谋发展、求实效；继续深化校内管理体制改革，着眼于建立一套高效、科学、规范的管理机制和鼓励创新、激发内在活力的激励机制；要以更加振奋的精神状态、更加广阔的视野、更加执著的努力，在"省部共建"的重大发展平台上，推动新发展、谋求新突破，为早日实现把学校建设成为以教师教育为主、西部一流、全国高水平综合性师范大学的目标而努力奋斗，努力把学校建设成为中西部高等教育资源协调发展的基地、引领地方高等教育发展的重要基地、推动区域经济社会协调发展的重要基地。

2011 年 7 月 22 日，甘肃省委副书记、省长刘伟平到西北师范大学视察调研工作并召开了省部共建现场办公会。在调研结束后的西北师范大学省部共建现场办公会上，校长王嘉毅从办学历史与现状、办学特色与优势、省部共建以来学校所做的主要工作、学校当前面临的突出困难和请求省长解决的主要问题四个方面作了专题

◎2011 年 7 月 22 日，甘肃省委副书记、省长刘伟平（中）到西北师范大学视察调研，党委书记刘基（左）向刘伟平省长介绍学校承办全省第二届大学生运动会的准备情况。

汇报。省长刘伟平充分肯定了西北师范大学广大教职工为甘肃省经济社会发展，尤其是教育事业的发展作出的贡献。他希望西北师范大学抓住机遇，发挥共建主体作用，力争早日建成全国高水平的综合性师范大学。要进一步提高教育质量，坚持把教师教育作为人才培养的主要方向，优化学科结构、调整学科专业、强化课程建设，提高西北师范大学基础教育师资培养培训水平。要建立健全有利于学校改革发展的体制机制，激发教职员工的积极性，优化现有教育资源，通过改革创新推动学校发展。要加快基础设施建设步伐，不断拓宽投资渠道，通过多种方式，积极主动地解决建设资金短缺的问题。要主动把学校科研力量投入经济社会发展的主战场，不断增强服务社会的能力。要瞄准甘肃省经济结构、产业结构调整中急需的核心技术，着力提升学校自主创新的能力，加快把科技成果转化为现实生产力，力争早日建成全国高水平的综合性师范大学。党委书记刘基在讲话中说，学校将牢固树立科学发展观，紧紧围绕省委省政府科教兴省和人才强省的总体要求，围绕"中心带动、两翼齐飞、组团发展、整体推进"的区域发展战略，进一步解放思想，深化改革，提高质量，强化服务，充分发挥学校人才培养、科技创新、社

会服务和文化引领的作用，为全省经济建设和社会发展作出新的更大的贡献。

在 2011 年 10 月 14—16 日学校召开的以"落实发展规划，提升办学质量"为主题的学位点建设与学科发展研讨会上。学校党委副书记、校长王嘉毅强调，在高等教育进入了一个大进步、大发展的新的历史阶段的关键时刻，结合学校发展实际，今后一个时期学校的重点工作是坚持把精心育人作为学校工作的根本、把质量提高作为学校工作的核心、把学科发展作为学校工作的龙头、把队伍建设作为学校工作的关键、把改善民生作为学校工作的重点。全校师生要进一步解放思想、开拓创新，要抢抓机遇、加快发展，要顾全大局、团结协作，要多方筹资、节约开支，要突出学院主体、深化内部改革，要加大开放力度、加强对外合作，要增强服务意识、支持社会发展，要勇于担当责任，积极主动工作，要突出办学特色、建设优势学科，要做到宽容大度、营造良好的工作环境，努力为把学校建设成为高水平综合性师范大学而努力奋斗。

第二节
深化体制改革　推行全员聘任

进入 20 世纪 90 年代末，随着经济、政治和科技等方面的改革，尤其是建立社会主义市场经济步伐的加快，深化高等教育改革迫在眉睫。西北师范大学虽然经过一系列改革，在吸引人才、稳定队伍、建立津贴制度等方面也取得了一些阶段性成果，但由于后来编制意识的淡化以及诸多外部客观因素的影响，使得学校内部管理体制仍然表现出计划经济体制下的种种弊端：教职工在事实上仍然吃着"大锅饭"，分配上缺少竞争机制，优秀人才和中青年教职工待遇偏低，教职工的积极性没有得到充分发挥；校内管理体制仍然存在行政化倾向；非教学人员比例仍然偏大，冗员较多，人浮于事；后勤社会化体系没有建立，过多地占用了学校编制和经费等。这些问题已经成为学校事业发展的"瓶颈"。1999年年初，教育部下发了《关于当前深化高等学校人事分配制度改革的若干意见》，中组部、人事部、教育部联合下发了《关于深化高等学校人事制度改革实施意见》等文件，为高校进一步改革发展理清了思路，指明了方向。1999年年底，学校通过组织转变教育观念大讨论，形成了"以体制改革为关键，以教学改革为核心，以教育思想、教育观念的改革为先导"的改革思路。

一、坚持四年一届机构改革和干部聘任

（一）2000年机构改革和干部聘任

2000年6月30日，学校新一轮机构改革和干部聘任工作正式启动。学校党政机关先后印发了《关于深化内部管理体制改革的意见》以及《西北师范大学机关机构改革方案》《西北师范大学机关科级以上干部聘任办法》《西北师范大学机关一般干部聘任办法》《西北师范大学机关人员转岗分流办法》等配套文件，这标志着20世纪50年代以来学校历史上规模最大、涉及面最广的一次管理体制改革全面展开。

在2000年机关机构改革中，学校本着精简高效、责权一致的原则，对主体职能相近或重叠的部门实行合并；对工作性质基本相同的部门合署办公；对以业务性、服务性、经营性职能为主的部门成建制地从机关管理机构中划转出去；对管理部门承担的经营、服务等非管理职能予以剥离；撤销了一批与学校改革、发展和建设不相适应的机构和原机关机构内设的办公室；根据学校改革和发展的需要，成立了相应机构，同时，进一步规范了学校各类机构的序列。校内各类机构根据其工作性质和任务，划分为党政管理机构、党群组织机构、教学科研机构、后勤及产业机构、附属机构5种不同序列。机关处级机构从原来的24个减少为18个，各部处内设科室从原来的40个减少为30个。改革重新审定了机关党

政管理机构的工作职责，强化了机关部门的协调管理职能和综合服务职能。

2000 年机构改革机关机构变化情况一览表

变化类型	机构变化情况
合并、合署及新成立的机构	监察处、审计处与纪委合署办公，设纪委办公室、监察室、审计室；党委办公室与校长办公室合并，成立学校办公室；校办综合档案室、人事处人事档案室、学生处学生档案室合并，成立学校档案馆，档案馆属业务性机构，不列入机关序列；成立离退休工作办公室和人才交流中心，挂靠在人事处；教务处教材采购供应中心、设备处科教公司与原创办单位脱钩，组成西北师范大学科教服务中心；成立西北师范大学机关事务服务中心，原收发室人员和机关相关人员划归该中心管理。科教服务中心由党校管理，机关事务服务中心挂靠办公室；成立资产管理处和国际合作交流处（港澳台办公室）。
撤销、分离的机构	撤销总务处，其职能按性质划归后勤管理处或后勤集团；撤销房地产处，其职能划归资产管理处；撤销人事处离退休职工管理科，其职能划归离退休工作办公室；撤销设备处，其职能划归教务处和资产管理处；撤销外事办公室，其职能划归国际合作交流处；撤销接待处，保留接待服务中心；撤销爱卫会办公室，其职能划归后勤集团；保留计划生育办公室，挂靠在后勤管理处。
更名的机构	科研处更名为科技处，增设科技成果转化中心；科技处与科技成果转化中心两块牌子，一套班子；产业办公室更名为产业开发处。
改变隶属关系的机构	学位办公室划归研究生处；原设备处实验管理科划归教务处；教务处师资科划归人事处，与职改办合署办公；接待服务中心划归后勤集团；建西工贸公司与基建处脱钩，纳入校办产业序列，由产业开发处管理。
其他机构变化	机关一党总支更名为机关党总支，负责机关和工会、团委的党建与思想政治工作；撤销机关二党总支。机关党总支、离退休党总支以及新组建的后勤集团党总支和校办产业党总支不列入机关职能部门序列。

　　2000 年 9 月 21 日，学校党委印发了《西北师范大学教学科研单位重组及干部任用实施方案》。本着集中学科优势、合理配置资源、提高教学科研实力、增强社会服务功能的原则，学校将原来的 33 个教学、科研、直属业务单位重组为 16 个学院、7 个直属业务单位，同时将学校原所属

的"七所二中心"并入相关学院。重组后的16个学院分别是文学院、教育科学学院、政法学院、经济管理学院、外国语学院、敦煌艺术学院、体育学院、数学与信息科学学院、物理与电子工程学院、化学化工学院、生命科学学院、地理与环境科学学院、电化教育与传播技术学院、旅游学院、职业技术学院和继续教育学院。学校对系所实行无级别管理，学院、直属科研单位不再套用行政级别。学院设立党政综合办公室；学院内设系、所、中心等机构，根据学科建设需要和事业发展的要求，由学院自主提出方案、学校审批。学校教学科研单位设置系、所、中心等内部机构共132个。2000年的机构改革基本构建了较为合理的校、院、系三级管理的框架。学校充分认识到：为适应学校规模扩大、开放办学、加快发展的要求，必须彻底打破长期计划体制下形成的权限过分集中的管理模式。经过一段时间的实践，在总结经验的基础上，学校按照分层分工、重心下移、以事分权、以权定责的原则，于2002年出台了《西北师范大学校院系管理条例》，进一步明确划分了校、院、系的职责和权利，建立起符合学校实际的校、院、系三级管理运行机制，充分发挥了各级各类人员办学的主动性，以更好地适应学校改革和发展的需要，保证学校发展战略的实现。自此之后，学校工作以把握方向、统筹规划、宏观决策、协调监督为主，学院重在管理，系、所（中心）重在实施。

在2000年干部聘任工作中，学校实行了党政干部聘任制、任期制和任期责任制。除了明确规定选举产生的岗位以外，其他岗位的干部一律采用公开竞聘的方式进行。竞聘实行"四公开一监督"，即公开竞聘岗位、公开竞聘条件、公开竞聘程序、公开竞聘结果，接受群众监督；采用个人申请、述聘、评议、组织考察、党委聘任的形式聘任产生干部，由学校领导、专家教授、民主党派、无党派人士和有关方面代表共计60人组成竞聘评议推荐小组，进行评议推荐。竞聘按照岗位级别分批进行，学校党委重点组织实施了机关处级岗位干部、学院班子及学院办公室主任的竞聘工作，各学院、各单位重点组织实施了内部机构负责人或岗位工作人员的竞聘工作。通过"三定一聘"（定岗、定编、定责，聘任），使机关干部队伍由原来的 268 人减少到 170 人。教学科研班子共配备干部 111 人，其中高级职称 66 人，"双肩挑"干部 69 人，博士由 9 位增加到 20 位。班子成员平均年龄由原来的 45.2 岁降低为现在的 41 岁。聘任过程中，原处级干部未被聘任的有 23 人，原处级干部高职低聘的有 14 人。2000 年的干部聘任工作，在观念上打破了终身制、论资排辈的旧思想；引入了竞争机制和更新机制，增强了干部的责任感和危机感，提高了工作的主动性和积极性；进一步提高了学校的管理水平和管理队伍的学历层次；扩大了广大教职工对干部选拔、任用的知情权、参与权、选择权和监督权，初步形成了干部能上能下、能进能出、能高能低的新机制。

（二）2004 年机构改革和干部聘任

2004 年 3 月，学校成立了 2004 年机构改革和干部聘任工作领导小组，并派出考察组赴省外发达地区进行考察，学习国内高校先进的改革经验和做法。学校领导、机构改革和干部聘任工作领导小组成员以及组织人事部门干部充分发扬民主，主动深入基层，广泛听取各方面的意见建议，在全面总结 2000 年改革经验的基础上，对新的机构、领导岗位以及干部职数的设置可行性进行了论证。2004 年 5 月 12 日，学校召开教代会团长会议审议通过《西北师范大学 2004 年机构改革方案》和《西北师范大学 2004 年干部聘任实施办法》。5 月 13 日下午，学校召开 2004 年机构改革和干部聘任动员大会，这标志着学校新一轮内部管理体制改革全面展开。

2004 年机构改革中，学校坚持精简、突出学院办学主体地位、稳定发展和责权一致、提高效能的原则，进一步合理调整校内机构，健全体制，完善职能，理顺关系。经过调整，全校各类机构数比原来减少了 6 个。机构改革进一步明晰了校院系的管理权限，学校管理重心下移，调整了学院等单位的内设机构，切实突出了学院的办学主体地位和管理职能。

2004 年机构改革变化情况一览表

变化类型	机构变化情况
新成立及合署办公的机构	成立教育学院（教育部西北师大基础教育课程研究中心、教育部西北师大环境教育中心、西北少数民族教育发展研究中心）；成立教师培训学院（甘肃省高等学校师资培训中心、甘肃省中小学教师继续教育研究指导中心、甘肃省教育行政干部政策法规培训中心）；成立研究生学院；成立离退休工作处；成立新闻中心，隶属党委宣传部；成立西北师大校友会办公室，挂靠学校办公室；成立学生就业指导服务中心，挂靠学生工作处；成立兰天学生公寓管理中心；成立人口与计划生育委员会办公室，挂靠校医院；成立防范和处理邪教问题办公室，隶属党委宣传部；继续教育学院（兰州企业管理培训中心）与职业技术学院合署，实行"两块牌子、一套班子"的管理体制；成立兰天学生公寓管理中心直属党支部。
更名或改设的机构	资产管理处更名为实验室建设与设备管理处；后勤管理处更名为后勤房产管理处；机关党总支改设为机关分党委；离退休职工党总支改设为离退休职工分党委；教育科学学院分党委改设为教育学院分党委；敦煌艺术学院党总支改设为敦煌艺术学院分党委；化学化工学院党总支改设为化学化工学院分党委；物理与电子工程学院党总支改设为物理与电子工程学院分党委；外国语学院党总支改设为外国语学院分党委；经济管理学院党总支改设为经济管理学院分党委。
改变挂靠关系的机构	新校区征地办公室挂靠后勤房产管理处。
撤销的机构	撤销教育科学学院；撤销研究生处；撤销离退休工作办公室；撤销计划生育委员会办公室；撤销迎接教育部本科教学水平工作评估办公室；撤销产业党总支，其所属党组织关系归属机关分党委。

2004 年 5 月，学校结合干部工作实际，出台了《西北师范大学干部选拔任用实施办法（试行）》，对学校各类干部的选拔任用提出了切实可行的实施办法。同时，学校成立了干部考察考核小组，以党委组织部为主，纪委、人事处有关干部参加，具体负责学校中层领导班子的考察考核工作。2004 年 5 月 13 日至 6 月 28 日，学校分层完成了全校干部聘任

工作。其中干部民主推荐由各单位教职工对本单位负责人进行民主推荐、各学院班子主要成员与机关等单位主要负责人之间互相进行民主推荐两部分组成。共组织民主推荐会28个，发放民主推荐表1990份。干部考察依据由个人申请、民主测评、民主推荐、综合考核、日常考核、谈话情况等六个方面的内容组成。聘任期间学校领导、组织部与有关干部谈话共计320人次，校报、校电视台、学校网页开辟专栏，及时公布机构改革方案、干部聘任实施办法、每阶段日程安排以及工作进展情况。聘任后中层干部总数比原来增加29人，提任中层干部60人，未聘任中层干部11人，高职低聘17人，交流任职67人。聘任后科级干部总数为124人，比原来减少26人。干部聘任基本实现了"加大干部交流力度、加快干部年轻化步伐、加强办学实体管理力量"的目标。但是干部高学历、高职称和工作经验欠缺之间存在一定的矛盾，干部自身期望与岗位需要以及自身能力之间存在一定的矛盾。

（三）2008年机构改革和干部聘任

在全面总结2000年、2004年机构改革和干部聘任工作经验的基础上，学校充分认识到管理体制改革所面临的形势和任务：其一，我国高等教育事业从扩大规模向提升质量转变，给高校自身的改革发展提出了新的更高的要求；其二，学校科学决策、民主管理、有效监督的内部管理运行机制有待进一步完善；其三，进一步优化教育资源配置、拓展办学空间、增强管理成本意识、提高管理效率、提升办学质量的任务仍然很重；其四，学校的干部工作面临着干部、教师有为学校事业作更多贡献的良好愿望、为个人发展需要从事管理的期望与高等教育宏观管理体制下管理岗位有限、干部出口不畅、流动性不强等困难之间的普遍性矛盾。为此，2008年3月，学校成立2008年机构改革和干部聘任工作领导小组。领导小组在充分调研论证、广泛听取意见的基础上起草了《西北师范大学2008年机构改革和干部聘任工作实施意见》。2008年4月16日，学校召开西北师范大学2008年机构改革和干部聘任工作动员大会，启动了新一轮机构改革和干部聘任工作。

2008年机构改革中，学校坚持精简、高效的原则，在合并、撤销有关机构的基础上新成立和独立设置了部分机构，并进一步在体制上理顺了关系，明确了工作职责；更名和改设了基层党委，着力充实了一线管理力量，进一步加强了基层党组织建设。通过机构调整，努力建立健全设置合理、职责明确、运转协调、行为规范的组织体系，为优秀人才脱颖而出提供了科学高效的体制保证。

2008年机构改革变化情况一览表

变化类型	机构变化情况
新成立及合署办公的机构	成立党委研究生工作部，与研究生学院合署办公；成立学校招生办公室，挂靠教务处；成立物业管理中心直属党支部；成立新校区建设指挥部，原新校区建设委员会办公室与新校区建设指挥部办公室合署办公；离退休职工党委与离退休工作处合署办公。独立设置的机构有：审计处；社会科学处；幼儿园。
更名、改设或合并的机构	原各单位分党委更名为各单位党委；音乐学院党总支改设为音乐学院党委；美术学院党总支改设为美术学院党委；体育学院党总支改设为体育学院党委；生命科学学院党总支改设为生命科学学院党委；地理与环境科学学院党总支改设为地理与环境科学学院党委；教育技术与传播学院党总支改设为教育技术与传播学院党委；旅游学院党总支改设为旅游学院党委；知行学院党总支改设为知行学院党委；后勤管理处更名为后勤与国有资产管理处；科技成果转化中心与科技创新暨校地校企合作领导小组办公室合并为科技合作服务中心，挂靠科技处。
改变挂靠关系的机构	党校办公室挂靠党委组织部；防范和处理邪教问题办公室挂靠武装保卫处。
撤销的机构	撤销教务处招生办公室；撤销产业开发处；撤销新校区建设委员会征地指挥部；撤销新校区建设委员会规划指挥部；撤销新校区征地办公室；撤销印刷厂；撤销科技开发总公司。

2008年学校干部聘任工作有以下几个特点。一是坚持正确的用人导向，扩大了教职工民主参与程度。学校党委严格按照尊重民意、注重实绩的要求，将整个竞聘过程细分为动员部署、个人申请、资格审查、竞

◎2008 年 5 月 16 日，学校召开 2008 年中层干部聘任大会，学校领导在大会主席台从左向右依次为：刘仲奎、王嘉毅、刘曼元、张卫锴、王利民、刘基、何昌明、邓华陵、刘志光、陈晓龙。

聘上岗、酝酿人选、党委常委会议研究、公示任职七个环节，并就每一个环节从内容、程序、具体要求上逐一进行规范，切实注重把政治素质好、工作有业绩、事业心强、有思路、肯投入的优秀干部选任到各级管理岗位。二是坚持干部队伍年轻化进程，加大了干部交流力度。学校党委综合考虑锻炼干部、发挥特长、优化组合等因素，积极推进干部队伍年轻化进程。继续坚持男职工已满57 周岁、女职工已满52 周岁的干部原则上不再聘任实职领导岗位，试行了"双肩挑"干部任职期满两届后交流或转岗的制度。共有 34 名到龄和即将到龄的同志转任调研员职务或从事原教学科研工作。机关各部门提任的副处级干部有一部分到学院任职，加强了机关干部与学院干部之间的适度交流，同时也注意了机关部门干部与直属单位干部之间的交流。三是坚持注重专兼合理的原则，优化了干部队伍结构。学校党委遵循大学学术特质的基本规律，注意中层领导班子特别是学院领导班子在年龄、性别、学历、专业上的结构优化，注意专兼结合，特长互补，注重最大限度地调动各类人员的积极性。四是坚持竞争与教育相结合，探索了干部队伍建设的新机制。学校党委通过全面动员部署、召开不同岗位人员座谈会、个别谈话等多种形式，积极引导干部树立正确的政绩观，正确评价自我的，正确对待自己去留和升降，全面营造人人理解竞聘、支持竞聘、参与竞聘的良好氛围。在中层领导干部聘任阶段，绝大多数管理干部都能够始终保持良好的精神状态，以积极平和的心态正确对待个人的进退留转，这充分体现出了学校管理干部队伍较高的政治素质。部分同志还能够主动提出转岗交流，为年轻同志今后的发展创造条件，表现出识大体、顾大局的思想境界。从干部竞聘的结果来看，也反映出了学校干部、教师有为学校事业作更多贡献的良好愿望、为个人发展需要从事管理的期望与高等教育宏观管理体制下管理岗位有限、干部出口不畅、流动性不强等困难之间的普遍性矛盾还没有得到根本性解决。这次干部竞聘的一个重要启示是：探索和完善学校管理干部队伍建设新机制的工作依然任重而道远。

（四）2012年机构改革和干部聘任

2012年2月29日，学校党委成立了2012年机构改革和干部聘任工作领导小组，具体负责新一轮机构改革和干部聘任工作。3月15—28日，机构改革和干部聘任工作领导小组办公室组建了两个调研组（每组4人），先后深入15个学院，分别召开学院领导班子成员座谈会12场，召开学院副高以上职称专业教师座谈会15场，听取了105名学院领导班子成员、274名教师关于2012年机构改革特别是教学科研机构设置调整情况的意见建议。4月10—11日，学校召开了以"改革促发展，创新强特色"为主题的中层干部理论研讨班，研讨班就《西北师范大学2012年机构改革方案（讨论稿)》进行了深入的讨论。4月25日，学校召开2012年机构改革和干部聘任动员大会，标志着新一轮机构改革和干部聘任工作正式启动。

2012年机构改革中，学校着眼于完善教学科研管理体制和运行机制，着眼于调整专业和学科结构、培育和生成新的学科增长点，着眼于优化配置教育教学资源、提高资源使用效益，着眼于转变学校管理职能和调动广大教职员工的工作积极性，着眼于为甘肃经济社会发展和文化大省建设作出新的的贡献，结合学校事业发展需要和近年来内设机构运转的实际情况，进一步规范了七种不同的机构序列，建立健全了设置合理、职责明确、运转协调、行为规范的组织体系。机构调整后，学校设有党政管理机构和群团组织 24 个，基层党委（党总支、直属党支部）36 个，学院 26 个，科研机构（省级以上）32 个，直属单位 10 个，后勤产业单位 3 个，附属单位 6 个，另有 1 个独立学院和两个孔子学院。

2012 年机构改革变化情况一览表

变化类型	机构变化情况
新成立及合署办公的机构	成立发展规划处，省部共建工作办公室与其合署办公；成立艺术教育中心，挂靠教务处；成立后勤管理处；成立国有资产管理处；成立招生考试中心，与学校招生办公室合署办公；成立校友工作中心；成立文学院；成立国学中心；挂靠文学院；成立历史文化学院；成立心理学院；成立马克思主义学院；成立社会发展与公共管理学院；成立法学院；成立经济学院；成立商学院；成立舞蹈学院；成立书法文化研究院，挂靠美术学院；成立数学与统计学院；成立计算机科学与工程学院；成立教育技术学院；成立传媒学院；成立国际文化交流学院；成立职业技术师范学院，挂靠继续教育学院；成立后勤服务集团；成立后勤经营公司；成立附属教育集团（筹）；成立文学院党委；成立历史文化学院党委；成立心理学院党总支；成立马克思主义学院党委；成立社会发展与公共管理学院党总支；成立法学院总支；成立经济学院总委；成立商学党委；成立舞蹈学院党总支；成立数学与统计学院党委；成立计算机科学与工程学院党委；成立教育技术学院党委；成立传媒学院党委；成立国际文化交流学院直属支部；成立后勤服务集团党总支；成立后勤经营公司直属党支部。
更名或改设的机构	人才交流中心更名为人力资源交流中心；科技合作服务中心改设为科研合作服务处；研究生学院更名为研究生院；兰州助剂厂党总支改设为兰州助剂厂党委。
改变挂靠关系的机构	甘肃省汉语国际推广中心办公室挂靠国际文化交流学院。
独立设置的机构	甘肃省高等学校师资培训中心办公室。

2012 年机构改革变化情况一览表（续）

变化类型	机构变化情况
撤销的机构	撤销后勤与国有资产管理处；撤销校友会办公室；撤销新校区建设指挥部，原新校区建设指挥部的职能分解到基建处等相应的职能部门；撤销文史学院；撤销政法学院；撤销经济管理学院；撤销数学与信息科学学院；撤销教育技术与传播学院；撤销网络教育学院；撤销职业技术学院；撤销后勤集团；撤销物业管理中心；撤销文史学院党委；撤销政法学院党委；撤销经济管理学院党委；撤销数学与信息科学学院党委；撤销教育技术与传播学院党委；撤销后勤集团党总支；撤销物业管理中心直属党支部。

在 2012 年干部聘任工作中，学校党委认真贯彻落实《党政领导干部选拔任用工作条例》和《2012 年机构改革方案》《2012 年干部聘任实施方案》，坚持德才兼备、以德为先的用人标准，严格按照尊重民意、注意实绩的总体要求，切实注重把政治素质好、工作有业绩、事业心强，有思路、肯投入、有民意基础的优秀干部选任到各级管理岗位。在聘任工作正式启动前，学校对现任中层领导干部进行了民主测评，并就现任中层干部的进退留转征求了广大教职工的意见。对符合提任中层正职、副职基本条件的专职管理干部进行竞争上岗笔试。在中层领导干部聘任过程中，适当扩大了民主推荐范围并合理界定了民主推荐票在干部选拔任用工作中的权重；加大了对干部近三年年度考核结果在任职资格审查中的赋分比重；由学校领导、省委组织部面试专家、学校教授代表和组织部、人事处负责人组成的面试评委组对申请提职的 106 名专职管理干部和 22 名专业技术人员进行了竞聘面试；突出了对拟提拔人选考察对象的专项民主测评。学校党委继续坚持男职工已满 57 周岁、女职工已满 52 周岁的干部，原则上不再聘任实职领导岗位的制度，试行了"双肩挑"干部任职期满两届后交流或转岗的制度。共有 33 名到龄和即将到龄的同志转任调研员职务或从事原教学科研工作。从 2012 年中层领导干部聘任的结果来看，学校中层领导干部的平均年龄由聘任前的 47 周岁降为 44 周岁。对 179 名中层干部进行了轮岗交流。通过新一轮干部聘任，学构干

部队伍结构得到进一步优化，活力得到进一步增强，为学校质量的全面提升提供了坚强有力的组织保证和干部队伍支持。

二、深化分配制度改革和教师岗位聘任

从 1999 年开始国家相继出台了一系列事业单位、高等院校人事分配制度改革政策，如《当前深化高等学校人事分配制度改革的若干意见》（教人〔1999〕16 号）、《关于加快推进事业单位人事制度改革的意见》（人发〔2000〕78 号）、《关于深化高等学校人事制度改革的实施意见》（人发〔2000〕59 号），甘肃省出台了《甘肃省事业单位内部分配制度改革暂行办法》（甘人事〔2000〕102 号）。清华大学、北京大学等高校于 1999 开始实行岗位聘任制和远远高于国家工资的校内津贴，拉大高校职工收入分配的差距。高校之间的人才大战加剧，校内津贴成为稳定和吸引人才的重要举措。自 2000 年 9 月起，学校在对教师、教辅人员实行专业技术职务聘任制、专职党政管理干部实行任期聘任制、工勤人员实行聘用合同制的基础上，经过 1 年多的充分调研论证，出台了《西北师范大学校内津贴发放办法》（西师发〔2001〕120 号）。新的分配办法规定：（1）校内津贴由基本津贴和业绩津贴两部分组成，以业绩津贴为主；（2）向教学科研人员倾斜，享受津贴最高的是专家教授而不是学校领导。新的津贴分配办法按照将按劳分配与按生产要素分配相结合，较好地贯彻了"效率优先、兼顾公平"的原则，稳定和吸引了高水平人才，促进了教学科研和管理，发挥了较好的激励调节作用。2002 年，学校向广大教职工发放了调查问卷，在调研的基础上对津贴分配方案进行了修订。

2005 年 3 月，学校出台了《关于进一步深化我校人事分配制度改革的指导意见》（以下简称《意见》）。《意见》指出，新一轮人事分配制度改革工作是学校 2000 年 6 月启动的校内管理体制改革工作的深化和完善。依据《意见》制定的《西北师范大学定编工作方案》以及《西北师范大学教师岗位设置与聘任办法》和《西北师范大学教辅岗位设置与聘任办法》分别对学校教师及教辅岗位设置和人员聘任作出了明确规定。

这一次的教师、教辅岗位聘任，主要体现出以下几个特点。一是科学定编。根据学校的规模、任务、目标对教学、科研、管理、教辅等职能进行分解，科学定编。定编工作要坚持"总量控制、精简高效、分类指导、规范合理、保证重点、兼顾一般，固定编制与流动编制相结合"的原则。通过定编确定教师队伍、管理人员队伍和教学辅助人员队伍的规模与结构，体现不同学科和专业的需要，实现学校规模、结构、质量与效益的协调发展；通过定编和人事代理制度的施行，逐步建立相对稳定、合理流动、专兼结合、资源共享和充分开发利用的用人机制。二是合理设岗，实施全员聘任。实施全员聘任制是新一轮人事分配制度改革的重点。根据"按需设岗、公开招聘、平等竞争、择优聘任、严格考核、目标管理"的原则，在平等自愿、协调一致的基础上，积极推行竞争上岗。逐步破除职务终身制和人员单位所有制，实现由身份管理向岗位管理的转变。在岗位的设置方面，学校结合实际情况和发展规模，重心下移，将权力下放到各单位。在定编定岗的基础上，坚持"公开条件、公平竞争、公正评价"和"透明、科学、法治"的原则，"硬化"评聘条件，"量化"考核标准，坚持质量第一。强化岗位意识，按需设岗、择优聘任，通过全面聘任，做到有岗位、有职责、有任务、有考核、有流动。通过岗位职责与任职条件来提高教师队伍的整体素质，通过岗位的可能变动来建立竞争、激励和约束机制。三是确定主导指标，完善考核体系。主导指标考核是学校实施管理重心下移后，对学院整体工作进行考核所采取的新型管理办法，是学校对学院具体要求的动态指标系统。学校根据学院编制规模及岗位情况，按照不同级别岗位，确定应当完成任务的数量要求和质量标准，进行任务打捆后，给学院下达整体任务，形成对学院的主导指标考核标准。主导指标随着办学规模、承担任务的变化定期进行调整。对学院考核的主要内容是对学校发展具有重要影响的主导性指标，主要包括党建与思想政治工作、学科建设、人才培养、教学工作、科学研究、队伍建设、内部管理、安全稳定等方面的内容。通过对一级指标的量化管理，使教学单位能够把握住学校发展建设中的重点任务。主导指标制定的标准和适应性，反映着学校职能部门对学校发展建设中重点任务的认识水平，是考核职能部门的重要指标之一。学校通过对学院进行主导指标考核，可以清楚地反映出学校整体工作状态，完成任务的数量和质量，同时也反映出学院的办学特色和水平，以及非教学单位的管理水平和服务水平。学院根据学校的主导指标和岗位职责基本要求，有权根据本单位的实际情况确定所设岗位承担任务的数量要求和质量标准；在进行岗位任务分解时，学院要注重发挥不同类型教师的工作积极性，通过调节承担教学、科研工作量的比例，更好地发挥不同类型教师的特长，高质量地完成岗位目标要求；学院可以根据本单位实际情况确定社会工作量的范围，并通过合理的任务分解使所有聘任人员都能够承担相应的社会工作。在考核制度方面，以"客观、公正、公开、准确"为原则，以定量考核和定性考核相结合方法，以学年度考核和聘期考核为主要方式，学年度考核注重量的考核，聘期考核注重质的考核，科学、合理和全面地考察教师的德、能、勤、绩。同时，采取个人考核与集体考核相结合等较为灵活的考核方法。主导指标的完成情况与学校各类奖金分配机制和其他资源的分配形成密切的关系，便于有效落实奖优罚劣的竞争激励机制。四是修订校内津贴分配办法，鼓励多出教学科研精品。修订校内津贴分配办法，实施以岗位津贴加业绩奖励津贴的分配制度是实施全员聘任制的政策保障，是新一轮人事分配制度改革的关键。根据"注重岗位、按岗取酬、绩效优先、支持创新，扩大单位分配自主权"的原则，对原有的校内津贴分配办法进行整改，实施"岗位＋业绩"的津贴方案，岗位津贴与业绩津贴并行互补。通过实施岗位津贴强化教职工的岗位意识、团队精神，以有利于学科的整体发展；通过实施业绩奖励津贴，激励教职工的创新意识，鼓励多出教学科研精品，以有利于学科的跨越发展和人才的脱颖而出。形成以聘任制为基础，以稳定和吸引人才、鼓励人才创新创造为目的，重岗位、重实绩、重贡献的分配激励机制。

2008年12月，学校按照总量控制、精简高效、分类指导、规范合理、保证重点、兼顾一般、固定编制与流动编制相结合以及动态管理与弹性管理相结合的原则，修订了《西北师范大学定编工作方案》，同时修订下发了《西北师范大学教师岗位设置与聘任办法》（西师发〔2008〕189号）和《西北师范大学教辅岗位设置与聘任办法》（西师发〔2008〕190号）。12月31日，学校下发了《关于教师、教辅和学报编辑人员岗位聘任的通知》，2008年12月31日—2009年1月16日完成了新一轮教师、教辅和学报编辑人员岗位聘任工作。学校2008年教师、教辅和学报编辑人员岗位聘任工作延续了2005年在科学定编、合理设岗、加强考核、激励创新等方面好的做法。

三、首次内部等级岗位设置及全员聘任

2011年5月17日下午，学校召开了首次内部等级岗位聘任工作安排会议，正式启动内部等级岗位设置和聘任工作。会议强调，首次内部等级岗位聘任是国家层面推动的事业单位人事分配制度改革，实质是以工资为杠杆，转变事业单位人事管理方式，变原来的职务管理为等级岗位管理，主体是专业技术人员，重点是做好按岗聘用、合同签订和工资兑现工作。校长王嘉毅希望学校全体专业技术人员认真学习文件，准确把握政策，理性选择岗位，正确看待聘任结果，充分理解和支持本单位的聘任工作。并要求各单位从学校的实际出发，从稳定人才、稳定队伍、促进学校事业长远发展的根本目的出发，高度重视，加强领导，严格把关，维护公正，积极稳妥地推进这一改革。党委书记刘基要求各单位聘任工作小组充分认识岗位聘任工作的重要性，把思想统一到学校的政策要求上来，主动学习掌握政策精神，主动思考工作方案，主动承担工作任务；要求各单位聘任工作小组勇挑重担，克服困难，化解矛盾，让广大职工既对本次聘任结果有充分的信任，也对个人的未来发展充满期待，充满信心；要求各单位严格执行工作程序安排，按时完成工作任务。

学校依据《人事部关于印发〈事业单位岗位设置管理试行办法〉的

通知》（国人部发［2006］70 号）、《人事部关于印发〈事业单位岗位设置管理试行办法实施意见〉的通知》（国人部发［2006］87 号）、《中共甘肃省委办公厅、甘肃省人民政府办公厅关于印发〈甘肃省事业单位岗位设置管理实施意见〉的通知》（省委办发［2008］66 号）、《甘肃省人事厅关于印发〈甘肃省事业单位岗位结构比例管理试行办法〉等五个事业单位岗位设置管理配套文件的通知》（甘人发［2008］28 号）的精神，在充分调研论证的基础上制定了《西北师范大学首次内部等级岗位聘任实施方案》等五个相关文件，确定了本次岗位聘任的指导思想、基本原则、设置岗位的计算办法、聘任范围、任职条件、岗位职责、考核等核心内容。岗位设置及人员聘任工作在学校党委统一领导下进行。学校成立了内部岗位设置及人员聘任工作领导小组，具体指导各类人员岗位设置及人员聘任工作，决定有关事宜；各单位岗位设置及人员聘任工作小组具体负责本单位人员聘任工作。

学校首次岗位聘任坚持"先入轨，后规范"的原则。首次聘任二、三、四级岗位之间的比例为 0.9：2.7：6.4，即二级岗位占正高岗位总数的 9%，三级岗位占 27%，四级岗位占 64%；五、六、七级岗位之间的比例为 1.2：2.4：6.4（12%：24%：64%）；八、九、十级岗位之间的比例为 1.5：2.0：6.5（15%：20%：65%）；十一、十二级岗位之间的比例为 5：5（50%：50%）。学校首次岗位聘任的时间节点是 2008 年 7 月 21 日，依此为节点的学校在册人员全部参加该次等级岗位聘任。参加该次聘任的人员分为三种类型，即专业技术人员、管理人员、工勤人员。2008 年之前，西北师大在册管理人员 326 人，工勤人员 274 人，属于首次岗位聘任的实施范围，但因为管理人员和工勤人员的工资都在 2008 年 7 月 21 日前已经按等级岗位兑现入轨，所以本次聘任只报送相关的资格证书或聘书，与学校签订聘用合同，不再组织岗位聘任。材料的收报和合同的签订具体由组织部、人事处分别负责。后勤集团、物业中心等有工勤人员的单位要配合做好组织工作。西北师大专业技术人员包括高校教师 1228 人（含 2008 年 7 月 21 日前延迟退休的高校教师 17 人），其他专业技术人员 464 人，中小学、幼儿园教师 256 人。

首次内部等级岗位设置及全员聘任工作完成后，学校对校内津贴运行情况进行了全面的调研分析。调研认为，学校岗位津贴制度实施以来所取得的成效主要体现在以下几个方面：一是教职工的收入明显得到了提高，教职工的竞争意识、效率意识、岗位意识进一步增强；二是根据"注重岗位、按岗取酬"和"按劳分配、绩效优先、支持创新"的原则制订分配方案，重岗位实际、重贡献大小，向优秀人才倾斜，建立了竞争激励机制；三是坚持"向教学科研一线倾斜，向高层次人才倾斜"的原则，使学科带头人、学术骨干、高层次人才的待遇大幅提高；四是津贴政策对科研创新的激励作用得到了显著发挥。同时通过调研也认识到，学校津贴分配办法和津贴投入总量已远远落后于形势的变化，远不能适应学校稳定人才、激发广大教职工积极性和创造性的要求，岗位津贴对教学奖励投入不够、对团队绩效奖励不够等问题依然存在。为此，学校分配制度改革领导小组在广泛调研论证的基础上，借鉴兄弟院校的成功经验，并结合学校实际情况对津贴分配办法进行了修订和完善。

2011 年 12 月 9 日，学校下发了新修订的《西北师范大学校内津贴分配实施方案（试行）》，同时配套印发了《西北师范大学校内津贴评定指导意见》和《西北师范大学机关职能部门、直属服务单位津贴评定指导意见》。新修订的校内津贴分配方案主要有以下几个特点。一是按岗取酬、优劳优酬。津贴分配强化了岗位意识，明确了岗位职责，体现了职责、任务、业绩和报酬的统一，鼓励在教学、科研、管理及服务等工作中做出突出成绩的教职工得到较高的报酬。向教学、科研一线倾斜，向教学人员倾斜。二是分类管理、岗变薪变。津贴分配全面统筹学校教学、科研、管理及服务等各类岗位的工作，合理确定各类岗位的薪酬标准。聘用岗位发生变化，岗位津贴随之变化。三是自主分配、强化考核。津贴分配实行校、院（其他单位）两级管理，学校核定各单位津贴经费总

◎2011 年《西北师范大学校内津贴分配实施方案（试行）》《西北师范大学校内津贴评定指导意见》和《西北师范大学机关职能部门、直属服务单位津贴评定指导意见》

额，各单位根据学校分配原则自主分配；津贴分配要体现各类人员任务目标，强化激励机制，严格岗位考核。

为贯彻落实新修订的《西北师范大学校内津贴分配实施方案（试行）》，学校同时修订下发了《西北师范大学教学科研项目、成果分类办法》（西师发〔2011〕231 号）、《西北师范大学教师岗位设置与聘任办法》（西师发〔2011〕232 号）以及《西北师范大学教辅岗位设置与聘任办法》（西师发〔2011〕233 号）。2011 年 12 月 10—26 日，学校组织完成了新一轮教师、教辅人员岗位聘任工作。

第三节
坚持质量立校 培养创新人才

进入 21 世纪以来，学校始终坚持"质量是高等教育发展的生命线"的理念，把培养具有创新精神和实践能力的高素质人才作为根本任务，以迎接教育部本科教学水平评估为契机，以组织实施教学改革工程和质量工程为抓手，不断提升教育教学质量，促进了学生知识、能力、素质的全面协调发展。

一、实施"教改三期工程"

2001 年 3 月，学校在全面总结本科"教改二期工程"的基础上，正式启动了"教改三期工程",并拟于 2005 年 12 月完成。"教改三期工程"
的指导思想是:贯彻落实第三次全国教育工作会议精神,面向新世纪,
以增强质量意识、加强素质教育、深化教学改革、着力教学建设为主线,
以开展更大范围、更深层次的教学改革实践为重点,以培养适应新世纪
社会发展需要的具有创新精神和实践能力的高素质师资和各类专门人才
为宗旨,对学校人才培养目标、培养模式、课程体系、教学内容、教学
方法与手段、教学管理制度等进行综合改革研究与实践,推动教学改革
向纵深发展。"工程"的总目标是:着力提高师范教育水平,积极调整专
业结构,大力发展非师范教育,推进学校综合化进程,形成较为完整的
综合性大学学科布局;加强素质教育,注重个性发展,实施学分制,改
善办学条件,改革管理、考核、评价等方式,建立高效灵活的教学管理
制度和运行机制,实现教育教学的制度创新;继续完善面向新世纪的课
程体系,深入改革教学内容,改进教学方法,充分利用现代教育技术手
段,提高人才培养质量,提升学生的一次性就业率和考研率;探寻稳定
师资队伍和培养高水平学术带头人的有效政策,引进和培养一批高层次
中青年学术骨干,以具有现代教育思想观念、掌握现代教育技术手段为
重点,整体提高全体教师的综合素质;加大投入、优化配置、共享资源,
建成有利于培养学生创新精神和实践能力的教学条件保障体系。"工程"
包括学分制改革、专业建设、办学模式及课程体系建设、实践教学与现
代教育技术手段建设、教学研究、教学质量保证与监控、民族教育及师
范特色等 7 个项目。

2002 年 4 月,学校下发了《西北师范大学关于加强本科教学工作提
高本科教学质量的实施意见》,对进一步狠抓教学质量,确保扩招后教学
质量的稳步提高,提出了 36 条具体的实施意见。2002 年 9 月 13—14 日,
学校召开了以"深化教育教学改革,提高人才培养质量"为主题的教学
工作研讨会。会上,校长王利民要求目前正在实施的教改三期工程要以
学分制教学改革为关键,以培养知识、能力、素质协调发展的创新人才

为目标，在"十五"期间，初步完成学校学科专业结构的调整，形成综合性大学的学科布局，继续深入进行课程体系和教学内容的优化调整，着力加强专业内涵建设和提高人才培养质量。党委书记姚克敏在总结讲话中强调，当前学校的定位着重突出三大特色：以教师教育为主，西部特色，教学研究型。学校的办学指导思想是以教学改革为核心，结构调整为主线，队伍建设为保证，学科建设为龙头，要在结构调整和教学改革上下大力气，持续抓下去。今后教学工作要形成一定常规，做到"五个一"：学校每年举行一次教学工作研讨会，每年开展一次围绕教学工作的专题活动，党委常委每学期专题研究一次教学工作，各学院每月有一次党政联席会议专题研究教学问题，每个教师每月有一次教学研究活动。2002年10月，学校出台了《关于进一步深化实验教学改革、提高实验教学质量的工作意见》，分析了学分制教学管理模式下实验教学管理面临的新问题，提出了对实验教学管理的新要求。

2004年12月，教育部召开了第二次全国普通高等学校本科教学工作会议。会议明确提出：树立和坚持科学发展观，在规模持续发展的同时，实现高等教育工作重心的转移，必须把提高质量放在更加突出的位置。同时，会议把加强实践教学作为提高教学质量的一个重要方面，给予了高度重视。在高等教育实现工作重心转移以及学校启动实施"2003—2007年改革与发展纲要"之际，学校于2005年4月15—16日召开了第二次实验教学工作会议。校长王利民在会议讲话中强调，实验教学是提高人才培养质量的重要环节，是巩固和深化课堂理论教学结果必不可少的手段；加强实验教学对培养大学生的认知能力、思维方法、动手能力和操作能力以及应用知识解决实际问题的能力具有独特的作用，在培养学生创新能力、团队精神、协作能力方面具有独特的作用。今后，要按照"规范管理、合理配置、资源共享、提高效率"的目标，进一步规范、健全和严格落实实验教学管理制度，探索新的实验教学管理体制。

2005年11月17—18日，学校进行了"教改三期工程"集中验收工作。"教改三期工程"实施期间，学校在巩固和借鉴前两期工程成果和经验的基础上，坚持以全面实施学分制、培养学生创新精神和实践能力为核心，增强质量意识、加强素质教育、深化教学改革、着力教学建设，突出"以人为本"的教育理念，实现人才培养的"单一知识型"向"知识、能力、素质"协调发展的转变，全方位推动了教学改革向纵深发展，使学校教育教学质量迈上了一个新台阶。所做的主要工作及取得的成效主要体现在以下几个方面。

——学分制改革。2001年9月，学校印发了《西北师范大学学分制实施方案》《西北师范大学学分制实施细则（试行）》《西北师范大学学分制排课、选课办法（试行）》《西北师范大学学分制学籍管理条例（试行）》《西北师范大学本科生导师工作条例（试行）》和《西北师范大学本科生大学外语课程考试、成绩与学分管理规定（试行）》等一系列文件，规定从2001级本科学生开始全面实行学分制管理。2004年8月，全校所有全日制普通本科生均进入学分制管理。2005年7月，首届实施学分制管理的本科生顺利毕业。2005年9月，学校对学分制学籍管理条例作了修订。新修订完成的《西北师范大学学分制学籍管理条例》在以下几个方面作了较大调整：取消试读，改为退学警告；增加了学生的申诉权；结合首届采用学分制管理的毕业生的工作实践，对毕业、结业与肄业的内容作了较大修订；对提前毕业、延长修业的规定作了进一步完善。

——专业建设。2001年，学校新建了经济学等7个非师范本科专业，全校本科专业达到47个，其中非师范本科专业27个，实现了非师范类本科专业数超过师范类本科专业数的突破。2002年，学校新增4个本科专业。从2004年起，学校加强了招生计划论证，通过召开由主管校长召集，教务处、人事处、学生处、各学院共同参加的招生计划论证会，对招生计划进行审核论证。至2005年，学校设有本科专业51个，涵盖哲学、经济学、法学、教育学、文学、历史学、理学、工学、管理学9个学科门类。

——办学模式改革。2001 年起，生命科学学院生物科学专业、地理与环境科学学院地理科学专业试行"3＋1"模式。2002 年起，教育学院、政法学院开始试点师范专业与非师范专业打通培养，即学院招生不分专业，前两年设置相同的基础性课程打通培养，两年后学生在学院内自主选择专业继续学习。同年，学校确定经济管理学院国际经济与贸易专业和政法学院管理科学专业为学校首期开办 WTO 专门人才班的试点专业。2003 年，外国语学院英语专业增设翻译方向，作为 WTO 专门人才班。同年，根据国家政策，学校试行教育硕士专业学位（EDM）的本硕贯通培养模式。从 2005 级学生起，经济管理学院试行"1.5＋2.5"模式。

——课程体系和教材建设。2002 年，学校制定了《西北师范大学教材补贴办法》，鼓励教师自编并出版高水平教材和具有特色的选修课教材。2003 年，学校以接受教育部本科教学工作水平评估为契机，对全校各专业所有课程的教学大纲进行了全面修订，并补充制订了新增选修课程的教学大纲。同年，学校制定了《关于进一步加强和改进计算机基础课教学的意见》，成立了"计算机基础课教学工作指导小组"，加强了对计算机基础课教学的指导和管理。2005 年，学校出台了《西北师范大学精品课程建设管理办法（试行）》。2003—2005 年，学校评审出校级立项建设精品课程 39 门，其中 18 门课程被评为"甘肃省精品课程"。

——实验教学与现代教育技术应用。2001 年，学校按照"选择试点、以点带面、全面展开"的思路，启动了实验室开放试点工作，积极摸索实现实验室开放的有效途径和办法。2002 年学校制定了《关于进一步深化实验教学改革、提高实验教学质量的意见》。2003 年，学校修订了《西北师范大学实验教学管理规程》、制定了《西北师范大学基础课教学实验室开放暂行规定》，要求全校基础课教学实验室必须全部面向学生开放。2003 年、2004 年两年西北师大教学实验室每学期面向普通本科学生开放的学时数都在 4.5 万以上（不包括计算机室）。与此同时，学校的多媒体教室从 2000 年的 8 个、964 座增加到 2005 年的 49 个、5971 座，并配备了较多数量的便携式投影仪，为教学方法与手段的改革创造了良好的硬件条件。

——教学研究。2003 年，学校制定了《西北师范大学教学研究工作暂行规定》，进一步规范了教学研究工作。2003 年，全校共申报教学研究项目 71 项，批准立项的项目为 54 项，资助经费 9 万元。2004—2005 年，结合精品课程建设和教师教育课程资源建设，学校专门设立了课程建设专题立项，批准立项研究项目 76 项，资助经费 41.2 万元。学校重视和鼓励各类教学研究成果的应用与实践，并加大成果奖励力度，激励教师多出成果、出好成果。教改三期工程期间，学校获得国家级教学成果二等奖 1 项，省级教学成果一等奖 6 项、二等奖 18 项、省教育厅级奖 18 项，学校奖励校级教学成果奖 98 项，共奖励 17.6 万元。

——教学经费投入与教学奖励。在学校财力紧张的情况下，学校坚持逐年增加各项教学经费的投入。2001—2005 年，全校投入学院教学业务费 2208.73 万元，专项教学经费 281.32 万元，实验室建设经费 8290.57 万元，教学用图书资料等经费投入也逐年增加。为调动和激励教师对教学工作的投入和积极性，学校在原有"兰铝教学优秀奖"和"孔宪武中青年教学优秀奖"的基础上，增设了"校级教学优秀奖"，制定了《西北师范大学优秀教学奖励条例》，每两年划拨 10 万元奖励经费，对在教学工作中取得突出成绩的教师、实验技术人员、图书资料管理人员进行表彰奖励。2001—2005 年，两次评选出 108 人，奖励 20 余万元。从 2001 年起，学校每年设立专项奖金，对大学英语教学工作中认真负责、成绩优异、授课班级四级通过率高的任课教师予以奖励。2005 年开始，学校在新的津贴分配办法中设立了教学质量优秀奖，每年在全校教师中评选出 50 名教学质量优秀的教师予以奖励，奖励金额为 3000 元。

——教学质量监控体系建设。2002 年起，学校建立了"学生教学信息员信息反馈制度"，听取学生对教学工作的意见和建议。2002 年学校修订了《西北师范大学教学督导委员会工作条例》，制定了《西北师范大学教学督导工作实施细则》，在开展常规工作的同时，每学期选定一个专题，分别开展青年教师教学情况、大学英语教学、实验教学、专业实习、毕业论文等方面的调研活动。2003 年 3 月，学校多次组织召开教师座谈会，广泛听取教师关于加强和改进教学工作、进一步提升教育教学质量的意见建议。4 月，学校将《西北师范大学教学工作暂行规程》和《西北师范大学教学过程各环节基本要求》再次印发全校，要求全体教师进一步规范教学管理，保证教学各环节基本要求的全面落实，实现教学工作的规范化、科学化。同时，学校制定了《西北师范大学教学事故认定及处理办法（试行）》进一步落实了教学工作及教学管理、教学服务等方面的责任。

二、本科教学水平评估创优

为了全面保障和提高高等学校本科教学质量，教育部自 2002 年开始全面启动高等学校本科教学工作水平评估工作。国家《2003—2007 年教育振兴行动计划》将"高等学校教学质量与教学改革工程"列为六大重点工程之一，提出了要建立周期性教学评估制度，所有本科院校必须接受评估。西北师范大学被列为首批接受评估的高校之一。

2003 年，学校启动了本科教学工作水平评估工作，并以此为契机组织全校师生开展教育思想观念大讨论，解放思想，更新观念，树立科学的教育观、质量观、人才观和发展观。2003 年 6 月，学校成立自评专家组对学校本科教学工作水平进行了试评。2003 年 11 月 29 日，学校在西操场举行迎评工作全校师生动员大会。全体校领导、13000 多名学生、2000 多名教职工以及部分离退休老同志代表参加了动员大会。大会号召全校师生要发扬主人翁精神，以评估为契机，全面推进学校本科教学水平和人才培养质量再上新的台阶。12 月 6—12 日，以华东师大杨忠教授为组长、华中师大李向农教授为副组长的教育部评估专家组一行 13 人，对学校本科教学工作进行了实地考察评估。考察评估期间，专家组认真审阅了西北师范大学自评报告及有关材料，听取了校长王利民教授关于自评工作的汇报，考察了教学楼、实验楼、图书馆、校史馆、博物馆、体育馆、西北少数民族师资培训中心、就业指导中心、网络中心、多媒体教室、计算机教室、语音实验室、学生食堂、学生宿舍等教学基础设施，观看了学生的文化体育活动，调阅了24个班级的学生试卷900多份、学生毕业论文和毕业设计57份，走访了18个教学单位和部门，随机听课35门，考察了11个专业33个学生的从师技能，抽查测试了198名学生的外语、计算机及专业课的基础理论知识和基本技能，走访了2个用人单位，分别召开了学校领导、院系负责人、教学管理人员、青年教师、中老年教师、学生、党外人士及离退休教师等7个座谈会，共计84名师生参加了座谈。另外，专家组进校前，教育部委托专家抽查了8个专业的419份试卷和9个专业的54篇毕业论文。经过全面细致的考察，专家组认为，在甘肃省委、省政府的直接领导下，在教育部的高度重视和大力支持下，学校各级领导和全校师生高度重视本科教学水平评估工作，全面进行了整改和建设，学校的凝聚力进一步增强，广大师生员工表现出强烈的集体荣誉感和更大的历史使命感，全校上下团结奋斗，开拓进取，评建工作成效显著。

评估期间，教育部高教司副司长刘凤泰来校视察并指导评估工作。刘凤泰及甘肃省人民政府副省长李膺、甘肃省人民政府副秘书长孙公平、甘肃省教育厅副厅长李廉参加了教育部专家组对西北师大本科教学工作水平评估意见反馈会。经过考察评估，专家组一致认为西北师大发展定位准确，办学指导思想明确，教学工作中心地位不断加强；重视师资队伍建设，不断优化师资队伍整体结构；加强基础设施建设，办学条件有了明显改善；持续推进教学改革，强化教学管理，建成教学质量监控体系，保证了教育教学质量的稳步提升；重视教风学风建设，学校享有良好声誉；创建高品位的校园文化，营造了优良的育人环境。专家组同时认为，西北师大办学特色鲜明，构建了"培养、研究、实践、示范"一体化的少数民族师资培养体系，促进了西部教育创新发展。自1985年教育部依托西北师大成立西北少数民族师资培训中心以来，学校先后为西部11个省区培养了29个民族的各类师资8000余名，同时深入开展西部教育研究，积极承担国内国际项目，建立实验研究基地，在民族教育中充分发挥了示范辐射作用，多次得到国务院、教育部、国家民委和上级主管部门的表彰奖励，其中，《西北少数民族高等师范教育办学模式的理论与实践》项目获国家级教学成果一等奖。多年来，学校立足西部，在培养民族师资，推动基础教育改革发展、促进经济建设、维护政治稳定和民族团结进步等方面，作出了突出贡献。专家组同时建议学校继续采取有效措施，提高师资队伍的学历层次，满足学校办学规模扩大对师资队伍的需求；建议继续整合学校教育资源，妥善处理继承和发展的关系；建议省政府继续加大对西北师大的投入力度和政策支持，以更好地发挥西北师大在西部大开发和甘肃省经济建设与社会发展中的重要作用。

2004年6月，教育部公布了42所高等学校本科教学工作的评估结果。西北师范大学以"定位准确、特色鲜明、成效显著"被评为"优秀"。

三、实施"教改四期工程"

2006年9月21—22日，学校召开了2006年本科教学工作会议。校长王利民对《西北师范大学第四期本科教学改革工程实施纲要》和《西北师范大学教师教育改革行动计划》作了说明，教务处负责人对"教改三期工程"实施情况进行了总结并就《西北师范大学关于修订本科专业教学计划的工作意见》作了说明。党委书记刘基在总结讲话中强调，教学始终是学校的中心工作，也是这所百年学府得以生存和发展的根本。系列教改工程的实施使学校教学建设、教学改革和教学管理发生了巨大的变化，本科教学工作已迈上了一个新台阶，有力推动了学校各项事业的发展。通过这次教学工作会议，将启动第四期本科教学改革工程，实施教师教育改革行动计划，开展重点课程建设和专业建设质量评估工作，解决本科教学工作中存在的薄弱环节，创新教师教育，切实提高人才培养质量。

"教改四期工程"于2006—2010年组织实施，是《西北师范大学"十一五"发展规划纲要》和《西北师范大学2009—2015年发展战略规划纲要》的重要内容。学校确定"教改四期工程"的指导思想是：适应高等教育发展新形势，抓住和用好21世纪前20年高等教育发展的战略机遇期，以科学发展观统领学校教学工作全局，以质量提升为主线，贯彻"巩固成果、深化改革、提高质量、持续发展"的方针，更新教育思想观念，确立新的质量观和人才观；坚持教学中心地位，深化教学改革，创新教师教育培养模式，加强教学建设，完善教学保障体系，实现"规模、结构、质量、效益"的全面协调和可持续发展；优化教学过程，注重"知识、能力、素质"的协调发展，提高培养质量，提升办学水平，加快学校向以教师教育为主的全国高水平教学研究型综合大学的转型。"教师四期工程"的主要目标是：以全面提升学校教育教学质量为总目标，深化教育教学改革，加强教学基本建设，完善教学质量保障体系，不断提高人才培养质量。通过第四期本科教改工程的实施，形成教师教育优势突出，民族师资培养特色鲜明，多学科、综合性的本科教育体系，全面提升本科教学质量，使本科生就业率高于同类院校平均水平，考研率力争达到20%，毕业生有较高社会评价。"教改四期工程"包括教育思想观念更新、人才培养模式改革、专业建设和课程建设、实践教学改革、学分制教学管理完善、教学质量监控、少数民族师资培养、教学研究、招生工作改革共9个项目。"教改四期工程"所做的工作和取得的成效主要体现在以下几个方面：

——人才培养模式改革。2005年，学校制定了《西北师范大学教师教育改革行动计划》，以教师教育改革为突破口，进一步加快人才培养模式改革。2009年9月起，除教育技术与传播学院、外国语学院、音乐学院、美术学院、体育学院以外，全校招收的教育硕士、学科教学论研究生的培养全部由教育学院承担。2010 年，学校在数学与应用数学、物理学、化学、汉语言文学等 4 个专业首批启动了本科教育高水平拔尖创新人才培养计划——"云亭班"（"云亭"二字取自西北师大西迁独立设置时首任校长李蒸先生的字）。实施该计划的目的是：培养专业基础扎实、专业功底深厚，综合素质全面发展、具有一定创新能力、适合进行学术研究的本科生；毕业生培养质量高、就业竞争力强，有较大比例的毕业生进入"985"和"211"高校继续深造学习，并为西北师大自身提供硕士、博士优秀生源；学生在教师指导下开展科学研究工作，产生一批以学生参与为主、质量较高的学术研究成果。同时，以试点专业为示范，带动更多的专业推进教学改革与建设，整体提升本科人才培养质量。

——课程建设。2006 年，学校组织进行了学分制教学计划修订，以培养"厚基础、宽口径、具有创新精神和实践能力的高素质人才"为目标，设计了"学校—学院—专业"三个课程平台，构建了"平台模块"与"必修选修"相结合的矩阵结构课程体系。2006 年以来，学校以专业建设带动思想政治理论课程建设，全面落实了"一人两课、一课两人"制度。学校在 2008 级、2010 级学生中实施大学英语分级教学试点改革，建立了"五位一体"的教学模式，使学生听说能力和语言综合运用能力有了较大幅度的提高。从 2008 级学生开始，学校将"大学计算机基础"课程的学分由 3.5 分提高到 4 分。2009 年，学校制定了《西北师范大学本科生〈大学体育〉课程教学改革方案（试行）》。2006—2010 年，学校共建设国家级精品课程 2 门，获得建设经费 20 万元；省级精品课程 35 门，获得建设经费 18.5 万元；校级精品课程 89 门，校级重点课程 90 门，校级双语教学示范课程 13 门，学校共投入课程建设经费 137.7 万元。

2006—2010 年西北师范大学建设的国家级精品课程一览表

序　号	所属学院	课程名称	课程负责人	立项时间
1	文史学院	敦煌学	李并成	2006
2	教传学院	教育传播学	杨改学	2007

——教学团队和教材建设。2009年评审建设首批校级教学团队13个，投入教学团队建设经费65万元。其中"课程与教学论教学团队"和"中国古代史教学团队"分别于2008年、2010年成功获得国家级教学团队立项建设，并获得60万元建设经费。这一时期，学校鼓励教师自编并出版高水平教材和具有特色的选修课教材，并继续开展教材补贴工作。教改四期工程期间，学校教师共编写出版教材218部。

2008—2010年西北师范大学建设的国家级教学团队一览表

序　　号	团队名称	团队带头人	所在学院	立项等级	立项时间
1	课程与教学论教学团队	王嘉毅	教育学院	国家级	2008
2	中国古代史教学团队	田　澍	文史学院	国家级	2010

——专业建设。2006年以来，学校新增设11个本科专业，增设12个专业方向。截至2010年年底，学校有英语、数学与应用数学、美术学、汉语言文学、地理学、物理学、历史学、化学、生物科学等9个专业获批国家级特色专业建设点，获得180万元专项经费支持。2008年，教育部对学校英语专业开展本科教学评估。评估专家组一致认为："西北师范大学及外国语学院两级领导高度重视此次英语专业本科教学评估工作，将专业评估看做是对2003年学校整体评估后整改工作的检验，以英语专业评估为契机，贯彻'以评促建、以评促改、以评促管、评建结合、重在建设'的原则以及教育部实施高等教育质量工程的精神，进一步强化了英语专业的学科建设，达到了凝聚人心、增强实力、规范管理、提升学科建设水平与教学质量的目的。"西北师大评估结论为优秀，成为甘肃省首次参加英语专业评估的两所高校中唯一获得优秀等级的普通高校。2010年，学校出台了《西北师范大学关于进一步加强非师范专业建设、提高人才培养质量的意见》，提出了按照"分类指导"的原则对非师范本科专业进行建设、改造与提升的建设目标。

——实践教学改革。2007年4月，学校修订了《西北师范大学本科生教育实习工作条例》，推行"多学科联合组队"模式进行教育实习。自

2007 年以来，学校已在全省 13 个市州建立了 80 个实习基地，为教育实习顺利实施奠定了基础。学校的师范生从师技能大赛自 2003 年开展以来至今已成功举办了八届。从师技能大赛以提升师范生教学技能和就业竞争力为目的，注重活动的参与面和普及化，通过形式多样、丰富多彩的班级初赛和学院比赛，每年吸引了全校近万名大学生的积极参与。2010 年下半年，学校启动了"西北师范大学师范生教师专业能力培养训练"项目。

——拓展大学生学术科研训练活动。2006 年，学校修订了《关于组织参加全国大学生数学建模竞赛、全国大学生电子设计竞赛的实施意见》，2008 年修订了《西北师范大学本科生素质拓展学分实施办法》，实施了《西北师范大学本科生素质拓展活动项目化管理办法》。2006—2010 年，学校共有 100 个队参加全国大学生数学建模竞赛，其中 2006 年获得 5 项全国奖，囊括了甘肃省甲组 11 项全国奖近一半的奖项，在全国师范院校中名列前茅。2006 年以来，西北师大共有 12 人参加"外研社杯"全国英语演讲赛，2006 年 1 人获得甘肃赛区复赛特等奖，代表甘肃省参加全国决赛，获得全国决赛优胜奖，并于 2007 年 5 月代表学校赴韩国参加了"亚洲大专英语辩论赛"。西北师大 2006 年、2009 年参加"挑战杯"大学生课外学术科技作品竞赛均以团体总分第二名荣获甘肃省优秀组织奖。

——教学研究与教学奖励。教改四期工程期间，全校共申报非专题性教学改革项目 182 项，批准立项的项目为 134 项，资助经费 33.4 万元。2009 年，学校获得第六届国家级教学成果二等奖 1 项，作为第三完成单位获国家级教学成果一等奖 1 项。2010 年，学校获教育部基础教育课程改革教学研究成果一等奖、三等奖各 1 项。2007—2010 年，学校共评审出"教学质量优秀教师奖"191 人、"实验教学管理优秀奖"24 人，"图书资料管理优秀奖"16 人，直接授予省级精品课程负责人和年度大学英语教学优秀教师"教学质量优秀教师奖"126 人次，奖金总额达 69.3

万元。

——招生工作。2006—2010年西北师大招生总人数稳定在4200人左右，其中民族班招生人数稳定在300人，预科班招生人数稳定在100人。为优化生源结构，学校积极与外省省属师范大学联系，以对等交流的方式开始面向外省招生。2005年，学校面向全国25个省、市、自治区招生，招生数量逐步扩大，"教改四期工程"实施以来，由2006年的478人增加到2010年的1200人，外省学生所占比例由2006年的11.6%提高到2010年的27%，生源结构得到极大改善。招生省份由2006年的25个逐步扩大到全国31个省（区、市）。2006年以来，学校坚持以"阳光招生，特色宣传，提高质量"为目标，采取多种措施，不断加强招生宣传工作，努力提高生源质量。从2007年开始，学校在招生章程中明确规定：被西北师大录取且高考文化课成绩在各省（市、自治区）重点线以上（甘肃省以外的考生可适当放宽条件）的新生可申请转换专业。为了吸引高分考生报考西北师大，学校每年对录取的甘肃省普通文、理科第一名考生分别给予10000元的高考成绩优异奖奖励，每年对录取的甘肃省艺术、体育专业成绩最高的考生给予6000元的高考成绩优异奖奖励，对报考西北师大文理科前10名考生分别给予6000元的高考成绩优异奖奖励，并与高考录取通知书一起寄发喜报。2008年，甘肃省陇南、甘南两市17个县受汶川"5·12"地震的影响，高考延期进行。西北师大在"延考区"单列计划、单独录取，并研究制定了对地震灾区高考学生入学照顾的6条政策。2010年4月14日，青海省玉树藏族自治州玉树县发生7.1级地震，学校在招生章程中对地震灾区高考考生的入学照顾政策做了明确规定，同时为玉树地区增加5名预科计划。

"教改四期工程"实施5年来，学校的本科教学工作取得了突出的成绩，同时在教学改革与发展的进程中还存在着亟须解决的问题和需要重点加强的工作：一是本科教学工作中心地位仍须进一步巩固；二是专业内涵建设有待继续深化和加强；三是教师教育课程资源尚不能完全满足师范生培养的需要；四是师资队伍建设仍须继续加强；五是教学经费投入需要进一步加大，实践教学环节需要进一步加强，教学资源的利用率需要大幅提高。

四、启动"教改五期工程"

为贯彻全国教育工作会议精神，全面落实《国家中长期教育改革与发展规划纲要（2010—2020 年）》《教育部财政部关于"十二五"期间实施"高等学校本科教学质量与教学改革工程"的意见》和《西北师范大学 2009—2015 年发展战略规划纲要》《西北师范大学 2009—2015 年本科教育发展规划》，大力推进教育教学改革，坚持提高本科培养质量，实现"以教师教育为主，特色鲜明，西部一流，全国高水平综合性师范大学"的发展目标，学校决定实施"西北师范大学第五期本科教学改革工程"。"教改五期工程"的指导思想是：以培养引领基础教育课程改革、具有成为未来教育家发展潜力的高素质优秀师资为目标，加快创新和完善教师教育培养模式；以质量提升为主线、教改工程为抓手、专业建设为重点、课程建设为载体、人才培养模式与课程教学改革为突破口，坚持改善教学条件，不断深化教学改革，完善质量保障体系，提升本科教学质量，加快学校向以教师教育为主的全国高水平综合性师范大学迈进。总体目标是：持续推进教师教育改革，提升学校教师教育优势；大力加强专业内涵建设，突出专业优势与特色，增强学校服务区域经济的能力与社会影响力；推进人才培养模式改革和课程教学改革，人才培养质量、学生实践创新能力显著提高；健全管理机制，完善管理制度，教学管理水平和服务能力明显提升。

2011 年 10 月 19 日，学校召开了以"落实教改工程，提高人才培养质量"为主题的教学工作会议。会上，教务处负责人回顾总结了 2006—2010 年学校实施第四期本科教学改革工程期间本科教学工作所得取得的成绩、存在的问题和今后的努力方向，介绍了《西北师范大学本科教学管理职责条例》《西北师范大学"青年教师教学能力提升计划"实施方

案》和《西北师范大学"本科生学术能力提升计划"实施办法》的主要
内容。校长王嘉毅指出，未来10年，教育创新、提高质量将成为高等教
育面临的主要任务，全校上下必须认清当前高等教育发展的新形势和大
趋势，在高等教育进入内涵式发展和质量提升的历史阶段，结合学校发
展实际，今后一个时期把西北师范大学的重点工作放到精心育人上，把
提高人才培养质量作为学校工作的核心。同时，校长王嘉毅就各学院、
各单位如何贯彻落实教改五期工程实施纲要提出了明确要求：一是要将
本次教学工作会议精神传达到每一个教师，召开学院教授，系、所、中
心主任以及教师座谈研讨会，认真学习领会相关文件精神；二是要在
2011年年底之前制订完成本学院教改五期工程实施计划及分年度工作计
划，并在学院内部认真讨论、修改完善，经党政联席会议研究通过后上
报学校；三是要坚持教学工作的中心地位，确保各项制度全面落实，要
突出学院主体，要勇于担当责任，积极主动工作，大胆创新，切实落实
学院教学工作实体地位；四是要仔细研究如何更好地为教学服务，突出
重点，尽快制定完善学校层面支持学院更好地贯彻落实教改五期工程实
施纲要的相应配套措施；五是要积极采取有效措施，加大引进高水平师
资人才的步伐；六是要树立以学生为中心的理念，通过管理和服务育人，
将学生培养成高素质的人才；七是要加强教学研究与教学成果的奖励力
度，注重在教学改革实践过程中培育教学成果；八是要进一步营造全校
关心教学、支持教学的良好氛围。党委书记刘基在总结讲话中指出，教
学工作会议是在全校上下深入贯彻全国教育工作会议精神和《国家中长
期教育改革和发展规划纲要（2010—2020年）》，全面落实《西北师范大
学2009—2015年发展战略规划纲要》，努力推进全国高水平综合性师范
大学建设的关键时期召开的一次重要的会议。今后一个时期，学校的重
点工作也将是把精心育人、提高质量作为学校工作的根本，我们必须下
大力气来做好教学工作。全校上下要始终不渝地坚持教学工作的中心地
位，全员支持"五期教改工程"。要在全校进一步统一思想和认识，广泛

动员每一位教职员工，包括全体学生都要积极地投身到新一轮的教育教学改革中来。要以改革创新的精神和真抓实干的实践来落实"五期教改工程"。党委书记刘基强调，学校连续不断地开展系列教改工程，结合时代的需求和学校的发展实际，逐步走出了一条西北师大自己的路子，而社会发展的新要求将使学校的教学改革工作还要长期持续不断地坚持下去。学校要全面落实教育工作会议精神和国家中长期教育改革和发展规划纲要，实施"高等学校本科教学质量与教学改革工程"和《西北师范大学 2009—2015 年发展战略规划纲要》，全面推进"西北师范大学第五期本科教学改革工程"，不断深化教学改革，完善质量保障体系，提升本科教学质量，加快学校向以教师教育为主的全国高水平综合性师范大学迈进的步伐。

五、承担国家教育体制改革项目

2010 年 10 月，国务院办公厅《关于开展国家教育体制改革试点的通知》中确定西北师大承担两个国家教育体制改革试点项目："创新教育体系和教师人才培养模式"和"师范生免费教育改革"。为推进西北师大承担的 2 个国家教育体制改革试点项目工作，研究解决改革试点中存在的问题，安排部署今后的工作，学校于 2011 年 8 月 27—28 日，在专家楼会议厅召开了国家教育体制改革西北师范大学试点项目工作会议。学校邀请到甘肃民族师范学院院长张俊宗教授、河西学院副院长张有明教授、北京师范大学教务处处长涂清云教授、陕西师范大学教务处处长党怀兴教授、甘肃省人力资源与社会保障厅专技处处长李杰以及省内部分高校的教授、地州市教育局长、中学骨干教师等 17 位专家出席会议。会上，党委书记刘基致欢迎词，并在讲话中强调，学校高度重视教育体制改革试点工作，已将其列入学校"十二五"发展规划重点推进。两个试点项目的顺利实施，将有助于构建新型教育体系，形成一整套引领基础教育课程改革的中学教师培养方案，培养一大批优质教育人才，切实提升教师教育人才培养质量和民族地区教育发展水平，为西部地区特别是甘肃省培养高层次基础教育优秀师资。与会专家分别就两个项目的实施方案、工作任务分解、研究课题、年度具体工作计划、需要重点支持和倾斜的资金需求以及需要甘肃省、教育部重点支持的相关政策等进行了交流研讨，为学校更好地推进教育体制改革试点工作提供了有益的智力支持。

六、加强研究生教育培养

进入21世纪以来，在国家"深化改革、积极发展，分类指导、加强建设，注重创新、提高质量"基本方针的指引下，学校研究生教育事业进入了一个快速发展的历史阶段。2001年，学校共有研究生96人，其中博士研究生6人、硕士研究生90人。之后的十多年，学校研究生招生人数和在校人数均实现了快速增长，年均增长率接近40%。改革开放30多年来，学校累计为社会培养各类研究生12368人，其中国家任务类研究生6203人（博士研究生307人），研修班学员3383人，各类在职人员攻读硕士学位研究生2782人，为甘肃乃至西北地区经济社会发展作出了重要贡献。截至2011年年底，学校有各类研究生5668人，博士生导师101人，硕士生导师599人。

自2001年起，学校每年举办一次研究生学术月活动，包括专家学术报告、讲座、座谈会以及研究生培养和管理机制改革论坛、专家论坛、博士论坛、学位点建设论坛、艺术学研究生学业汇报等内容，突出体现了学术性、科研性的特点，深受广大师生的好评。2004年，

◎2011年"研究生学术月"活动颁奖典礼暨新年文艺演出现场

学校在原研究生处的基础上组建了研究生学院，下设招生部、培养部和管理部，进一步规范和完善了研究生教育管理体制。2006年12月5日，学校举行首届研究生"学术周"暨学位点建设论坛。在论坛开幕式上，

甘肃省教育厅党组副书记、省高校工委副书记、省学位委员会副主任、副厅长孙杰讲话指出，举办研究生"学术周"暨学位点建设论坛不仅是学校为提高研究生科研学术水平、促进研究生之间交流、营造浓郁的校园学术科研氛围、激励广大研究生的科研热情而采取的有效形式，而且也证明了学校领导和研究生教育部门对研究生教育培养工作的重视和支持。他希望省内其他高校也要和西北师范大学一样，在重视和抓好本科教育教学质量的基础上，花气力、下工夫，以提高研究生培养质量为核心，健全和规范研究生培养制度，进一步加强研究生教育的过程管理和导师队伍建设，要以学科建设为龙头，理顺学科体系，调整学科结构，提高全省学科建设的整体水平，促进甘肃省研究生教育和培养质量再上新水平。校长王利民在开幕式致辞中指出，近年来学校抓住西部大开发的有利时机，做西部文章，创自身特色，学位与研究生教育工作获得了快速发展。据统计，2004 年到 2006 年上半年，全校研究生共发表学术科研论文 2100 多篇，其中在国家核心期刊以上级别刊物发表的论文占 17%，获得专利 23 项，通过成果鉴定 8 项，广大研究生的科研意识不断增强，学术个性得到彰显，也涌现出了一批学术科研成绩比较突出的研究生。他希望广大研究生以本次学术周活动为契机，以饱满的热情和积极的态度投身各种学术活动，开拓创新，提高学术水平，努力使自己成为一名全面发展的创新型人才，将来为国家的发展和建设作出自己应有的贡献。

同时，学校还非常重视职后高层次人才的培养工作，大力加强教育硕士专业学位、中职教师、高校教师以及公共管理硕士专业学位（MPA）等在职攻读硕士学位类别的学科、专业和导师梯队建设工作。2006 年 3 月 6 日，学校首届公共管理硕士（MPA）研究生开学典礼在专家楼举行，这标志着西北师大公共管理学科的建设与发展迈上了新的台阶，对于促进甘肃省公务员队伍的建设，提高公务员的管理水平将起到积极的作用。当时，全国有 81 所院校具有公共管理硕士专业学位授予权，西北师大是

甘肃省第一家联合培养公共管理硕士的高校。当天，西北师范大学 MPA
教育中心同时挂牌成立。

2008 年，学校党委设立研究生工作部，与研究生学院合署办公，同
时研究生学院内设机构中增设办公室，进一步加强了研究生教育管理工
作。2008 年 7 月 5 日上午，学校举行 2008 年李秉德教育基金颁奖仪式，
全国人大常委、全国人大法制委员会副主任、民盟中央副主席李重庵为
获奖学生颁奖。李秉德教育基金是为了纪念李秉德先生为我国教育科学
的发展所作的贡献，弘扬李秉德先生潜心学术研究、关爱学生的高尚品
格，鼓励研究生刻苦学习，勇于创新而专门设立的奖励基金，也是西北
师大第一个专门面向全体研究生的奖励基金。根据李秉德先生遗愿特设
的这项教育基金，由李秉德先生捐款 25 万元，其子女捐款 15 万元，其 6
位学生各捐款 2 万元共同组成，目前基金的本金共计 50 余万元。基金每
年评定和奖励一次，主要奖励西北师大在学术科研等方面取得突出成绩
的在读博士、硕士研究生。首批获得李秉德教育基金的有 45 名优秀博士
研究生、硕士研究生。

2010 年 1 月 15 日，学校在专家楼会议厅召开了研究生教育工作会
议。校长王利民在报告中指出，学位与研究生教育为促进学校师资队伍
建设、提高科学研究水平、提升学校的社会声誉作出了重要贡献。一是
学位点建设取得新突破；二是学科建设为研究生教育搭建了高水平学术
研究平台；三是研究生导师队伍建设的数量、结构趋于合理，水平不断
提高。同时，学校研究生教育也存在人才培养模式单一、结构不合理，
创新能力和培养质量不高，导师队伍中学术领军人才匮乏，高水平培养
团队建设滞后，研究生的生源需要改善等问题。校长王利民强调，推进
研究生培养改革，提升研究生培养质量，就是要建设和壮大一支师德高
尚、业务精湛、结构合理、有创新观念和能力、相对稳定的导师队伍，
将导师队伍建设与学科建设紧密结合起来，导师遴选与科学研究紧密结
合起来，逐步建立导师责任制和资助制；就是要进一步优化办学条件，

构筑创新平台，营造创新环境，积极拓展研究生的学习与研究空间；就是要按照国家有关的招生规定，改革完善研究生招生的各项制度，稳步提高研究生生源质量，根据社会对高层次人才的需求状况，适时完善和调整招生计划，在提高和保证培养质量的基础上，适度扩大规模。校长王利民要求全校上下以省部共建为契机，全面启动学位与研究生教育改革工程，不断开创学校学位与研究生教育事业的新局面。党委书记刘基在总结讲话中指出，研究生工作会议是西北师大在建设西部一流、全国高水平综合性师范大学的新阶段召开的一次十分重要的会议，也是近年来召开的一次比较系统和规模较大的关于学位与研究生教育工作的会议，是学校深入落实 2009—2015 年发展战略规划纲要、狠抓学位与研究生教育工作的一个重要会议。会议确立了以提高质量为目标，建立"学术型"、"应用型"研究生分类培养的模式，完善了学位授予的各项规定，进一步明确了导师在研究生培养中的主导地位与责任，建立了以科研为主导的导师负责制，完善了以激励为主的研究生科研评价和奖助体系，标志着学校学位与研究生教育改革工程的正式启动。刘书记说，作为研究生教育的重要方面，研究生德育是决定研究生能否成为国家和社会需要的有用之才的关键。重视和加强研究生德育工作，一是要认真贯彻落实党的教育方针，坚持全面发展和"德育第一"的育人工作原则；二是必须切实加强研究生的学风建设；三是指导教师要在研究生德育工作中肩负重要职责。

七、实施继续教育改革工程

2001 年 9 月，原甘肃省经济管理干部学院并入西北师范大学后，继续教育学院与原甘肃省经济管理干部学院兰州企业管理培训中心实行"两块牌子，一套班子"的管理体制。2004 年 5 月，继续教育学院（兰州企业管理培训中心）与职业技术学院合署，实行"两块牌子，一套班子"的管理体制。随着经济全球化进程的加快、知识经济的推进、西部大开发的实施以及我国经济社会的全面转型，对人才培养的规格和质量提出了新的要求，需要继续教育要与之相适应。教师职业专业化、教师学习终身化、教师教育一体化以及教师教育体系的全面开放，对高等教师教育人才培养的质量和素质提出了新的挑战，要求构建适应时代要求的职前教育和职后教育一体化的专业和课程体系，进一步提高人才的培养质量。在这样的背景下，学校继续教育的总体水平还不能完全适应我国特别是甘肃省经济社会发展的需要，继续教育的培养目标、课程体系、教材内容、教学方式方法以及教学管理等方面还滞后于时代发展的要求。为此，学校着手谋划，启动了新一轮的继续教育改革与发展工程。

2002年12月23—24日，学校隆重召开了全校继续教育工作会议。校长王利民在题为《转变观念、开拓创新、努力开创我校继续教育工作的新局面》的会议工作报告中指出，今后学校继续教育发展的总体目标是：转变观念、开拓创新、努力开创西北师大继续教育工作的新局面，使学校的继续教育成为构建甘肃省学习型社会和终身教育体系的重要力量，成为甘肃省教师继续教育的主力军，成为服务甘肃省及周边省区基础教育、经济建设和社会发展的有生力量。为了实现这一目标，全校上下要抓住机遇，迎接挑战。要以教师继续教育为主，促进教师教育与非教师教育协调发展；要以函授教育为主，适当发展脱产学历教育和夜大学教育，积极探索半脱产学历教育的实现方式；大力发展专升本层次的教育，积极发展各种层次的成人研究生教育；大力开拓培训市场，发展各种形式的教师职后培训和其他职业的职后培训；积极探索社区教育的发展模式和途径；发展以本科教育为主的应用型自学考试。同时强调，全校上下要转变观念，提高认识，要确立继续教育与普通教育同等重要、在质量要求和管理要求上全面接轨、两类学生同等对待的观念，要确立继续教育是普通高校服务经济和社会发展的重要渠道的观念，要确立继续教育是构建终身教育体系和学习化社会的根本途径的观念；要进一步理顺继续教育的管理体制，整合资源、机构和力量，调动各方面的积极性；要以提高培养质量为核心，实施"西北师大继续教育五年教改工程"，促进学校继续教育水平的不断提高；要进一步加强继续教育管理队伍建设，推进继续教育管理的规范化、制度化；要大力加强继续教育的科学研究工作，形成学习、科研、管理相互促进的机制；进一步加强学生的思想政治工作，促进学生健康成长和全面发展；要搞好继续教育的硬件建设，为继续教育的发展提供优良的物质基础；要积极探索开展继续教育的新形势和新途径，推进继续教育的现代化进程。全校要按这次会议的要求，继承优良传统，进一步发扬成绩，振奋精神，开拓创新，努力开拓学校继续教育工作的新局面。

2003 年，学校启动了继续教育"五年教改工程"。《西北师范大学继续教育"五年教改工程"实施计划（2003—2007）》提出的目标和任务是：加强现有专业改造和新专业的建设，努力调整专业结构和专业布局，形成适应时代要求和符合学校实际的专业体系；大力改革和建设课程体系，形成以教师教育为主的、符合成人教育特点的、具有时代特色的继续教育课程体系；大力进行课程建设，深化教学内容改革，改进教学方法，推进现代教育技术手段在教学中的运用；建设一支具有良好师德、具有现代教育思想观念、熟悉继续教育、业务精良、掌握现代教育技术手段并且相对稳定的继续教育教师队伍；实现教育教学管理制度的创新，改革教学组织形式和管理形式，形成灵活高效的教学管理运行机制；紧密围绕专业建设和课程体系改革进行继续教育的科学研究，形成一些标志性的科研成果，进一步发挥科学研究对教学及教学管理的指导作用；加大投入、优化配置、共享资源，进一步改善办学条件，建成有利于培养学生创新精神和实践能力的教学保障体系。继续教育"五年教改工程"实施以来，学校主要做了以下几个方面的工作。

——建章立制，积极推进继续教育管理的规范化、制度化、科学化。学校先后制定修订了《教学管理实施细则》《学籍管理实施细则》《物资用品采购管理办法》《培训班管理规定》《脱产、夜大学班主任聘任及考核办法》《议事规则》《印章管理办法》等有关教学管理、学生管理等相关规定40余个，制定出台了《西北师范大学继续教育（学历教育）教材建设管理办法（试行）》，修订了《西北师范大学继续教育学院教材征订及管理办法》和《教材供应合同书》格式化文本，初步形成了"对内按制度，对外按合同"的制度，完善了招投标制度。

——积极推进函授教育教学改革。2004年，学校完成了武威、平凉、酒泉、临夏、陇南、天水等六个函授暨远程教育教学站的建设工作，制定了教学实施意见和管理办法，深化了教学内容和教学方法的改革，推进了现代教育手段在函授教育中的运用，2004级新生在教学站组织了面授教学。继续教育学院在各教学站选派驻站人员，负责指导和协调有关教学、学生管理及后勤服务等工作。2005年，学校完成了教师教育类课程体系改革，开展了课程改革和课程建设工作，完成了成人高等教育脱产、夜大学本科各专业教学计划的修订工作，完成了成人高等教育函授、夜大学、脱产本科各专业课程教学大纲的编制工作。2006年，启动了函授专升本精品课程建设工作。

——进一步扩大办学规模、拓宽办学形式、提升办学层次。学校在29个本科专业、24个专科专业开办了函授、夜大、脱产、自学考试辅导等形式的成人高等学历教育，至2006年6月各类在校学生规模已达到15000余人，年招生6000余人。近年来，学校通过选派人员赴各市州、寄发宣传资料、网络、报纸、函授生口耳相传等多种途径扩大招生宣传，积极争取招生计划，在生源萎缩的情况下连年超额完成了各年度招生计划，与新疆、青海、山西等省（区）及省内数十家单位和部门建立了联合办学关系。

——加强继续教育类学生管理。2004年开始，继续教育学院对学生进行直接管理。学院每学期组织开展为期一个月的"学风建设月"活动，组织开展教学检查、教师教育论坛、专场学术报告会、入学教育、评优表彰、党员发展、宿舍检查评比、考风考纪建设等系列活动，积极营造团结进取，文明和谐，积极向上，勤奋好学的良好氛围。从2001年开始，由校团委和继续教育学院共同主办一年一届的"沸腾的西部"继续

◎ "沸腾的西部"继续教育大学生文化艺术节
文艺汇演现场

教育大学生文化艺术节是学校继续教育大学生的届次化品牌活动，主要包括文艺汇演、体育舞蹈比赛、"书法、摄影、绘画"三联展等内容。2006 年，学校首次组织继续教育大学生组成小分队参加社会实践活动，在天水张家川县水泉小学建立了甘肃省普通高校第一个继续教育大学生社会实践基地，小分队曾荣获甘肃省优秀小分队称号。

——积极探索职业培训的市场化运作模式。2001 年 3 月，学校被教育部批准为 50 个全国重点建设职教师资培训基地之一，成为甘肃、青海毗连两省唯一的国家级职教师资培训基地。2006 年，学校与甘肃省技能鉴定中心联系，在继续教育学院设立甘肃省职业技能鉴定点。学校职教师资培训基地立足实际，发挥西北师范大学教师教育优势，大力开展职教师资培养培训工作，先后为全国 20 余个省区培养培训各级各类人员 6000 多人次。2011 年 6 月 14—16 日，教育部全国重点建设职教师资培养培训基地评估专家组来学校，通过听取汇报会、实地考察校内、校外实习基地、审阅资料、与主管校领导深度访谈及与基地管理干部及任课教师座谈等方式，对基地的教学、培训、科研、制度建设、人才培养等进行了全面考评，评估专家对学校职教师资培训基地的建设和管理工作给予了高度肯定。2011 年 11 月，教育部下发文件通知，西北师范大学"全国重点建设职业教育师资培养培训基地"顺利通过评估，进入评估合格名单。

——自学考试工作稳步发展。2006 年 9 月 19 日，全国成人高校招生工作会暨成人高校招生统考 20 周年纪念大会在沈阳召开，学校继续教育学院被评为全国成人高等学校招生工作先进集体并受到表彰。成人教育办学形式由恢复成人教育时的函授、夜大学两种形式，发展为函授、夜大、成人脱产、第二学历教育、自学考试辅导、专业证书班、研究生班、大学后继续教育、短期培训等多种形式，办学层次也发展成为成人专科、专科升本科、高中起点升本科、研究生等多个层次。目前，自学考试主考 9 个专业，开考应用型短线自考本科专业 13 个，在校生规模 3200 余人，年招生 1300 余人。

第四节
坚持人才兴校　加强队伍建设

21 世纪以来，学校牢固树立"人才资源是第一资源"的观念，坚持稳定、培养、使用和引进相结合的思路，实现了从高度重视师资队伍建设到大力加强包括师资队伍与管理队伍在内的人才队伍建设的转变，全面实施人才强校战略，努力建设了一支数量充足、结构相对合理的高素质人才队伍，为学校事业发展提供了坚强有力的人才支撑。

一、第二届师资工作会议与"十五"师资规划

2001 年 6 月，学校召开了第二届师资工作会议。会议确定"十五"期间学校师资队伍建设的指导思想为"以培养高层次人才为重点；以优化结构、提高整体素质为主线；以开拓创新、深化改革为动力，建设一支适应学校发展需要且相对稳定的高水平、高质量教师队伍"。主要目标是："十五"期间，在专业领域内全国知名的教授、专家达到 10 人；区域内知名的学术带头人达到 50 人；全校教授总数达到 150 人；副教授达到 380 人；教授、副教授占专任教师总人数的比例达到 50% 左右；具有研究生学历的教师比例由现在的 39.9% 提高到 50% 以上，其中具有博士学位的教师比例由现在的 10% 提高到 15%；从外校毕业以及在校内完成

其他学历（学位）教育的教师的比例从现在的 40% 提高到 60%；专任教师人数从现在的 834 人增加到 1100 人以上；对现有中青年教师进行现代教育技术培训，培训人数 500 名；举办高水平外语培训班，培训教师 400 名；高访等国内外高层次进修 200 人次以上。

2001 年 6 月 14 日，学校印发了《西北师范大学"十五"教师队伍建设规划》《西北师范大学关于加强师资队伍建设的若干规定》《西北师范大学教师职业道德规范（试行）》等系列配套文件，进一步确立了师资队伍建设在学校发展中的核心地位。"十五"期间，学校投入师资队伍建设经费 1000 万元，支持教师在职攻读博士和硕士学位、到国内外高校和科研院所进修访学；新培养博士学位教师 70 人、硕士学位教师 116 人，教师具有硕士及以上学位的比例提高了 14%；62 名教师通过国家公派、西部人才培养项目、日元贷款、校际交流和自费等形式出国学习；吸引高层次人才以多种方式来校工作，先后引进博士 11 人、硕士 147 人；聘任程国栋、薛群基 2 位院士来校兼职工作、聘任其他兼职教授 54 人。2002 年 4 月 25 日，学校以年薪 20 万元人民币的优厚待遇聘任中国科学院兰州分院程国栋院士为西北师大发展战略顾问、教授，地理与环境科学学院名誉院长。校长王利民在聘任仪式上讲话并向程国栋院士颁发聘书、工作证及校徽。为了给程院士创造一个优越的工作和生活环境，学校专门建立了程国栋院士工作室和实验室，配备了工作室秘书，并配备相关设备及专家公寓一套。

程国栋，男，1943 年 7 月生，汉族，上海人。冻土学家，中国科学院寒区旱区环境与工程研究所研究员、博士生导师、中国科学院院士。1965 年毕业于北京地质学院（现中国地质大学）水文地质与工程地质专业。1984—1986 年在美国陆军寒区研究与工程实验室进修。现任冻土工程国家重点实验室主任、中国地质大学客座教授、

◎程国栋

中国科学院西部资源环境科学研究中心专家委员会首席科学家、国家自然科学基金委员会地理学科评审组成员、中国科学院自然科学奖评审委员会委员，享受政府特殊津贴，并荣获"甘肃优秀专家"称号及 2001 年全国"五一"劳动奖章。

2005 年 11 月 3 日，西部资源应用研究院在学校揭牌成立。学校聘请中国工程院薛群基院士为学校教授、西部资源应用研究院院长。

薛群基，男，1942 年 11 月生，山东省沂南县人。材料化学专家，中国工程院院士，研究员，博士生导师。1965 年毕业于山东大学化学系，1967 年中国科学院兰州化学物理研究所研究生毕业。1967 年至今在中科院兰州化学物理研究所工作，1986—1998 年任中科院兰州化物所副所长，1999—2003 年任中科院兰州化物所所长。1997 年当选为中国工程院院士。享受国务院特殊津贴。

◎薛群基

到 2005 年年底，学校共有专任教师 1199 人，其中教授 187 人、副教授 327 人，高级职务教师占教师总数的 42.9%，其中 35 岁以下教授 2 人、副教授 32 人；具有博士学位 165 人，硕士学位 482 人；非本校毕业教师 608 人，占教师总数的 50.5%。教师中有国家"百千万人才工程"第一层次、第二层次人选 2 人，国家级突出贡献中青年专家 5 人，享受政府特殊津贴高级专家 57 人，教育部"优秀青年教师资助计划"人选 7 人、"高等学校骨干教师资助计划"人选 4 人，甘肃省优秀专家 10 人，甘肃省科技特聘专家 1 人，甘肃省"333"科技人才工程和"555"创新人才工程第一、二层次人选 70 人，甘肃省高校跨世纪学科带头人 28 人。博士生导师 52 人，硕士生导师 375 人。

二、第三届师资工作会议与"十一五"师资规划

2006 年 12 月 31 日，学校在学术会堂召开人才工作会议暨第三届师

资工作会议。校长王利民在深刻分析了学校在新的发展阶段人才工作面临的新形势和新任务后指出，今后 5 年学校人才工作的方针是：稳定现有人才队伍，积极引进学术领军人才和学科建设急需人才，大力培养中青年学术骨干。人才工作的重点是在以下几个方面有重大进展和新的突破：一要拓宽视野，放眼世界，在大范围寻找和创造机会；二要柔性管理，来去自由，引才引智相结合；三要搭建平台，争取项目，使人才有用武之地，在学科梯队和创新团队建设上有重大进展。学术梯队建设要从三个方面入手：一是学科带头人要发挥主要作用；二是学校职能部门和学院要在凝练学科方向、培养和引进学科后续人才、促进梯队建设上发挥组织作用；三是把博士生作为学科梯队的重要力量加强培养。创新团队建设要打破传统的学科组织结构和科研组织形式，建立学校层面甚至校际之间的科研大平台，促进学科的交叉、融合。同时，要与国家科技发展规划和甘肃省科技创新体系紧密结合起来，以项目为载体凝聚人才，组建团队，力争有新的突破；学校计划用五年的时间，投入 200 万扶持和培养 100 名左右 35 岁以下的年轻学术骨干，在 35 岁以下青年学术骨干的培养上有新突破；在今后五年内，学校将通过遴选培养、引进共享等方式，加强教师教育专业师资建设，在教师教育改革的人才资源整合和培养上有新突破；稳定管理干部队伍，提升管理水平和管理效益。党委书记刘基在总结讲话中强调，全校各级领导要从支撑学校可持续发展、实现学校发展目标的战略高度来认识加强师资队伍建设的重要意义。各级领导必须要有强烈的责任感、紧迫感，要有战略眼光和创新思维，各级领导和学科带头人必须要有惜才之心和容才之量，各级党组织和各个单位必须加强思想政治工作，培植优良学风。同时，要加强领导，加强校院互动，协作配合，抓好这次会议精神的传达和文件的贯彻落实，力争在 2007 年使学校的师资队伍建设能有新的、良好的开端，确保"十一五"期间师资队伍建设各项指标任务的完成。

第三届师资工作会议之后，学校先后下发了《西北师范大学"十一五"师资队伍建设规划》以及《西北师范大学领导干部联系高层次人才制度》《西北师范大学高层次人才引进办法》《西北师范大学教师报考攻读研究生学位管理办法》《西北师范大学教师国内进修管理办法》《西北师范大学教师出国研修管理办法》《西北师范大学教师进博士后流动站工作规定》《西北师范大学教职工岗前培训实施办法》《西北师范大学教师资格认定工作实施办法》《西北师范大学授予名誉教授、聘请客座教授管理暂行办法》等一系列配套文件。

"十一五"期间，学校专业教师的数量明显增加，师资队伍的职称结构、学历结构、学缘结构和年龄结构得到了整体性优化。至2008年年底，学校共有专业教师1217人，其中教授224人、副教授379人；具有博士学位教师261人，具有硕士学位教师583人，硕士以上学历教师比例净增29.4%；教师中外校毕业者714人，占教师总数的比例达到59%。师资队伍的数量增长和结构优化适应了高等教育大众化以来办学规模扩大的需要，适应了人才培养结构从师范教育为主向大力发展非师范教育、推动学校向综合性大学转型的需要，适应了学校学科建设取得历史性突破，不断提升创新能力和社会服务能力的需要。在2007年1月12日召开的甘肃省人才工作会议上，学校被评为"全省人才工作先进单位"，受到了甘肃省委省政府的表彰奖励，学校党委书记刘基代表全省教育系统受表彰的单位在大会上作了人才工作经验交流发言。

在肯定成绩的同时，学校也充分认识到：学校师资队伍建设状况与全国同类高校相比，发展速度仍显缓慢，师资队伍总量不足，现有教师教育和应用型专业师资已不能满足学校学科发展和办学规模的需要；在国内外具有较大影响的学术带头人和拔尖创新人才数量偏少；具有博士学位教师的比例偏低，仅为21.4%；截至2008年年底，西北师大有国外学习经历的教师89人，仅占教师总数的8%，师资队伍的国际化水平偏低，职称结构和学缘结构有待进一步改善；学术团队建设滞后，部分学科梯队断层现象严重；40岁以下青年教师中具有副教授以上职称者比例仅为24%，具有博

士学位的比例仅为 **18%**，青年教师整体教学任务重、科研成果少、发展后劲不足。

三、管理干部队伍建设工作会议与干部教育培训

"省部共建"重大发展目标的实现，使学校的改革发展进入了新的历史阶段。学校充分认识到：立足"省部共建"新平台，学校"拓展办学空间、构筑人才高地、创新培养模式、提高办学水平、构建和谐校园"的各项工作能否顺利推进，能否在同类高校中间抓住机遇、乘势而上，不仅需要一支高素质的专业技术人才队伍，很大程度上也取决于我们是否拥有一支结构合理、素质精良的管理干部队伍，是否拥有一批"政治上靠得住、工作上有本事、作风上过得硬、群众信得过"的管理干部。

2009 年 7 月 7 日，学校在专家楼会议厅召开了人才工作暨管理干部队伍建设工作会议。会上，校长王利民同志作了《关于进一步加强人才队伍建设的意见》的说明。党委副书记、纪委书记张卫锴同志作了《关于进一步加强管理干部队伍建设的实施意见》和《西北师范大学辅导员队伍建设实施细则（试行）》的说明。副校长陈晓龙作了关于《西北师范大学专职管理干部报考研究生暂行规定》的说明。党委书记刘基在总结讲话中指出，在学校实现"省部共建"重大发展目标的关键时期，全校各基层党委（党总支、直属党支部）、各单位、机关各职能部门要进一步明确管理干部队伍建设工作面临的形势和任务，以全面提高干部的思想政治素质和办学治校能力为重点，进一步加强管理干部队伍建设，为实现"建设以教师教育为主，特色鲜明、西部一流，全国高水平综合性师范大学"的目标提供坚强的组织保证和人才队伍支持。

2009 年 7 月，学校党委先后印发了《关于进一步加强管理干部队伍建设的实施意见》《西北师范大学辅导员队伍建设的实施意见》以及《西北师范大学党政管理人员、教学辅助人员报考研究生暂行规定》，提出当前和今后一段时间，学校的人才队伍建设要坚持以邓小平理论和"三个代表"重要思想为指导，深入贯彻落实科学发展观，紧密结合学校

发展的实际，牢固树立"人才是第一资源"的观念，坚持党管人才、以用为本、突出重点、统筹协调的原则，以加强能力建设为核心，以创新人才工作机制为动力，以培养高层次人才为重点，以优化人才队伍结构为主线，紧紧抓住人才稳定、培养、引进、使用四个环节，深入推进人才兴校战略，加强创新团队建设，营造良好的干事创业和人才成长环境，着力建设一支整体素质高、创新能力强、结构更加优化的高水平人才队伍，为建设"以教师教育为主，特色鲜明、西部一流、全国高水平综合性师范大学"提供更加有力的人才保证和智力支撑。围绕落实人才工作暨管理干部队伍建设工作会议精神，学校党委进一步明确了管理干部队伍建设的基本思路是：要在认真贯彻执行中央《党政领导干部选拔任用工作条例》和有关规定的同时，按照配建并重、重在建设的原则，适应新形势、新任务的要求，全面提高管理干部队伍的思想政治素质和办学治校能力。

为深入学习贯彻党的十七届四中全会精神，进一步提升学校管理干部队伍的理论素养和整体工作能力，全面落实学校"省部共建"发展战略规划，学校党委研究决定，2009年10月30日—12月25日集中举办中层领导干部培训班、专职学生管理干部培训班和科级管理干部培训班。2009年10月30日，学校正式启动了"落实省部共建规划、提升学校发展质量"主题系列培训班。此次主题系列培训班坚持理论联系实际，邀请专家、领导作专题辅导报告12场，组织班级专题讨论11次，深入学习研讨了学校"省部共建"规划、党的建设和学校管理工作等领域的理论和实践问题，进一步提升了学校管理干部队伍的整体素质和全面落实《西北师范大学2009—2015年发展战略规划纲要》的组织执行能力。2010年7月3—15日，学校举办了新上岗管理干部培训班，2008—2010年参加工作的管理干部共31人参加了培训。培训班坚持理论联系实际，通过专题辅导与自学相结合、理论研讨与知识测试相结合的方式，进一步提升学校青年管理干部队伍的理论素养和整体工作能力。2010年11月16日至12月10日，学校举办了教学科研管理中层干部专题培训班，各学院分管教学科研工作的副院长、教务处副处长、科学技术处副处长、社会科学处副处长共 43 人参加了培训。培训班紧密结合全面贯彻落实《西北师范大学 2009—2015 年本科教育发展规划》的新任务、新要求，坚持理论联系实际，采取"研训一体"的方式，先后听取了 12 场专题辅导报告，开展了 8 次小组讨论会，分 4 个考察小组先后赴 12 所国内大学进行为期一周的学习考察，着力提升教学科研管理中层干部的科学谋划能力、目标管理能力、质量控制能力、对外合作能力和创新能力。12 月 30 日下午，学校党委在图书馆二楼多功能厅召开教学科研管理中层干部专题培训班结业总结大会，班委会 4 名负责同志分别汇报了参训干部分 4 个考察组先后赴国内 12 所大学进行为期一周学习考察的情况，带队赴外考察的三位校领导分别作了讲话。党委书记刘基在总结讲话中强调，以"落实省部共建规划、提升学校发展质量"为主题的教学科研管理中层干部专题培训班，突出体现了以下几个特点：一是围绕科学发展这条主线，在进一步坚持教学科研相统一的理念上有了更深刻的认识；二是采取"研训一体"的方式，进一步增强了促进教学科研管理工作发展的问题意识和创新意识；三是坚持务求实效的原则，实现了增加知识、明晰思路与提升能力的有机统一。

2011 年，学校党委坚持"研训一体、务求实效"的原则，积极倡导"结合实际学，带着问题学"的课题式学习思路，先后举办了 1 期科级管理干部专题培训班和 2 期中层管理干部专题培训班，累计培训干部 162 人。培训班采取校内专题辅导与校外考察学习相结合的方式，安排校内专题辅导报告 18 场、校外专题报告 4 场，并组织参训学员赴省内兄弟院校及部分县区考察学习。通过这些培训，极大地拓展了干部视野，提升了干部的理论水平和谋划推动工作发展的能力，着力提升了学校管理人才队伍的整体素质和贯彻落实学校省部共建规划的组织执行力。2011 年 12 月，甘肃省委组织部批准西北师范大学为"全省干部教育培训基地单位"。学校党委按照"科学发展主题培训行动计划"的有关要求，进一步整合了课程、专业、师资、硬件等各类培训资源，精心设计了 2012 年学校承办全省干部教育培训班次计划，研究制定了《中共西北师范大学委员会关于贯彻落实〈2010—2020年干部教育培训改革纲要〉实施办法（试行)》。"全省干部教育培训基地单位"的获批，将对学校进一步加强干部教育管理研究、丰富干部培训的内容和形式、提升干部培训的层次和水平都产生积极的推动作用。

四、人才工作会议与2009—2015年师资规划

《西北师范大学2009—2015年师资队伍建设规划》在认真总结2000年以来师资队伍建设的经验和教训的基础上，准确把握师资队伍存在的主要问题、"瓶颈"问题，科学分析问题产生的原因，准确把握未来七年学校在省部共建的新平台上学科建设和人才培养对师资队伍数量、结构、质量、层次提出的新要求，准确把握师资队伍建设中能够创造、能够提供的支撑条件，确立了发展目标，设计了五大计划。一是实施高层次人才和创新团队建设计划。学校将投入5000万元实施高层次人才和创新团队建设计划，通过引人与引智相结合的灵活思路，加大高层次人才引进力度，提高学校人才聚集效应。二是实施教师教育人才队伍培养计划，学校将投入1000万元，通过培养、引进和转型三个渠道，建设一支100人左右的教师教育专业师资队伍，着力解决教师教育师资队伍的短缺问题。三是实施青年教师培养计划。学校将累计投入2500万元实施青年教师培养计划。通过支持攻读博士学位、分批次进修学习，整体提升青年教师学历层次、学缘结构；通过吸收参与创新团队、设立青年教师教学科研培育项目等措施，创造优秀人才脱颖而出的环境条件；通过提高职称评定要求、岗位职责要求，给任务、压担子，激发青年教师自我发展、主动提升的危机感、紧迫感。四是实施应用型专业师资建设计划。到目前为止，西北师大应用型专业已经达到33个，应用型专业学生的培养规模与师范类学生培养规模基本持平，但是，应用型专业师资队伍建设滞后，师资数量不能适应基本的教学需求。学校将投入500万元，实施应用型专业师资队伍建设计划，通过直接引进、间接引进、推动转型与校企、校地合作等途径建立起一支具有应用型专业进修、学习或实践背景，满足教学需求，能够承担应用研究创

新任务的高水平师资队伍。五是师资队伍国际化成长计划。学校将投入
1000 万元实施师资队伍国际化成长计划。通过公派留学、短期进修访学、
与国外科研院所开展学术交流与合作、实施双语教学师资培养计划、海外
学者讲学扶持计划等多种途径大力提高师资队伍的国际化水平，力争通过
七年的建设，使我校教师具有国外留学、研究经历的比例达到 30% 左右。

　　未来七年，西北师大将通过稳定、培养、引进相结合的人才工作措
施和推进人事分配制度改革，使专业教师的数量明显增加，师资队伍的
职称结构、学历结构、学缘结构和年龄结构得到整体性优化。教师队伍
的数量将从 2008 年的 1217 人增加到 2015 年的 1400 人；具有高级职称的
教师将从 2008 年的 603 人增加到 2015 年的 770 人；具有博士学位教师的
比例将从 2008 年的 21.4% 提高到 2015 年的 55% 以上；40 岁以下青年教
师具有博士学位的比例将达到 70% 以上；教师中有外校学习经历者占教
师总数的比例将达到 80% 以上。拥有以院士、长江学者、国家杰出青年
基金获得者为代表的国内外知名高层次学科带头人 10 名左右，在本学科
方向享有国内外较高知名度的高水平学术带头人 30 名左右，在本学科方
向享有西部地区较高声誉的中青年专家 100 名左右。

　　2011 年 12 月 10 日上午，学校人才工作会议在学术会堂召开。会议
下发了《关于进一步加强高层次人才队伍建设的意见》和 11 个配套文
件。校长、党委副书记王嘉毅作了题为《着力实施人才强校战略，努力
建设全国高水平综合性师范大学》的会议工作报告。报告指出，学校人
才工作会议的主题是以科学发展观为指导，深入贯彻落实全国、全省人
才工作会议和省委、省政府《关于加快引进急需紧缺人才的意见》的精
神，着力实施人才强校战略，为建设全国高水平综合性师范大学提供坚
强的智力保障和人才支持。报告全面总结了学校人才工作取得的成绩，
分析了存在的问题，明确了进一步加强人才队伍建设、加快人才发展的
目标任务和具体要求。党委书记刘基在总结讲话中指出，学校人才工作
会议是在进入省部共建新阶段召开的一次十分重要的会议，也是年度工

作安排中三个重大会议之一。他强调，进一步加强学校人才队伍建设一是要统一思想、提高认识，切实增强加快人才发展的紧迫感；二是要统筹兼顾、突出重点，全面提升学校人才工作水平；三是要加强领导，明确责任，形成加快人才发展的强大合力。

截至 2011 年年底，学校有教职工 2521 人，其中专任教师 1270 人，教授（研究员）272 人，副教授（副研究员）626 人。现有两院院士 2 人，博士生导师 101 人，硕士生导师 599 人；国家级教学名师 1 人（赵逵夫）；国家级教学团队 2 个，分别为课程与教学论教学团队、中国古代史教学团队。国务院批准享受政府特殊津贴人员 57 名，分别是高锦章、王云普、王进贤、白光弼、丁传松、金宝祥、王镜泉、王庆瑞、廉永善、刘玉兰、朱格麟、金祖荫、刘宗智、郑尚珍、詹启仁、陈继畴、张昌言、卢爱茹、康敬万、王仲春、南国农、李秉德、董宏儒、李定仁、范圣予、赵逵夫、陈仲全、季成家、胡大浚、张学军、舒有谟、杨爱程、吕元琮、王士正、余庚荪、董晨钟、厉树忠、蒲生森、张文礼、沈序维、武楠、周中一、徐登洲、孙名符、姚庆六、黄明勤、刘仲奎、杨武、李并成、万明钢、赵金保、王嘉毅、杨永林、赵卫、韦璧瑜、张德生、陈晓龙。国家有突出贡献中青年专家 5 人，分别是高锦章、王云普、韦璧瑜、刘仲奎、赵逵夫。国家"百千万人才工程" 3 人，分别是刘仲奎、李并成、马如云。教育部"优秀青年教师资助计划"人选 7 人，分别是杨爱程、赵卫、万明钢、王嘉毅、陈晓龙、董晨钟、马如云。教育部"高等学校骨干教师资助计划"人选 4 人，分别是马如云、刘仲奎、董晨钟、杨武。教育部"新世纪优秀人才支持计划"人选 8 人，分别是王鉴、王荣民、姜秋霞、韩高年、张明军、孙百才、王兆璟、赵雪雁。甘肃省优秀专家 10 人，分别是丁传松、王进贤、赵逵夫、廉永善、张学军、赵卫、刘仲奎、董晨钟、任遂虎、马如云。省级教学名师 11 人，分别是李朝东、赵逵夫、胡德海、李定仁、马如云、南国农、李并成、雷自强、姜秋霞、董晨钟、田澍。甘肃省高校跨世纪学科带头人 28 人，分别是刘仲奎、万明钢、雷自强、杨武、李并成、董晨钟、伏俊琏、王嘉毅、刘进宝、马如云、侯经国、王宗礼、魏太保、王建疆、段文山、王荣民、张兵、肖群忠、陈晓龙、田澍、周爱保、胡雨来、肖星、杨筱霭、成仿云、刘要武、杨永林、赵卫。省一级以上学科学术团队理事国家级 35 人、省部级 71 人，甘肃省"333"、"555"科技创新人才 70 人。甘肃省领军人才第一、二层次人选 62 人，其中第一层次 20 人，分别是万明钢、马如云、王建疆、王嘉毅、石培基、任莲香、刘仲奎、张继、张文礼、张君仁、李并成、李朝东、陈晓龙、俞诗源、南国农、姜秋霞、段文山、董晨钟、雷自强、彭岚嘉；第二层次 42 人，分别是马书懿、王琦、王鉴、王兆璟、王宗礼、王喜存、卢小泉、田澍、刘旭东、孙健、吴国喆、张兵、张勃、张明军、张学强、把多勋、李怀、李洁、李永祥、李玉璧、李兴江、杨武、杨晓宏、杨颖丽、邵宁宁、陈仁伟、陈学林、周玉秀、岳天明、武和平、南宇、胡雨来、赵军、赵雪雁、郝润华、郭绍青、崔治文、韩高年、靳琰、裴东、薛具奎、丁志刚。甘肃省"陇原青年创新人才扶持计划"人选 3 人，分别是韩高年、张明军、杨颖丽。同时，学校还聘请了 320 余位国内外知名的专家学者为特聘或兼职教授。

第五节
突出办学特色　服务基础教育

西北师范大学紧紧抓住国家基础教育课程改革这一历史机遇，突出"师范性、民族性、区域性"的办学特色，学习借鉴国内外教师教育的成功经验，积极推进教师教育改革，努力培养高素质专业化的基础教育师资；加强少数民族人才培养，建设少数民族教育实验基地，积极服务于甘肃乃至西北地区基础教育和民族教育的发展。

一、实施《教师教育改革行动计划》

2003年学校在接受教育本科教学水平评估时，评估专家组提出了"学校在转型时期，如何处理和保持好学校教师教育的优势与培植新的学科增长点的关系"与"建议继续整合学校教育资源，妥善处理继承与发展的关系"的建议。2004年年初，学校提出了"在全校范围内继续开展教育思想观念大讨论，整合教育科学、学科教学法、基础教育、民族教育等方面资源，开展重大课题研究，推进教师教育改革；增设基础教育改革相关课程和现代教育技术课程，增强学生适应性"的改革思路，学校教师教育改革工作正式起步。

2004年5月，学校在原教育科学学院的基础上改建成立了教育学院和教师培训学院。教育学院下设教育科学研究所、高等教育研究所、教师教育研究所、学科教育研究所，并有教育部在西北师大设立的教育部西北少数民族教育发展研究中心和教育部西北师范大学基础教育课程研究中心。教师培训学院设有甘肃省高等学校师资培训中心、甘肃省中小学教师继续教育研究指导中心、甘肃省教育政策法规培训中心等机构，集中了校内外各方力量与资源，使各类教师培训资源得以统一部署、协调运行。这些新机构的设置，为实现学校教师教育资源的充分共享以及教师职前培养和职后培训一体化，进而逐步实现教师教育专业化提供了组织保障。2005年，为构建体现教师教育专业化要求、符合教师专业发展和终身发展需要的新型教师教育课程体系，储备教师教育改革的课程资源，学校在全校范围内开展了征集、遴选教师教育课程资源的工作。征集遴选的课程是作为教师职前培养、面向师范类专业普通本科生开设的教师教育类课程，共征集遴选开设课程35门，供全校师范类本科学生选修。

2006年4月，《西北师范大学"十一五"发展规划纲要》把"初步构建现代教师教育模式"作为学校"十一五"发展的重要任务之一，明确提出了教师教育改革的工作思路："推进教师教育改革，建立教师教育课程模块，整合教师教育资源，建立由各学院进行学科专业培养、教育学院进行教师教育培养的新体制；积极探索教师专业化培养的新模式，为地方农村基础教育培养更多高水平师资；努力扩大继续教育规模，推进继续教育五年教改工程，积极发展现代远程教育，构建职前职后一体化的教师教育体系。"同年 5 月，学校组织人员赴香港中文大学、香港大学和香港教育学院，就教师教育的机构设置与职能划分、培养模式与课程设置、学科研究与专业发展、师资队伍建设、教师培养培训一体化、教育硕士与学科教学论研究生培养，以及为基础教育服务的途径与方式等问题进行了考察学习。

2006 年 7 月，学校印发了《西北师范大学教师教育改革行动计划》，以创新教师培养模式、推进教师教育改革为目标，全面启动实施了教师教育改革行动，师范类专业开始逐步实行专业教育与教师教育分离培养的新模式。该《行动计划》明确提出了学校教师教育改革的指导思想与目标：以培养引领基础教育课程改革、具有成为未来教育家发展潜力的高素质优秀师资为目标，构建符合现代教师教育发展趋势、适应基础教育改革和发展需要、充满生机与活力的新型教师教育体系，使培养的教师成为基础教育课程与教学改革的引领者、素质教育的推进者，成为"吃苦耐劳、乐观自信、一专多能、敬业爱生"的高素质专业化人才。

2006 年 11 月，学校在教育学院设立了"课程与教学研究部"，整合全校学科教学法教师资源，组建相应的课程组，开展有关教师教育课程教学和研究工作。同时在教育学院设立了"教师教育培训中心"，承担教师教育师资培训任务。2006 年 12 月，学校将分散在 7 个学院的 17 位学科教学法教师调入教育学院从事教师教育工作。2007 年 4 月，在教育学院设立了语文教育研究所、数学教育研究所、英语教育研究所、文科综合教育研究所、理科综合教育研究所，负责开展教师教育课程的教学及研究工作。至此，学校基本完成了教师教育机构的建设和教师教育师资的整合，强化了教育学院的职能，使之成为承担学校教师教育教学与研究任务的主要机构，并汇集了专门从事学科教学论的教师，与教育学院的原有师资一起构成了一支专业素质较高的教师教育师资队伍，为实现学科专业教育与教师教育分离培养奠定了组织机构层面的基础，为教师教育的教学、管理、组织、运行一体化提供了保证。

围绕落实《西北师范大学教师教育改革行动计划》，学校主要做了以下几个方面的工作。

——构建了"平台模块+必修选修"的新型本科课程体系。2006年9月，学校印发了《西北师范大学关于修订本科专业学分制教学计划的意见》，将培养师范生教育知识与技能的课程单独列为"教师教育课程模块"，从课程体系上实现了学科专业教育与教师教育的分离，即：学科专业课程由各个专业学院承担，通识教育课程由学校统一组织，教师教育课程则主要由教育学院、教育技术与传播学院承担。2007年4月，学校完成了《西北师范大学教师教育课程方案及修读要求（试行）》，初步构建了适应基础教育改革与发展需要、体现新课程教育理念、结构与框架全新的教师教育课程模块。经过两年的实践后，学校又对该方案中存在的问题作了两次修订。目前试行的课程方案，要求师范类学生修读35个学分的教师教育类课程。该课程方案目前已在汉语言文学、历史学（历史与社会方向）、英语、俄语、数学与应用数学、物理学等师范专业及方向的本科生中执行。截至2011年7月，累计3534名师范本科生按照新的课程方案修读教师教育类课程。

——开发教师教育课程资源，提高教师教育课程质量。2005年以来，学校累计投入经费57.2万元，用于教师教育课程与教材的开发与建设。2007年3月，学校出台了《西北师范大学本科教学教师资源共享和课程资源建设管理办法（试行）》，在充分发挥教育学院课程资源开发主体作用的同时，倡导和鼓励全校教师充分发挥自身的特长和潜力，开设面向本科生的教师教育类选修课。2008年，学校成立了教师教育课程审核专家组，对课程开发方案、教学大纲、教材及配套资源进行审定，向各课程开发小组提出建设性意见，由课程开发小组对课程与教材进行修改完善。目前学校共开发建设并实际开出教师教育类必修课 6 门、学科限选课程 10 门、任选课程 70 门，共计 86 门。出版特色鲜明的教师教育课程教材 8 部，其中必修课教材 5 部，限选课教材 3 部。

——强化从师技能训练，实行"多学科联合组队"教育实习模式。2007 年 4 月，学校新修订了《西北师范大学本科生教育实习工作条例》，改革了沿袭多年的由各学院各专业各自联系实习学校、各自安排实习学生的"单一学科组队"教育实习的做法，推行"多学科联合组队"模式进行教育实习，由学校层面统一建立实习基地，根据基地学校的需求，统一安排不同专业的师范生联合组队进入实习基地开展实习，以"了解需求、多科混合、专业互补、双师指导、统一协调、自主管理"的模式运行。2007 年以来，学校已在全省 13 个市州建立了 80 个实习基地，涵盖普通中学、民族中学、师范学校、高职高专、中专学校等，地域分布广，几乎覆盖全省，保证了实习单位安排对口，为教育实习顺利实施奠定了基础。自 2007 年起，每年教育实习开始之前或教育实习结束召开实习总结会之时，学校都会邀请实习基地学校的校长、教务主任、年级主任、学科组长等参加学校举办的中学校长论坛，听取他们关于学校教师教育改革的意见建议。

2010 年开始，学校选派汉语言文学、数学与应用数学、英语、物理学、生物科学、化学、历史学专业共计两批 362 名同学分别赴白银、武威、定西、平凉、兰州、陇南等地区开展为期 4 个月的顶岗实习支教，置换当地学校的教师到西北师大参加为期 4 个月的培训。2010 年下半年，学校启动了"教师教育专业能力培养训练"项目，面向 1—3 年级全体师范生，按照"整体规划、分层推进、学生为主、突出实训"的原则，分年级、分阶段、分项目，在校内组织师范生进行从师基本技能的培养训练。此外，学校师范生从师技能大赛自 2003 年开展以来至今已成功举办八届，每年吸引了全校近万名大学生的积极参与，通过针对不同年级的学生开展以三笔字、普通话、教案设计、课件制作、讲课比赛、教学论文、教学情境模拟、班主任技能、新闻报道、英语演讲等为内容的从师技能大赛，增强了学生对专业知识的运用能力，体现了课堂教学与实践锻炼相结合的教育方法，已成为学校进一步强化师范生实践技能训练的重要举措。

——加大教师教育师资培养、引进力度。2009年，学校制定了《西北师范大学教师教育专业师资队伍建设实施办法》，其基本目标是：每年新增教师教育专业师资3—5名，到2015年，教师教育专业师资队伍达到70人左右。截至目前，共培养、引进博士毕业生6人、硕士毕业生4人，充实到教师教育师资队伍中从事教学与研究工作。目前，教育学院专任教师79人中，有半数以上参与了教师教育类课程开发与教学以及教育实习指导工作。学校重视从事教师教育工作的青年教师的成长，制定了《关于加强教师教育师资队伍建设，实施"青年教师"培养方案的意见》，通过完成博士学业、承担教学任务、加强教育实践环节、加强校际合作、参与教师培训活动、承担教师培训任务等多种途径促进青年教师的快速成长。

——加大投入力度，为教师教育改革提供优良的条件保障。2008年1月，学校决定筹建"西北师范大学教师专业能力训练实验中心"。2008年4月提出了比较周密、细致、先进的建设方案，经学校论证通过后列入新校区建设规划。"西北师范大学教师专业能力训练实验中心筹建方案"计划在新校区与校本部合理布局安排，建设由微格教学、普通话训练与测试、教育技术与信息技能训练、数字录播教室、学科教学专业实验室、板书训练教室共6个子系统组成的教师专业能力实训系统，规划使用面积6450平方米。目前，已在新校区布局建设的实验室有：微格教室20间（同时用于普通话训练与测试），教育技术与信息技能训练实验室（含交互式教学教室4间、多媒体素材制作实验室4间、信息化教学资源开发实验室4间、中小学信息化教学设备环境实验室2间），数字录播教室 2 间，学科教学专业实验室 4 个（含物理、化学、生物、地理四个专业）以及板书训练教室 4 间。教师专业能力训练实验中心建成投入使用后，将为师范生从师技能训练提供优良的条件保障。

经过 2006—2011 年 5 年的改革与实践，学校的教师教育改革与创新取得了突破性的进展和明显的成效。主要表现在以下方面：一是探索了一条教师教育与学科专业教育相分离、能够有效整合教师教育资源并充分发挥其作用的教师教育新模式，建立了一整套与这一模式相适应的、有利于提高教师教育专业化水平的教师职前培养的新体制机制；二是初步构建了适应基础教育改革发展和推进素质教育需要的全新的教师教育课程体系和教学内容，通过新的教师教育课程体系的具体实施，师范生对国家基础教育课程改革的新理念有了较为全面的把握和理解，他们将成为基础教育课改新理念的宣传者、倡导者和践行者；三是开发建设了一系列内容涵盖教育理念、教育知识与技能、教育实践、信息化教学四个方面的教师教育类课程，积累储备了丰富的教师教育课程资源；四是初步建立了师范生从师基本技能的整体训练模式，学生的从师技能得到训练和加强，建立了"多学科联合组队"教育实习模式及其运行机制，大大增加了师范生教学实践的机会，学生的教学能力与综合素质得到提升；五是实习基地建设取得了突破性进展，师范大学与实习基地学校之间建立了互利双赢的深层次合作关系；六是初步建立了一支承担教师教育教学与研究任务的、具有较高素质和较高专业化水平的师资队伍；七是基本建成了满足师范生教学技能训练需要的实验中心；八是辐射和带动了非师范专业的教学改革与建设。

二、少数民族师资人才培养

2001 年，学校开始招收一定数量的民族预科生，重点解决甘肃少数民族边远贫困地区学生入学难的问题。根据教育部关于少数民族预科班管理的有关规定，2001 年学校制定了《西北师范大学西北少数民族师资培训中心少数民族预科班教育教学管理办法》。学校在 2001 年实行学分制改革时，民族本科教育同时推行学分制改革，民族本科教育的教学计划与普通本科教育并轨，实现了普通高等师范教育和民族高等师范教育的全面融合，使民族本科教育教学体系迈上了一个新台阶，民族学生培养质量进一步提高，有一定比例的民族学生在本科毕业时考取了硕士研究生。

从2002年起，西北少数民族师资培训中心将招生计划从每年150人扩大到300人，招生范围从西北5省（区）扩大到西部10省（区），生源情况良好。学校抓住机遇，理顺了拨款渠道、增加了拨款金额。在民族生招生计划方面，学校充分发挥学科专业优势，根据民族地区师资培养的需要，在招生计划限额内，针对民族地区基础教育师资的紧缺专业轮流安排招生。2003年，学校接受教育部本科教学工作水平评估并获得优秀，民族教育项目被专家组一致认定为特色项目。2004年7月，学校在临夏师范学校建立了远程暨继续教育函授教学站。从2005年开始，学校适量安排了经济类、计算机类、旅游管理类非师范专业的招生计划，尝试拓展民族学生培养的专业范围。从2000年至今，学校依托西北少数民族师资培训中心，为甘肃及西部10省（区）培养培训了42个少数民族的各类师资和其他高层次人才近30000名，在民族地区基本实现了"招得来、下得去、留得住、用得上、干得好"的培养使用目标。

2005年4月26日，作为西北少数民族师资培训中心成立20周年庆典系列活动之一，学校召开了第四届少数民族学生思想政治工作研讨会。会议全面总结了学校少数民族学生思想政治工作取得的成绩，并进一步指出要充分发挥党的政治优势和组织优势，高度重视少数民族学生党员的发展工作，对少数民族大学生党员要加强党员先进性教育，充分发挥其在大学生思想政治教育中的骨干带头作用和先锋模范作用。要继续加强少数民族学生管理与服务工作的力度，选派业务精、责任心强、懂民族政策的教师和管理人员担任辅导员和班主任，提高管理和服务水平。要进一步抓好少数民族大学生的社会实践工作和文体活动建设，让他们在实践中长才干、在活动中受教育，全面提升自身素质。

2005 年 7 月 18 日下午，西北少数民族师资培训中心成立 20 周年庆典大会在学术会堂举行。国家民委党组副书记、副主任牟本理同志发来贺电。甘肃省省委副书记马西林、教育部民教司司长夏铸、国家民委教课司副司长赫英杰、甘肃省委组织部副部长梁明远、甘肃省教育厅厅长白继忠、青海省教育厅副厅长他扎西、甘肃省统战部助理巡视员马虎成、甘肃省临夏州副州长陈有霞、中央民族大学原校长哈经雄、中央教科所《教育研究》编辑部副主编宗秋荣和兄弟省区教育部门代表、甘肃省有关部门、地方各级政府的嘉宾、海内外校友代表等 400 多人莅临庆典现场。庆典大会上，与会人员观看了反映民培中心 20 年历程的《木铎金声》专题片。甘肃省委副书记马西林同志为西北师范大学颁发国务院授予的"第四次全国民族团结进步模范集体"奖，教育部民教司司长夏铸、国家民委教科司副司长赫英杰为教育部设立在学校的人文社会科学研究重点基地"西北少数民族教育发展研究中心"揭牌。校长王利民在致辞中说，国家教育部依托西北师大建立了我国第一个少数民族师资培训中心，中心从 1985 年 6 月 11 日成立至今，已经培养了 28000 多名少数民族师资人才，西北少数民族师资培训中心从无到有、从小到大，走过了快速发展、高水平发展的道路。20 年的成功实践，实现了民培中心"培养少数民族师资人才，为少数民族地区服务"的办学宗旨，验证了以高水平的理论研究支撑民族师资培养的专业化，体现了科研与教学相互支撑、协同发展的高等教育规律，创造了集"培养、实验、示范、辐射"为一体的民族教育综合服务模式，把民培中心打造成了民族师资人才的培养基地、民族教育研究的学术平台和民族教育服务的技术中心。20 年的成功实践，证明了依托内地师范院校建立少数民族师资培训中心，可以走出一条教育资源优化配置的创新之路，实现大学自身的发展与民族基础教育发展相互倚重、互利双赢的效果。对西北师大而言，教师教育是立校之本，民族教育就是品牌、优势和特色。因此，必须更加坚定办好民族教育的信心和决心，实现学校的办学宗旨。西北师范大学培养的第一个藏族博士生、现为西南师大博士生导师的巴登尼玛代表校友发言并感谢母校对他们的培养和关怀。中央民族大学原校长哈经雄、甘肃省教育厅厅长白继忠分别致辞。甘肃省委副书记马西林在讲话中说，西北师大培养的少数民族毕业生有95％以上回到生源地工作，为当地的民族教育作出了贡献，他希望民培中心和师大能够继续发挥国家级人文社会科学重点研究基地的引领、示范、辐射作用，建立少数民族教育实验区，带动民族教育的创新，探索民族地区发展教育的新思路、新做法，成为各级政府、各类学校发展民族教育的思想库和资源中心。庆典大会结束后，与会代表在学校学术会堂前参观了西北少数民族师资培训中心办学成就展，并参观学校博物馆和校史馆。

近年来，少数民族学生参加全国大学英语四、六级考试，国家计算机等级考试，国家秘书高级职业资格考试等各类专业技能考试和取得各类专业技能资格证书的人数逐年增长。少数民族学生自己研究开发、制作了"元素周期率"、"无机化学多媒体教学软件"等多媒体软件，在《中国民族教育》《数学教学通讯》等刊物发表论文数篇。2003届化学专业民族班学生组成的"赴平凉寨河回族乡社会实践小分队"获得"甘肃省大学生'三下乡'科技文化活动先进小分队"荣誉称号。2009年，西北师大成功申请少数民族高层次骨干人才计划，弥补了学校在少数民族高层次骨干人才培养上的空缺，至此，学校少数民族教育已发展为高中、预科、本科、硕士和博士的多层次培养体系，实现了少数民族教育的跨越式发展。目前，学校有来自26个省（区）的回、藏、维吾尔、东乡、蒙古、土、哈萨克、裕固、满、锡伯、苗、彝等39个民族的少数民族本科学生近2000人，少数民族研究生近200人，甘肃省内少数民族预科学生105人，新疆预科学生150人。

三、服务少数民族地区基础教育

2001—2005年，学校先后开展了"加快西北少数民族地区普及义务教育步伐的对策研究"、"大面积提高西北少数民族地区义务教育教学质量的研究"、"农村教师的现状与改善策略研究"等；先后为教育部基础教育司、师范教育司、发展规划司以及西部各省区、中/英基础教育项目办公室、中/欧甘肃基础教育项目办公室等机构提供咨询报告、政策建议报告100余份。2005年以来，学校依托国家级人文社会科学重点研究基地"教育部西北少数民族教育发展研究中心"，积极引领和带动基础教育改革和教育科学研究，完成了一批在国内具有创新价值和应用价值的学术成果，有效地指导了民族地区基础教育改革和民族师资培养教学实践，已在夏河、天祝、平凉、临夏、新疆等地建立了包括民族高等教育、藏汉双语师资培训、民族地区现代远程教育、民族地区女童教育等在内的35个民族教育实验研究基地和教学试验示范区。同时，针对甘南、临夏、平凉、天祝等地区和新疆、青海、宁夏等省区，举办了2000多人的中小学校长培训和2000多名骨干教师的培训，提高了这些地区基础教育的质量。学校在新课程改革、师资队伍建设、校本教材开发等方面广泛开展合作研究，推出了一批在国内外有一定影响的学术研究成果，并为当地政府制定民族教育政策和规划提供了科学依据。

2007年以来，学校通过组织附中骨干教师赴甘南、临夏、天祝、张家川等民族地区开展高考考前辅导，吸收民族地区中学教师参与高考阅卷等活动，加强了与学校教师和民族地区中学教师之间的沟通和交流，推动了中小学教育和管理工作，在当地引起了较大反响，得到了学生家长和师生的好评。如临夏州四年来参加高考的45051名考生中，有22914名学生考取了大学，其中本科9226人，专科13688人。同时，学校不断加大教育扶贫支持力度，先后为临夏州积石山县、东乡县、康乐县、临夏回民中学，甘南藏族自治州夏河县、卓尼县，平凉等民族地区中小学新建文化图书站，捐赠教学仪器、教学设施和衣物总价值达50多万元；为学校对口支援的"两基"攻坚扶贫的积石山县中学、积石山甘藏沟小学、夏河县甘加小学等免费培训教学和管理人员。

2008年，学校与新疆维吾尔自治区教育厅签署了《新疆维吾尔自治区教育厅和西北师范大学共建基础教育、民族教育创新实验区协议书》和《新疆维吾尔自治区教育厅和西北师范大学开展实习支教工作协议书》。目前，学校已经选派六批970名师范生赴新疆维吾尔自治区阿克苏地区7县1市的109所学校进行了每个批次为期一个学期的实习支教，从事双语教学工作，取得了明显成效。通过开展师范生赴新疆实习支教工作，学校开辟了高师院校服务基础教育的新途径，为推动新疆维吾尔自治区双语教学工作，缓解少数民族地区汉语教师短缺状况，提高阿克苏地区的基础教育水平作出了积极贡献。同时，实习支教的学生也在支教实践中经受了艰苦环境的磨炼，综合素质有了明显提升，个人沟通交流能力得到了提高。一些学生还与支教学校签订了就业合同或者就业意向书，计划扎根边疆服务少数民族地区基础教育。截至2011年7月，已有373名学生到新疆地区就业，为新疆维吾尔自治区的基础教育作出了应有的贡献。

2010年4月和12月，学校分别与夏河县藏族中学、积石山县人民政府签署了《西北师范大学、西北少数民族师资培训中心支援夏河县藏族中学协议书》和《西北师范大学、西北少数民族师资培训中心对口支援积石山县教育工作协议书》，主要在新课程改革、教师培养培训、贫困生资助、招生政策、教育捐助、高考辅导培训、教育实习与社会实践等方面进行帮扶与合作。2011年8月24日，学校与甘肃省临夏回族自治州签订共建民族教育改革发展实验区第二期合作协议，协议期限为2011年8月至2015年8月，共建主要内容为建立新的民族教育发展研究基地、提升积石山保安族东乡族撒拉族自治县女童教育研究基地的研究范围和能力、推动临夏回族自治州高中新课程改革和义务教育改革、建立西北师范大学"音、体、美"学科教育实习基地、加大临夏回族自治州教师职后培训工作、共同开展和探讨实施双语教育研究、接受临夏州部分中小学骨干校长挂职学习等。2011年9月5日，学校校长、党委副书记王嘉毅代表学校与宁夏回族自治区吴忠市同心县签署了共建民族教育发展实验区协议。协议期限为 2011 年 8 月至 2015 年 8 月，主要内容为建立新的民族教育研究基地、提升同心县女童教育研究基地的研究范围和能力、推动新课程改革、加强校地合作、接受同心县中小学骨干校长挂职学习等。

这一时期，学校重视并积极组织开展民族教育研究。2001 年以来，学校先后组织有关力量开展了"藏族牧区寄宿制小学宿舍管理之行动研究"、"民族地区校本教研之行动研究"、"民族地区农村小学校本课程开发之行动研究"、"藏族学校课堂教学评价行动研究"、"失落的声音——夏河县游牧地区寄宿制藏族小学的女童生活"、"小学语文参与式教学之行动研究"、"民族地区农村小学科学教学的行动研究"、"少数民族地区中小学综合实践活动之行动研究"、"藏族寄宿制小学汉语文教学之行动研究"、"西北少数民族贫困地区中小学校本管理的行动研究"、"西北少数民族贫困地区中小学校本师资培训的行动研究"等课题研究，探索少数民族教育发展、少数民族师资培训的有效模式与方法。学校依托西北少数民族师资培训中心先后承担了"中/英甘肃基础教育"、"中/欧甘肃基础教育"项目中的基线调查、中期评估、培训材料开发、教师培训、农村学校资源中心建设等任务，承担了中国/联合国发展计划署"应用远程教育和 ICT 技术提高中国西部贫困地区教师质量"项目、教育部李嘉诚基金会"西部地区中小学现代远程教育项目"等。学校申报的"创新少数民族师资培养模式，促进西部基础教育跨越发展"获得 2005 年国家级教学成果二等奖；《西北少数民族教育丛书》共 6 卷本，获全国教育科学优秀成果一等奖、北方十六省教育图书优秀成果一等奖、甘肃省高校社科成果一等奖。学校先后举办了"西部五省区藏族中小学英语教学与教材开发研讨会"、"西北民族地区全面推进基础教育课程改革实验工作研讨会"、"西北民族地区基础教育课程改革重点与难点研讨会"、"五省区民族教育处负责人座谈会"、"妇女与少数民族教育国际学术会议"、

"全国民族教育高层论坛"等会议，交流少数民族师资培养的经验，深入探讨民族教育发展的途径，取得了良好的效果。

四、保持艺术、体育的区域风格

学校在艺术、体育教育方面保持了独特鲜明的区域风格。1999 年，西北师范大学美术学院教师作品展在中国美术馆举办，获得了较大的反响。原中央政治局常委宋平、著名油画家靳尚谊出席了开幕式并观看画展。2009 年 3 月，《西北师范大学美术学院教师作品集》（以下简称《作品集》）正式出版。《作品集》集中展示了西北师大美术学院 60 年来所取得的艺术成就，从一个侧面反映了西北师大美术学院教师所走过的艺术历程。《作品集》呈现了西部风情和民族特色，彰显了重教爱国情愫。2011 年 6 月 24 日上午，甘肃省重大革命历史题材美术作品展览在甘肃省博物馆举行，此次展览是甘肃省为庆祝建党 90 周年专门组织省内艺术家精心创作的，共展出 102 幅大型作品，内容包括中国画、油画、版画、雕塑，用美术的形式再现了全省人民在中国共产党领导下所走过的辉煌历程，展示了甘肃省革命、建设与改革开放所取得的伟大成就，数量之多、规模之大、范围之广、层次之高、影响之深，在甘肃美术史上尚属首次。其中，西北师大美术学院教师创作的《第一野战军解放兰州》《迎新春——甘肃省人民政府成立》《三军过后》《温暖的记忆——朱德视察甘肃》《彭总西北行》《长征中的毛泽东》《更喜岷山千里雪》《天路行舟》《改天换地庄浪人》《马锡五审理封芝琴婚姻案》等 10 幅作品入选画展。这些作品彰显了独特的个性创造和丰富的地域文化特色。

2000 年以来，学校音乐、舞蹈专业的学生一直是甘肃省电视台春节联欢晚会的主力军，并在西北师范大学建校 100 周年庆典、上海世博会甘肃文化周宣传活动、纪念中国共产党成立 90 周年、甘肃省第二届大学生运动会、2011 中国机器人大赛暨 RoboCup 公开赛、甘肃省"陇原骄子"颁奖暨庆祝第 23 个教师节文艺晚会等重大文艺演出中表现出色。近年来，学校音乐学院师生在全国青年歌手大赛、全国民族声乐比赛、全国"桃李杯"、"荷花杯"舞蹈大赛中屡次获得优异成绩。学校注重发掘和传承地方及区域音乐文化，多次邀请兰州鼓子、通渭小曲、环县道情皮影、新疆木卡姆、青海平弦等民间艺术团来校交流演出，不断扩大民间音乐的影响。学校艺术专业师生在教育部资助下，多次赴俄罗斯、乌克兰、土耳其、摩尔多瓦、罗马尼亚、苏丹等国家演出，得到了当地民众和政府高官的高度赞誉。特别是 2011 年春节期间，学校艺术专业部分师生在欧洲巡回演出中，摩尔多瓦代总统、塞尔维亚总理等亲自观看演出并接见了全体演出成员，扩大了甘肃在国外的知名度。

◎2005 年 11 月 20 日下午，美国总统小布什到国家体育总局老山自行车训练基地，在中国 6 名自行车运动员的陪同下骑山地车。图为西北师大文学院学生马艳萍（左三）等与美国总统布什（中）合影。

西北师大体育教育通过强化面向西部农村地区基础教育和民族教育的区域办学特色，融教学、训练、科研于一体，集体育教育、竞技体育、社会体育、民族体育于一身，为基础教育、民族教育及社区体育发展培养高水平体育师资及体育工作者。学校拥有一批优秀的体育健将：文学院学生马艳萍是我国著名自行车运动员先后获得 2002 年釜山亚运会女子山地自行车越野赛冠军、2003 年亚洲山地自行车锦标赛女子越野赛冠军、2004 年全国山地自行车冠军赛第一站越野赛冠军、2004 年全国山地自行车冠军赛女子个人计时赛亚军。学生李柱宏是我国第一个达马拉松 A 标的运动员，先后获得 2002 年北京国际马拉松赛冠军、2004 年厦门国际马拉松赛第二名、2007 年厦门国际马拉松赛冠军，并代表中国队参加了 2004 雅典奥运会和 2008 北京奥运会。学生杨维泽先后获得 2001 年第九届全国运动会男子 1500 米冠军、2003 年第五届全国城运会男子 5000 米冠军、2004 年亚洲越野跑锦标赛团体冠军。

学生徐媛作为国家女子足球队主力前锋参加了 2008 北京奥运会，多次为中国队打入制胜进球。在 2011 年 7 月举办的 2011 年兰州国际马拉松赛中，体育学院学生贾超凤以 2 小时 35 分 23 秒的成绩获得全程赛女子组冠军。

2011 年 7 月 26—31 日，甘肃省第二届大学生运动会在西北师范大学举行。甘肃省第二届大学生运动会受省政府委托，由省教育厅、省体育局主办，西北师范大学承办，是甘肃教育系统规格最高、规模最大、影响最广、历时最长的综合性体育赛事。7 月 26 日上午，中共甘肃省委书记、省人大常委会主任陆浩，省委副书记、省长刘伟平，省政协主席冯健身，省委常委、省委秘书长刘立军，省人大常委会副主任崔玉琴，前羽毛球世界冠军、国家体育总局网球管理中心副主任、国际羽毛球联合会常务理事李玲蔚和来自全省 40 所院校的代表团等近万人参加了大会开幕式。学校校长、党委副书记王嘉毅致欢迎词。开幕式结束后，来宾和师生代表共同欣赏了大型文艺表演"青春交响"。在 7 月 31 日晚举行的甘肃省第二届大学生运动会闭幕式上，甘肃省教育厅厅长、大运会组委会副主任白继忠和省体育局局长、大运会组委会副主任杨卫同志向承办单位西北师大赠送了匾牌。西北师范大学等 13 所高校荣获"贯彻落实中央 7 号文件和《学校体育工作条例》先进集体"荣誉称号。此次运动会中，西北师范大学荣获团体总分前一名、甲组团体总分第二名、乙组团体总分第一名的好成绩，同时荣获优秀组织奖和"体育道德风尚奖优秀学校"荣誉称号。

◎大型文艺表演"青春交响"演出现场

第六节
注重学科建设　加强科学研究

西北师范大学始终坚持学科建设的龙头地位不动摇，坚持"有所为有所不为"的方针，牢固树立学科建设的精品意识，努力培育优势学科和特色学科，竭力支持重点学科，使学科建设取得了显著的成就。同时，学校十分重视科学研究在学科建设中的基础和支撑地位，以组织实施"西北师范大学知识与科技创新工程"为重点，坚持"基础研究上水平、应用研究出效益"的科研工作方针，抓住"科研项目、科研经费、成果管理和学科交叉"四大科研任务，加强研究基地、创新平台建设，深化科研管理体制机制改革，科研事业有了长足发展，取得了显著的成绩。

一、实施"知识与科技创新工程"

2000年3月29日，学校举行了"知识与科技创新工程"启动仪式。学校研究决定加大对科学研究的投入力度，进一步提升学校科研实力和水平，先后利用贷款资金近1000万元实施了"知识与科技创新工程"一、二期研究项目，遴选和资助了32个重点研究项目，以期在三至五年内，产生一批具有较高水平的研究成果，转化一批具有重大经济效益的应用项目，建设一批反映时代特色和地方特色的专业与学科，培养一批高素质的优秀人才。通过实施"知识与科技创新工程"，稳定了一批学术骨干，增强了广大教师参与科学研究的积极性，学校承担科研项目的数量和级别有了明显提高，科研经费有了较大幅度的增长。通过创新工程项目的有力支持，学校的科研水平不断提高，极大地促进了学科建设事业的发展，对学校2003年博士点和博士后流动站取得历史性的突破起到了十分重要的作用。

2006年，学校启动并实施了三期"知识与科技创新工程"项目，计划在"十一五"期间，每年投入200万元，5年共投入1000万元，主要资助以省部级科研平台和重点学科为依托，以整合学校科研资源为基础，在相关研究领域已取得较突出研究成果，具有努力探索和团结协作精神的科研创新团队。学校坚持把构建大平台、大基地，组织大团队，承接大项目作为科研工作的着力点。通过实施三期"知识与科技创新工程"，重点资助团队科研项目，增强科研平台和学科基地的科研创新能力，力争使中国古代文学和课程与教学论两个国家重点培育学科到2012年顺利成为国家级重点学科，"生态经济相关高分子材料"省部共建教育部重点实验室顺利通过教育部验收进入教育部重点实验室建设行列，为"甘肃特色植物有效成分制品工程技术研究中心"今后申报教育部工程技术研究中心奠定基础，同时，力争新建一批有显示度的科研创新平台，使学校科学研究工作与重点研究基地、科研创新平台、重点学科和新兴交叉学科建设紧密结合，努力形成国家级、省部级和校级三级科研创新平台建设体系。到2010年，三期"知识与科技创新工程"资助了53个科研团队，85个青年骨干培育项目，配套资助了一批国家级科研项目。到2011年，学校获得的国家级科研项目数量不断增加，绝大部分中青年老师得到过学校青年骨干培育项目的资助。2009年，学校在深入总结三期"知识与科技创新工程"的基础上，继续实施第四期"知识与科技创新工程"，主要实施四项科研支持计划。实施"创新基地平台和创新团队建设计划"，采取"扶持重点、注重团队、体现特色"的原则，建设3个Ⅰ类创新基地和平台，7个左右Ⅱ类创新基地和平台，10支左右的科研创新团队，集中人力财力，凝练学科方向，瞄准学科前沿和国家重大需求，确定研究重点和主攻方向；实施"青年教师科研能力建设计划"，培养和扶持一批具有创新能力和发展潜力的青年学科带头人和科研骨干；实施"高水平科研成果奖励计划"，制定《西北师范大学优秀科研成果奖励办法》；实施"国家、省部级项目经费配套计划"，提高从外部争取科研经费的持续增长力，增强学科发展后劲。从 2010 年开始，学校每年投入 300 万元实施"青年教师提升计划"，2010 年已资助 109 位青年教师申报的科研项目。

二、学科与学位点建设

学校在 1999 年启动的《西北师范大学改革与发展五年行动计划》中提出，学校在 21 世纪之初的学科建设思路是："以博士点为龙头、省级重点学科为骨干、校级重点学科为基础，加强团队协作，凝聚学术力量，巩固提高基础学科，大力发展特色学科，着力加强应用学科，促进各学科间的融合与渗透，基本形成面向西北地区特别是甘肃经济建设与社会发展、教育发展战略，具有我校特色的学科布局。"该计划提出形成 20 个左右特色鲜明、稳定发展、国内先进的研究方向，力争 1—2 个学科成为国家级重点学科，省级重点学科增加到 9—10 个，有 3—5 个学科的综合发展水平进入全国先进行列，在国际上有一定影响，所有重点学科在西北地区处于先进行列，在国内有一定影响；进一步加强学位点建设，争取新建 1—2 个博士点，7—8 个硕士点，使全校博士点达到 3—4 个，硕士学位点不低于 34 个；以课程与教学论博士点为基础，争取获得教育学一级学科博士学位授予权。

2002 年 12 月 15—18 日，甘肃省教育厅审定兰州大学、西北师范大学等 12 所高校的物理学、教育学等 75 个学科（共涉及 11 个学科门类）为"2002—2005 年度甘肃高校省级重点学科"，西北师范大学有社会学、马克思主义理论与思想政治教育、教育学、体育学、中国语言文学、艺术学、专门史（西北史）、高分子化学与物理、分析化学、基础数学、原子与分子物理、生态经济学等 12 个学科入选，学校省级重点学科的数量比上一轮翻了一番（1998—2001 年度，学校有省级重点学科 6 个），居省属高校第一。2004 年 6 月，经过考察评审，甘肃省教育厅同意将学校英语语言文学学科增补为甘肃高校省级重点学科。

2003 年 1 月，学校开展了"2003—2005 年度校级重点学科"评审工作。校长王利民在评审会上强调，学校进行重点学科建设的目的是强化培育优势特色学科，支持在国内同领域或同行业有较大影响的学科，培养和造就一批优秀的学科带头人，突出优势，创出品牌，把学科做大做强，因此，支持力度也分目标分层次进行，学校希望通过加强学科建设，使 A 类重点学科建成一级学科博士点或国家级重点学科或国家级重点研究基地，B 类学科建成博士点和省级重点学科，重点研究方向能达到同研究领域国内先进水平或对地区社会、经济产生重大影响，通过联合获得博士点。专家经过认真严格地评审、讨论，最后以不记名投票方式初步确定 19 个学科入选"2003—2005 年度校级重点学科"，其中教育学、中国语言文学、化学 3 个具有博士点的一级学科被评为 A 类重点学科，专门史（西北史）、社会学、马克思主义与思想政治教育、艺术学、体育学、教育技术学、基础数学、生态经济、原子与分子物理等 9 个学科评为 B 类重点学科，发展和教育心理学、英语语言文学、经济学、人文地理学、应用物理、网络计算、植物学等 7 个学科评为重点研究方向。

2003 年 10 月，第九批博士学位授权学科的申报工作已圆满结束，学校申报的教育学原理、教育技术学、中国古典文献学、专门史、基础数学、分子与原子物理、分析化学、人文地理学等 8 个学科通过国务院学位委员会评审，取得了招收、培养博士研究生以及授予博士学位的资格。同时，学校新增中国哲学、人口资源与环境经济学、数量经济学、法学理论、政治学理论、比较教育学、基础心理学、运动人体科学、外国语言学与应用语言学、艺术学、历史地理学、世界史、理论物理、地图学与地理信息系统、细胞生物学、生态学、电路与系统、计算机软件与理论、应用化学、环境科学、旅游管理等 21 个硕士学位授予点。同时，国家人事部决定在学校设立教育学、中国语言文学两个博士后流动站。至此，学校共有两个博士后流动站，11 个博士学位授予点，63 个硕士学位授予点，有博士研究生指导教师 38 名，硕士研究生指导教师 270 名。这标志着学我校学科建设迈上了一个新的台阶。10 月 27 日，学校举行学科建设表彰会暨博士后流动站揭牌仪式。甘肃省人事厅厅长杨诚宣读了国家人事部关于在西北师范大学设立博士后流动站的通知，甘肃省教育厅副厅长李廉宣读了国务院学位委员会关于博士学位授权学科的通知和甘肃省学位委员会关于硕士学位授权学科的通知。甘肃省委副书记马西林、政协副主席周宜兴为学校教育学、中国语言文学两个博士后流动站揭牌。博士后流动站的设立和博士学位授权学科的增加是学校发展史上的一个里程碑，体现了学校办学实力和科研水平的整体提升。在学科建设表彰会及博士后流动站揭牌仪式上，学校对在学科建设中取得突出成绩的教育科学学院、教育技术与传播学院、文学院、数学与信息科学学院、物理与电子工程学院、化学化工学院、地理与环境科学学院、科技处、研究生处等学科建设先进单位隆重进行表彰，对每个博士后流动站奖励建设经费 20 万元，对新审批的每个博士学位授权学科和研究生处、科技处各奖励建设经费 15 万元，对每个新审批的硕士学位授权学科奖励建设经费 3 万元。

2006 年 2 月 7 日，第十批博士和硕士学位授权学科专业名单公布。学校新增教育学、化学两个博士学位授权一级学科，新增马克思主义基本原理、思想政治教育、历史文献学、自然地理学、发展与教育心理学等 5 个博士学位授权二级学科，新增教育学、心理学、体育学、中国语言文学、历史学、数学、物理学、化学、地理学等 9 个硕士学位授权一级学科，新增马克思主义哲学、外国哲学、政治经济学（含税收学）、产业经济学、统计学、国际政治、中国少数民族史、马克思主义中国化研究、广播电视艺术学、动物学、生物化学与分子生物学、工业催化等 13 个硕士学位授权二级学科。至此，学校共有教育学、中国语言文学 2 个博士后流动站，2 个博士学位授权一级学科，26 个博士学位授权学科，9 个硕士学位授权一级学科、92 个硕士学位授权学科和 4 个专业硕士学位授权点。

2006 年 4 月 29 日，学校在专家楼会议厅召开学科建设工作会议。会议分析了"十一五"期间学校学科发展面临的严峻挑战和重大机遇，深化了加快学校建设、提高自主创新能力的重要性和紧迫性的认识，明确了今后五年学校学科建设的总体思路、战略目标和重点任务。会后，学校印发了《西北师范大学"十一五"学科建设规划》（西师发〔2006〕55号）、《西北师范大学"十一五"学位点建设与发展规划》（西师发〔2006〕56号）、《西北师范大学重点学科建设暂行办法》（西师发〔2006〕57号）、《西北师范大学三期"知识与科技创新工程"实施方案》（西师发〔2006〕58号）四个文件，进一步明确提出，学校要进一步确立学科建设在学校发展中的龙头地位，推动学科建设向全面、深入发展；要坚持"有所为有所不为"的方针，牢固树立学科建设的精品意识；要抓好已有学位授权学科的建设工作，培养一批在国内外有较高知名度的学术带头人，确保研究生培养质量；要紧紧围绕甘肃经济社会发展的需要，更新教学内容，调整学科结构和专业设置，不断提高教学质量；要紧密结合甘肃省经济结构调整、工业强省、建设文化大省等重大任务，抓好重大项目的科研攻关，加强技术开发和同企业、地方及科研院所的合作，为甘肃省的科技进步和高新技术的发展作出应有的贡献。

在2006—2010年甘肃高校省级重点学科评审中，学校共有16个学科入选，入选数量在省属高校中位居第一。入选的16个学科分别是教育学、化学、中国语言文学、历史学、马克思主义理论、心理学、艺术学、体育学、社会学、生态经济学、英语语言文学、基础数学、原子与分子物理、人文地理学、教育技术学和自然地理学，其中一级学科9个，二级学科6个，交叉学科1个，涵盖了9大学科门类。与上一轮（2002—2005年度）省级重点学科相比，此轮学校省级重点学科总数增加了3个，一级学科增加了4个，顺利完成了西北师大"十一五"学科建设规划中省级重点学科数量的目标任务。

2006年11月9日，学校召开"2006—2010年度校级重点学科"评审会。专家经过认真严格地评审，最后以不记名投票方式初步确定20个学科入选"西北师范大学 2006—2010 年度校级重点学科",其中化学、教育学、中国语言文学、地理学等 4 个学科被评为 A 类重点学科;生态经济学、心理学、历史学、马克思主义理论、教育技术学、社会学、英语语言文学、体育学、艺术学、数学、原子与分子物理等 11 个学科被评为 B 类重点学科;应用经济学、旅游管理、植物学、应用物理、网络计算等 5 个学科被评为 C 类重点学科。校长王利民在总结讲话中提出,希望学校各单位在本轮重点学科建设过程中,要立足创新;进一步提高学科整体水平;要强化科研团队和学科梯队建设,注重培养新的学术带头人和青年教师的科研能力;要善于寻找学科特色,勇于创新,善于借鉴、学习和吸收兄弟院校的先进经验;要搭建资源共享平台,争取发挥资源最大效益。他特别强调本轮重点学科建设要加强管理,注重考核和激励,要在中期评估中抓住重大项目、经费、优秀成果和团队、梯队建设等关键指标进行考核,使学校有限的资金发挥最好的效益,争取在"十一五"期间我校国家级重点学科、国家重点实验室、博士点申报有重大突破,使学科整体水平再上新台阶。

2007 年,学校"课程与教学论"和"中国古代文学"两个学科被教育部列为国家重点培育学科,标志着西北师大重点学科建设跃上新台阶。同年 6 月 15—17 日,以全国教育硕士专业学位教育指导委员会委员、上海师范大学教育学院院长卢家楣教授为组长,全国教育硕士专业学位教育指导委员会委员、北京师范大学教育学院院长张斌贤教授,全国教育硕士专业学位教育指导委员会委员、北京小学吴国通校长、沈阳师范大学教科院院长周润智教授和浙江师范大学研究生学院院长楼世洲教授为成员的教育部教育硕士专业学位教学合格评估专家组来到学校,开展了教育硕士专业学位教学合格评估。2007 年 9 月,经全国博士后管委会专家组评审,人事部、全国博士后管委会批准,学校新增化学、数学、历史学 3 个博士后科研流动站。至此,学校共有教育学、中国语言文学等 5 个一级学科设立了博士后科研流动站。博士后科研流动站的设立为学校科研工作、人才培养提供了更高的平台，带动了学校高层次人才队伍的整体建设，有力地推动了学校的学科建设和发展。

2011 年 3 月，学校新增 5 个博士学位授权一级学科和 14 个硕士学位授权一级学科。学校新增的博士学位授权一级学科分别为中国语言文学、历史学、数学、物理学、地理学，新增的硕士学位授权一级学科分别为哲学、理论经济学、应用经济学、法学、社会学、民族学、外国语言文学、艺术学、生物学、电子科学与技术、计算机科学与技术、化学工程与技术、环境科学与工程、公共管理。至此，学校博士学位授权一级学科达到 7 个，二级学科达到 50 个，硕士学位授权一级学科达到 23 个，二级学科达到 157 个，学科布局更加合理，学科结构进一步优化，为学校加强研究生教育和提升整体办学实力奠定了坚实的基础。

三、加强研究基地平台建设

2001 年，学校在夏河藏中建立了网站，成立了"少数民族远程教育实验研究基地"，填补了甘肃省民族教育领域现代远程教育的空白。2003 年，学校"甘肃省高分子材料重点实验室"被批准建设为甘肃省级重点实验室。2003 年 11 月 12 日下午，甘肃省科技厅专家组一行 13 人来学校对"甘肃省高分子材料重点实验室"进行了评审。评审专家组认为"甘肃省高分子材料重点实验室"建设立项明确，有相对集中的研究方向和层次合理的学术队伍，基本达到了甘肃省省级重点实验室的立项要求。专家组经过认真讨论，提出高分子新材料实验室应进一步凝练方向，突出特色，围绕甘肃经济和社会发展战略目标，抓住前沿性问题，充分利用甘肃省资源，结合学科优势，开展创新的和自主知识产权的科研工作，争取在科研成果转化方面有所突破。高分子材料省级重点实验室的建设，为推动学校重点学科建设、提高科技实力、培养创新人才搭建了重要平台。

2004 年 6 月 29 日，教育部组织专家组对学校申报的普通高等学校人文社会科学重点研究基地——西北少数民族教育发展研究中心进行了实地考察评审。专家组一致认为，学校申报的"西北少数民族教育发展研究中心"具有明显的优势和特色，同意入选教育部人文社会科学重点研究基地。11 月 26 日，教育部公布了第五批普通高等学校人文社会科学重点研究基地入选机构名单（教社政函〔2004〕50 号），西北师范大学西北少数民族教育发展研究中心被正式列入普通高等学校人文社会科学重点研究基地建设计划。这是学校获得的第一个国家重点研究基地，是学校学科建设的标志性成果，结束了西北师大没有国家级人文社会科学重点研究基地的历史。

2005 年 9 月 30 日，学校"生态环境相关高分子材料实验室"被正式批准为省部共建教育部重点实验室进行立项建设，这是学校在高层次、高水平科技创新基地建设方面取得的又一个突破。"生态环境相关高分子材料实验室"被批准为省部共建教育部重点实验室进行建设，为学校培养高分子材料领域新人才和开展科学研究创造了又一有力的支撑条件，为增强学校整体科技创新能力和为地方经济建设提供技术支撑服务的能力，为打造甘肃省成为先进高分子材料基地提供了重要的科研平台。同年 11 月 3 日，甘肃教育发展研究院、西部资源应用研究院在学校挂牌成立，甘肃省副省长李膺被聘为甘肃教育发展研究院院长，中国工程院薛群基院士被聘为西部资源应用研究院院长。

2006 年 6 月，经甘肃省教育厅批准，学校在加强大学生思想政治工作和辅导员队伍自身建设、整合学科资源、集中办学力量的基础上，筹建成立了甘肃省高校辅导员培训基地。12 月 5 日，教育部人文社会科学百所重点研究基地华中师范大学中国农村问题研究中心西北调研基地在学校挂牌成立。教育部华中师范大学中国农村问题研究中心与学校签署了《教育部人文社会科学百所重点研究基地华中师范大学中国农村问题研究中心西北调研基地协议》。2007 年 10 月，教育部确定西北师范大学等 21 所高校为第一批教育部高校辅导员培训和研修基地。10 月 19 日下午，教育部高校辅导员培训和研修基地在学校揭牌。基地自成立以来，认真做好了全国、西北和甘肃高等学校辅导员的岗前培训、日常培训和骨干培训工作，积极开展与辅导员工作相关的科学研究，现已建设成具有显著特色的培养西北地区高校辅导员的人才摇篮。同一天下午，甘肃省先秦文学与文化研究中心和甘肃汉语国际推广中心在学校揭牌成立。甘肃省先秦文学与文化研究中心成立以来，秉承西北师大优良的区域性文化研究的传统，充分发挥相关博士学位点、博士后流动站等高水平学科平台的优势，以省内最具代表性的先秦文化资源为中心，积极整合研究力量，以地域文化研究为先导，构建特色文化与支柱产业，为甘肃文化建设和经济社会发展作出了应有贡献。

2008年，西北师大与中国科学院近代物理研究所签订了实施全面合作的协议，双方共建"极端环境原子分子物理实验室"；上海社科院与学校合作设立的"中国西部国情调研中心"在学校挂牌成立。2009年4月13日，浙江大学卡特中心与西北师范大学经济管理学院合作设立了"西部地区农村发展研究中心"。2009年12月15日，"甘肃特色植物有效成分制品工程技术研究中心"在学校揭牌成立，这是学校在省级科技创新平台建设方面取得的又一标志性成果。"甘肃特色植物有效成分制品工程技术研究中心"成立后，坚持市场导向、优势优先、合理布局的原则，立足甘肃省特色植物资源和优势，发挥工程中心在强化共性技术、关键技术的工程化与产业化方面的作用，提高对相关行业的技术扩散、转移和辐射作用，为促进甘肃省高新技术产业发展作出了积极贡献。

2010年10月14日上午，"甘肃省生物电化学与环境分析重点实验室"和"甘肃省原子分子物理与功能材料重点实验室"在学校揭牌成立。"甘肃省生物电化学与环境分析重点实验室"是在原西北师范大学电化学与电分析化学实验室和环境分析化学实验室基础上发展形成的，主要从事基础电化学和功能材料电化学研究、环境污染物检测与综合利用等方面的研究。该实验室是一个多学科组织，由4个研究室组成，目前已形成一支优秀的中青年科研队伍，承担各类科研项目100余项，并取得一批优秀的科研成果。"甘肃省原子分子物理与功能材料重点实验室"依托西北师范大学省级原子分子物理重点学科、原子分子物理博士点、物理学博士后科研流动站、物理学一级学科硕士点以及与中科院近代物理研究所联合建设的"极端环境原子分子物理实验室"建立，立足于西北师大在原子分子物理、材料物理以及电子技术方面的学科优势和人才优势，瞄准甘肃省产业发展的战略需求和国外科技发展前沿，目前已在新型光电材料、智能传感技术等4个研究方向形成了研究特色，取得了一批高水平的研究成果。

2010年5月25日，甘肃省教育厅公布了首批甘肃省高校人文社会科学重点研究基地入选机构名单（甘教技［2010］30号），西北师范大学"西部教师教育研究中心"、"西部边疆史地研究中心"、"西北民族地区社会发展与地方治理研究中心"被正式列入甘肃省高校人文社会科学重点研究基地建设计划。2011年1月，甘肃省物联网工程研究中心在学校成立。1月25日下午，由西北师范大学和9家科研单位、15家企业共同缔结的西北特色农产品产业技术创新战略联盟的成立仪式在学校举行。甘肃省人民政府副省长郝远和中国科学院院士薛群基出席仪式并为联盟揭牌。西北特色农产品产业技术创新战略联盟是甘肃省第四个产业技术创新联盟，是立足甘肃特色农产品开发创新所建立的第一个产业技术创新联盟，是甘肃省推进产业技术创新联盟建设的又一次重要突破。西北特色农产品产业技术创新战略联盟的正式启动，是学校在推进科研创新、促进产学研合作方面迈出的坚实一步。

2011年12月1日，"甘肃省旅游发展研究院"在学校揭牌成立。甘肃省旅游局党组书记、局长黄周会和学校党委书记刘基共同为研究院揭牌。"甘肃省旅游发展研究院"与学校旅游学院实行"一套班子、两块牌子"的管理体制，下设行政与财务部、产业政策与规划部、培训部、学术推广部等5个部门。"甘肃省旅游发展研究院"以建设促进甘肃旅游产业发展和学术交流的政府智库、业界智源、学术高地和教育基地为宗旨，主要开展对甘肃旅游资源的调查、评价和旅游资源数据库的建设工作，甘肃省旅游产业发展中各类产业标准的研究制定工作，影响甘肃省旅游业发展的基础理论、政策和重点、难点问题的研究工作，参与甘肃省旅游发展规划的调研、编制和评审工作，积极开展旅游领域的高层次人才培养、专业人才培训和国际国内学术交流等工作。校长、党委副书记王嘉毅在揭牌仪式上的讲话中指出，深入贯彻落实《国务院办公厅关于进一步支持甘肃经济社会发展的若干意见》和甘肃省委《关于进一步加快文化大省建设的意见》，深入挖掘甘肃文化旅游资源，全面推动甘肃省旅游产业跨越式发展，将旅游业培育成国民经济发展的战略性支柱产业和人民群众更加满意的现代服务业，为甘肃文化大省建设作出积极的贡献，是当前和今后一段时期旅游行业的战略主题和根本任务；学校将高度重视甘肃旅游发展研究院的建设和发展工作，进一步强化机遇意识、责任意识，以服务求支持，以贡献求发展，充分发挥教学、科研优势，进一步整合校内资源和研究力量，实现资源共享，力量集聚，以优良的师资和高水平的科研能力，努力把研究院建设成为甘肃省旅游高层次人才培养培训高地、政策咨询高地、学术研究高地，为促进全省旅游业跨越式发展和建设文化大省作出积极的贡献。

目前，学校已经建成1个国家级人文社会科学重点研究基地、1个教育部重点实验室、3个省级重点实验室、3个省高校人文社会科学重点研究基地、7个省部级研究院（所、中心）、5个省级以上人才培养基地、36个校内实验室（中心）。

四、全面开展科学研究

——科研管理制度建设。2001年，学校制定了《西北师范大学科研项目管理办法》和《西北师范大学青年教师科研基金实施办法》；2002年，制定了《西北师范大学科研经费管理办法（试行）》和《西北师范大学科学研究项目、成果分类办法（修订稿）》；2003年，制定了《西北师范大学知识产权保护暂行规定》，进一步加强了学校对知识产权的保护；2005 年，修订了《西北师范大学科学研究项目、成果分类办法（试行）》；2006 年 5 月，制定了《西北师范大学关于进一步加强科技创新、推动校地校企合作的意见》和《西北师范大学学术道德和学术行为规范（试行）》；2009 年，制定了《西北师范大学校地校企合作专向资金管理暂行办法》和《西北师范大学关于进一步加强学术道德和学风建设惩治学术不端行为的意见》，修订了《西北师范大学专利管理办法》和《西北师范大学科学研究项目、成果分类办法（试行）》，同年制定了《西北师范大学 2009—2015 年学科建设与发展规划》，提出学校的学科建设要立足省部共建的新起点，适应国家发展战略和区域经济社会发展需求，走内涵发展之路，努力提高科学研究水平和为区域经济社会发展作贡献的能力，稳步推动学校向以教师教育为主，特色鲜明、西部一流、全国高水平综合性师范大学的目标迈进；2010 年，先后制定了《西北师范大学学科基地平台建设与管理办法》《西北师范大学科研创新团队建设与管理办法》《西北师范大学青年教师科研能力提升计划资助办法（试行）》和《西北师范大学优秀科研成果奖励办法（试行）》等配套办法，修订了《西北师范大学科学研究项目、成果分类办法（试行）》；2011 年，又修订了《西北师范大学科学研究项目、成果分类办法（试行）》。这些科研管理制度的制定，进一步完善了学校科研管理机制，为学校科研工作提供了强有力的制度保障。

——科研项目。2000 年以来，学校共获准各级各类科技项目总计 1507 项，其中国家自然科学基金项目 184 项、国家科技支撑项目 1 项、省部级科研项目 310 项；获准各级各类纵向社科项目总计 909 项，其中国家社科基金项目 109 项、全国教育规划项目 60 项、国家艺术规划项目 3 项、省部级科研项目 392 项。2000 年，学校获准各级各类科技项目共计 67 项、社科项目 36 项。2001 年，学校获准各级各类科技项目共计 62 项、社科项目 56 项。2002 年，学校获准各级各类科技项目 90 项、社科项目 85 项。2003 年，学校获准各类各级科技项目共计 92 项、社科项目

78项。2003年12月，学校首次作为主持单位获得国家自然科学基金重点项目。2004年，学校获准各级各类科技项目共计72项、社科项目60项。2005年，学校获准各级各类科技项目109项、社科项目81项。2006年，学校获准各级各类科技项目88项、社科项目76项。2006年12月，学校首次获得教育部高等学校科技创新工程重大项目培育资金项目。2007年，学校获准各级各类科技项目135项、社科项目82项。2008年，学校获准各级类科技项目148项、社科项目73项。同年，学校首次作为主持单位获得国家社科基金重点项目。2009年，学校获准各级类科技项目193项、社科项目100项。同年，学校作为主持单位，获得由国家科技部立项并资助500万元经费的项目"陇南地区灾后住宅重建与特色农产品快速生产技术集成与示范"。2010年，学校获准各级各类科技项目218项、社科项目93项。2010年12月，学校首次作为主持单位获得国家社科基金重大招标项目1项。2011年，学校获准各级各类科技项目233项、社科项目89项。

——科研经费。2000年以来学校获得的科研项目总经费基本呈现出逐年增加的趋势，尤其是从2002年开始年度科研经费保持在2000万元以上。其中，2000年为329万元（其中社会科学255.8万元）；2001年为739.2万元（其中社会科学265.4万元）；2002年为2068万元（其中社会科学333.8万元）；2003年为2280万元（其中社会科学522.9万元）；2004年为2100万元（其中社会科学463.3万元）；2005年为2000万元（其中社会科学423.4万元）；2006年为2208万元（其中社会科学409.4万元）；2007年为2479万元（其中社会科学534.4万元）；2008年为1637.11万元（其中社会科学800.81万元）；2009年为3256.6万元（其中社会科学1163.03万元）；2010年为3454.46万元（其中社会科学1217.96万元）；2011年为5572.3万元（其中社会科学1427.36万元）。

——科研成果。学校社会科学在先秦文学与历史、西北历史与地理、人口资源与环境、民族教育、课程与教学论、古籍整理、敦煌学等学科领域的研究优势突出、特色鲜明。2001 年以来被中国社会科学引文索引 CSSCI 收录论文累计 22931 篇，出版专著和教材近 665 余部。研究成果《新编全上古三代秦汉三国六朝文》和《先秦文论全编要诠》分别被列为国家古籍整理"十一五"重点规划项目。研究成果《西北少数民族基础教育发展现状与对策研究》《"积极差别待遇"与"教育优先区"的理论构想——西部少数民族贫困地区教育发展途径探索》分别荣获教育部高校人文社会科学研究优秀成果一等奖、二等奖。研究成果《少数民族地区义务教育与"两基"攻坚跟踪研究》被中央教育科学研究所《科研与决策》第 39 期编发；国务院全国经济普查研究项目"西部地区就业潜力的对策研究"成果被国家统计局统计科学研究所《研究参考资料》第 170 期编发。《西北民族地区政治稳定研究》《从国家安全的高度规划我国西部大开发战略》和《妥善解决西部地区生态建设补偿问题的若干政策建议》等研究成果多次被中宣部国家社科规划办编发为密级《成果要报》，供党和国家领导人参阅。王嘉毅校长被抽调参加《国家中长期教育改革和发展规划纲要》的起草工作并担任第九专题组的副组长，受聘为国家基础教育课程教材专家工作委员会委员，负责《甘肃省"十二五"高等教育发展规划》《甘肃省学前教育三年行动计划》等的起草工作，标志着西北师大人文社会科学特别是教育学科参与国家重大战略决策的研究和制定的能力得到了进一步提高。

2002 年第 15 期《求是》杂志刊登了学校文学院敦煌研究所所长李并成研究员撰写的《我国历史上的沙漠化及其警示》一文。此文主要探讨了我国历史上发生的沙漠化过程（如古楼兰、古居延、石羊河等地），揭示了其发生的原因和机制，对于实施西部大开发具有重要的理论意义和实践价值。这是学校教师首次在《求是》杂志上发表文章，也是学校"知识与科技创新工程"一期资助项目研究成果之一。

李并成，男，1953 年 6 月出生，山西浑源人，汉族，无党派人士。1958 年 5 月，随父母支边由北京市迁居甘肃省敦煌县。1977 年考入西北师范大学地理系，1982年元月毕业，获学士学位，分配在西北师范大学敦煌研究所工作至今。其间于1985.8—1988.7在北京北京大学历史地理专业师从著名历史地理学家侯仁之院士读硕士研究生，获硕士学位。现为西北师范大学敦煌学研究所所长、历史地理研究所所长、研究员、博士生导师，享受国务院特殊津贴，被确定为我国"百千万人才工程"第一层次人选和甘肃省跨世纪学术带头人。担任甘肃省政协常委。李并成先生关于敦煌史地文献等的考证、西北历史上开发的探讨、西北古城址古关塞古道路古水系古地名的调查研究、历史时期绿洲变迁和土地沙漠化过程的研究等，或解决了学科重要的理论和实践问题，或填补了该领域的空白，或开拓了新的研究方向，作出了创造性贡献。

◎李并成

2005年第2期《国家社科基金管理工作简报》对学校赵逵夫教授主持完成的国家社科基金项目成果《先秦文学编年史》（专著）给予了充分肯定和高度评价，认为该项成果增补了目前我国文学史研究领域中没有先秦文学编年史的空白。该项研究第一次对我国先秦时代从夏初至秦末的所有文学作品，包括各种韵文和有一定文学性的散文作品进行了全面整理，确定其真伪，并对时代及作者进行了考订，对汉代以来特别是清代以来的相关研究成果进行了系统总结和分析；第一次对研究先秦文学、作家、文学活动的成果进行了认真的梳理和比较，在通盘研究的情况下对一些有分歧的问题筛选出了最佳答案。

赵逵夫，男，汉族，1942年12月生，甘肃省西和县人。教授，博士生导师，国家社科基金重大项目"《全先秦汉魏晋南北朝文》编纂整理与

◎赵逵夫

研究"首席专家。现任西北师范大学古籍研究所名誉所长、甘肃省先秦文学与文化研究中心主任，兼任甘肃省古代文学学会主席、省文联副主席、省学位委员会副主任。曾先后担任甘肃省第八届、第九届、第十届人大常委会委员。赵逵夫先生在中国古代文学尤其是先秦两汉文学、古典文献学等领域造诣深厚，其楚辞学研究更是成就卓著、自成一家。他多年来从事中国古代文学、文化、古典文献学、甘肃地方文学与文化的教学与研究工作，先后在《中国社会科学》《文学评论》《文学遗产》《文艺研究》《文史》《中华文史论丛》《文献》《中国文化》等刊物发表学术论文290余篇，出版专著《屈原与他的时代》《古典文献论丛》《屈骚探幽》《中国历代文学编年史·周秦卷》等多种；主持完成《先秦文学编年史》《先秦文论全编要诠》《全先秦文》《历代赋评注》等，其中《先秦文学编年史》被收入《国家社科基金文库》；主编《诗赋研究丛书》已达20种。1997年以来享受国务院特殊津贴，2000年被评为全国先进工作者，2006年荣获第二届国家级高校教学名师奖。在十一届全国人大四次会议上，学校党委书记刘基将赵逵夫先生主持完成的《先秦文学编年史》作为礼物赠送给温家宝总理。

学校SCI收录论文数量逐年增长，质量不断提高，论文被引用情况稳居全国高校前50位。作为基础研究水平重要标志性成果的SCI收录论文数量，学校排名连续多年居全国高校50位左右，师范院校前10位。2002年1项具有国际领先水平的基础研究成果在国际权威学术期刊《德国应用化学》上发表，2008年1项研究成果在国际上最权威的物理学类期刊美国《物理评论快报》上发表。由于多年来在自然科学基础研究方面形成了一定的优势，学校理学学科在全国高校理学排名稳居前50位。目前，根据 ESI 最新统计数据显示，学校化学学科进入 ESI 全球排名前1%。其中，近十年论文总数为828篇，总被引次数为3284次，篇均被引次数为3.97。目前化学学科进入 ESI 全球排名前1%的机构总共有973个，学校化学学科按照论文总数和总被引次数分别排名507位和961位。

2000—2011年学校科技三大检索论文统计

年度	SCIE			EI	ISTP
	收录篇数	全国排名	师范院校排名	收录篇数	收录篇数
2000	62	55	9	10	8
2001	63	58	8	10	4
2002	108	44	4	24	6
2003	96	58	7	41	3
2004	114	62	8	43	1
2005	140	72	9	66	6
2006	165	73	8	69	5
2007	170	81	9	78	7
2008	209	86	10	92	14
2009	186	99	14	94	13
2010	224	100	12	88	34
合计	1537			615	101

——专利与科技成果转化。2003年学校制定了《西北师范大学知识产权保护暂行规定》，2005年印发了《西北师范大学专利基金管理办法》，自主管理申请费、代理费、实审费、维持费、登记费和年费，并支持有市场前景的授权专利实施转化。在新修订的项目和成果分类办法中将专利作为成果单列出来，并将发明专利认定为 A 类成果、实用新型专利认定为 B 类成果。同时在教师的业绩考核中加大了对发明专利的保护力度。2006年5月，学校被评为"2005年甘肃省企事业专利工作先进单

位"。2007 年，学校再次被甘肃省知识产权局授予"甘肃省企事业专利工作先进单位"荣誉称号。2000 年以来，学校申请专利 411 件，授权专利 161 件，这些专利主要分布在精细石油化工、高分子材料和生物医药领域。

2000 年以来，学校共完成鉴定成果 54 项，其中鉴定为国际先进水平的成果 13 项、国内领先水平的成果 32 项、国内先进水平成果 9 项。学校坚持以应用研究出效益为科研导向，高度重视科技成果的推广转化工作。从 1999 年开始，学校先后建成了"精细化工中试车间"、"高分子研究所"、"中药研制和开发中心"、"天然产物开发研究中心"和"电子技术研究所"等研究机构，并成立了"科技成果转化中心"，制定了科技成果转化配套措施。"十五"期间，学校为兰州助剂厂研发的引发剂系列产品，填补了国内空白，在国内市场占主导地位，同时大量出口俄罗斯、印度、韩国、德国、伊朗等国家。截至目前，该系列产品累计产值已近 2.7 亿元，实现利税 5000 多万元。学校为金川公司开发的"利用低浓度废弃烟气和 30% 烧碱原液生产亚硫酸钠和硫代硫酸钠的新技术"，现年产 5 万吨，累计产值超过 1 亿元，利润达到 1500 多万元；"高黏度羧甲基淀粉固相合成技术"转让至兰州新化工贸有限责任公司，累计产值 3000 多万元，创利润 800 多万元；"阳离子淀粉固相合成新工艺"转让至兰州盛元鼎化工有限公司，建成年产 1000 吨的工业化生产装置，为企业创造了良好的经济效益；学校研发的"紫堇碱"和"降脂灵"软胶囊两项技术以 70 万元转让甘肃瑞特药业有限责任公司。"十一五"期间，学校有 4 件专利累计近 80 万元转让西北永新集团有限公司等省内外企业。

——科研奖励及学术交流活动。2001 年以来，学校共获得各类科研成果奖励 546 项，其中，教育部人文社会科学研究优秀成果奖等部委级奖 5 项，甘肃省社会科学优秀成果奖 149 项，甘肃省科技进步奖 22 项，省高校社科成果奖 239 项，省高校科技进步奖 77 项。2005 年，学校王云普教授获得 2005 年度兰州市科技功臣奖。2011 年，学校南国农教授获得教育部教育科研终身成就奖。

　　学校十分注重学术交流合作，先后与美国、英国、德国、澳大利亚、日本等国家的 10 多所高等院校和教育科研机构开展科研合作，不定期聘请有关知名专家来校进行访学、讲学、作学术报告等学术交流。2000 年以来，学校先后举办"国际数学家大会常微分方程卫星会议"、"第十二届、第十六届国际精细化学与功能高分子学术讨论会"、"第二届等离子体中的原子分子过程中日双边学术研讨会"、"第三届国际高技术高分子与高分子络合物讨论会"、"中国传统音乐学会第十三届年会暨第一届花儿国际学术研讨会"、"第十一届明史国际学术研讨会"、"'丝绸之路'骊靬文化国际旅游研讨会"等国际会议 30 余次，举办"中国宋史研究会第十届年会暨唐末五代宋初西北史研讨会"、"第三届中国数字化音乐教育大会"、"中国地理学会 2006 年年会"、"第三届全国几何设计与计算机学术会议"、"全国第十四届大环化学暨第六届超分子化学学术讨论会"、"中国植物学会第十四届会员代表大会暨 75 周年学术年会"、"2008 年全国化学与光谱分析会议"、"第十二届全国代数学术会议"、"敦煌文学与文化产业研讨会"、"全国教育学一级学科博士授予单位学科建设高层论坛"、"第九届海峡两岸先秦两汉学术研讨会"、"区域经济社会发展高层论坛"、"第三届中国民族教育高层论坛"、"西部大开发 10 周年回顾与展望学术论坛"、"海峡两岸地方政府间竞争与合作学术研讨会"等全国大型会议 60 余次。特邀校外知名专家来校主讲学术报告 1000 余人次，其中院士先后来校作学术报告或访问、讲学有 30 余人次；学校教师校内校外作学术报告及参加学术会议交流累计超 5000 人次。这些学术交流活动对加强学科建设、提升学术水平、扩大学校知名度起到了积极的促进作用。

　　2011 年 8 月 23—25 日，学校与兰州市科技局、甘肃省委党校、安宁区人民政府和深圳市航天意尚会展策划有限公司联合承办了"读者杯"2011 中国机器人大赛暨 RoboCup 公开赛。8 月 23 日上午，"读者杯"2011 中国机器人大赛暨 RoboCup 公开赛在西北师范大学青年广场开幕。

◎2011 年 8 月 23 日上午，"读者杯" 2011 中国机器人大赛暨 RoboCup 公开赛在西北师范大学青年广场开幕。图为甘肃省委书记、省人大常委会主任陆浩（左二）、原教育部副部长吴启迪（右二）在党委书记刘基（左一）、校长王嘉毅（右一）陪同下步入会场。

中共甘肃省政协主席冯健身，大赛顾问、中国科学院院士、中国航天科技集团研究员吴宏鑫，中科院院士、中科院理论物理研究所研究员孙昌璞，甘肃省委常委、省委秘书长刘立军，省委常委、兰州市委书记陆武成，大赛顾问、全国人大常委、教育部原副部长吴启迪教授，甘肃省人大常委会副主任周多明，甘肃省政府副省长郝远，省政协副主席侯生华，大赛顾问、湖南省政协原副主席、中南大学教授蔡自兴，大赛主席、中国自动化学会机器人竞赛工作委员会主任、清华大学教授孙增圻，省政协秘书长石晶和学校党委书记刘基教授、校长王嘉毅教授以及大赛主席团、大赛顾问委员会、技术委员会的各位专家教授等出席了开幕式。校长王嘉毅在开幕式致辞中说："作为中国最具影响力、最权威的机器人技术大赛、学术大赛和博览盛会，中国机器人暨 RoboCup 公开赛今年在我校举办，这是我们西北师大的荣幸，也是我们每一位科学工作者和教育工作者的荣幸，更是我们向参赛选手学习、大开科技创新眼界、提升科技创新精神的难得机会。"在 8 月 25 日举行的大赛闭幕式暨颁奖典礼上，学校师生表演了舞蹈《鼓舞中国》、"琴有独钟"弦乐四重奏《快乐的萨丽哈》、敦煌舞《飞天神韵》、男声独唱《红旗飘飘》、舞蹈《翱翔》、二胡合奏《赛马》、四重唱《节日欢歌》等节目。西北师范大学和兰州市科技局荣获大赛"最佳组织奖"。

第七节
促进合作交流　提升办学水平

进入21世纪以来，学校坚持扩大对外交流与合作，服务经济社会发展，通过各种形式引进校外优质资源，不断提高学校教学、科研以及管理水平，促进学校办学声誉、社会影响力以及国际化水平不断提升。

一、全面开展校地（企、院）合作

"产学研结合，校地、校院、校企合作"是高校与企业、地方共赢的重要模式。2000年以来，学校先后与甘肃省定西市、陇南市、白银市、兰州市、临夏州等5个市（州）建立了全面校地合作关系，与金川公司、白银公司、西北永新集团公司等50多家省内大中型企业以及国内著名科研院所进行了全面、深层合作，为推动学校各项事业的全面进步和科学发展增添了新的动力，为服务甘肃经济社会发展作出了新的贡献。

2008年7月，西北师范大学与中国科学院近代物理研究所实施全面合作，共建了"极端环境原子分子物理实验室"，并建立了"校所合作联席会议"机制，确定了以高离化态原子物理、超强超快超冷环境中的原子分子物理、超重原子的物理和化学、高温高密等离子体环境中的原子分子物理、原子分子与低维材料及应用电子学等六个学科前沿领域为实验室的主攻研究方向。2008年10月9日，学校与上海社会科学院签订了合作协议，并在学校设立了"中国西部国情调研中心"。"中国西部国情调研中心"紧紧围绕西部民族关系、教育问题、贫困化问题、宗教问题、西部经济社会发展等重大问题开展国情调研，以课题为纽带，建立了学术研究长期合作关系。10月10日，金川集团有限公司与西北师范大学签订了企校合作协议书，这是金川集团有限公司与西北师范大学继20世纪

80 年代合作后的第二次携手，此次合作围绕金川公司发展中提出的新产品研发、工艺技术改造、环境保护、资源综合利用、战略发展等科研课题以及人才培养等方面进行。金川公司以"国家级企业技术中心和国家镍钴新材料工程技术研究中心"、西北师范大学以"甘肃省高分子材料重点实验室和西部资源应用研究院"为依托，双方共享仪器、设备及科学文献等科技资源，共建技术创新平台。围绕人才培养深化合作的主题，金川公司为我校人才培养提供实践教学基地，学校根据金川公司的需要为其开展各类专业领域的人才培训，联合培养研究生和高水平应用型人才。2009 年 12 月 20—21 日，由中国有色金属工业协会和甘肃省科技厅主办、金川集团公司承办的第十九次金川科技攻关大会在镍都金昌召开，学校党委副书记于树青、副校长刘仲奎应邀出席大会，副校长刘仲奎代表学校与金川公司签署了《镍钴资源综合利用产学研创新技术联盟协议》，续签了校企合作协议。

2008 年 12 月，学校与甘肃省定西市签订了校地全面合作协议。此次校地合作的宗旨是：按照科学发展观的要求，双方本着优势互补、互惠互利、增强合作、讲求实效、共同发展的原则，充分发挥科技对经济社会发展的支撑和引领作用，为地方经济发展提供技术和智力支持，加强定西科技体系建设，提高自主创新能力，积极搭建校地全面合作交流平台，促进地方经济与社会又好又快发展。15 日上午，校地全面合作签约仪式在学校举行。在全面合作协议签约之前，举行了校地合作纪念碑揭彩仪式。定西市委书记、市人大常委会主任杨子兴与学校党委书记刘基共同为纪念碑揭彩。象征友谊、见证友谊的特殊纪念碑"红柱石"，由定西市精心采制，并镌刻了曾任西北师范大学前身国立西北师范学院院长黎锦熙手书的"知术欲圆，行旨须直"的校训。杨子兴还代表定西市向学校赠送了"红柱石"矿物标本。

2009 年 6 月 16 日，学校与临夏县安信商贸有限责任公司签订了共建临夏老鸦关河流域特色农业产业园合作协议。临夏老鸦关河流域特色农业产业园建设项目涉及农业、养殖、种植、水利、建筑、园林、水产、旅游文化、商务接待、健身、益智、娱乐、特色餐饮、职业技能培训、生物工程等多个产业群。根据协议，双方围绕毕业生就业、专业实习和社会实践、人才培训、科学研究、园区文化建设、民族教育等方面进行技术合作。当天下午，西北永新集团有限公司与学校签订了合作开发风电涂料合作项目协议书。2009年，学校与上海社会科学院就"西部开发十年经济发展评估及未来政策取向"问题开展合作调研，并与甘肃民乐县、高台县和嘉峪关市在人才培训、旅游资源调查与开发等方面签订了长期合作协议。

2011年9月，学校与兰州交通大学签订了战略合作协议。9月9日，"西北师范大学兰州交通大学战略合作协议签约仪式"在学校专家楼会议厅举行。甘肃省教育厅厅长、省高校工委书记白继忠，省教育厅副厅长王萍，兰州交大党委书记俞建宁、校长任恩恩、副校长陈兴冲、马军党、刘振奎，学校

◎西北师范大学党委副书记、校长王嘉毅（左）和兰州交通大学校长任恩恩（右）分别代表两校在战略合作协议上签字。

党委书记刘基，校长、党委副书记王嘉毅，党委副书记于树青，副校长朱卫国、刘志光、刘仲奎以及教育厅机关处室、两所学校机关处室和各学院党政负责人等120余人参加了签约仪式。仪式由甘肃省教育厅副厅长王萍主持。面对新形势新任务，两校有着共同的使命与追求。尤其是两校都有各自鲜明的办学特色，互补性很强，合作潜力很大。两校本着"优势互补，资源共享，协同创新，互惠共赢"的原则，在学科建设、师资共享、人才培养、科学研究、资源共享、制度建设等方面进行全面的战略性合作，这是两校共同开启的一个新篇章。此次战略合作协议的签

订，既是优势互补的双赢之举，又是深入落实中央和甘肃省精神的务实之策，为两所高校搭建了更高层次的创新发展平台，也是省内高校基于地缘关系开展校际全面合作的有益尝试，标志着甘肃省高校校际之间的合作进入了新的发展阶段。

2011 年 11 月 22 日，"中科院兰州分院与西北师范大学科教合作协议签字仪式"在兰州分院举行，兰州分院院长程国栋院士和学校党委书记刘基出席会议并讲话，兰州分院党组书记、副院长谢铭与学校校长王嘉毅分别代表本单位签署协议。双方就今后进一步加强合作形成了三点共识：一是用战略的眼光，开阔的视野，博大的胸怀去规划未来，处理好双方当前和今后发展的关系；二是深入研究，找到共享、共用、共赢的契合点，在双赢的基础上建立起良性的运行机制；三是将议定的每一项工作、每一个具体环节都深入扎实地开展起来，落实下去，取得成效，使双方都赢得更大的支持力度和拓展空间。根据双方签署的合作协议，双方未来三年将在共同组织申报国家和地方科研项目、进行高层次人才培养、重点实验室建设与发展和联合开展战略咨询等方面进一步拓展合作范围、创新合作方式、追求合作实效。2012 年，学校与金通航空培训签订合作办学协议，学校音乐表演专业（空中乘务方向）于 2012 年面向甘肃省计划招生 180 名，该专业为全日制艺术类本科，学制四年。

二、充分利用"对口支援"契机

为了贯彻落实党中央、国务院提出的实施西部大开发战略、缩小中西部在高等教育发展方面的差距，在国务院的领导下，教育部于 2001 年 6 月启动了"对口支援西部地区高等学校计划"。2001 年至今，受援高校由 13 所增加到 36 所，覆盖全部西部地区，支援高校由 13 所增加到 62 所。对口支援是有中国特色的、促进教育区域协调发展的重要创新，是提高西部高等教育质量的有效措施。2002 年 1 月，教育部批准《北京师范大学对口支援西北师范大学实施方案》，提出"在北京师范大学的支持和帮助下，以学科建设为龙头，通过五年的支援建设，使西北师范大学的办学水平得到明显提高"。根据方案，两校将通过互聘兼职教授或博士生导师，支持帮助西北师大加强博士学位点建设，并合作培养教育硕士和公共管理硕士等专业硕士；北师大为西北师大定向培养一定数量的在职教师攻读研究生或接受一定数量的教师到北师大进修学习，并通过聘请北师大有关专业方向的教授到西北师大讲授研究生或本科生课程和进行短期讲学，帮助西北师大促进师资队伍建设；北师大资助西北师大一定数量的学术骨干在其国家重点实验室或教育部重点实验室工作，支持西北师大教师使用其试验设备和仪器；两校图书馆实行图书资源共享，并为西北师大设立"对口支援资金"，合作开展科学研究。同时，成立北师大网络教育学院西北师大分院，实现两校校园网络联网，资源共享，共同开展网络教育和网络教学软件开发研究工作；西北师大学习借鉴北师大实行的人才培养模式改革、学分制教学管理、专业建设等方面的做法，积极开展教学合作，促进西北师大人才培养工作。此外，两校将积极开展对外教育交流合作，联合招收和培养留学生，从而为甘肃乃至西部地区的教育、经济和社会的发展作出应有的贡献。

2001—2006年，在对口支援框架性协议之内，北京师范大学精心组织了"北师大学者西部行"活动，较好地落实了教育部"重点课程教师岗位计划"，合作培养了社会紧缺专业人才，丰富了学校的人才培养类型。同时，北师大积极支持学校的学科建设，并在物质援助和平台建设方面给予了大力支持。学校先后组织十多名教师赴北师大进行单科进修。2006年11月23日，西北师大校长王利民和北京师范大学党委书记刘川生代表两校签署了对口支援合作协议书。2007年至今，西北师范大学连续派出五期共95名教师、17名干部赴北师大进修学习。北京师范大学先后接收西北师范大学3位博士进入博士后流动站；优先接收西北师范大学16名教师在北京师范大学攻读博士学位；接收13名教师在职攻读硕士学位，接收西北师范大学推荐免试硕士生77名。2001年以来，两校共同承担各级科研项目18项，项目金额1100余万元。

2011 年 12 月 4 日，对口支援西部高校工作 10 周年总结大会在清华大学召开。大会表彰了对口支援西部高校工作 10 周年典型经验集体和突出贡献个人。学校教务处处长孙建安同志荣获"突出贡献个人"奖励。会后，教育部党组副书记、副部长杜玉波在清华大学党委书记胡和平的陪同下，参观了西北师范大学对口支援工作 10 周年成果展区。会议期间，学校与会代表与北京师范大学相关负责人就两校贯彻落实会议精神，进一步做好对口支援工作进行了深入交流。2012 年 10 月，西北师范大学与北师大将共同迎来 110 周年华诞，两校将在更宽领域、更深层次开展对口支援工作。

三、加强国（境）外交流与合作

——国际交流与合作。2002 年 5 月，学校与奥地利海顿音乐学院建立了校际学术交流关系，开展了包括学术合作研究、学生联合培养和教师进修在内的多项合作与交流项目。2003 年 3 月 11—19 日，学校派遣国际合作交流处的同志参加中国展团赴韩国汉城、釜山参加"第 18 届韩国国际教育展"，这是学校首次参加国际教育展，也是此次中国展团中唯一一所西部院校。教育展开幕当天，我驻韩国使馆李宾大使和安玉祥参赞及韩国教育部官员来西北师大展台参观，了解西北师大与韩国高校的合作情况。在韩期间，西北师大代表团还访问了韩国庆熙大学和釜山大学，和韩国留学教育机构、韩国留学生协会及韩国大学汉语系学生等进行了广泛接触，考察了韩国高校汉语教学情况。2003 年 10 月 5 日，校长王利民一行 3 人前往日本进行访问，先后参观访问了京都、关西创价文化会馆、关西创价

◎校长王利民（右）代表学校授予日本创价学会名誉会长池田大作先生（左）"名誉教授"聘书。

学园、牧口纪念会馆、创价大学的"周樱"、本部大楼等。校长王利民同时被授予"关西创价学园优秀证书"、"创价大学最高荣誉奖"、"创价学会最高荣誉奖"等。10月8日，在东京千马太谷创价国际友好会馆，校长王利民代表学校授予日本创价学会名誉会长池田大作先生"名誉教授"聘书，并向他赠送了纪念肖像画、书法作品和洮砚。

2003年，学校副校长邓华陵参加了由教育部教育国际交流协会组织的中美大学校长培训项目，美方伙伴院校是中田纳西州立大学（MTSU）。中田纳西州立大学副教务长戴安·米勒女士来华后，与我方项目院校校长进行了培训与研讨，在西北师大工作10天。为使美方高校领导全面了解中国高校行政议事程序和风格，米勒副教务长与邓华陵副校长同室办公，列席参加校长行政办公会，广泛了解西北师大校长的日常行政工作。在学校工作期间，米勒副教务长通过参观、访谈、听课、参加会议等多种形式全方位考察了解学校教学科研、行政管理、后勤服务等方面的情况。米勒副教务长结束在学校的跟班培训活动后，邓华陵副校长于2003年11月赴美国中田纳西州立大学进行了为期两周的跟班培训活动。

2004年6月7日晚，由西北师大和奥地利海顿音乐学院联合主办的"中奥音乐周大型文化交流活动"开幕式暨首场演出在金城大剧院举行。甘肃省省长陆浩、副省长杨志明、老同志李子奇和奥地利州立音乐学院院长联合会主席、奥地利共和国文化部顾问委员、海顿音乐学院院长布里安教授一行12人及省有关部门、市、区、兄弟院校等领导出席了开幕式并观看了首场演出。6月11日晚，中奥音乐周活动最后一场演出在海顿音乐学院院长布里安教授的亲自指挥下激情谢幕。活动期间，奥地利海顿音乐学院代表团一行13人来学校进行了学术与艺术访问。访问期间，代表团与西北师大敦煌艺术学院以学术报告会、公开教学、上指导课、单方或双方联合举办室内交响乐音乐会的形式进行了学术和艺术交流。2005年7月，海顿音乐学院院长布里安先生再次来校讲学，并赴甘肃康乐、临夏等地进行了民间音乐考察。

2006 年 6 月，中田纳西州立大学校长麦克菲（Dr. Sydney A. McPhee）博士来校访问，为学校行政干部作了专题报告。2008 年 6 月，我校与中田纳西州立大学在美国中田纳西州立大学共同举办"中美数学科学教育研讨会"。2007 年 6 月 1 日，由中央电教馆和西北师范大学主办，西北师范大学教育技术学院、《中国电化教育》杂志社承办的"田家炳'两岸三地'教育技术西部行"活动在西北师范大学启动。6 月 17 日，日本日中青年世代友好代表团第九分团在日本国立青少年教育机构国立冲绳青少年交流之家所长服部英二先生的带领下，一行 20 余人来我校参观访问。参观访问期间，代表团观看了学校简介、中日青年交流短片，参观了学校的校史馆、博物馆，观看了大学生书画印、摄影作品展，和我校师生代表共进午餐，并一起交流、联欢。

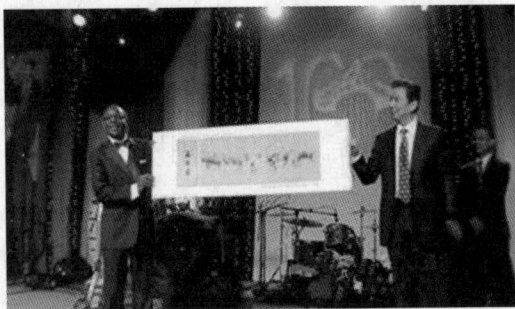

◎2011 年 9 月 8 日，副校长董光前代表学校与美国中田纳西州立大学签署了合作协议。图为董光前代表学校向中田纳西州立大学校长麦克菲赠送礼品刺绣《五牛图》。

2011 年 9 月，学校代表团应邀前往美国参加中田纳西州立大学百年校庆活动。期间，西北师范大学与中田纳西州立大学签署了合作协议。两校在提高教学科研质量上达成共识并建立了广泛的合作关系，学生和教师互换交流成为两校合作的重点。根据合作协议内容，双方商议签订联合委托培养协议，采取"1＋3"或"2＋2"培养模式，学校每年在本校本科生中选拔相关专业 100 名左右优秀学生到中田纳西州立大学相关专业学习，培养期为 1—2 年；每学期对等交流培养 2 名学生；研究生可注册学习研究生课程，攻读相应的学位。在教师交流方面，中田纳西州立大学和西北师范大学鼓励教师赴合作院校教学，学校将每学期选派 15 名双语教师赴中田纳西州立大学访学、任教，中田纳西州立大学选派 15 名教师来校开展短期、中期交流。教育合作包括在"民族教育"、"农村教育"、"农村师资培养"、"民族音乐学"、"民俗音乐学"、"音乐社会学"、"中美音乐教育比较"等项目上的专业拓展、科研合作及其他文化交流。两校还就中美科学教育大会等事宜进行了深入交流并取得广泛共识，双方还将在共同感兴趣或具有互补性的领域开展合作研究。

——建设孔子学院。2009 年 5 月，学校组织人员访问自由国际大学，对自由国际大学办学条件和摩尔多瓦的汉语需求情况进行了实地考察。9 月 29 日，摩尔多瓦自由国际大学孔子学院在基希讷乌挂牌成立。摩尔多瓦教育部长、议会议员、我国驻摩尔多瓦特命全权大使施隆壮出席了挂牌仪式。在访问摩尔多瓦期间，学校师生代表团一行 33 人举行了中国建设成就图片展、汉办赠摩图书展和中国文艺演出系列活动。2010 年 11 月 17 日，苏丹喀土穆大学孔子学院挂牌成立。中共中央政治局常委、中央政法委书记周永康在苏丹总统府与苏丹总统巴希尔共同出席西北师范大学与喀土穆大学共建孔子学院授牌仪式。西北师大党委书记刘基参加了授牌仪式并向两国领导人汇报了学校与喀土穆大学合作建设孔子学院的情况。喀土穆大学孔子学院是我国在苏丹建设的第一所孔子学院。这两所孔子学院的建立，提升了学校的国际知名度和声誉，成为开展中摩、中苏文化交流的桥梁，成为联系两国人民友谊的纽带。学校将以这两所孔子学院的建立为契机，展开更多的海外联系，建立更高质量和更大规模的海外孔子学院，为传播中国文化作出贡献。

——引智工作。学校有计划地拓宽引智渠道，积极主动地与国外高校和科研机构合作，大胆探索新的科研合作和学生联合培养模式，提升了学校的整体办学水平和国际化程度。2003—2008 年，学校共聘请外籍专家教师 61 人，前来学校进行学术交流和考察访问的专家学者和友人共计 1534 人。2003 年学校被甘肃省人事厅评选为"全省聘请外国文教专家工作先进集体"，2007 年学校被兰州市公安局评为"全市境外人员管理工作先进集体"。2008 年 6 月，学校被评为"全省引进国外智力工作先进集体"。自 2003 年以来，学校先后与奥地利约瑟夫·海顿音乐学院、罗马尼亚阿尔巴·尤利亚 1918·12·1 大学、韩国庆州大学、英国伦敦大学教育学院、美国中田纳西州立大学、日本立命馆大学、美国康涅狄克州立大学、土耳其法蒂大学、美国德克萨斯理工大学等 9 所高等院校建立了校际交流关系，并签署了合作协议。乌克兰籍教师 Valeriy Shykin 在西北师范大学执教期间，荣获 2007 年甘肃省"敦煌奖"。

——留学生培养。2000 年以来，陆续有来自土耳其、澳大利亚、美国、日本、韩国、也门、新西兰、俄罗斯、蒙古、马里、加拿大、巴林、贝宁、肯尼亚、尼日利亚、墨西哥、洪都拉斯、吉尔吉斯斯坦、苏丹、罗马尼亚、土库曼斯坦等国的长、短期留学生 900 余人次来学校接受学历和非学历教育，留学生教育已成为体现学校办学实力的重要标志。近年来，学校确立了"稳步扩大数量，狠抓培养质量，强化日常管理"的留学生教育总体思路，锐意进取、真抓实干，在较短时间内较快地打开了招生工作的局面。2008 年，学校列入"政府奖学金生自主招生名单"，开始招收"中国政府奖学金生"，使得学生种类突破了短期学习的自费生的局限性。2009 年，学校开始招收"国家汉办奖学金生"、"孔子学院外国汉语教师奖学金生"，招生国别增加了摩尔多瓦、乌克兰、苏丹、土库曼斯坦。到目前为止，在校留学生达到 125 人。

2000—2010 年留学生人数

	2000 年	2001 年	2002 年	2003 年	2004 年	2005 年	2006 年	2007 年	2008 年	2009 年
长期生	5	3	24	31	20	19	7	9	5	50
短期生	13	13	19	23	22	38	36	33	30	100

——开展汉语推广工作。2007 年 10 月 19 日，甘肃汉语国际推广中心在西北师范大学正式挂牌成立，校长王利民兼任中心主任。中心下设办公室，作为甘肃省开展汉语国际推广工作的常设机构。甘肃汉语国际推广中心自成立以来，积极联系国家汉语国际推广领导小组办公室，主动开拓苏丹、土耳其、摩尔多瓦等国的汉语教育市场，在对外汉语教学推广、师资培养、项目组织申报、校内外资源整合等多方面取得了较大

的进展，为甘肃汉语文化、汉语志愿者走向世界成功搭建了平台。具体而言，一是根据国家对外汉语推广领导小组办公室和甘肃省教育厅"关于推荐和选拔对外汉语教师工作的有关意见"，建立了甘肃省对外汉语教师人才库，并分批对入选人员进行培训；二是建立了甘肃汉语国际推广中心网站，"要获取汉语国际推广信息，登陆甘肃汉语国际推广中心网站"的理念正在我省汉语志愿者的心中不断强化；三是依托西北师范大学等高校的教学资源，建立了完善的专兼职教师队伍，合理设置培训课程，现已面向全省，成功开办培训班两期；四是承担了协助国家汉办招募国际汉语志愿者的工作，目前共有 23 人经推荐选拔派往新加坡、埃及、蒙古、津巴布韦等国执教；五是与土耳其法蒂大学联合举办了"中国文化周"活动。

第八节
优化资源配置　完善保障体系

学校坚持以服务学校发展为重点，以师生满意为标准，切实推进后勤社会化改革，为构建后勤保障体系提供了有效保证；就近建设新校区，拓展了学校发展空间；推进教育信息化，为构建数字校园提供了有利条件；推进服务多元化，为构建共享平台提供了有力支持。在加强基础建设的同时，学校坚持完善管理体制，创新服务模式，全面提升公共服务平台与保障体系的质量、水平和效益，办学条件得到极大改善。

一、推进后勤社会化改革

2000 年，学校按照后勤社会化改革的精神和要求，本着管理职能和服务职能相分离的原则，对后勤机构进行重组和调整，按照"小机关，大实体"的模式，成立了后勤管理处，代表学校对后勤工作进行管理和监督；同时将原来带有经营性质的科室合并组建了后勤集团，内设 3 室、8 中心，基本组建了后勤社会化运行机制的组织体系。经过一段时间的运行之后，2001 年 1 月 18 日，后勤集团与学校签订了《西北师范大学后勤服务总协议书》《西北师范大学物业管理协议书》和《西北师范大学后勤经济目标责任书》，甲乙方以契约形式运行，变计划拨款制为服务收费制，这标志着后勤集团实行自主经营、独立核算、自负盈亏，按照市场化方式运营的开始。

2002 年，学校后勤集团按照现代企业制度创建了兰州银安物业管理有限公司。公司于 2003 年初开始按 ISO9001 物业管理质量体系试运行，并于 2003 年 6 月通过质量认证机构的认证，2004 年 3 月经甘肃省建设厅评审通过且推荐上报国家建设部为物业管理一级资质。兰州银安物业管理有限公司是在高校后勤社会化改革的大背景下，甘肃省内涉足物业管理领域最早、首家走出校门的具有现代化水平的大型物管企业。2004 年，学校被甘肃省教育厅评为甘肃省高校后勤社会化改革工作先进集体。2005 年，学校被评为全国高等院校后勤工作先进集体。

2005 年 7 月 16 日，学校在学术会堂召开后勤集团成立五周年总结大会。大会全面总结了后勤集团五年来的改革历程：一是坚持推进管理体制改革、人事制度改革、财务和分配制度改革；二是正确处理甲乙方关系、改革和稳定的关系、立足校内和面向社会的关系、经济效益和社会效益的关系；三是认真做好质量工作、安全工作、企业文化建设工作、资产管理工作、党建和思想政治工作；四是职工观念明显转变，保障功能全面提升，物业管理独具特色，经营效益稳步增长，对外拓展初见成果，思想工作成绩显著。校长王利民在大会讲话中指出：第一，后勤集团建立了一整套运行机制，适应了市场需求，遵循了学校工作的规律，搭建了高校后勤社会化改革的框架，摆正了学校与后勤的关系，成为甘肃省高校后勤社会化改革的示范；第二，后勤职工的市场意识、敬业精神、节约意识明显增强，服务水平明显提高，为学校营造学校良好的学术氛围和科研环境，后勤集团职工作出了不懈的努力；第三，后勤社会化改革成为学校中心工作、育人任务、科技创新的首要保障；第四，后勤集团要进一步探索、完善，理顺与学校发展的关系，进一步提升管理水平，提高市场竞争力，提高服务水平，使广大教职工的生活、学习环境得到大幅度的改善。甘肃省教育厅巡视员段锦在讲话中指出，西北师大的后勤社会化改革工作不仅对学校的整体发展起到了积极的推动作用，也为全省高校的后勤社会化改革提供了有益的借鉴，起到了示范作用：兰天学生公寓是甘肃省首家校企联合、引进社会资金兴建的校外学生公寓，对学校的扩招发挥了重要作用；西北师大以物业服务为切入点，在校内服务中所确立的甲乙方模式和服务协议书，为很多兄弟院校提供了操作范例；西北师大后勤集团在企业管理中引入 ISO 国际质量管理体系，并进行贯标认证，在全省高校后勤企业中做得最早，在全国也是领先的；后勤集团按照现代企业制度创建的银安物业公司，在方向和思路上得到了教育部有关领导的肯定。

2007 年 10 月，学校将从事物业服务的机构从后勤集团剥离出来，成立了物业管理中心，中心下设办公室、财务室、质量安全监察室、校园环境管护部、教学服务部、建筑维修服务部、新校区物业管理部、综合服务部和北山绿化管护部，现有员工 260 余人。物业管理中心专门从事全校范围的物业管理和服务工作，减少了管理的层级，整合和优化了物业管理资源，同时更加明确了服务宗旨，细化了服务范围和服务标准，使学校校园环境建设、物业管理和后勤服务水平迈上了一个新台阶。2011 年 12 月，学校物业管理中心被评为"2011 年全国高校后勤系统信息宣传工作先进单位"。

2011 年 12 月 9 日，"中国高等教育学会后勤管理分会十届三次理事会暨全国高校后勤十年社会化改革表彰大会"在广东东莞举行。大会表彰了全国高校后勤社会化改革十年来成绩突出的先进院校和优秀服务企业，西北师范大学荣获"全国高校后勤十年社会化改革先进院校"荣誉称号。同年，学校被评为 2010 年度全国高校节能管理先进院校、2010 年甘肃省防雷防静电先进单位和省级国有资产管理信息系统建设工作先进单位。

2012 年机构改革中，学校在原后勤集团、物业管理中心的基础上将带有经营性质的接待服务中心、劳动服务公司、商贸中心三个部门剥离，重新组建了以学校后勤保障为纽带、以优质服务为宗旨、以服务收费为特征的由多个服务中心实体组成的后勤服务集团。后勤服务集团服务的范围主要涉及校园餐饮（学生、教工）、公寓管理、建筑维修、教学服务管理、通讯保障、水电暖保障、校园绿化、北山绿化、交通运输等服务内容。据此，集团本着精干、高效、科学、合理的组织原则，重新组建了以服务保障功能为核心的中心体系，主要包括集团办公室、质量安全与节能降耗技术监察室、水暖服务中心、供电服务中心、饮食服务中心、运输服务中心、校园管护中心、通讯服务中心、公寓管理中心、北山绿化管护中心、建筑维修中心、场馆服务中心、教学服务中心等 13 个部门。

与此同时，学校为进一步深化后勤改革，使后勤服务与经营规范分离，以原后勤集团所属的具有经营性质的中心为依托，组建成立了后勤经营公司。公司下设劳动服务公司、接待服务中心和商贸中心共三个经营实体，下设办公室（人力资源部）、财务室、质量安全监察室等职能部门。公司的基本宗旨和工作思路是，为学校教学、科研和师生提供优质服务，规范管理学校后勤经营性资产，实现资产保值增值；独立核算，自主经营，按照现代企业模式管理运行；以校园为依托，逐步扩大服务，稳步、健康、持续地开展经营工作。

二、建设新校区

早在 20 世纪 90 年代，学校就已经开始谋划新校区征地工作。进入 21 世纪以来，随着办学规模的进一步扩大，学校校园面积严重不足的问题已经成为制约学校进一步发展的根本性问题。为建设发展需要，学校决定采取校内挖潜和外征教学用地的办学解决用地紧张的问题。2004年年底，学校正式启动了新校区建设工作，决定在西北师范大学校园外西北方位，南至西北师范大学知行学院，北至北山，东至甘肃交通职业技术学院，西、北至长新电表厂范围内征用校舍用地460亩，建成西北师范大学教学新区。2005年征地方案得到了安宁区政府、兰州市政府和甘肃省政府的批准。经过三年多的报批、补偿、拆迁等各项工作，学校于2008年1月25日正式拿到了377.41亩土地的"国有土地使用证"，并于2008年7月31日取得了原玻璃仪器厂51.6亩国有土地划拨的"国有土地使用证"。至此，学校现共征用国有土地729亩，另外还有190余亩二台地和1800亩绿化山坡。

建设新校区、拓展办学空间是学校师生员工多年的夙愿，也是学校长远发展的必然选择，事关学校发展的全局和未来。为保证校园文化的完整与传统优势，学校按照"一个学校、两个校区、统筹规划、功能互补、资源共享、风格协调、特色彰显"的原则和"传承和发扬我校百年办学历史和优良校园文化，体现北方校园的建筑风格，凸显庄重、高雅、书院化、园林式特色"的要求，特邀国内三家比较著名的建筑设计研究院各设计了一套"新校区总体规划图"。2006年11月4日—11月24日学校在邵逸夫图书馆一楼大厅展出新校区总体规划图，广泛征求全校师生宝贵的建设意见和建议，希望凝聚广大师生智慧和共识，努力使新校区建设成为师生满意工程。

2007年4月18日下午，甘肃省人民政府副省长冯健身、甘肃省人民政府副秘书长张勤和、甘肃省教育厅副厅长李贵

◎2007年4月18日，甘肃省副省长冯健身（中）在党委书记刘基（右）和校长王利民（左）的陪同下参观校园。

富等一行来到西北师大视察并听取学校新校区建设有关情况的汇报。学校党委书记刘基、校长王利民、副校长刘志光、刘仲奎参加了汇报会。校长王利民在汇报中说，学校新校区建设将本着"科学、发展、合理、超前"的指导思想，按"一个校园、两个校区、统筹规划、功能互补、资源共享、风格协调、特色彰显"的基本规划原则建设，充分体现北方校园的特点，新校区建成后，将极大地缓解办学空间不足的矛盾，使学校在全省经济社会发展中作出更大贡献。冯健身副省长充分肯定了学校新校区建设工作，并表示将千方百计想办法解决新校区建设中面临的困难，使学校在未来几年内能有一个较大的发展。党委书记刘基代表学校感谢省委省政府对学校工作一贯的指导、理解和支持，并表示要努力将西北师大办成在省内乃至国内有重要影响的学校，为甘肃经济社会的发展作出新的更大的贡献。

2008 年学校实行新一轮的机构改革，保留了新校区建设委员会，成立了新校区建设指挥部，更进一步地明确了工作目标，建立了组织机构、充实了工作人员、明确了工作职责，从而使新校区建设工作全方位、大力度地向前推进。2008 年 4 月 16 日，学校成立了"新校区建设指挥部"，校长王利民担任总指挥，副校长刘志光担任副总指挥，指挥部下设办公室、基础建设部、项目工程部和财务管理部。2009 年 2 月 27 日学校党委常委会议研究决定成立"新校区建设委员会招标领导小组"。为了强化新校区专项工作在各方面的统筹和管理，学校分别启用了"西北师范大学新校区建设指挥部"、"西北师范大学新校区建设指挥部合同专用章"、"西北师范大学新校区建设指挥部办公室"、"西北师范大学新校区建设指挥部基础建设部"、"西北师范大学新校区建设指挥部项目工程部"、"西北师范大学新校区建设指挥部财务管理部"等 6 枚印章。

2008 年 8 月 2 日，由同济大学建筑设计研究院负责设计的新校区修建性详细规划得到了兰州市规划局的批复（参见兰州市规划局会议纪要），取得了新校区建设规划许可证。2009 年 7 月 3 日甘肃省建设厅组织专家召开了西北师大新校区初步设计审查会，会议原则同意我校新校区初步设计，并提出了修改意见。新校区初步设计经设计院修改完善后于2009年9月得到了甘肃省建设厅的批复（甘建设［2009］384号），取得了新校区建设许可证。新校区规划面积729亩，按照10000人的在校生规模规划设计，建筑总面积20.9万平方米，分两期建设，一期建设规模19.48万平方米（其中，综合实验楼72300平方米、图书馆40300平方米、公共教学楼14400平方米、研究生公寓52000平方米、食堂9791平方米、大学生活动中心3550平方米、浴室1680平方米、锅炉房800平方米），投资估算7.1亿元。

2009年9月14日上午，学校召开了新校区单体建筑开工建设工作会议，安排部署了新校区单体建筑开工建设工作。会上，校长王利民同志对学校办学历史与新校区建设概况作了介绍，并就新校区建设的工期与施工质量等方面提出了明确要求：施工单位要本着建设示范性工程的目标，在施工过程当中相互合作、相互理解，严格按程序、按制度办事，做到质量第一，确保工期。党委书记刘基同志在讲话中指出，新校区建设对我校来说机会难得，该项目被省委省政府列为重点项目，希望各施工与监理单位在施工过程中能和谐相处，与学校精诚合作，共同做好西北师范大学新校区建设项目为以后老校区改造及新校区二期建设创造再次合作的条件。

2009年9月26日，学校隆重举行新校区建设开工奠基仪式。甘肃省人大常委会副主任、党组副书记洛桑灵智多杰，甘肃省人民政府副省长石军，甘肃省政协副主席、兰州市市长张津梁，甘肃省人民政府副秘书长张翀，国家开发银行甘肃省分行行长杨文清，兰州市委副书记刘为民，甘肃省教育厅副厅长王萍，兰州市委常委、常务副市长吴继德，甘肃省建设厅副厅长梁文钊，兰州市政协副主席、市政府秘书长魏邦新，兰州经济技术开发区党工委书记、兰州市安宁区区委书记严志坚，兰州市安宁区区长席飞跃和在兰兄弟院校的领导，学校领导，学校各学院、各单

◎甘肃省人大常委会副主任、党组副书记洛桑灵智多杰（右二）和省政协副主席、兰州市市长张津梁（右一）以及党委书记刘基（左一）、校长王利民（左二）共同启动新校区建设开工按钮。

位负责人，离退休教师代表、学生代表等参加了开工奠基仪式。奠基仪式由校党委书记刘基主持。校长王利民在讲话中说，新校区建设项目，已经正式列入甘肃省和教育部共同建设的协议和规划中，是省部共建过程中的一项重要内容，是学校百年办学历程中最大的一个项目，是事关学校全面、协调、可持续发展的里程碑工程。为了圆满完成新校区建设任务，学校要进一步提高认识，统一思想，树立强烈的发展意识、机遇意识、大局意识和责任意识，协调好新校区建设的各项工作；要严格遵循公开、公平、公正和诚实守信的原则，严格按照程序和要求使用资金，遵守党风廉政建设的各项规定，确保各项工程阳光操作；要以此为契机，以省部共建的要求为目标，发扬敢于拼搏、敢于吃苦、敢于创新、敢于创优的精神，团结一心，众志成城，力争把新校区建成精品工程、亮点工程，为师大跨越式发展迈出坚实的一步。同时，学校希望各施工单位信守合同、确保质量、严格施工，争取以优质的服务为师大3万余师生员工造福，为甘肃省高等教育事业的发展繁荣献力；真诚希望各施工单位、监理单位能加强沟通，密切联系，在质量、安全、工期等重要方面大力协作，互相推进，确保新校区建设工作顺利开展。甘肃省人民政府副省长石军同志宣布了西北师范大学新校区建设开工，甘肃省人大常委会副主任、党组副书记洛桑灵智多杰和省政协副主席、兰州市市长张津梁同志共同启动了新校区建设开工按钮。

学校新校区建设工作坚持工程质量高标准、严要求，按照预期目标稳步推进。2010年9月15日研究生入住新校区研究生公寓。新校区研究生公寓共4组8栋，建筑面积52000平方米。11月5日，新校区正式供暖。2011年2月14日部分单体建筑及基础设施移交，3月16日建筑面积8987平方米的新校区食堂正式落成并投入使用，为新校区建设顺利进行迈出了坚实的一步。目前，新校区建设工作正在紧张有序的进行中，力争于2012年年底完成新校区一期建设任务，顺利实现新校区的全面投入使用。同时，学校已启动了新校区搬迁及家具采购配置工作。

三、加快基础设施建设

2000年以来，学校先后完成教学科研基础设施建设项目16项，建筑面积143750万平方米，累计投资24674.42万元，占全部投资的51.96%。陆续建成的教学科研建筑设计新颖、功能齐全、设施先进、经济适用，大多已成为学校乃至本地区的标志性建筑。如田家炳教育书院教学大楼建筑面积16042平方米；设计独特的敦煌艺术学院教学楼群建筑面积为8970平方米；综合实验楼群建筑面积为29731平方米；音美楼二期扩建工程建筑面积为2785平方米；第十教学楼及体育艺术楼39936平方米。学校的教学科研及实验基础设施条件得到了极大的改善。

学校根据教学科研的需求、自身迅速发展壮大的现实、社会需求的多元及不断改革发展的形势变化，采取多渠道筹措资金的形式，加快了辅助教学基础设施建设的步伐，先后完成各类辅助教学基础设施建设项目29项，建筑面积102032平方米，累计投资8654.85万元，占全部投资的18.2%。学校先后完成了一系列建设工程项目：新图书馆5313平方米；邵逸夫图书馆6434平方米；器械体操馆3422平方米；博物馆2075平方米；大学生活动中心4264平方米，食堂、洗浴中心10448平方米；离退休教职工活动中心1911平方米；西区燃气锅炉房328平方米等，基本解决了师生的切身难题，提升了教学环境和空间。

2002—2011 年校舍建筑面积统计表

| 年 份 | 学校产权建筑面积 | | | | | 兰天公寓建筑面积 | 学校产权用地面积 |
	教学及辅助用房	行政办公用房	生活用房	教工住宅	总计		
2002	109022	18781	117248	188323	433374		595999
2003	136281	23377	122899	187008	469565		595999
2004	136281	23377	122899	242550	525107		595999
2005	135957	23274	109226	242550	511007		595999
2006	138920	23274	104296	238969	505459		595999
2007	177979	23274	104296	236932	542481	120793	595999
2008	177979	23274	103886	236932	542071		834344
2009	165659	36576	103886	236932	543053		834344
2010	165659	37829	155757	236932	596177		834344
2011	165659	41690	164252	236932	608533		834344

注: 1. 本表中包括了 2010 年以来新校区已交工的研究生公寓、大学生活动中心、食堂、锅炉房建筑面积。不包括目前新校区未交工的公共教学楼（14413 平方米）、综合实验楼（72032 平方米）、图书馆（40300 平方米）建筑面积及知行学院校舍建筑面积。新校区校舍建筑面积总计 20.2 万平方米。

2. 本表中学校产权用地面积包括了校本部、北校区、十里店文化巷、黄河边泵房、新校区已办理了土地证的校属土地面积，但不包括兰天公寓用地面积、知行学院用地面积、新校区正在申请的土地面积及北山绿化面积。新校区已办理了土地证的土地面积为 238345.5 平方米。

3. 本表中未包括 2011 年开工建设的南墙里教师公寓建筑面积（约 8.12 万平方米）。

4. 2002—2011 年新建校舍情况由基建处负责提供。

2008 年 12 月 10 日，学校隆重举行清洁能源改造工程竣工典礼，党委书记刘基、校长王利民为清洁能源改造工程纪念牌揭牌。学校投资 1200 万元用于原有燃煤锅炉的改造，经过近六个月的共同努力顺利竣工，标志着学校结束了校本部使用燃煤锅炉的历史，开启了利用清洁能源供暖的新时期。该工程的竣工，满足了全校 60 万平方米的供暖需求，彻底解决了长期困扰学校的燃煤锅炉能耗高、噪声大、污染严重、供暖水平低的问题，使学校"天更蓝，空气更好，供暖质量更高"的承诺变成现实，使广大师生员工对学校后勤保障和服务的满意度大幅度提升，使学校坚持以人为本、构建和谐校园的工作迈上了一个新的台阶。2009年学校又投资450万元对北校区供暖锅炉进行清洁能源改造，彻底结束了西北师大燃煤供暖时代，极大地改善了学校及周边环境。

从1999年开始，随着学校招生规模的不断扩大，青年教师和引进人才数量急剧增加。2002年学校开工一二期全额集资楼5栋，基本解决了青年教职工的住房问题。2003—2005年学校又在安宁科教城投资兴建了7栋全额集资住宅楼，共506套住房，极大地改善了中青年教职工的住房条件。截至目前，学校在校本部建设职工住宅楼45栋，安宁科教城7栋，极大地缓解了教职工住房紧张的问题。2011年7月28日上午，学校隆重举行教师公寓建设项目开工典礼。校长、党委副书记王嘉毅指出，学校将以这次项目建设为契机，进一步解放思想，进一步研究对策和寻求资源，着力解决和改善广大教职员工住房条件，努力让我们师大人富有尊严地工作、幸福体面地生活。教师公寓建设项目于2008年9月27日得到了省发改委和建设厅正式批准立项，总建筑面积81200平方米，总套数597套，分三个标段施工，计划于2013年10月竣工。根据2011年4月29日第五次校长办公会议精神，拟申请在北校区新建15万平方米（占地面积60亩）教职工保障性住房。现已启动申报，立项手续正在办理之中。

与此同时，学校相继完成艺苑广场、青年广场、云庭园广场的修建和学术报告厅、理科楼门厅等一系列工程改造项目，从根本上解决了师生修息场所短缺的问题，进一步改善和优化了校园环境。2008—2009年，学校投入2000万元先后完成了留学生公寓改造工程、专家楼装修改造工程、校医院、幼儿园房屋设施的维修改造工程以及校园部分区域环境绿化改造工程，使学校的服务设施得到进一步改善。2010—2011年，学校先后投入1000余万元，分别对校本部、北校区学生食堂进行了维修改造，为新校区学生食堂购置了必备的家具和相关配套设备。目前，学校校舍总规划建筑面积73.7万平方米，其中各类教学及辅助用房39.58万平方米，各类教学仪器设备总值 17067 万元。

四、拓宽筹资融资途径

2005 年，学校新校区建设项目被列入甘肃省政府与国家开发银行签订的"甘肃省西部大开发政策性贷款项目"，并被省发改委推荐列入 2005 年用款计划。2008 年 1 月 30 日，国家开发银行甘肃省分行马学思行长一行来校考察新校区建设项目，与校领导就新校区建设项目贷款工作进行了会谈，并马上着手启动实施，在年前向国家开发银行上报了《甘肃分行关于核准甘肃省西部大开发政策性贷款项目（第三批）的请示》（开行甘发〔2008〕13 号）及相关补充报告。根据国家开发银行的要求，经学校多方协调，省教育厅出具了以学校教育事业收费权形成的应收账款作为银行贷款的质押担保，省财政厅出具了学校资本金承诺函。3 月 24 日，国家开发银行下发了《关于核准甘肃省西部大开发政策性贷款项目（第三批）的复函》（开行评二函〔2008〕12 号），复函同意核准甘肃省工业交通投资公司西北师范大学新校区建设项目硬贷款 45000 万元，贷款期限 19 年（其中宽限期 3 年），贷款利率按中国人民银行规定的同期同档次基准利率执行。12 月 18 日，西北师大与国家开发银行甘肃省分行正式签署了新校区建设资金贷款协议，标志着西北师大新校区建设资金 4.5 亿元贷款正式启用。

2008 年 9 月 26 日，甘肃省财政厅《关于下达 2008 年中央与地方共建高校专项资金的通知》文件中，学校的电子技术综合设计实验室、CG创意和制作实验室、教师教学技能培训实验中心、仪器分析实验室和细胞生物学与发育生物学实验室五个项目喜获中央与地方共建高校专项资金 1300 万元，名列全省高校首位，数额与往年相比有了新突破，成绩喜人。目前，五个共建专项资金项目已进入实施阶段，在省部专项奖金的资助下，必将进一步改善学校的办学条件，提高学校实验室建设水平，为学校教学科研工作再上一个新台阶提供有力的支撑。

2010 年 6 月 11—12 日，"中央财政支持地方高校发展 2010—2012 年专项资金项目规划评审会"在学校举行。评审会上，各高校分别从规划建设项目的总体目标、规划建设项目的内容、规划建设项目资金预算及主要用途、建设项目实施组织及进度安排、预期效益分析、保障措施等方面进行了汇报。由高校相关专业的专家和主管部门共同组成的评审小组，对各高校的规划项目进行了评审和把关，并针对具体项目提出了修改建议和意见。评审会对于进一步指导甘肃省高校科学编制中央财政支持地方高校发展资金项目建设规划、切实提高规划编制质量有着重要的指导意义。学校高度重视项目规划评审工作，专门成立了由主管副校长负责，财务处、省部共建办公室、实验室与设备管理处等部门和相关学院共同参与的项目规划编制小组，负责规划项目的编制、汇报和争取工作。这一项目的成功实施，将对西北师大立足省部共建的崭新平台，进一步夯实办学基础，提高办学质量，提升科研水平，增强服务经济社会的能力产生积极影响。

五、强化内部审计监督

20世纪90年代初，学校设立了专职的内部审计机构——审计室，与学校纪委办公室、监察处合署办公。2008年学校将审计室更名为审计处并独立设置。学校审计部门先后出台了《西北师范大学审计结果公告试行办法》《西北师范大学内部审计实施办法》《西北师范大学经济责任审计工作暂行规定》《西北师范大学基建、修缮工程审计工作暂行规定》《校内基建维修结算费率计取办法》和《西北师范大学科研项目经费结算审签办法》等一系列制度，统一了全校的内部审计政策。在日常工作中学校坚持以财务审计和工程造价审计为工作重点，通过财务审计规范和促进了被审计单位的财务管理，加强了廉政建设；通过工程审计维护了学校的合法权益，提高了资金使用效益。学校内部审计具体包括校内各单位财务收支审计、中层领导干部任期经济责任审计、学校预算执行及决算审计、财务专项审计或审计调查、校内修缮、装饰工程预决算审计、基本建设全过程跟踪及预决算工程审计等。2002年2月，学校荣获教育部"1998—2001年全国教育审计工作先进集体",同年12月被甘肃省教育厅评为"全省教育系统审计工作先进集体"。

2006年,学校新校区建设工作进入了建设前期准备阶段。学校按照"规范管理、制度先行"的原则,先后制定了《西北师范大学新校区建设过程审计管理办法》《关于进一步加强财务管理和民主监督的意见》等相关规章制度。2008年,学校修订了《西北师范大学新校区建设会议制度》《西北师范大学新校区建设财务管理制度》以及《西北师范大学新校区建设项目招标投标工作流程》《西北师范大学新校区建设工作规范》等制度。在具体工作中,学校审计部门通过参加新校区建设委员会会议和指挥部会议、查看施工现场、审核相关合同、审核建设资金支出等方式,对重大建设事项和关键环节及时提出审计意见,发挥了审计应有的作用。2008年,学校通过了甘肃省教育系统高校内部审计工作考核,结果评定为优秀。2009年,学校制定了《跟踪审计总体工作方案》,根据需要购买了"PKPM工程造价软件"和"广联达工程造价软件",配备了较高性能的计算机等办公设备,为开展跟踪审计创造了必要的工作条件,同时制定了《西北师范大学新校区建设全过程跟踪审计管理办法》。2009年,学校共审核了8个单体建设项目和基础建设项目进度款,累计审计确认进度款4399万元。截至2010年12月底,学校累计完成了新校区建设项目进度付款审计(含备料款)2.9亿元。

六、建设校园信息平台

——校园网络建设。1999年,学校利用银行贷款,投资300万元开始建设覆盖全校的校园网络,先后完成了校园光缆埋地铺设工程、办公楼综合布线工程、教学科研网络中心建设等校园网一期建设工程。2002年,随着"西部大学校园计算机网络建设工程"项目的启动,建设了校园计算机光纤主干网、校园网网络中心、开放网络机房、多媒体网络教室、省会城市城域网、网络管理和运行系统、教学、科研、管理系统和网络安全保障体系等。2003年11月15日,学校召开网络建设工作会议,会议要求学校各学院、各单位要进一步提升对网络重要性的认识，尽快建立起自己的网页，充分发挥网络信息源的作用，及时使本单位的相关信息上网，进一步丰富学校网上信息，加强学校的宣传工作，促进学校各项事业的良性发展。2004年，随着CERNET2网络的开通，学校也率先接入了CERNET2，并开通部分服务。利用教育部"西部高校校园网基础项目建设工程"政策性投入，学校继续进行校园网二期建设任务，先后完成了学校家属区、北校区光缆铺设。2008年，学校开通了联通100M出口，教育网线路由10M提升到34M；并对校园网计费系统进行了升级工作，提高了网络性能，初步实现了学校统一数据资源管理、统一分配存储空间，实现资源共享。2010年，随着新校区的建设，网络规模进一步扩大，覆盖了新校区8栋研究生公寓、大学生活动中心、餐厅、浴池等建筑主体，全校共有信息点23078个。2011年，网络出口带宽扩容，教育网400M、中国电信100M、中国联通100M、中国移动100M。学校网络建设实现了校区内的高速互联，在学校人才培养、学科建设、科学研究等方面产生了明显的效益，为学校全面实施数字化校园工程奠定了坚实的基础。

学校校园网建成以后，先后承担并实施了一系列国家远程教育项目，累计为甘肃省培训了近万名中小学现代远程教育技术骨干。2001年2月，教育部正式宣布与香港李嘉诚基金会共同实施西部中小学现代远程教育项目，在中国西部的12个省、自治区、直辖市以及3个少数民族自治州建立了10000所卫星远程教育教学示范点，西北师范大学是示范点之一。2001年9月1日，中欧甘肃基础教育项目在西北师范大学启动。项目分布在甘肃省41个国家级贫困县。2002年12月中华人民共和国政府—联合国发展计划署403项目"应用远程教育和ICT技术提高中国西部贫穷地区教师质量"正式启动。403项目运用信息通信技术（ICT）和网络创新技术，建立了灵活的远程学习机制，提高了教师教育质量。2004年10月29日，教育部—微软（中国）"携手助学"项目甘肃信息技术师资培训中心在西北师范大学正式成立，具体培训项目由学校网络教育学院牵头实施。2009 年，学校完成了与北京师范大学精品课程等相关资源的共享建设工作。2011 年，甘肃省发展和改革委员会依托西北师范大学设立了甘肃省物联网工程研究中心，中心受甘肃省发展和改革委员会和西北师范大学双重领导，主要从事物联网的研发、设计、生产。中心的建立必将推动新兴技术在甘肃省的发展，对产业结构的调整产生积极影响，也必将推动西北师大在物联网技术研究、产品研发、人才培养、社会信息服务等方面发挥应有的作用，为甘肃社会经济的发展作出贡献。

——校园一卡通建设。2005 年，学校与中国建设银行合作，开始校园一卡通工程建设。2006 年校园一卡通工程全面启动，中国建设银行对西北师大投资 276 万元用于项目的建设。2011 年西北师大实施了"校园一卡通"二期工程，中国建设银行甘肃省分行投入二期工程资金共计 250 万元，用于校本部一卡通设备更换以及新校区一卡通设备安装部署工作等。为了进一步拓宽"校园一卡通"功能，校园卡管理中心在完成"校园一卡通"系统升级改造工作后，实施了基于"校园一卡通"的网络自助服务系统开发。目前，"校园一卡通"功能覆盖餐饮消费、微机管理、图书借阅、浴室洗浴等，已代替的其他卡和证件有饭卡、上机卡、借书证等，一定程度上实现了数据资源共享。"校园一卡通"工程的实施提高了学校对人、财、物进行统一管理的能力。

七、规范校内档案管理

2000 年 7 月，学校在内部管理体制改革中，为了使档案工作更加适应学校事业的发展，同时提升档案管理的水平和质量，成立了档案馆，实现了对全校各类档案的集中统一和规范管理。档案馆作为学校档案工作的职能管理部门，承担制定学校档案工作长期规划、年度计划、管理制度并组织实施的职责；承担了解全校档案工作情况，向学校提供工作情况信息，提出改革意见和建议的职能；承担对全校各单位档案工作进行监督、检查、指导、人员业务培训和宣传教育的职能。档案馆内设办公室、文书档案室、财会档案室、科技档案室、人事档案室、教学档案室、网络信息室、学生档案室、编研室等工作部门，现有专职工作人员 8 名，学校各单位兼职档案人员 186 名。目前，学校档案馆有独立的馆舍，馆舍建筑面积 600 多平方米，三室分开，库房坚固安全，各类设备齐全，符合档案馆建筑设计的要求，基本满足目前工作的需要。现馆藏有建校以来的党群、行政、教学、科研、基建设备、出版、产品、财会、声像、人事、学生等门类的档案资料近 10 万卷（件），储存收集和转化的电子档案 36 万条（幅）。

近年来，学校党委和行政领导班子在致力推动学校事业迅速发展的同时，非常重视学校档案事业的同步发展，在学校档案事业发展的每一个关键时期，都给予了强有力的领导和全面支持。2004 年，档案馆被国家档案局（馆）授予"全国档案工作优秀集体"称号，被评为"甘肃省档案工作示范单位"；2006 年被甘肃省档案局评为全省档案管理工作"特优"单位；2008 年被甘肃省人事厅、档案局授予"全省档案工作先进集体"称号，同年被学校评为"全校优秀管理单位"；2009 年再次被甘肃省档案局评为全省档案管理工作"特优"单位；① 2010 年被中共甘肃省委组织部授予"全省干部档案工作先进集体"称号；被学校评为"西北师范大学档案工作先进集体"。学校现为甘肃省档案规范化管理"省特级"单位②，是首批通过测评的 14 家中唯一一家地厅级单位。

① 2009 年在省直和中央在兰单位档案工作检查中，共有 25 家被评为"特优"单位，西北师范大学以 1098 分位列第一名。
② 根据《甘肃省档案局关于印发〈甘肃省档案工作规范化管理实施办法〉的通知》（甘档发[2008]24 号），各单位以往获得的档案管理等级作为历史荣誉予以保留，不再作为衡量本单位当前和今后档案工作水平的标准或标志。现实行的等级定为特级、一级、二级、三级。

第九节
创新基层党建　构建和谐校园

　　学校坚持以邓小平理论和"三个代表"重要思想为指导，牢固树立和落实科学发展观，坚持党要管党、从严治党的方针，紧密围绕学校中心抓党建，抓好党建促发展，求真务实、开拓创新，不断提高办学治校能力，积极构建和谐校园，努力为学校事业又好又快发展提供了坚强有力的思想保证和组织保障。

一、开展主题教育（实践）活动

◎2005 年 7 月 13 日，省委副书记王宪魁来校检查指导学校保持共产党员先进性教育活动。图为王宪魁副书记（中）在党委书记刘基（左）、校长王利民（右）陪同下步入会场。

　　2005 年 7—11 月，学校在全体党员中开展了以实践"三个代表"重要思想为主要内容的保持共产党员先进性教育活动。2005 年 7 月 8 日下午，学校正式启动了保持共产党员先进性教育活动。甘肃省委派出的保持共产党员先进性教育活动第三督导组组长阎孟辉以及督导组成员杨平、张亚杰、段永强对学校保持共产党员先进性教育活动各个阶段的工作进行全程督查。与此同时，根据甘肃省委宣传部、教育厅、甘肃省社科院《关于在全省社科理论战线开展"三项学习教育"活动的通知》精神，校党委于 7—12 月在学校政法学院、文学院、教育学院、经管学院、外语学院、教育技术与传播学院、旅游学院、学报编辑部等哲学社会科学系统开展了"三个代表"重要思想、马克思主义立场观点方法、职业精神和职业道德学习教育活动（简称"三项学习教育"活动）。2005年11月25日下午，学校在专家楼会议厅召开了党员先进性教育活动整改情况通报暨群众满意度测评会议。学校保持共产党员先进性教育活动测评群众满意度为99.48%。

2008年9月，学校被确定为全省高校开展深入学习实践科学发展观活动试点单位。学校成立了学习实践科学发展观活动领导小组，领导小组下设办公室，办公室设综合组、文秘组、宣传组、督查组四个工作组。学校各基层党委（党总支、直属党支部）都成立了以书记为组长的学习实践活动领导小组，具体负责本单位的学习实践活动。2008年9月—2009年2月，根据中央的统一部署，在省委学习实践活动领导小组的正确领导和省委学习实践活动领导小组办公室、第十三指导检查组、省高校工委的精心指导下，学校党委集中在全校27个基层党委（党总支、直属党支部）、242个党支部，4922名党员中开展了深入学习实践科学发展观活动试点工作。活动以"推进教育创新，提升发展质量"为实践主题，紧紧围绕科学发展这条主线，分三个阶段进行。在学习调研阶段（2008年9月28日—11月26日），重点抓好了动员部署、学习培训、深入调研和开展教育创新大讨论四个环节的工作。在分析检查阶段（2008年11月27日—12月26日），重点抓好了召开领导班子专题民主生活会、形成领导班子分析检查报告、组织群众评议三个环节的工作。在整改落实阶段（2008年12月27日—2009年2月24日），重点抓好了制定整改落实方案、集中解决突出问题、完善体制机制、总结与满意度测评四个环节的工作。通过深入开展学习实践科学发展观活动，进一步深化了学校广大党员和领导干部对科学发展观的时代背景、实践基础、科学内涵、精神实质的认识，进一步增强了广大党员干部推进学校科学发展的紧迫感、责任感和使命感。通过深入学习实践，学校领导班子形成了坚持发展是第一要务、质量是立校之本、特色是兴校之基、人才是强校之源、育人为中心工作的基本共识。通过学习实践活动，进一步提升了党员领导干部把握高等教育发展规律的能力、谋划学校发展的能力、凝聚各方力量的能力、驾驭学校全局的能力、科学决策的能力以及解决实际问题的能力。通过全面清理学校规章制度，废止12项不适应学校发展和管理要求的规章制度，修订13项规章制度，制定14项规章制度，建立健全了富有时代特征、相互衔接配套、符合科学发展观要求、覆盖学校发展各个方面的制度体系，为推动学校各项事业又好又快地发展提供强有力的制度保障。通过开展学习实践活动，学校集中解决了供暖煤改天燃气清洁能源改造、西操场塑胶改造项目和运动场地改造、新校区建设项目贷款等突出问题。

2010年5月11日，学校党委启动了以"创建先进基层党组织、争当优秀共产党员"为主要内容的创先争优活动。按照全省的统一部署，创先争优活动从2010年5月开始，到党的十八大召开前，具体分为三个阶段进行：（1）广泛发动，安排部署（2010年5月至6月底），主要抓好动员部署、制订方案、组织学习、党性分析四项工作；（2）全面争创，扎实推进（2010年7月至2012年6月底），基层党组织积极开展创建"示范性党支部"活动、"组织生活主题立项活动"、"迎接建党90周年"活动，教职工党员积极开展"争做育人标兵"活动，学生党员积极开展"争做成才表率"活动；（3）系统总结，完善机制（2012年7月至党的十八大召开），全校各基层党委（党总支、直属党支部）围绕向党的十八大献礼，重点抓好四项工作，一是展示成果，二是做好总结，三是考核评议，四是完善机制。2012年党的十八大召开前夕，学校党委将召开表彰大会，集中表彰一批先进基层党组织和优秀共产党员。目前，学校党委坚持把深入开展创先争优活动作为新形势下加强学校党的先进性建设的有效载体和有力抓手，紧紧围绕"深入学习实践科学发展观、全面贯彻落实省部共建规划"的主题，坚持"四个注重"、处理好"四种关系"，着力增强基层党组织和广大师生党员的活力，切实把党的政治优势和组织优势转化为学校的发展优势，以党的先进性建设推动学校事业又好又快发展。

为深入贯彻落实胡锦涛总书记等中央领导同志对甘肃工作的重要指示精神，推进全面建设小康社会进程，甘肃省委决定从2012年开始在全省开展以单位联系贫困村、干部联系贫困户为主要内容的"联村联户、为民富民"行动。2012年2月，学校根据中共甘肃省委《关于在全省开展"联村联户、为民富民"行动的意见》（甘发〔2012〕4号）和甘肃省委书记王三运同志在全省"联村联户、为民富民"行动动员大会上的讲话精神以及省委分配给学校的"双联"行动任务，特制定了《西北师范大学"联村联户、为民富民"行动工作方案》。学校成立了以党委书记刘基为组长、校长王嘉毅为副组长的"联村联户、为民富民"行动协调推进领导小组，确定学校党委常委、副校长董光前同志具体负责"联村联户、为民富民"行动的常务工作。学校"联村联户、为民富民"行动协调推进领导小组下设办公室、事务联络组、调研督导组、宣传报道组、后勤保障组、礼县工作组和宕昌工作组等七个工作机构。根据省委分配的"联村联户"任务，西北师范大学联系陇南市礼县7个贫困村、宕昌县7个贫困村。目前，学校"联村联户、为民富民"行动正在深入开展。

二、加强基层组织建设

学校党委紧紧围绕"一年级有党员，二年级有党小组，高年级有党支部"的发展学生党员整体工作目标，适时制定了《关于进一步加强入党积极分子培养和发展党员工作的实施意见》《西北师范大学2006—2011年发展党员计划》，切实加强对学校发展党员工作的整体规划和组织领导。从2001年起，学校党委授权各基层党委、党总支审批除学院领导成员和正高级专业技术职务以外其他人员的入党和转正事宜。2002年以来，学校党委制定并实施了校、院两级党政领导（党员）联系优秀党外中青年知识分子制度和《西北师范大学发展党员公示制和责任追究制暂行办法》。2001年以来，全校共发展党员12683名，其中发展教师或管理、专业技术岗位党员 239 名，其中 35 岁以下职工 171 名、研究生学历职工 34 名；大学生 12444 人。截至 2011 年年底，学校共有 19 个基层党委、4 个党总支、4 个直属党支部，全校共有党员 8458 人，其中在岗教职工党员 1520 人、学生党员 6319 人、离退职工党员 619 人。

学校党委适应学校内部管理体制改革、新校区建设以及学科和专业建设的新变化，坚持将教职工党支部建立在系（所、中心），学生党支部建立在年级和班级，并逐步探索高年级设专业党支部和党支部建在学生社团、科研团队和实验室的党员管理模式。2001 年起，学校组织开展了"示范性党支部"创建活动，坚持动态管理、滚动式发展的原则，先后对 117 个示范性党支部进行重点建设。2006 年，学校党委制定了《关于建立健全基层党组织和党员学习教育长效机制的实施意见》，进一步确立了"一把手"抓学习的领导责任制。2008 年，学校党委编印了《西北师范大学党支部工作实务》。2009 年，学校党委研究制定了《西北师范大学民主评议党员暂行办法》，就民主评议党员工作的原则、内容、步骤以及不合格党员的处置等做了详细规定。2010 年，学校党委积极开展了"基层党支部组织生活主题立项"活动。针对部分大学生党员因学习进修、毕业离校等原因而将组织关系长期滞留学校的现象，学校党委及时制定了《西北师范大学流动党员管理工作的若干规定》和《关于〈中国共产党流动党员活动证〉发放及管理工作的实施意见》，积极探索加强流动党员教育管理的方式和途径。学校党委坚持每年"七一"按照每人 10 元的标准向离退休职工党委划拨离退休老党员专项活动经费。校院两级党组织每年划拨 10 万元经费用于在春节、"七一"等重大节日开展"送温暖、献爱心"活动，重点看望慰问一批老党员、患病住院及生活困难党员。在 2008 年四川汶川"5·12"大地震、2009 年青海玉树"4·14"地震发生后，学校各级党组织和广大师生党员"心系灾区、奉献爱心"，积极捐款捐物，以实际行动支援抗震救灾工作。2010 年 8 月 8 日，甘肃舟曲发生特大泥石流灾害后，学校党委及时作出向舟曲籍学生减免本学年度学费和住宿费、开设特别"绿色通道"、发放特别助学金等八项公开承诺，受到社会各界的一致好评。

2008年5月12日在四川省汶川县发生的大地震，撼动了大半个中国，牵动着每个国人的心。大家纷纷行动起来，以各种形式为灾区人民献上爱心。学校文史学院博士生导师伏俊

◎2008年5月19日14时28分，学校近千人集体默哀3分钟，沉痛悼念"5·12"大地震罹难的同胞。

琏教授在积极为灾区捐款的同时，也饱含热泪地为地震罹难同胞写下了祭文，以示哀悼。

祭汶川大地震遇难者文

维公元二零零八年五月某日，陇上布衣伏俊琏捧素花之馨，奉红烛之明，怀至痛之哀，遥祭汶川大地震遇难者之亡灵曰：

呜呼！

戊子初夏，日晷失衡。日午刚过，地龙虐凶。万窍怒号，轰轰雷霆。百川沸腾，蜀山裂崩。高岸为谷，深谷为陵。秦岭路绝，邛崃峰倾。校舍坍塌，津渡多沉。百镇废墟，千村灭埋。顿失所居者，难计其数；突葬瓦砾者，数万生民。北川既已夷，绵竹又以颓。直视千里外，唯见起黄埃。凝思寂听，心伤已摧。川中凄风呜咽，川北苦雨迷蒙。陇南红日暗淡，汉中阴霾蔽空。同胞何辜，罹此冤横？志士解骨，君子吞声。人逢其凶也哉？天降其酷也哉？夫何为而至于此极哉？

君不见，明眸秀质，风发少年。携手喜嬉，相拥而前。老师正在

授课，学生凝神笔端。莹莹目光，映涵理想期盼；纯洁心灵，憧憬美好明天。岂料地心一啸，栋梁斋粉。蕙心纨质，弱骨稚龄，莫不埋魂幽石，委骨穷尘。摧折之臂，撑巨铁百尺；剖决之躯，承岩石万钧。手中之笔未弃，怀里之书尚新。目眲眲而犹视，面沫血以愤愤；口微张而暗哑，诉不死之悲心。笔无声兮欲倾诉，书有情兮当哀吟。

痛闻慈母悲泣，拍遍废墟；撕心裂肺，呼儿唤女；十指尽血，撞碎双膝。严父寻子，奋掀断壁。夜以继日，不知渴饥。乃有龙钟老人，拄杖蹒跚；呼儿唤孙，泪眼苍天；吞恨啮指，气息奄奄。更有夫寻爱妻，死生契阔，岂忍葬身砾石，只盼亲送冥穴。竹染湘妃之悲泪，城崩杞妇之泣血。悲情沸天，天心如割。令蜀山之雨滂沱，岷江之水呜咽。

乃有举国奋迅，寰宇激越。十万大军，瞬间成列。或自天降，或从水涉。排巨石，翻瓦砾，通险厄。寻生命之气息，理壁梁之纠葛。出垂危于残垣，送饥馁以食物。国家主席，人民总理，亲临前线，力挽狂澜。军民干警，入窒出险。一方有难，八方支援。女警之乳，哺嗷嗷之婴孩；战士之背，负累累之伤残。三岁童稚，出废墟而行敬礼；九龄女孩，腿已折而呼勇敢。救死扶伤，何止万千！天地离阻，不愁关河累年；提挈老幼，岂须俯首问天！

又有举国上下，哀悼三日；大江南北，一驱噩梦。国旗半垂，汽笛长鸣。居人行者，心折骨惊。蜡炬悄燃，悲泪如河。花皆成素，歌舞尽歇。十亿同胞，共招亡灵。八万游魂，遽归天庭：汝之儿，汝之女，汝之妻，汝之夫，汝之父，汝之母，有总理安排，政府照顾。汝之书包，同学已经背负；汝之钢笔，同桌已经记录。汝之事业，亿万同胞已经继续。莫回头，别担心，急归去。

吾一介草民，年近半百，天不纯命，逢此大劫。仰皇天而太息，肠一日而九结。陇头流水，鸣声呜咽。遥望汶川，肝肠断绝。天道如何，吞恨者多。抽琴命操，发歌凄切：川之北，国有殇，哀之切，永难忘。泱泱中华，临万难而更昂扬。后死者抆血擦泪，共度国难，兴我家邦。

笔蘸心血，成此短章。呜呼哀哉，尚飨！

2006年6月30日，在中共中央庆祝中国共产党成立85周年暨总结保持共产党员先进性教育活动大会上，学校党委受到表彰，被授予"全国先进基层党组织"荣誉称号。2007年12月24—25日在北京召开的第十六次全国高等学校党的建设工作会议上，学校党委书记刘基代表学校党委作了题为《加强大学生党建工作，为西北多民族地区培养留得住的师资》的大会经验交流发言，12月31日《中国教育报》刊发了发言稿。

学校党委认真贯彻执行中央《党政领导干部选拔任用工作条例》和有关规定，按照配建并重、重在建设的原则，以全面提高干部的思想政治素质和办学治校能力为重点，以体制机制创新为突破口，统筹干部的选拔任用、教育培养、监督管理，进一步深化干部人事制度改革。2000年以来，学校已顺利推行三轮干部竞争上岗和聘任工作。在领导班子建设方面，学校党委坚持以思想政治建设为重点，提出了"结合实际学，带着问题学，为解决问题学"的学习思路，建立健全了党委中心小组及基层分党委、党总支中心组学习制度，积极推进理论武装工作，着力提高各级领导班子领导学校改革发展的能力。学校党委进一步完善了《党委常委会议议事决策规则》《党委全委会议议事决策规则》《校长办公会议议事决策规则》《学校领导碰头会议事规则》《学术委员会工作条例》《校务公开制度》等一系列规章制度，并在2006年学校第六次党代会之后，适时制定了《关于加强党委常委会和领导班子建设的意见》，将集体领导、民主集中、个别酝酿、会议决定这四个方面有机结合起来，保证了学校领导班子的科学决策。在干部教育培训方面，学校党委先后制定了《西北师范大学 2001—2005 年干部教育培训规划》《西北师范大学 2005—2009 年干部教育培训实施意见》《西北师范大学关于加强基层党组织和党员学习教育工作的实施意见》，树立了大教育、大培训的观念，放开视野看教育，集中力量抓培训。在干部日常管理方面，学校党委先后制定了《西北师范大学干部任前公示制办法（试行）》《西北师范大学干部选拔任用工作实施办法（试行）》《领导干部请假制度》《领导干部谈话制度》《领导干部诫勉制度》《西北师范大学管理优秀单位、管理优秀干部奖励实施细则》，严格执行干部重大事项报告制度、干部收入申报制度、干部离任审计制度、中层干部试用期制度等配套制度，逐步形成了相互配套、约束有力的制度体系。2009 年，学校党委制定了《关于进一步加强管理干部队伍建设的实施意见》，进一步明确了学校管理干部队伍建设的目标要求和具体措施。2011 年 10 月，《关于进一步加强干部管理的若干规定（试行）》，进一步严肃了干部的工作纪律、廉政纪律，进一步加强了对干部的严格要求、严格管理、严格监督。截至 2012 年 3 月，学校有各级管理干部 548 人，其中中层干部 282 人（含双肩挑干部 115 人），正科级干部 119 人，副科级干部 85 人，一般干部 62 人。

三、改进思想政治教育工作

21 世纪以来，学校思想政治教育工作牢固树立"育人为本、德育为先"的理念，健全工作制度，提高队伍素质，创新方式方法，优化育人环境，在全校上下形成了谋求学校更好更快发展的凝聚力和思想共识。学校党委常委会和校长办公会坚持把思想政治教育工作列入重要议事日程，每年召开专题会议，安排部署具体工作，做到思想政治工作与教学科研工作同部署、同检查、同考核，形成了党委统一领导、党政齐抓共管、专兼职队伍相结合、全校紧密配合、学生自我教育的领导体制和工作机制。学校先后制定了《西北师范大学教师职业道德规范》《西北师范大学教职工学年度综合考核暂行规定》《西北师范大学校本部教职工学年度岗位履职考核暂行办法》等制度，加强教师师德建设和职业道德建设，每两年评选表彰一次"师德建设先进单位"、"师德标兵"、"师德先进个人"、"优秀德育工作者"；制定了《西北师范大学关于进一步加强学术道德和学风建设惩治学术不端行为的意见》，规范教师学术行为，杜绝学术失范，惩治学术不端行为，促进教师学术活动健康发展。学校建立了学生评教制度和师德问题报告制度；把思想政治素质、思想道德品质作为教师资格认定和新教师聘用的必备条件和重要考察内容；把教职工的职业道德考评结果与聘任、晋职、进修、评优挂钩，对师德评价不合格的教师在晋职、进修、考核、评优上实行"一票否决"。2006 年以来，学校先后印发了《关于学习贯彻胡锦涛总书记在全国优秀教师代表座谈会上重要讲话精神的通知》《关于深入学习贯彻刘延东国务委员重要讲话精神的通知》和《关于学习贯彻胡锦涛总书记在中国农业大学师生代表座谈会上重要讲话精神的通知》，引导广大教师爱岗敬业，学为人师，开拓创新，树立良好的师德师风。深入宣传教师中涌现出的孟二冬、方永刚、谭千秋等先进典型，引导广大教师不断加强师德修养和职业道德建设，争做教书育人、为人师表的楷模。学校积极做好国家级、省级教学名师以及学生心目中"我最喜爱的教师"的先进事迹宣传报道工作，营造尊师重教的浓厚氛围，激励教师以德修身、以德育人的积极性和主动性。近几年，学校有 3 位教师被评为"全国师德先进个人"，8 位教师被评为校级"师德先进个人"，1 人被评为"全国教学名师"，9 人被评为"甘肃省教学名师"，1 人被评为"新中国成立 60 年感动甘肃人物"。

2000 年学校机构改革后，学校马列教学部与政法学院实行"两块牌子，一套班子"的管理模式，共同承担全校大学生思想政治理论课的教学工作。学校依托政法学院马克思主义基本理论、思想政治教育两个博士学位授权点和马克思主义中国化研究硕士学位授权点，实行了"一人两课、一课两人"制度，进一步提升了学校思想政治理论课的教育教学能力。学校鼓励和组织教师关注社会发展中的重大理论和实际问题，积极支持教师创建思想政治理论教育精品课程，编写、制作"精彩一课"教学音像片，有针对性地编写教学参考资料、开展科学研究；同时，要求广大教师注重自身师德修养，以良好的思想、道德、品质和人格给大学生以潜移默化的影响，把思想政治教育融入到大学生专业学习的各个环节，做好释疑解惑和教育引导工作，实现全员、全方位、全过程育人。2006 年以来，教育部与甘肃省分别依托学校政法学院设立了高校辅导员培训和研修基地、甘肃省高校思想政治教育研究与人才培训中心、甘肃省高校辅导员培训和研修基地。学校现有思想政治理论课教师 52 人，75％以上的教师具有硕士以上学位。

学校的学生思想政治教育工作以服务学生成长成才为宗旨，构建全方位的思想政治教育体系。早在 1999 年，学校就成立了"大学生勤工助学指导服务中心"，专门负责经济困难学生的资助工作。近 10 年来，学校共募集各类资助项目 40 余项，累计发放资助金 970 余万元，有 8100 余名贫困学生得到资助。从 2001 年起，学校积极推进国家助学贷款工作，截至 2011 年年底，学校共为 3414 名学生申请到国家助学贷款，合同金额 3523.60 万元，实际发放 2036.55 万元，占甘肃省高校总贷款额度的 1/3 以上。2008 年，学校成立"学生资助管理中心"，专门负责为大学生提供勤工助学岗位，评定与发放奖学金、资助金、生活补助，办理大学生助学贷款，形成集"奖、助、勤、补、贷"为一体的资助体系，保证每一个大学生不因经济困难而辍学。目前，学校有各类资助基金 55 种，2001 年以来累计发放各类资助金 7151.74 万元（如下表所示）。

西北师范大学2002－2012年度各类资助金明细汇总表

单位：万元

资助金类别	2002－2003年度		2003－2004年度		2004－2005年度		2005－2006年度		2006－2007年度		2007－2008年度		2008－2009年度		2009－2010年度		2010－2011年度		2011－2012年度	
	人数	金额	人数	金额	人数	金额	人数	金额	人数	金额	人数	金额	人数	金额	人数	金额	人数	金额	人数	金额
国家助学金Ⅰ			16	9.6	15	9	51	20.4	53	21.2	792	118.8	2162	324.3	2191	328.7	2496	873.6	2445	855.8
国家助学金Ⅱ			49	19.6	48	19.2	855	128.3	860	129	2639	263.9	2162	540.5	2192	548	2496	624	2441	610.3
松下电器育英基金	10	1	10	1	10	1	10	1	10	1	10	1	10	1	10	1	10	1	10	1
华藏奖学金	30	1.5	30	1.5	30	1.5	30	1.5	30	1.5	30	1.5	30	1.5	30	1.5	30	1.5	30	1.5
西部开发助学工程助学金	62	31	79	39.5	72	36	73	36.5	74	37	78	39	81	40.5	65	32.5	56	28	56	28
海鸥助学金	9	3			15	4.5	15	4.5	15	4.075	2	0.5	50	13.47	50	13.47	50	13.47		
深圳—甘肃助学基金	50	5			100	10	103	10.3	92	9.2			80	16	70	7	73	7.3		
香港雨林助学金							60	6	90	13.5	90	13.5	90	13.5	60	9	30	4.5		
中国扶贫新长城自强助学金			11	2.2	14	2.576	5	0.92	21	3.864	18	3.328	3	0.552						
美国角声爱心汇点社助学金											50	3.5	50	10.5	50	10.5	50	10	50	9
香港苏纪英先生基金	12	3.6	12	3.6	12	3.6	11	3.3	12	3.6	27	8.1	7	2.1	14	4.2	18	5.4	34	17
陈登助学金													30	2.88	60	5.6	60	4.8	70	5.6
西北师范大学助学基金													200	40						
甘肃移动公司助学金									15	1.5	14	1.4	15	1.5	20	4	36	10.45	18	5.2
加拿大援助中国乡村女学生基金											14	4.5	22	7.3	24	6.95	20	5.85		

西北师范大学2002－2012年度各类资助金明细汇总表（续）

单位：万元

资助金类别	2002－2003		2003－2004		2004－2005		2005－2006		2006－2007		2007－2008		2008－2009		2009－2010		2010－2011		2011－2012	
	人数	金额	人数	金额	人数	金额	人数	金额	人数	金额	人数	金额	人数	金额	人数	金额	人数	金额	人数	金额
信望爱助学基金	31	3.3									5	1.05	6	1.4	6	1.4	6	0.9		
社会捐赠基金			22	2.45	75	6.6	2	0.56	9	1.75	28	8.377	8	1.11	16	4.034	10	1.784	17	3.05
鑫达助学金													14	4.2	14	4.2	14	4.2	14	7
希望工程圆梦行动助学金															10	4				
应善良助学金															30	6	60	12	90	18
诺基亚大学生助学基金															40	16	40	4	40	4
国家助学金Ⅲ											792	39.6								
新东方西部大学生助学金															6	1.2				
金徽酒业爱心助学基金															10	2	11	2.2	10	2
石油爱心圆梦助学基金															8	1.6	8	1.6		
兰天爱心助学金															10	1				
王冠川助学金											20	2	20	2						
工商银行甘肃省分行助学金													100	20						
国家助学贷款											361	36.1								
奖励基金Ⅰ																				

西北师范大学2002－2012年度各类资助金明细金额汇总表（续）

单位：万元

资助金类别	2002－2003年度		2003－2004年度		2004－2005年度		2005－2006年度		2006－2007年度		2007－2008年度		2008－2009年度		2009－2010年度		2010－2011年度		2011－2012年度	
	人数	金额	人数	金额	人数	金额	人数	金额	人数	金额	人数	金额	人数	金额	人数	金额	人数	金额	人数	金额
国家助学贷款奖励基金Ⅱ											200	40								
关心下一代工作委员会助学金											20	4								
建信金色励勤助学金	20	2	20	2	20	2	20	2	20	2									50	7.5
资生堂集团奖助学金																			15	7.5
湘天源资助金																			5	2.5
胡氏教育奖助学金																			50	15
建行少数民族地区大学生成才计划基金																			10	3
雪花啤酒爱心圆梦基金																			11	2.2
"天翼·金额"阳光行动助学金																	50	7.5	10	1
周明薇明女大学生奖学金	50	7.5	50	7.5	50	7.5														
李嘉诚西北少数民族贫困大学生资助金	37	9.25	37	9.25	37	9.25														
金叶西部优秀贫困大学生奖学金	25	2.5	25	2.5	25	2.5														

西北师范大学2002－2012年度各类资助金明细汇总表（续）

单位：万元

资助金类别	2002－2003年度		2003－2004年度		2004－2005年度		2005－2006年度		2006－2007年度		2007－2008年度		2008－2009年度		2009－2010年度		2010－2011年度		2011－2012年度	
	人数	金额	人数	金额	人数	金额	人数	金额	人数	金额	人数	金额	人数	金额	人数	金额	人数	金额	人数	金额
甘肃教育厅基金	40	2	20	1	20	1	20	1	22	2.2										
连城铝业助学金	40	2	20	1	25	1.25	27	1.35												
陇南地区助学金	40	2	20	1																
育才基金	40	2	20	1	25	1.25	26	1.3												
赛德尔基金	5	1	10	2.5	10	2.5	10	2.5												
西北师范大学助学金1	135	13.5	210	21	210	21			300	30										
西北师范大学助学金2	739	36.95	800	40	800	40	800	40	700	35										
可口可乐助学金			30	9	30	6	30	3.6	30	3										
黄河风采助学金			100	10			20	2												
甘肃省福利彩票中心资助金					50	5														
西北师范大学勤工助学中心基金					10	1	20	1	2	1										
甘肃省慈善总会基金						194.2														
总计	1375	129.1	1591	187.2	1703	388.5	2188	268	2355	300.4	5190	590.2	5140	1044	4986	1014	5624	1624	5476	1606

2001年，学校成立了"大学生心理健康指导服务中心"，聘请6名教授兼任辅导教师，5名心理学研究生为兼职工作人员，设立了专门的心理咨询室，开通心理咨询热线，通过个别面谈咨询、电话咨询、书信咨询、网络咨询等多种形式，为学生提供心理咨询服务。2003年，学校下发了《关于进一步加强和改进毕业生就业工作的意见》，对就业工作面临的形势进行深入分析，提出加强就业工作的24条意见。学校建立了拥有100余台电脑的就业信息网络平台，为学生提供丰富、高效、便捷的网上就业信息服务，逐步实现网上就业；积极开展就业指导讲座，加大了就业指导经费的投入和条件保障的力度。2008年，学校成立了"学生资助管理中心"，专门负责为大学生提供勤工助学岗位，评定与发放奖学金、资助金、生活补助，办理大学生助学贷款，形成了集"奖、助、勤、补、贷"于一体的资助体系，保证每一个大学生不因经济困难而辍学。2009年11月，学校被教育部评为"全国普通高等学校毕业生就业工作先进集体"。

2004年，学校党委认真贯彻《中共中央、国务院关于进一步加强和改进大学生思想政治教育的意见》（中发〔2004〕16号），把学生思想政治工作摆在首要位置，进一步推进邓小平理论和"三个代表"重要思想进教材、进课堂、进学生头脑，狠抓"两课"教育改革。同年6月，根据教育部《关于进一步加强高等学校学生公寓管理的若干意见》的精神，学校成立了兰天学生公寓管理中心。管理中心内设办公室、学生管理部、物业管理部、安全工作部，负责兰天学生公寓的学生管理工作，特别是学生的思想政治教育工作。学校制定了《关于加强网络思想政治教育和宣传工作的意见》，开设"沟通无限"、"风帆网"、"大学生就业服务网"、"青春师大"等思想政治教育网站，各学院网页也开设"思想政治教育"和"团学工作"专栏，开展网络思想政治教育，探索思想政治教育"进网络"的途径和方法。10月，学校成立了"学生社团联合会"，按照"突出学术科研型、加强志愿服务型、优化文体艺术型、鼓励兴趣爱好型"的原则，加强对学生社团的管理和引导。2005年5月，《中国青年报》头版以较长的篇幅报道了西北师大学生社团在大学生思想政治教育工作中发挥的独特作用。2009年、2010年，甘肃省委宣传部授予学校"舆情信息工作先进单位"荣誉称号。

2005年4月30日，学校召开了加强和改进大学生思想政治教育工作会议。会上，校长王利民回顾并充分肯定了近年来学校加强大学生思想政治教育所做的主要工作，并针对目前大学生思想政治教育工作中存在的突出问题，要求今后要抓住大学生思想政治教育工作的关键环节，重点做好12项工作：大力加强师德建设；进一步加强和改进思想政治教育理论课教学与形势政策教育；深入开展大学生社会实践活动；大力推进校园文化建设；充分发挥高校党团组织、学生组织的作用；进一步加强和改进大学生社团工作；进一步加强毕业生就业指导服务工作；坚持不懈地做好贫困生资助工作；切实抓好学生心理健康教育工作；主动占领网络新阵地，牢牢把握网络思想政治教育主动权；切实加强辅导员和班主任队伍建设；做好大学生思想政治教育的保障工作。党委书记刘基在总结讲话中强调，学校上下要进一步提高认识，统一思想，认清大学生思想政治教育面临的新形势。要坚持以人为本、德育为先，树立大学生思想政治教育的新理念。要紧密结合实际，突出重点，探索大学生思想政治教育工作的新模式。要切实加强领导，重在落实，形成大学生思想政治教育工作的新局面。要以这次会议为契机，坚定"为谁培养人"的信念，明确"培养什么人"的目标，制定"如何培养人"的策略，切实加强领导，在学校形成全员育人、全过程育人、全方位育人的良好氛围，形成共同关心支持大学生思想政治教育的强大合力。每个人都要"深怀爱生之心，恪守为师之道，善谋导航之策，多做利生之事"，振奋精神，与时俱进，求真务实，埋头苦干，着眼于新的实践，增强改革发展意识，不断研究新情况，采取新措施，解决新问题，努力提高学校大学生思想政治教育工作的水平，开创学校大学生思想政治教育工作的新局面。

2005年加强和改进大学生思想政治教育工作会议之后，学校先后修订和制定了《西北师范大学关于进一步加强和改进大学生思想政治教育工作的实施意见》《中共西北师范大学委员会关于全面加强和改进学生工作的实施意见》《西北师范大学辅导员队伍建设规定》《西北师范大学班主任工作条例》等规章制度，为规范化开展大学生思想政治教育工作奠定了制度基础。2005年10月28日，由教育部社政司副司长冯刚，武汉大学社科部主任沈壮海等组成的中办督查调研组来校调研，并就学校大学生思想政治教育工作进行检查指导。2006年6月14日上午，"甘肃省高校思想政治教育研究与人才培养中心成立暨首届思想政治理论课骨干教师培训班开班仪式"在学校专家楼会议室举行。"甘肃省委常委、宣传部部长励小捷和甘肃省教育厅党组副书记、副厅长、省高教工委副书记孙杰为中心揭牌。励小捷在讲话中指出，甘肃省高校思想政治教育研究与人才培养中心今天在西北师大挂牌成立，这是进一步加强和改进甘肃省高校大学生思想政治教育的重要举措之一，标志着甘肃省高校大学生思想政治教育工作又迈上了一个新台阶。在2006年全省思想政治工作评估中，学校被评为"全省思想政治工作先进基层单位"。

在2008年机构改革中，学校党委成立了研究生工作部，全面负责研究生的思想政治教育工作。2010年10月14日，学校在大学生活动中心二楼会议室召开研究生思想政治教育工作座谈会。会上，研究生代表围绕研究生公寓文化的建设、奖助金的评选、新校区公寓管理、研究生学术活动、研究生心理健康教育、研究生就业生涯规划等问题进行了深入讨论，并提出了具体的意见和建议。党委研究生工作部负责人在会上强调，研究生是自我管理、自我教育、自我服务的团体，要充分发挥研究生会的管理作用，及时了解国家大政方针政策，掌握全校研究生思想动态，调动研究生学习、生活的积极性，培养研究生积极向上的乐观态度，开创研究生思想政治教育工作的新局面。

2009年，学校党委制定了《关于推进学习型党组织建设的实施意见》，成立学习型党组织建设"理论宣讲团"，为全校师生宣讲中国特色社会主义理论体系。2009 年 11 月 20 日，甘肃省宣传部"建设学习型党组织"调研组来学校开展专题调研。调研组对学校开展"建设学习型党组织"工作给予了充分肯定，并要求学校要坚持把"建设学习型党组织"作为党委的重要工作，抓紧抓好，为全省高校建设学习型党组织做好表率。2010 年 9 月 21 日，甘肃省委宣传部再次来校就"建设学习型党组织"和"宣传思想工作改革创新研究"进行了调研。调研组充分肯定了学校建设学习型党组织和加强与改进思想政治教育创新的工作。

2010 年 10 月 12 日，学校在专家楼会议厅召开了加强和改进大学生思想政治教育工作会议。会议总结了学校五年来大学生思想政治工作取得的主要成绩：一是以党建为先导，大学生思想政治教育一体化工作体系基本形成；二是以学科为龙头，大学生思想政治理论课的主渠道作用发挥显著；三是以教育实践、专业见习为抓手，大学生思想政治教育与专业技能和就业能力提升两促进；四是以活动为载体，大学生思想政治教育实践成果丰硕；五是以服务为核心，大学生思想政治教育服务工作卓有成效。学校大学生思想政治教育工作积累的经验主要有：一是思想政治教育工作必须全面贯彻落实党的教育方针，坚持育人为本、德育为先，建立党建带动、师生互动、全员参与的工作机制；二是思想政治教育工作必须充分热爱学生、信任学生、尊重学生、服务学生，坚持"以人为本"，把服务青年学生全面成长成才作为全部工作的出发点和落脚点；三是思想政治教育工作必须遵循教育规律，坚持从大学生的身心特点出发，根据学生的成长需求创新实践活动载体，努力提高德育工作的科学化水平；四是思想政治教育工作必须加大投入力度，坚持整合校内外各种工作资源，为思想政治教育工作提供切实保障；五是思想政治教育工作必须立足"两个课堂"，坚持专业理论学习和实践锻炼相结合，建立起第一课堂与第二课堂互动、互融、互通、互补的长效机制。会议印发了《中共西北师范大学委员会、西北师范大学关于进一步加强和改进大学生思想政治教育工作的实施意见》，提出了进一步加强和深化大学生思想政治教育的六大主要任务。校长王利民在会议报告中指出，与党和国家对新时期人才培养质量的要求相比、与大学生健康全面成长的需要相比，学校的思想政治教育工作还存在一些问题，需要在今后的工作中加以改进和不断完善。全校上下要把思想和行动统一到中央的要求和部署上来，充分发挥党委的领导核心作用，牢牢把握对学校思想政治教育工作的主导权，找准工作定位和方向，把握工作重点和着力点，推动大学生思想政治教育在改进中创新、在创新中发展，努力开创学校大学生思想政治教育工作的新局面。党委书记刘基在总结讲话中指出，全校上下要充分认识当前大学生思想政治教育面临的新形势和新挑战，进一步增强工作的责任感、紧迫感和使命感。当前，国际国内形势正在发生深刻而复杂的变化，大学生思想政治教育工作面临许多新情况、新问题、新挑战：一是开创中国特色社会主义事业新局面对提高当代大学生的综合素质提出了新的更高要求；二是世界范围内思想文化的交流、交融、交锋日益频繁对增强当代大学生政治敏锐性和政治鉴别力提出了新的更高要求；三是社会思想文化多元、多样、多变对引导当代大学生树立正确的世界观、人生观、价值观提出了新的更高要求；四是新兴媒体迅猛发展对更加有效地开展大学生思想政治教育提出了新的更高要求；五是当代大学生的群体特点和个性需求对创新大学生思想政治教育的方式方法提出了新的更高要求。他进一步强调，面对以上形势和挑战，全校上下要统一思想，加强领导，突出重点，切实提升大学生思想政治教育工作科学化水平：一是要统一思想，切实提高对加强和改进大学生思想政治教育工作重要性的认识；二是要切实加强领导，为大学生思想政治教育工作的有力推进提供坚强的政治和组织保证；三是要把握工作向度，切实处理好大学生思想政治教育工作中学校和学院、教师队伍和管理队伍、管理和服务、普遍性和典型性、文化环境和周边环境等五大关系；四是要抓好辅导员、班主任和思想政治理论课教师三支队伍建设和党团组织、学生组织建设，切实提高大学生思想政治教育工作者的育人能力；五是要努力做好实践育人、文化育人、管理服务育人三方面育人统筹协调，进一步创新方式方法和途径，不断增强大学生思想政治教育的针对性、实效性和感染力；六是要进一步完善长效机制，不断提高大学生思想政治教育工作的科学化水平。

2010 年 10 月 16 日，甘肃省思想政治工作考核评估第十九考核组对学校思想政治工作进行了考核评估。考评期间，考核评估组听取了学校2007 年以来思想政治工作开展情况的汇报；对学校思想政治工作和学校推荐的全省思想政治工作先进个人进行了民意调查；并按照《评估考核实施细则》，对学校思想政治工作的组织领导、制度建设、队伍建设、设施建设、工作任务落实等情况进行了检查考核；实地了解和查看了学校思想政治工作阵地建设、思想政治工作者队伍建设及职能发挥、思想政治工作创新情况，全面了解和掌握了学校思想政治工作的特色及取得的成绩。2011 年 1 月 9 日，在兰州召开的甘肃省思想政治工作暨精神文明建设表彰大会上，西北师范大学被甘肃省委授予"甘肃省思想政治工作先进集体"称号。

四、加强校园文化建设

学校坚持以爱校教育为切入点，在青年学生中弘扬"爱国进步、诚信质朴、艰苦奋斗、自强不息"的师大精神，广泛开展"爱校周"、公民基本道德规范实践主体活动，大力开展道德实践教育活动。在 2002 年学校百年校庆、2003 年学校接受教育部本科教学水平评估等重要活动中，学校团组织引导全校大学生唱响"今天我为师大骄傲，明天母校以我为荣"、"我与师大同发展，我为母校作贡献"的主题，广大青年学子表现出了高度的集体荣誉感、凝聚力和良好的文明素养、精神风貌，赢得了社会各方面的一致好评。学校先后组织实施了《2003—2007 年校园文化建设规划》《2009—2015 年校园文化建设规划》，精心打造了"挑战杯"竞赛、科技文化节、"九月放歌"、从师技能大赛、"丁香花开"古典诗

◎2009年9月17日，学校在中心广场举行"动感之夜、九月放歌"第四届学生心目中"我最喜爱的教师"颁奖仪式。图为颁奖现场教师合影。

词朗诵会、"校园明星"优秀大学生评选、学生心目中"我最喜爱的教师"评选等20项校园文化品牌活动，形成了"大型活动届次化、精品化，中型活动学院化、特色化，小型活动社团化、经常化"的校园文化活动格局，营造了特色鲜明、文明友爱、团结和谐的校园文化氛围。截至2011年年底，学校已成功举办22届大学生艺术月、13届"师大杯"辩论赛、8届"丁香花开"古典诗词朗诵会、11届"九月放歌"文艺汇演和9届"话剧节"。通过组织实施《西北师大和谐校园建设规划》，西北师大精神、校训和办学理念得到了广泛宣传，深入人心，一代一代师大人成为师大精神的实践者和传承者，涌现出了一批彰显师大精神的优秀学生和先进典型，如资助100名贫困中小学生的"中国大学生自强之星"惠霞，无偿捐献造血干细胞的优秀大学生张占飞、许纪林，见义勇为、勇敢施救5名落水者的张军强、孙佳、杜小龙，

◎第三届"丁香花开"古典诗词朗诵会

◎文史学院学生自导自演的话剧《兰州老街》剧照

"全国优秀团员"杨茂，"全国三好学生"李凯，"全国优秀青年志愿者"袁文艳等，一大批"校园明星"和"优秀团队"成为社会主义核心价值观的忠实践行者和西北师大精神的有力阐释者。2003 年，学校设立了"大学生科研资助金"，每年投入 5 万元（2005 年起学校将资助金增加到每年 10 万元）用于课外学术科技活动和学生科学研究实践。2003 年以来，参与学生 4439 名，投入经费 106.7 万元，资助项目 1001 个；在组队参加国家和省级"挑战杯"大学生课外学术科技作品竞赛、数学建模竞赛、电子设计竞赛等活动中取得了一批优秀成果。2004 年，学校制定了《西北师范大学本科生素质拓展学分实施办法》和《西北师范大学大学生素质拓展活动项目化管理办法》，以学分制的方式推进"大学生素质拓展计划"，使青年学生综合素质的培育和提高迈上规范化、制度化、科学化的轨道。2006 年 9 月，学校《以学分制的方式扎实推进"大学生素质拓展计划"》被国家教育部思想政治教育司评为"全国高校校园文化建设优秀成果"二等奖。2007 年 1 月 9 日，《中国青年报》在头版头条对学校素质拓展活动作了题为《素质拓展六学分激活一池春水》的专题报道。2010 年起，学校共青团组织在"大学生素质拓展计划"的基础上，实施了"共青团彩虹计划"，按照时代特征、青年特点和教育规律创设活动载体，有效推动两个课堂的"互融、互补、互通、互动"。2010 年 4 月 23日《中国青年报》以《孕育七道"彩虹"襄助学生成才》为题，报道了学校为学子打造"一揽子"成才计划的典型做法。2011 年，学校在原有"大学生科研资助金"的基础上启动了"本科生学术能力提升计划"，每年投入 100 万元用于开展基础性学生学术科技活动、学术科研课题研究和高水平学科竞赛。

学校坚持"实践育人"理念，通过志愿服务和社会实践促进大学生思想引领与成长服务有机结合。学校结合专业特点，选派优秀学生参加抗震救灾、北京奥运会、上海世博会、广州亚运会、新亚欧大陆桥区域经济合作国际会议、兰洽会等志愿服务活动，全面提升志愿服务活动的层次和水平，受到社会各界的广泛好评。西迁之路"兰天情"大学生自行车寻访活动荣获 2003 年中央第七届共青团精神文明建设"五个一"工程优秀文化活动奖。学校政法学院法律专业青年志愿者长期在甘肃省劳教二所开展一对一的文化补习、法律宣传、政策宣讲、亲情关怀等帮教活动，该项目荣获 2006 年团中

◎2001 年 7 月，西迁之路"兰天情"大学生自行车寻访活动队员在陕西城固古路坝（20 世纪三四十年代老校舍）种植友谊树并集体合影。

央"第六届中国青年志愿者行动项目奖"。小草服务社长年坚持开展"小草的力量"扶贫助困行动项目，荣获第八届中国青年志愿者优秀项目奖。2011 年，"快门三秒钟"公益团队的事迹受到中央电视台《新闻联播》《中国青年报》《甘肃日报》《羊城晚报》《读者》杂志等多家媒体报道。2011 年 12 月 26 日晚，"快门三秒钟"团队成员袁柯、尹青青、郑思园、郭妹丽四位同学与学校团委书记雷鸣受邀参加了中央电视台《美丽中国——走过2011》新年特别节目。2001 年以来，学校先后建立了以社区联建、义务支教、困难帮扶、敬老助残为主要内容的志愿者服务基地 20 个。学校在省内外建立社会实践基地 53 个，每年组织 40 多支小分队参加集中的社会实践活动，组织全校学生就近就便开展多种形式的分散型社会实践活动。学校连续 17 年被评为"全国大学生社会实践先进单位"。

21 世纪以来，学校学生社团进入高速发展的繁荣期，学校团组织不断加强对学生社团的支持和指导，学生社团管理日益规范，学生社团在大学生思想政治教育、素质拓展等方面的积极作用日益凸显。学校制定了《西北师范大学学生社团管理条例》，对原有社团进行整顿，开始了社团的规范化管理，每年一度的"社团巡礼月"成为师大学生社团的固定节日。2004 年学校成立了学生社团联合会，健全了"一体两翼"的工作格局，从组织

机制、制度机制等方面保障社团健康发展。2000 年以来，"阳光服务社"、"小草服务社"、"'三农'问题研究社"、环境保护学社陆续被团中央评为"全国优秀社团"。小草服务社被团中央授予"全国学习雷锋志愿服务先进集体"荣誉称号。"大学生读书社"被评为全国青少年优秀读书俱乐部。2005 年，由阳光服务社发起建成了甘肃首个"中华骨髓库"，4000 余名学生成为骨髓捐赠志愿者，5 名学生为血液病人捐献了造血干细胞。2005 年 5 月 10 日《中国青年报》以《学生社团"网"住七成学生心》为题，专题报道了学校以学生社团为有效抓手加强大学生思想政治工作的先进做法。

学校坚持党建带团建，积极推动"五带一优化"（带思想、带组织、带班子、带队伍、带工作发展，优化工作条件）的贯彻落实，建立、完善基层党建带团建工作机制。2001 年起，适应新形势，校团委在抓好常规团支部工作的基础上，按照"多种模式、多重覆盖"的思路，适时调整了院系团组织机构设置，积极构建校团委、学院团委、年级团总支、班级团支部、活动团支部的五级运行机制，实现了团组织的多种模式和对青年的多重覆盖。2001 年以来，学校各级团组织广泛与甘肃省公安厅、科技厅、安宁团区委等政府部门及中华慈善总会、国际援助行动等非政府组织开展合作，共争取到社会资金 80 多万元，先后成功举办了"中国移动之夜"校园同一首歌青春歌会、"康师傅"冰力先锋乐队大赛、"华业杯"校园电视主持人大赛、"动感地带"大学生街舞挑战赛等多项活动。2003 年学校开始实施《西北师范大学分团委、团支部目标管理实施方案》，2005 年以来，按照团省委"大团建"的思路，积极探索与社区联动共建的新形式，获得了广泛的社会赞誉。2005 年 12 月 16 日，共青团西北师范大学第十八次代表大会、西北师范大学第二十次学生代表大会在学术会堂召开。共青团甘肃省委书记王永前，省青联委员代表，兄弟院校团委书记、学生会主席，地州市团委代表，学校党委书记刘基，校长王利民，党委副书记何昌明、张卫锴，副校长邓华陵、刘曼元、刘志光、杨新科以及机关各部门、各学院负责人，"两代会"代表共 400 多人参加了开幕式。党委副书记张卫锴代表学校党政向大会致祝词。团省委书记王永前代表共青团甘肃省委、甘肃省学生联合会向学校团学两代会的召开表示热烈的祝贺。校团委书记梁兆光代表共青团西北师大第十七届委员会作了题为《求真务实，开拓进取，在促进青年学生成才就业和构建和谐校园的宏伟事业中再立新功》的工作报告。校学生会主席裴雪峰代表西北师范大学第十九届学生委员会作了题为《服务学校中心工作，服务学生成长成才，求真务实，锐意进取，努力开创学校学生会工作新局面》的工作汇报。2010 年 4 月 23 日，共青团西北师范大学委员会第十九次代表大会、西北师范大学第二十一次学生代表大会在学术会堂召开。175 名团员代表、145 名学生代表和 25 名列席代表参加会议。共青团甘肃省委副书记张旭晨，学校党委书记刘基，党委副书记于树青，副校长刘志光、王嘉毅、刘仲奎、万明钢和学校相关部门负责人出席大会。兰州大学、四川师范大学等 12 所兄弟院校团委负责人到会祝贺。北京大学、清华大学等 31 所兄弟院校发来贺信。兰州大学团委书记安俊堂代表兄弟院校致贺词。校党委书记刘基、团省委副书记张旭晨分别讲话。校团委书记雷鸣代表共青团西北师范大学第十八届委员会作了题为《坚持科学发展，构建和谐校园，为建设全国高水平综合性师范大学贡献青春智慧和力量》的报告。校学生会主席杨路明同学代表西北师范大学第二十届学生委员会作了题为《突出服务职能，再创一流业绩，努力开创我校学生会工作新局面》的报告。截至 2011 年 12 月，校团委所辖基层团委 19 个，团总支 69 个，团支部 417 个，全日制本科生团员达到 13926 名，专职团干部 33 名。2003 年，学校团委被团中央评为"全国五四红旗团委"，2006 年被团中央评为"全国增强团员意识主题教育活动先进组织单位"。

五、创建平安和谐校园

学校成立了校园安全工作领导小组，统一领导全校安全工作，校院两级设有校园治安综合治理工作机构；先后制定了 50 余个符合学校实际、反映学校安全保卫工作规律、涵盖学校安全保卫与综合治理工作的规章制度。学校每年召开校园综合治理工作会议，与各基层单位签订《校园治安综合治理目标责任书》，每学期对综合治理责任及措施落实情况都进行检查，对先进单位和个人进行表彰奖励，对未落实责任或出现事故的单位和个人进行通报批评。"人防"与"技防"结合，建立了校园二级安全防范体系。学校投入百万元，建成了校园监控报警系统、防火报警系统、无线通信系统、电子巡更系统与校级和区域性监控报警中心，形成了全校性的安全技术防危网络。学校创建了校园"110"服务系统，通过校内媒体加强了安全管理与法制宣传教育，有力地提高了师生的安全防范意识、安全防范知识和参与综合治理工作的积极性，加强值班制度，增强了应对突发事件的能力。2004 年，学校被评为全省综合治理先进单位。2005 年，中央综治委学校及周边治安综合治理工作领导小组对全国学校及周边治安综合治理工作先进集体和个人进行了表彰，学校荣获"全国学校及周边治安综合治理工作先进集体"称号。

2006 年，学校在全校范围内集中开展了以建立良好的安全预警机制、问题管理机制和危机处理机制为重点的校园安全稳定工作大规模排查活动，及时化解安全工作中带有苗头性、倾向性的问题。学校制定了《西北师范大学学生突发事件应急处置预案》，针对学校少数民族学生、留学生、外教及各类学生社团较多的情况，开展经常性的信息调研工作，增强安全稳定工作的主动性和前瞻性；在敏感节点和重大节假日期间，实行学校领导带班制度和安全稳定零报告制度；积极开展反邪教警示教育活动，排查和杜绝法轮功等邪教组织的渗透破坏活动，保证校园安全稳定；制定了《西北师大学生校外住宿管理暂行办法》，对学生校外住宿的申请审批程序及校外住宿学生的管理、必须遵守的事项、责任等作了明确的规定；修订了《兰天学生公寓消防抢险救灾预案》，印发了《兰天学生公寓消防安全须知》，督促兰天公司对损坏、被盗或缺少的消防器材和设施进行维修和配装；通过开展"我爱我家、创美好兰天"主题系列活动，为学生营造了良好的学习、生活氛围。

六、加强党风廉政建设

学校党委始终坚持把反腐倡廉建设工作作为保证学校各项事业科学发展、促进学校和谐稳定的重大政治任务，坚持以制度建设为核心，将反腐倡廉与学校管理紧密结合，从严治教，规范管理，注重治本。2000年，学校开始实行党风廉政建设责任制。2003年，学校出台了《西北师范大学基建项目招投标管理（暂行）办法》，加大对基建项目招投标的管理力度。2004年，学校制定了《西北师范大学党风廉政建设责任制实施细则》，坚持把党风廉政建设纳入党政领导班子、领导干部尤其是党政一把手的目标管理；同年，制定了《西北师范大学审计公告制度》和《西北师范大学建设维修项目及物资采购招标结果公告试行办法》。2005年，学校修订了《基建投资控制和财务管理办法》、制定了《基建工程内容变更和经济洽商办法》《经济合同管理办法》，进一步规范程序，堵塞漏洞。2008年年底，学校制定了《西北师范大学建立健全惩治和预防腐败体系2008—2012年实施计划》。这项实施计划对加强学校党风廉政建设、切实落实反腐倡廉各项工作起到了积极的推动作用。2009年，学校制定和修订有关决策议事、规范管理、招生考试、基建工程、财务审计等制度规定10余项，结合新校区建设制定了《西北师范大学新校区建设项目招标投标管理办法（修订）》《西北师范大学新校区建设纪检监察办法》等七项制度，对新校区建设的工作纪律、工作作风提出了要求，为新校区建设的监督检查提供了制度保证；同时，认真研究制定了《西北师范大学2009—2015年纪检监察工作规划》，对全校惩治和预防腐败体系建设进行提前谋划。学校在全面实施招生"阳光工程"的基础上，进一步完善并严格执行招生、考试管理制度，先后制定了《西北师范大学招生工作实施阳光工程细则》《西北师范大学招生工作责任制及责任追究暂行办法》以及《西北师范大学研究生招生管理规定（试行）》《西北师范大学研究生招生考试命题评卷管理办法（试行）》《西北师范大学研究生招生复试管理暂行办法》等制度，公开录取政策，公开录取信息，让纪检监察部门全过程参与监督，并自觉接受社会各界的监督。同时，学校抓好招生"六公开"工作，将体育特长生、艺术类招生和自主招生作为管理监督的重点，确保招生工作的公平和公正。

2006年5月，学校各学院、各单位结合工作实际，开展了丰富多彩的社会主义荣辱观践行活动。学校纪委、党委宣传部、校团委于5月16日联合下发通知，要求在全校党员干部群众中组织开展传唱创作"八荣八耻"教育活动，要求各学院、各单位把"八荣八耻"歌曲传唱活动作为深入开展社会主义荣辱观教育的重要载体，作为校园廉政文化建设的有机组成部分，纳入宣传工作的主要内容；要求学校各级团组织充分利用组织生活及校园文化活动，采取多种形式在广大团员青年中率先广泛传唱"八荣八耻"歌曲，进一步把学习宣传贯彻社会主义荣辱观教育活动引向深入。

为贯彻实施好中央印发的《中国共产党党员领导干部廉洁从政若干准则》（以下简称《廉政准则》）和教育部党组印发的《直属高校党员领导干部廉洁自律"十不准"》等重要文件精神，深入推动我校反腐倡廉建设，学校党委及时下发了《关于认真学习贯彻〈中国共产党党员领导干部廉洁从政若干准则〉的通知》和《关于深入开展〈中国共产党党员领导干部廉洁从政若干准则〉学习宣传教育活动的通知》，引导全校各单位各部门迅速行动起来，组织开展多种形式的学习宣传教育活动。学校组织全校副处级以上干部开展学习贯彻《廉政准则》知识测试活动，进一步巩固和强化了学习效果。2010年9月，学校开展了"每月读一本好书，每季度看一部警示教育片"活动，辅以演讲比赛、专家报告，将《廉政准则》的要求转化为干部廉洁从政的自觉行动，进一步提升和丰富了校园廉政文化建设的内涵。2011年6月29日，在甘肃省纪检监察系统纪念中国共产党成立90周年暨先进表彰大会上，学校被评为全省纪检监察系统先进集体。

七、完善学校民主管理

学校现有民革、民盟、民建、民进、九三学社、农工等 6 个民主党派组织，民主党派成员 265 人，其中民革 31 人、民盟 130 人、民建 9 人、民进 34 人、九三学社 44 人、农工 17 人；现有侨联、台联、知联会和留联会等 4 个团体，其中归侨、侨眷 422 人，无党派代表人士 251 人，留学归国人员 198 人；现有少数民族教师 106 人，少数民族大学生 2251 人。学校的党外知识分子相对集中，各民主党派组织健全，具有人数多、层次高、影响面广、作用大的特点。学校党委坚持每学期初召开一次统战工作专题会议，主要领导经常亲自检查指导统战工作，党委副书记分管统战工作。每学期，学校党委都要召集各基层党委书记、统战委员，机关有关处室负责人，民主党派和团体负责人开会，由学校党政一把手亲自通报学校工作。每年元旦、教师节、国庆节、中秋节期间，学校都要举办各族各界人士茶话会，邀请省人大代表、省政协委员、民主党派和团体负责人、少数民族教师代表等参加。学校的改革方案、发展规划、政策调整等重大举措，出台前都坚持召开党外人士和专家会议征询意见。每年在甘肃省"两会"召开之前，学校党委都组织召开人大代表和政协委员座谈会，对拟向"两会"提交的重要议案、建议和提案进行认真的讨论研究。

2002 年以来，学校党委建立并坚持实施了校、院两级党政领导（中共党员）联系优秀党外中青年知识分子制度。2005 年，学校为各民主党派和团体安排了两间联合办公室，配备了办公设备。2006 年 3 月 9 日，甘肃省高校统战工作观摩督查汇报会在学校召开。甘肃省委统战部副部长户丁一及十几所省属高校的统战部部长参加了会议。会上，校党委副书记何昌明向观摩督查团汇报了学校统战工作的开展情况，甘肃省委统战部副部长户丁一在讲话中对学校统战工作给予了充分肯定。他说，西北师范大学的统战工作有优良的传统、深厚的基础、宽松的环境、丰富的经验和突出的成绩，历届领导班子都十分重视统战工作，统战工作全面、深入、细致、扎实。他要求学校在今后的统战工作中要进一步认真总结经验，加强理论研究工作，要在良好的工作基础上，进一步注重创新载体，不断加强自身建设。2006 年 4 月，学校制定了《西北师范大学关于进一步加强统战工作的意见》，提出要努力使统战工作形成科学合理、高效运转、充满活力的良好机制；要制定和完善已有的各项统战工作制度，加强统战工作的制度化、规范化建设；要认真做好民主党派和无党派人士的工作；要围绕中心、服务大局，积极支持党外人士参政议政、建言献策。2007 年 9 月 28 日，甘肃省委统战部、省工商联、省光彩事业促进会在"中国梯田化模范县"庄浪举行了"光彩陇原行"大型系列活动。党委书记刘基代表学校向庄浪县中小学捐赠了 8 架电子琴，并和庄浪县政府签订了"中小学校长培训"、"中小学骨干教师培训"等协议。2010 年 3 月，李并成研究员的《关于加强对上市蔬菜瓜果农药残留物的检测监管力度的提案》被评为"政协甘肃省十届一、二次会议优秀提案"，《河西移民开发区文物古迹保护应引起高度重视》的报告"2008—2009 年度省政协反映社情民意'好信息'"。

学校重视发展党内民主，积极探索推进党务公开，建立并完善党内情况通报制度。每年，学校领导班子及成员都坚持召开民主生活会，并在学校干部大会上就年度工作任务完成情况进行述职述廉，接受广大职工的考核测评。对一些重大事项，学校及时向全校师生员工予以公开，听取师生的意见和建议。同时，学校全面推进了校务公开制度，制定了《西北师范大学校务公开实施办法》《西北师范大学教职工代表大会暂行条例（修订稿）》，进一步健全审议、评议、听证、报告等制度。学校坚持每年召开校院两级教代会，校、院两级行政负责人向教职工报告"三重一大"等事项，接受教职工和校、院务公开监督小组的审议和监督。通过建立广泛听取意见和建议的机制，师生员工民主意识不断提高，民主监督合力进一步增强。学校坚持实行校务公开制度，最大限度地维护教师对学校改革发展、办学方略、战略部署上的知情权与参与权，学校各项重大事务都能够做到敞开渠道，保证了民主决策。凡属发展规划、重大政策、改革措施、财务预算、干部任免、招生考试、基建及设备购置等重要事项，学校都充分利用校园媒体、校务公开宣传栏等，主动向全校师生通报和公示。学校开通了校长热线，并确定每周二全天为学校领导深入基层调研时间，班子成员直接听取师生的意见和建议。学校的改革方案、发展规划、政策调整等重大举措出台前都坚持召集教代会、民主人士和专家会议征询意见，并能够在学校各类专题会议上认真听取与会代表对相关工作的意见。

八、加强和改进离退休工作

2002年5月，学校自筹经费270余万元（基建投资210万元，设备购置费60余万元），在半年时间内修建了建筑面积1911平方米的老干部活动中心大楼，内设老干部阅文室、阅览室、健身房、棋牌室、乒乓球室、台球室、多功能大厅等活动场所。老干部活动中心大楼的建成，极大地改善了离退休老同志的活动条件。

2004年6月，学校在新一轮机构改革中，设立了离退休工作处，与离退休职工党委合署办公室，加强对离退工作的指导和管理。10月，学校响应中共中央关于大力弘扬中华民族敬老爱老助老的传统美德，在全社会树立良好的道德风尚，积极开展"全国青少年敬老爱老助老主题教育活动"的号召，在重阳节所在的一周内启动了全校"敬老爱老助老"主题教育周活动。这项活动每年一次，已经连续开展了8年。2004年，西北师大被评为教育部关心下一代先进单位。2005年11月，甘肃省关工委、省精神文明办公室联合授予彭德华教授全省"关心下一代工作先进个人"称号。2006年西北师大被授予"2006年全国敬老爱老助老主题教育活动优秀组织者奖"。2009年，退休教授彭德华同志被全国妇联授予"全国三八红旗手"荣誉称号。

2010年5月，甘肃省关心下一代工作委员会、甘肃省精神文明建设指导委员会办公室授予西北师大关心下一代工作委员会"全省关心下一代工作先进集体"荣誉称号。2010 年 6 月 22 日，中国关工委和中央精神文明办公室在北京召开纪念中国关工委成立 20 周年暨全国关心下一代工作表彰大会，彭德华、杨隆骞同志被授予"先进工作者"荣誉称号。2010 年 8 月 27 日，甘肃省委、省政府在兰州召开全省离退休干部"三先"表彰大会，隆重表彰全省离退休干部先进党支部、先进个人和先进工作者。体育学院离退休党支部被授予"全省离退休干部先进党支部"荣誉称号。2010 年，在第四届"全国敬老爱老助老主题教育活动"评选中，离退休教协理事长、原西北师大副校长李志正荣获 2010 年"全国孝亲敬老之星"荣誉称号。

2011 年 4 月，为了弘扬"忠诚敬业、关爱后代、务实创新、无私奉献"的"五老"精神，表彰先进，推动工作，教育部关心下一代工作委员会决定对全国教育系统关心下一代工作先进集体和先进个人予以表彰。西北师大退休教授马以念被授予"全国教育系统关心下一代工作先进工作者"荣誉称号。2011 年 7 月，甘肃省老龄办授予西北师范大学"全省敬老模范单位"荣誉称号。为弘扬尊老敬老优良传统，动员全社会为老年人办实事、做好事，中国老龄工作委员会办公室决定，2011 年 10 月 1—31 日在全国开展以"敬老助老 从我做起"为主题的"敬老月"活动。自此，学校连续多年开展的"敬老爱老助老"主题周教育活动随之更名为"敬老月"教育活动。

二〇〇〇年以来，学校历次机构改革始终坚持以邓小平理念和「三个代表」重要思想为指导，紧紧围绕学校中心任务，坚持分类规范、责权一致、精简统一、务求效能、整合资源、利于发展的原则，适度调整组织结构，优化学科布局，进一步完善校、院、系（所、中心）三级管理体制，着眼于建立健全设置合理、职责明确、运转协调、行为规范的组织体系，着眼于学校学科发展和人才培养质量的提升，着眼于学校事业的科学发展。学院的设置始终坚持整合和优化教育教学资源、发展学科优势，注重教育部颁布的专业目录分类，结合基础类学科、应用类学科的不同特点，适当兼顾历史和现状的原则．后勤产业单位的设置注重理顺学校后勤产业管理体制、明晰发展思路，完善新型后勤服务保障体系．附属单位注重进一步增强自身活力、提升发展质量，努力打造同行业精品。多年来，各二级学院及附属单位在学校事业改革发展的生动实践中形成了「百花争妍」的生动局面。

第十章 百花争妍 斯美其扬

学院及附属单位沿革与现状

第一节
二级学院

一、文学院

文学院是西北师范大学历史最久的教学单位，可以追溯到一百多年前京师大学堂的"中国文学门"。北平师范大学时期，学校设文学院、理学院、教育学院三院。抗战期间，学校西迁，多次改组，1939 年 9 月，国立西北师范学院从西北联合大学分离出来，独立设置，黎锦熙先生任国文系主任。1950 年 12 月，经西北军政委员会教育部批准，国文系改称中国语文系。1959 年 1 月，兰州大学中文系部分教师和兰州艺术学院文学系全体教师并入中文系。1977 年后，随着国家高考制度的恢复和完善，中文系的面貌焕然一新。20 世纪 90 年代以来，中文系在汉语言文学专业的基础上，先后开设文秘教育（1993 年招生，2000 年设立秘书学系）、新闻学（2002 年招生，2012 年并入新闻传媒学院）、对外汉语教学（1993 年设立"教学中心"，1994 年招生，2007 年成立对外汉语系，2012 年整合成立国际文化交流学院）三个新专业。2000 年 9 月，为了适应学校教育事业发展的需要，中文系与历史系、古籍整理研究所、西北文化研究所等机构合并，成立文学院，2008 年 6 月改称文史学院。2012 年 6 月，学校进行机构改革和专业调整，以中文系、文秘系为教学主体，以先秦文学与文化研究中心、古籍所、国学中心等为科研平台重新组建了文学院。历史系及相关研究所从文史学院分出，整合成立了历史文化学院。

自 1942 年国立西北师范学院搬迁至兰州以后，一大批蜚声海内外的著名学者先后在中文系和文学院任教，黎锦熙、何士骥、谭戒甫、刘朴、刘文炳、易君左、罗根泽、于赓虞、焦菊隐、李辰冬、王汝弼、李嘉言、张舜徽、叶鼎彝（丁易）、冯国瑞、赵荫棠、徐褐夫（徐行）、沈心芜、舒连景、杨伯峻、郑文、匡扶、尤炳圻、彭铎、廖可兑、郭晋稀、唐祈、吴福熙、张文熊、支克坚、孙克恒等先生，在不同的学科领域作出了杰出贡献。已退休的李鼎文、叶萌、陈涌、霍旭东、蹇长春、万嵩、乔先知、李树凯、季成家、胡大浚、张明廉等先生仍然关注着文学院的进步，为文学院的发展建言献策。黎锦熙、何士骥、徐褐夫、傅恒书、彭铎、胡大浚、蹇长春、赵逵夫、彭金山等先生先后担任中文系主任、文学院院长，为中文系、文学院的改革和发展作出了突出贡献。近年来，又有一批年轻的学人加入到文学院的队伍中，共同浇灌着文学院这棵参天大树。几代人辛勤耕耘，老中青薪火相传，形成了稳健求实、锐意进取的学术传统。经过一百多年的风雨洗礼，文学院依然保持着自己独特的个性，既能坚守学术家园，又能注重现实关怀，成为独树一帜的"陇上毓苑"。

中文系是全国首批获得硕士学位授予权的单位。早在 1945 年，黎锦熙先生主持下的国文系就已经开始招收硕士学位研究生，1949 年因故停止招生，1961 年彭铎教授任系主任期间恢复招生。新时期以来，在赵逵夫教授的带领下，学校于 1996 年创建中国古代文学博士点，2003 年建立中国古典文献学博士点、中国语言文学博士后流动站。文学院于 2010 年获得一级博士学位授予权，下设 8 个二级学科博士授权点，包括中国古代文学、中国现当代文学、中国古典文献学、汉语言文字学、文艺学、比较文学与世界文学、语言学及应用语言学、中国少数民族语言文学；同时拥有一级硕士学位授权点，包括上述 8 个二级方向，形成了由学士、硕士到博士、博士后的人才培养体系。

文学院在学科建设方面成绩卓著，中国语言文学是甘肃省重点学科，中国古代文学是国家重点学科（培育），汉语言文学是教育部本科教学特色专业。经过数十年的学术传承和研究积累，文学院逐渐形成了富有特色的研究方向，其中特色最为鲜明的是以赵逵夫教授为代表的先秦文学与文化研究，下设古代神话与先秦文学研究、先秦文献与汉语史研究、先秦诸子与古代文化研究、考古与先秦史研究和民俗与旅游文化资源研究等 5 个研究方向。在中国现当代文学研究方面，以西部文学与文化为中心的地域文学与文化、少数民族文学与民俗研究也日益受到重视。随着研究方向的明确，文学院的科学研究水平稳步提升。2010 年，赵逵夫教授主持的"《全先秦汉魏晋南北朝文》编纂整理与研究"获得国家社会科学基金重大招标项目立项，实现了西北师大人文社科研究国家社科基金重大招标项目"零"的突破。近 5 年来，文学院共获得国家社会科学基金项目 20 多项，在中华书局、商务印书馆、人民文学出版社、中国社会科学出版社、高等教育出版社等高层次出版机构出版学术著作 40 余部，获得省级以上学术研究成果奖励 27 项。

文学院拥有一支结构合理、学识渊博的师资队伍。现有教职工 76 人，其中专职教师 66 人，教辅行政人员 10 人。专职教师中教授 16 人（其中 9 人为博士生导师），副教授 27 人；有博士学位者 38 人，在职在读博士 2 人。有国家教学名师 1 人（赵逵夫教授），教育部新世纪优秀人才支持计划获得者 1 人（韩高年教授），甘肃省领军人才 4 人，甘肃省高等学校优秀青年教师成才奖获得者 4 人。以博士为主体的高素质的专业教师队伍为建构高质量的教学体系和培养高素质的各类人才奠定了坚实的基础。截至目前，文学院已建成中国古代文学、20 世纪中国文学、美学、写作、古代汉语、新时期文学研究等 6 门甘肃省精品课程，形成了以核心课程为主体、辐射选修课程的精品课程体系。与精品课程建设相伴随，文学院也及时推进教学改革。由邵宁宁、郭国昌、龚喜平等人完成的《以优势学科为平台，创新汉语言文学国家级特色专业教学质量规范体系的探索与实践》于 2011 年获得了甘肃省优秀教学成果二等奖，是文学院教学改革过程中取得的最新成果。

文学院现有本科生 1100 余人，研究生 400 余人。学风朴实，校园文化异彩纷呈。话剧节、读书节、金秋文艺汇演、影视评论等学生社团活动在甘肃省高校中享有盛誉。2011 年，以文学院学生为主体创作的话剧《男生禁入》获得2011 年"金刺猬"全国大学生戏剧节优秀剧目奖。文学院具有浓郁的文学创作氛围，由学生自己创作的长篇小说、诗集、散文集每年都会得到公开出版。校园文化的活跃调动了学生的学习积极性，保送研究生中的大部分学生被"985"、"211"高校接收，毕业生一次性就业率位居全校的前列，其专业能力、综合素质受到社会各界的普遍认同。

文学院现下设中文系和秘书学系 2 个系；古籍整理研究所、西北文化研究所、先秦文学与文化研究中心、西部文学与当代文学批评研究中心、世界遗产研究中心、国学中心等 6 个学术研究中心；中国古代文学研究所（含先秦两汉文学、魏晋南北朝文学、唐宋文学、元明清文学、中国文学批评史等 5 个研究方向）、中国现代当代文学研究所（含中国现代文学、中国当代文学、西部文学、民间文学等 4 个研究方向）、文艺学研究所（含文艺美学、文学批评、影视美学、西方文论等 4 个研究方向）、汉语言文字学研究所（含古代汉语、中古及近代汉语、现代汉语、出土文献与古文字学等 4 个研究方向）、语言学与应用语言学研究所（含社会语言学和方言学、对外汉语等 2 个研究方向）、比较文学与世界文学研究所（含比较文学、西方文学 2 个研究方向）、写作学研究所等 7 个研究所。其中，先秦文学与文化研究中心是省级研究机构，以"揭示甘肃深厚的文化底蕴，开发旅游资源，弘扬甘肃人民坚忍不拔、自强不息、团结兼容、善于创新的精神"为宗旨。古籍整理研究所是教育部全国高校古籍整理委员会的直属研究所，形成了"文献整理与研究相结合、传世文献与出土文献研究相结合、地方文献整理与地域文化研究相结合"的研究特色，含有先秦至南北朝文学文献、唐宋文学文献、明清文学文献、敦煌文献等 4 个研究方向。

文学院现任院长为韩高年教授，学院坚持院务公开，民主管理，设有学术委员会、学位委员会、教学工作委员会等机构。

二、历史文化学院

历史学在西北师范大学是传统优势学科，传承有百余年的历史。新中国成立前，历史学与地理学合称史地系。1949 年 10 月，独立设置历史系。1959—1961 年，兰州大学历史系曾一度并入西北师大历史系。1970—1977 年，历史系与政教系合并，成立政史系。1977 年年底，政史系又分为政治系和历史系。2000 年，历史系与中文系、秘书学系、古籍整理研究所、敦煌学研究所、西北文化研究所共同组成文学院，原历史系旅游管理专业独立设置为旅游学院，原历史系文物陈列室改建为西北师大博物馆历史文物室。2008 年文学院更名为文史学院。2012 年，文史学院历史系及相关研究所（中心）独立设置为历史文化学院。目前学院有历史学系、文物与博物馆学系、甘肃省西北边疆史地研究中心、敦煌学研究所、简牍学研究所、文化遗产研究中心、陇商研究中心、甘肃近现代史研究中心、美国历史文化研究中心、考古与博物馆专业硕士学位教育中心、资料中心等。

20 世纪 40 年代，著名史学家顾颉刚、陆懋德、杨向奎、徐炳昶、叶鼎彝（丁易）、何士骥、张舜徽、王树民等先生曾先后在本系任教讲学。50 年代以来，金宝祥、金少英、许重远、萨师炯等专家学者先后在本系任教。学院现有教师 42 人，其中教授 14 人，副教授 22 人，博士生导师 5 人，国家"百千万人才工程"第一层次人选 1 人，教育部新世纪优秀人才 1 人，甘肃省领军人才 2 人，省"333"、"555"人选 2 人，省级教学名师 2 人，省青年教师成才奖获得者 1 人。

在 110 年的办学历程中，西北师大历史学薪火相传，形成了严谨朴实、勤奋刻苦、自强不息的优良学风，学科建设不断发展，学术水平日益提高。1981 年，由金宝祥先生牵头的中国古代史硕士点获得通过，成为全国首批中国古代史专业硕士学位授权点之一。在金宝祥等先生的带领下，历史系先后招收秦汉史、魏晋南北朝史、隋唐史、宋元史、明清史、西北史、文化史等方向的硕士研究生，培养的硕士生水平较高，现已成为各行各业的骨干或学术带头人，在学术界有较大影响。因在课程建设和人才培养方面成绩突出，1991 年西北师大历史系中国古代史教研室被甘肃省教委授予"教书育人先进集体"称号。1994 年中国古代史被确定为甘肃省重点学科。学院现有中国史博士后科研流动站，中国史一级博士学位点，中国史、世界史、考古学、民族学 4 个一级学科硕士学位授予权；历史学为国家特色专业，中国史为甘肃省重点学科，"丝绸之路"与西北史地研究中心为省部共建创新平台，西北边疆史地研究中心为甘肃省人文社科重点研究基地。

学院学科建设成绩显著。西北边疆史地研究是历史学科中最为稳定和具有地域特色的研究方向。专门史于 1998 年获硕士学位授予权，2003 年获博士学位授予权。2010 年，西北边疆史地研究中心被批准为甘肃省高校人文社会科学重点研究基地，出版了《河西开发史研究》《西北经济史》《甘肃经济史》《近代西北开发思想研究》《西北开发史研究》《西北边疆社会研究》《历代经略西北边疆研究》《河西绿洲时期的开发与沙漠化》《河西走廊历史地理》等。

西北出土简纸文书与地方文献研究是历史文化学院另一重要的学科方向。历史文献学于 1996 年获硕士学位授予权，1998 年被确定为甘肃省重点学科，2006 年获博士学位授予权。西北出土简纸文书与地方文献研究特色鲜明，包括敦煌学和简牍学研究、西北地方文献整理研究、西北少数民族文献整理研究等。先后整理、出版了《居延新简》《敦煌汉简》《敦煌悬泉汉简释粹》《秦汉简牍论文集》等。

中国古代民族关系史与政治史研究是历史文化学院传统学科方向。中国古代史于 1981 年获国家首批硕士学位授予权，1994 年确定为甘肃省重点学科。2011 年中国史被批准为一级博士点，该方向在先秦秦汉史、魏晋南北朝史、隋唐史、宋元史、明清史等各断代史研究中均有重要成果，尤其在中国古代民族关系史与古代政治史等方面形成了明显的特色和优势，出版了《嘉靖革新研究》《五凉史探》《宋代西北吐蕃研究》《元代西北历史与民族研究》等。

近现代西北社会经济史研究是历史文化学院重要的学科方向。中国近现代史学科于 2005 年获硕士学位授予权，在近现代西北社会经济史研究中具有鲜明的地域特色和学术优势，包括西北近现代经济史研究、陕甘宁革命根据地研究、近现代西北社会史研究等。出版了《甘肃经济史》《西北经济史》《甘肃近现代史》《甘肃通史（近现代卷）》《西北通史（近现代卷）》《陕甘宁革命根据地史》《民国时期甘肃毒品危害与禁毒研究》等。

"丝绸之路"文明与国际关系史研究是历史文化学院世界史研究中的重要学科方向。世界史于 2003 年获准设立硕士点，2011 年获一级硕士学位点，在"丝绸之路"交通与中外关系史研究、现代国际关系史研究等方面形成较为显著的学术特色和优势。"丝绸之路"与西北史地研究中心是西北师范大学省部共建中所确定的重点研究基地。出版了《丝绸之路》《汉魏丝路贸易史》《丝路西段历史研究》《东洋奇迹的启示》《土耳其政治现代化的思考》《阿富汗史——战争与贫困蹂躏的国家》等。

学院招收历史学、历史与社会、文化遗产等专业与方向的本科生。开设的主干课有中国古代史、中国近代史、中国现代史、中国当代史、世界古代史、世界近代史、世界现代史、世界当代史、中国历史要籍介绍及选读、史学理论与方法、历史教学法等。自 2000 年开始，学院开展"历史学本科教材建设工程项目"，编撰完成了《中国文化史》《史学理论与方法》《史学论文写作教程》《历史学本科专业学习指南》《敦煌学教程》《甘宁青考古八讲》《简牍学教程》《西北边疆考古教程》《世界史》《世界近代史》《世界现代史》等教材。2010 年，中国古代史教学团队被评为甘肃省优秀教学团队和国家教学团队。2011 年，学院选拔新生组成"云亭班"，从培养目标、教学管理、课程设置、教材建设、科研训练等方面开展新的本科教学改革。

学院在精品课建设中成绩突出，敦煌学为国家级精品课程，敦煌学、中国古代史、中国文化史、世界现代史、中国历史要籍介绍及选读为甘肃省精品课。2011 年，"中国通史与西北史相结合，推动历史学特色专业建设"教学改革获甘肃省高等教育教学成果一等奖，"思想政治教育与专业知识传授的有机融合：敦煌学本科教学的探索和实践"获甘肃省教育厅教学成果奖。李并成研究员先后获"全国先进工作者"、"甘肃省教学名师"称号，田澍教授先后获宝钢优秀教师奖、教育部霍英东基金会高等院校青年教师教学奖与"甘肃省教学名师"、"甘肃省先进工作者"称号。

学院团委以学生活动为载体，寓教于乐，将教育管理内容融入校园文化活动之中，使高品位校园文化活动呈届次化、规模化和品牌化发展。"大学生读书节"和"艺术节"等活动为学生综合素质的提升提供了重要载体，丰富了学生的文化生活，成为学生思想政治教育的新平台。学院团委先后获"全国五四红旗团委"和"甘肃省优秀学生分会"等称号。

三、教育学院（教师培训学院）

教育学院是西北师范大学渊源久远、学统深厚的教学单位之一，从京师大学堂开设"教育门目"课程开始，到北京高等师范学校的教育专攻科，从 20 世纪 20 年代北京师范大学设立教育系，发展到北平师范大学教育学院（内含教育系、体育系、实用艺术系），一脉相承。1937 年 9 月，学校西迁，组建为西安临时大学教育学院，增设家政系。1938 年 7 月，西北联合大学筹备设立师范研究所，由李建勋先生担纲，聘请金澍荣、程克敬（字述伊）、鲁世英（字岫轩）、郝耀东（字照初）、高文源（字味根）、王凤岗（字梧峯）、刘亦珩（字一塞）等先生为研究所教授，承担研究所的教学、研究及指导研究生的工作。1940 年 9 月，师范研究所招收刘泽（女）、胡玉升、郝鸣琴、许椿生、余增寿、凌洪龄、张栢林、庄肃襟、韩温冬、郭士豪、杨少松、梁钟澍、苏競存、刘培桐、赵兰庭等硕士研究生。1939 年 9 月，国立西北师范学院独立设置后，学校设立的与教育学院学科密切相关的系所有：教育系、公民训育系、体育系、家政系、师范研究所。1940 年，国立西北师院奉命迁往甘肃省兰州市。迁兰后的西北师院，在机构设置上除原有的教育系、家政系等十系继续招收"先修班"外，还设有优良小学教师训练班。

1949 年 10 月，学校将家政系改为幼稚教育系，1950 年 10 月，又将幼稚教育系改为幼儿教育系，是我国最早开设幼儿教育专业的五所高师之一。到 1956 年，教育系开办学校教育和学前教育两个专业。为适应教学和科研发展的需要，学校积极采取措施，招聘外地教师，壮大师资队伍，李秉德、王明昭、吕方、陈震东、郭士豪、景时春、沈庆华、赵鸣九等知名学者来校任教。他们为教育学院 20 世纪 50 年代及以后的发展作出了重大的贡献。1951 年秋季开学后，教育系率先成立了教育学、心理学、教学法和教育行政学四个教研组。1958 年 11 月，西北师范学院下放甘肃省管理，改名为甘肃师范大学。1960 年 6 月，教育系等系学生停课，或参加校内外"技术革新和技术革命"，或下乡支援农业生产。1965 年，教育系撤销，在其基础上成立教育研究室。"文化大革命"前期教育研究室被撤销，1972 年又恢复，1978 年一分为二，教学任务归刚恢复的教育系，科研任务归教育研究室。

1980 年教育研究室改为教育科学研究所，初设教育理论、教育心理、电化教育三室；后电化教育分出，单独成立电教中心。教育科学研究所以教育原理、教育理论与方法为研究方向，主要进行教学论、课程论、学习心理、教学心理、普通教育、高等教育、少数民族教育和不发达地区教育等问题的研究；同时招收培养博士、硕士研究生，并办有内部刊物《教育科学研究通讯》。李秉德、南国农、赵鸣九、李定仁、胡德海、万明钢教授等都在教育科学研究所担任过所长职务。1981 年 11 月，在国务院批准下达的首批博士、硕士授予单位和学科专业中，学校获得教学论专业博士学位授予权和教学论等 5 个硕士学位授予权。1988 年 4 月正式成立民族教育研究所，胡德海教授担任首任所长。

1996 年，在教育系、教育科学研究所、民族教育研究所和电化教育系的基础上组建了"教育科学研究院"；2000 年 6 月，电化教育系从教育科学研究院分出独立设置为教育技术与传播学院，教育科学研究院更名为"教育科学学院"。2003 年，设立教育学博士后科研流动站。2004 年 6 月，学院更名为"教育学院"。2005 年获得教育学一级学科博士学位授予权和发展与教育心理学博士学位授予权，同年获得了教育学、心理学一级学科硕士学位授予权。2007 年，教育部批准课程与教学论专业为国家重点培育学科。

1999 年 5 月，在民族教育研究所的基础上成立了西北少数民族教育发展研究中心，2004 年 11 月，经专家评审，确定为教育部人文社会科学重点研究基地。2000 年 1 月，教育部成立基础教育课程研究中心，指导西北地区，特别是民族地区、农村地区基础教育和课程改革的实验工作。2000 年，甘肃教育厅依托学院设立"甘肃省中小学教师继续教育研究中心"，承担全省中小学教师培训理论研究和省级骨干教师的培训，以及中英项目县教师、联合国儿童基金会项目县教师的培训。2002 年，原甘肃教育学院教师培训职能划归西北师范大学，成立"甘肃省中小学教师继续教育研究指导中心"，负责全省中小学教师的职后培训。2003 年，在甘肃省中小学教师继续教育研究指导中心的基础上成立"教师培训学院"，与教育学院实行"两块牌子、一套班子"的管理体制。

截至 2012 年 6 月，教育学院有 1 个教育学博士后科研流动站，1 个教育学博士学位授权一级学科，1 个教育博士专业学位授权学科，2 个硕士学位授权一级学科，14 个硕士学位授权二级学科，2 个专业硕士学位授权点，5 个本科专业；有 1 个国家级人文社会科学重点研究基地——西北少数民族教育发展研究中心，1 个国家重点（培育）学科——课程与教学论，1 个省级重点学科——教育学。学院有教职工 90 名，其中专职教师 73 名、教辅人员 9 人，专职管理人员 8 名。其中 73 名专任教师中，有教授 19 人、副教授 32 人、讲师 17 人、助教 5 人。具有博士学位的教师 33 人，7 人正在攻读博士学位。现有博士生导师 12 人，硕士生导师 38 人。现有本科生 254 人，硕士研究生 328 人，博士研究生 47 人，教育博士 11 人，教育硕士 92 人，在职教育硕士 444 人。

根据《西北师范大学教师教育改革行动计划》，教育学院率先开展教师教育改革，积极整合教师教育资源、建立教师教育机构，制订培养方案，开发教师教育课程，改革教育实习模式，初步形成了符合现代教师教育发展趋势、适应基础教育改革发展需要的新型教师培养模式，在全国产生了积极的影响，毕业生遍布全国各地，深受用人单位的好评。

学院积极开展民族教育研究，跟踪指导民族教育实践，推出了一系列有特色、高水平、有影响的科研成果。2002 年以来，学院教师出版学术著作 150 余部，发表学术论文 1200 余篇，承担各级各类项目 300 余项，获得科研经费 1500 余万元，获得国家级、省级奖 90 余项。民族教育研究特色鲜明，近年来出版专著 30 多部，承担省部级以上课题 11 项，发表论文 200 多篇，获国家级奖励 4 项。

学院先后举办国内外中小学校长与教师培训班 152 期，培训校长、教师 24000 多人。学院的教师培训已成为在国内享有良好声誉、理念和模式先进、特色鲜明、培训成效突出的品牌服务项目。学院多次承担教育部委托的培训项目，为黑龙江、内蒙古、新疆、甘肃、青海、宁夏、重庆、四川、广西、云南、新疆生产建设兵团等培训了大批骨干教师。

学院先后有二十多名教师主持或参与中英、中欧甘肃基础教育项目、世界银行贷款项目、福特基金项目、联合国儿童基金会项目等大型国际合作项目，促进了西部农村地区和民族地区基础教育的发展。学院发挥教育学科优势，深入西部，面向农村和民族地区，积极开展调查研究，推进西北地区基础教育发展。学院积极参与国家新一轮基础教育课程改革，建立教育实践基地学校 80 余所，其中在少数民族地区建立教育改革实验合作学校 16 所。组织教师 200 多人次深入甘肃、宁夏、青海、新疆、内蒙古等国家级基础教育课程改革实验区进行调研。2010 年学院选送 120 名研究生和本科生到甘肃农村学校进行了为期 90 天的顶岗置换支教，为甘肃农村基础教育作出了贡献。

四、心理学院

西北师范大学的前身是 1902 年创立的京师大学堂师范馆。它的创办，开启了中国现代高等师范教育的先河，同时也成为中国心理学教育的开端。

1902 年，京师大学堂师范馆聘请外籍教师服部宇之吉（正教习）开始讲授心理学课，并将其设定为学生通习科目。

1941 年，国立西北师范学院西迁至兰州，将心理学的多门课程设为师范研究所教育学部的专业课程。

1951 年秋，学校成立了心理学研究组。

1977 年，恢复教育系并成立了心理学教研室，教育科学研究所成立了教育心理研究室。

1982 年，学校设立心理学专业并招收本科生，1986 年开始招收教育心理学硕士研究生，成为全国为数不多的几所招收心理学研究生和本科生的高校之一。2000 年学校开始招收应用心理学硕士研究生，并成立了心理学系；2003 年开始招收基础心理学硕士研究生，并获得了心理学硕士学位一级学科授予权；2006 年开始招收发展与教育心理学博士研究生，心理学科被评为甘肃省省级重点学科。2011 年本科应用心理学专业被评为甘肃省省级特色专业，心理学实验中心被评为甘肃省实验教学示范中心。2012 年 6 月，西北师范大学成立了心理学院。

心理学科的发展，在胡国钰教授、王维新教授、章仲子教授、何玉琨教授、刘问岫教授、郭士豪教授、沈庆华教授、赵鸣九教授等心理学家深厚积淀的基础上，经过丁松年教授、王树秀教授、彭德华教授、刘萍教授等老一辈心理学家的辛勤努力，目前已形成了一支以万明钢教授、周爱保教授、杨玲教授、孙继民副教授、王建新副教授、丁小斌副教授、康廷虎副教授、王晓丽副教授等为学科带头人和学术骨干的学历专业完善、职称结构合理、学缘广泛的教学科研队伍。

科学研究方面，学院已在民族心理、社会认知、成瘾行为与戒断等领域形成了自己的特色，并积累了丰富的科研成果。教学方面，学院获得了多项省部级教学研究成果，实验心理学、心理测量学、心理统计学等课程被评为省级精品课程，教育心理学、SPSS 应用、人格心理学等课程被评为校级精品课程和重点课程，"心理学研究方法"教学团队被评为校级教学团队，"心理学（教师教育）"教学团队为院重点建设团队。

学院现有一个应用心理学本科专业，包括两个方向——心理健康教育和人力资源管理，主要培养具备心理学基础理论知识和基本技能的应用型人才。有一个心理学硕士学位一级学科授予点，包括基础心理学、发展与教育心理学、应用心理学三个学术型专业。其中，基础心理学以心理学的基本原理和心理现象的一般规律为核心，包括了认知心理学、人格心理学、心理学研究方法等课程群；培养目标主要是让学生系统掌握基础心理学以及相关领域的基本理论和专业知识，掌握相关的实验技能和测量方法，毕业后能胜任与心理学有关的教学和科研工作。发展与教育心理学主要以个体心理的发生与发展，以及人类学习与教育为主要内容，包括发展心理学、教育心理学等课程群。培养目标主要是让学生掌握发展与教育心理学以及相关领域的基本理论和专业知识，掌握本学科的研究方法，毕业后能胜任与发展与教育心理学相关的教学和科研工作。应用心理学以心理学基本规律和原理在实际生活中的应用为主要内容，包括人力资源管理、心理健康教育等课程群；培养目标主要是让学生系统掌握应用心理学的基础理论和专业技能，学习应用心理学的研究方法与技术，毕业后能胜任与心理学有关的测量评价、科学管理等工作。两个专业型硕士学位授予点包括应用心理专业硕士和教育硕士心理健康教育方向。还有一个发展与教育心理学二级学科博士学位授予点，主要培养心理学高级专门人才。

学院现有教职工 23 人，其中专职教师 20 人、教辅人员 1 人，行政管理人员 3 人。专职教师中，有教授 3 人，副教授 7 人，讲师 10 人；其中博士 9 人，在读博士 8 人。教学科研队伍呈年轻化趋势，平均年龄 42 岁，其中 35 岁以下 10 人，均为博士或博士在读。学院师资队伍中，有教育部优秀青年教师 1 人，甘肃省领军人才 1 人，"555" 高层次人才 1 人，甘肃省高等学校跨世纪学术带头人 1 人，西北师范大学教学名师 1 人。目前，这支年轻的教学科研团队已在心理学基础理论研究和应用研究方面积累了较为丰富的成果，成为西北师范大学心理学科发展的中坚力量。

在实验室建设方面，从 1983 年筹建至今，学院现已拥有实验室 300 多平方米，拥有心理教学实验室、认知心理实验室、生理心理实验室、认知神经实验室、心理与行为观察实验室、人力资源开发与管理实验室、眼动研究与应用实验室；拥有国内最先进的 256 导联 EGI 脑电采集与分析系统、ASL 眼动跟踪系统、多导生理测谎仪、JGW－B 心理学实验台以及智力测验、人格测验、职业能力倾向测验、学习能力测验、动作稳定测验仪、记忆测验仪、认知方式测验仪等标准化科学量表和仪器。

在科学研究方面，学术团队成员主持和参与了 6 项国家自然科学基金项目、8 项国家社会科学基金项目、1 项国家攀登计划合作项目、7 项全国教育科学规划项目和 1 项科技部重大基础研究专项子项目以及 100 多项省部级等各级各类科研项目。在国内外权威学术杂志《心理学报》《心理科学》、《教育心理学杂志》（*Journal of Educational Psychology*）、《神经科学快报》（*Neuroscience Letters*）、《意识与认知》（*Consciousness and Cognition*）等杂志发表学术论文 300 多篇。

学院现有博士生、硕士生、本科生 300 余名，生源除西北地区以外，还遍及云南、贵州、广西、湖南、海南、河南、河北、内蒙古等省区。心理学是本科生和研究生招生的热门专业，目前毕业生就业主要集中在以下几个方面：第一，普通高校，这是心理学硕士、博士研究生毕业以后的主要去向。近年来高校对于学生的心理健康问题越来越重视，纷纷开设心理学的公共课，教师需求量大；第二，公务员，目前招心理学本科生、研究生作公务员的主要是公安系统：公安局、劳教所、监狱、边检站等；第三，企业，心理学研究生去企业主要从事员工心理援助（EPA）、企业诊断咨询和人力资源管理，本科生大多从事人力资源测评、市场调研等工作；第四，中小学校，中小学生的心理健康问题越来越受到教育主管部门和社会各界的关注；第五，心理咨询工作者，从目前我国的现状来看，自主从事心理咨询工作的人员越来受到社会的重视和接受；第六，医院和诊所，学习临床心理学和医学心理学的学生，可以去医院或心理诊所从事心理咨询和治疗的工作；第七，部队，每年都有各级各类部队单位到我校来招收心理学专业的毕业生入伍，甚至联合国维和部队也招收心理学的硕士生入伍。

心理学院的对外交往一直非常活跃，与北京大学、北京师范大学、天津师范大学、华东师范大学、西南大学、陕西师范大学、香港大学、香港中文大学以及日本早稻田大学、瑞典卡罗林斯卡医学院、美国休斯敦医学研究中心、美国纽约城市大学、加拿大不列颠哥伦比亚大学等国内外高校开展了一系列的合作研究。

西北师范大学心理学院的全体教职员工将团结奋进，锐意进取，为把学院建成西部一流、全国高水平具有显著特色的心理学教学科研机构而共同努力奋斗！

五、马克思主义学院

马克思主义学院源于 1953 年 9 月成立的马列主义教研室。1959 年 3 月学校成立政治教育系，下设中共党史、马列主义哲学、政治经济学、国际共运史四个教研室；1982 年 9 月成立德育教研室（1984 年并入马列主义教研室）；1984 年 4 月成立马列主义教研室，下设哲学、政治经济学、国际共运史、中共党史四个教研组；1988 年 3 月成立思想政治教育教研室，开设形势与政策、法律基础、大学生思想修养、人生哲学等课程；1998 年 12 月，马列主义教研室与思想政治教育教研室合并成立马列主义教学部，其后随着教学任务与学科建设的不断变化与拓展，分别更名为政治教育系、政史系、政治教育系、政法系，2000 年 10 月西北师范大学在原政法系和马列教学部的基础上，合并组建了政法学院。2011 年 4 月，西北师范大学马克思主义学院成立，与原政法学院两块牌子、一套班子，2012 年 5 月随着学校新一轮机构改革，马克思主义学院单独设置。

马克思主义学院现设有哲学系、思想政治教育系 2 个教学系，政治学、哲学、马克思主义理论、思想政治教育 4 个研究所以及西部社会建设与社会管理研究中心。共有哲学、思想政治教育 2 个本科专业，涵盖了哲学、马克思主义理论、政治学 3 个学科门类。学院现有马克思主义理论 1 个省级重点学科；马克思主义基本原理、思想政治教育 2 个博士学位授权二级学科；马克思主义理论、哲学 2 个硕士学位授权一级学科；马克思主义基本原理、马克思主义中国化、思想政治教育、马克思主义哲学、外国哲学、中国哲学、伦理学、宗教学、政治学、国际政治 10 个硕士学位授权二级学科；有马克思主义基本原理（高校教师）、思想政治教育（高校辅导员）硕士学位培养资格。

学院根据现有学科布局和专业设置，积极整合资源，拓展人才培养与服务社会的多元化途径。上级部门在学院挂靠的研究和培训机构有教育部高校辅导员培训和研修基地、甘肃省高等学校人文社会科学重点研究基地（西北民族地区社会发展与地方治理研究中心）、甘肃省高校辅导员培训和研修基地、甘肃省高校思想政治教育研究与人才培训中心、甘肃省高校思想政治理论教学研究会等。

学院依托马克思主义理论省级重点学科和甘肃省高等学校人文社会科学重点研究基地、教育部高校辅导员培训和研修基地，积极开展马克思主义理论、西北民族地区社会发展与地方治理、思想政治教育理论研究，立足西部社会经济发展，推出了一系列高水平、有特色、有影响的科研成果。

学院现有教职工 50 人，其中专职教师 44 人，包括教授 13 人，副教授 17 人，讲师 14 人，有博士生导师 4 人，硕士生导师 28 人，获得博士学位的有 17 人；行政资料人员 6 人。学院现有全日制普通本科生 360 人，全日制普通硕士研究生 240 人，博士研究生 20 人。

长期以来，学院坚持为甘肃及西部地区经济社会发展服务的宗旨，进一步突出办学特色，以专业建设为基础，以学科建设为龙头，以师资队伍建设为关键，做强基础理论学科，做实应用性学科，不断提高服务地方经济和社会的能力，向高水平的教学研究型学院迈进。

六、社会发展与公共管理学院

西北师范大学社会发展与公共管理学院成立于 2012 年 5 月，是在整合原政法学院社会学与社会工作系以及政治与公共管理系资源的基础上成立的。学院坚持教学、科研与实践并重的发展思路，在为国家和地方培养优秀的公共管理与社会工作专门人才的同时，通过科学研究为政府制定社会发展与公共管理政策提供专业化的服务与理论支撑。学院是西北地区以本科生、硕士生教育为主的教育科研人才培养基地，在为西北地区培养公共管理和社会工作人才方面发挥着重要作用。

学院设有公共管理系、社会工作系、社会保障系、专业学位教育中心 4 个教学单位，1 个省高校人文社科重点研究基地——西北民族地区社会发展与地方治理研究中心，社会学和公共管理 2 个研究所，社会保障、社区与社会工作、非政府组织和西北少数民族妇女等 4 个研究中心，1 个人才培养基地——西北地区社会发展人才培养基地，建有社会工作与公共管理实验中心、现代管理实验室和学院资料中心。

学院有社会工作、行政管理、管理科学 3 个本科专业，涉及法学、管理学 2 个学科门类，目前正在筹建社会保障本科专业。学院拥有社会学、公共管理 2 个一级硕士学位授权学科，公共管理硕士（MPA）、社会工作硕士（MSW）2 个专业硕士学位授权点；社会学一级学科为甘肃省重点学科；有甘肃省精品课程 3 门。

学院有教职工 36 人，其中专职教师 32 人，包括教授 8 人，副教授 11 人，讲师 8 人，助教 5 人，高职称教师共计 19 人，占教师比例的

59.4%；毕业于清华大学、复旦大学、南开大学、中国人民大学、中山大学、四川大学、北京师范大学、中央民族大学等"985"、"211"高校的博士和在读博士19人，获得硕士学位教师10人，硕士生导师12人。3名教授为甘肃省"333"和"555"创新人才；1名教授为甘肃省第一层次领军人才，3名教授为甘肃省第二层次领军人才。学院还聘请外籍专家和校外专家学者做兼职教授。

学生是学院的重要成员。学院有全日制普通本科生260人，全日制普通硕士研究生72人，公共管理硕士（MPA）和社会工作专业硕士（MSW）112人。学院已成为培养社会学、社会管理、社会工作和公共管理高层次专门人才的重要基地。

学院有良好的学术传承，重视科学研究和服务地方经济社会发展，社会学学科和公共管理学科在甘肃乃至西北地区具有较高的学术声誉和社会影响，已逐步形成了崇尚学术、追求卓越的良好风尚。学院教师近年来承担省部级国家社科基金项目20余项，在《中国行政管理》《民族研究》《社会》《人民日报》《光明日报》等报刊发表学术论文260余篇，出版专著、教材30余部。学院积极开展与地方政府、企事业单位的合作，承接横向课题10余项；积极推进国际学术交流，与美国、日本、挪威、芬兰等国家和港台地区有关高校建立了良好的学术交流与合作关系。

学院贯彻"人才强院，科研兴院"和"人人参与，和谐发展"的管理理念，坚持为甘肃及西部地区经济社会发展服务的宗旨，进一步突出办学特色，以学科建设为引领，以专业建设为基础，以师资队伍建设为关键，以制度规范为保障，以人才培养质量和服务社会能力提升为目标，做强基础理论学科，做实应用性学科，不断提高服务地方经济和社会的能力，向高水平的教学研究性学院迈进。

七、法学院

西北师范大学法学教育积淀深厚，民国时期著名法学家萨师炯于1949年担任学校教务长，奠定了西北师大法学教育的基础。1959年学校成立政治教育系，内设法学教研室；1969—1985 年，新中国著名法学家吴文翰先生在此任教，传承法学教育薪火；1993 年学校设立法学专科，1995 年设立法学本科专业，同年开始招生；2000 年学校成立政法学院，下设法律系，法学教育开始呈现稳步发展趋势；2003 年获得"法学理论"硕士学位授予权，2010 年获得法学硕士一级学科授权点；2012 年西北师范大学法学院正式成立，标志着法学教育进入了一个新的层次和阶段。

学院现有教职工 37 人，其中教授 4 人，副教授 8 人，具有博士学位的教师 5 人，在读博士 5 人；1 人入选教育部新世纪优秀人才支持计划，1 人入选甘肃省"555"创新人才工程，2 人入选甘肃省第二层次领军人才；3 人担任全国法学一级学术团体理事，5 人担任省级法学学术机构副会长、常务理事，4 人担任甘肃省人大特邀地方立法研究员，2 人担任省人大常委会立法顾问，1 人担任兰州仲裁委员会专家咨询委员会委员，1 人担任甘肃省突发公共卫生事件国家级应急专家，1 人担任民族法学会会员并被聘为中国人民大学法律与宗教研究中心特聘研究员。学院还聘请校外兼职教授 12 人，形成了一支学历结构、年龄结构、学缘结构、职称结构相对合理，思想活跃，富有创新精神和社会责任感的高水平师资队伍。

学院下设民商经济、法律两个教学系，包括甘肃省地方性法规评价中心、知识产权法研究中心、法律与公共政策调查咨询研究中心以及民族法制与民族政策研究所；具有法学硕士一级学科授权点，开设设立法学理论、宪法与行政法、民商法、刑法、诉讼法 5 个二级硕士学位授权学科。现已具备完整的法学本科、研究生培养体系，学科研究既注重法学基础理论创新，又关注西北社会经济发展重大法治实践问题，在法理学、民法基础理论、知识产权法、民事诉讼法学、西方法律思想等领域研究成果突出，特色鲜明，研究水平在甘肃省乃至西北地区处于领先地位，在服务国家和地方法治建设方面发挥了重要作用，产生了较大的社会影响。

学院设有法学本科专业，注重学生法律专业基础的夯实与实践技能的培训，注重学生法律思维及法律操作能力的培养，特别重视法律职业伦理和国际化视野的养成，该专业培养出的学生具有较高的法律素养和适应能力，受到了用人单位的好评。法学专业学生举办的"模拟法庭"多次被中央电视台、《中国教育报》等多家新闻媒体报道，2000 届法学本科班被教育部、团中央评为"全国先进班集体标兵"，一名同学荣获"全国十大青年志愿者"光荣称号，多名学生在甘肃省大学生"挑战杯"科技作品创作竞赛、"三下乡"社会实践活动中获奖。

学院教师积极参加对外学术交流活动，赴爱尔兰、澳大利亚、美国等地的学院、学校访学，在国内法学以及相邻学科领域的学术会议中也逐渐发出西北地区的声音。近 5 年来，学院教师在法学权威期刊《法学研究》发表论文 2 篇，在《中国法学》《现代法学》《法学杂志》《知识产权》《教育研究》《思想战线》等中文核心期刊上发表论文 160 多篇，其中多篇被《新华文摘》《人大报刊复印资料》《中国社会科学文摘》《高等学校文科学术文摘》全文转载或摘编，在商务印书馆、中国社会科学出版社、高等教育出版社等出版学术著作 10 多部，主持或参与完成国家社科基金项目以及教育部、司法部、甘肃省社科规划项目等科研课题 20 多项，获省部级、厅局级教学、科研成果奖励 20 多项，学术研究成果获得了较高的社会评价。

在依法治国，建设社会主义法治国家的伟大进程中，法学院将通过深化改革、推陈出新、挖掘潜力，在学科建设和人才培养方面取得突破性进展，为国家尤其是西北地区经济社会发展作出自己应有的贡献。

八、经济学院

西北师范大学经济学院是在经济系的基础上建立起来的，2000 年 6 月，经济系发展为经济管理学院。学院在人才培养、科学研究和服务区域经济发展等方面有明确的思路、目标和保障措施。

1983 年 4 月 22 日，甘肃省政府下发了《关于西北师范学院增设经济系的通知》（甘政发［1983］131 号），在学校增设经济系。学校于 6 月成立"经济系筹备领导小组"，任命杨守业同志担任筹备领导小组组长、经济系主任，任命原西北师范学院副院长宋福僧同志兼任名誉系主任，关继尧同志从甘肃省招办调任经济系党总支书记。当时，经济系内设政治经济学、计划统计、价格、经济法学和数学 5 个教研室。1984 年 9 月，经济系首届招收国民经济计划与统计专业、物价专业 2 个本科班、1 个专科班共计 110 名学生。一批知名教授调入经济系从事主干课程教学，如郑麟翔教授主授"管理学"，宋福僧教授、杨守业教授主授"政治经济学"，马德垠教授主授"《资本论》及马克思主义经济学"和"中国社会主义市场经济"等课程。到 1999 年，走过了 16 年历史的经济系，共培养经济类研究生、本（专）科生和在职干部培训生 2000 多人。

2000 年 6 月 30 日，经济系更名为经济管理学院，内设经济系、会计系、工商管理系、财政与金融系、信息管理系 5 个系和经济应用与开发研究所、资料中心、实验中心。2001 年 9 月，原"甘肃省经济干部管理学院"整体并入西北师范大学，55 名经济和管理类专业课教师并入经济管理学院，学院教职工人数突破 100 人，教师规模迅速扩大。2004 年，学校进一步完善管理体制改革，将软科学研究中心设为经济管理学院研究机构，同时成立公共财政审计研究所。2010 年，学院与浙江大学卡特中心联合成立了西部地区农村发展研究中心。2012 年 6 月，原经济管理学院重组分设为经济学院和商学院。

经济学院现有经济学系、国际经济与贸易学系、统计学系、财政与金融学系、经济研究所、金融研究所、财政与税务研究所、国际商务研究所等教学研究机构，设有甘肃省软科学研究中心、西部地区农村发展研究中心、统计调查研究中心等学术研究机构，建有经济模拟实验中心、图书资料中心等教学研究服务机构，理论经济学和应用经济学为校级重点学科。

学院拥有一支知识结构合理、富有创业精神的师资队伍。现有教职工49人，其中专职教师42人，包括教授11人、副教授11人、讲师20人，具有博士学位者5人，具有硕士学位者28人，在读博士4人，硕士生导师21人；高级职称教师占学院教师总数的52.4%，具有博士、硕士学位人员占教师总数的78.6%。

学院现有各类在校学生1700余人，其中全日制研究生235人，本科生1244人，成人本科生200余人；具有理论经济学、应用经济学、统计学3个硕士学位授权一级学科，9个二级学科招收硕士研究生，现有经济学、金融学、国际经济与贸易、统计学4个本科专业，全部授予经济学学士学位。

学院坚持突出特色，以提高质量为核心，应用型与研究型并重，强化专业建设、科学研究和师资队伍建设三大支撑，以经济社会需求为导向，坚持有所为有所不为，突出应用型和研究型，抓住关键环节，重点发挥已有的特色和优势，统一思想，增强凝聚力，努力将学院建设成为特色鲜明、省内一流的学院。

九、商学院

西北师范大学商学院是以培养应用经济类和管理类相结合的专业人才的学院，以培养工商管理类应用型人才见长，于2012年5月组建成立。其前身为2000年在原西北师范大学经济系（1983年11月成立）基础上组建的西北师范大学经济管理学院。学院内设工商管理系、信息管理系、会计学系、应用经济研究所等4个教学研究机构，以及西部地区农村发展研究中心、公司理财与投融资战略研究中心、企业绩效评价与薪酬管理研究中心、企业员工职业发展、社会保障与援助研究中心、电子商务与物流研究中心、审计与资产评估研究中心、企业营销策划研究中心、信息用户与信息服务研究中心等学术交流与研究平台，建有资料中心、实验中心等教学研究服务机构。学院具有悠久的办学历史和丰富的办学经验，也是省内最早开设相关专业的学院之一。

学院现有教职工53人，其中教授3人，研究员2人，副教授20人，讲师 23 人，博士 5 人，硕士 26 人，硕士生导师 10 人；高级职称教师占教师总数的 47.2%，具有博士、硕士学位人员占教师总数的 66%。

学院现有在校各类学生 1500 余人。学院始终坚持"更新教育理念、面向社会需求、拓宽专业基础、强化实践技能"的专业建设指导思想，不断强化办学特色，充分体现了"宽口径、厚基础、强能力、高素质"的"实践性、技术性、职（执）业性、创新性"复合人才培养模式，取得了良好的社会经济效应。近年来，各专业就业率已达到 90% 以上。学院以应用经济学一级硕士学位点为依托，在产业经济学、金融学、区域经济学等二级学科培养硕士研究生。

学校坚持教学相长，积极发挥科研服务社会的办学功能。近年来，学院教师共发表学术论文近 200 篇；承担国家自然科学基金、国家社会科学基金、教育部人文社科规划项目等国家级项目 6 项，承担省部级项目 100 多项，多次荣获甘肃省社会科学优秀成果奖和甘肃省高校社会科学成果奖。1 人获甘肃省高校青年教师成才奖。

学院坚持以人为本，以学科建设为主线，以人才兴院为依托，以和谐创新为动力，面向 21 世纪和经济全球化，以培养具有系统理论功底、较强跨文化沟通能力和实践能力的企业管理人才为目标，努力建成省内一流、在全国有一定影响的教学研究型、应用型、市场化、国际化商学院。

十、外国语学院

西北师范大学外国语学院是学校办学历史悠久的教学科研单位，具有优良的学科传统和深厚的学科底蕴，被誉为甘肃省英语教师的摇篮。1913 年，北京高师设有英语部，1923 年举办英语研究科，招收研究生，授硕士学位。1933 年，北平师范大学文学院设外国语文系，1937 年北平师大西迁组建在国立西北联合大学内，成为西北联合大学师范学院，师范学院设英语系等 8 个系。1939 年 9 月，师范学院独立设置后继续设英语系。新中国成立前，张舜琴、叶意贤、包志立、孔柏德华、傅岩、易价、罗海澜、王新甫（还兼任理化系教授）、于赓虞、焦菊隐、张朵山、郝圣符等教授以及外籍教师沙博格、克顿、李柏庆、石德伦均在西北师院英语系任教，当时的英语系是学校实力最强的学系之一。1950年，英语系改为外国语文系，分设英语、俄语两组；1958年更名为外语系。1990年学校在外语系基础上分设外语系与外语教学部。1999年12月学校进行院系机构改革，将原外语系与公共外语教学部合并，成立外国语学院。知名学者李庭荛、冯镜、宋子明、金雨时、俞杰、李森、张儒林、张智学、陈冠英、杨永林等教授曾先后在学院任教，为英语专业人才培养和学科建设作出了卓越的贡献。刘维周、张永奎、刘珊珊、丘廉、唐重光、孙静轩、赵炳燀、张谨、苏志民、廖柏荣、江尔燕等俄语界知名学者都曾在学院俄语系任教，为全国各条战线培养了大量从事外交、外贸、国防、科研及高校外语教学的人才。学院于2002年和2003年分别增设日语系和翻译系，李学禧、黄席群、杨萼、许天良、姜秋霞等教授在我校教授翻译课程，培养了大批具有扎实的双语基本功和较强的口译、笔译能力的翻译人才。

学院现有教职工164人，其中专职教师146人。专职教师中有教授11人，副教授34人，讲师84人，博士生导师1名，硕士生导师31人；博士23人（含在读）。教育部高等学校外语专业教学指导委员会英语专业教学指导分委员会委员1人，全国翻译专业协作组专家1人，入选教育部新世纪优秀人才支持计划1人，教育部民族教育司民族预科外语教学指导委员会委员1人，甘肃省"555"创新人才工程人才2人，甘肃省领军人才4人，甘肃省青年教师成才奖获得者5人，省级教学名师1人，校级教学名师6人。

学院有英语、俄语、翻译、日语4个专业教学系和1个大学英语教学部，有英、俄、日、法、德、阿拉伯语等6个语种，设有语言研究所、文学研究所、外语教育研究所、多元文化与多语教育研究中心、翻译研究所、俄语国家社会文化及教育研究中心、符号学研究中心、日本文化研究中心、MTI 教育中心、澳大利亚研究中心、外语培训中心、外语教育技术中心、甘肃省语言实验教学示范中心等教学科研机构。学院现为甘肃省高等学校大学英语课程教学指导委员会的主任单位、甘肃省翻译协会会长单位和甘肃省教育学会中小学外语教学专业委员会理事长单位。

学院于 1993 年获得英语语言文学二级学科硕士学位授予权，2003 年获得外国语言学及应用语言学二级学科硕士学位授予权。硕士点下设语言学、英美文学、翻译学、应用语言学、跨文化交际、俄语语言学等研究方向，同时还有英语教学论、俄语教学论两个硕士研究生招生方向及教育硕士英语学科教学招生方向，英语教学论方向招收培养博士研究生。2010 年学院获得外国语言文学一级学科硕士点，获得翻译专业硕士（MTI）学位授予权。英语语言文学为甘肃省重点学科。英语专业于 2007 年被评为教育部全国首批 3 个英语特色专业之一。2008 年，英语专业接受教育部普通本科专业教学质量评估，评估结论为"优秀"。

学院学科梯队整齐合理，研究方向比较齐全，保持了英语语言学和翻译研究的优势，并在符号学与英语教学、跨文化交际等领域形成了新的研究特色，在语言理论、教材教法、语言实际运用等方面均有新的进展，各相关学科相互交叉，科研与教学密切结合，科研成果丰硕。改革开放以来，学院教师共承担完成各级各类教学和科学研究项目 232 项，其中国家社会科学基金项目 7 项，教育部人文社科项目 11 项，华夏英才基金项目 1 项，国家基础教育实验中心外语教学研究中心资助金项目 1 项，国家"十一五"教育规划项目 1 项，全国教育科学"十二五"规划教育部重点课题 1 项，省社会科学规划项目 2 项，省教育厅社科项目 4 项；获得甘肃省社会科学成果奖 8 项，甘肃省高校社会科学优秀成果奖 18 项，省级教学成果奖 5 项，校级教学成果奖 19 项；编写教材 51 部，出版专著 44 部，译著 61 部；在国内外期刊发表各类论文 600 余篇。

外国语学院历来讲究教学方法，注重教学质量。学院现有全日制本科生 1161 人，各类研究生 472 人，通过严谨的专业学习和全方位的素质教育，学生具备了扎实的外语语言基础和较强的听、说、读、写、译等技能。自 2002 年以来，在"外研社杯"全国大学生英语演讲赛全国总决赛中，1 名学生获一等奖，4 名学生获优胜奖。全国大学生英语竞赛（NECCS）中，2 名学生获特等奖，2 名学生获一等奖、4 名学生获二等奖、4 名学生获三等奖。"外研社杯"全国辩论赛总决赛中，2 名学生获优胜奖，2 名学生获二等奖，2 名学生获三等奖。全国师范院校学生语言文字基本功大赛中，4 名学生获一等奖、10 名学生获二等奖、11 名学生获三等奖。俄罗斯国情文化知识大赛中 1 名学生获全国优胜奖。全国俄语大赛中 1 名学生获优秀奖。第五届中华杯日语演讲比赛西北五省赛区比赛中 1 名学生获二等奖。"中译杯"第二届全国口译大赛甘、青、宁、新四省（区）复赛中 1 名学生获二等奖、1 名学生获三等奖、1 名学生获优胜奖；决赛中 1 名学生获三等奖。5 名学生组成的"译甸园"创业团队获甘肃省首届大学生创业计划大赛三等奖。海峡两岸口译大赛西北赛区 1 名学生获优胜奖。

2006 年，学院建成了甘肃省内高校第一个同声传译实验室，为翻译人才的培养提供了良好的平台支持。学院现有供语言教学使用的语言实验室 11 间、多媒体教室 10 间、计算机网络教室 3 间、自主学习教室 7 间、微格教室 25 间、卫星接收系统 1 套、外语调频广播系统 1 套。学院图书资料丰富，资料中心藏书约 9 万余册，中外文期刊 100 多种，还有大量的外语音像教学资料，为教学和科研提供了强有力的支持和保证。

近年来，学院党建、思想政治工作均取得了一定的成绩。学院于2006 年、2009 年被评为西北师范大学优秀管理单位，教工第三党支部、学生第三党支部于 2007 年被学校党委评为示范性党支部，教工第三党支部于 2011 年被学校党委评为先进基层党组织，2009—2011 年教工第一党支部等 7 个支部被评为外国语学院先进党支部；2009 年以来有 6 人被评为西北师范大学优秀共产党员，2 人被评为西北师范大学优秀党务工作者，3 人被评为西北师范大学优秀管理干部，29 人被评为外国语学院优秀党员，15 人被评为外国语学院优秀党务工作者；近 3 年来，多名学生党员在重大活动、赛事中担任翻译和志愿者，此外，数名学生党员在各类学科竞赛中取得优异成绩。

外国语学院团学工作坚持"务实、创新、服务"的工作理念，紧扣学生的专业知识学习，开展丰富多彩的校园文化活动和社会实践活动，为学生的成长成才构建良好的平台。"CCTV 杯"、"外研社杯"英语演讲比赛、英语辩论赛、全国口译大赛、外语短剧大赛、英文节目主持人大赛、"丁香花开"古典诗词朗诵、外语角等活动已成为学校文化活动中具有影响力的品牌活动，成为学生们学习生活的重要组成部分。2000 年成立的"红豆草"社会实践服务团每年暑假在甘南、临夏等少数民族农村中学义务支教，受教学生 3000 余人。社会实践服务团于 2001 年被评为全国大学生社会实践优秀小分队，4 次被评为甘肃省大学生暑期"三下乡"社会实践优秀小分队，连续 8 年被评为西北师范大学大学生暑期"三下乡"社会实践优秀小分队，8 人被评为甘肃省大学生暑期"三下乡"社会实践先进个人。学院成立了黑马英语工作室、英语口语协会、日语爱好者协会、"伏尔加之音"俄语爱好者协会。各个协会协同工作，开展了口语培训、演讲、电影展播、异域风情展、外语文化节等丰富多彩的语言学习活动和文化交流活动。1987 年，外语系教工团支部被评为甘肃省"五四红旗标杆团支部"。学院团委分别于 2002 年、2004 年、2007 年被团省委评为"甘肃省五四红旗团委"。

学院依托学科优势和人力资源，通过中欧项目、中英项目中小学英语教师培训、中美网络语言教育项目、"国培计划"甘肃省中小学初中英语骨干教师培训、民族地区初中英语骨干教师脱产培训等多种方式承担甘肃省中小学英语师资培训任务，累计培训教师达 3000 余人次；与独联体有关国家互换奖学金项目俄语预科培训；成立西北基础教育与民族教育外语教学研究中心，对基础教育外语教学和民族教育外语教学的特色问题进行攻关研究。学院在甘肃省张掖市甘州区梁家墩中心学校、党寨中学建立农村基础教育外语教学研究基地，对张掖市英语基础教育进行了调查研究；在宁夏同心县建立国家级特色专业（英语）教学研究基地，开展调查研究，为同心县中小学英语课堂教学改革、教学研究、师资培训提供支持；在安宁区福兴路社区建立社区社会实践服务基地，开展敬老助残、形势政策宣传、家教服务、心理辅导、社区建设等服务活动，共提供家教服务 400 多人次，开展敬老助残活动 80 余次，受助老人近 200 人。

多年来，学院秉承西北师范大学优良的师范教育和民族教育传统，以"立足甘肃，面向西部，为基础教育、民族教育与高等教育培养高水平外语师资；情系农村，放眼世界，搭建西部农村地区与世界文化交流的桥梁"为学科发展定位，充分体现面向西部农村地区的基础教育和民族教育外语教学并重的办学特色，培养了大批大中专学校及中小学外语教学骨干教师，也为兄弟院校培养和输送了大批高质量的研究生，为甘肃省乃至西部地区基础教育、民族教育和高等教育的发展作出了突出贡献。

十一、音乐学院

西北师范大学音乐学院源于 1949 年 11 月由国立西北师范学院劳作专修科改组的艺术系。从劳作专修科到艺术系、音乐组、音乐系、敦煌艺术学院、音乐学院，数易其名，经历了曲折的发展历程。

1949 年，为适应国家艺术教育发展的需要，学校将三年制的劳作专修科改建为四年制的艺术系，首次招生 23 名。1951 年，艺术系分为音乐组和美术组，实行分专业招生和教学。1953—1955 年，学校先后聘请傅昱、尤端、方凤初、刘金昊、刘安煌、杲景业、高天康、韩林申、周树英、黄腾鹏等 10 余名专业教师任教。1956 年，杨树声、章雅、钱培基、陈佛华等 7 人从华东师范大学调入西北师院，为音乐学科的发展注入了活力。

1958 年，兰州艺术学院成立后，西北师范学院艺术系并入兰州艺术学院，改称音乐系和美术系，原艺术系副主任杨树声教授担任音乐系主任。1962年春，甘肃省撤销了兰州艺术学院，音乐系和美术系回归母校，音乐系搬至王家庄甘肃省教学仪器厂办学，1965年最终搬回师大南二楼。1970年，学校裁减机构，原体育、音乐和美术系合并组建"军事体育艺术系"，分军事体育、革命文艺两个专业，开展连队编制的军事化教学活动。

1977年，国家恢复高考制度，音乐系1978年春季招收学生58人，秋季招收40人，从此，各项教学活动恢复正常。改革开放以来，音乐系教学改革、队伍建设、艺术实践、科学研究等工作得到了较快发展。20世纪80年代中期，杨树声、林佩箐、汪子良等一批老教授长期担任本系青年教师导师，对青年教师进行传、帮、带的指导和培养。

1999年6月，学校进行院系大调整，合并了音乐系和美术系，成立了敦煌艺术学院，康建东教授担任院长，设立了音乐学、音乐表演、美术学和艺术设计4个系。2006年1月，随着音乐、美术专业的快速发展，根据音乐、美术学科的特点和规律，学校撤销了原敦煌艺术学院建制，分别成立了音乐学院和美术学院，张君仁教授担任音乐学院院长。音乐学院下设音乐学系、声乐系、器乐系、舞蹈系、西部音乐文化研究中心、数字音乐实验室、资料中心等机构，开设了音乐学、音乐表演、舞蹈学3个本科专业，确定了"坚持教书育人，提高教学质量；加强学科建设，提高办学实力；营造学术气氛，提高科学研究能力；坚持民族特色，弘扬民间音乐文化"四个发展原则。2012年6月的机构改革中，学校在音乐学院舞蹈学系的基础上单独成立了舞蹈学院。

音乐学院现有音乐学（教师教育）和音乐表演两个本科专业，下设音乐教育系、作曲与音乐学系、声乐系、键盘系、管弦乐系、民乐系、西部音乐文化研究中心、专业技能训练中心、资料中心和音乐中专部等内设机构。有音乐与舞蹈学、艺术学理论两个一级硕士学位授权点和1个艺术硕士专业学位授权点，可以招收"音乐教育人类学"博士研究生和中国传统音乐研究、西北少数民族音乐研究、音乐教育理论研究、外国音乐史学研究、中国音乐史学研究、（音乐）艺术理论研究、合唱与指挥、作曲、声乐、器乐等方向的硕士研究生。

学院具有一支结构合理、精干高效的师资队伍。现有教职工 65 人，其中专职教师 55 人，专职教师中教授 12 人、副教授 15 人、博士生导师 1 人、硕士生导师 19 人、获得博士学位者 5 人、在职博士 4 人，10 多名教师具有国外学习和进修的经历。学院目前有在校学生约 700 人，其中本科生 540 余人、硕士研究生 150 余人，博士研究生 3 人。

学院教学设备齐全，具有良好的办学条件。现有音乐教学楼、学生琴房楼各 1 栋，建成了专业音乐厅和多功能音乐欣赏厅各 1 座。有教师工作室 72 间、专业录音棚 1 间、数码钢琴教室 2 间、电脑音乐教室 2 间、学生琴房 100 余间。有各类钢琴 150 余架，其中有总价值 130 万元的 STEINWAY 音乐会大钢琴 1 架、YAMAHA 音乐会大钢琴 4 架、卡哇伊三角钢琴 10 架。资料中心藏书 35000 余册，专业期刊 100 余种，音像资料 10000 余件，能够适应音乐教学、科研和学生培养的需要。

学院高度重视学术交流和科学研究，与省内外 30 余所高校音乐学院和艺术团体建立了合作关系。近年来，学院教师出版各类专著 20 余部，发表学术论文 200 余篇，发表各类音乐作品 80 余首。2009 年以来学院成立了"交响乐团"、"民族管弦乐团"、"青年舞蹈团"，重新建制了音乐学院"学生合唱团"，为学生的艺术实践和专业训练提供了广阔的舞台。2003 年 8 月，学院与中国音协数字化音乐教育学会、中音公司共同举办了第三届 STN 中国数字化音乐教育大会；2004 年 6 月，主办了"中奥音乐周"，承办了中国传统音乐学会第 11 届年会暨首届花儿国际学术研讨会；同年举办了中国音乐教育学会作曲理论教学研讨会；2006 年 9 月举办了亚太民族音乐学会第十一届年会。2007—2008 年连续两年学院利用暑期举办声乐大师班，邀请意大利著名歌剧演员、斯卡拉歌剧院终身演员帕纳利埃罗先生和著名旅意女高音歌唱家陈素娥先生来校为大师班授课。学院多次邀请兰州鼓子、通渭小曲、环县道情皮影、新疆木卡姆、青海平弦等民间艺术团来校交流演出。2010—2012 年连续三年学院受国家汉办和孔子学院总部委托，选派师生利用寒假赴摩尔多瓦、塞尔维亚、苏丹、埃塞俄比亚、埃及等国家进行文化宣传和艺术交流。2011 年 11 月，应美国密苏里州州立大学、DRURY 大学邀请，学院张君仁教授、朱东生教授赴美国举办中国古代音乐学术讲座和个人独唱音乐会。

自 1939 年以来，音乐学院为国家和社会培养了各类优秀学生 2000 余名，毕业学生广泛活跃在甘肃乃至全国教育和文艺部门，不少人已经成长为各自领域的专家，20 余人在美国、法国、德国、奥地利、加拿大、澳大利亚等国工作。著名的校友有徐孟东（上海音乐学院副院长，作曲系教授、博士生导师）、薛艺兵（中国艺术研究院音乐研究所研究员，博士生导师）、杜亚雄（中国音乐学院教授，博士生导师）、刘沛（中国音乐学院教授，博士生导师）、康建东（中国海洋大学艺术系、艺术教育中心主任，教授，博士生导师）、庄曜（南京艺术学院传媒学院院长，教授，博士生导师）等，他们通过各自对艺术的不懈追求为母校和学院赢得了荣誉。

十二、舞蹈学院

西北师范大学舞蹈学院是学校最年轻、最具活力和发展潜质的二级学院之一。2001 年，敦煌艺术学院开设了舞蹈学专业并招生，2003 年成立舞蹈学系。经过近十年的精心培育，2012 年 6 月，学校在原音乐学院舞蹈系基础上独立组建舞蹈学院。学院借鉴国内舞蹈教育的先进理念，以培养具有较高文化修养、专业技能突出、一专多能的舞蹈人才为办学目标，以追寻本土文化品格、建立西北舞蹈教育基地为己任，努力研究舞蹈艺术，搭建西北舞蹈文化资源共享平台。

舞蹈学院设有舞蹈教育和舞蹈表演两个系，成立了艺术实践与交流中心、艺术培训中心和资料中心。开设舞蹈学（教育方向）、舞蹈学（表演方向）两个普通本科专业。学院有艺术学、舞蹈学两个二级学科硕士点。现有本科学生和硕士研究生共 300 余人，体育艺术中专部舞蹈专业学生 100 余人。

学院师资队伍综合素质较高。现有专、兼职教职工 21 人，其中专职教师 9 人，教授 2 人，副高以上技术职称 4 人，此外还邀请多名国内及甘肃省上知名专家、编导兼职讲学，指导学生艺术实践。2001 年至今，学院教师在全国舞蹈、艺术教育及社科类核心期刊上共发表学术论文 50 余篇，有《吾舞 吾歌 三叩首——甘肃秦安羊皮鼓祭礼舞蹈的文化解读》《舞学十载·行与思》和《舞蹈艺术鉴赏》等 3 部专著。2005—2008 年，学院副教授以上教师参与了中国艺术研究院、甘肃省艺术研究所"中国民族民间舞蹈资源数据库"的重大课题研究工作，并于 2008 年初顺利结项。

学院硬件设施先进，教学设备精良。教学使用面积 3200 平方米，目前有 400 平方米大型舞蹈排练厅 2 间，200 平方米舞蹈排练厅 4 间，多媒体教室 2 间。2007 年，学院投资 68 万元对舞蹈排练厅的音响、空调设施进行了更新和维护，并制作了一批舞蹈表演服装与道具，保证了课堂教学和专业排练的有序进行。在图书资料建设方面，学院购置舞蹈专业图书和音像资料总计 3000 多册（套）。这些都为舞蹈专业人才的培养和专业研究的创新奠定了良好的基础。

在学生艺术实践工作方面，学院积极进行开拓创新，通过多年的努力，现已建立了港中旅（青岛）海泉湾有限公司、甘肃省歌舞剧院、兰州市歌舞剧院、甘肃省歌剧院、兰州市艺术学校、天水市秦安祭礼舞蹈研究基地、甘肃省广播电影电视总台等 7 个艺术实践和教育研究实习基地。2002 年，学院与兰州市歌舞剧院、甘肃省歌舞剧院、甘肃省民族歌舞团实现了联合办学机制，为甘肃省舞蹈人才文化素养与综合素质的培养探索出了一条有效的新途径。

在专业比赛方面，近年来舞蹈学院师生创作的多部舞剧、舞蹈作品，在国家和省级各类舞蹈大赛中获奖，在学校对外文化交流活动和各类国际舞蹈比赛中获得优异的成绩。2005 年，在甘肃省第二届舞蹈大赛中，学院师生创作的舞蹈《摇奶呓语》《迎宾客》《行》分获一等奖、三等奖。其中，《摇奶呓语》入选 2006 年全国"桃李杯"舞蹈大赛，获得优秀表演奖。2008 年，由学院教师创作并表演的 3 个舞蹈作品《细腰踏鼓》《禅心》《飞》分别入选第七届全国"荷花杯"舞蹈大赛。2009 年，学院青年教师表演的作品《哈那悠悠》入选第九届全国"桃李杯"舞蹈大赛与第八届全国舞蹈比赛，并获得优秀表演奖。2011 年，在甘肃省第二届"飞天奖"舞蹈大赛中，舞蹈学院选送的 11 个节目获得 3 金 6 银 2 铜的优异成绩。

在办学过程中，学院积极主动服务社会，在建设文化大省的过程中作出了应有的贡献，获得了良好的社会声誉。2002—2011 年，学院连续十年承担了甘肃省春节联欢晚会的主要演出任务。2003 年至今，学院师生共参加省级、校内外的各项演出活动 300 多场。2010 年，应甘肃省文化厅邀请，学院承担了"中国上海世博会甘肃周"开、闭幕式文艺演出的任务；2011 年 7 月，学院策划、创编并参演"甘肃省第二届大学生运动会"开、闭幕式大型文艺演出；2011 年 9 月，主创并参演了甘肃省"第 27 个教师节暨陇原名师颁奖晚会"。

成绩属于历史，奋斗成就未来。面对高等教育改革与发展，西北师范大学舞蹈学院将继续探索并深化舞蹈教育教学改革，放眼未来，锐意创新，不断进取，着力打造富有办学实力和创新活力的特色品牌学院，努力向全国高水平的舞蹈高等学府迈进。

十三、美术学院

西北师范大学美术学院是西北地区建立最早的艺术学系之一，发端于 1915 年北京高等师范学校设立的"手工图画专修科"，后几经变故，到 1932 年李蒸任北平师大校长时，整理校务，将学校组建为文学院、理学院、教育学院，其中教育学院下设教育系、体育系、实用艺术系，实用艺术系延续了国立北平师范学院手工图画科的部分课业，开设了一些造型基础课。1937 年，日本侵占北平，北平师范大学西迁并于 1938 年在陕西城固被改组为"国立西北联合大学师范学院"，实用艺术类课程被组建到西北联大师范学院劳作专修科，1939 年国立西北师范学院独立设置，当时劳作专修科开设的艺术类课程有：自在画（相当于素描基础）、图案画、用器画、木工制图、木样制造法、工艺图案、园艺学、造园学，另外家政系还开设了家庭工艺、服装设计等课程。劳作专修科还与学校书画研究会联合举办美术展览会、聘请专家举办各种艺术讲座等，活跃了校园的文艺生活。这成为日后美术专业建立的一个重要基础。当时担任美术类课程教学的教师主要是魏同仁、孙一青、龙文、孙培以及校外专家李凤棠。

1949 年 11 月，为适应新中国教育发展的需要，培养中等学校专业师资，西北师范学院决定将原三年制的劳作专修科改建为四年制的艺术系。艺术系下设美术科与音乐科。艺术系主任最早由果沈初教授担任，教师有萧汉杰、魏同仁、孙培、马骥德、傅三台、陆玉玲等人，艺术系自 1949 年年底开始招生。

1950 年年初，学校聘请著名油画家、美术教育家吕斯百来校担任艺术系主任。吕斯百早年留学法国里昂高等美术专科学校及巴黎高等美术学校，具有很高的学术水平。他将全部的精力投入到艺术系初建的各项工作中，以朴实、严谨、勤学实践、创作与习作并举的治学作风引领了艺术系的教学风范，尤其是以此为契机奠定了美术专业的学科建制和基础格局。同时，学校也积极引进高水平师资充实教学队伍。1950—1957 年，先后有著名留法油画家、敦煌学家常书鸿，留法油画家、水彩画家刘文清，美学家洪毅然，留法女工艺美术家方匀，国画家韩天眷、黄胄及水彩画家张阶平等来艺术系担任教学工作。新中国成立初期的美院毕业生刘宏宇、祁伟以及兰州地方书画名家范振绪、曹陇丁、陈濑云等也加入了教学队伍，他们与艺术系教师潘国彦、陡剑岷、王启民及 20 世纪 50 年代后期留校的马化龙、邢进贤等人，共同组成了一支极具实力的教学队伍，他们以努力、负责的工作态度和求真务实的工作作风，为西北地区培养了新中国第一批美术教学与创作人才。

在艺术系初创时期，条件异常艰苦，缺乏基本的教学设施与教学环境，但全系教师、学生共同努力，克服种种困难，不仅使教学得到了保障，而且开展了很多学术活动、讲座等，活跃了业余生活。通过几年的艰辛努力，艺术系有了自己的专业画室，购置了一批石膏像、静物器皿和美术图书资料，并主要开设了艺术概论、素描、水彩、油画、中国画、美术史等课程，参照其他系科及其他美术院校的教学，制订了教学大纲和课程计划，使教学规范、有序、扎实。

1951 年 4 月，艺术系增设了美音一年制的专修科，1954 年，又将美音专修科拆分为美术专修科和音乐专修科。根据当时教育部指示中高等师范学院培养中学教师不再设置本科的精神，在学制上调整为五年制，专门招收初中毕业生。实际上，此时的美术专修科五年制与二年制同时并存，以培养不同层次的人才。

在这一时期，美术专业师生在艺术创作方面也取得了丰硕的成果。在此期间，吕斯百、张阶平等人创作的《瓦子街战役》、吕斯百的油画《兰州卧桥》《又一条桥通过黄河》、黄胄的新疆少数民族题材的人物画以及洪毅然的美学理论研究等都在全国获得影响。美术专业师生的作品不断在地方各类美术展览和报纸杂志上展示，扩大了艺术系的社会影响力。吕斯百等人或海外归来或内地西迁的行动，被誉为中国美术史"本土西行"壮举的一个重要组成部分，对西北美术教育与创作的发展起到了重要的奠基作用。

1958 年，甘肃省政府决定将西北师范学院艺术系美术科、音乐科与兰州大学文学系及省市歌舞剧团部分人员合并设立"兰州艺术学院"，由常书鸿担任院长，设文学、美术、音乐、舞蹈系，美术系设油画、国画、工艺美术和雕塑专业，由刘文清担任系主任。1962 年，兰州艺术学院被撤销，美术专业师生重新回到已改名为"甘肃师范大学"的母校。

1963 年以后，美术系在师资上又一次得到加强，张秀楷、王福曾、袁崇贵、殷保康、杨均、陈克健、唐俊卿、唐世昌、党伯民、靳鉴、陈则恕、罗明远、施文潮等加入教学队伍，学校还先后派出部分青年教师到中央美术学院等地进修学习，师资建设进入良好的循环状态，招生人数逐年上升，教师开设的课程也更加全面和丰富。

1966 年，"文化大革命"开始。1969 年 9 月，甘肃师范大学军官队工宣队、革委会为了便于开展"四好连队"活动，进行连队建制，以精简机构为名，将部分系与艺术系合并建立连队，1970 年 7 月以后，经过调整，将体音系与艺术系合并为军事体育艺术系，艺术系包括音乐和美术专业，以培养"革命文艺课教师"为目标。但由于军、体、音乐、美术各个专业内涵不一，培养合而为一的"全才"学生也成为当时一种盲目的行动。美术教育事业遭到严重破坏，多年累积的教具、图书资料大部分遭到毁坏。

1978 年 12 月—1979 年 3 月，娄溥义、王启民、王福曾、张阶平、马化龙、张秀楷、袁崇贵等一大批教师骨干被平反，1979 年 1 月，学校任命陈兴华为美术系主任，娄溥义、陆剑岷为系副主任，党伯明为副书记，杨国光为国画教研组组长、张阶平为副组长，系副主任娄溥义兼油画教研组组长、王启民为副组长，洪毅然为理论教研组组长、马化龙为副组长，美术系的教学秩序正在一步步恢复。

1980 年，美术系的学术氛围进一步加强，学术活动与交流接连不断，洪毅然、党伯明分别在全系作了题为《关于"形式美"的问题》与《关于绘画创作"正视现实"的问题》的学术讲座，邀请了全国著名画家汪诚仪、宋贤珍、吴山明、师锋光、秦岭云、靳尚谊、张文新、王文芳以及鲁迅美术学院学生来美术系举办画展，进行学术研讨会，使美术系的学术气氛空前活跃起来。

1998 年，学校申请美术学硕士学位点成功，成为西北地区第一所具有美术硕士学位授予权的师范院校。同年 7 月，美术系还在中国美术馆举办了西北师范大学美术系教师作品展，展出了自吕斯百、常书鸿、汪岳云、韩天眷、洪毅然、张阶平、陈兴华等老先生到在职教师 50 多人的 180 多幅作品，还举行了由著名版画家力群，油画家侯一民、李天祥，著名美术理论家金维诺、邵大箴、薄松年、李树声、水天中、刘骁纯、郎少君和台湾著名美术批评家林惺岳等人参加的研讨会，在会上全国的专家对美术系的发展成就以及对西北地区美术事业的贡献给予了很高的评价。

2001 年，敦煌艺术学院整合了音乐、美术与传媒等专业的优势，申请了艺术学专业的硕士授予权。2004 年，学院教师的绘画作品在美国俄亥俄州玛斯金格玛学院展出，使学院教师集体与国外高校教师进行了交流。

2006 年，敦煌艺术学院撤销，分别成立了美术学院与音乐学院，岳嵘琪教授任美术学院院长。2011 年 12 月，张玉泉教授任美术学院院长。2012 年 5 月，西北师范大学成立了书法文化研究院，挂靠美术学院，并将动画系整合到传媒学院。

美术学院发展历史上群贤汇集，先后有著名艺术家吕斯百、常书鸿、洪毅然、刘文清、方勾、韩天眷、汪嶽云、黄胄、陈兴华、张阶平、杨鸣山等执教于此。这些艺术先贤，为美术学院的办学奠定了深厚的人文基础，形成了规范的教学管理体制，树立了良好的教书育人学风，培养了大批美术人才，为中国现代美术教育作出了卓越贡献。

学院现有油画系、国画系、视觉传达设计系、环境艺术设计系、美术史论研究所、新媒体艺术工作室、雕塑陶艺版画工作室、西北传统美术工作室、敦煌艺术研究中心、书法文化研究中心、艺术人才培训中心 11 个内设机构，有美术学、绘画（中国画方向）、绘画（油画方向）、艺术设计（平面设计方向）、艺术设计（环境艺术设计方向）等本科专业（方向）。有美术学、艺术学和艺术专业硕士 3 个硕士学位点，包括中国画艺术研究、油画艺术研究、传统美术研究、美术理论研究、艺术设计理论研究等 9 个研究方向。学院现有学生 960 余人，其中研究生 160 余人，本科生 800 余人。现有教授 11 人，副教授 20 人，讲师 13 人，助教 1 人。其中获博士学位者 6 人，在读博士研究生 1 人。

经过几十年的风雨春秋，几辈人的精心耕耘，尤其是随着改革的不断深入，美术学院以开放的办学理念、务实求真的态度和创新发展的精神，抓住机遇，积极探索美术教育的新思路、新方法，在教学科研水平、对外学术交流、师资队伍建设、教学设施条件等方面都有长足发展：2001 年被国家教育部批准为"国家体育与艺术师资培养培训基地"；2002 年在人民网全国艺术学科排名中居第 19 位，居高师院校第 4 位；2001 年起艺术学被评为甘肃省高等学校重点一级学科。

十四、体育学院

体育教育专业是西北师范大学建设最早的学科专业之一，至今已有百余年的历史。最早在京师大学堂师范馆，体操课被作为"通习课程"开设。1917 年，北京高等师范学校设立体育专修科。北京师范大学继承了学校的体育传统，并发扬光大。后来几经周折，李蒸继任北平师范大学校长，整理校务，在教育学院下设体育系。1937 年七七事变后，北平师范大学等平津高校西迁，1938 年在陕西城固组建西北联合大学，西北联合大学成立体育委员会，在各学院分设体育负责人，文理学院王耀东、法商学院刘博森、教育学院袁敦礼、医学院陈静安主要负责本院的体育活动。在西北联合大学时期，体育系设在师范学院，当时的体育系有学生 48 人，在距城固县城 40 里的古路坝天主教堂上课。

1939 年 9 月，国立西北师范学院独立设置，在城固县城郊校场坝修建了校舍，体育系遂回县城上课。国立西北师范学院体育系由训导主任袁敦礼兼任系主任，教授又有王耀东、董守义，副教授徐英超、刘月林。1941 年西北师范学院在兰州设立分院并逐步搬迁至兰州十里店。为了尽快满足西北地区体育教师培养的需要，学院通过办系、办科、办班等形式，培养了一批体育骨干。1946 年部分师生返回北平恢复北平师范大学，一部分师生留在兰州继续完成西北师范学院的教学工作，郭俊卿担任体育系系主任。在此期间，共毕业四年制本科生120人，二年制专科生43人，一年制专科生12人，一年制师训班17人，共计192人。

新中国成立后，体育系始终是学校重要系科组成部分。体育教研组作为一个重要的教学机构，承担着重要的教学管理任务和教学实践任务，1953年体育系调整到西安组建西安体育学院，西北师范学院保留公共体育教研组，与中国革命史、马列主义基础、政治经济学、俄语共5个教研组直接隶属教务处管理。1956年4月学校成立二年制体育专科，1958年7月，西北师范学院体育科与甘肃省体委联合成立兰州体育学院，同年11月西北师范学院更名为甘肃师范大学，设立体育教育组，建成一座面积1100平方米的简易体操房。1961年11月，兰州体育学院又并入甘肃师范大学，与体育教育组合并成立体育系。1970年，体育系、艺术系合并为军体艺术系，分军事体育、革命文艺两个专业，开展连队编制的军事化教学活动。1974年体育系、艺术系分设。恢复高考后，1977年年底体育系招收117名学生。1983年，从体育系分出部分教师成立公共体育教学部，承担全校学生公共体育课的教学任务，体育系与公共体育教学部两个教学单位并存。1999年，公共体育教学部与体育系合并，成立体育学院。

学院现设体育教育系、民族传统体育系、运动训练系、大学体育教学部、体育硕士教育中心、体育科学研究所、运动人体科学实验中心、场馆管理中心、图书资料中心等教学、科研、管理机构。现有教职工83人，其中教授14人，副教授25人，讲师18人，助教11人，教学辅助人员7人，党政管理人员8人。教师中具有硕士学位以上学历者占专任教师总数的62%。学院现有普通本科生633人，各类硕士研究生156人，成人教育类学生40余人。

体育学学科于2002年被确定为省级一级重点学科，目前已形成了体育文化发展理论与实践、体育教学理论与实践、运动训练与健身运动的科学化和民族传统体育发展理论与实践四个地域特色鲜明、研究领域稳定的研究方向。2006 年，学院被确定为体育学一级硕士学位授权单位，现有体育人文社会学、运动人体科学、体育教育训练学和民族传统体育学等 4 个二级学术型硕士学位授权点和 1 个应用型体育专业硕士学位授权点。本科生培养与教育始终是学院发展的基石，学院现有体育教育、民族传统体育、运动训练 3 个本科专业，其中民族传统体育和运动训练是经教育部和国家体育总局审批确定的 2 个单独招生专业，学校还是通过教育部评审具有高水平运动员招生资格的普通高校之一。学院鼓励教师结合教学开展科学研究，坚持以教学促科研，以科研强教学。近三年来发表学术论文 178 篇，出版学术专著、教材 23 部，拥有科研经费 84.5 万元，各类科研获奖 31 项。目前学院承担科研项目 32 项，其中国家自然科学基金 2 项，教育部人文社会科学重点研究项目 1 项，全国"十五"教育科学规划教育部重点课题 1 项，甘肃省社科基金项目 4 项。

学院目前已成为西北地区体育教育和研究的重要基地。教育部和国家体育总局先后依托学院设立了"国家体育艺术师资培养培训基地"和"国家社会体育指导员培训基地"，学院还是中国体育科学学会会员单位。近年来，学院组织体育代表队参加全国大学生运动会、大学生单项比赛、甘肃省运动会、甘肃省大学生运动会等省级以上各类赛事 50 余项，共获得省级以上比赛金牌 88 枚、银牌 57 枚、铜牌 42 枚。

学院教学、训练、科研设施齐全，在西北地区高校中具有一定优势。学院拥有体育比赛综合馆、球类训练馆、武术馆、乒乓球馆、竞技体操馆、标准塑胶田径场、标准草坪足球场、室外篮球场、排球场、网球场等教学训练配套设施。学院"运动人体科学实验中心"是省级重点实验室，下设 7 个实验室，包括运动解剖、运动生理、运动生物力学、运动心理、体育保健康复、运动与体质健康实验室、大学生体质健康测试中心。

十五、数学与统计学院

数学学科是西北师范大学具有较长历史渊源的学科，1902 年开办的京师大学堂师范馆就开设"算学"一科，主要讲授加减乘除、分数、比例、开方、账簿用法、算表成式、几何面积、代数、方程、立体几何、级数、对数、算学几何等课程。1915 年，北京高师增设数理部，开设数学、物理学、化学、天文学、气象学、图画、手工等课程。1923 年，北京师范大学单设数学系。1933 年北平师范大学在理学院下设数学系。1937 年学校被迫西迁，数学系一直保留在西北联合大学师范学院以及后来独立设置的国立西北师范学院内。1939 年，西北师范学院独立设置后，赵进义教授任数学系主任，傅种孙、刘亦珩、张世勋、张德鑫、李恩波、汪如川等教授任教数学系，开设数学、初等微积分、物理学、方程式论、微分方程、高等微积分、高等解析几何、近世代数、近世几何、级数论等课程。新中国成立后，借鉴苏联制订教学计划和教学大纲的经验，数学系的发展更加专业化。

西北师院数学系 1958 年就设立了计算数学教研室，开设"计算数学"课，并装配了手摇计算机。20 世纪 70 年代初数学系开发过台式计算机，开设"计算数学"课，1976 年由中科院无偿调拨一台国产第一代 103 型电子计算机，1978 年购买了一台国产 DJS-6 计算机，并专为该机修建了一幢楼房。1979 年在数学系成立了"计算机教研室"，在数、理、化三系开设了"计算机应用"和"算法语言课"。1983 年数学系成立了"计算中心"，同年购进数十台微型机，承担全校计算机课程教学。计算中心成立后，为适应科技和经济飞速发展的需要，在全校学生中普及计算机知识，实施了计算机教育工程，在所有非计算机专业学生中开设计算机课程，提高学生的计算机应用能力。1984 年秋学校开办电算专修科，招生 45 名，1984 年 5 月，经教育部批准，正式成立计算机科学系，设计算机专业，学制四年，并通过世界银行贷款，增添了一大批微型机用于教学。

2000 年，为适应经济社会发展和高等教育扩招的需要，实现资源共享，由数学系、计算机系、计算中心合并组建了新的数学与信息科学学院。2012 年 6 月，学校调整内设机构，对原数学与信息科学学院进行调整重组，其中计算机科学与技术系、计算中心与网络教育学院以及相关研究所整合成立了计算机科学与工程学院，数学、统计等专业整合成立数学与统计学院。

数学与统计学院内设两系一部六所两中心：数学系、信息与计算科学系，实践教学部，金融数学研究所、应用数学研究所、概率统计研究所、几何研究所、计算数学研究所、信息科学研究所，实验中心和图书资料中心。学院主办的省级学术刊物《数学教学研究》全国公开发行。

数学与统计学院现有教职工 79 人，其中博士生导师 8 人，硕士生导师 36 人，教授 21 人、副教授 26 人。教师中具有博士学位 40 人，在读博士 7 人，留学归国人员 5 人，享受国务院政府特殊津贴 3 人，国家有突出贡献的中青年专家 1 人，国家"百千万人才工程"第一层次入选者 1 人，国家"新世纪百千万人才工程"入选者 1 人，甘肃省科技领军人才第一层次 2 人、第二层次 1 人，省级优秀专家 3 人，省级教学名师 1 人，省级优秀科技工作者 1 人。专任教师几乎全部具有硕士学位。

学院拥有数学博士后流动工作站，拥有数学一级博士学位授权点、数学一级硕士学位授权点（含基础数学、计算数学、应用数学、概率论与数理统计、运筹学与控制论等 5 个二级学科专业）；基础数学是甘肃省省级重点学科。近年来，研究生培养质量在稳步提高，毕业后均能在高科技领域和教学科研院所就业。

学院现设有数学与应用数学、信息与计算科学两个全日制本科专业，数学与应用数学专业是教育部高等学校国家级特色专业，数学分析、高等代数、常微分方程、微分几何等 4 门课程是省级精品课程，"代数"教学团队是省级优秀教学团队。

学院教师近三年主持国家自然科学基金项目 16 项，教育部高等学校优秀青年教师教学科研奖励项目 1 项，教育部科技研究重点项目 2 项，博士点专项基金项目 2 项，甘肃省自然科学基金等项目 10 余项；荣获甘肃省自然科学奖二等奖 5 次、三等奖 1 次；2011 年横纵向科研经费达 400 多万元；2010 年发表 SCI 刊物论文 50 余篇、EI 论文 14 篇。目前，学院已经拥有一批优秀的青年学术骨干，部分学术带头人在国内外有一定的知名度。学院拥有代数学、微分方程、非线性分析、模糊分析、随机分析、生物数学、信息安全等在国内外具有一定影响的学术团队。

"重视基础知识和基本技能，加强实践能力和创新能力"是学院近年来本科教学形成的鲜明特色，每年免试推荐、考取"985"和"211"高校的研究生占毕业生总数的 15% 以上，本科生在全国大学生数学建模竞赛中多次获得国家级一、二等奖。学院广大教职工求真务实、大胆创新、埋头苦干、辛勤耕耘，为社会培养了一代又一代优秀的数学和信息科学方面的教育科研人才。新中国成立以来，学院已为国家培养本科毕业生 20000 多名、硕士 1000 多名，博士 20 多名，对甘肃和西北地区乃至全国的教育事业和经济建设作出了重要贡献，赢得了社会的赞誉。

十六、计算机科学与工程学院

西北师范大学大学计算机科学与工程学院的前身是西北师范大学计算机系。1983 年，学校正式创建了计算机专业。同年，学校独立设立了计算中心。1984 年，学校成立了计算机科学系，为甘肃省高校最早建立的计算机专业。2000 年，计算机科学与技术系、计算中心与数学系合并组建了数学与信息科学学院。2012 年由网络教育学院、计算机科学与技术系、计算中心及相关研究所合并成立了新的计算机科学与工程学院。

计算机科学与工程学院现内设有两系一部三中心和两个研究所：计算机科学与技术系、物联网工程系，公共计算机基础教学部，现代远程教育中心、西北师范大学网络中心、实验中心和信息安全研究所、计算机应用研究所。依托计算机科学与工程学院，甘肃省有关部门在这里成立了甘肃省物联网工程中心及甘肃省现代远程教育中心。

学院现有计算机密码学博士招生方向，计算机科学与技术一级学科硕士学位授予权，软件工程和计算机技术专业硕士学位授予权，具有计算机系统结构、计算机软件与理论、计算机应用技术、软件工程四个二级学科硕士学位授予权；设有计算机科学与技术（另设有网络与信息安全、软件工程、智能科学与技术三个本科招生方向）和物联网工程两个本科专业。

学院在多个研究方向上设有专门的研究型实验室，为教师、研究生和优秀本科生提供良好的科研环境，创造良好的研究氛围。学院设立的研究型实验室有物联网工程研究中心、信息安全实验室、数据库实验室、图形图像处理实验室、分布与并行计算实验室、数据挖掘实验室、信息检索实验室和计算智能实验室等。同时，学院为本科生的实践课程教学设有多个专门的教学实验室，使用面积1600多平方米，设备数量达2400多台套，其中大型和微型计算机800余台，设备总值为2000多万元。学院下设的教学实验室有微机原理与接口实验室、计算机组成原理实验室、单片机实验室、计算机系统结构实验室、计算机网络实验室、信息安全实验室、多媒体技术实验室、软件工程实验室、微机实验室等。

学院现有教职工96人。其中中国科学技术研究院院士1人，教授8人，副教授32人；获得博士学位的教师占教师总数的40%，分别毕业于西安电子科技大学、哈尔滨工业大学、西北工业大学、中国人民大学、中国科学院计算技术研究所等著名高校和科研机构。近10人具有海外学习和访问经历。学院现有全日制在校学生800余人，其中博士、硕士研究生150余人，本科生650余人。

计算机专业自建系以来，已为国家培养了大量的计算机师资，为政府机关、银行、IT企业等培养了重要的技术人才；毕业生遍布全国各地，许多已成为单位的教学、科研和管理骨干。近五年本科毕业生就业率平均达96%以上。学院科学研究发展迅速，承担了各类项目100余项，其中在研国家自然科学基金4项，经费近200万元；发表学术论文600余篇，其中被SCI/EI检索收录百余篇；先后获得各种奖项近50项，出版"十一五"规划教材6部。"数据结构"和"Visual Basic程序设计"为甘肃省精品课程。学院不断加强与国内外知名高校和企业的合作与交流。近几年来，每年邀请数十位国内外知名专家进行交流访问。

学院设有计算机科学与技术、物联网工程、信息安全、智能科学与技术、软件工程等 5 个本科专业或专业方向。计算机科学与技术专业培养系统掌握计算机科学与技术的基本理论，具有较强的应用系统设计与开发能力的高级科学技术人才。物联网工程专业培养掌握物联网领域的基本理论、基本知识和方法，具备通信技术、网络技术、传感技术等专业知识的高级工程技术人才，培养能从事物联网技术及应用领域工作的多层次、复合型、实用型人才。信息安全专业注重培养学生的全面素质，使学生掌握网络与信息保障的基本理论和基本知识，具备信息系统分析与综合、工程设计与实际运用、安全策略制订与监控管理的基本能力，培养具有自主知识产权开发能力、掌握核心技术的网络与信息安全专业高级专门人才。智能科学与技术专业培养学生系统掌握智能科学技术的基础理论与方法，具体扎实的智能信息处理、智能行为交互和系统集成方面的应用开发能力。软件工程专业以软件企业人才需求为导向，面向国民经济信息化建设和发展的需要，培养掌握扎实的计算机基础理论知识和较宽的工程专业知识、具有创新能力、有较强的工程实践能力和团队协作能力、德智体全面发展的有国际竞争力的高层次、应用型、复合型软件工程技术人才。

十七、物理与电子工程学院

西北师范大学物理与电子工程学院发端于京师大学堂师范馆。1902年京师大学堂师范馆设立理化科，标志着我国近代师范物理教育的开端。不久，京师优级师范学堂设置物理科，1912 年北京高等师范学校设置理化部，1923 年，北京师范大学设立物理系。1937 年西迁，成为西北联合大学师范学院的理化系。1939 年国立西北师范学院独立设置，并经过艰苦努力从城固迁到兰州，迁校期间直至新中国成立前夕，在理化系工作过的教师有 29 人，其中教授有严顺章、张贻侗、蔡钟赢、王新甫、严穗炯、盛希音、方乘、崔永福、戈福祥、杨清堂、岳劫恒、朱有宣、李家光、王象复、吴锐等15人，副教授7人。在新中国成立后的改造与整顿中，学校将理化系分设为物理系和化学系。1969年在物理系金工厂的基础上建立了兰州东升无线电厂，生产出3DD6硅平面低频大功率晶体管、教学用SB-16型示波器、油罐液面显示仪等系列产品。

随着"文化大革命"的结束和全国科学大会的召开，学校的科研工作迅速得到恢复，物理系的科学研究工作也开始出现了新局面。这一时期，物理学科的研究具有一定的科研实力和较高的学术水平，并已形成各具特色的研究方向。1980年，物理系建立了应用电子技术研究室，研究方向为计算机应用。1985—1988年，该研究室研究人员在学校学报等刊物上发表论文18篇，完成应用研究项目8项。1985年，物理系建立了激光等离子体光谱研究室，计划进行原子高电离态光谱、高激发态方面的实验研究，由王永昌先生负责，1981—1986年，该研究室研究人员在国际著名刊物及国内重要刊物上发表论文14篇。王永昌教授主持的"激光等离子光谱学系列研究"项目获1981—1984年甘肃省高校科技成果一等奖。此后，在袁相津、梁全成等老师的带领下，转向高温超导薄膜方面的研究，达到了较高的水平。

2000年10月，学校在原物理系的基础上成立了物理与电子工程学院。学院现设有物理系、电子信息工程系、材料系和实验中心四个教学单位，设有原子分子物理研究所、理论物理研究所、凝聚态物理研究所、电子技术研究所、信息技术研究所和高等物理教育研究所等6个研究单位。近年来，学院在教学、科研和学科建设各方面取得了长足的发展，已成为一个能够培养学士、硕士、博士、博士后多层次物理学和电子信息工程人才的理工学院。学院现有各级各类在校学生1500余人，其中研究生236人，全日制本科生1100人，成人教育类学生200余人。

学院拥有一支结构合理、学风严谨、学术视野开阔的高素质师资队伍。现有教职工78人，其中教学科研人员69人，教授17人，副教授24

人，具有博士学位的教师 43 人，享受国务院特殊津贴专家 1 人，甘肃省优秀专家 1 人，甘肃省领军人才 5 人，省属高校跨世纪学科带头人 2 人，甘肃省"333""555"科技创新人才 4 人，博士生导师 9 人，留学回国人员 17 人；另有兼职教授 27 人、客座教授 3 人。

学院现有物理学、电子信息工程、材料物理 3 个全日制本科专业，物理教育、电子信息工程、服务外包 3 个应用型自考专业以及物理学、电子信息工程 2 个成人教育专业。物理学为高等学校国家特色专业，原子分子物理为甘肃省重点学科。物理学科有博士后科研流动站、物理学一级学科博士学位授予权以及原子与分子物理、理论物理、凝聚态物理、等离子体物理、光学等 5 个二级学科博士学位授予权；电子学科具有电子科学与技术一级学科硕士学位授予权以及物理电子学、电路与系统等 4 个二级学科硕士学位授予权和电子与通信工程工程硕士学位授予权。

近年来学院科学研究水平不断提升，取得了一系列高水平、有影响的研究成果。学院先后承担国家自然科学基金项目 38 项，国家科技部和教育部项目 15 项，国际合作项目 3 项，省厅级科研项目 40 余项，年科研经费超过 300 万元，每年发表 SCI 收录期刊论文 60 篇以上，研究成果获甘肃省科技进步奖 13 项、甘肃省高校科技进步奖 25 项。学院注重加强与国内外同行的交流与合作，学术氛围浓厚。目前，学院与美、德、日、爱尔兰、瑞典、立陶宛等国家的高等院校以及国内众多高校和科研院所建立了广泛的合作关系，在师资培训、人才培养、科学研究、实验室建设等方面合作紧密，对提升学院的办学水平和扩大学院在国内外的影响产生了积极作用。学院先后主办了"原子分子物理前沿专题兰州研讨会"、四届"等离子体中的原子分子过程中日研讨会"、两届由国家自然科学基金委资助的西部地区理论物理暑期研讨班以及万维网联盟语音合成标记语言国际研讨会等国际国内会议。

学院办学条件良好，为教学和科研提供了强有力的支撑和保证。学院建有"原子分子物理与功能材料"甘肃省重点实验室、电子技术基础实验省级教学示范中心、基础物理实验省级教学示范中心，并与中科院近代物理研究所联合建有"极端环境原子分子物理"实验室。学院有教学科研实验室和办公用房 7700 平方米；仪器设备近 5000 台件，价值 3000 多万元；学院资料中心设有中文资料室和外文资料室，有中文期刊 171 种、外文期刊 205 种，并定购有 Elsevier、美国 APS 和 AIP、英国 IOP 等电子期刊数据库。

学院高度重视人才培养质量。"勤学敬业，严谨求实"一直是学院师生的优良传统，"重视实践环节，加强能力培养"是本科教学的明显特色。在这样一种优良传统和办学思想的熏陶下，一批批教师在教学战线辛勤耕耘，不断深化教学改革，加强课程建设，使得学院的教学工作多年来一直走在全校前列。近年来学院建成 7 门省级精品课程，多项教学成果获得省级奖励，多人获得国家级、省级荣誉称号。2008 年，学院获得"甘肃省政府教育系统先进集体"称号。近年来学院在本科学生中推行科技创新计划，物理学专业实行"云亭班"与普通班的分层教学改革，使学生的创新能力有了很大提高。学生在大学生数学建模比赛、"挑战杯"大学生课外学术科技作品竞赛、大学生电子设计大赛、大学生智能汽车竞赛、中国机器人大赛暨 RoboCup 公开赛等全国性比赛中多次获得佳绩。

站在新的历史起点，物理与电子工程学院将以建设具有明显优势与特色、在国内外有一定影响、充满生机和活力的教学研究型理工学院为目标，坚持人才强院战略，强化开放意识，注重内涵建设，提升学科水平和教育质量，为西部地区经济和社会发展，为我国高等教育发展和民族振兴作出更大贡献。

十八、化学化工学院

化学化工学院是西北师范大学历史最悠久，办学力量最强的学院之一，化学学科是学校建设最早的学科之一，在 70 多年的历史长河中，为西北地区及全国化学教育和科学研究事业作出了应有的贡献。

化工学院设有 2 个系即化学系、化工系；1 个教育部重点实验室即生态环境相关高分子材料教育部重点实验室；2 个省级重点实验室即甘肃省高分子材料重点实验室和甘肃省生物电化学与环境分析重点实验室；1 个研究院即甘肃省西部资源应用研究院；2 个研究所即化学研究所和高分子研究所；4 个中心即实验教学中心、分析测试中心、资料中心和科技开发与服务中心。化学专业为国家级特色专业，该团队为国家创新团队，化学一级学科为省级和校级重点学科。

学院拥有一支结构合理、学术视野宽阔、业务素质高的师资队伍，现有教职工 108 人，其中博士生导师 27 人，硕士生导师 74 人，教授 25 人，副教授 36 人，讲师 19 人，教学辅助人员 16 人。教师中 58 人具有博士学位，7 人在读博士；8 人获国务院政府特殊津贴，7 人为甘肃省"333"跨世纪学科带头人，2 人获有突出贡献的中青年专家称号，1 人为全国教育系统先进工作者（劳动模范），1 人为教育部劳动模范，1 人获中国青年化学奖，1 人入选教育部优秀青年教师资助计划。学院基本形成了一支年龄结构和学缘结构合理、学历层次高、教学科研经验丰富的高水平师资队伍，为学院的可持续发展奠定了扎实的基础。

化学化工学院现有博士、硕士和学士三级学位授予权。设有化学和化学工程与工艺 2 个本科专业。现有化学学科博士后科研流动站、化学一级博士点（含 5 个二级博士点：无机化学、有机化学、分析化学、物理化学、高分子化学与物理）、化学一级硕士点（含 5 个二级硕士点）、化学工程与技术一级硕士点（含 5 个二级工科硕士点：应用化学、工业催化、化学工程、化学工艺和生物化工）和化学工程专业硕士学位点。

化学化工学院近十年来承担省部级以上科研项目 300 多项，其中承担国家自然基金项目平均每年 7 项，2011 获自然科学基金 14 项，近 5 年科研经费超过 3500 万元。近 5 年学院获授权专利 75 件，获省级及以上教学和科研奖励 25 项，发表 SCI 收录研究论文 500 余篇，平均每年超过 100 篇，其中一区论文 11 篇，二区论文 51 篇。

目前，学院技术产业化项目总产值超过 12 亿元，完成应用开发项目十多项，学院科研成果"引发剂'K'"、"利用低浓度废烟气和30％烧碱原液生产亚硫酸钠和硫代硫酸钠的新技术"和"一种线性低密度聚乙烯添加性复合阻燃材料"分别在兰州助剂厂、金川公司和扬州华声电子实业有限公司产业化。"芥酸及芥酸酰胺精品"质量达到出口标准及美国 Sigma 公司试剂标准，填补了国内空白。学院与天水万维电缆材料厂合作的"万吨级无卤阻燃电缆材料"、与深圳海润德润滑油有限公司合作的"乙丙接枝氮氧杀环新型粘指剂的研发"均达到了相关技术要求，进入中试阶段。"改性坡缕石净水剂及其制备方法"、"合成胶乳中丙烯酸酯的脱除方法"、"纳米氧化铜分体的制备方法"等分别与甘肃乾峰环保科技有限公司、石家庄鸿泰橡胶有限公司、北京兴丰科技发展有限公司等进行了专利转让。

根据 2011 年 7 月 ESI 最新统计数据显示，西北师范大学化学学科进入 ESI 全球排名前 1％，其中，近十年论文总数为 828 篇，总被引次数为 3284 次，篇均被引次数为 3.97。目前化学学科进入 ESI 全球排名前 1％的机构总共有 973 个，西北师大化学学科按照论文总数和总被引次数分别排在第 507 位和第 961 位。这一结果是学院各位教师付出心血的最好回报，在今后的科研道路上，学院必将取得更加骄人的成绩。

化学化工学院注重开展学术交流与合作，每年邀请国内外化学界知名院士、专家来院作学术报告，交流学术成果，已聘请 20 多位专家为学院客座教授。近 10 年来，学院已成功举办大型国际和全国性学术会议 14 次。

化学化工学院迄今已培养本科生 5000 余人，研究生 700 余人，其中 2 人进入中科院百人计划，2 人获中国化学会青年化学奖，3 人被评为"首届甘肃省在社会实践中作出突出成绩的优秀大学毕业生"。学院现有在校全日制本科生、研究生 1000 多人，其中普通本科生 1054 人，在校博士、硕士研究生 411 人。近十年来，学生获国家、省级各类奖励 60 多项。2003 年学院"小草服务社"被中宣部等五部委授予"全国学雷锋先进集体"称号，2010 年被共青团中央和中国青年志愿者协会授予第八届中国青年志愿者优秀项目奖。

化学化工学院在七十多年的发展历程中，形成了"团结、奋进、求实、创新"的团队精神，取得了卓越成绩。今后学院师生将进一步开阔思路，把学院建成理工科协调发展，教学科研协调发展，特色鲜明的教学科研型学院，为社会输送大批合格的人才。

十九、生命科学学院

生命科学学院的前身为 1904 年创建的京师大学堂博物科。1939 年，独立设置后的国立西北师范学院设有博物系，1951 年改为生物系。1958 年，教育部批准成立植物分类研究室，1980 年改为植物研究所。1998 年，植物研究所并入生物系，实行系所合一的管理体制。2000 年，学校成立生命科学学院。我国已故植物学家、中国植物分类学奠基人之一孔宪武先生在生物系、植物所的创建和发展中曾作出了卓越的贡献。

学院有生物科学、生物技术与工程 2 个系，有西北特色农产品产业技术创新战略联盟和甘肃省特色植物有效成分制品工程技术研究中心 2 个省部级科研平台，1 个国家级高等学校特色专业，1 个省级实验教学示范中心，3 个省级精品课程，2 个校级教学团队，6 个校级重点课程，有植物、生态学与生物多样性、生物技术与应用开发、细胞与发育生物学 4 个研究所，有西北师范大学临洮腾胜公司农副产品深加工研发中心、生物科技服务中心 2 个科技服务研发中心。学院有生物学、生态学 2 个一级学科硕士学位授权点，生物学设植物学、动物学、细胞生物学、微生物学、遗传学、生物化学与分子生物学、发育生物学、生理学、水生生物学、生物物理、神经生物学等 11 个二级学科硕士学位授权点，同时还开展教育硕士、高校教师、中职教师等专业硕士培养工作。学院现有生物科学、生物技术、制药工程和科学教育四个本科专业。学院现有各类在校学生 1200 人，1972 年以来，共培养本科毕业生 2677 人。

学院有教授 14 人，副教授 16 人；27 人具有博士学位，6 人在读，占专职教师的 85% 以上；博士生导师 2 人，硕士生导师 25 人。学院有国家有突出贡献的中青年专家 1 人，享受国务院政府特殊津贴专家 9 人，甘肃省优秀专家 1 人。5 人入选甘肃省"333"、"555"科技创新人才工程，1 人获第四届"中国青年女科学家"提名奖，1 人获第四届"新世纪巾帼发明家"创新奖，4 人入选 2009 年甘肃省一、二层次领军人才，5 人获甘肃省高校青年教师成才奖。2 人被评为甘肃省师德标兵，3 人被评为西北师大"教学名师"。有 12 人在各类学术团体中兼任职务。

学院具有较好的办学条件，现有实验室面积 3228 平方米，设有基础实验室、工程实验室、中心实验室、细胞与分子生物学实验室、制药工程实验室 5 个专业实验室，共有大型仪器设备 2176 台（件），价值 2339 万元，其中万元以上仪器设备 309 台（件）。特别是 2008—2010 年，学院争取中央与地方共建高校特色优势学科实验室项目 4 项，建设了细胞生物学与发育生物学、制药工程、生物化学与分子遗传学、药物化学实验室，共获得建设经费 1100 万元，一大批高新实验设备投入使用。2010 年，学院争取中央财政支持地方高校科研平台建设项目 1 项，项目资金 300 万元。学院标本室有各类动物标本 2 万余份，植物标本 20 余万份。互联网覆盖了学院所有办公室和教室，还开通了中科院科技文献网络查询系统。学院网页内容翔实、更新及时，已成为广大师生和社会各界了解学院概况和发展的主要窗口。

近年来，学院秉承"爱国进步、诚信质朴，艰苦奋斗、自强不息"的师大精神和"崇尚学术、追求卓越"的办学理念，抓住学校省部共建的新机遇，根据学校建设教学研究型综合性大学的发展目标，按照"全面提升、重点突破、强化优势"的发展思路，以建设"以生物科学师资培养为主，生命科学基础研究和生物技术开发特色鲜明、西部高水平的生物科学基础教育师资和生物技术应用开发人才培养的基地"为目标，坚持以生物科学师范教育为主，积极发展生物技术和制药工程非师范专业；进一步突出学科特色，明确发展重点，加强创新平台建设和团队培育力度；紧紧围绕区域和地方经济社会发展的需求，提高服务经济社会发展的能力，全面提升学院发展质量，取得了显著的成果。

本科教学成绩喜人。近年来，学院高度重视专业建设，不断引进培养师资、购置实验设备、新建实验室，为培养优秀毕业生创造了良好的软、硬件条件。学院有 4 个中央与地方共建高校特色优势学科实验室。生物科学专业为国家级特色专业，生物学实验教学中心为甘肃省高等学校实验教学示范中心，是西北师大 6 个省级实验教学示范中心之一。学生考研率、英语四六级通过率和就业率在全校领先，毕业生考研率一直保持在 30% 左右。2011 届毕业生中 61 人考取"985"、"211"院校研究生。1 名学生被评为全国三好学生。人体科学、植物生物学、动物生物学为省级精品课程，细胞生物学、分子生物学、微生物学等 6 门课程为校级精品课程。学院本科教学工作在 2003 年教育部本科教学工作评估中得到了教育部专家的高度评价，2005 年、2011 年两次被学校评为本科教学先进单位。

科学研究成果显著。学院在坚持传统优势和特色的基础上，结合地域特征和独特的生物资源，以服务西部环境和经济建设为目标，选择青藏高原和西北干旱及高寒地区区域特色生物类群为研究对象，利用现代生命科学的手段和方法，开展了基础和应用研究，取得了丰硕成果。近年来，学院获得国家自然科学基金项目 14 项；获得中央与地方共建项目 1 项，国家科技支撑计划项目 1 项，留学人员科技活动项目 2 项；1 项成果获甘肃省技术发明二等奖，22 项成果分别获甘肃省科学技术进步一等奖和三等奖；37 项成果获得国家发明专利，其中国际专利 1 项；获得其他科研项目 86 项；科研项目资助经费 1757.1 万元，科研经费历年居全校前列；共发表科研论文 267 篇，其中 A 类论文 26 篇。学院进一步加强教师的对外交流与合作，有 28 名教职工外出进行学术交流与学习考察，举办了较高水平的学术报告 24 场。近年来，学院形成了植物系统、进化与生态学、动物学、生态学与人体生理学、细胞与发育生物学、生物生化与分子生物学、制药工程及生物开发利用、应用微生物等科研团队。张继研究员荣获中国科协第四届"西部开发突出贡献奖"和国家知识产权局、全国妇联和中国发明家协会第四届"新世纪巾帼发明家"创新奖；杨颖丽教授获第四届中国青年女科学家提名奖。张继研究员主持的国家科技支撑计划项目"陇南地区灾后住宅重建与特色农产品快速生产技术集成与示范"获得经费500万元，创学校项目经费之最。

学术科技富有特色。学院重视学生学术科技活动，建立了本科生导师制，加大实验室开放力度，鼓励学生积极参加导师科研项目和学校学术科研资助项目，提高了学生的科研素养，在科技创新活动中表现出较强的实力，也保证了考研率的提高。近年来，本科学生共完成100余份研究报告，在省级以上学术刊物发表论文50余篇；共有120多项科研成果申报参加学校、甘肃省和全国"挑战杯"竞赛，获得各类奖励70项，其中国家三等奖2项、省级特等奖1项。学院多次获"挑战杯"竞赛优秀组织单位奖，也是全校唯一一个在全国"挑战杯"竞赛中连续五届都有获奖项目的学院。

近年来学院还被学校评为管理优秀单位、先进基层党组织、民族团结进步模范集体、学生工作先进集体、校园综合治理先进集体、档案工作先进集体等。

二十、地理与环境科学学院

地理与环境科学学院发端于1902年创办的京师大学堂师范馆史地科，其后发展成为北平师范大学史地系。抗日战争时期随学校西迁至陕西，后来再次西迁至兰州，成为西北师范学院地理系。2000年在原西北师范大学地理系和西北资源环境研究所的基础上组建成立了西北师范大学地理与环境科学学院。

地理与环境科学学院办学历史悠久，发展历史上群贤汇集，先后有著名地理教育家邹豹君、万方祥、傅角今、卢村禾、焦北辰、魏文泽、刘仲瑜、董文朗、李宗芳、王琪生、郑宝喜、孙永清、黄大燊、陈仲全、董宏儒、詹启仁、向传璧等一大批著名专家学者执教于此。这些地理教育先贤，为学院的办学和发展奠定了深厚的人文基础，形成了规范的教学管理体制，树立了教书育人的良好学风，培养了大批地理专业人才，为中国现代地理教育作出了卓越的贡献。

学院现有一支教学经验丰富、理论基础扎实、科研水平较高、整体力量雄厚的师资队伍，以程国栋院士领衔的教职员工 70 余人，其中教授 23 人、副教授 18 人、博士生导师 9 人、硕士生导师 43 人、博士后 7 人、博士 33 人（含在读博士）、硕士 32 人，外聘 12 位知名专家学者为兼职教授。近五年来，学院教师申请国家自然科学基金项目、国家社会科学基金项目、各类省部级、厅局级项目 460 项，科研经费近 5000 万元，发表高水平科研论文 1226 篇，获得各类奖励 41 项，出版专著 14 部，申请专利 6 项。学院长期致力于地理与环境科学教育、国土开发整治、区域发展与管理、生态经济与环境保护、城市与区域规划、旅游资源开发规划、地理信息技术、干旱区资源与环境、荒漠化防治、水资源保护与利用、民族地区经济社会可持续发展、生态脆弱区对全球气候变化的响应等领域的研究及相关人才的培养。

学院现有地理学一级学科博士学位点，自然地理学、人文地理学、地图学与地理信息系统 3 个二级学科博士学位点，自然地理学、人文地理学、地图学与地理信息系统、环境科学、环境工程、人口资源环境经济学、旅游管理、土地资源管理等 8 个硕士学位点及 1 个环境工程专业硕士学位点，地理科学、资源环境与城乡规划管理、地理信息系统、环境科学、环境工程等 5 个全日制本科专业，自然地理学、人文地理学、生态经济学 3 个甘肃省高校省级重点学科。目前在读全日制普通本科生 1303 人、硕士研究生 272 人、博士研究生 23 人。

学院现设有地理科学、环境科学与工程、城市与资源学、地理信息学等 4 个系。拥有甘肃省湿地资源保护与产业开发工程研究中心、西北师范大学国土资源与城乡规划研究院、西北师范大学城市规划与旅游景观设计研究院、西北师范大学 GIS 开发应用研究中心、西北师范大学建设项目环境影响评价中心、西北师范大学生态经济研究中心、西北师范大学西北资源环境与区域发展研究所、学院实验中心、学院图书信息资料中心等多个机构，具有国家土地利用规划、旅游规划设计、土地调查等专业技术资质。

学院是中国生态经济学会生态恢复专业委员会、甘肃省地理学会挂靠单位，亦是中国地理学会、中国生态经济学会、中国自然资源学会以及甘肃省测绘学会、遥感学会、气象学会、土地学会、地理教学研究会的理事单位。主办有甘肃省科技厅核准科技期刊《资源环境与发展》和《生态经济学报》两个学术刊物及学生刊物《北极星》。

学院办有《生态经济学报》《资源环境与发展》连续性内部学术期刊（季刊），反映、报道生态经济学国内外研究现状、理论与方法体系、研究热点与前沿、国内外生态经济学的应用实践和进展情况。宣传党和国家有关资源开发、环境保护和区域发展的方针和政策，探讨国家和地区资源、环境、人口与社会经济可持续发展相关学术与政策问题。

经过几十年的风雨春秋，几辈人的精心耕耘，随着改革开放的不断深入，学院以求真务实的态度、拼搏向上的精神和以人为本的原则，坚持科学发展观，与时俱进，开拓创新，积极探索地理教育的办学方向，狠抓学科建设，拓宽办学路子，突出办学特色，取得了教育事业上的巨大进步，在提高教学科研水平、加强师资队伍建设、改善教学设施条件等方面都有长足发展。今天，学院已步入了全面和谐发展的新阶段。

二十一、教育技术学院

西北师范大学教育技术学院前身为西北师范大学电化教育系，电化教育系于 1984 年在全国率先招收两年制电化教育专业专科生，1985 年经教育部审批，增设教育技术学（电化教育）本科专业。1993 年经国务院学位委员会批准设立教育技术学硕士点，1995 年开始招收教育技术学专业硕士研究生。1998 年，教育技术学学科被评为省级重点学科。2000 年，经学校批准，在原电化教育系的基础上组建了教育技术与传播学院。2003 年 9 月，经国务院学位委员会批准设立教育技术学博士点，是西部地区设立的第一个教育技术学博士点。2007 年学院与中教科技合作建立学校第一个教育技术学博士后科研工作站。2008 年经教育部备案，学院增设数字媒体艺术本科专业，同年开始招生。2012 年，学校机构改革，成立教育技术学院。

学院现有教育信息技术系、数字媒体系、现代教育技术实验中心、教师教学能力发展与研究中心（承担全校现代教育技术教师教育课程及社会服务任务）、数字资源研发中心、《电化教育研究》杂志社、教育信息化研究所、现代远程教育研究所、数字媒体及应用研究所、现代教育技术研究所、图书资料中心、办公室等内设机构。现代教育技术实验中心下设摄影与摄像、音频制作、电视编辑、多媒体素材制作、多媒体软件设计、卫星资源接收与应用、网络技术及应用、CG 创意与设计等实验室。学院教学设施先进、实验设备精良，配备了先进的非线性编辑系统、虚拟演播室系统、数字视音频工作站等专用的实验教学设备。现代教育技术实验中心为甘肃省首批省级实验教学示范中心，学院被评为全国教育技术学先进单位。其中《电化教育研究》杂志为全国教育类核心期刊、CSSCI 来源期刊。

学院现有教职员工 38 人，其中教授 8 人，副教授 10 人，讲师 4 人，助教 2 人，研究员 1 人，高级实验师 3 人，实验师 3 人，副研究员 3 人，助理研究员 2 人，研究实习员 1 人。在专职教师中，具有博士学位者 8 人，具有硕士学位者 16 人。学院拥有一批教育技术领域的知名学者教授。我国电化教育的创始人、享受政府特殊津贴的南国农先生，创办全国教育类核心期刊、CSSCI 来源期刊《电化教育研究》，出版《电化教育学》《教育传播学》等十几部电化教育专业教材和一套近 20 本的"电化教育丛书"，有多部专著修订再版。

学院现有博士生导师 4 人，硕士生导师 11 人。教育技术学专业博士点有现代教育技术原理、现代远程教育、信息技术与教学应用、教育信息化理论与实践 4 个研究方向；教育技术学专业硕士点有教育技术学理论、现代远程教育、教育信息化理论与实践、信息技术与教育、教学系统设计 5 个研究方向。

学院现有教育技术学、数字媒体艺术两个本科专业。在校普通本科生 410 人，博士研究生 16 人，全日制硕士研究生 116 人，在职硕士研究生 98 人。截至 2012 年，我院教育技术学专业已为社会培养毕业生 24 届，2300 余人。

近年来，学院先后有 7 人次赴美国、加拿大、英国、日本等国考察、访问和进行学术交流，同时邀请复旦大学、北京师范大学、华南师范大学、华东师范大学、美国中田纳西州立大学等国内外高校的专家、学者来院讲学及开展合作研究。学院在省内外建有长期稳定的专业实习实践基地，与国内各高校的教育技术学专业建立了长期友好的合作关系。

近年来，我院教师在国家和省级以上学术刊物发表论文 400 余篇；出版专著、教材 40 余部；主持承担包括国家和省部级在内的各类科研项目 70 余项；获各类科研奖励 50 余项。

近年来，学院团学工作始终坚持"育人为本、德育为先"的主线，紧紧围绕学校的奋斗目标，坚持正确的政治方向，建立完善的规章制度，开展特色鲜明的教育活动。学院通过专业教师牵头组建大学生实践创新团队、成立"第六空间"工作室、举办"彩虹英语播报训练营"、设立院级学生科研资助项目、举办师范生从师技能训练、举办与专业紧密结合的系列竞赛活动、开展形式多样的社会实践活动等一系列措施，实践育人体系已呈现了规范化、制度化的良好格局。近年来，学院本科生在国家核心期刊等学术期刊上发表论文 26 篇，在专业实践领域共获得国家级奖励 16 项、省级奖励 46 项、校级奖励 44 项、院级奖励 72 项。同时，学院在管理和服务育人方面形成了一套行之有效的措施和办法，"新生建档卡"、"学生安全责任书"、"宿舍检查登记表"等一系列措施创建和落实。学生工作特色突出,成效显著,学院先后荣获"甘肃省五四红旗团委标兵"、西北师范大学学生工作先进集体等各种奖励 30 多项。

二十二、传媒学院

西北师范大学传媒学院成立于 2012 年 5 月 31 日,由原文史学院新闻系、教育技术与传播学院广播电视编导系、美术学院动画系重组而成。传媒学院是学校为满足社会对新闻传媒和动漫设计人才日益增长的需求,适应现代社会大众传媒技术和信息化教育大发展的形势,整合优质教育资源,拓展服务品牌优势,培育学科新增长点而设立的二级学院,也是学校最年轻、最具活力和发展潜质的二级学院之一。学院致力于培养戏剧、影视和动漫系统的创意、编导、编剧、播音、主持、制作、摄影、摄像、录音、灯光、照明和新闻撰稿等专业人才,以及能胜任传媒系统、广告公司、公关礼仪、政务新闻发布等传媒行业的高级专门人才。

学院设有新闻系、广播电视编导系、播音与主持艺术系、动画系等 4 个系,1 个实验中心,开设新闻学、广播电视编导、播音与主持艺术、动画设计 4 个非师范本科专业。学院下设办公室、培训中心、团委等机构。现有在校学生 600 余人,其中研究生 90 余人。

学院设有华夏文明传播与研究中心、西部戏剧与影视文化研究所、新媒体研究所等 3 个科研机构,有影视策划与制作中心、纪录片创作中心、广告、动画与游戏研发中心等 3 个应用研发机构。

学院拥有戏剧与影视学一级硕士学位授予权,是甘肃省唯一的一个戏剧与影视学一级硕士学位授权学科。该一级硕士学位点下设戏剧影视理论、戏剧影视文学、电视艺术与编导、新媒体研究、电视制作研究、视觉文化与传播、电视传媒创意与策划等 7 个研究方向;学院在艺术学理论一级硕士学位点下设广播电视艺术、戏剧与多媒体艺术 2 个研究领域;在语言学及应用语言学二级硕士学位点下设新闻学理论、新闻采编与制作研究 2 个研究方向;在文艺学二级硕士学位点下设传媒与文化、影视文化批评 2 个研究方向。同时，在艺术硕士（广播电视编导）开设广播电视艺术、播音与主持艺术、戏剧影视艺术和新媒体艺术等领域，招收专业型研究生。

学院师资力量雄厚，有一支创新能力强、教学水平高、师德品质好的师资队伍。学院现有教职工 40 人，其中具有高级职称者 15 人，具有博士学位者 6 人，另有 5 人在读。为培养和增强学生的专业实践技能，学院在甘肃广播电影电视总台等机构聘请了 5 名兼职教授和客座教授任教。同时，学院邀请复旦大学、北京师范大学、华南师范大学、华东师范大学、美国中田纳西州立大学等国内外高校的专家、学者来院讲学及开展合作研究。此外，学院还常年聘请传媒界一线的资深记者、编辑、播音员、主持人、广告设计师和广电编导人员担任实践课程教师。

学院教学设施先进、实验设备精良，拥有摄影与摄像、音频制作、电视编辑、电视演播、多媒体素材制作、多媒体软件设计与制作、CG 创意与设计、卫星接收与有线电视、网络技术、广播播音与主持模拟训练、电视播音与主持模拟训练、网络新闻、报纸编辑排版和电视新闻制作等实验室，配备了先进的非线性编辑系统、虚拟演播室系统、数字音频制作系统、数字工作站等专用的实验教学设备，设备总价值 1200 余万元。学院拥有香港科讯网世界交流有限公司兰州人才与信息基地等教学、科研和服务机构，并创建了"第六空间"媒介与社会学术沙龙，成为西北师范大学对外沟通和交流的重要平台。学院在省内外建有长期稳定的实习实践基地，建立了中央电视台、中新社甘肃分社、新华社甘肃分社、广东电视台、深圳电视台、湖南电视台、甘肃电视台、《兰州日报》社、《西部商报》社等稳固的专业教学实习实践基地。

学院按照专业化、科技化、艺术化、市场化的要求，着力培养学生的文艺素养、传媒智慧、科技能力和市场适应能力。学院强调对学生进行全面素质教育，重视实践教学，不仅要求学生切实掌握好专业的基本理论、基本知识和基本技能，获得专业上的深化、拓展，而且特别注重培养学生的实践、创新、就业、创业能力。在校学生专业能力突出，参与了全国大型节目的策划制作与电影的拍摄，在北京大学生电影节、四川金熊猫电视节、中国·西安国际民间影像节以及科讯杯全国大学生 DV 作品大赛等全国专业性比赛中成绩斐然，屡次获奖，部分学生作品还参加了戛纳、釜山等国际电影节。在校学生举办了多场个人电影首映活动，《失乐岛》成为国内首部院线公映的大学生商业电影，在广州、兰州、敦煌等城市举行巡回放映及院线放映。

学院教师先后承担国家哲学社会科学基金项目、教育部人文社会科学研究项目、甘肃省重点文艺资助项目等国家级、省部级课题 10 余项，发表论文 300 多篇，出版专著、教材近 10 部；摄制电视专题片、教学片 30 多部（集）。获得甘肃省哲学社会科学优秀成果奖、甘肃省敦煌文艺奖、甘肃省优秀图书奖、甘肃省高校教学成果奖等各种奖励 20 余项。

传媒学院承载着创新办学模式和人才培养模式的使命，学院将以文化产业提升为突破口，着力打造高水平文化产业人才培养基地和高水平文化产品研发生产基地和高水平文化产业研究规划基地、高水平文化产业精英集聚基地和高水平文化产业师资培训基地，着力打造富有特色、实力和活力的创新型品牌学院，努力把传媒学院建成一所高水平、有特色，西北一流、在全国具有一定影响的学院。

二十三、旅游学院

西北师范大学旅游学院是西北地区普通高校中最早成立的旅游类二级学院，被教育部工商管理专业指导委员会旅游学科组确认为"全国百所旅游骨干院校"之一，是全国旅游骨干院校联席会议成员单位，全国旅游协会教育分会理事单位，并被教育部批准为旅游专业全国重点建设职业教育师资培训基地。学院目前已成为西北地区旅游人才培养、科学研究与智力服务的重要基地，在西北尤其是甘肃旅游产业的发展中扮演着重要角色。

西北师范大学是国内较早开办旅游管理专业的普通高校，1995 年开始设置专业招生，旅游学院于 2000 年 10 月成立，2001 年开始招收首届普通本科生。学院现有教职员工 38 人，专职教师 32 人，教授 4 人，副教授 9 人，其中博士（含在读）11 人；现有各类在校学生近 1300 人，其中普通本科生 800 余人；有旅游管理与服务教育、旅游管理（涉外旅游方向、旅游英语方向、旅游日语方向）、酒店管理、音乐表演（空中乘务方向）4 个普通本科专业，涵盖管理学、文学、艺术学 3 个学科门类，成为全国同类旅游院校中专业设置最完善的学院之一。学院有旅游管理学术型和专业型硕士点（MTA）各 1 个，在旅游创意与旅游产业发展、跨文化旅游与民族旅游研究、旅游经济与旅游企业管理、旅游文化与"丝绸之路"旅游研究、旅游市场开发与营销研究等方向招收研究生。近几年，旅游学院多方筹资，每年投入大量资金用于支持学科建设及相关方向的科学研究。学院现有专用办公及实验用房 4700 平方米，截至目前，藏书达 4.8 万余册，国内外期刊达 169 种，并建有导游情境模拟实验室、视听室、网络机房和多媒体教学实验室、模拟餐厅、模拟客房等实验室；同时，投资 110 万元的中央与地方共建特色优势学科实验室——旅游资源开发与规划设计实验室正在建设之中；学院硬件设施建设在西北地区旅游院系中首屈一指。学院本着"学科与学术建设立学院，教学与服务社会求发展"的办院宗旨，立足于甘肃，为甘肃旅游产业进行开发咨询、管理咨询，承接项目研究，进行委托定向培养等工作，为甘肃乃至全国旅游产业输送了大量的旅游管理人才。

旅游管理专业（涉外旅游、旅游英语方向）采用"1.5＋2.5"培养模式。在前三个学期进行旅游管理专业通识课程教学，使学生能够掌握旅游管理专业基本的学科知识与能力，在第四学期依据旅游学科的特定要求，充分考虑学生个体的学科基础、兴趣偏好、职业生涯设计以及经济社会发展需要等因素进行专业方向分流，培养既具有社会主义市场经济理论基础，又具有现代管理科学知识，基础厚、能力强、素质高、富有求实和创新精神的复合型旅游高等专业人才。

涉外旅游方向的学生在校期间系统学习现代旅游的基本知识，全过程接受现代旅游产业各领域的策划、管理、营运、营销以及组织发展的实践能力系统训练，为成长为合格的旅游及其相关服务产业的职业经理人奠定知识与能力基础。

旅游英语、日语方向的学生在校期间，以现代经济、管理和文化知识为基础，系统学习英语、日语语言和文化知识，进行全面的听、说、读、写、译训练，毕业后不仅能够在旅游部门胜任涉外旅游行政管理、涉外导游、涉外旅游经营与管理等工作，还能够在外事、经贸、文化、新闻出版等部门从事翻译、教学、科研和管理工作。

酒店管理专业旨在培养学生掌握现代酒店经营与管理的基本理论和基础知识以及酒店各经营与管理岗位的基本技能，培养具备国际化酒店服务与管理标准化的职业素养、具有现代星级酒店业经营管理理念、具备牢固的专业管理理论知识和熟练的服务与管理能力、具有能从事经营管理和接待服务的中高级管理应用型专门人才。

音乐表演专业（空中乘务方向）采用职业技能导向型培养模式。在第一至第三学年进行航空服务专业通识课程教学，使得学生能够掌握本专业基本的学科知识与能力，在第四学年依托航空企事业单位进行专业实习，以期能够依据行业要求，并且充分考虑学生个体的学科基础、兴趣偏好、职业生涯设计以及社会经济发展需要等因素，培养德、智、体全面发展，既具有现代航空管理与服务专业理论基础，又具有现代航空服务专业技能，基础扎实、知识面宽、能力强、素质高、富有求实和创新精神的复合型航空服务专业人才。

学院人才培养注重与市场对接，尽量满足旅游业发展对多层次、多类型、多规格人才的需求，在旅游管理专业中设立了旅游文化、饭店管理、旅游企业管理和旅游资源开发与规划多个限选方向，在国际文化交流专业中设立了跨文化交流、涉外事务管理和国际商务 3 个限选方向，以满足行业对专门人才的需要。

学院注重办学特色和比较优势的打造，遵循"以学生发展为本"的人才培养理念，坚持学生的知识、能力、素质协调发展，实施"职业生涯设计导入本科教学"的人才培养模式，以"主副证修业制度"为实现载体，注重对学生全过程全方位的培养与教育。学院融第一课堂与第二课堂为一体，逐渐将"外语短剧大赛"、"导游词创作大赛"、"景区规划设计大赛"、"特色旅游线路设计大赛"、"导游词演讲大赛"和"旅游知识大赛"等6项专业素质拓展活动品牌化、常规化，并与学生素质拓展6学分捆绑。学院建设了多层次、多元化的建设专业实践基地，实践教学环节包括课内实践、认知实习、专业见习、技能实训、毕业实习和旅游业社会调查、大学生暑期社会实践、科研创新等活动。截至目前，学院已在北京、上海、海南和本省各地建立专业实践基地22个，满足了学生社会实践、职业能力养成与发展的需要。

自2000年以来，学院已形成了旅游资源开发与规划、"丝绸之路"文化与旅游产业发展研究、西北民族地区产业转型与旅游产业发展研究、跨文化旅游研究、西部旅游经济与组织管理研究、目的地营销研究等几个研究方向，并取得了较为丰硕的科研成果。目前，学院已完成和在研国家社科规划项目4项、甘肃省哲学与社会科学规划项目10项及其他多项纵向科研项目；获甘肃省社会科学优秀成果三等奖6项，省高校社会科学优秀成果一等奖、三等奖各1项；出版各类专著与教材20余部，发表学术论文300余篇，其中CSSCI论文数量2005年以来每年以50%的速度增加，在《新华文摘》《光明日报》《民族研究》《旅游学刊》《旅游科学》《人文地理》等国家权威、核心期刊上取得了论文发表的突破。上述成果在甘肃省旅游科学研究领域中名列前茅，在西北地区旅游科学研究领域中居于前列，在国内同行中赢得了较高声誉和认可。

学院承担着甘肃省全国导游资格考试及大量的旅游行政组织、企业组织人力资源培训的任务。2000年以来，学院为全省各类旅游企事业单位组织的培训达到了3万余人次，积极推动了甘肃省旅游产业的发展。

在以地方景区景点规划与区域旅游规划为重点的智力服务中，学院已承担甘肃省各类横向课题 40 余项，总经费接近 400 万元，为甘肃旅游业的发展争取世界银行贷款、国债资金和其他资金达 2.5 亿元，为区域旅游经济的发展提供了强有力的智力支持。

学院成立以来积极开展与地方政府、高校及科研院所的合作交流，与甘肃省旅游局、甘肃省发改委、甘肃省政府外办等对口政府管理机关建立了密切的协议合作关系，为发展西部旅游产业进行开发咨询、管理咨询，承接项目研究，进行委托定向培养等工作。截至目前，学院已与高台县、临潭县、漳县、民乐县、永靖县、定西市和白银市人民政府签订了战略合作协议，建立了教师科研与学生专业实践基地；与贵州师范大学国际旅游文化学院、上海师范大学旅游学院、湖北大学历史文化学院等高校院系签订了长期合作协议，就学科建设、科学研究、学生培养和服务社会等诸领域建立了广泛交流关系。同时，学院牵头启动并完成了西北师大与上海社会科学院的全面合作，联合共建的"中国西部国情调研中心"已挂牌，中心办公室设在旅游学院，旅游学院院长任中心常务副主任。此外，"甘肃省旅游发展研究院"、"甘肃省饭店业发展与培训中心"、"兰州市旅游业专家咨询委员会"、"兰州市旅游商品研发中心"等机构也在学院相继挂靠成立。

二十四、国际文化交流学院（国侨办华文教育基地）

国际文化交流学院是西北师范大学专门从事对外汉语教学和研究的二级学院，主要承担本科生、研究生、留学生、华裔学生等类型学生的教学、培养、培训和文化传播任务。

学院正式成立于 2012 年 6 月。教师队伍由原文史学院对外汉语系、西北师范大学汉语国际教育中心、旅游学院国际文化交流系及外国语学院部分教师构成。学院现设有对外汉语系、汉语国际教育中心、留学生教学中心、应用语言学研究所、中华文化与传播研究所等教学和研究机构。国务院侨务办公室在甘肃省设立的首家华文教育基地、国家汉办

（孔子学院总部）建立的甘肃省汉语国际推广中心依托本学院开展工作。

学院已形成了对外汉语专业教师培养、留学生汉语教学、汉语国际教育专业硕士培养"三位一体"的教学科研体制。同时，学院依托自身学科优势及良好的对外交往平台，增设了国际文化交流专业。对外汉语本科生于 2011 年由非师范专业转为师范专业。

学院拥有一批高水平的对外汉语师资队伍，大多数教师具有海外汉语教学经验。师资队伍专业结构、年龄结构、梯队结构和学缘关系合理。现有专职教师 18 人，外聘实务部门指导教师 2 人，外聘海外教师 3 人。汉语国际教育专业硕士研究生导师 6 人。40 岁以上教师 5 名，占团队总人数的 28%；30—39 岁教师 7 人，占团队总人数的 39%。学院教师分别就读于北京师范大学、四川大学、湖南大学、兰州大学、北京语言大学、华中科技大学、陕西师范大学、华中师范大学、扬州大学、安徽师范大学、广东外语外贸大学、韩国高丽大学等国内外大学，并获得博士、硕士学位。目前，8 位教师分别在土耳其、德国、新加坡、摩耳多瓦担任本土汉语教学工作，3 位教师在孔子学院等海外汉语教学机构任职，为汉语国际教育学科建设与发展打下了良好基础。

学院现有本科生 212 人，汉语国际教育专业外国籍硕士研究生 33 人，汉语国际教育专业中国籍硕士研究生 61 人。本科毕业生有 2 人出国留学，中国籍硕士研究生有 4 人作为志愿者在孔子学院任职，5 人赴海外大学进行教学实习。外国籍硕士学位获得者有 17 人回本国从事汉语教学与中华文化传播工作。

学院现有来自美国、韩国、土耳其、苏丹、蒙古、摩尔多瓦、西班牙、肯尼亚、摩洛哥、丹麦、哈萨克斯坦、土库曼斯坦、吉尔吉斯斯坦、白俄罗斯、荷兰、罗马尼亚等 16 个国家的语言生 95 人。

学院与美国中田纳西州立大学、土耳其法蒂赫大学、土耳其埃尔吉耶斯大学、日本福冈国际大学、摩尔多瓦自由国际大学、摩尔多瓦国立大学、韩国高丽大学、苏丹喀土穆大学、白俄罗斯国立师范大学等海外院校建立了本科学生互换交流、教师教学科研成果交流等联系。

学院每年定期举办"汉语架桥梁，五洲共欢歌"留学生国际文化交流节、"汉语桥"在华留学生汉语大赛等活动，为增进国际交流，传播中华文化，丰富校园生活作出了贡献。

学院将继承和发扬百年师大教学育人的优良传统，狠抓教学质量，不断提高办学水平，为向国内外输送优秀的汉语国际教育及国际文化交流人才贡献力量。

二十五、研究生院

西北师范大学的研究生教育具有悠久的传统，早在 1918 年，北京高等师范学校校长陈宝泉就在学校设立"教育专攻科"，聘请德国教师，输入德国教育思想，研究教育学科和教育问题。1920 年，学校开办教育研究科，聘请李建勋先生为主任，招收研究生，首批研究生被隆重授予"学士"学位。这是我国高校首次实施研究生教育。1938 年，国立西北联合大学决定在师范学院筹设"师范研究所"，培养研究生，在筹备过程中师范学院独立设置。1939 年 8 月，首批研究生进入国立西北师范学院师范研究所攻读硕士学位，这是我国高校首次培养硕士层次的教育人才。1944 年，西迁兰州后的国立西北师范学院研究所共有研究生 16 人，完成研究成果 9 项，基本完成的 5 项。到 1949 年兰州解放，学校共培养了 34 名研究生，当初的研究生导师以及研究生有多人在西北师范大学工作，并成为著名学者，他们是学术精神和研究方法的传承者，他们为这所学校奠定了良好的学术基础，营造了良好的学术氛围，使学校在新中国成立后的发展历程中受益匪浅。

1978 年国家恢复研究生招生工作，1981 年实施学位制度，经过了 11 次学位授权审核，西北师范大学获准设立教育学、中国语言文学、历史学、数学、化学、物理学 6 个博士后科研工作流动站，拥有教育学、中国语言文学、中国史、数学、化学、物理学、地理学 7 个博士学位授权一级学科，有 50 个博士学位授权二级学科；32 个硕士学位授权一级学科，157 个硕士学位授权二级学科；1 个专业博士学位授权点，11 个专业硕士学位授权点，2 个在职攻读硕士学位授权点。学校形成了较为合理的学位授权体系，涵盖了除医学、军事、农学以外的哲学、经济学、法学、教育学、文学、历史学、理学、工学、管理学和艺术学等 10 个学科门类。

西北师范大学研究生每年毕业人数从 2001 年的不足百人，发展到 2011 年的 1276 人。为了适应新的形势，学校于 2004 年成立了研究生学院，于 2008 年设立了党委研究生工作部，使学校学位与研究生教育管理机构和体制得到了进一步规范和完善。

随着研究生教育规模的快速增长以及学科和学位点建设的不断发展，研究生导师队伍不断壮大，到 2011 年 "十二五" 开局之年，学校拥有博士研究生指导教师 101 人，硕士研究生指导教师 696 人，涌现出南国农、胡德海、李定仁、赵逵夫、王云普等国内知名专家学者。到 2008 年全国研究生教育改革发展 30 年时，西北师范大学已累计为社会培养各类研究生 12368 人。其中，国家任务类毕业研究生 6203 人（含博士研究生 307 人），研究生课程进修班学员 3383 人，各类在职人员攻读硕士专业学位研究生 2782 人，为甘肃乃至西北地区社会和经济的发展作出了重要贡献。

西北师范大学在国家正式实施学位制度以来，1981 年共授予学士学位 1139 人，1982 年授予 5 人硕士学位，1988 年开始首次授予博士学位（当年授予 1 人教育学博士学位）。

从 2001 年起，扩招后的研究生开始毕业，不仅推动了学校初级（即学士）以上学位授予数量的快速上升，而且也拓宽了授予学位的学科专业面。短短 10 年时间，学校每年授予学位总量从 2001 年的 141 人快速增长到 2011 年的 1304 人；授予学位的学科专业也从 2001 年的 4 个快速增长到 2011 年的 9 个。

从 1997 年经批准开始招收在职攻读教育硕士专业学位的研究生以来，学校以提高甘肃及西北地区基础教育教学和管理队伍的素质为目标，多年来为甘肃及西北地区培养了一批高素质、高水平的基础教育教学和管理人才。2004 年西北师范大学又获准招收高等学校教师在职攻读硕士学位和中等职业学校教师在职攻读硕士学位①，分别面向高等学校、中等职业学校教师招生，大大促进了高校和中等职业学校教师队伍建设。2005 年，学校在与北京师范大学多年联办的基础上，获准招收培养公共管理硕士专业学位（MPA）研究生②，以加快甘肃及西北地区公共事务和行政管理干部队伍建设，培养高层次的公共事务和行政管理人员。

经过一百多年的历史积淀与发展，西北师范大学在学位与研究生教育发展方面实现了跨越，一个学科专业分布合理、培养形式多样和招生规模适度的学位与研究生教育体系已然形成，为甘肃乃至西北地区培养高层次人才提供了有效的保证。目前，西北师范大学的学位与研究生教育正站在一个新的历史起点上，将以科学发展观为指导，正确把握时代脉搏，以提高教育质量为目标，坚持以科研为主导的研究生培养模式，不断提高博士研究生的创新能力与科研水平，调控学术型和专业型硕士研究生教育规模，大力发展专业学位教育，以完善的奖助制度吸引更多优秀生源，构建规模、质量、结构和效益协调发展的高层次人才培养体系，不断增强学校科技创新和服务社会的能力。

二十六、继续教育学院（职业技术师范学院、兰州企业管理培训中心）

西北师范大学继续教育学院是全校成人学历教育、继续教育、职业技术师范教育、自学考试社会助学的宏观管理部门。学院现设有办公室、教学工作部、学生工作部、职业师资培训部、企业与职业培训部、自学考试辅导中心、继续教育研究所等机构，有各级各类管理工作人员 38 人，主办有《西北成人教育学报》（双月刊），面向国内外公开发行。教

---

① 2010 年起，全国统一更名为职业学校硕士。
② 从 2001 年起，学校充分利用教育部 2001 年 6 月启动的"对口支援西部地区高等学校计划"项目的机会，与北京师范大学联合面向甘肃省招收 MPA 学员，首届招收学员 35 人。

育部、甘肃省人事厅、教育厅、兰州市依托学校设立了"全国职业教育师资培训重点建设基地"、甘肃省专业技术人员继续教育基地"、"甘肃省第八十三国家职业技能鉴定所"、"甘肃雅思（IELTS）培训中心"、"兰州市知识产权人才培养基地"、"职业技术教育师资培训中心"等机构。

西北师范大学的继续教育肇始于1941年设立的"国立西北师院附设中心国民学校教员函授学校"。经过近70年的发展，其办学规模、办学形式、办学层次及管理体制日益完善，现开办专科、专升本、高升本各层次成人学历教育，办学形式涵盖函授、夜大等，开设本专科专业30余个，年招生规模达5000余人。学院还是甘肃省自考委开办的英语、文秘、旅游管理等10余个专业的主考院校。目前，学院各类成人学历教育在学学生共有15000余人。学院主动适应我国经济社会发展和基础教育改革的需要，通过继续教育课程模块开发和精品课程建设，修订了继续教育本、专科专业课程标准和教学大纲，有效地提升了成人学历教育的办学水平和教育质量。几十年来，学院共为社会培养本、专科毕业生约10余万名，毕业学生大多数已成为各单位的业务骨干，不少学员已完成研究生学业，为甘肃省乃至西北地区经济社会又好又快发展作出了重要贡献。

西北师范大学继续教育学院管理科学规范、教学严谨认真。学院以西北师范大学高水平的师资和实验设备为依托，具有学科门类齐全、师资力量雄厚、高起点、高品位、交通便利等诸多办学优势。长期以来，学院坚持社会主义办学方向，紧紧围绕甘肃及西部地区经济建设与社会发展的需要，秉持"爱国进步、诚信质朴、艰苦奋斗、自强不息"的西北师大精神，继承和发扬"勤学、求实、敬业、创新"的优良校风，不断深化教学改革，加强队伍建设，努力提升办学水平。2003年，学院制定了继续教育发展的指导思想和发展规划，实施了"继续教育五年教改工程（2003—2007）"，通过6个子项目的实施，完成了继续教育的课程模块建设和精品课程建设，修订完成了继续教育所有本、专科专业课程标准，制定了新的教学大纲，组织立项继续教育科研课题 40 余项。2008 年，学院借助"继续教育五年教改工程"平台，研发了成人教务管理系统，并投入调适运行，继续教育教学质量和管理水平持续稳步提高。

近年来，学院根据继续教育发展的新形势、新任务，努力更新继续教育理念，积极开展多种形式的职业培训，着力构建学历教育和非学历教育并举、成人教育和职业教育一体化、师范教育和非师范教育协调发展、职前教育和职后培训相衔接的继续教育办学格局。学院先后承担了多期国家级中等职业学校骨干教师培训、甘肃省中等职业学校校长培训等培训任务，并与企业和政府部门合作开展了工商管理培训、MBA 课程培训等。学院的办学形式更加多样，服务经济社会发展的能力显著增强。学院多次被评为全国及全省成人教育招生先进单位，全国、全省自学考试工作先进集体，甘肃省优秀函授、夜大学教育单位，中国成人教育协会、甘肃省成人教育协会成人教育、继续教育先进单位，甘肃省职成教协会职业与成人教育先进单位，甘肃省高等学校党建与思想政治工作先进集体等。

学院坚持"事业育人、队伍强基、科学发展"的管理理念，不断强化内部管理机制，创新工作思路，持续推进了以创建学习型学院，全面提升员工素质为主要内容的"素质提升工程"，以创新和实施成人学历教育"五年教改工程"为主体的人才培养"质量工程"，着眼于继续教育事业的长远发展，积极探索以强化职业培训为主要内容的"战略转型工程"，谋求继续教育事业的可持续发展，推进以改善办学条件和建设和谐校园为内容的"育人环境改造工程"，关心教职工生活，推行不断提高职工生活质量的"民生工程"等。学院管理队伍素质不断提高，工作管理水平和管理效益全面提升，继续教育事业得到了很大发展，多次被评为全国及全省成人教育招生先进单位，全国、全省自学考试工作先进集体，甘肃省优秀函授、夜大学教育单位，中国成人教育协会、甘肃省成人教育协会成人教育、继续教育先进单位，甘肃省职成教协会职业与成人教育先进单位，甘肃省高等学校党建与思想政治工作先进集体等。

21 世纪，西北师范大学继续教育学院将秉承"知术欲圆，行旨须直"的校训精神，在新一届领导班子的带领下，以崭新的工作姿态和积极锐意的进取精神，以科学发展观为指导，与时俱进，开拓创新，不断探索和完善具有自身特色的办学模式，促进继续教育可持续发展，为甘肃基础教育和经济社会发展作出新的更大贡献。

第二节
直属单位

一、图书馆

图书馆是"存古开新"之所在，是文化积淀的保存者和文化创新的支撑者，是校园文化与智慧的象征。西北师范大学图书馆现有两个分馆：校本部逸夫图书馆和新校区图书馆，总建筑面积 46752 平方米。截至 2011 年年底全校各类文献总量为 349.80 万册，其中图书馆纸质文献 116.75 万册，各学院纸质文献 66.37 万册，电子书刊 166.68 万册。

西北师范大学图书馆的服务宗旨是：为全校的教学科研工作提供文献保障。近年来，图书馆不断扩展服务项目、改善服务方式、深化服务领域、提高服务水平，实现了网上数据资源 24 小时全天候服务，服务指标在不断攀升，展现了数字时代图书馆崭新的精神风貌。

本馆现设有综合业务部、采编部、借阅部、期刊部、古籍部、咨询和技术部和办公室。现有工作人员 77 人（男职工 25 人、女职工 52 人），其中研究馆员 1 人，副研究馆员 15 人，馆员 42 人；硕士 20 人，本科 35 人，大专 15 人。

西北师范大学图书馆确立了"开放式，研究性，数字化"的办馆方向，明确了"外有一个好的形象，内有一个好的秩序，带出一个好的馆风，培养一支好的队伍"的阶段性办馆目标，进一步提高科学办馆、民主办馆、制度创新的水平。根据这所百年名校向以教师教育为主的综合性大学发展的需要，图书馆制定了"强化基础，优化结构，优质服务，管理增效"的工作思路，努力切实提高办馆效益。进一步从理论和实践角度研究和探索新形势下高校图书馆文献资源建设的基本思路、策略，加强对学校各科学体系文献资源建设的分析研究，突出文献资源建设的重点和特色，最大限度地提高图书馆文献资源建设的质量和效益。加大对新办专业、优势专业和特色专业文献资源建设的力度，适度调整文献资源结构，有针对性地进行文献资源建设。

积极推进图书馆网络化、数字化建设。积极开展虚拟资源建设。组织人员开展对网上资源的筛选和整序，鼓励并积极参与学术信息的开放存取。积极开展特色数字资源建设。实行馆藏珍贵文献数字化工程，建设特色馆藏，开展特色服务。加快数字化图书馆建设进程，积极改善科学研究基础条件，完善全校馆藏书目数据库、学术期刊及图书镜像站点、随书光盘系统、VOD 视频点播系统及大型专题和特色数据库为主的图书馆文献信息资源平台。

重视馆际间的合作发展，充分发挥迅速、高效的文献传递系统，开展联合共建、馆际互借和共享数据库，鼓励开放存取（Open Access），促进全社会信息资源的有效利用，加快了校内图书馆与各学院资料中心的分工与合作发展，走图书馆合作发展之路。

及时开展网络环境下的服务，包括网上预约、催还和续借服务，网上馆际互借与文献传递及委托式文献检索服务，网上电子公告、电子论坛和意见箱服务，网上信息资源导引服务，最新信息定题通告服务，网上协同信息咨询服务等。加强文献传递和图书馆信息资源的宣传工作，编制图书馆读者服务手册和信息资源导航宣传册。

进一步加强信息素质教育工作，经常开展"一小时讲座"，对学生进行文献资源检索方法的培训，增强全校师生对图书馆资源的了解，提高资源的利用效率。通过开展新生入学图书馆教育教学活动、开设"文献检索与利用"课等，切实提高读者利用图书馆及其文献资源的能力。

由于图书馆的建筑结构、功能和布局的变革，学校将着力变革和提升与之相适应的图书馆管理理念、发展理念、服务模式、服务层次、服务内容以及在"一门式"服务管理模式下图书馆工作人员的人力资源的配置。根据"一门式"服务模式和事业发展的要求，建立新的管理制度和业务工作规范；落实各项规章制度，建立经常性的检查制度；加强职工对各项规章制度的学习，实行精细化的读者服务规范，积极拓展服务项目和类型，督促各项管理制度的落实，把各项工作纳入制度化、规范化的轨道上来。

西北师大图书馆在全省图书馆率先采用基于无线射频识别技术的图书馆智能管理系统，这将会使学校图书馆在甘肃省乃至在西北地区图书馆界成为一大亮点。"一门式"和图书馆智能管理系统是图书馆和用户交互层面的突破性进展，标志着图书馆的彻底转型，代表了一种变革的力量，它促使图书馆进行业务改革，正在形成一种图书馆行业的升级运动。

西北师范大学图书馆本着以人为本的服务理念，以最大限度地方便读者为前提，严格实行功能分区，突出特色服务和个性化服务，阅览室采用藏、借、阅、参一体化的管理模式，为读者提供全开架服务，创造"人在书中，书在人中"的良好阅读氛围。

1999 年，学校接受捐资建成了建筑面积为 6434 平方米的"逸夫图书馆"。2000 年投入使用，楼高三层，外墙白色瓷砖贴面，有三个主要借阅室，借阅室中间为双层书架，两侧为阅览区，藏书容量为 30 万册，实行全面开架借阅。另南侧有两个电子阅览室。

新校区图书馆建筑面积 40318 平方米，地上建筑面积 35065 平方米。新校区图书馆布局合理、功能分区明确，整体建筑简约地分为两大部分——"基座"和"智慧宝盒"。"基座"部分分区实现了办公、自动化管理、采编、古籍特藏服务的功能。"智慧宝盒"部分分区实现了情报咨询、电子阅览和书刊借阅的服务功能。"智慧宝盒"（3－7层）为流通主体文献区，虽然每层的整体设计面积为4124平方米，但由于中部有中庭和通道的分隔，实际上形成南北两侧9个相对独立的借阅区。

新校区图书馆楼层索引

地 点	名 称
一楼	古籍书库＋珍本书库＋限制书库、储备书库、师大文库
二楼	古籍特藏阅览室＋西北文献阅览室＋西北师范大学数字人文社科资源中心文献阅览室、新中国成立前和20世纪五六十年代文库＋新中国成立前和20世纪五六十年代报刊库＋图表文献库＋个人捐赠图书展室、复录室
三楼	新书和常用书借阅区、书店、咖啡吧
四楼	文学艺术图书借阅区、电子文献阅览区
五楼	社会科学图书借阅区、自然科学图书借阅区
六楼	信息共享空间＋多媒体资料阅览室＋培训教室＋研讨室、中文工具书＋港台图书＋学位论文阅览区、外文图书＋外文工具书借阅区
七楼	中外文合订本期刊阅览区、报纸阅览区＋现刊阅览区＋过刊借阅区

校本部逸夫图书馆楼层索引

一楼	文学艺术新书借阅室
二楼	社会科学新书借阅室、电子文献阅览室
三楼	自然科学新书借阅室、西北师范大学数字人文社科资源中心电子文献阅览室

新校区图书馆是一座功能独立、布局合理、外围全封闭、大开间、通体式，突出特色服务和个性化服务的"一门式"、"研究型"图书馆；校本部逸夫图书馆是一座在布局上方便读者、主要为本科生服务的复本文献分馆。新校区图书馆在文献典藏上体现一个"全"字，收藏全部古籍图书、外文图书、工具书、期刊和1996年上半年以前的全部中文图书和部分近年中文新书；校本部逸夫图书馆在文献典藏上体现一个"较新"，收藏近年复本中文新书。

二、学报编辑部

《西北师范大学学报》（含文科版和理科版）于抗日战争的艰苦岁月——1942年3月创刊。2012年西北师范大学110周年校庆之际，恰逢她的70华诞。70年来，特别是改革开放30多年来，《西北师范大学学报》在广大作者、读者及编者的共同努力下，得到不断发展，立足于刊物如林的学术界、出版界，受到方家的关注和厚爱。回顾学报70年的历程，总结历史经验，展望光辉前景，对促进学报进一步发展是大有裨益的。

《西北师范大学学报》创刊70年来，基本上经历了三个历史阶段：从1942年3月创刊到1949年新中国成立为第一阶段，刊名为《国立西北师范学院学术季刊》（以下简称为《学术季刊》）。从1949年到1976年"文化大革命"结束为第二阶段。从1976年到现在为第三阶段。在第二阶段、第三阶段，刊名随校名几经改变，曾为《西北师范学院学报》，《甘肃师大学报》，1989年第1期改用现名。

1942年，正值抗战的艰难岁月。当时，西北师范学院从西北联大独立分设出来不久，即由陕西城固分期分批西迁兰州。由于时局动荡，国力衰败，加之几年间学校合组、分设、改组3次，校址两次迁移，所以经费拮据，校舍简陋，教学设备短缺，境况十分艰难。然而，西北师院的创建者们并没有因此而放弃自己肩负的历史使命。在极其困难的条件下，他们始终坚持开展多种形式与多种层次的学术研究。经西北师院院长李蒸先生提议和院出版委员会努力，学校于1942年3月创办了《国立西北师范学院学术季刊》（时为文理合刊），并拟定每季度出刊一期，每期10万字，印数为500册。后来因经费奇缺，屡屡断期，从创刊至1949年仅出3期。

第一期（创刊号）于1942年3月15日在陕西城固出版发行，16开本，设教育、文史与艺术、理科、文艺4个栏目，共刊发学术论文16篇，总计16万字，封三附有作者略历和编辑后记。此后，因学校迁徙，更值当时物价飞涨，资金匮乏，第二期直到1946年1月31日才得以出版。第三期出版于 1949 年 7 月（"8.26" 兰州解放日）前夜的熹微中，无目次页，故栏目划分不清。第二期所刊《第三期要目预告》中共列出 27 篇文章，但实际第三期只发文 10 篇，总计约 10 万字，且只有《心理失常的原因及其救治》与《黄河流域入声区的入声韵音考证》两篇为要目预告中所列，而预告中的另外 25 篇文章则去向不明。这些文章未能面世，实为学报历史上的一件憾事。

《学术季刊》虽然仅出了 3 期，但其学术价值与学术意义却是深刻而恒长的，突出表现在以下两个方面。一是刊发了一批名家力作，对当时西北地区教育与文化的发展起到了理论先导和实践示范的双重作用。例如，杨少松、金澍荣先生《西北中等学校师资问题之一斑》、李蒸教授《今后教育建设之路》、李建勋教授《抗战后吾国高等教育之态势及其改进》《关于吾国高级师资训练几个重要问题》、唐得源教授《学校管理引论》等文章，针对 20 世纪 40 年代中国及西北地区的教育现状提出许多真知灼见，既有理论价值，又有实践意义。即使在今天，仍有不少可资借鉴之处。二是为后人留下了一笔珍贵的学术文献，并留下了前辈创业的精神和治学的品格。《学术季刊》创刊号发刊词与第二期所刊李蒸教授《今后教育建设之路》一文，从一个侧面展示了李蒸的教育思想和学术思想。作为首任院长，李蒸是西北师大发展历史上一位卓有建树的人物。他的教育思想对学校教育与学术思想的形成以及学校的整体发展产生了积极而深远的影响，同时也对早期西北地区的师范教育产生了积极的影响。《学术季刊》从创刊到停刊历时 8 年，时间几乎覆盖整个 40 年代，因此，它自身艰难曲折的发展过程从客观上真实记录了西北师大及西北地区教育在那个特定时代的发展轨迹。虽然仅出 3 期，但它却开创了西北师大乃至西北地区教育界学术论坛的先声，故而具有长久的历史价值。

新中国成立以后，随着学校的改革发展，从 1954 年春天开始，有计划、有组织的科学研究工作在全校迅速开展起来，并于 1955 年和 1956 年连续召开了全校科学讨论会。为了满足教师发表科研成果的愿望，在出版了 6 期《争鸣》月刊的基础上，1957 年 6 月，《西北师范学院学报》正式复刊。从复刊到"文化大革命"前，文科学报出版 24 期，理科学报出版 18 期。这是第二阶段的第一个十年。这是我国开始全面建设社会主义的十年。十年中，由于党在指导方针上有过严重失误，主要是"左"的思想的干扰，使学校工作几经起伏，既取得了很大成绩，也遭受了严重挫折。在这种起伏中，学报既发表了大量确有质量的学术成果，也登出了一些属于政治批判的不实之词。1961 年还因暂时困难，休刊一年。1962 年开始，文理两科学报各自分期分刊出版。这样，学报工作就同学校乃至全国的形势相一致，形成了曲折前进的过程。第二阶段的第二个十年是学报惨遭破坏的十年。"文化大革命"开始的前一年学报被迫停刊，直到 1973 年 10 月，经国务院科教组批准复刊，复刊时，刊名为《甘肃师大学报》，仍为一刊两版，两版交替出版，1974 年第一期、第三期为社会科学版，第二期、第四期为自然科学版，1975 年开始，文理两刊分刊出版。复刊后到"文化大革命"结束，文科学报出版 9 期，理科学报出版 5 期。其内容主要是选登语录，转载中央文件和"两报一刊"的社论、文章，以及其他批判文章。理科学报也基本上被纳入这一轨道。整个学报完全不是一个学术刊物的面貌。

进入新时期以后，学校党政领导对学报工作更为重视，一直由一位学校领导分管学报工作。1978 年，学校将学报工作从科研科划分出来，成立了系一级的学报编辑部，与一些研究所一样，同属科研单位，并逐步配备了结构比较合理、学历比较整齐、数量符合要求的专职编辑人员，编辑人员属学校教学科研编制，使学报结束了过去由行政科代管、兼职人员编辑的历史。编辑人员在学报工作中努力贯彻既定的办刊方针和办刊宗旨，使刊物的政治、学术质量不断提高，并逐步实现了编排规范化，学报的出版、发行也完全走上了正轨。文科学报从季刊到双月刊，从限国内发行到向国内外公开发行；理科学报从半年刊到季刊，再从季刊到双月刊，从内部发行到国内外公开发行，从未出现脱期现象。和前两个阶段比较，第三阶段是西北师大学报发展的鼎盛时期和黄金时代。

截至 2012 年 3 月，文科学报出版至第 49 卷 222 期，理科学报出版至第 48 卷 163 期。文理两刊均在学术界具有一定影响。文科学报为全国综合性人文、社会科学类核心期刊，中国人文社会科学核心期刊，中国人文社会科学引文索引（CSSCI）来源期刊，首届全国双十佳社科学报，中国期刊方阵双效期刊，并被评为甘肃省一级名牌期刊和甘肃省品牌期刊；理科学报为全国综合性科学技术类核心期刊，中国科技核心期刊，中国高校优秀科技期刊，甘肃省名牌期刊，并被美国《数学评论》、德国《数学文摘》、美国《化学文摘》、俄罗斯《文摘杂志》、英国《动物学记录》等检索系统和数据库收录。

三、档案馆

西北师范大学档案馆始于学校办公室下设的综合档案室。党的十一届三中全会后，西北师范大学全面恢复档案工作，1981 年成立了综合档案室，在党委办公室的领导下，积极开展档案材料的收集整理工作，并制定和完善了各项规章制度。自 1987 年以来，学校综合档案室工作由单一收集整理党政机关文书档案材料扩大到收集整理包括教学、科研、财务等各类业务档案。为了适应档案工作发展的需要，2000 年 7 月，学校将原综合档案室、人事档案室和学生档案室合并，成立了西北师范大学档案馆，为学校直属单位，正处级建制，是集中保管全校各类档案、提供档案使用的科学文化事业机构，同时也是学校档案工作职能管理部门。

经西北师范大学几代档案人的不断努力，学校的档案事业取得了突出成绩。20 世纪 80 年代，学校综合档案室就被评为"甘肃省档案工作先进集体"、"甘肃省标准档案室"，"科技事业单位档案管理国家二级"等。自成立档案馆以来，获得多项荣誉：2003 年被国家档案局（馆）授予"全国档案工作优秀集体"称号；2004 年被评为"甘肃省档案工作示范单位"；2006 年被甘肃省档案局评为全省档案管理工作"特优"单位；2008 年被甘肃省人事厅、档案局授予"全省档案工作先进集体"称号，同年被学校评为"全校优秀管理单位";2009年再次被甘肃省档案局评为全省档案管理工作"特优"单位;2010年被中共甘肃省委组织部授予"全省干部档案工作先进集体"称号;2012年被甘肃省人力资源和社会保障厅、甘肃省档案局联合授予"2008—2011年度全省档案工作先进集体"称号;现为甘肃省档案规范化管理"省特级"单位。

西北师范大学档案馆共保管两个全宗:西北师范大学全宗和甘肃经济管理干部学院全宗。截至2011年年底,西北师范大学全宗共有档案92846卷(件),甘肃经济管理干部学院全宗共有档案1785卷(件)。作为集中保管全校各类档案的综合性档案馆,藏有建校以来的党群、行政、教学、科研、基建、设备、出版、产品、财会、声像、人事、学生等门类的档案材料近12万多卷(件),储存收集和转化的电子数据近50万条(幅)。

档案馆保存着记录中国早期高等师范教育特别是西北地区早期高等教育发展情况的珍贵史料。西北师范大学前身系"国立北平师范大学,乃巡清光绪二十八年京师大学堂附设师范馆"。后因七七事变,北平沦陷,不愿做奴隶的教授们辗转经陕西城固迁至甘肃兰州,于十里店建立了永久性校址。虽然时局艰难,但师范大学的精神不懈,始终保持着为国家民族培养教师的任务,其毕业生都服务于全国教育界的各条战线上,为教育事业作出了巨大贡献,尤其是使西北地区的文化教育有了相当的发展。其中一组较珍贵的档案反映了西北师范学院勘察选定兰州十里店为永久性校址和新校建设规划等情况。

档案在社会生活中具有极其广泛而重要的作用与价值。使档案内容信息在社会生活中发挥其作用、实现其价值,是档案管理工作的根本目的所在。学校档案馆历来重视档案的提供利用,将其作为"中心"工作来抓。一方面,大力宣传档案,沟通联系,提高全校的档案意识,在全校树立起"档案是一种历史文化财富、是一种宝贵的信息资源的档案意识",为各项档案工作的开展营造了良好的氛围。另一方面,紧紧围绕学校的中心工作，主动开展提供利用工作，在拨乱反正、平反冤假错案、干部选拔任用、百年校庆、国家教学评估、省部共建等重大活动中都发挥了重要的作用。此外，学校档案馆也十分重视日常的提供利用工作，为学校的教学、科研和管理工作服务。近三年中，档案馆共接待查阅近10000人（次），查阅档案近30000卷（件），利用查准率、查全率均在97%以上。

信息时代的到来，使档案工作面临着新的机遇和挑战。为了进一步推动学校档案工作的可持续发展，实现档案的现代化管理，为学校整体事业的发展提供高质量的信息服务，学校档案馆自成立以来就将档案信息化建设列为工作重点。学校根据国家有关规定，印发了《西北师范大学电子文件归档与管理暂行办法》，对电子文件收集、积累、归档、移交、整理、保管、利用等作出了具体规定和要求，重视开展电子文件管理工作；先后购置了专业服务器、高配置计算机、扫描仪、数码照相机、刻录机等档案现代化管理和信息化建设的配套设备，购置了现代化档案管理软件，建立了局域网，制作了西北师范大学档案馆网站，2001年开通并连接到国际互联网上进行宣传和提供服务；制订了档案信息化建设规划，组织人力大力开展档案数字转化工作，截至目前，共实现收集、转化信息近50万条（幅），建立了案卷、文件、全文三级数据库。信息技术的广泛使用大大提高了档案工作的自动化程度和工作效率。目前，学校档案工作信息化建设走在全校各部门和全省高校档案系统的前列，并保持快速发展的势头。

学校档案馆内设办公室及文书、财会、科技、人事、教学、网络信息、学生、编研等业务工作部门。学校现有档案专职工作人员12名，各单位兼职档案人员180多名。这支队伍学历高，工作能力强，结构布局合理，是一支高水平的、稳定的档案专业管理队伍。西北师范大学档案馆一直以建立专业化的档案管理队伍和专业化的高校档案馆为目标，将继续保持原有的成绩和荣誉，继续不断地砥砺创新勇气和实践勇气，有序扎实地推进学校档案馆创新发展，实现学校档案事业的可持续发展。

四、博物馆

西北师范大学博物馆创建于 2000 年，是在整合学校历史文化资源的基础上建设的综合性博物馆。2002 年 10 月博物馆面向校内外及社会大众开放，2005 年被兰州市安宁区委、区政府命名为"青少年爱国主义教育基地"，2007 年 5 月被兰州市人民政府命名为兰州市首批"科学技术普及教育基地"，2011 年年底被甘肃省命名为"科普教育基地"，现为中国博物馆协会和中国高校博物馆专业委员会会员单位。

博物馆现设有校史馆、历史文物展览馆、甘肃彩陶馆、书画艺术展览馆、动物植物标本展览馆、古生物化石及地矿标本展览馆等六个展馆，总建筑面积 5656 平方米，展馆面积 3300 平方米。博物馆现有各类馆藏品 6000 余件，其中馆藏各类历史文物 1500 余件，古生物化石 300 余件，动物标本 1500 余件，植物标本 170 余件，地矿标本 700 余件，校史资料及有关实物 2000 余件，书画作品 300 余件。博物馆现设办公室、安全管理室；编制 18 人，设馆长 1 人，副馆长 1 人；现有各类人员 12 人，其中副高职称 2 人，中级职称 3 人，初级职称 1 人，高级工 4 人。

历史文物展览馆 在原历史系"历史文物陈列室"基础上建成的。馆藏包括商周至清朝不同历史时期的青铜器、甲骨文、陶瓷器、古文书、古钱币、甘肃彩陶等。其中有闻名于世的"敦煌写经卷"；珍贵的"西夏印"、"西夏腰牌"；驰名中外的"马家窑文化彩陶"；流光溢彩的名贵青瓷器等。

动植物标本展览馆，古生物化石及地矿标本展览馆 在原生物系动植物标本室和地理系地矿标本室的基础上建成的。馆藏各类标本绝大多数是学校建校以来广大师生在长期的教学科研实践中收集制作的，主要用于教学科研工作。馆藏标本包括采集于甘肃永靖县的"恐龙足印化石"、甘肃肃北的"鱼类化石"和"恐龙化石"、甘肃和政县的"大唇犀头骨化石"等；世界珍稀野生保护动物"朱鹮"标本及分布于甘肃境内的国家一级、二级保护动物"金丝猴"、"雪豹"、"野驴"标本等；民主德国赠送的 200 余件矿物标本等。

校史馆 是在收集整理学校百年办学历史资料、总结办学经验、凝练办学精神、挖掘学校文化底蕴的基础上建成的。馆藏有民国时期政界要人于佑任、孙科、张治中、陈立夫等，19 世纪上半叶国内著名专家学者李蒸、黎锦熙、李建勋、常道直、胡国钰、孔宪武等以及当代党和国家领导人及甘肃省领导的题词赠言；有一批反映学校历史沿革及人文精神的珍贵的图片资料及实物。

书画艺术展览馆 由美术学院所收藏的师生书画精品以及图书馆所收藏的书画艺术精品整合而成的。主要有常书鸿、黄胄、吕斯百等美术大师的书画作品、近现代书画艺术精品、学校教师尤其是美术学院知名教授的书画作品。

甘肃彩陶馆 甘肃是我国的彩陶大省，素有"彩陶之乡"的美誉，是我国新石器时代彩陶持续时间最长、类型最为众多、器型最为丰富、制作最为精致、艺术价值极高的地区，在世界彩陶文化中占有无可替代的地位。彩陶馆展示了学校收藏的甘肃、青海新石器时代和青铜器时代各文化类型彩陶，主要包括大地湾、马家窑、齐家、辛店、寺洼等文化类型。

西北师范大学博物馆馆藏丰富，特色鲜明。馆藏各类文物反映了我国各个历史时期政治、经济、军事、文化、艺术方面的情况，具有很高的历史、考古、文化与艺术价值。其中，青铜器的收藏包括了商、西周、战国、汉、唐、宋、元及西夏等时代的文物；甘肃彩陶的收藏包括了"马家窑类型"、"半山类型"、"马厂类型"（包括"辛店文化"、"齐家文化"等）等不同时期的文物，其中，国家三级以上文物 193 件。馆藏的各类动植物标本、地矿标本及古生物化石、古动物化石等，数量种类较多，地域特色鲜明。其中，朱鹮标本为国家级珍稀野生保护动物标本，金丝猴、雪豹、野驴、斑尾榛鸡等标本为分布甘肃境内的国家一级保护动物标本，红珊瑚、酸酱贝、中国鲎、阿波罗绢蝶、双珠大绢蝶等标本为国家级珍稀无脊椎动物标本；地矿标本刚玉、黄玉、绿柱石、海蓝宝石等为国家宝石级矿物标本，还有 20 世纪 50 年代民主德国赠送学校的来自 27 个国家和地区的 200 余件矿物标本；古动物化石"恐龙足印"化石采集于甘肃省永靖县，为目前国内馆藏最大最完整的。"恐龙（禽龙）"骨架化石采集于甘肃肃北，距今 1.1 亿年，完整率达 75%，为国内恐龙化石所罕见。"库斑猪"化石采集于甘肃和政县，距今 1300 万年，为目前世界仅存的 10 件之一。这些标本的收藏保护，不仅直接用于教学科研，而且用于向社会大众普及和传播科学文化知识，对于人们认识自然世界、保护生态环境、进行科学研究具有极高的价值。

西北师范大学博物馆是在整合学校历史文化资源和教育教学资源的基础上建设的，馆藏种类较多，数量较大，内容丰富，承载着学校 100 多年来的悠久历史、办学成就和经典文化。博物馆是学校历史学、考古学、生命科学、地理与环境科学、艺术学等学科专业教学科研活动的重要场所；是弘扬和培养人文精神与科学精神，面向社会大众传播科学文化知识，进行爱国主义教育和素质教育的重要基地；是学校开展国内外文化交流的重要窗口。目前，它已基本成为包括历史文物、校史文化、书画艺术、西北民俗文化、动植物及地矿标本等自然科学标本为主要馆藏内容的综合性博物馆，为甘肃省高校首家建成的综合性大学博物馆，同时也是兰州市内除甘肃省博物馆外规模较大的综合性博物馆。

西北师范大学博物馆的建设，使国家一批珍贵的历史文物和学校的教学科研资源得到了更好的保护，为进一步拓展对历史文物、教学科研标本和校史文化资料的收藏、研究，保护、弘扬和传承我国悠久灿烂的历史文化与传播科学文化知识创造了很好的条件。博物馆建成并向校内外专业人士及社会大众开放以来，已接待国内外科研机构、高等院校、党政机关及社会各阶层的著名学者、领导和大、中、小、幼儿园师生 70000 多人次，年接待参观者 10000 多人次，受到社会广泛关注，得到良好评价。

西北师范大学博物馆的建设发展，坚持以人文精神和自然科学为主题，以提高大众科学文化素质和自然生态环境保护意识为宗旨，以提高为学校教育教学和社会文化服务的水平为目的，经过"十一五"及今后的努力，使博物馆成为：实施素质教育，培养人文精神和科学创新精神的重要阵地；开展教学科研活动和培养大学生创新实践能力的重要平台；进行全民科学素质教育和爱国主义教育的重要基地；展示学校办学实力，弘扬历史文化，促进对外交流的重要窗口。学校始终坚持科学规划、特色兴馆的工作思路，努力实现丰富和富有特色的馆藏、进步新颖的展示内容、科技含量较高的陈列方式、开放程度较高和研究能力较强的博物馆教育与文化，更好地服务于学校事业发展和社会科技文化建设事业。

五、甘肃省高等学校师资培训中心（甘肃省干部教育培训西北师大中心）

甘肃省高等学校师资培训中心（以下简称高师中心）隶属甘肃省教育厅，依托西北师范大学，受甘肃省教育厅和西北师范大学双重领导，系全国高校师资培训体系一级组织。其前身是根据原国家教委《关于建立高等师范学校师资培训中心和培训点的通知》（教师管字〔1986〕96号）精神，甘肃省教育厅决定于 1986 年 11 月成立的甘肃省高等师范学校师资培训点（甘教高字〔1986〕118 号文件），附设在西北师范大学教务处；1987 年 10 月更名为甘肃省高等师范学校师资培训中心；1990 年 8 月改为独立建制，由西北师范大学直接管理；1993 年 4 月更名为甘肃省高等学校师资培训中心。

2007 年 10 月，经教育部批准，依托甘肃省高等学校师资培训中心成立了教育部全国高校教师网络培训甘肃省分中心，是全国第一批设立的省级分中心。2009 年 5 月，甘肃省教育厅设立甘肃省教师资格认定指导中心。甘肃省教师资格认定指导中心与甘肃省高等学校师资培训中心实行"一个机构，两块牌子"的管理体制。2012 年 2 月，根据甘肃省委组织部《关于增加部分高校、科研院所为我省省一级干部教育培训基地的通知》（甘组通字［2011］78号）精神，西北师范大学被批准为甘肃省干部教育培训基地。为加强全省干部教育培训西北师范大学基地工作的组织领导，成立了甘肃省干部教育培训西北师范大学中心。甘肃省高等学校师资培训中心主任由西北师范大学校长兼任，设一名副主任兼办公室主任主持日常工作，省教育厅高教处处长同时兼任中心副主任。甘肃省干部教育培训西北师范大学中心主任由西北师范大学党委书记兼任，工作人员由西北师大党委组织部和高师中心工作人员组成。

甘肃省高等学校师资培训中心具有从事高校师资培训的组织管理、理论研究、信息交流及咨询服务等职能，现已成为甘肃省高校师资培训的重要基地。中心的主要职能是：受省教育厅委托，制定全省高校师资培训总体规划；担负甘肃省高校教师岗前培训及其他培训任务，为全省各类高校服务；开展全省师资队伍状况的调查研究以及师资培训工作的交流和咨询等活动；在大区中心的领导下，参与大区的协作培训；承担甘肃省教育厅和西北师范大学下达的各项临时性任务。

甘肃省干部教育培训西北师范大学中心的主要职责为：负责制订并落实甘肃省干部教育培训西北师范大学基地《干部教育培训规划》和年度工作计划；负责整合教育培训资源，组织力量完成西北师范大学基地承担的全省干部教育培训各项任务；根据培训需求制定干部培训课程大纲，组织开发培训课程，编写培训教材；组织开展培训需求调查，创新培训方式，不断加强甘肃省干部教育培训西北师范大学基地自身建设。

甘肃省教师资格认定指导中心的主要职能是负责全省高校非师范教育专业毕业生申请高等学校教师资格证的教育学、心理学考试和未受委托的高等学校非师范教育专业毕业生申请高等学校教师资格证的教育教学能力测试；开展高等院校师范类应届毕业生的中小学教师资格认定相关工作；承担全省实施教师资格制度的研究咨询、信息服务、人员培训等工作；维护和管理全省高等学校教师资格认定数据库。

教育部全国高校教师网络培训甘肃省分中心主要在教育部全国高校教师网络培训中心的组织、协调和指导下，开展高校教师网络培训工作。培训主要通过全国高校教师网络培训系统进行，分为集中培训和在线培训。

二十六年来，高师中心在省教育厅和西北师范大学的领导下，依托西北师范大学的办学条件以及省内重点高校的师资和学术方面的优势，整合全省教师培训资源，有计划、有步骤、有针对性地开展了高校教师岗前培训、骨干教师培训、高校教师研究生班、高校管理干部培训等一系列的培训工作。近年来，中心坚持以人为本为核心，通过加强建设，进一步整合各种培训资源，积极拓展中心业务，保障中心工作可持续发展；科学研制培训方案，创新培训模式，打造我省高教领域精品培训项目，突出培训的社会效益，凸显中心的社会服务功能；选择高校教师关注的热点难点问题，促进高校教师教学水平的提高。目前，中心呈现了培训形式多种多样、规模不断扩大、层次不断提高的局面，促进了全省高校教师队伍整体素质和教育教学及科研水平的提高。

高师中心教育研究工作也取得丰硕成果。由胡德海、赵鸣九、李定仁教授分别编写的《人生与教师修养》《大学心理学》《大学教学原理与技术》等岗前培训教材，由上海教育出版社、人民教育出版社和科学出版社出版发行。中心研制开发的"G4707 高校师资 MIS 系统"，获甘肃省计算机应用成果二等奖和省科技进步三等奖。

甘肃省高等学校师资培训中心于 1999 年教育部人事司组织的全国高等学校师资培训网络体系首次评估中获得优秀单位称号，2009 年 2 月获教育部全国高校教师网络培训中心"先进集体"表彰。

六、招生考试中心（招生办公室）

西北师范大学招生考试中心（招生办公室）作为学校直属单位之一，主要负责学校普通本科招生及考试工作。2008 年之前，招生办公室为学校教务处内设科室之一，2008 年学校机构改革后，挂靠教务处。2012 年

5月，学校实施了新一轮机构改革，为进一步整合资源，厘清职能，招生办公室从教务处分离，成立了招生考试中心（招生办公室），内设办公室、招生科、考务科。其主要职责包括以下几点。

（1）严格贯彻执行教育部、省招委会有关招生工作的政策规章，全面贯彻实施招生考试阳光工程。

（2）根据教育部核准的年度招生计划和学校的发展规划，编制学校年度招生计划和分省、分专业来源计划建议方案，提交学校审议批准，并按要求向省教育厅及各省（自治区、直辖市）招生主管部门上报。

（3）制定学校招生、考试工作各项政策及规章制度，并提交本科招生工作领导小组审核后实施。

（4）根据学校年度招生规模，制订切实可行的招生宣传方案，开展生源情况的调查研究，努力提高生源质量。

（5）负责组织实施学校本科招生录取工作。

（6）承担省招办委托学校组织的普通高校招生美术类、音乐类、体育类等的统一考试工作。组织实施学校普通本科招生各艺术类专业校考及高水平运动员、运动训练、民族传统体育和专升本招生考试工作。

（7）做好甘肃省普通高考文科试卷、成人高考试卷的网上评卷工作。

（8）做好学校招生考试有关数据统计、分析、总结等工作。

（9）加强同各省（市、自治区）招生主管部门、全国各高校尤其是省内兄弟院校的沟通、联系，建立良好的协作关系。

（10）做好考生及其家长、社会各界的来信、来访、来电等咨询工作。

（11）做好上级领导交办的其他工作。

七、校友工作中心

西北师范大学校友工作中心成立于2012年6月，是学校直属单位。校友工作中心主要致力于服务校友、服务学校、服务社会，搭建校友与母校、校友与校友之间交流与合作的平台，促进学术、科研、产业的交流与发展，传承西北师范大学精神，综合开发校友、校产资源，鼓励校友为国家和母校的发展贡献力量，全方位扩展西北师范大学的社会影响力。

学校成立校友工作中心既是广大校友的共同心声，也是学校改革与发展的现实需要。校友工作中心在原校友会工作的基础上，完成了从初期筹备到规范管理、稳步发展的所有程序，日常工作步入常规运行、不断壮大的新阶段，成为联络校友、扩大学校影响、促进学校发展的重要窗口。

目前，在学校党委行政的直接领导和大力支持下，在国内外校友联谊会和广大校友的热心参与下，西北师范大学校友工作中心正以新的理念，广开联络渠道，全方位服务校友，紧紧围绕甘肃及西部地区经济建设与社会发展的需要，努力为学校早日实现"教师教育为主，特色鲜明，西部一流，全国高水平综合性师范大学"的目标作出新的贡献。

西北师范大学校友工作中心主要有以下工作职责。

（1）负责西北师范大学校友工作规划的制订和实施。

（2）负责西北师范大学校友总会的日常工作，并负责筹建和发展国内外校友联谊会，指导和协助各校友联谊会开展工作。

（3）负责校友信息数据库的建立和维护，收集、整理和保管校友重要档案和资料。

（4）综合开发校友、校产资源。

（5）负责建立校友工作网络和校友工作制度。

（6）负责与各地校友联谊会和广大校友保持联系，做好校友与母校间的联系和交流工作，处理校友往来信函。

（7）负责校友会刊的编印和对外宣传、交流工作。

（8）负责校友网站和信息交流平台的建设和维护。

（9）负责协调校友捐赠资金和物品的接收和管理工作。

（10）负责协调校友回访母校工作。

（11）积极争取校友和校友组织的支持，筹建校友基金，设立各种奖学金、助学金，为学校的建设和发展奉献力量。

（12）做好学校党政交办的其他工作。

八、兰天学生公寓管理中心

20 世纪末，教育部启动包括学生公寓社会化等在内的高等学校后勤社会化改革，以解决高校扩招所带来的后勤服务不足等难题。由于办学经费紧张、校园空间有限等困难，学校于 1998 年提出由社会力量投资在校园周边自征土地建设学生公寓的思路，并形成学生公寓建设规划和建议方案。

1999 年，兰天物资调剂总公司与学校合作，在校园以西、安宁区水挂庄一带投资兴建了兰天学生公寓。兰天学生公寓占地 60 余亩，现有 17 栋八层框架结构学生宿舍楼，3817 间学生宿舍，总建筑面积 120793 平方米；建有蓄水池、配电室、锅炉房等基础配套设施。公寓同时设有购物、通信、诊所、洗浴、银行储蓄等生活服务场所。

1999 年，学校与兰天物资调剂公司签订了为期 15 年的契约协议。协议依据甘肃省规定的标准化公寓建设标准，在明确责权的基础上，进一步明晰了设施配备、居住条件、住宿费标准、支付方式、租住期限等内容。依据协议规定，2000 年秋季开始，学校全日制本科学生陆续由校内公寓转入兰天学生公寓入住，目前入住公寓学生 1.6 万余人。

西北师范大学兰天学生公寓管理中心前身为兰天学生公寓管理委员会，成立于 2002 年。委员会设主任 1 名，由当时主管学生工作的校领导刘基同志担任；副主任 2 名，由当时学校党委学生工作部部长张生勇同志及兰天物资调剂公司总经理尚爱民同志担任，同时设委员 9 名。兰天学生公寓管理委员会下设办公室，具体负责兰天学生公寓日常管理中的监督指导和协调等工作。办公室设主任 1 名，由校派干部魏应邦同志担任；副主任 2 名，由李含升、倪德良同志担任。

2004 年 6 月，根据教育部《关于进一步加强高等学校学生公寓管理的若干意见》的精神，为了进一步改善学生的居住条件，以优质服务保障学校教育秩序，维护校园和谐稳定的大局，学校在第二轮机构改革和干部聘任中，充分考虑了高校后勤社会化背景下学校应承担一定的公益责任，加大了对兰天学生公寓的管理力度，以充分发挥公寓管理育人、服务育人的作用。学校决定成立西北师范大学兰天学生公寓管理中心和兰天学生公寓管理中心直属党支部，全面接管兰天学生公寓，任命成克勤同志为兰天学生公寓管理中心直属党支部书记，王洛立同志为兰天学生公寓管理中心主任，吴再宁同志为副书记，王廷元、刘美萍、马成龙、蒋应军同志为副主任。

兰天学生公寓管理中心内设办公室、学生管理部、物业管理部、安全工作部等 4 个机构，编制 11 人。其中办公室主要负责对外联系；学生管理部主要负责对入住公寓学生的思想教育和日常管理；物业管理部主要负责公寓内的后勤保障；安全工作部主要负责公寓内的治安及消防等。

管理中心成立伊始，在完成外聘队伍交接和资产移交、管理成本核算的基础上，学校和兰天物资调剂公司双方多次谈判，签订了由兰天物资调剂公司撤出、提供管理运行费用，由学校全面接管的合作协议。但由于实际运行成本超出协议规定数额，2005 年，双方再次谈判，形成了实报实销的合作补充协议及管理模式。

管理中心成立八年间，历届领导班子本着"全心全意为学生服务"的理念，遵循"以人为本、科学管理、优质服务、改革创新"的宗旨，以构建和谐平安公寓、理顺校企合作关系、维护学生利益为己任，与时俱进、锐意进取、求真务实，从实践中不断总结经验和完善内部管理机制，努力探索校企合作管理高校学生公寓的新模式，以"我爱我家，创美好兰天主题活动"为抓手，逐步摸索出一整套后勤社会化改革背景下学生公寓环境育人、管理育人、服务育人的工作思路。

兰天学生公寓管理中心的全体员工在管理中心领导班子的带领下克服资金投入不足、基础设施条件差等困难，在提升管理与服务的质量水平上下工夫，切实做好校外学生公寓的学生管理工作，尤其是学生的日常行为管理和思想政治教育工作，积极主动地为同学们排忧解难。为支撑学校又好又快发展、配合学校人才培养作出了积极的贡献。

九、科教服务中心（政府采购办公室）

西北师范大学科教服务中心成立于 2000 年 7 月，由教务处原教材供应科和设备处原教学设备采购供应科（教学器材采购公司）合并组建而成，为学校直属单位。2005 年 3 月，学校成立政府采购办公室，与科教服务中心合署办公，实行"两块牌子、一套班子"的管理体制。

科教服务中心现有主任 1 人，副主任 1 人，下设教学设备采购部和教材供应部两个科级机构，共有在编员工 8 人，其中管理岗位 5 人，工勤岗位 3 人，管理体制实行主任负责制。

科教服务中心（政府采购办公室）全面负责学校政府采购工作和教学科研仪器设备、家具等物资的招标采购工作以及普通本科生、研究生的教材采购供应工作，完成学校的物资采购和教材供应任务，为学校教学科研提供物资保障和优质服务。其主要职能包括：结合学校实际，制定政府采购、招标和教材供应工作的相关规定和实施细则，负责落实并督查有关规章制度的执行；严格执行政府采购相关规定，对学校有关管理部门下达的政府采购项目进行分类汇总，完成有关审核、报批工作，并根据上级主管部门审批的方式组织实施招标采购工作；负责政府集中（含部门集中）采购项目的执行及有关采购机构的委托、协调工作，参与评标事宜；负责学校分散采购项目和其他物资与服务类采购项目的执行及招标会议的组织和开标、评标、定标工作；负责招标采购项目的合同签订和合同执行情况的督查工作，参与项目验收，办理付款手续，负责合同质保期内的业务联系工作；负责招标采购文件的管理和归档工作，汇总、上报学校政府采购统计信息，通报学校政府采购情况；负责学校本科生和研究生教材的征订、采购和供应工作；同时，与教育厅、财政厅等业务主管部门及时联系，积极协调与政府招标机构的业务关系，在办理政府采购业务中依法维护学校利益，及时、高效地完成采购项目；与省内外其他高校采购供应部门和教材管理部门进行工作交流，借鉴好的工作经验和做法，提高物资采购和教材供应工作的效率和质量；对高校采购供应工作形势进行分析调研，开拓新思路，探索新方法，优化校内采购运行机制，规范学校采购供应工作，提高采购供应工作实效。

2008—2011 年近四年来，学校采购预算及执行金额逐年递增，预算金额由 1886.81 万元递增至 6635.36 万元，增长率由 53% 递增至 76%；执行金额由 1676.43 万元递增至 5974.94 万元，增长率由 56% 递增至 84%。节约金额由 210.38 万元递增至 660.43 万元，节支率由 23% 增加至 27%。

2011 年，科教服务中心（政府采购办公室）在学校党政领导下，积极探索采购供应工作的新路子，不断强化管理，规范运作程序，努力提高工作效率和服务质量，在人员紧缺、任务倍增的情况下，圆满完成了物资采购和教材供应任务，为学校各项事业的发展提供了强有力的物资保障。中心共计完成各类采购项目 258 个，预算总金额 6635.36 万元，实际执行总金额 5974.94 万元，为学校节约资金 660.42 万元，综合节支率 11%；在教材供应方面，利用网络信息技术，提供教材征订目录网上查询服务，以热情的服务圆满完成了春秋季教材征订和供应任务，全年订购教材码洋 515 万元，销售 388 万元，让利学生 58 万元。

今后，科教服务中心将在学校党政领导下，认真贯彻执行国家与甘肃省关于政府采购的有关法规制度和学校的有关规定，强化"市场是趋势、服务是重任"的采购供应工作理念，创新思路、锐意进取，积极探索采购供应工作的新路子，不断加强制度建设，规范运作程序，履行工作职能，及时、高效地完成政府采购任务和教学设备与教材采购供应工作，努力提高工作效益和服务质量，保证学校教学科研的需求，为学校各项事业的发展提供强有力的物资保障。

十、《丝绸之路》杂志社

《丝绸之路》为半月刊，1992 年 9 月首届中国"丝绸之路"节期间创刊于丝路重镇——金城兰州，1993 年起在国内外公开发行。在 1994 年、1999 年甘肃省社科类期刊评级中连续被评为一级期刊，2001 年年底入围"中国期刊方阵"并荣膺"双效"期刊称号，2007 年被评为"第二届北方期刊奖"优秀期刊。

《丝绸之路》为龙源期刊网全文收录期刊、中国期刊全文数据库（CJFD）全文收录期刊、中国学术期刊综合评价数据库（CAJCED）统计源期刊、中国报刊订阅指南信息库收录期刊、中国核心期刊（遴选）数据库收录期刊、万方数据——数字化期刊群收录期刊和中文科技期刊数据库收录期刊。

《丝绸之路》由西北师范大学主管并主办，杂志初办时为双月刊，以"弘扬丝绸之路优秀文化"为宗旨，集中展示中国西部的壮美山川和悠久的历史文化，努力在历史与现实、中国与世界、专家与群众、文化与经济之间铺路架桥，知识性、学术性、现实性、趣味性兼及。为适应西部大开发形势，促进西部地区文化建设，满足普通读者需求，自 2000 年起，《丝绸之路》加大了与旅游相关内容的分量，进一步突出表现西部地区的自然景观和人文景观，强化西部风情和多民族色彩，力求高雅清新、生动活泼，得到了读者和社会的好评。2001 年，《丝绸之路》改为月刊，其宗旨在"弘扬丝绸之路优秀文化"的基础上，补充了"服务中国西部现代旅游"的内涵。2006 年第 10 期起，《丝绸之路》又改版为全彩印刷。

《丝绸之路》采用国际通行大 16 开本，80 页，全彩印刷，图文并茂，雅俗共赏。它以"追求高品位和可读性的统一"的风格，获得了广大读者的认同，发行面覆盖中国各省区及海外华人经济文化团体、西方国家中文研究机构等。

《丝绸之路》从 2009 年起改为半月刊。上半月刊基本维持现有面貌，定位于"丝绸之路"旅游文化，全彩印刷；下半月刊以历史文化为主旨，集中刊发学术性文稿。

"丝绸之路"作为东方文明中最具魅力的文化资源和文化品牌而久负盛名，它既蕴涵着丰厚的历史内涵，又具有多彩的现实内容。因而，《丝绸之路》杂志在内容上的资源优势是取之不尽的，其对国内外读者的吸引力和影响力也是无限的。目前，国内以《丝绸之路》命名的刊物独此一份，它在甘肃、西北乃至全国同类刊物中的地位也是无可取代的。《丝绸之路》的目标是：做读者最忠实的朋友和最亲密的伴侣，成为他们解读古代"丝绸之路"辉煌历史的钥匙，了解现代新"丝绸之路"绚烂现实的窗口，游览中国西部奇异景观的向导，体察中国西部民情风俗的指南。

第三节
后勤产业单位

一、后勤服务集团

西北师范大学后勤服务集团成立于 2012 年 6 月，是在原后勤集团、物业管理中心的基础上将带有经营性质的接待服务中心、劳动服务公司、商贸中心三个部门剥离后重新组建的以学校后勤保障为纽带、以优质服务为宗旨、以服务收费为特征的多个服务中心实体组成的综合性后勤服务机构。

后勤服务集团服务的范围主要涉及校园餐饮（学生、教工）、公寓管理、建筑维修、教学服务管理、通讯保障、水电暖保障、校园绿化、北山绿化、交通运输等内容。据此，集团本着精干、高效、科学、合理的组织原则，重新组建了以服务保障功能为核心的中心体系，主要包括集团办公室、质量安全与节能降耗技术监察室、水暖服务中心、供电服务中心、饮食服务中心、运输服务中心、校园管护中心、通讯服务中心、公寓管理中心、北山绿化管护中心、建筑维修中心、场馆服务中心、教学服务中心等 13 个部门，目前整个后勤服务集团有 663 名职工，其中全民职工 163 人，集体职工 76 人，编外用工 424 人。副主任以上管理人员 33 人，其中处级干部 6 人，中层管理人员 27 人。

改革之初的后勤集团积极实践"以服务求生存、以改革求发展、以管理求效益、以贡献求支持"的工作方针，始终把保障师生权益、为师生办实事作为履行服务和保障职能的工作原则。经过十多年的发展与改革，后勤集团在管理建设方面建立了规范的制度管理平台，在管理体制和运行机制上实施精细管理、目标管理和成本核算体系；在提高保障与服务质量方面，全面开展实施了精细化管理、规范化服务工作；在后勤队伍建设方面，积极实施人力资源战略，建立了员工培训体系，发展了集团文化，并通过广泛引进人才迅速提高了后勤服务队伍的素质与层次，并为后勤服务的持续发展奠定了基础。

改革后的后勤服务集团将在学校省部共建的新形势下，按照学校构建新型后勤保障体系的总体要求，在改革中求发展，在发展中促改革，稳步推进各项后勤服务保障工作，在工作中将始终坚持以"三服务，两育人"为宗旨，继续坚持"以服务求生存，以改革求发展，以管理求效益，以贡献求支持"的工作方针，树立"以学校教学科研为中心，办师生员工满意的后勤"理念，以向教学、科研和师生提供优质服务为主线，以安全生产为重点，以取得较好的服务效益为目标，努力为学校的发展和稳定作出积极的贡献，大胆创新，不断改革，锐意进取，形成具有师大特色的后勤服务工作新格局。

二、后勤经营公司

西北师范大学后勤经营公司成立于 2012 年 5 月。在西北师大新一轮机构改革中，为进一步深化后勤改革，使后勤服务与经营规范分离，以原后勤集团所属的具有经营性质的中心为依托，组建成立了后勤经营公司。

后勤经营公司下设劳动服务公司、接待服务中心和商贸中心共三个经营实体，下设办公室（人力资源部）、财务室、质量安全监察室等职能部门。现有各类员工 270 余人，其中全民职工 20 余人，集体职工 150 余人，外聘员工 100 余人。公司的基本宗旨和工作思路是，为学校教学、科研和师生提供优质服务，规范管理学校后勤经营性资产，实现资产保值增值；独立核算，自主经营，按照现代企业模式管理运行；以校园为依托，逐步扩大服务，稳步、健康、持续地开展经营工作。

劳动服务公司成立于 1982 年，是经兰州市计划委员会正式批准的集体所有制企业，主要承担学校集体所有制职工的就业安置和管理培训，以及全校家属工的管理服务等任务。公司现已发展为具有师生生活服务、工程建筑维修、宾馆、五金加工等多重功能的经济实体。公司所辖兰苑宾馆环境优美，设施齐全，交通便利，有普通间、标准间、商务单人间、套房等各类房型 58 间、124 张床位，为各类会议和交流团体提供了全方位服务。

接待服务中心（专家楼）主要承担学校学术活动和重要会议的接待任务。接待服务中心始建于 1986 年，现为中国教育协会常务理事单位，多年来秉持"学院派格调、人文化氛围，适中型价位、高品质服务，平等式礼遇、专家级尊享"的服务理念，先后成功接待国际、国内重要会议和活动近百个，累计接待宾客 6000 多人次。经改造装修后，接待服务中心现有建筑面积 5500 平方米，集住宿、餐饮、旅游服务于一体，设客房部、餐饮部和沁园春旅行社等接待服务项目，可承接大中小型会议、商务洽谈、学术交流和外出旅行等业务，具有高档套房、标准间、普通间等各类房型 100 余间、230 多张床位；设有豪华包厢、普通包厢 10 余个，大餐厅 1 个，可供 200 多人同时用餐。

商贸中心负责学校商用房的管理和开发，现有校内外商用房 100 多间（家），面积 8000 多平方米，主要有银行、通信、邮政、百货、理发、照相、图书、打印等与师生学习生活有关的项目。中心严格按照学校要求规范管理，为广大师生员工提供优质便捷的服务。

三、兰州助剂厂

兰州助剂厂始建于 1966 年，当时国家为了解决兰化公司从国外引进的我国第一套大型乙烯生产装置配套引发剂国产化难题，由国家科委立项、甘肃师范大学化学系成功地研制了国产引发剂，化工部投资 500 万元，甘肃师范大学筹建"甘肃师范大学五·七助剂溶剂厂"，是西北师大的校办工厂。1972 年建成投产，研制生产出引发剂 A、B、C 等产品，解决了大型引进项目的国产化配套问题，填补了我国有机过氧化物类引发剂产品的生产空白，随着工厂的发展，后更名为兰州助剂厂。1972 年该厂被化工部定为引发剂定点生产厂，后被中国石化总公司指定为"三剂"产品推荐厂，成为我国第一家为聚烯烃行业生产有机过氧化物的专业生产厂家。

工厂自建成投产以来，始终坚持以"人无我有，人有我优"为企业经营理念，以"用户的需求，就是企业的追求"为发展宗旨。作为国内最早生产有机过氧化物的厂家，兰州助剂厂是产、学、研成功结合的产物，西北师大强大的学科优势为企业的技术创新和成果转化提供了强有力的技术支撑，其有机过氧化物引发剂主导产品的研制、开发和生产始终处于国内领先水平，至今已成功地研制开发出了有机过氧化物、过氧化氢、酰氯、萘磺酸阴离子表面活性剂、阻聚剂等几大系列、40 多种产品、100 多个牌号的精细化工产品，并填补了多项国内引发剂生产空白。

目前，兰州助剂厂在南京及广州设有销售机构和库房，产品行销到北京燕化、上海石化、大庆石化、茂名石化、中海壳牌、广州石化、洛阳石化、兰州石化等大型石化企业和其他领域，为我国聚烯烃行业的发展作出了贡献，取得了显著的经济效益和社会效益。同时，产品大量出口到韩国、日本、新加坡、土耳其、伊朗、沙特、德国、法国、荷兰、俄罗斯、美国等 20 多个国家和我国台湾地区，在多个国家和地区都有代理商，在韩国及比利时设有产品仓库，建立了完备的出口销售网络渠道，出口额已占到总销售额的 40%，在国际市场的竞争中扩大了影响，有一定的知名度和较好的商誉。目前企业年产值及年销售额一个多亿元，年利税一千多万元。

企业坚持"质量第一、客户至上"的服务理念，"兰泉"牌产品在国内外石化行业中享有良好的信誉。企业有多项新产品获得国家新产品"金龙奖"和国家经贸委"优秀新产品"称号；有多个产品获得省部级"优质产品"称号；引发剂 K 获得国家科技进步二等奖；有两个产品分获国家科技部"火炬计划项目"、"农业科技化资金资助项目"。过氧化物引发剂项目被省经贸委确定为十大重点出口基地建设项目之一，列入 2000 年版《中国高新技术产品出口目录》中。有 11 个有机过氧化物产品通过省、市质监局"采用国际先进标准"认证验收；有机过氧化物系列产品被省政府评为"甘肃省名牌产品"。

兰州助剂厂 1998 年通过了 ISO9002 国际质量体系认证和 IQNET 国际认证联盟认证，同年取得了出口商品包装容器质量许可证，由外经贸部和国家经贸委批准获得自营商品进出口经营权；2006 年通过了甘肃省科技厅"高新技术企业"认证；2011 年通过了兰州市首批"企业技术中心"认定；先后获得"无泄漏工厂"、"清洁文明工厂"、"企业管理先进单位"、"重合同守信用单位"、"诚信企业"、"高校校办产业工作先进单位"等称号。企业银行信誉等级为 AA 级，资产 1.3 亿元。

目前企业设有化工车间、塑包车间、辅助车间、化验室、污水处理站、化工研究所、厂办、生产质量科、销售科、供运科、市场开发科、安全环保科、财务科等机构。企业员工 180 人，其中具有大中专以上学历者 92 人。拥有各类专业技术人员 44 人，其中高级职称 5 人，中级职称 26 人。

由于城市发展规划和企业自身发展需要，2004 年经西北师范大学决定，兰州市经济技术开发区管委会、安宁区人民政府批准，兰州助剂厂整体易地搬迁。新兰州助剂厂位于沙井驿工业园区沙井驿南坡坪村，占地100亩。主车间及土建项目占地面积约17447平方米。新厂区于2006年4月破土动工，2006年年底开始建筑施工，项目工程于2010年10月落成。新厂区建成竣工了14个单体建筑（厂办公楼、职工倒班宿舍及活动中心、机修与塑包车间、化验室与技术研发中心、配电室、换热站与中试车间、配方与扩散剂车间、TBHP酰氯车间、过氧化物主车间、库房、东西门卫室、废水处理站、车库、地磅房），项目总投资1.2亿元。

兰州助剂厂的迁建不是按原厂简单地复制，而是通过迁建实现产品结构调整并进行技术改造升级，以主导产品有机过氧化物为重点从设备装备水平、安全防护、自动控制及安全连锁等方面有了一个本质的提升，采用当前最先进的PLC控制技术，实现了主车间三套系统多品种切换，充分总结了企业多年来过氧化物生产的经验和技术，吸收借鉴了国际先进公司最新技术成果，使得装置的总体技术水平达到了国际先进水平。

2010年2月5日，主车间A系统生产出了第一批产品，经过试生产调试，目前新厂区已全面正常运营。主导产品工艺稳定，设备及控制系统运行可靠，产品质量优于老厂水平，大部分引发剂类产品达到了国外先进公司的实物技术标准。新厂区试运行取得了圆满成功。企业的生产能力、盈利能力、竞争能力和发展能力得到显著提升，登上了一个新的发展平台。

多年来，企业坚持以人为本，注重企业文化建设，已形成了较完备的企业文化体系。职工的共同价值观是"奉献社会、振兴企业、造福职工"；企业厂训是"诚信、质朴、拼搏、创新"；企业的营销理念是"帮助客户更加成功"；企业的生存理念是"以质量求生存，以创新求发展"；企业的管理理念是"精、细、严、实"；企业的创新理念是"生产一批、储备一批、研发一批、预研一批"；企业的安全理念是"我要安全，持续安全"。

第四节
附属单位

一、附属教育集团

西北师范大学附属教育集团创建于 2012 年 5 月，对内是附属学校办学的归口管理部门，对外是基础教育合作办学和开发教育培训市场的办学实体。西北师范大学附属教育集团将依托西北师范大学卓越的品牌、整体的办学优势和优质的教育资源，以优质名校为龙头、以集团化运营为手段，实现学校之间资源共享，输出管理品牌，接受委托管理，提供教育服务，实施"名校＋新校"、"名校＋弱校"、"名校＋民校"等多种办学模式，进行集团化办学。

集团的主要职责有以下几点。

（1）在分管校长的领导下，对附属学校的办学进行管理和指导；统筹规划附属学校的建设与发展；协调与上级主管部门、地方政府的关系。

（2）充分利用大学的优质教育资源，整合、协调、共享集团内各学校的优质教育资源，扩大办学规模，提升办学质量和效益。

（3）通过市场化运作，创造经济效益，为西北师范大学的发展提供财力支持。

（4）负责基础教育对外合作办学。代表大学依法行使作为办学者在合作办学机构中的权利，维护学校的声誉和权益，规范合作办学学校的冠名和办学行为，确保集团所属学校的教育质量与科学管理。

（5）负责托管学校的管理队伍建设、师资队伍建设和教育教学管理工作；负责加盟学校的教育教学质量监控工作。

（6）积极开拓培训市场，提高集团办学效益。

（7）完成大学和上级组织交办的其他任务。

二、附属中学

西北师范大学附属中学（简称西北师大附中），其前身为 1901 年（清光绪二十七年）钦定成立的五城学堂，1902 年改为五城中学堂，1912 年改为北京高等师范学校附属中学校。1923 年改为国立北京师范大学附属中学，1928 年改为国立北平大学附属中学校，1929 年又改为国立北平师范大学附属中学校，1937 年改为国立北京师范学院附属中学校。同年 7 月，卢沟桥事变，日寇侵入华北，抗日战争全面爆发，9 月间，国民政府教育部电令以国立北平师大和北平大学、天津的北洋工学院等院校为基干西迁，设立西安临时大学，附中也一同西迁，名称为"西安临时大学高中部"，此为师大附中西迁办学之始。1938 年春，日寇飞机轰炸关中，学校师生于同年 3 月下旬至 4 月上旬转迁陕西城固，学校改称西北联大附属中学。1939 年 8 月，西北联大师范学院独立设置为国立西北师范学院，西北联大附中更名为国立西北师范学院附属中学。此后的七十余年里，师大附中名称几经更改，但其多年积淀形成的文化、教育特质并未改变。

1940 年国民党政府教育部决定西北师院迁至甘肃兰州，1942 年师院附中也开始迁校，1943 年 10 月在兰州招生。1949 年 8 月兰州解放，10 月奉甘肃行政公署教育处令，师院附中与兰大附中合校，校名改为兰州实验中学，1950 年 8 月，西北教育部决定，兰州实验中学改称西北师院附属中学。1958 年 11 月学校改名为甘肃师大附中，1969 年 2 月经兰州市革委会批准改名为兰州汽车制配厂"五七中学"，1970 年 3 月又改为兰州市第三十二中学，归兰州市教育局领导。1978 年 9 月，省教育厅决定恢复甘肃师大附中校名，10 月，省政府决定甘肃师大附中重新定为省属重点中学。1981 年 9 月，甘肃师大附中恢复西北师院附中校名。1988 年 9 月，西北师院附中更名为西北师大附中，此后，校名再未改变。

从五城学堂到北平师大附中，从西安临大高中部到今天的西北师大附中，学校在京办学三十六载，桃李芬芳，西迁办学七十五年，成绩斐然。西北师大附中在其建校百余年的各个不同时期，肩负着民族的希望，为国育才，桃李满天下。今天，附中人继承和发扬附中的优良传统，创新、实践，正向高品质、示范性、国际化的现代型学校迈进。

西北师范大学附属中学有以下办学特色。

1. 明确定位育人目标，构建科学的办学理念

2000 年以来，学校把"和谐容大，卓越发展"作为新的办学理念。倡导"和谐容大"，主要目的在于凝聚人心，增强团队意识和协作精神，营造一种宽松、舒心、奋发的育人氛围；鼓励"卓越发展"，重在激励广大师生员工在和谐融洽的育人氛围中，追求和实现三个方面的发展，即学生个体和整体的卓越发展，教职员工个体和整体的卓越发展，学校特色及整体办学水平的形成与提高。

2. 创新管理模式，提高学校管理水平

科学规范的管理方式、运行机制是办好学校的关键所在。学校在完善学校组织与管理方面做了一系列新的探索和尝试，主要成果体现在教学管理、寄宿制管理和师资队伍建设三方面，尤其是寄宿制管理，为寄宿制中学建设起到了良好的带动和示范作用。近年来，学校秉持封闭管理、开放办学的寄宿管理理念，通过创新管理模式，完善管理机制，初步形成一种"管""育"并举、突出育人功能的新型寄宿管理模式。

3. 利用高校资源优势，体现"附中"教育特色

大学教育科研的理论成果在附中自觉不自觉地应用到了教学实践中去，为附中的教学与教研提供了不竭的源泉。大学为附中提供了一定的教育教学资源与平台，附中也可以和大学共享一些硬件或软件资源（如校园网互通），可使用教育教学方面的有关资料。同时，由于业务联系，一些附中的老师被大学聘用，兼职任教，参与或主持一些课题的研究；大学也有一些老师在附中从事教育教学或管理工作，将大学的一些新的理念、思想带入附中，这种相互间的交流有效地促进了附中教育教学质量的提升。

4. 重视潜能开发，提高科学素养

科学素养是现代人应具有的一种基本素养。在长期的办学过程中，学校之所以培养出以孙鸿烈、师昌绪等11位院士为代表的大批优秀学子，重要原因之一是附中的传统与现在，都注重营造浓厚的科学文化气息，重视对学生进行科学素养的培养，重视对学生潜能的开发。

5. "引进来"与"走出去"相结合，走教育国际化发展道路

一方面立足省情，结合实际，为甘肃省的高中学生提供富有特色的国际教育，在高中阶段为具有国际视野精英人才的培养奠基；另一方面创造条件吸引境外学生入学，为境外人士的子女提供高质量的国际教育，以促进教育国际化的发展。

2000年以来，附中不断扩大国际交流领域，与4所国外中学建立了长期合作交流机制，并正在与国外中学合作建立"孔子课堂"。2008年起，附中举办国际班，引进国外中学先进教育理念和国际高中课程，首届国际班55位同学100%被美国排名前120的学校录取，2012年毕业的第二届国际班学生目前均已收到世界名校的录取通知书。目前已有300名学生在国际班就读。附中还向美国安生国际文教基金会申请设立了"剑桥大学中国遴选中心兰州考试中心"，也是甘肃省唯一具有美国大学理事会AP代码的高中。

2007年10月，国家汉办为附中汉语国际推广中小学基地挂牌，西北师大附中是甘肃唯一一所汉语国际推广中小学基地，共有来自10余个国家的外国留学生在附中进行汉语学习。学校在英国国王中学设立了"孔子课堂"，国际班毕业同学分赴四海，成绩喜人。

6. 多民族学生和谐共进，为少数民族培养人才

附中在整体教育教学质量不断提高的情况下，从民族团结的大局出发，克服困难，举办"少数民族高中班"已经有十多年，共有10个少数民族的学生在校就读，为少数民族地方培养人才，为促进民族团结和进步作出了应有的贡献。

西北师大附中校史沿革
(1901—1937—2007)

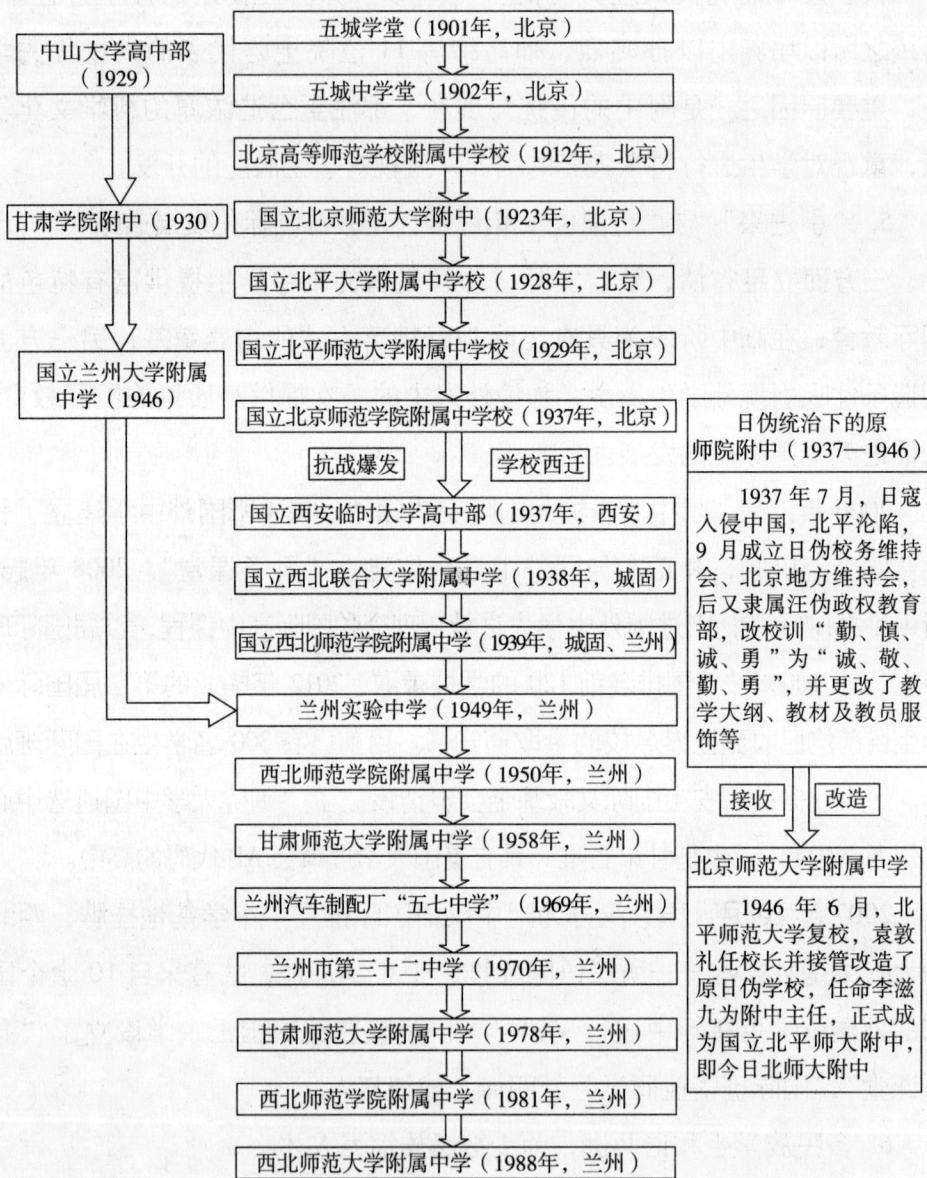

```
中山大学高中部          ┌─────────────────────────────┐
  (1929)               │   五城学堂 (1901年，北京)      │
                       └─────────────────────────────┘
                       ┌─────────────────────────────┐
                       │   五城中学堂 (1902年，北京)    │
                       └─────────────────────────────┘
                       ┌─────────────────────────────┐
                       │ 北京高等师范学校附属中学校 (1912年，北京) │
                       └─────────────────────────────┘
甘肃学院附中 (1930)     ┌─────────────────────────────┐
                       │ 国立北京师范大学附中 (1923年，北京) │
                       └─────────────────────────────┘
                       ┌─────────────────────────────┐
                       │ 国立北平大学附属中学校 (1928年，北京) │
                       └─────────────────────────────┘
                       ┌─────────────────────────────┐
                       │ 国立北平师范大学附属中学校 (1929年，北京) │
                       └─────────────────────────────┘
国立兰州大学附属         ┌─────────────────────────────┐
  中学 (1946)          │ 国立北京师范学院附属中学校 (1937年，北京) │
                       └─────────────────────────────┘
                       ┌─抗战爆发─┐  ┌─学校西迁─┐
                       ┌─────────────────────────────┐
                       │ 国立西安临时大学高中部 (1937年，西安) │
                       └─────────────────────────────┘
                       ┌─────────────────────────────┐
                       │ 国立西北联合大学附属中学 (1938年，城固) │
                       └─────────────────────────────┘
                       ┌─────────────────────────────┐
                       │ 国立西北师范学院附属中学 (1939年，城固、兰州) │
                       └─────────────────────────────┘
                       ┌─────────────────────────────┐
                       │   兰州实验中学 (1949年，兰州)   │
                       └─────────────────────────────┘
                       ┌─────────────────────────────┐
                       │ 西北师范学院附属中学 (1950年，兰州) │
                       └─────────────────────────────┘
                       ┌─────────────────────────────┐
                       │ 甘肃师范大学附属中学 (1958年，兰州) │
                       └─────────────────────────────┘
                       ┌─────────────────────────────┐
                       │ 兰州汽车制配厂"五七中学" (1969年，兰州) │
                       └─────────────────────────────┘
                       ┌─────────────────────────────┐
                       │ 兰州市第三十二中学 (1970年，兰州) │
                       └─────────────────────────────┘
                       ┌─────────────────────────────┐
                       │ 甘肃师范大学附属中学 (1978年，兰州) │
                       └─────────────────────────────┘
                       ┌─────────────────────────────┐
                       │ 西北师范学院附属中学 (1981年，兰州) │
                       └─────────────────────────────┘
                       ┌─────────────────────────────┐
                       │ 西北师范大学附属中学 (1988年，兰州) │
                       └─────────────────────────────┘
```

日伪统治下的原师院附中 (1937—1946)

1937年7月，日寇入侵中国，北平沦陷，9月成立日伪校务维持会、北京地方维持会，后又隶属汪伪政权教育部，改校训"勤、慎、诚、勇"为"诚、敬、勤、勇"，并更改了教学大纲、教材及教员服饰等

┌─接收─┐ ┌─改造─┐

北京师范大学附属中学

1946年6月，北平师范大学复校，袁敦礼任校长并接管改造了原日伪学校，任命李滋九为附中主任，正式成为国立北平师大附中，即今日北师大附中

说明：

1. 1937年师院附中初迁西安、又迁城固、再迁兰州，几经变迁，最后根留西北。抗战胜利后，附中师生未回北京复校，而是继承了自五城学堂以来的所有教育精神，可谓一脉相承。

2. 兰州实验中学为兰大附中与师院附中于1949年10月奉甘肃行政公署教育处命令合并，此后改为师院附中，兰大附中再未复校。

3. 自1937年师院附中西迁后，在原北京师院附中旧址上建起了日伪学校，抗战胜利后，经接收改造为今日的北京师大附中。

近三年来，学校取得了显著的教学成果。

2010 年，附中高考成绩再创新高，文科重点率达 73%，二本上线率达 96%，理科重点率达 87%，二本上线率达 97%。全省理科前 100 名中附中有 35 人，全省文科前 100 名中附中有 26 人。汪鉴、党仪分别摘取甘肃省文、理科状元桂冠，甘肃省理科前 10 名附中有 6 位同学，甘肃省文科前 10 名附中有 3 位同学。兰州市高考理科前 10 名共 14 人附中占 12 位；兰州市高考文科前 10 名，附中占 7 位。

2011 年，学校平均一本上线率为 83%，二本率为 96%；理科一本率为 83.3%，二本率为 95.2%；文科一本率为 78%，二本率为 98%。马家琪同学获全省理科第二名。在全省理科前 10 名中，附中共有 5 人，前 100 名中，附中共有 35 位同学，总数均居全省第一。文科全省前 100 名中，附中有 6 名同学。马家琪列兰州市理科第一名，王嵩、南莎列兰州市理科第三名（并列）。理科 600 分以上学生共 117 人，占全省总数（644 人）的 18.2%，居全省第一。

在 2012 年高考中，附中一本上线率 93.9%，二本上线率 99.13%。其中，文科一本率 89%，二本率 98.3%；理科一本率 95%，二本率 99.3%。

郭嵝堡同学以 637 分荣登甘肃省文科状元，杨嘉禾同学以 684 分荣登甘肃省理科榜眼。郭嵝堡同学以 637 分列兰州市文科状元，桑园、赵丹同学以 628 分并列兰州市文科探花；杨嘉禾同学以 684 分列兰州市理科状元，刘圆方同学以 678 分列兰州市理科探花。

在全省文科前 10 名中附中占 4 名，在全省理科前 10 名中占 6 名。在全省文理科前 100 名中，学校文科 22 人，理科 33 人，均以绝对优势列全省第一。

三、第二附属中学

西北师范大学第二附属中学创建于 1978 年，隶属于西北师范大学。2003 年该校被兰州市人民政府评为"兰州市示范性学校"。我国著名教育家、原西北师范学院院长李秉德教授担任首任名誉校长。著名书法家、原西北师范学院副院长雪祁先生为学校亲笔题写了校训"严、勤、实、恒"。

第二附属中学现有 17 个教学班，1100 余名学生，教职工 58 人，专职教师 53 人，均为大学本科以上学历，其中研究生和教育硕士 12 名，特级教师 1 名，硕士生导师 2 名，省级学科带头人 4 名，副教授 1 名，高级教师 24 名。学校坐落在具有百年历史的著名高等学府——西北师范大学校园内，以幽静的校园环境、深厚的文化底蕴、先进的教学设备、科学的管理制度、雄厚的师资力量和突出的教育质量赢得了良好的社会声誉，形成了"严、勤、实、恒"的优良校风。它是西北师范大学教育教学改革的窗口学校和教育实习基地，是"西北师范大学管理优秀单位"、"兰州市教育系统先进集体"、"全国小公民道德建设实验学校"、"清华同方国家级教育资源库建设研究项目首批合作研究校"、"全国信息技术幼苗培养基地"、"全国心理辅导特色学校"、"甘肃省人防教育先进单位"、"兰州市'四五'普法依法治理先进单位"、"兰州市艺术教育先进单位"、"西北师范大学校园治安综合治理优秀单位"、"西北师范大学模范教工之家"。

尊重个性，和谐发展。学校坚持以学生的发展为根本、教师的发展为基础、学校的发展为中心的办学理念，在推进素质教育的实践中，充分发挥每一位教育者的积极性和创造性，充分尊重每一个学生的个性，最大限度地开发和利用各种教育资源，加强理想教育、激励拼搏，努力实现"学校规划高水准、教学设施高规格、学校管理高水平、人才培养高质量"的"精品学校"办学目标。学校在 2001 年、2002 年连续获"兰州市教育质量进步奖"的基础上，2003 以来连续七年获得"兰州市教育质量优秀奖"，中考成绩稳居兰州市同等学校前三名，学生王治中、张兆君还获得了兰州市中考总分第二名的优异成绩。各学科竞赛学生获奖等级和人数均名列兰州市同等学校前茅，近四年学生在市级以上数、理、化竞赛、现场作文竞赛及英语能力竞赛中累计获一、二、三等奖分别为 188、317、581 人次。学校在兰州市一年一届的中小学艺术节、合唱节等比赛中连续六年获得金奖，并荣获兰州市政府评选的第五届金城文艺奖二等奖，连续两届荣获兰州市百所中小学优秀自编操评选活动中学组一等奖等荣誉。为扩大对外交流与合作，学校成功举办了"中美中学生文化交流夏令营"、"中新中学生友谊交流画展"等深受社会关注的活动，进一步提高了师生英语会话交际能力和教育国际化水平。

科学管理，优化队伍。学校以健全制度，强化管理为突破口，以"依法治校、民主治校"为目标，实行分级负责、逐级聘任、奖优罚劣的管理机制，注重建设高素质的教师队伍，通过课程开发、校本教研、教学竞赛、选拔教师赴国内外学习交流等多种活动提高教师的业务能力和教育教学水平。自 2003 年起，学校先后派出 7 名教师赴美、英、加、澳等国进行文化交流及考察学习活动。学校建有远程教育接收系统、校园网，并享有清华同方教育信息资源库的多项资源，建立了现代教育技术应用培训体系，基本实现了教育教学手段现代化。学校也逐步形成一支素质高强、团结向上、适应时代发展需要的教师队伍，现有省市级骨干教师、教学能手、教学新秀 15 名，教师先后发表教育教学论文 260 余篇，出版各类教学参考、课外读物 150 余本（册），承担、完成省市级科研课题 12 项。

依托师大，争创特色。学校借助西北师大的资源优势，拓展课程开发的渠道，不断促进教育质量的提高，使师大这座高等学府厚实的文化底蕴和严谨的治学风范，潜移默化地滋润着中学的师生，促进学校的可持续发展。学校将依托师大，内涵发展，增强实力，争保活力，办出特色，办出品牌。

四、附属小学

西北师范大学附属小学创建于 1942 年 10 月，自 1962 年 8 月起为厅批省重点小学，2001 年被兰州市人民政府评为"兰州市示范性小学"。

附小位于西北师范大学校园内东侧，占地面积 12880 平方米，建筑面积 3963 平方米。现有 19 个教学班，在校学生 1100 余人；有在编教职工 38 人，其中，特级教师 1 人，中学高级教师 2 人，小学高级教师 30 人，省、市、区级骨干教师 8 人，硕士 8 人，本科学历 24 人，大专以上学历 37 人，学历达标 100%。

学校建有新颖别致、设施完备的现代化教学大楼，内设校园局域网络系统、校园音乐广播系统、多媒体语音室、多媒体计算机房、多功能大厅、多媒体教室 19 间、多媒体电子备课室、图书室、阅览室、音乐室、美术室、科学实验室等一流设施。学校课外活动场地宽敞，设施齐全。校园绿草如茵，环境优美，充满生机和朝气。

学校坚持"德育为首，五育并重，面向现代化，面向世界，面向未来"的办学方针，坚持"让每一个孩子健康、快乐地成长，让每一位教师健康、幸福地工作"的办学理念，坚持"以人为本、张扬个性、全员发展、和谐发展"的育人原则和"合格 + 特长"的育人目标，以"敬业、勤奋、科学、创新"为校训，发扬"艰苦奋斗、自强不息"的优良办学传统，形成了"尊师爱生、教学相长"的校风、"教书育人、为人师表"的教风、"团结活泼、勤奋创新"的学风；坚持"夯实语数基础、突出英语特色、提高综合素质、创办品牌学校"的办学思路，全面提高教育教学质量和办学综合效益。学校多次荣获教育系统"先进集体"、"全国红旗大队"、"全国雏鹰大队"、"甘肃省优秀红旗大队"、"兰州市课外活动先进学校"、"兰州市小学教育质量优秀奖"、"兰州市安宁区文明单位"等荣誉。师生集体和个人积极参加全国、省、市、区组织的学科、文体、科技、少先队等各类竞赛活动，均取得了突出成绩。先后有 80 多名教师获得"甘肃省少先队优秀辅导员"、"兰州市优秀教育工作者"、"兰州市优秀教师"、"兰州市教学新秀"、"安宁区优秀教育工作者"、"安宁区优秀教师"、"安宁区教学新秀"、"优秀指导教师"等荣誉称号；教师个人撰写科研论文、论著、教辅材料等 500 多篇（本）。在语文教学方面，学生在各级各类报刊上发表习作近千篇，甘肃少年儿童出版社汇编出版了附小学生百篇习作集——《西北师大附属小学示范作文精选》。在数学教学方面，学校多次获得甘肃省数学学会举办的冬令营"弘毅杯"金杯，在全省及全国数学奥林匹克竞赛和全国华罗庚金杯赛中共有百余人次获得一等奖。学生在英语、音、体、美等各级各类竞赛活动中大胆实践，勇于创新，发挥特长，个人获奖达 1000 多人次。

站在富于挑战的 21 世纪的起跑线上，学校新一届领导集体与全校师生满怀豪情，开拓创新，决心把西北师范大学附属小学建成甘肃省一流教育品牌小学，为培养更加健康、快乐的学生作出更大贡献。

五、实验幼儿园

西北师范大学实验幼儿园始建于 1939 年，有着 70 多年的悠久历史，隶属于西北师范大学。幼儿园占地面积为 5800 平方米，是 1992 年首批达标的省级一类园所，2011 年创建成为兰州市示范性幼儿园，是安宁区唯一一所市级示范性幼儿园。全园开设 12 个教学班，大、中、小、小小班各三个，在园幼儿 400 多名。幼儿园现有教职工 57 人，专业技术人员学历合格率达到 100%，其中硕士学历 3 人，教育硕士在读 3 人，本科学历 12 人、大专学历 18 人；幼教高级职称 17 人，占专任教师总数的 60%以上，省级优秀教师 1 人，市级骨干教师 2 人，区级骨干教师 3 人，历届市级教学新秀 13 人。

幼儿园以"开发幼儿潜能，发展幼儿个性，尊重幼儿的人格、权利，用爱心伴随孩子在和谐、友爱的环境中健康、快乐地成长"为办园宗旨；以培养活泼健康、乐学探究、文明礼貌、勇敢自信的儿童为培养目标；以常规教养工作为主体，兴趣培养为手段，艺术及双语教育为特色；树立以"幼儿发展为本"的教育理念，尊重幼儿的人格与权利，创设与幼儿发展相适应的教育环境，培养幼儿积极、愉快的情绪和良好的行为习惯，让每个孩子在充满平等、友爱、和谐的环境中健康快乐、富有个性地成长。努力培养具有现代教育理念，初步具有教育科研能力的"敬业奉献、和谐活力、团结进取、求实创新"的师资队伍，促使教职工专业化成长，挖掘高校教育资源，积极探索有本园特色的教改之路。

近年来，西北师范大学实验幼儿园的整体工作得到了社会、学校和家长的认可，得到了各级教育行政部门的肯定，在管理、教育教学、卫生保健等方面取得了一定的成绩，以较强的综合实力、良好的服务赢得了家长和社会的充分认可，取得了广泛而良好的办园声誉。实验幼儿园是西北师范大学教育学院和知行学院学前教育的教学实习及科研基地，长期承担指导本科学生实习、见习的任务；多次配合高校师生完成各类研究工作；独立承担了"幼儿园双语教学行动研究"、"学前教育、社区教育、家庭教育和谐发展"、"幼儿绘画中色彩与情感的研究"等立项课题。多年来，幼儿园有 60 多篇论文在报刊上发表；100 多名幼儿的美术作品在国际、国内绘画大赛中获奖；曾荣获兰州市第七届少儿舞蹈比赛二等奖；第一届两岸幼儿创新思维逻辑数学邀请赛团体一等奖；"丝绸之路"首届甘肃书画作品大赛团体二等奖；西北首届"时代佳音"英语比赛二等奖；幼儿园先后被评为"校园治安综合治理先进单位"、"食品卫生量化等级 B 级单位"、"肉品卫生安全管理先进单位"、"防疫先进单位"、"集体儿童保健先进单位"等。

西北师大实验幼儿园在西北师范大学的大力支持下，注重幼儿园的环境及硬件设施设备改造，积极改善办园条件，努力使园容园貌达到整洁、优雅、人文化、儿童化，教育设施达到现代化、实用、安全、美观，创设与幼儿发展相适应的教育环境。

西北师大实验幼儿园坐落在环境优美的西北师范大学校园内，远离喧嚣的马路，毗邻师大音乐学院和美术学院，布局合理，格调优雅，园内环境优美安全、舒适温馨，充满童趣。幼儿园设有音乐、舞蹈多功能厅、标本室、阅览室、幼儿美术创意室、贝贝厨房等幼儿活动室及多种大型玩具；幼儿人均绿化面积达 2 平方米，有动物饲养角、幼儿种植园、沙坑、嬉水池、30 米直跑道等大型活动设施，活动场地和设施符合安全要求。幼儿园四周绿树成荫、风景如画，音乐喷泉流水潺潺，春有花、夏有香、秋有果、冬有绿，适合幼儿的健康成长。园舍房屋结构合理，具有幼儿园特点；环境创设符合幼儿身心发展规律，安全性能高；环境装饰以生态化、园林化为主，着力打造绿色、园林化的生态幼儿园，各类教学、生活设备配套齐全，是一座充满童趣，对幼儿具有极大吸引力的学习、生活乐园。

实验幼儿园遵循国家的教育方针，以国家加强和促进学前教育各项工作为契机，在深入贯彻落实教育部颁发的《幼儿园教育指导纲要》和《幼儿园工作规程》的基础上，结合现代教育需求，以科学的五大领域为主导教育，重点推行"动脑、动手"教育活动。

实验幼儿园在教育教学方面不断更新教育观念，深入开展丰富多彩的保教活动。注重日常活动，合理安排幼儿一日生活，做到动静交替、寓教于乐。保证幼儿每日户外体育活动时间，给幼儿提供可操作、多功能、安全性能高、趣味性强的各种户外体育器械和利用废旧物品制成的自制户外玩具，坚持户外活动中有组织的体育游戏与自选游戏相结合，探索开展同年级走班区域活动和户外游戏活动。常规开展丰富多彩、形式各异的"庆祝六一"、"毕业典礼"、"团体操表演"、"迎新年"、"故事表演"等大中型文体活动和"半日开放"、"亲子游戏"及社会实践等活动，注重开拓创新，添加、探索新的元素，以幼儿、家长为主体，让孩子们在活动中充分地体验、尝试、发现和收获。依托高校，充分挖掘和利用西北师范大学的教育功效和校内资源，组织幼儿参观师大附属小学、校博物馆、图书馆、校史馆；参观美术学院展览、印刷厂、天文台等各种教育教学设施，使孩子们了解西北师大，熟悉自己所在的学校，感受不同行业人们的工作，丰富了孩子们的知识储备，是孩子们非常喜欢的活动。

实验幼儿园将继续坚持以《纲要》精神为指导，规范办园，以创建省级示范园为目标，创立最优环境、最佳师资、最高质量，为幼儿教育开辟更为广阔的空间。

六、医院（人口与计划生育委员会办公室）

西北师范大学医院隶属于西北师范大学，2001 年由甘肃省社保局定为城镇职工医疗定点医院。医院现有职工 45 人，其中主任医师 1 人、副主任医师 6 人，主治医师 5 人；设有内、外、妇、口腔、中医、放射、理疗、检验、药剂及预防保健等 12 个医疗科室；设病床 50 张，拥有黑白全数字 B 超诊断仪、全自动生化仪、500mAX 光机、全自动血球分析仪、口腔综合治疗仪、六导心电图机等医疗设备。年门诊量 2 万多人次。医院内儿科能诊治多种常见传染病如肝炎、腮腺炎、急性菌痢，常见呼吸道疾病、心血管疾病、消化道疾病及高血压病的轻、中、重处置。外科能开展门诊一般性小手术如清创、拆线、脓肿引流术、换药等。口腔科能开展口腔各种疾病的治疗，牙齿的修复、美容、保健等各项服务工作。检验科能够开展肝功能、肾功能、血脂、血糖化验、乙肝三系统化验、血球分析、血凝、血沉、大便常规、潜血及尿十项等化验。

医院主要承担 2 万多名师大学生和教职工及周边居民的常见病及多发病的防治工作、社区居民儿童计划免疫工作以及学校突发公共卫生事件处置工作。组织并承担每年新生、毕业生的体检和在校学生四年的身体机能检测，2 年一次的全校教职工和离退休干部的体检。承担学校军训及各种大型活动和各种会议的医疗保健服务工作。门诊实行 24 小时开放，为广大师生员工和家属服务。

医院是非营利性医疗机构，多年来，在卫生行政部门和学校的领导下，遵循医疗卫生事业发展的内在规律，始终把社会效益放在首位，履行社会责任和义务，加强科学、规范管理，开源节流，充分利用现有资源，提高医院效率。医院坚持"以病人为中心"的办院宗旨，树立良好的服务意识，加强医德医风建设，尊重患者，关心患者，努力建立良好的医患关系，为构建和谐师大作贡献。

第五节
独立学院 孔子学院

一、知行学院

西北师范大学知行学院成立于 1999 年，2004 年 2 月被国家教育部确认为甘肃首批独立学院，是以全新机制和模式办学、具有独立法人资格、属本科层次的普通高等院校。学院面向全国招生，招生计划纳入国家普通高等教育统招计划。自 2008 年起招收的学生，学习期满成绩合格，颁发西北师范大学知行学院毕业证书，符合学士学位授予条件者，颁发西北师范大学知行学院学士学位证书。

知行学院设中国语言文学系、外国语言文学系、法律系、数学系、计算机与电子信息工程系、经济管理系、艺术系、教育管理系、新闻系及公共课程教学部、实验中心等 11 个系、部、中心。开设有汉语言文学、新闻学、英语、法学、数学与应用数学、电子信息工程、计算机科学与技术、信息管理与信息系统、工商管理、会计学、人力资源管理、美术学、艺术设计、动画、教育学、心理学、广播电视编导、公共事业管理、广告学、广播电视新闻学等 20 个全日制普通本科专业和 30 多个专业方向。学院面向河北、内蒙古、浙江、安徽、福建、江西、河南、湖北、海南、重庆、四川、陕西、甘肃、青海、宁夏、新疆等 16 个省、市、自治区招收国家全日制普通本科生。学院现有在校普通本科学生 9000 人。

学院现有教职工 430 人，其中专任教师 394 人，有外籍教师 6 人，教授、副教授职称者约占 52%。与西北师范大学的渊源关系，进一步保证了知行学院结构合理、素质较高、择优执教的教师资源。学院所处的兰州科教城地区，高等学校毗邻，专家学者集中，优越的环境为学院创办特色专业、聘请高水平教师任课提供了非常便捷的条件。学院全新的办学机制和模式为广纳贤才奠定了良好的基础。专家办学，学者授课，崇尚学术，追求卓越。

学院具有良好的办学条件，新建校园静雅整洁，校园占地面积263亩，建筑面积12万多平方米，有各类教室300余间，可同时容纳万余名学生学习使用。学院有计算机室和各类实验室68间，计算机3000余台，数字化语音教室15间，多媒体电化教室20间。同时，学院图书馆有各类图书50余万册，为广大师生借阅、公共查询提供了非常便利的条件。学院建有校园宽带网络、外语教学播放系统、大学生活动中心、体操训练室等设施；有运动场地面积27000平方米，分别为田径运动场、足球场、篮球场、排球场等，为广大学生开展丰富多彩的文化体育活动和课余社团活动提供了良好的环境。另外，行政办公楼、后勤服务楼等设施完善，实用美观，方便整洁，为莘莘学子提供了良好的学习及生活环境。同时，知行学院紧密依托西北师范大学，充分共享其优质教育资源，共同使用高水平现代化图书馆、博物馆、阅览室、实验室等教育教学设施和宽带网络、通信网络等高科技信息设备，共同组织学生参与各类国家级统一考试和资质认证等工作。

知行学院承传百年名校严谨的治学传统、丰富的人文积淀和深厚的学术底蕴，继承和发扬"爱国进步、诚信质朴、艰苦奋斗、自强不息"的精神，积极创建现代化气息浓厚、人文精神饱满的育人环境，全力实现严格治校、严肃治教、严谨治学的办学宗旨。2009年10月学院成功举办了建校十周年庆典活动，进一步扩大了学院的社会影响力，提高了社会声誉。知行学院校园文化丰富多彩，学生社团活跃广泛。"体育之春"、"夏季创新创业活动"、"艺术之秋"、"冬季读书学术活动"等一系列趣味性、大众性的体育、文化、艺术活动，引领学生们进一步朝着人格有魅力、专业有实力、学习有活力、发展有动力的方向迈进，做到了大型活动精品化、届次化，小型活动常规化、社团化；"原上草"文学社、演讲辩论协会、大学生艺术团等社团活动丰富；书画竞展、球类比赛、文艺汇演等展示多姿多彩。学院学生多次获得教育部高等教育司和信息产业部人事司共同主办的全国大学生电子设计竞赛的奖项；知行学院女子篮球、街舞等文娱体育活动也处于全省前列。学院实行奖助学金制度，设有国家奖学金、国家励志奖学金、国家助学金、贫困学生生源地助学贷款等国家奖助学金以及甘肃省三好学生奖、优秀学生干部奖等。学院还设有三好学生奖、优秀品德奖、学习优秀奖、模范团员干部奖、学术科研奖、实践技能奖、文学创作奖、文体优胜奖以及优秀班集体奖、文明宿舍奖、校园文化活动奖等多项个人及团体奖项。助学面宽，机会广泛；争先创优，鼓励上进。

学院在 2005 年 1 月国家教育部对独立学院办学条件和教学工作检查评估中取得优异成绩，2006 年被甘肃省评为"自律与诚信建设先进单位"，是甘肃省独立学院中唯一获此殊荣的院校。"知术欲圆，行旨须直"，在甘肃省政府的领导下，在西北师范大学宏观指导下，知行学院将以全新的办学机制，先进的办学理念，充分发挥教育资源重组优势，将学院办成"专业特色鲜明、应用优势突出、教育质量优秀的教学型普通本科大学"。

二、摩尔多瓦自由国际大学孔子学院

2009 年 5 月，西北师范大学与摩尔多瓦自由国际大学签署《关于建立摩尔多瓦自由国际大学孔子学院的协议》。2009 年 9 月，中华人民共和国驻摩尔多瓦大使出席摩尔多瓦自由国际大学孔子学院挂牌仪式，摩尔多瓦自由国际大学孔子学院正式挂牌成立。

摩尔多瓦自由国际大学孔子学院成立以来，招生人数逐年上升。2010 年学生人数是 2009 年学生人数的 5.9 倍，达到了 119 人；2011 年学生人数比 2010 年增加了 41%，学生人数达到了 168 人。

摩尔多瓦自由国际大学孔子学院现有院长办公室、教师办公室、中国语言文化中心及两间配有电视、电脑、DVD 及语音设备的多媒体教室，总面积约 200 平方米。汉语水平考试（HSK）考点申办成功并在 2011 年 5 月正式实施测试，共有 19 位学员参加了此次考试，这是在摩尔多瓦举办的首次汉语水平考试，孔子学院也是摩尔多瓦目前唯一的 HSK 考点。

摩尔多瓦自由国际大学孔子学院的建立，架通了中摩两国文化交流的桥梁。西北师大文艺代表团连续三年赴东欧摩尔多瓦、罗马尼亚、塞尔维亚和非洲苏丹、埃塞俄比亚、埃及访问演出，举办中国文化图片展。我驻上述国家大使、到访国总统、议长、政府部长和各国外交使节到场观看演出并对展演活动给予了高度评价。

摩尔多瓦自由国际大学孔子学院的建立促进了摩尔多瓦的"汉语热"，同时也成为中国文化在摩尔多瓦传播的一个重要品牌，真正使得孔子学院成为了传播中国文化、促进两国友好的重要平台。

三、苏丹喀土穆大学孔子学院

2009 年 11 月西北师范大学与喀土穆大学签署了《关于合作建设喀土穆大学孔子学院的协议》。2010 年 11 月 17 日，中央政治局常委、中央政法委书记周永康和苏丹总统巴希尔共同出席西北师范大学与喀土穆大学共建孔子学院授牌仪式，喀土穆大学孔子学院正式挂牌成立。

喀土穆大学孔子学院现开设有长期学分课程和培训课程。2010 年年底喀土穆大学孔子学院第一个教学点艾瑞莎拉高中学分课程开始建立，2010 年 12 月孔子学院培训课程开始招收第一批学员，课程分为 4 个级别。喀土穆大学孔子学院现有四个教学点，分别为艾瑞莎拉高中、喀土穆预科学校、领导培训学院、VISTA 培训中心。另外，苏丹国防部、财政部、文化部等政府部门及其他社会机构也陆续和喀土穆大学孔子学院合作开设相应的汉语培训课程。

喀土穆大学孔子学院自开设汉语课程以来，一直以"1 + 1"师资模式教学，1 名中国教师主讲，1 名苏丹教师辅助。喀土穆大学孔子学院同时举办了多期本土汉语教师培训，培训本土汉语师资 120 余人，为即将开展汉语课程的大中小学及社会培训机构培训了一支汉语师资队伍。

2011年1月18日，首期汉语培训班结业仪式在苏丹喀土穆大学孔子学院隆重举行，中国驻苏丹使馆文化处专员、喀土穆大学校长、校方相关部门领导、200多名学员及社会各界朋友参加了典礼。本次活动被苏丹官方报纸《瑞雅阿姆》（阿拉伯文）进行了报道，同时喀土穆大学官方网站也首次报道了孔子学院的活动。

附 录

一、西北师范大学历任党委书记

时 间	职 务	姓 名	备 注
1957.03—1961.10	党委书记	陈 光	
1961.10—1971.08	党委书记	李之钦	兼校长
1971.08—1973	党委书记	曹世杰	兼革委会主任
1973—1975	党委书记	傅一夫	兼革委会主任
1975—1977	党委书记	马春发	兼革委会主任
1977.12—1979.12	党委书记	阮迪民	1979 年兼校长
1979.12—1983.05	党委书记	侯 亢	1979—1981 年兼校长
1983.05—1988.05	党委书记	王松山	
1988.05—1991.06	党委书记	陶君廉	
1991.06—1994.01	党委书记	阎思圣	
1996.01—1998.02	党委书记	王福成	1996 年 2 月前为校长兼副书记，第八届全国人大代表
1998.02—2003.12	党委书记	姚克敏	
2003.12 至今	党委书记	刘 基	第十一届全国人大代表，第十二届甘肃省委候补委员

二、西北师范大学历任院长、校长

时 间	职 务	姓 名	备 注
1939.08—1945.12	院 长	李 蒸	
1945.12—1947.03	院 长	黎锦熙	
1947.03—1949.07	院 长	易 价	1948 年 1 月前为代院长
1949.07—1949.10	代院长	严顺章	
1949.10—1951.04	代院长	李化方	
1951.04—1958.09	院 长	徐 劲	
1958.10—1968.03	校 长	李之钦	1961 年 10 月起兼党委书记
1968.03—1969.09	革委会主任	白慧刚	军宣队
1969.09—1971.08	革委会主任	彭士奎	
1971.08—1973	革委会主任	曹世杰	军宣队
1973—1975	革委会主任	傅一夫	
1975—1977	革委会主任	马春发	
1979.06—1979.12	校 长	阮迪民	兼党委书记
1979.12—1981.02	校 长	侯 亢	兼党委书记
1981.02—1983.05	校（院长）	李秉德	
1983.05—1983.07	院 长	张昌言	
1983.07—1991.06	院（校长）	白光弼	
1991.06—1996.03	校 长	王福成	1994 年 1 月兼党委副书记
1996.03—2001.08	校 长	赵金保	第九届全国人大代表
2001.08—2011.04	校 长	王利民	第十届全国人大代表
2011.04 至今	校 长	王嘉毅	

三、西北师范大学组织机构设置情况

（2012 年 7 月）

1. 党政管理机构和群团组织

纪委（监察处）

学校办公室（机关事务服务中心）

党委组织部（党校办公室）

党委宣传部（新闻中心）

党委统战部

党委学生工作部（学生工作处、学
生就业指导服务中心）

党委研究生工作部（研究生院）

发展规划处（省部共建工作办公
室）

教务处（艺术教育中心）

科学技术处

社会科学处

科研合作服务处

人事处（职称改革领导小组办公
室、人才工作领导小组办公室、
人力资源交流中心）

国际合作交流处（港澳台工作办公
室）

武装保卫处（派出所、防范和处理

邪教问题办公室）

财务处

审计处

实验室与设备管理处

基建处

后勤管理处（房改办、爱卫会办公
室）

国有资产管理处

离退休工作处

西北少数民族师资培训中心办公室
（藏族师资培训中心办公室）

工会

团委

2. 基层党委（党总支、直属党支部）

文学院党委

历史文化学院党委

教育学院党委

心理学院党总支

马克思主义学院党委

社会发展与公共管理学院党总支

法学院党总支

经济学院党委

商学院党委

外国语学院党委

音乐学院党委

舞蹈学院党总支

美术学院党委

体育学院党委

数学与统计学院党委

计算机科学与工程学院党委

物理与电子工程学院党委

化学化工学院党委

生命科学学院党委

地理与环境科学学院党委

教育技术学院党委

传媒学院党委

旅游学院党委

国际文化交流学院直属党支部

继续教育学院党总支

机关党委

离退休职工党委

图书馆党总支

医院直属党支部

兰天学生公寓管理中心直属党
　支部

后勤服务集团党总支

后勤经营公司直属党支部

兰州助剂厂党委

附中党委

二附中直属党支部

知行学院党委

3. 学院

文学院

历史文化学院

教育学院（教师培训学院）

心理学院

马克思主义学院

社会发展与公共管理学院

法学院

经济学院

商学院

外国语学院

音乐学院

舞蹈学院

美术学院（书法文化研究院）

体育学院

数学与统计学院

计算机科学与工程学院

物理与电子工程学院

化学化工学院

生命科学学院

地理与环境科学学院

教育技术学院

传媒学院

旅游学院

国际文化交流学院（国侨办华文教育基地）

研究生院（党委研究生工作部、学位办）

继续教育学院（职业技术师范学院、兰州企业管理人员培训中心）

4. 科研机构（省级以上）

西北少数民族教育发展研究中心

教育部基础教育课程改革研究中心（可持续发展教育中心）

教育部高校辅导员培训和研修基地

生态环境相关高分子材料教育部重点实验室

西北师范大学古籍整理研究所

甘肃省先秦文学与文化研究中心

甘肃文化发展研究院

甘肃省西北边疆史地研究中心

甘肃教育发展研究院

甘肃省西部教师教育研究中心

甘肃省中小学教师继续教育研究指导中心

甘肃省高校思想政治教育研究与人才培训中心

甘肃省辅导员培训和研修基地

中国农村问题研究中心西北调研

基地

甘肃省西北民族地区社会发展与地方治理研究中心

甘肃省地方性法规评价中心

甘肃省软科学研究中心

西部地区农村发展研究中心

国家体育艺术师资培养培训基地

国家社会体育指导员培训基地

甘肃省物联网工程研究中心

甘肃省现代远程教育中心

甘肃省高分子材料重点实验室

甘肃省生物电化学与环境分析重点实验室

西部资源应用研究院

甘肃省原子分子物理与功能材料重点实验室

甘肃省特色植物有效成分制品工程技术研究中心

西北特色农产品产业技术创新战略联盟

甘肃省旅游发展研究院

中国西部国情调研中心

全国重点建设职教师资培训基地

兰州企业管理人员培训中心

甘肃省湿地资源保护与产业开发工程研究中心

甘肃省特色农产品高值化利用工

程实验室

5. 直属单位

图书馆

学报编辑部

档案馆

博物馆

甘肃省高等学校师资培训中心办
　　公室（甘肃省干部教育培训西
　　北师大基地）

招生考试中心（招生办公室）

校友工作中心

兰天学生公寓管理中心

科教服务中心（政府采购办公室）

甘肃《丝绸之路》杂志社出版传
　　媒有限公司

6. 后勤产业单位

后勤服务集团

后勤经营公司

兰州助剂厂

7. 附属单位

附属教育集团（筹）

附属中学

第二附属中学

附属小学

实验幼儿园

医院（人口与计划生育委员会办
　　公室）

8. 独立学院、孔子学院

知行学院

苏丹喀土穆大学孔子学院

摩尔多瓦自由国际大学孔子学院

四、西北师范大学各单位内部机构设置情况
（2012 年 7 月）

1. 文学院

中国语言文学系

秘书学系

甘肃省先秦文学与文化研究中心

西北师范大学古籍整理研究所

西北师范大学国学中心

西北师范大学普通话培训测试
中心

西北师范大学西北文化研究所

西部文学与当代文学批评研究
中心

地方文化建设研究中心

古代文学研究所

现当代文学研究所

语言文字研究所

语言学及应用语言研究所

文艺学研究所

比较文学与世界文学研究所

写作学研究所

资料中心

2. 历史文化学院

历史学系

文物与博物馆学系

甘肃省西北边疆史地研究中心

西北师范大学敦煌学研究所

简牍学研究所

西北民族与宗教研究所

文化遗产研究中心

陇商研究中心

西北近现代史研究中心

美国历史文化研究中心

文物与博物馆硕士（M. C. H. M）
专业学位教育中心

资料中心

3. 教育学院（教师培训学院）

教育学系

教育管理系

学前教育系

特殊教育系

教育部人文社会科学重点研究基
地西北少数民族教育发展研究
中心

教育部基础教育课程改革研究中

心（可持续发展教育中心）

甘肃教育发展研究院

甘肃省西部教师教育研究中心

甘肃省中小学教师继续教育研究
指导中心

西北师范大学教育科学研究所

西北师范大学高等教育研究所

语文教育研究所

数学教育研究所

英语教育研究所

文科综合教育研究所

理科综合教育研究所

比较教育研究所

农村教育研究中心

教育技术与实验教学中心

资料中心

4. 心理学院

应用心理学系

心理学实验中心

心理健康教育与指导中心（西北
师范大学学生心理健康指导服
务中心）

行为康复训练研究中心

大学生学习指导中心

跨文化心理研究所

青少年心理发展与教育研究所

5. 马克思主义学院

思想政治教育系

哲学系

教育部高校辅导员培训和研修
基地

甘肃省高校思想政治教育研究与
人才培训中心

甘肃省高校辅导员培训与研修
基地

西部社会建设与社会管理研究
中心

政治学研究所

哲学研究所

马克思主义理论研究所

思想政治教育研究所

资料中心

6. 社会发展与公共管理学院

行政管理系

社会工作系

社会保障系

甘肃省西北民族地区社会发展与
地方治理研究中心

西北师范大学少数民族妇女研究
中心

社会保障研究中心

社区与社会工作研究中心

非政府组织研究中心

公共管理硕士（MPA）专业学位
教育中心

社会工作硕士（MSW）专业学位
　教育中心

西部地区社会发展人才培训中心

社会学研究所

公共管理研究所

社会工作与公共管理实验中心

7. 法学院

民商经济法系

法律系

甘肃省地方性法规评价中心

中国农村问题研究中心西北调研
　基地

法律与公共政策咨询中心

民族法制与民族政策研究所

知识产权法研究所

8. 经济学院

经济学系

国际经济与贸易系

统计学系

财政与金融学系

甘肃省软科学研究中心

统计调查研究中心

经济研究所

金融研究所

财政与税务研究所

国际商务研究所

经济模拟实验中心

资料中心

9. 商学院

会计系

工商管理系

信息管理系

西部地区农村发展研究中心

应用经济研究所

公共财政与审计研究所

实验中心

资料中心

10. 外国语学院

英语语言文学系

俄语语言文学系

日语语言文学系

翻译系

大学英语教学部

外国文学研究所

外国语言研究所

外语教育研究所

翻译研究所

西北师范大学外语培训中心

澳大利亚研究中心

多元文化与多语教育研究中心

俄语国家社会文化及教育研究
　中心

符号学研究中心

日本文化研究中心

翻译硕士（MTI）专业学位教育中心

教育技术中心

研究生培养管理中心

11. 音乐学院

音乐学系

声乐系

器乐系

西部音乐文化研究中心（《西部音乐文化》编辑部）

音乐中专部

专业技能训练中心（数字音乐实验室）

资料中心

12. 舞蹈学院

舞蹈教育系

舞蹈表演系

艺术实践与交流中心

13. 美术学院（书法文化研究院）

油画系

国画与书法系

视觉传达设计系

环境艺术设计系

敦煌艺术研究中心

美术理论研究所

跨媒体艺术工作室

雕塑、陶艺、版画工作室

西北传统美术工作室

艺术培训中心

资料中心

14. 体育学院

体育教育系

运动训练系

民族传统体育系

大学体育教学部

基础理论教学部

国家社会体育指导员培训基地

体育科学研究所

15. 数学与统计学院

数学系

信息与计算科学系

实践教学部

金融数学研究所

应用数学研究所

概率统计研究所

几何研究所

计算数学研究所

信息科学研究所

实验中心

资料中心

16. 计算机科学与工程学院

计算机科学与技术系

物联网工程系

公共计算机教学部

甘肃省物联网工程研究中心

甘肃省现代远程教育中心

西北师范大学网络中心

计算机应用研究所

信息安全研究所

实验中心

17. 物理与电子工程学院

物理系

电子信息工程系

材料科学系

甘肃省原子分子物理与功能材料
　重点实验室

极端环境原子分子物理实验室

原子与分子物理研究所

理论物理研究所

凝聚态物理研究所

电子技术研究所

信息技术研究所

高等物理教育研究所

实验中心

资料中心

18. 化学化工学院

化学系

化工系

生态环境相关高分子材料教育部
　重点实验室

甘肃省高分子材料重点实验室

甘肃省生物电化学与环境分析重
　点实验室

西部资源应用研究院

西北师范大学化学研究所

西北师范大学高分子研究所

实验教学中心

科技开发与服务中心

测试中心

资料中心

19. 生命科学学院

生物科学系

生物技术系

制药工程系

甘肃省特色农产品高值化利用工
　程实验室

甘肃省特色植物有效成分制品工
　程技术研究中心

西北特色农产品产业技术创新战
　略联盟（中心）

西北师范大学植物研究所

生态学与生物多样性研究所

细胞与发育生物学研究所

微生物研究所

药学研究所

实验中心

资料中心

20. 地理与环境科学学院

地理科学系

环境科学与工程系

城市与资源学系

地理信息学系

甘肃省湿地资源保护与产业发展
工程研究中心

西北师范大学建设项目环境影响
评价中心

西北师范大学 GIS 开发应用研究
中心

西北师范大学国土资源与城乡规
划研究院

西北师范大学城市规划与旅游景
观设计研究院

生态经济研究中心

西北资源环境与区域发展研究所

实验中心

图书信息资料中心

21. 教育技术学院

教育信息技术系

数字媒体系

教师教学能力发展与研究中心

教育信息化研究所

现代远程教育研究所

数字媒体及应用研究所

现代教育技术研究所

教育技术理论研究所

西北师范大学《电化教育研究》

杂志社

现代教育技术实验中心

资料中心

22. 传媒学院

新闻系

广播电视编导系

播音与主持艺术系

动画系

甘肃文化传播研究中心

影视策划与制作中心

纪录片创作中心

广告、动画与游戏研发中心

西部戏剧与影视文化研究所

新媒体研究所

培训中心

实验中心

资料中心

23. 旅游学院

旅游管理系

酒店管理系

航空服务与管理系

甘肃省旅游发展研究院

中国西部国情调研中心

西北旅游市场与目的地发展研究
中心

"丝绸之路"旅游研究中心

西北生态旅游研究中心

甘肃旅游产业咨询中心

旅游管理硕士（MTA）专业学位
 教育中心

专业实践中心

实验中心

资料中心

24. 国际文化交流学院（国侨办华文教育基地）

对外汉语系

甘肃汉语国际推广中心

西北师范大学留学生教学中心

汉语国际教育硕士（MTCSOL）专
 业学位教育中心

应用语言学研究所

语言与文化传播研究所

汉语国际远程教育实验室

25. 研究生院（党委研究生工作部、学位办）

研究生管理部

学术与培养部

招生部

学位评定委员会办公室（专业学
 位管理中心）

26. 继续教育学院（职业技术师范学院、兰州企业管理人员培训中心）

全国重点建设职教师资培训基地

教学工作部

学生工作部

职教师资培训部

企业与职业培训部

自学考试辅导中心

继续教育研究所（《西北成人教育
 学报》编辑部）

27. 国家体育与艺术师资培养培训基地

分别在体育学院、音乐学院、美
 术学院、舞蹈学院等相关学院
 设立中心

28. 甘肃文化发展研究院

甘肃文化发展研究院下设办公室，
 办公室设在社会科学处

29. 图书馆

综合业务部

借阅部

期刊部

古籍部

采编部

咨询和技术服务部

30. 学报编辑部

社会科学版编辑室

自然科学版编辑室

资料室

31. 档案馆

文书档案室

教学档案室

学生档案室

人事档案室

科技、财会档案室

网络信息室

编研室

32. 博物馆

安全管理室

33. 后勤服务集团

办公室（人力资源管理部）

质量安全与节能降耗监察室

水暖服务中心

供电服务中心

饮食服务中心

校园管护中心

教学服务中心

公寓服务中心

运输服务中心

建筑维修服务中心

通讯服务中心

北山绿化管护中心

场馆服务中心

34. 后勤经营公司

办公室（人力资源管理部）

财务室

质量安全监察室

劳动服务公司

接待服务中心

商贸中心

35. 医院

办公室（医保办）

门诊及住院部

保健科

药械科

学生区门诊部

新校区门诊部

五、西北师范大学学位点设置情况
（2012 年 7 月）

1. 博士后科研流动站

序 号	门 类	学科名称	代 码	批准时间	批 次
1	教育学	教育学	0401	2003.01	
2	文 学	中国语言文学	0501	2003.01	
3	历史学	历史学	0601	2007.08	
4	理 学	数学	0701	2007.08	
5	理 学	化学	0703	2007.08	
6	理 学	物理学	0702	2009.09	

2. 博士学位授予权一级学科

序 号	门 类	学科名称	代 码	批准时间	批 次
1	教育学	教育学	0401	2006.01.23	10
2	理 学	化学	0703	2006.01.23	10
3	文 学	中国语言文学	0501	2011.03.03	11
4	历史学	中国史	0601	2011.08.05	11
5	理 学	数学	0701	2011.03.03	11
6	理 学	物理学	0702	2011.03.03	11
7	理 学	地理学	0705	2011.03.03	11

3. 博士专业学位

序 号	学 科	专业学位名称	代 码	批准时间	批 次
1	教育学	教育博士专业学位	045100	2009.07.21	1

4. 硕士学位授予权一级学科

序　号	门　类	专业名称	代　码	批准时间	批　次
1	教育学	教育学	0401	2006.01.23	10
2	教育学	心理学	0402	2006.01.23	10
3	教育学	体育学	0403	2006.01.23	10
4	文　学	中国语言文学	0501	2006.01.23	10
5	理　学	数学	0701	2006.01.23	10
6	理　学	物理学	0702	2006.01.23	10
7	理　学	化学	0703	2006.01.23	10
8	理　学	地理学	0705	2006.01.23	10
9	哲　学	哲学	0101	2011.03.03	11
10	经济学	理论经济学	0201	2011.03.03	11
11	经济学	应用经济学	0202	2011.03.03	11
12	法　学	法学	0301	2011.03.03	11
13	法　学	社会学	0303	2011.03.03	11
14	法　学	民族学	0304	2011.03.03	11
15	文　学	外国语言文学	0502	2011.03.03	11
16	理　学	生物学	0710	2011.03.03	11
17	工　学	电子科学与技术	0809	2011.03.03	11
18	工　学	计算机科学与技术	0812	2011.03.03	11
19	工　学	化学工程与技术	0817	2011.03.03	11
20	工　学	环境科学与工程	0830	2011.03.03	11
21	管理学	公共管理	1204	2011.03.03	11
22	历史学	考古学	0601	2011.08.05	11
23	历史学	中国史	0602	2011.08.05	11
24	历史学	世界史	0603	2011.08.05	11
25	经济学	统计学	0713	2011.08.05	11
26	艺术学	艺术学理论	1301	2011.08.05	11
27	艺术学	音乐与舞蹈学	1302	2011.08.05	11
28	艺术学	戏剧与影视学	1303	2011.08.05	11
29	艺术学	美术学	1304	2011.08.05	11
30	工　学	软件工程	0835	2011.08.05	11
31	理　学	生态学	0713	2011.08.05	11
32	法　学	马克思主义基本理论	0305	2012.02.27	11

5. 硕士专业学位授予权学科

序 号	门 类		专业领域名称	代 码	批准时间	批 次
1	教育学	教育硕士	18 个领域	045100	1996.06.10	
2	管理学		公共管理硕士	125200	2005.02.23	
3	文 学		汉语国际教育硕士	045300	2009.06.09	
4	艺术学	艺术硕士	音乐（声乐）	055101	2009.06.09	
			美术（国画、油画）	055107	2009.06.09	
5	教育学	体育硕士	体育教学	045201	2009.06.09	
			运动训练	045202	2009.06.09	
			社会体育指导	045204	2009.06.09	
6	法 学		社会工作硕士	035200	2009.07.21	
7	心理学		应用心理硕士	045400	2010.09.03	
8	文 学	翻译硕士	英语笔译	055201	2010.09.03	
			英语口译	055202	2010.09.03	
9	历史学		文物与博物馆硕士	065100	2010.09.03	
10	管理学		旅游管理硕士	125400	2010.09.03	
11	工 学	工程硕士	电子与通信工程	085208	2010.09.03	
			计算机技术	085211	2010.09.03	
			软件工程	085212	2010.09.03	
			化学工程	085216	2010.09.03	
			环境工程	085229	2010.09.03	

后 记

　　"在风云多变、天翻地覆的 20 世纪，西北师范大学同中华民族同呼吸共命运，走过了坎坷、曲折、艰苦、漫长的百年历程。它是中国现代教育在风雨如晦中自小而大、顽强成长的一个缩影，与中国的整个教育事业风雨同舟、荣辱与共"。的确，西北师范大学的历史积淀十分深厚，当我们翻阅她丰厚的历史档案、打开她深邃的文化记忆之门时，总觉得这所大学的历史，就是中国高等师范教育典型而生动的缩影，大有深入研究的必要。但是，校史的编写工作在很多时候都是临时性的、应景的工作，需要在规定的时间完成。因此，参与撰稿的同志在经过了一个忙碌的寒假，仓促交出稿件时，最大的感受就是对自己的写作"不满意"。对自己"不满意"是我们面对母校 110 年的文化积淀所表现出的"小学生"心态，也是我们对校史研究现状的真切感受。希望以后能有制度化的安排，能使我们经常回眸先师的风采，汲取历史的营养；能使我们珍惜为母校服务的时光，留下具有我们的时代特征的应有贡献。

　　这是学校第三次编写并正式出版校史，也可以说是《西北师范大学校史》的第三版。母校的校史从油印本到出版物、从逸事到回忆录，都凝聚了历次参与校史资料整理的所有老师的心血和汗水，我们也是在许多前人成果的基础上，诠释我们眼中的母校风采，在此，我们对梳理和保存母校的各种史料、丰富和传承母校文化的各位老师表示衷心感谢。此次整理校史，我们的初衷是要在记述基本事实的基础上，努力写一本"有人、有事、有精神"的校史，尽量避免写成"工作总结"或者"人物鉴定"。但是，能力有限、时间有限，于是免不了"总结工作"。至于人物，是最难的，且越近越难！其中提到了谁或者遗漏了谁，在所难免。所愿者，希望老师、校友以宽阔的胸怀看待此事，并积极帮助编写者改正错误，以期编撰好下一版校史。

　　这次校史编写工作，得到了学校党委、行政以及各位领导的大力支持，校党委书记刘基教授提出了明确的要求，给予了具体的指导；校长王嘉毅教授提出了总体框架构想，并通阅全稿，提出了重要的修改意见；丁虎生同志制订了编写计划，并负责组织编写和统稿工作，承担了第一章《发端京师　克立师道》、第二章《筚路蓝缕　吾道西行》、第三章《植根西北　艰难缔造》的撰稿任务；王璠、武华为同志承担了第四章《改造整顿　实力增强》的撰稿任务；李迎新同志承担了第五章《隶属变更　曲折前进》、第六章《十年动乱　学道受挫》的撰稿任务；杨纳名同志承担了第七章《拨乱反正　恢复发展》的撰稿任务；雷鸣、巨生良同志承担了第八章《循名责实　奋力攀登》的撰稿任务；肖福赟同志承担了第九章《科学发展　再创辉煌》的撰稿任务，并做了大量的组织协调工作；学校各单位负责人及相关人员撰写了本单位的历史沿革和现状介绍材料，完成了第十章《百花争妍　斯美其扬》的编写工作；包正赟、黄长军同志整理了附录部分的内容并做了大量的组织协调工作；邵青山、岳峰、来鑫华、武华为等同志为校史编写查阅档案资料、提供图片资料，做了大量协助工作；陈家婷、郑雅允同学做了大量资料搜集和文字校对工作。

　　在时间很紧的情况下，教育科学出版社所广一社长和李东总编辑给予了大力协助，教师教育编辑部刘灿主任、闫景编辑、何薇编辑加班加点审读书稿，精心编辑图文，他们严谨、专业的精神使我们甚为感动，在此谨表示衷心感谢！这次校史的出版，还得到了北京校友郭戈、刘承萱、傅咏中、田慧生、曾天山、魏明孔、张铁道、刘沛等先生的热情关心和支持，洪涛先生慷慨捐助，谨表示衷心感谢！

　　书中的图片是通过各种途径搜集的，有的图片无法获知作者或提供者，在此表示感谢，并望有关老师谅解。

编　者

2012 年 7 月 26 日

出版人　所广一

责任编辑　闫　景　何　薇

版式设计　宗沅雅轩　孙欢欢

责任校对　贾静芳

责任印制　曲凤玲

图书在版编目（CIP）数据

西北师范大学校史：1902～2012／刘基，王嘉毅，
丁虎生主编. —北京：教育科学出版社，2012.9
　ISBN 978 – 7 – 5041 – 6927 – 3

　Ⅰ. ①西… 　Ⅱ. ①刘… ②王… ③丁… 　Ⅲ. ①西北师
范大学—校史—1902～2012 　Ⅳ. ①G659. 284. 21

中国版本图书馆 CIP 数据核字（2012）第 183536 号

西北师范大学校史（1902—2012）
XIBEI SHIFAN DAXUE XIAOSHI（1902—2012）

出版发行	教育科学出版社			
社　　址	北京·朝阳区安慧北里安园甲 9 号	市场部电话	010 – 64989009
邮　　编	100101	编辑部电话	010 – 64989593
传　　真	010 – 64891796	网　　址	http://www.esph.com.cn
经　　销	各地新华书店			
制　　作	北京金奥都图文制作中心			
印　　刷	保定市中画美凯印刷有限公司			
开　　本	185 毫米×260 毫米　16 开	版　　次	2012 年 9 月第 1 版
印　　张	50. 5	印　　次	2012 年 9 月第 1 次印刷
字　　数	606 千	定　　价	98. 00 元

如有印装质量问题，请到所购图书销售部门联系调换。

出版人　所广一

责任编辑　闫　景　何　薇

版式设计　宗沅雅轩　孙欢欢

责任校对　贾静芳

责任印制　曲凤玲

图书在版编目（CIP）数据

西北师范大学校史：1902~2012/刘基，王嘉毅，
丁虎生主编. —北京：教育科学出版社，2012.9
　ISBN 978 - 7 - 5041 - 6927 - 3

　Ⅰ. ①西… Ⅱ. ①刘… ②王… ③丁… Ⅲ. ①西北师
范大学—校史—1902~2012　Ⅳ. ①G659.284.21

中国版本图书馆 CIP 数据核字（2012）第 183536 号

西北师范大学校史（1902—2012）
XIBEI SHIFAN DAXUE XIAOSHI（1902—2012）

出版发行	教育科学出版社			
社　　址	北京·朝阳区安慧北里安园甲9号	市场部电话	010 - 64989009	
邮　　编	100101	编辑部电话	010 - 64989593	
传　　真	010 - 64891796	网　　址	http://www.esph.com.cn	
经　　销	各地新华书店			
制　　作	北京金奥都图文制作中心			
印　　刷	保定市中画美凯印刷有限公司			
开　　本	185毫米×260毫米　16开	版　　次	2012年9月第1版	
印　　张	50.5	印　　次	2012年9月第1次印刷	
字　　数	606千	定　　价	98.00元	

如有印装质量问题，请到所购图书销售部门联系调换。